程允亨的十九世纪

一个徽州乡民的生活世界及其变迁

刘永华 著

生活·讀書·新知 三联书店

Copyright © 2024 by SDX Joint Publishing Company.
All Rights Reserved.

本作品版权由生活·读书·新知三联书店所有。
未经许可，不得翻印。

图书在版编目（CIP）数据

程允亨的十九世纪：一个徽州乡民的生活世界及其变迁 / 刘永华著. -- 北京：生活·读书·新知三联书店，2024. 10. (2025.1 重印) -- （名山）. -- ISBN 978-7-108-07854-4

Ⅰ．K250.7

中国国家版本馆 CIP 数据核字第 2024K6V368 号

责任编辑　张　龙
装帧设计　蔡立国　康　健
责任校对　陈　明
责任印制　董　欢

出版发行　生活·讀書·新知三联书店
　　　　　（北京市东城区美术馆东街 22 号 100010）

网　　址　www.sdxjpc.com
经　　销　新华书店
制　　作　北京金舵手世纪图文设计有限公司
印　　刷　河北松源印刷有限公司
版　　次　2024 年 10 月北京第 1 版
　　　　　2025 年 1 月北京第 2 次印刷
开　　本　635 毫米 × 965 毫米　1/16　印张 34
字　　数　521 千字　图 54 幅
印　　数　6,001－9,000 册
定　　价　98.00 元

（印装查询：01064002715；邮购查询：01084010542）

第五章　劳动安排与阶级关系　94
农田耕作　94
茶树种植与茶叶生产　100
山货采集与贩卖　104
阶级关系　107

第六章　生计模式的调整　120
成亲　120
生计模式的变动　132
茶叶生产　138
土地开发　142

第七章　生活水平、商业化与交易形态　150
生活水平估计　150
农家经济的商业化　165
交易形态　168

第八章　饮食、穿着及其他　178
饮食　178
穿着　199
家具、燃料及其他　206

第九章　行动空间　213
生活空间研究　213
粮食种植、茶叶生产与亲戚往来　218
集市贸易与食盐贩卖　221
生计模式与行动空间的变动　226

第十章　家与家人　235
家人　235

目 录

表格、插图与地图清单　1
度量衡和货币单位　5

第一章　导论　1
　19世纪的乡民生计与乡村经济　2
　19世纪的乡村社会与文化　11
　个体层次的整体史　17
　基本史料　25

第二章　沱川及其周边　35
　　山乡生态　35
　　工商传统　39
　　村落、姓氏与寺庙　46

第三章　父辈　53
　　发开一家　53
　　太平天国前的生计　56

第四章　"长毛"来了　74
　　出生　74
　　少年时代　77
　　"长毛"来了　82

盖房　245
　　分家　253

第十一章　宗族与村落　256
　　宗族组织与宗亲关系　256
　　村落与仪式　268
　　"小姓"　277

第十二章　关系与人情　282
　　人际关系的类型　282
　　强关系、弱关系　289
　　人际关系的新动向　306

第十三章　时空感知　316
　　年节行事　316
　　聚落空间　333
　　居住空间　339

第十四章　进香、治疗与娱乐　347
　　齐云进香　347
　　疾病与治疗　353
　　闲暇与娱乐　361

第十五章　读与写　366
　　读写能力　366
　　文书　374
　　书籍　386

第十六章　乡民与王朝国家　393
　　都图组织与钱粮缴纳　394

乡约组织　406
　　约族与纠纷调处　420
　　社坛、厉坛与神庙　429

第十七章　危机　437
　　国事与家事　437
　　危机的应对　444
　　去世　447

第十八章　身后事　456

附录一　程氏排日账基本情况及相关说明　463
附录二　沱川主要村落、姓氏情况表　466
附录三　婺北及周边地区的粮价数据　468
附录四　程家历年猪肉购买情况表　471
附录五　程氏排日账所见银钱比价表　473
附录六　程家耕地与粮食产量的估算　475
附录七　程氏排日账的地名记录　490
附录八　婺源县乡里都图统属表　494
参考文献　496
索引　520
后记　528

表格、插图与地图清单

表　格

表2.1　光绪祁门县十五都一图职业分类表　43
表2.2　光绪绩溪九都职业分类表　45
表5.1　程家的农田耕作制度（一年两熟水田）　94
表5.2　程家的农田耕作制度（一年一熟水田与旱地）　96
表5.3　程家历年茶园开园、收园时间表　101
表5.4　土改前夕鄣理乡土地占有情况表　110
表5.5　程家租入土地历年让租比重表　114
表5.6　程家历年春季采茶劳力投入表　116
表6.1　程家日常行事汇总表（1838—1901）　133
表6.2　程家生计行事汇总表　135
表6.3　程家历年春茶产量与茶叶毛收入一览表　140
表6.4　程家在苦竹山活动详情表　144
表7.1　程家历年收入一览表　151
表7.2　程家历年开支结构表（光绪十八年—二十一年）　154
表7.3　程家历年收支比较表（仅限茶叶收入与大米支出）　156
表7.4　维持生计的消费篮子　159
表7.5　五个不同时期程家的最低消费篮子　160
表9.1　婺源排日账地名的路程距离与出现频次表　217
表9.2　婺源排日账所见三十个地名历时性变动表　226
表11.1　程氏排日账中有关"族"的表述　267
表12.1　程允亨人际关系与互动频次表　287

1

表12.2　程允亨与族人互动情况表　288

表12.3　程允亨高频互动关系与互动频次表　292

表15.1　排日账中虚字使用次数表　371

表16.1　程家所涉纠纷基本情况表　420

附表1　程氏排日账基本情况表　463

附表2　沱川主要村落、姓氏情况表　466

附表3.1　程氏排日账所见徽州米价情况表（1838—1901）　468

附表3.2　程家历年米粮购买情况表　469

附表4　程家历年猪肉购买情况表　471

附表5　程氏排日账所见银钱比价表　473

附表6.1　程家自耕地与租种地收获量、净收益情况表　482

附表6.2　程家历年粮食产量估算表　485

附表6.3　程家不同时期家庭构成一览表　488

附表6.4　程家历年缺粮估计数据与籴米数据对照表　489

附表7.1　程氏排日账所见地名表（1838—1901）　490

附表7.2　程氏排日账地名出现频次表　492

附表8　婺源县乡里都图统属表　494

插　图

图1.1　排日账　27

图1.2　被用作衬页的排日账　29

图2.1　清华航船　38

图2.2　东山寺远眺（寺前为王家村）　50

图3.1　程家四代世系图　54

图3.2　程发开笔迹　55

图3.3　溪口　66

图3.4　卖恤盐　68

图6.1　婺源县秋口镇鸳鸯帖　123

图6.2　婺源县秋口镇礼单　123

图6.3　婺源县江湾镇礼单　124

图 6.4　婺源县江湾镇星期帖（残本）　128

图 8.1　除夕瑞炭　205

图 8.2　棋子树（塘崌村）　209

图 8.3　棋子（塘崌村）　210

图 9.1　程家的行动空间（Steve Ford 绘制）　216

图 10.1　程家新屋　251

图 11.1　沱川余氏世系简图　257

图 11.2　程氏宗祠善庆堂　262

图 13.1　清明挂纸（理坑）　326

图 13.2　理坑　336

图 13.3　理坑水口　337

图 13.4　上湾远眺　338

图 13.5　三合院平面图　340

图 13.6　婺源某地陈氏住宅平面图　341

图 13.7　程家新屋侧面　341

图 13.8　程家新屋大厅　342

图 14.1　齐云山　348

图 14.2　道房　350

图 14.3　东阳道院香火楼神龛（巫能昌拍摄）　351

图 14.4　齐云山求签处　352

图 14.5　齐云山玄帝灵签（右边书"允亨签"）　353

图 15.1　程氏排日账页面一（#4，咸丰六年，程发开记）　367

图 15.2　程氏排日账页面二（#9，光绪十一年，程同仓记）　368

图 15.3　程氏账簿#1　375

图 15.4　程氏账簿#2　375

图 15.5　出当皮租契（光绪二十六年，程允亨书）　376

图 15.6　排日账页面三（涂鸦，程允亨书）　377

图 15.7　齐云山玄帝灵签　378

图 15.8　另一种卜问方式　380

图 15.9　程家花户记录（程氏账簿#1）　381

图 15.10　休宁县大连村鱼鳞图册　382

图15.11　光绪二十六年婺源县税票　383

图15.12　票据一　384

图15.13　票据二　385

图15.14　程允亨的笔记　388

图16.1　婺源县十六都三图黄景户税票　404

图16.2　婺源县十四都乡约投状　416

图16.3　孤魂总祭（婺源县沱川乡篁村，民国三十一年立）　430

图17.1　程氏账簿#2首页　449

附图1.1　"程义茂记"印　464

地　图

地图2.1　沱川地域　37

地图2.2　沱川的村落　47

地图13.1　上湾与理坑　334

度量衡和货币单位

面积
1亩＝10分

容量
1旧制石＝10旧制斗＝100旧制升
1旧制升＝10旧制合＝1.5市斤

重量
1秤＝15旧制斤＝17.9市斤
1旧制斤＝16旧制两
1旧制斤＝1.1936市斤＝596.82克

长度
1旧制丈＝10旧制尺
1旧制尺＝0.96市尺

货币
1两＝10钱＝100分
1元≈10角

第一章 导 论

　　光绪二十六年（1900）阴历十月二十五日，对于程允亨来说是个不平静的日子。当日，一位邻居前来讨债，负债累累的允亨无力偿还，只好眼睁睁看着这位邻居带来的一位绰号"烟鬼人"的帮手，强行扛走了自己辛苦养大的一头猪。两日后，允亨将房子作为抵押，借入一笔钱，同时当掉一批布料。几天后，又出售田产两处，抵押菜园一处。[1]但债务仍未偿清。很明显，他正面临着一场严重的生计危机。

　　对中国近代乡村社会经济感兴趣的读者，很自然会追问：这次生计危机是如何发生的？这个事件应如何解读：是近代小农破产的缩影，还是另有原因？在这场悲剧中，各种宏观、微观因素——大至国际市场动向、国内政经变动，小至这个农户所在地域的经济状况和家长的个人决策——究竟扮演了什么角色？尽管19世纪距离我们只有一个多世纪，但历史环境的变动和文献相对匮乏等原因，还是在今日世界和那个时代之间划下了一道难以逾越的鸿沟，那个时代普通民众生活世界的诸多侧面，都已笼罩在迷雾当中。作为史学工作者，笔者将征引今人所能掌握的材料，充分运用与历史学这个职业有关的技艺，并借鉴社会科学的某些方法，尝试去拨开迷雾，复活那个已经逐渐远去的世界。

　　本书不仅计划回答程家生计危机的原因，还希望以程家为个案，追问一系列问题：中国近代乡民是如何生活的？他们吃什么？穿什么？住得如何？他们的生活跟市场有何关系？他们的生活圈子有多大？平日跟哪些人打交道？他们是如何感知时间、空间的？参与哪些

---

[1] 程氏排日账#12，光绪26/10/25-11/5。由于排日账没有标示页码，笔者征引排日账史料时，只提供排日账的册数和日期。为减少篇幅，以阿拉伯数字标示阴历年月日（如光绪26/10/25＝光绪二十六年十月二十五日）。

宗教仪式?文字在他们生活中扮演什么角色?他们如何体验王朝国家的统治? 19世纪发生的历史进程,如国内外市场的整合、19世纪中叶和20世纪初的两次农民运动,是否、如何改变他们的生活?

笔者希望基于历史学者对史料的审慎处理,透过近距离观察徽州一个乡民的生活世界——从农田耕作、经济作物种植到小商品贩卖,从饮食、穿着到关系、人情,从时空感知到读写实践,从仪式展演到政治体验——及其变动,对生活在那个时代的小人物的生活获得较为感性、相对整体的认知,也尝试透过他们的眼光与体验,观察19世纪中国社会的变与不变。

19世纪的乡民生计与乡村经济

19世纪横亘于明清与现代两个时代之间,是一个较为特殊的历史时期。[1]在主流历史分期中,这一时期在政治上处于帝制的最后阶段,明清时期建立的各种制度,多数仍在继续运行;同时,由于西方列强的入侵,这一时期又被视为不同于明代至清前期的一个历史阶段,具备了某些近代的特性。这就赋予该时期某种"居间"(in-between)的时代特征,给把握这一时代带来了困难。同时,跟民国时期相比,这个世纪近代意义上的量化数据、调查材料相对匮乏,故而在重构这一时期乡村史时,我们还面临着严峻的史料方面的难题。由于19世纪的"居间"特性与史料造成的难题,这一时期的乡民生计与乡村社会难以进行明确的定位,不少看法似是而非,一些问题的讨论难以深入。

19世纪的乡民生计,是明清以降乡村社会经济史研究领域的一个重要课题,但很大程度上由于上述原因,对这个课题的讨论在很长时间内不够深入。从事明清乡村社会经济史研究的学者,很少讨论此期乡村经济的变动;而从事近代乡村社会经济史研究的学者,又难以找到堪与民国时期量化、调查材料相配合的史料,因而在讨论中对此期社会经济状况多一笔带过。结果,这一时期处于尴尬的灰色地带,它有时被视为明

---

[1] 赵世瑜《明清史与近代史:一个社会史视角的反思》(《学术月刊》2005年第12期,第101—108页)考察的问题与此处讨论主题不尽相同,但文中提出的认识有助于理解19世纪在当代中国史研究中的尴尬位置,可参考。

清史的一个阶段，有时被当作20世纪乡村经济演进的一个开端，学界提出的重要理论与看法，要么立足于19世纪以前的历史经验，要么是基于民国时期的统计、调查数据。[1]

资本主义萌芽论，是20世纪明清史领域最重要的理论范式之一，在20世纪中后期曾长期主导明清史研究乃至整个与明清史有关的人文学科研究。这一范式的倡导者与实践者，主要面对的是16—18世纪中国的社会经济发展状况，对这三个世纪的经验事实进行了深入的挖掘与讨论。萌芽论者参照西方古典经济学模型，梳理了这几个世纪生产力和生产关系方面的变动，考察了乡村经济商业化程度提高、分工扩大、市镇兴起、城市经济繁荣与海外贸易发达等社会经济动态，探讨了手工业、农业、矿业等领域雇佣关系的出现，甚至在社会经济演进的历史脉络中，对思想启蒙问题进行过探讨。[2]

萌芽论者对明清社会经济的评判总体较为乐观，对16—18世纪乡村社会经济发展水平评价较高。同时，他们考虑到近代中国经济落后的基本事实，又对列强入侵前中国社会经济的发展进行若干限定，认为王朝国家、地主阶级的剥削和乡族势力的干预等因素，制约了乡村资本主义经济的发展。总体而言，萌芽论较少触及19世纪，不过就社会经济发展而言，这一时期也没有被视为一个有别于前几个世纪的独立历史阶段进行处理。[3]

对19世纪进行更正面、系统讨论的，是一批从事近代社会经济史研究的学者，他们对这个世纪提出了与萌芽论不尽相同的理解。20世纪五六十年代，为推进近代社会经济史的教学与研究，严中平、李文治、章有义、彭泽益等老一辈经济史学者，先后编纂了《中国近代

---

[1] 目前对明清以降中国乡村经济演进问题的最佳学术回顾，仍是黄宗智《华北的小农经济与社会变迁》(北京：中华书局，2000年)一书的导论部分（第1—30页）。该书初版于1985年。

[2] 有关资本主义萌芽论的主要观点，参见Frederic Wakeman, Jr., ed., *Ming and Qing Historical Studies in the People's Republic of China*, Berkeley: Institute of East Asian Studies, University of California, 1980, pp. 96-104;赵晓华《中国资本主义萌芽的学术研究与论争》，南昌：百花洲文艺出版社，2004年。

[3] 许涤新、吴承明主编的《中国资本主义发展史》是一个例外，该书第一卷讨论的是鸦片战争之前的资本主义萌芽，第二卷论述的是鸦片战争后至1920年资本主义的发展。参见许涤新、吴承明主编《中国资本主义发展史》，三卷，第二版，北京：人民出版社，2003年。不过从标题可以看出，资本主义萌芽问题的论述结束于鸦片战争爆发。

经济史统计资料选辑》《中国近代农业史资料》《中国近代手工业史资料》等多种资料汇编。这些汇编不仅纂辑了较为丰富的社会经济史资料，编者对资料的编排也隐含了对近代社会经济发展方向的重要看法，对后来的近代社会经济史研究产生了不容忽视的影响。

这些资料集汇编的内容，上起清朝建立，下迄1949年，重点呈现了鸦片战争爆发至1949年之间中国社会经济几个重要部门的发展状况。但它们并非纯粹意义上的资料汇编，事实上相关资料被纳入一个叙事框架当中。这个框架的核心是，随着五口通商，官僚、官绅、商人及资本主义各国对农民土地的兼并愈演愈烈，租佃率提高，超经济强制也得到加强；苛捐杂税不断增加，农民负担日益加重；随着国内外市场的扩大，农业生产商品化程度提高，乡村手工业受到冲击；商业资本空前活跃，高利贷剥削加剧；灾荒的扩大，进一步导致农业生产的衰退；其结果是乡民生活的贫困化与农民反抗斗争的出现与扩大。[1] 在这种叙事框架下，19世纪农户生计被抹上一层暗淡的灰色，在封建王朝、官商、外国势力等各种力量的重压下，乡民必然是生计日蹙，生活难以为继。

六七十年代，西方学者也提出了几种有关19世纪中国乡村经济演进的看法。这一时期影响较大的，是伊懋可（Mark Elvin）的高水平均衡陷阱论。伊氏认为，14世纪中叶以降，中国历史发生了转折。边疆的开发，而非技术进步，成为中国经济发展最重要的动力。闭关锁国政策，减少了中国接触新思想、新技术的机会。思想上，对自然的态度发生了变动，对科学发展至关重要的观察不被鼓励，反省、直觉开始占了上风。[2] 在伊氏提出的理论模型中，从14世纪中叶开始，中国经济陷入恶性循环之中：在土地相对恒定的状态下，土地产生的剩余，逐渐被日益增长的劳动人口消耗；剩余的消耗，不仅减低了民众的市场购买力，也导致无法进行资本积累；而资本积累的匮乏，又导致生产率的低下。结

---

[1] 李文治编《中国近代农业史资料》第一辑，北京：生活·读书·新知三联书店，1957年，《目次》，第1—19页。同时请参考彭泽益编《中国近代手工业史资料》第一、二辑（北京：中华书局，1962年）《目次》。并参考 David Faure, *The Rural Economy of Pre-Liberation China: Trade Expansion and Peasant Livelihood in Jiangsu and Guangdong, 1870 to 1937*, Hong Kong: Oxford University Press, 1989, pp. 2-7.

[2] Mark Elvin, *The Pattern of the Chinese Past*, Stanford: Stanford University Press, 1973, pp. 203-204.

果,中国经济陷入"量的增长,质的停滞"的僵局。[1]西方列强的出现,才最终让中国经济走出恶性循环。

伊懋可提出的均衡论,受到不少学者的批评,黄宗智在《华北的小农经济与社会变迁》一书中,就对他的观点进行了商榷。黄宗智也承认,近代中国乡村经济较为落后,但他认为伊懋可将人口因素从相互依存的生态系统中孤立起来,忽视了社会、政体、经济与环境间的相互关系。黄氏自己提出的解释模型,综合了经济学的形式主义、人类学的实体主义和马克思主义的分析方法,将乡村经济困境置于综合的社会系统进行解释。他指出,为了养活家庭,贫农可能在边际报酬递减的情况下继续投入劳动力,从而导致"自我剥削"的出现。但对于经营式农场而言,人口压力带来的影响较小,农场自身在扣除消费外仍有剩余,不过他们并不进行资本积累和技术革新。这是因为社会上存在大量廉价劳力,没有积累资本、革新技术的必要,而且一旦土地积累达到一定数量,他们就转变为租佃地主,因为租佃地主无须参与劳动,拥有较高的社会地位。其结果是,农业生产的劳动生产率长期低下,乡村经济难以走出困境,黄宗智称这一过程为"内卷化"(involution)。[2]黄氏认为,内卷化开始于清代前期,一直延续至集体化时代。改革开放后,随着乡镇企业的兴起,劳动生产率才得到实质性的提高,中国的乡村经济才真正走出"内卷化"的困境。[3]

大致而言,黄宗智对19世纪乡村社会经济发展的估计,与五六十年代国内经济史学者和伊懋可的看法不尽相同,但他们对这个世纪乡村经济演进路径的理解,却有值得注意的相似之处:尽管各自主张的原因不同,他们都认为这一时期中国的乡村经济状况逐渐恶化(或是延续了此前逐渐恶化的趋势)。彭慕兰(Kenneth Pomeranz)对19世纪中国乡村经济走势的判断,也与此相似。

彭慕兰提出的大分流论,是21世纪初明清史领域提出的最有影响的

---

[1] Elvin, *The Pattern of the Chinese Past*, pp. 312-315.
[2] 黄宗智《华北的小农经济与社会变迁》,第190—192页;黄宗智《长江三角洲小农家庭与乡村发展,1350—1988》,香港:牛津大学出版社,1994年,第12—14页。"内卷化"后译作"过密化",因"内卷化"已为学界接受,本书沿用这个表述。
[3] 黄宗智《长江三角洲小农家庭与乡村发展,1350—1988》,第14—19页。

理论。彭氏对明清时期中国（主要是江南地区）的乡村经济提出了较为乐观的估计。他系统比较了1800年以前江南与英格兰的人口、资本积累、技术、土地、市场、消费模式、企业组织、社会结构等不同面向，认为江南与英格兰在诸多方面有"惊人的相似之处"，当时的中国与欧洲一样好。[1]彭氏否定19世纪前的中国乡村经济出现过"内卷化"。他运用速水融和德弗里斯（Jan de Vries）提出的"勤勉革命"（industrious revolution）概念，讨论了江南的乡村经济，认为1800年以前江南地区乡民的劳动配置，与欧洲的勤勉革命颇为相似，都透过调整劳力、闲暇与消费的关系，提高了生活水平。只是从18世纪末开始，英格兰由于颇为偶然的原因，经济发生突破性的变动，中欧历史才出现分岔。[2]由于彭慕兰探讨的重点是19世纪以前的乡村经济，他的《大分流》一书基本上没有触及19世纪中国乡民的生计问题。不过，他将1800年前后视为中欧历史的分岔点，其潜台词是，19世纪中国的乡村经济如果不是走下坡路，也是处于相对停滞的状况，与欧洲工业革命之后经济的迅猛发展形成了强烈对比。

近年来，马德斌及其合作者系统比较了18世纪中叶至20世纪中叶中欧各地以及日本、南亚等地区的实质工资、人体测量数据的长期演变趋势。他们的研究发现，中欧大分流发生的时间需要推后，具体时间应是19世纪中叶。[3]这种认识实际上沿袭了彭慕兰的说法，只是将分岔点推迟至西方列强入侵以后。然而，由于他们关注18世纪中叶开始长达两个世纪的长期变动趋势，他们的研究一改以往相对刻板的线性理解，提供了更为丰富、立体的有关19世纪经济局势的数据。他们对这一世纪的讨论，有助于更深入、具体地了解此期的经济周期及其对乡民生计的影响。

---

[1] 彭慕兰《大分流：现代世界经济的形成，中国与欧洲为何走上不同道路？》，黄中宪译，新北：卫城出版，2019年。

[2] "勤勉革命"，国内译为"勤劳革命"。查速水融使用的表述是"勤勉革命"，故而本书统一使用这个表述。有关勤勉革命概念，参见速水融《近世日本经济社会史》，汪平、李心悦译，南京：南京大学出版社，2015年，第173—195页；Jan de Vries, *The Industrious Revolution: Consumer Behavior and the Household Economy, 1650 to the Present*, Cambridge: Cambridge University Press, 2008, chapter 3-4.

[3] 马德斌《中国经济史的大分流与现代化：一个跨国比较视野》，徐毅、袁为鹏、乔士容译，杭州：浙江大学出版社，2020年，第109—188页。

"二战"结束后，另有一些西方学者对近代中国经济持相对乐观的看法，他们认为，这一时期乡村经济虽然无法观察到明显的改善，同时也没有出现明显的恶化迹象，马若孟（Ramon H. Myers）、费维恺（Albert Feuerwerker）就是提出、支持这一看法的两位学者。

总体看来，伊懋可对14世纪中叶以降中国乡村经济演进路径的判断，主要基于近代西方经济学模型，他的研究基本没有触及19世纪中国乡村经济的实况，而马若孟较早对这一问题进行了深入探讨。马氏系统利用了抗战期间日本南满洲铁路组织（简称"满铁"）的调查人员对华北乡村的调查，对19世纪末至20世纪三四十年代河北、山东的乡村经济进行了探讨。他认为，在收获正常、没有战乱的年份，近代华北乡村经济并未出现明显的衰退和危机迹象，相反，农业产量得到提高，村庄数量增加，有些村庄的规模扩大了。他认为，华北乡村经济之所以得不到显著的发展，主要原因不是租佃制度和高利贷，而是因为农业技术没有提高，政府也没有对农民提供必要援助，结果农民无法有效地经营土地。[1]这样，马若孟提出了一个与当时的国内社会经济史学者以及后来的伊懋可、黄宗智等都不一样的看法。

费维恺对1870—1911年中国乡村经济状况做出了类似的估计。他认为，尽管这一时期人口有所增长而人均耕地有所降低，但通过种植产量更高的农作物，粮食总产量可能有所增加，足以养活更多的人口。种植国际市场需要的经济作物，农业与非农业活动兼顾的生计策略，都有助于缓解人口压力。此外，这一时期中国的手工业也没有遭受严重的破坏。总之，没有确凿的证据证明，这一时期乡民生活水平出现了急剧而长期的下降。[2]

顺便提一下芮玛丽（Mary Clabaugh Wright）对同治年间经济动态的看法。芮玛丽对同治中兴进行了全面讨论，尽管她探讨的重点是这一时期的经济政策，但其中也包括了对中国经济的总体认识。芮玛丽对同治

---

[1] 马若孟《中国农民经济：河北和山东的农民发展，1890—1949》，史建云译，南京：江苏人民出版社，1999年，第330—333页。英文原著初版于1970年。

[2] Albert Feuerwerker, "Economic Trends in the Late Ch'ing Empire, 1870-1911," in John K. Fairbank and Kwang-ching Liu, eds., *The Cambridge History of China, Vol. 11, Late Ch'ing, 1800-1911, Part 2*, Cambridge: Cambridge University Press, 1980, pp. 2-28.

中兴时期经济发展的评价较低,她指出,"同治中兴没有为现代经济奠定基础"。中国经济基本处于停滞状况,谈不上有什么发展。不过她还是认为,由于这一时期政府的努力,中国经济从战乱中恢复过来。[1]

八九十年代,国内学者也对近代乡村经济进行了重新审视。章有义对19世纪中叶到20世纪中叶的人口与耕地数据做了重新估计。他提供的数据显示,在这一时期内,人口与耕地都在增长,但耕地增长速度总体稍快于人口增长速度,因此在这百年时间里,人均耕地不仅没有减少,反而稍有提高。[2]从翰香主编的《近代冀鲁豫乡村》一书,也对近代粮食生产和手工业生产状况进行了讨论。作者认为,19世纪中后期,由于战乱和严重自然灾害的影响,冀鲁豫三省粮食生产均趋降低;但八九十年代以后,农业逐渐复苏;20世纪初至20年代末世界经济危机爆发,粮食生产持续增长,农业效益较好。同时,手工业发展势头也不错。以在乡村手工业中最为重要的棉纺织业为例,鸦片战争前夕,华北三省进入长距离运销的商品布不过三百万匹,清末达到二千万匹的规模,民国以后增长更快。[3]乡村经济凋敝的情形,并没有普遍出现。

吴承明也对近代生产力进行了重新估计。他对近代人口与耕地数据的估计与章有义相似,认为近代耕地增长率高于人口增长率。他检视了现有粮食单产数据。单产下降是清中叶以来的长期趋势,不过考虑到耕地增长率较高,即使在单产下降的情况下,满足民食仍不成问题。他还讨论了近代劳动生产率的发展趋势,认为黄宗智所谈的内卷化在理论上有道理,但事实上近代耕地面积是增长的,传统农业也并非纯粹的劳动密集生产,劳力的追加有一定限度,"小农经济是精打细算的经济,它不浪费资本,也不会浪费劳动力","以为人口压力会迫使农民将剩余劳动力无限投入土地的想法是不切实际的;尤其在近代,他们还有到外区域或城市佣工、从事家庭手工业等其他出路"。最后,近代农业技术也有一定改善。因此,在吴氏看来,无论是陷阱论还是内卷化论,可能都

---

[1] 芮玛丽《同治中兴:中国保守主义的最后抵抗(1862—1874)》,房德邻、郑师渠等译,北京:中国社会科学出版社,2002年,第233页。
[2] 章有义《近代中国人口和耕地的再估计》,原刊于《中国经济史研究》1991年第1期,收入《明清及近代农业史论集》,北京:中国农业出版社,1997年,第3—24页。
[3] 从翰香主编《近代冀鲁豫乡村》,北京:中国社会科学出版社,1995年,第245、368页。该书农业和手工业部分分别由徐秀丽、史建云撰写。

无法切实把握近代中国乡村经济的发展动向。[1]

在19世纪中国乡民生计的研究中，海外因素与乡民生计之间的关系，是一个学界长期关注的重要课题，国内学者与海外学者曾经就此提出过针锋相对的看法。对徽州程家生计危机的讨论，就牵涉国际茶市与乡民生计的问题，因此有必要对学界的相关讨论稍作回顾。

早在20世纪30年代末，陈翰笙便以近代山东烟草业的发展为例，就外国工业资本对小农生计的冲击进行了调查和讨论。其结论是，工业化及随之而来的工业原料作物的发展，一般而言，总是带来农民特别是中农与贫农生活水平的下降。[2]五六十年代国内的近代经济史研究，进一步揭示了五口通商之后外国势力入侵给乡村经济带来的种种影响。这些研究认为，五口通商之后，一方面，随着国内外市场的扩大，农业生产的商品化程度提高，乡民的命运日益受到国际市场与资本的控制；另一方面，外国的工业产品日益渗入中国乡村，对中国内地的乡村手工业带来很大的冲击，有些手工业遭到破坏，有些则面临重组。此外，外国势力还掠夺乡民土地，并参与对中国乡民的商业资本剥削。[3]

在欧美学者方面，强调外国势力正面影响的看法，在当时有一定市场。伊懋可认为，14世纪中叶以后，中国经济已逐渐陷入难以突破的困境，"近代西方的历史性贡献，就是缓和、进而打破了中国的高水平均衡陷阱"。五口通商后，通商口岸的商业、工业得到迅速发展，为近代中国企业的兴起奠定了基础。同时，内地城乡的创造力也得到激发。新技术的引进，带来传统因素的重组。比如，蒸汽船的引进，固然占据了本属传统帆船业的运输业务，同时又刺激了次要河道帆船运输的发展。电报的引入，给商业信息的搜集与商业结构带来了革命性影响。近代公路和铁路的修建，提高了沿线的商业化程度等。[4]

应该指出的是，即使是五六十年代海内外的研究，也注意到这一问题的复杂性。《中国近代农业史资料》第一辑收录的一些史料显示，洋

---

[1] 吴承明《中国近代农业生产力的考察》，原刊于《中国经济史研究》1989年第2期，收入《市场·近代化·经济史论》，昆明：云南大学出版社，1996年，第148页。
[2] 陈翰笙《帝国主义工业资本与中国农民》，陈绛译，上海：复旦大学出版社，1984年，第 iv 页，英文原著出版于1939年。该书讨论的主要是20世纪30年代的情况，基本没有触及19世纪。
[3] 李文治编《中国近代农业史资料》第一辑，第386—522、233—250、542—556页。
[4] Elvin, The Pattern of the Chinese Past, pp. 315-316.

纱的大量输入,冲击了内地的纺纱业,但同时也带来部分地区织布业的兴盛。[1]伊懋可以河北高阳织布业的兴起为例,讨论了外国商品的输入对乡村经济的正面影响。[2]费维恺也指出,作为中国乡村最重要的家庭手工业之一,棉纺织业受到国外势力的冲击并不大,即使到20世纪30年代中期,61%的国产棉布仍是手工织成的。"不管是在理论层面还是经验层面","有理由相信,手工业品的国内、国际需求总量,在20世纪均未下降","从1870年至1911年,手工业总体上并未遭到严重的破坏"。[3]黄宗智既不同意"二元经济论"提出的乡村经济不受外国势力与城市发展影响的看法,也不赞成鸦片战争之后中国乡村经济发生了剧变。他认为,近代乡村的棉花种植与纺织业,都受到外国势力与城市发展的影响,原来棉花植、纺、织三位一体的家庭经济已经解体,但同时,19世纪至20世纪70年代的小农经济,本质上只是18世纪以降内卷化进程的延续。[4]

科大卫(David Faure)的《解放前中国的乡村经济》一书,对外国势力与乡民生计之间的关系进行了最系统的检视。该书回顾了20世纪对这一问题的几项重要研究,以1870年至抗战前夕的江苏与广东两省为例,讨论了交通改善、工业化与国际贸易增长,如何给乡村经济带来根本性的变动。作者认为,农场经济发生变动,是因为农场卷入市场,因此该书侧重讨论了农场经济与市场变动的关系:价格变动如何影响农村收入?不同农场产品的交易额如何发生变动?农场收入如何因种植经济作物的不同和价格波动而发生变动?可以说,该书将讨论的焦点放在农户生计与价格和贸易量的关系上。[5]作者发现,从19世纪70年代至20世纪20年代,随着贸易的扩张,江苏、广东两地的乡村经济(特别是生产供出口的经济作物的地区)呈现出繁荣景象,田主和佃户的生活水平都因此得到提高。30年代初两省乡村经济出现的危机,实际上主要是因

---

[1] 李文治编《中国近代农业史资料》第一辑,第498—522页。同时参考彭泽益编《中国近代手工业史资料》第二辑,第54—163、331—449页。
[2] Elvin, *The Pattern of the Chinese Past*, p. 316.
[3] Feuerwerker, "Economic Trends in the Late Ch'ing Empire, 1870-1911", p. 16.
[4] 黄宗智《长江三角洲小农家庭与乡村发展》,第16页。"二元经济论"是由侯继明提出的。
[5] Faure, *The Rural Economy of Pre-Liberation China*, pp. 18-20.

为当时世界经济危机的影响，而非19世纪后期经济变动的长期趋势。[1]

对国际贸易与近代乡民生计的关系进行探讨的，还有洛伦·布兰特（Loren Brandt）的《中国中东部的商业化与农业发展（1870—1937）》一书。该书运用商品套利等理论，对近代海内外市场之间的关系、商业化的影响等问题进行了讨论。他认为，近代开埠后，中国海内外市场逐渐走向整合，乡村商业化程度提高。在商业化的影响下，农业生产力得到提高，地主和贫雇农同时在这个过程中获益。[2]

总之，由于时代的特殊性与资料相对匮乏，目前学界对19世纪乡民生计的认识还存在不少争议。这一时期乡村经济的发展，是否进一步内卷化？乡民生计是否持续恶化，还是有所好转？外国势力的介入带来何种影响？对这些问题的讨论，还远远没有达成一致看法。总体来说，八九十年代以来的研究，对19世纪的农业生产力和乡村经济状况进行了较为客观的估计，对这一时期乡村经济的讨论，也放弃了以往相对线性的认识，更倾向于将这个世纪的乡村经济，理解为包含若干经济周期的曲线式的发展。近年马德斌及其合作者进行的两项研究，将这一探讨引向深入，值得注意。不过由于讨论的是城市非技术工人的工资，他们提出的结论对乡民是否适用有待证实。[3]本书希望在这些先行研究的基础上，深入考察一个徽州农户的生计活动，重构其生计模式及其变动，系统重建与此相关的米价、茶价等数据系列及其变动趋势，估算其家庭收支的历时性变动轨迹，从国内外市场、王朝制度、区域经济、家庭结构与个人决策等方面，思考乡民生计的运作与变动逻辑，力图在更贴近经验事实的基础上，讨论这一时期中国乡村经济的演进趋势与内在动因。

19世纪的乡村社会与文化

跟19世纪乡民生计相似，19世纪乡村社会的研究，也在很大程度上面临着"两头不靠"的问题。20世纪80年代以来，明清区域社会史研究

---

[1] Faure, *The Rural Economy of Pre-Liberation China*, p. 202.
[2] Loren Brandt, *Commercialization and Agricultural Development: Central and Eastern China, 1870-1937*, Cambridge: Cambridge University Press, 1989.
[3] 对马德斌及其团队进行的两项研究的讨论，详见第七章。

已经有了长足的推进，相比之下，19世纪乡村社会研究尚有较大的讨论空间。尽管离我们这个时代更近，这一时期乡村社会的总体面貌反倒显得有些模糊不清。

从20世纪二三十年代的社会史大论战，到80年代以前的"五朵金花"，中国学界秉承马克思主义分析方法，对包含19世纪在内的明清社会进行的研究，主要是纳入社会形态的思路进行讨论的，其关注的焦点是生产关系。[1]与此相似，同期的日本学界也深受马克思主义的影响，来自京都学派和东京学派的学者，对明清时期的社会性质与阶级关系进行了广泛讨论。[2]这一阶段对明清时期主佃关系、主奴关系及手工业、矿业和农业等部门中雇佣关系的研究，以及对农民起义、抗租、奴变的研究，都与这一研究思路密切相关。在这种研究路径的影响下，普通乡民取代王侯将相成为历史主角，他们的社会关系得到空前的关注，但同时也应指出，在复杂纷呈的各种社会关系中，仅有阶级关系被抽离出来，置于研究者的聚光灯下加以审视，其他社会关系则多被视为干扰阶级关系变动的因素。在这些研究中，明清时代的乡村社会是由不同阶级关系组合而成的。

进入70年代后，以森正夫、岸本美绪为代表的一批日本学者，重新审视了明清社会形态与阶级关系研究。他们注意到，阶级关系只是明清时期诸多社会关系的一个构成部分，故而他们主张将之放回当时的社会关系脉络中进行讨论；同时，他们还从抗租、奴变等农民反抗斗争中，注意到阶级斗争的展开与"秩序"的崩解有着内在的联系，进而对这种"秩序"及其崩解过程进行了深入探讨，并进一步考察了这种秩序的地域存在形态，也即所谓的"地域社会"。他们的研究探讨了包括阶级关系在内的不同社会关系、秩序及其变动。他们认为，各种社会关系之间的关系，构成了"秩序"，而秩序在特定地域的存在形态，以"场"的形式出现，这就是地域社会。他们指出，明初建立的秩序，到明代中叶

---

[1] 史学研究中的"五朵金花"是指中国古代史分期问题、中国封建土地所有制形式问题、中国封建社会农民战争问题、中国资本主义萌芽问题与汉民族形成问题，这些问题中，前四个都与社会形态问题有关。参见《历史研究》编辑部编《建国以来史学理论问题讨论举要》，济南：齐鲁书社，1983年。
[2] 参见谷川道雄《总论》，夏日新译，刘俊文主编《日本学者研究中国史论著选译》第二卷《专论》，北京：中华书局，1993年，第313—329页。

开始出现变动,到了晚明则出现总体崩解的情况。这样,透过将阶级关系还原为社会关系,他们对明代社会的内在变动脉络得出了更为贴近历史事实的深刻认识。[1]在上述秩序与地域社会研究中,关注的重点是明代,特别是晚明,19世纪较少触及。[2]我们需要在具体的研究中检视这些看法,既注意将19世纪乡村社会置于明清长时段的脉络中进行定位,同时也关注清代最后一个世纪社会秩序变动的新形势。

80年代以来中国学界的明清区域社会史研究,也是在面对明清社会的基本经验事实,反思社会形态研究的基础上,在探索认识明清社会研究的新路径过程中出现的。这些研究侧重对明清社会史进行长时段的考察,其关注的焦点是乡村社会结构的形成与变动。它们考察的起点往往是明代,对明代中后期的变动尤为关注。经由这些研究,现在我们较为确切知道的是,从明代中后期起,宗族组织开始逐渐成为中国,特别是南中国乡村社会的重要组织;由渊源于明初和明代以前的乡村寺庙仪式与脱胎于明初里社坛、乡厉坛祭祀的仪式—社会框架,也为明清时期村落与跨村落组织的形成、演变提供了不可或缺的构架。这些区域社会的发展动向,既与王朝国家的乡村统治体制的运作密切相关,又对这一体制的演进方向带来重要影响。[3]由于这种区域社会结构的影响一直持续至今,这些研究预设了这一结构在19世纪和民国时期的延续性与相对持久的影响力。

与20世纪七八十年代前的明清史研究相似,同期的近代史研究也较

---

[1] 参见森正夫《明末の社会関係における秩序の変动について》(1979),《森正夫明清史论集》第三卷,东京:汲古书院,2006年,第45—83页;森正夫《明末における秩序変动再考》(1995),《森正夫明清史论集》第三卷,第85—120页;森正夫《中国前近代研究における地域社会の视点》(1982),《森正夫明清史论集》第三卷,第5—44页;岸本美绪《明末清初の地方社会と"世论"》(1987),《明清交替と江南社会:17世纪中国の秩序问题》,东京:东京大学出版会,1999年,第1—25页。
[2] 山田贤《移民的秩序:清代四川地域社会史研究》(曲建文译,北京:中央编译出版社,2011年)和山本英史编著的部分论著触及19世纪的地域社会。
[3] 参见郑振满《明清福建家族组织与社会变迁》,长沙:湖南教育出版社,1992年,第227—271页;郑振满《乡族与国家:多元视野中的闽台传统社会》,北京:生活·读书·新知三联书店,2009年,第210—253页;刘志伟《在国家与社会之间——明清广东里甲赋役制度研究》,广州:中山大学出版社,1997年,第237—275页;科大卫《皇帝和祖宗:华南的国家与宗族》,卜永坚译,南京:江苏人民出版社,2009年,第79—145页;刘永华《礼仪下乡:明代以降闽西四保的礼仪变革与社会转型》,北京:生活·读书·新知三联书店,2019年,第123—304页;刘永华《帝国缩影:明清时期的里社坛与乡厉坛》,北京:北京师范大学出版社,2020年,第129—212页。

为关注社会变动与社会冲突。由于生产关系被置于史学研究的核心，阶级矛盾被视为历史发展的基本动力，农民反抗斗争受到前所未有的关注。在晚清不到一个世纪的时间里，先后爆发了太平天国、义和团两场规模较大的农民反抗运动，其规模远远超过清代其他时期的民众反抗斗争，同时，辛亥革命直接导致清王朝的崩溃，这三大事件成为海内外学界的研究热点，相关学术研究成果非常丰硕。

社会史的兴起，对近代社会史研究带来不小的冲击。社会史较早影响了欧美学者的中国近代史研究。60年代后期、70年代初美国学界出版的两部重要的近代史研究著作《大门口的陌生人》和《中华帝国晚期的叛乱及其敌人》，就是在社会史影响下写成的，两者都体现了社会史研究力图将社会冲突和抗争置于地域社会的脉络中进行理解的努力。[1]这种研究路径影响较大，后来不少重要研究都深受这一路径的影响，如周锡瑞（Joseph W. Esherick）对义和团运动的研究、杜赞奇（Prasenjit Duara）对晚清民国华北乡村的研究、菊池秀明对太平天国的研究等。[2]此外，社会史也影响到近代会党史研究。学界在追寻辛亥革命爆发的原因时，注意到19世纪会党组织的迅速发展，进而对清代秘密社会与19世纪会党组织进行了认真研究，提供了与主流革命叙事不尽相同的叙事取向和研究路径。[3]

比较明清区域社会史研究与近代社会史研究，我们可以发现一些有趣的异同。前者较为关注秩序、社会结构的生成与变动，而后者较为关注社会矛盾、社会问题与集体行动；前者强调长时段结构的持续影响，后者则偏重考察社会断裂。我们知道，仅仅从农民反抗运动的出现与会党组织的兴起，去观察19世纪的中国社会，很容易误判这一时期社会的一般境况。同样，仅仅看到19世纪中国社会中发挥长期影响的结构性因素，无视各

---

[1] 魏斐德（Frederic Wakeman, Jr.）《大门口的陌生人：1839—1861年间华南的社会动乱》，王小荷译，北京：中国社会科学出版社，1988年（英文原著初版于1966年）；孔飞力（Philip A. Kuhn）《中华帝国晚期的叛乱及其敌人：1796—1864年的军事化与社会结构》，谢亮生、杨品泉等译，北京：中国社会科学出版社，1990年（英文原著初版于1970年）。

[2] 周锡瑞《义和团运动的起源》，张俊义、王栋译，南京：江苏人民出版社，1998年；杜赞奇《文化、权力与国家——1900—1942年的华北农村》，南京：江苏人民出版社，1996年；菊池秀明《広西移民社会と太平天国》，两卷，东京：风响社，1998年。

[3] 蔡少卿《中国近代会党史研究》，北京：中华书局，1987年；孙江《重审近代中国的结社》，北京：商务印书馆，2021年。

种社会矛盾、冲突及社会关系变动，也难以对这个世纪形成全面的认识。

现在看来，完全无视另一个面向的研究是很少的。尽管近代社会史研究聚焦社会矛盾与集体行动，但这些研究大都致力于将社会矛盾与集体行动置于地域社会脉络中进行理解，这就有可能从一个较长的时段中，联系结构性因素来理解社会矛盾和集体行动。甚至七八十年代以前明清史领域的阶级关系与农民战争研究，其实也致力于从结构层面把握社会关系及其变动，并没有放弃长时段的眼光。[1]事实上，明清社会史研究与近代社会史研究并非无法调和。一方面，对集体行动的研究，应有一个中长时段的视角，这种历史时间的纵深，有助于理解集体行动如何发生，是否带来了结构性变动：这些抗争现象是社会解体的一种症状和结果，还是另有其他内涵？还应注意到，农民抗争的影响未必是均质的，不少区域的社会经济很快得到恢复，社会秩序得以重建。另一方面，农民抗争的爆发与规模及会党组织的兴起，当然应置入19世纪的社会境况去理解。在探讨乡村社会变动时，也不应忽视19世纪发生的不同层次的变动。

在社会学、社会史领域，士绅在19世纪中国社会中的地位，很早就受到学者的关注。学术界对士绅的研究，可以追溯至20世纪40年代，此后在欧美与日本有很大的推进，并形成各自的关注重点。欧美研究较为关注清代士绅，特别是19世纪的士绅，关注的是这一群体的身份获取渠道及他们在国家与社会之间的中介角色，强调他们在社会秩序维系中发挥的重要功能。[2]日本学者较为关注的是乡绅问题，他们侧重讨论的时代是晚明，关注的是他们的优免特权及以此为基础形成的乡村支配方式。[3]他们与其说关注的是乡绅群体自身，不如说是关注一种特殊的统治形态。后来

---

[1] 在社会形态观的影响下，这些研究也承认，明清时期的农民反抗斗争，只是暂时缓和了阶级关系，未能从根本上改变生产关系，因而它们也认可这一时期存在阶级结构延续的面向。这里的一个例外是明末的市民反抗斗争，不少学者将之诠释为新生产关系出现的标志。参见宋元强《中国资本主义萌芽讨论的两个阶段》，《建国以来史学理论问题讨论举要》，第146—148页。

[2] 费孝通《中国绅士》，惠海鸣译，北京：中国社会科学出版社，2006年，该书内容主要是在40年代后期写成的；张仲礼《中国绅士：关于其在十九世纪中国社会中作用的研究》，李荣昌译，上海：上海社会科学院出版社，1991年，第213—223页；瞿同祖《清代地方政府》，范忠信、晏锋译，北京：法律出版社，2003年，第282—330页。

[3] 有关日本乡绅研究的基本看法，参见檀上宽《明清乡绅论》，刘俊文主编《日本学者研究中国史论著选译》第二卷《专论》，第453—483页；较有代表性的看法，参见重田德《乡绅支配的成立与结构》(1971)，刘俊文主编《日本学者研究中国史论著选译》第二卷《专论》，第199—247页；森正夫《明代的乡绅——士大夫与地域社会との关连について觉书》(1980)，《森正夫明清史论集》第三卷，第121—144页。

对近现代士绅的研究,不仅关注这一群体在晚清社会变动中的重要功能,也注意到这个群体的社会构成的变动,以及他们如何从社会秩序的维系者、地域社会的代言人,演变为20世纪政治话语中的"劣绅"。[1]本书希望讨论的是,从一个晚清乡民的角度看,包括士绅在内的"先生"们,与乡民的生活有何关系,他们在秩序维系中扮演何种角色。

最后还须交代的是,19世纪乡村社会不仅是明清社会史关注的课题,在很长一段时间里,也是人类学、社会学等社会科学较为关注的课题。社会科学关注这个世纪,主要原因是这一时代被视为"传统社会",是近代变动的起点。社会科学中的"传统社会",是一个相对模糊的概念,没有清晰的时代指涉,但可以看到,19世纪是被纳入这一范畴的。20世纪社会科学对传统社会的讨论,多取材于19世纪至20世纪30年代的经验事实。由于长于建构概念与理论模型,20世纪80年代以前人类学学者、社会学学者的中国社会研究,特别是弗里德曼(Maurice Freedman)的东南汉人宗族与社会研究、施坚雅(G. William Skinner)的成都平原市场圈研究、台湾人类学家的祭祀圈研究,对后来的明清区域社会史研究均产生过重要影响。[2]

弗里德曼的中国社会研究,援引大量来自19世纪的经验事实,对这一时期东南汉人社会,特别是宗族组织进行了富有新意的探讨。弗氏在研究中国东南社会时,注意到宗族组织在东南地区较为发达的事实,进而在文化比较的维度下,对宗族的内部构造与发展机制进行了深入考察。他将东南宗族组织的发达,与这一地区的生态与耕作方式(水稻经济)的特征和王朝国家在这一地区的统治强度联系起来。19世纪至20世纪二三十年代东南地区的地方行政与社会结构,成为他思考宗族发展的基本脉络。在

---

[1] Mary Backus Rankin, *Elite Activism and Political Transformation in China: Zhejiang Province, 1865-1911*, Stanford: Stanford University Press, 1986; 马敏《官商之间:社会剧变中的近代绅商》,天津:天津人民出版社,1995年;王先明《近代绅士:一个封建阶层的历史命运》,天津:天津人民出版社,1997年;Philip A. Kuhn, "Local Self-Government Under the Republic: Problems of Control, Autonomy, and Mobilization," in Frederic Wakeman, Jr. and Carolyn Grant, eds., *Conflict and Control in Late Imperial China*, Berkeley and Los Angeles: University of California Press, 1976, pp. 287-295; 杜赞奇《文化、权力与国家——1900—1942年的华北农村》,第205—232页;王奇生《绅权:乡村权势的蜕变》,《革命与反革命:社会文化视野下的民国政治》,北京:社会科学文献出版社,2010年,第317—337页。

[2] 对这些研究的系统讨论,参见王铭铭《社会人类学与中国研究》,北京:生活·读书·新知三联书店,1997年,第65—148页。

这一脉络中,19世纪至民国前期的东南社会,被视为具有延续性的社会。[1]同样,施坚雅建构的基层市场圈模型,结合了经济地理学理论与来自成都平原等区域的经验事实。这一集贸易、社会、文化于一体的社会单元,被视为分析传统中国社会的基本单元。[2]在台湾人类学家建构祭祀圈概念的过程中,20世纪六七十年代的台湾汉人社会,也被置于清代的延长线上进行讨论。他们在田野调查基础上建构的祭祀圈概念,实际上牵涉跨越清代、日据时期和国民党统治三个不同时期的经验事实,不过最终这一概念被视为把握清代以降台湾汉人社会的重要分析工具。[3]

由社会科学研究者建构的上述概念与模型,试图把握传统中国社会结构的基本特征,他们的研究属于共时性的结构分析,他们提出的概念与模型,对后来的明清区域社会史研究产生了很大的影响,区域社会史偏重群体、组织分析的路径,就是这种影响的一个体现。

本书尝试进行的一个工作,是将明清区域史学者重构的明清区域社会、近代社会史研究与20世纪人类学学者、社会学学者描绘的传统中国社会,都置于19世纪的一个地域情境中进行检视。换句话说,本书尝试基于19世纪一个徽州乡村社区的经验事实,从一个乡民的生活世界中,审视明清区域社会史、近代社会史与人类学学者、社会学学者在各自领域中提出的一些见解,去捕捉19世纪中国社会的某些时代特征。这样一种研究,要求我们同时关注中长时段的结构性因素与乡村社会出现的中短时段的变动,最好能将结构分析与过程分析、宏观维度与微观维度、群体路径与关系路径结合起来。

个体层次的整体史

严格说来,本书并非一本区域史专著,而是一本从事微观分析的著

---

[1] Maurice Freedman, *Lineage Organization in Southeastern China*, London: Athlone, 1958; Maurice Freedman, *Chinese Lineage and Society: Fukien and Kwangtung*, London: Athlone, 1965.
[2] G. William Skinner, "Marketing and Social Structure in Rural China: Part I," *Journal of Asian Studies* 24.1 (Nov. 1964), pp. 3-43.
[3] 许嘉明《彰化平原福佬客的地域组织》,《"中央研究院"民族学研究所集刊》第36期(1973年秋季),第166—188页;施振民《祭祀圈与社会组织——彰化平原聚落发展模式的探讨》,《"中央研究院"民族学研究所集刊》第36期,第191—206页。

作。笔者当然关注19世纪本书所讨论区域的社会经济动向，但本书分析的立足点却并非区域，而是一个农户，或更准确地说，一个乡民。这一视角使本书在相当程度上有别于以往的明清区域史著作。因此，这一视角的学术依据何在，与以往的视角有何本质差别，如何开展这个层次的史学研究，都需要有所交代。

  本书之所以采取个体的视角，有几个方面的考虑，其中最基本的一点，是本书解读的排日账材料的基本属性。这批材料由一家农户祖孙三代所记，体现了19世纪30年代末开始的半个多世纪里，一家农户的生活世界及其变动。在这批材料中，第二代记录的时间最长、信息最为详尽，为了解此人及其父辈、子辈的生活，从一个乡民的眼光观察19世纪的中国社会，提供了难得的材料和视角。要系统利用这批材料，微观视角比其他视角更适合。

  从学理上说，以往的社会史研究，多立足于区域、全国或跨国视野，较为偏重群体的计量分析，相对忽视个体的历史体验。个体视角立足个体的历史经历，探讨个体生命历程与区域、王朝、跨国层次的历史进程之间的关系，具有宏观与中观的历史层次难以替代的某些优势。

  我们知道，随着20世纪经济史、社会史的兴起，大人物的地位为小人物所取代，但这并非简单的大小人物之间的替代关系，因为以往对大人物的研究，关注的是个体，而经济史、社会史研究，考察的并非个体的小人物，而是复数的小人物，也即体现在统计数据中的小人物。斯通（Lawrence Stone）倡导的"集体传记"（prosopography），作为处理复数小人物的重要方法，就是这方面的一个有趣例子。[1]一般而言，个体小人物研究的合法性是被质疑的。只是在20世纪70年代微观史研究兴起之后，个体小人物才开始得到一些关注。当历史写作聚焦于梅诺乔（Menocchio）和马丁·盖尔（Martin Guerre）这类普通民众时，小人物

---

[1] Lawrence Stone, "Prosopography," *Daedalus* 100.1 (1971), p. 46. 不过也有学者的集体传记研究致力于重构一组小人物的生命史，克莱尔·安德森（Clare Anderson）提出的"庶民集体传记"（subaltern prosopography）就是一个例子，参见 Clare Anderson, *Subaltern Lives: Biographies of Colonialism in the Indian Ocean World, 1790-1920*, Cambridge: Cambridge University Press, 2012, p. 7. 此外，集体传记研究的早期实践者，如路易斯·纳米尔（Lewis Bernstein Namier, 1888-1960），关注的是政治人物而非普通民众，参见 D. W. Hayton, *Conservative Revolutionary: The Lives of Lewis Namier*, Manchester: Manchester University Press, 2019, pp. 154-157.

个体的史学价值才会成为史学思考的一个焦点。[1]此后个体生命史在全球范围内获得了一些关注，但在中国史研究，特别是21世纪以前的中国史研究中，对个体生命历程的关注还很不够。[2]个体小人物研究的合法性，学界仍有争议。[3]梅诺乔、盖尔为何值得我们关注？是因为他们自身拥有形而上的认知价值，还是因为他们有助于深化对重大历史进程的认知？学界对此尚无一致看法。

笔者认为，对于史学研究而言，个体层次的观察视角，有可能提供宏观、中观层次难以获得的认知。

首先，史学研究既需要望远镜，也需要显微镜。通过调整观察尺度，宏观、中观层次难以观察到的事实，可能会逐渐变得清晰起来，就好比通过调大地图的比例尺，本来平滑匀质的地貌，可能开始变得凹凸不平。如果依据前者来行军打仗，必将导致严重的后果。基于群体的统计数据，很可能掩盖了不同个体、不同类型个体不尽相同甚至相差很大的特性。[4]同时，从常理上看似个别、特殊的现象，可能反倒是颇为常见的现象。意大利微观史学者就特别强调对所谓"看似例外的常规现象"（the exceptional normal）进行研究，认为这些案例具有很重要的方

---

[1] Carlo Ginzburg, *Cheese and the Worms: The Cosmos of a Sixteenth-Century Miller*, trans. A. Tedeschi, London: Routledge & Kegan Paul, 1980 [1975]；娜塔莉·泽蒙·戴维斯（Natalie Zemon Davis）：《马丁·盖尔归来》，第二版，刘永华译，北京：北京大学出版社，2015年。

[2] 中国史领域对小人物的研究中，影响较大的是史景迁（Jonathan Spence）的《王氏之死》，但读此书，书中有关王氏的篇幅是很有限的。其他如刘大鹏、张枫一类，尽管算不上有全国性影响的大人物，但也很难归入小人物一类。参见史景迁《王氏之死：大历史背后的小人物命运》，李孝恺译，桂林：广西师范大学出版社，2011年；罗志田《科举制的废除与四民社会的解体——一个内地乡绅眼中的近代社会变迁》，《清华学报》第25卷第4期（1995年12月），第345—369页；沈艾娣（Henrietta Harrison）《梦醒子：一位华北乡居者的人生（1857—1942）》，赵妍杰译，北京：北京大学出版社，2013年。目前尚无研究张枫的专著。

[3] 其实，这几乎是所有微观研究面临的质疑。《蒙塔尤》一书题词引用《奥义书》的哲言为该书的学术价值辩护。《奥义书》说，通过一团泥、一块铜、一个指甲刀，我们可以分别了解所有泥制品、铜器和铁器。参见埃马纽埃尔·勒华拉杜里（Emmanuel Le Roy Ladurie）《蒙塔尤：1294—1324年奥克西坦尼的一个山村》，许明龙、马胜利译，北京：商务印书馆，1997年，无页码。但彼得·伯克（Peter Burke）追问说："问题在于，村落（指蒙塔尤——引者）代表的宏观单位究竟是什么？它是哪个大洋之中的一滴水？它假设中的典型，是阿列日、法国南部、地中海世界还是中世纪？"参见彼得·伯克《法国史学革命：年鉴学派，1929—2014》，第二版，刘永华译，北京：北京大学出版社，2016年，第135—136页。

[4] 近代统计学的核心理念是"均值人"（the average man）概念，这一理念已受到社会科学界的质疑，参见叶启政《实证的迷思：重估社会科学经验研究》，北京：生活·读书·新知三联书店，2018年，第143—211页。

法论价值。[1]浮出海面的一角，往往隐藏着巨大的冰山。

其次，个体视角有助于从关系、网络而非群体、组织的角度观察社会。明清区域社会史较为偏重中观层次的分析，这种中观研究路径的基本特征是：从中国社会生活中较为显而易见的要素（宗族、村落、族群等）出发，探求这些要素在中国社会中的重要性，特别是或多或少预设这种组织或关系对于普通乡民的重要性。不过从逻辑上说，这些中观共同体具备多种重要功能，并不等于它们对普通乡民是很重要的，也不意味着它们的重要性对不同乡民是一样的。因此，我们不仅需要论述这些社会群体在宗族、村落和跨宗族、跨村落层面的重要性，也许还必须探讨它们对于生活在"其中"的普通个体、家庭的重要性。换句话说，我们也许需要一种以个体或家庭为起点，同时能够检视、探测中观共同体及相应社会关系之重要性的研究路径，并定位服务于此一目标的相应文献类型。此外，对于被视为重人伦、有差序的中国社会来说，从个体入手的关系视角，应该说比中观群体的视角更为贴近我们观察的事实，因而具有组织/群体视角难以替代的重要价值。[2]

再次，个体层次的历史分析还有一个优势：跟不少宏观、中观层次的研究相比，个体层次的不同面向之间的关系，是一种有机的联系，因为其主体是统一的，这与一些宏观、中观的分析单元（如国家、区域或族群）的不同面向之间的关系需要预设或论证是不同的。也即是说，在

---

〔1〕 "看似例外的常规现象"是由意大利史学家爱德华多·格伦迪（Edoardo Grendi）提出的概念。列维（Giovanni Levi）指出，因果关系对实验至关重要，但在"一门科学化程度较弱的学科"（指历史学）中，我们难以复制因果关系，故而"哪怕是最微不足道的不一致"，也应予以注意，因为它们有可能揭示总体意义。参见 E. Grendi, "Microanalisi e storiasociale," *Quaderni Storici* 7 (1972), pp. 506-520, 引见 Giovanni Levi, "On Microhistory," in Peter Burke, ed., *New Perspectives on Historical Writing*, second edition, University Park, Penn.: Pennsylvania State University Press, 2001, p. 113. 有关微观分析对于史学研究的重要性，参见 Giovanni Levi, "On Microhistory"; Carlo Ginzburg and Carlo Poni, "The Name and the Game: Unequal Exchange and the Historiographical Marketplace," in Edward Muir and Guido Ruggiero, eds., *Microhistory and the Lost Peoples of Europe*, trans. Eren Branch, Baltimore: The Johns Hopkins University Press, 1991, pp. 3-8; Jacques Revel, "Microanalysis and the Construction of the Social," in Jacques Revel and Lynn Hunt, eds., *Histories: French Constructions of the Past*, New York: The New Press, 1995, pp. 492-502. 近期对这一方法的讨论，参见 Jan de Vries, "Playing with Scales: The Global and the Micro, the Macro and the Nano," in John-Paul Ghobrial, ed., *Global History and Microhistory*, Oxford: Oxford University Press, 2019, pp. 23-36; Giovanni Levi, "Frail Frontiers?" in John-Paul Ghobrial, ed., *Global History and Microhistory*, pp. 37-49.

〔2〕 对这一问题更全面的讨论，参见刘永华《排日账与19世纪徽州乡村社会研究——兼谈明清社会史研究的方法与史料》，《学术月刊》2018年第4期，第128—141页。

个体层次开展整体史研究，在方法上可说是最没有争议的。此处的整体史，与布罗代尔的总体史概念不尽相同[1]，侧重表述的是人类学的整体主义关怀，这个概念强调生活世界不同面向之间的关联，注意从整体而非某一面向出发去把握研究对象的生活世界。

最后，个体视角还可以提供个体对历史进程的体验，这种体验具有难以化约的人文主义价值。[2]呈现这种历史体验，对于践行人文主义是有意义的，我们是否可以认为，这也是历史学作为一门人文学科的使命之一？

当然，"没有人是一座孤岛"。人是生活在社会之中的，每个个体的生活世界当中，都有形形色色的人进进出出，而且随着个体生命历程的推进，个体交往的社会圈子也会随之发生伸缩。同理，历史上的个体，也在生命历程的展开过程中，与不同层次的历史进程产生或强或弱，或直接或间接的关系。在个体或微观层面进行思考，仅仅是以具体的人、物、事作为切入点，而绝不仅仅限于对它们自身进行研究。"人类学家并非研究村落（部落、小镇、邻里……）；他们只是在村落里研究。"[3]克利福德·格尔兹（Clifford Geertz）的这句警句，不仅对今日的人类学仍有价值，对历史学也是很好的提醒。调低历史的尺度，不是仅仅为了关注微观层次。恰恰相反，个体或微观不只是考察对象，还是一种观察视角，不然微观分析作为一种方法，其学术价值就要打折扣。[4]

因此，聚焦个体生命的史学研究，就必然不限于还原个体的生命历程本身，同时也必须探讨个体对不同层次的历史进程的参与和不同层次的历史进程对个体生命的影响。在很大程度上说，个体生命史的价值一

---

[1] 布罗代尔在《菲利普二世时代的地中海和地中海世界》一书结论部分提出了"总体史"（histoire totale）概念，这个概念指的是从长、中、短三种不同时间计量单位来撰写历史，这三种时间计量单位，分别对应地理环境、社会经济局势与事件三个主体。布罗代尔还提出过"histoire globale"（笔者以前译作"整体史"）概念，这个概念侧重表述的是观察历史的空间维度。参见费尔南·布罗代尔（Fernand Braudel）：《菲利普二世时代的地中海和地中海世界》第二卷，吴模信译，北京：商务印书馆，1996年，第975—976页；伯克《法国史学革命：年鉴学派，1929—2014》，第204—205页。

[2] 段义孚《人文主义地理学：对于意义的个体追寻》，宋秀葵、陈金凤等译，上海：上海译文出版社，2020年，第2—5页及全书各处。

[3] 格尔兹《文化的解释》，纳日碧力戈等译，上海：上海人民出版社，1999年，第29页。

[4] 参见 Christian G. De Vito 在 "History without Scale: The Micro-Spatial Perspective"（in Ghobrial, ed., *Global History and Microhistory*, pp. 348-372）一文第349—355页对研究尺度问题的澄清和讨论。

方面固然在于再现个体的独特体验,另一方面也在于它们有助于揭示宏观、中观研究难以揭示的重要历史进程或是对这些进程的不同理解,这无论是在历史学还是社会科学都是如此。[1]借用西敏司(Sidney Mintz)的话来说,这样一种工作必定是书写"史中史"(history within history)的工作[2],是一种大写历史与小写历史之间进行对话的工作。

这种大小写历史之间的对话关系,在某种程度上类似于点与坐标系的关系。在坐标系中,我们基于给定的信息,能够标出一个点的位置,而从这个点的位置,可以推知坐标系及其他点与这个点之间的位置关系。同理,从一个信息足够丰富的特定个体,我们有可能推知所在社会的"坐标系"及其他个体与此人之间的位置关系。笔者认为,如果措置得当,最低限度地,微观分析能够提供"坐标"功能,这个功能大概是微观分析最重要的价值之一。

在个体生命史的学术小径上,林耀华先生是一个重要的先行者。成书于20世纪40年代的《金翼》,是那个年代的社会科学论著中,对时间和历史特别敏感的一本著作。[3]该书对黄东林一生的描绘,为书写小人物的历史提供了典范。《金翼》的时间轴有两个:一是生命历程,二是历史时间,前者被置于前台,后者则基本隐藏于幕后。该书以闽江中游黄村村民黄东林的生命历程为主要线索,叙述了19世纪70年代至20世纪40年代的时间里,黄家和张家两个乡村家庭的历史。其写作策略是以生命历程的推进带动历史时间的叙述,这种写作策略为串联生命史与宏观、中观层次的历史进程提供了一个富有成效的方式。书中对人际网络

---

[1] 赵丙祥《将生命还给社会:传记法作为一种总体叙事方式》,《社会》2019年第1期,第37—68页;渠敬东《探寻中国人的社会生命——以〈金翼〉的社会学研究为例》,《中国社会科学》2019年第4期,第98—122页。在个体生命史研究中,王铭铭倡导的人生史研究颇值注意。人生史偏重考察一个社会中的"头人",他们是该社会不同关系的聚合点,故而是结构分析优先考察的对象。参见王铭铭《人生史与人类学》,北京:生活·读书·新知三联书店,2010年;郑少雄《汉藏之间的康定土司:清末民初末代明正土司人生史》,北京:生活·读书·新知三联书店,2016年。这个认识值得重视。不过也应认识到,不少关系——特别是对普通民众的生存至关重要的各种"横向关系"——可能与"头人"并无交集。

[2] Sidney W. Mintz, *Worker in the Cane: A Puerto Rican Life History*, New York: W. W. Norton, 1974 (1960). "史中史"是该书第8章的标题。

[3] 《金翼》初版于1944年,1947年修订再版。目前,中文有两个译本:2015年出版的《金翼:一个中国家族的史记》(庄孔韶、方静译,生活·读书·新知三联书店印行),是基于1944年的初版;2000年出版的《金翼:中国家族制度的社会学研究》(庄孔韶、林宗成译,生活·读书·新知三联书店印行),则是在1947年修订版的基础上翻译的。

的描述,提供了个体生命研究值得注意的另一个优势。此书为笔者撰写本书提供了多方面的灵感来源。当然作为一部史学著作,本书无论是在使用的材料、资料处理方式还是基本问题的探讨方面,都不可避免地与《金翼》不尽相同。

  作为书写个体层次的整体史的一个尝试,本书采取的叙事策略是,以19世纪徽州一个乡民的生命历程为主要线索,穿插论述程家生活世界的不同面向,以此讨论这个乡民的生活世界及其变迁,思考这一历程与重要历史事件、王朝制度与长时段历史进程之间的交错关系。具体来说,本书试图从两个方面来探讨这个普通乡民的生活世界。一方面,本书试图再现这个乡民生活世界的不同面向,举凡生计活动、物质文化、人际关系、仪式实践、时空观念、读写能力、政治体验等,都将在书中有一定篇幅的讨论。另一方面,笔者还试图将这个乡民的生命历程,置于19世纪的一系列历史事件与重要进程中进行讨论。书中触及的事件和进程,举其要者有18世纪末开始的国际茶叶贸易的发展,19世纪乡村经济的商业化,19世纪中后期阶级关系与社会秩序的变动,19世纪清王朝乡村统治的变动,以及近代两大历史事件——太平天国运动与义和团运动——的影响等。[1]

  通过结合结构分析与历史分析,笔者希望能够从一个乡民的角度来理解19世纪,这就是笔者使用本书书名的主要考虑。书名使用"十九世纪"而非"晚清",一个原因是本书讨论的主要材料跨越了鸦片战争的界限,另一个原因是,要理解晚清乡民的生活世界,笔者认为有必要讨论19世纪前期乃至更久远的过去。换句话说,我们既要理解19世纪中后期的历史变动,也应关注影响19世纪的那些中长时段的、结构性的因素。出于这一考虑,本书既试图捕捉程允亨生活世界发生的那些变动,也注意呈现这个世界中变动难以察觉的那些面向,如物质文化、社会组织、时空感知、仪式实践等,这些不同面向各有自身的变动节奏,有些

---

[1] 中国近代史的基本问题,学界有"两大过程""三大高潮"与"十大事件"之说,此处列举的对程家生活世界带来直接影响的事件和过程,只是其中的一小部分。对中国近代史基本问题的讨论,参见罗志田《转变与延续:六十年来的中国史学——偏重中国近代史研究》,《经典淡出之后:20世纪中国史学的转变与延续》,北京:生活·读书·新知三联书店,2013年,第76—78页。

面向的节奏甚至相差甚远。

本书分为十八章，以时代先后特别是本书主角的生命历程为经，以其生活世界的主要面向为纬，全面重构程允亨的生活世界及其变迁。除了第一章和最后两章外，本书十六个主体篇章，大体可分为六个部分。

第一部分由第二章至第四章构成，主要论述程家所在地域的总体状况，讨论太平天国运动前、运动期间的程家生活。第二章主要介绍本书讨论地域的生态环境、生计传统与村落景观。第三章侧重考察运动前程家的家庭构成与生计状况。第四章讨论程允亨的少年时代及战乱对徽州社会经济的冲击。

第二部分由第五章至第九章构成，讨论太平天国结束后程家生计活动的诸方面。第五章考察的是农田耕作、茶叶种植与制作、山货采集与贩卖等生计活动，并讨论了与此相关的阶级关系问题。第六章探讨的是太平天国结束后程家生计模式的调整问题。第七章对太平天国前后程家的生活水平进行了讨论，并论述了程家参与的种种交易形态及商业化问题。第八章重建程家的饮食、衣着等主要方面。第九章讨论的主题是与生计活动密切相关的行动空间问题。

第三部分由第十章至第十二章构成，这一部分侧重从社会组织与人际互动两个角度，讨论程允亨生活世界的社会面向。第十章讨论程家的家庭生活与家人之间的关系，并简要论述了妇女在程家生活世界中扮演的角色。第十一章考察程家所在地域的社会组织，特别是宗族与村落。第十二章讨论程家的人际关系与人际互动。

第四部分由第十三章至第十五章构成，讨论的主题是程家生活世界的文化面向。第十三章透过讨论年节行事、聚落空间、居住空间，考察徽州乡民的时空感知问题。第十四章探讨程家参与的宗教仪式及与此有一定关系的社会文化活动，如进香、疾病与治疗、看戏等。第十五章讨论了程家三代的读写能力及文字与书籍在其生活中的地位。此外，笔者对包括人生礼仪、村落与跨村落仪式在内的乡村仪式的讨论，散见于全书各个相关章节。

第五部分为第十六章，探讨的主题是乡民与王朝国家之间的关系，侧重从钱粮缴纳、纠纷调处和坛庙祭祀三个方面，考察程家与晚清王朝国家及其代理人之间的关系。

第六部分由第十七章和第十八章构成。第十七章主要考察的是程家生计危机发生的原因与背景及其应对，并交代了程允亨去世的情况。最后一章为本书结论部分，对本书各章的认识稍作归纳，并简单交代了程家后裔的情况。

透过以上的组织框架，笔者希望以程允亨的一生为主要线索，全面考察其生活世界的不同面向，再现这个世界在半个多世纪中经历的变迁，为理解19世纪中国乡村变迁提供一个有血有肉且有一定深度的翔实个案，修正以往对这一时期的刻板印象，揭示以往研究不够重视的重要面向。

基本史料

前面谈到，在资料方面，19世纪是一个相对尴尬的时代。这一时期开始出现近代意义上的社会经济统计数据（如海关统计数据），但不管是覆盖范围还是涵盖类别，都无法跟20世纪前期的数据相媲美。近代社会科学调查的开展，必须等到20世纪20年代。在这种情况下，徽州排日账这种出自19世纪普通乡民之手的文献，无疑是了解普通民众生活的异常珍贵的史料。

排日账是流行于婺源境内的一种民间历史文献。所谓"排日"，应是指这种文献逐日记录的书写格式[1]，而"账"是指它记录了日常的收入和开销，与账簿类同，因此，不少排日账的封面经常题有"逐日登记""逐日账簿"等名目。不过与普通账簿不同的是，排日账通常还逐日记录了记账者及其家人的日常行事，因而与日记体文献颇为接近。"排日账"一词没有出现于目前发现的排日账文献，不过笔者在婺源开展田野考察的过程中，了解到这个表述是当地乡民对这种文类的通行称呼，因此笔者在行文中统一使用这一表述。

由于排日账流传范围不广，据笔者管见所及，在20世纪的明清史

---

[1] 一些地区的账簿有题作"日记"者，其意与今人所说日记不同，乃逐日记录之谓，与婺源的"排日"相近。另可参见王振忠《排日账所见清末徽州农村的日常生活——以婺源〈龙源欧阳起瑛家用账簿〉抄本为中心》（《中国社会历史评论》第13卷，天津：天津古籍出版社，2012年，第107—127页）一文第108—109页对"排日"一词的讨论。

研究中，这种文献并未为学界所提及，更未曾被利用。徽州文书数量可观，早在20世纪五六十年代，就已受到明清社会经济史学界的关注，但当时的徽州文书多出自祁门、歙县、休宁和黟县，来自婺源的文书数量较少，这一时期是否有排日账入藏公藏机构，有待查证，不过笔者未见学界利用过此类文献。目前第一篇介绍排日账的文章，应是2002年《华南研究资料中心通讯》所刊邵鸿、黄志繁对一本晚清婺源排日账的介绍。[1]这个文本发现于婺源县龙山乡任村，记录了道光二十五年（1845—1846年初）该村一家农户全年的日常行事。记录者是一位名叫林光铨的少年。两位作者直接称为"日记簿"，文章提供了这个文本的释文，但没有对这种文类的来源、性质和类型进行讨论。

2006年秋，笔者在屯溪老街出售旧文书的店铺搜集到一批晚清排日账等文献，这批文献总共十五册，由一家三代所记，因这家农户姓程，本文称其中的排日账为程氏排日账（参见图1.1）。这批排日账记事始于道光十八年（1838），迄于光绪二十七年（1901），时间跨度达六十三年。不过，由于有些年份空缺，实际跨度约有三十九年，其中1841—1842、1847—1852、1854—1855、1859—1871、1874—1877、1897—1899年存在部分或全部空缺的情形，其中空缺时间最长的是19世纪六七十年代，也即太平天国运动前后。这些账簿以廉价土纸写就，但笔迹尚称清晰，保存基本完好。在这十五种账簿中，排日账十三种，普通账簿两种。排日账大多冠以"登记账簿""勤笔登记""逐日登记""逐日账簿"等标题。

笔者随后在婺源乡间开展田野调查，在调查中了解到，这种文本在当地被称为排日账。同时，笔者在田野中又陆续搜集到一些排日账，其中较为系统的是在婺源县沱川乡塘崛村搜集到的一批排日账。这批文本共五册，分别记录于1958年和1992—1995年，由该村一位老人所记。这是目前笔者所见记录最晚的排日账文献。根据其儿子介绍，老人有记账的习惯，1949年前就开始记账，此后一直没有中辍。老人于1996年过世，过世的前一年还在记账。可惜因为搬家的缘故，多数排日账都已散佚。

2008年，黄志繁、邵鸿在一篇文章中提到，他们在婺源搜集到六种

---

[1] 邵鸿、黄志繁《19世纪40年代徽州小农家庭的生产和生活——介绍一份小农家庭生产活动日记簿》，《华南研究资料中心通讯》第27期（2002年4月），第1—15页。

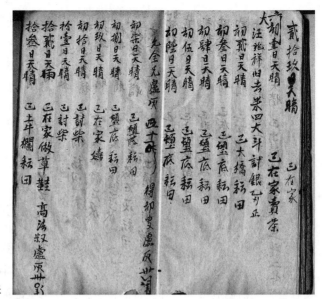

图1.1 排日账

排日账,其中道光朝的那本,已见于2002年的文章。其余五种当中,一册记于乾隆十二年(1747),这是目前学界提及的现存最早的排日账。其他年代较晚,其中咸丰、同治各一种,民国时期两种。[1]此外,在黄志繁等主编《清至民国婺源县村落契约文书辑录》中,也公布了几种篇幅较短、年代较晚的排日账残本。[2]2009年,王振忠也在一篇文章中,提到他搜集到一本排日账,其记账日期为乾隆三十二年和乾隆三十三年(1767—1768),这也是年代较早的排日账实物。在2012年发表的一篇论文中,他还解读了光绪末年婺源一位塾师所记的排日账。此外,王氏还提到他收藏的其他排日账,其中同治、光绪年间各一种,民国年间两种,20世纪50年代三种,另有一种年代不详,共计八种。[3]

---

[1] 黄志繁、邵鸿《晚清至民国徽州小农的生产与生活——对5本婺源县排日账的分析》,《近代史研究》2008年第2期,第119—124页。
[2] 参见黄志繁、邵鸿、彭己军编《清至民国婺源县村落契约文书辑录》,北京:商务印书馆,2014年,第6册,第2722—2797页;第16册,第8013—8046页;第17册,第8363—8390页。
[3] 王振忠《明清以来的徽州日记及其学术价值》,国家图书馆古籍馆编《第二届地方文献国际学术研讨会论文集》,北京:国家图书馆出版社,2009年,第37页;又参见王振忠《明清以来徽州日记的整理与研究》,合肥:安徽大学出版社,2020年,第6页(王振忠称这类文本为"农民日记");王振忠《排日账所见清末徽州农村的日常生活——以婺源〈龙源欧阳起瑛家用账簿〉抄本为中心》,第109页。

开始接触排日账时，笔者感到很困惑，这种文本何时出现？它是如何产生和被使用的？从目前公布的信息看，现存最早的排日账可能是在18世纪中期的婺源写就的。由于没有直接的史料，这种文类出现的背景是一个棘手的问题。熟悉思想史的读者，可能会联想到明末清初的日谱。这种在宋明理学修身日记、晚明功过格影响下出现的文类，是士人自省的凭借和教学的媒介，体现了修养的日常生活化。不过，正如王汎森指出的，日谱没有像功过格那样平民化，它局限于士人，而且随着清学的兴起，在士人中的影响力也逐渐消退。[1] 从现有证据看，很难建立日谱与排日账之间的渊源关系。

基于田野调查和对排日账文献的阅读，笔者推断这种文类与徽州启蒙教育的教学方法或不无关系。或许由于文字在徽州乡村日常生活中与日俱增的重要性，大约在18世纪中叶前后，婺源及周边一些地方的启蒙教育，逐渐创造出了一种独特的传统：指导学生记录每日行事和日常开支，以此帮助学生牢记在课堂上习得的文字书写能力。学生从学堂肄业后，继续使用这种方式巩固文字书写能力，结果在离开学堂后的相当长时间内，这些学生保持了记账的习惯。有时，这种做法成为他们毕生的习惯。晚清民国时期，这种传统流行于婺源地区。笔者在婺源清华镇考察过程中，曾遇见一位老人，此人在民国时期当过几年小学教员。据他回忆，从教期间，每天都会安排学生记排日账。他认为记排日账不难学，私塾学生只要念两三年书就能掌握这种能力。他还估计说，过去大约一半以上的人（应该指男性）都记过排日账。由于这个原因，19世纪和20世纪前期，排日账成为婺源较为常见的一种文类。只是因其不为人所重，多被当作废纸，用于包装等日常用途，故而目前留下的数量不多（如图1.2中的一页排日账被用作账簿的衬页[2]）。

从目前发现的实物看，排日账流行的范围，主要限于婺源县境内。[3]

---

[1] 王汎森《日谱与明末清初思想家——以颜李学派为主的讨论》，《晚明清初思想十论》，上海：复旦大学出版社，2004年，第117—185页。
[2] 《新兴元宵簿》，乾隆三十年写本（记录截至乾隆四十九年），上海交通大学图书馆藏，卷宗号：ZHL，编号：2012-0918-01-1，备注："婺源16都4图吴氏。"
[3] 婺源以外的徽州地区发现的账簿是否属于排日账，还有待于对其格式、内容进行鉴别。一般而言，区分普通账簿与排日账之间的差别较为容易，笔者建议以文本中是否逐日记事为标准。相比而言，区分排日账和普通日记之间的差别，目前尚难给出明确的标准，下文对程氏排日账格式的讨论或许可以为此提供一些线索。

图1.2 被用作衬页的排日账

笔者曾前往与婺源毗邻的休宁县溪口镇调查,当地老乡说,他们未曾听过排日账,也不曾记过类似的东西。休宁县大连村与程家生活的婺源沱川毗邻,当地几位老人告诉笔者,他们听过山那边的婺源有人记排日账,但大连当地没有记排日账的习惯。在江西乐平县,接受访谈的老乡提到,他们听说过一种叫排日账的文献,但从他们的描述看,这种排日账更像是一种杂字类书籍。这引起了笔者的好奇,如果是一种杂字,那么它是否专为记排日账而编写?很遗憾,笔者没能找到实物。

不过,《徽州文书》第三辑刊出的一个文本,还是提供了婺源境外记排日账的证据。这个文本的封面书写"日就月将"四字,记账人王福祥应该是就读于村中私塾的一个孩子,文本记录了民国十八年(1929)二月至十月间王家家人的日常行事。从文本提及的地名及编者提供的辅助信息推断,文本来自今休宁县五城镇的一个山村。[1]这是目前在婺源境外发现的唯一的排日账。明清时期,五城隶属休宁县二十九都,距婺源县境不远[2],因此不能排除受到婺源影响的可能性。在婺源地方文献

---

[1] 刘伯山编著《徽州文书》第三辑,桂林:广西师范大学出版社,2009年,第七册,第136—164页。有趣的是,程氏排日账#1封_也写着"光绪九年新正月排日账日就月将"等字,可见"日就月将"可能是排日账常用的一种表述。
[2] 道光《休宁县志》卷之一《疆域·隅都》,《中国地方志集成·安徽府县志辑》第52册,南京:江苏古籍出版社,1998年,第31页。

中，笔者只找到一条跟排日账相关的史料。《我之小史》是清末民初婺源北乡庐坑生员詹鸣铎所撰的一部自传体小说，书中提到詹氏年幼时，父亲教他记排日账："母亲采猪草，娘娘背姆。"该书明确提及"排日账"一词。[1]这条史料从侧面证明了排日账与（家庭）启蒙教育之间的关系（当时詹氏尚未入私塾读书）。

  排日账记录的基本内容，大体由三个部分构成。在每日记录的信息中，首先是当天的农历月份、日期（若有节气，也会特别注明）、天气状况、生肖、五行及值星。排日账的主体部分，是对日常行事的记录，一般分别记录上午、下午的行事，但总记一天行事者也很常见。最后，如果当天发生收支，也会将之记录下来，是为排日账的记账功能。至于日常行事记录的详略，则与记录者的读写能力、书写态度、性格勤惰等因素相关，难以一概而论。不过，这种文类本身的一些特性，实际上也可能无形地约束着记录的内容。

  在仔细阅读程氏排日账文本的过程中，笔者发现这些账簿存在一些值得注意的文类特征与局限。首先，通过仔细比对发现，账簿对日常行事的记录并不十分系统，时有脱漏情形，如对物价的记录，经常只记花费的银钱，没有记录购买物品的数量，从而往往给系统处理相关数据带来困难；再如对农田耕作的记录，上文出现插秧的记录，后来却不见收割的记录，这是明显的脱漏，其原因估计是，有些条目是在事发数日之后才记录下来的，在这种情况下，脱漏情形自然在所难免。其次，账簿基本上不记录家中妇女的活动。这种账簿似乎有种惯例，只记录一家之中男性成员的日常行事，至于女性的活动，则一般不会提及，因此，基本上不可能透过排日账了解妇女的生活。[2]再次，账簿只记记账人及其家属的行事，至于他们行事背后的动机、观念和意识，则基本上只字不提，因此直接影响到研究者对其观念和意识的重构。这意味着笔者的解读工作，在某种程度上类似于行为科学家

---

[1] "又记得父亲教我记排日账：'母亲采猪草，娘娘背姆。'细兴公答道：'仍有一句，家父生疮抓痒。'时我父亲疮疾正剧也。"参见詹明铎《我之小史》，王振忠、朱红整理校注，合肥：安徽教育出版社，2008年，第80页。
[2] 当然也有例外，上述提到的《徽州文书》第三辑第七册收录的排日账，就记录了家中妇女的行事。

的工作。[1]第四，由于记账人文化程度有限，多数排日账别字、错字、漏字现象时有所见。他们对事情的记载，有时词不达意，难以卒读，这给解读带来一定困难。最后，第九、十册排日账的记账人程同仓，大概由于年龄较小，应付了事，记账非常潦草马虎，因此所记账簿质量较差（但换个角度看，这两册排日账为理解少儿的识字实践提供了有益的史料）。上述缺憾不仅见于程氏排日账，其他现存排日账也在不同程度上存在类似问题。

尽管存在种种局限，也应注意到，这批排日账的记账者，并不是拥有功名、身份的士大夫或受过良好教育的商人，而是普普通通的乡民（当然，是识字的男性乡民）。这批账簿的价值，正在于它们出自普通乡民之手，算得上是他们对自身生活的实录。而且，这批账簿并非来自不同乡村、不同农户的散件文书，而是由婺源一家农户祖孙三代所记，因此，其学术价值远非单本散件的排日账可比，这组文献相对系统的属性，为翔实、具体地从较长时段分析19世纪一个徽州农户的生活世界及其变迁提供了相当丰富的历史信息。[2]

排日账还有一个属性值得注意。记录于账中的日常行事，尽管有其文类格式的限制，却可以被视为记账人对自身与周遭世界交往实践的一种感知，他们参与了这些实践，并在意识中感知到它们，最终将它们记录下来。因此，排日账既体现了记账人从事的各种实践，又反映了他们对世界、对自身与世界关系的某种意识，甚至对于记账者而言，记账本身也是他们自身的某种存在方式。正是在这种意义上，笔者在书名中使用了"生活世界"这个概念。

从这批账簿的封面题名和内容推断，第一至四册的记账人为程发开，又名程义茂（大约一为字，一为谱名）。第五至八册、第十一至十三册，记账人为程允亨，又名程凤腾、程逢桂。第九和第十册的记账

---

[1] 笔者在解读排日账史料时，不时联想到行为动物学家弗朗斯·德瓦尔（Frans de Waal）的黑猩猩研究。参见德瓦尔《黑猩猩的政治：猿类社会中的权力与性》，上海：上海译文出版社，2014年。不过要记住，我们研究的是具备文字读写能力的"裸猿"。

[2] 从记录主体与记录内容看，排日账与西方的daybook似有相似之处。这种文本也多出自普通民众之手，除了记录日常来往账目外，其内容还涉及跟家庭有关的事务和工作的起止时间。这两类文献之间的异同，还有待进一步的研究。参见 Laurel Thatcher Ulrich, *A Midwife's Tale: The Life of Martha Ballard, Based on Her Diary, 1785-1812*, New York: Alfred A. Knopf, 1990, p. 8.

人为程同仓。他们三人的关系是：程允亨为程发开次子，而程同仓为程允亨之子。祖孙三代当中，以程允亨的记账时间跨度最长，内容最为详尽。三人的职业基本相同，他们从事的生计活动，包括农田耕作、茶叶种植和采集、山货的采集和加工、小本生意的经营和挑担等。在记账时，程发开已步入中年，程允亨涉及青年、中年到老年的较长时段，而程同仓则是十几二十岁的后生。有关这批排日账的更多细节，请参见附录一。

跟婺源排日账的发现相应，对这种文献的研究，也是进入21世纪后才开展的。由于排日账保存了丰富的日常生计活动的信息，如何重构晚清民初徽州乡民的生计活动，成为探讨的重点。邵鸿、黄志繁在2002年介绍道光排日账时，也对这个文本进行了若干分析，他们讨论的重点，便是林家的劳动分配、各种生计活动的参与、外出及请工状况等问题。[1]在2008年发表的文章中，他们利用五种排日账，对晚清、民国时期婺源小农的生产和生活作了进一步分析，他们探讨了农户闲暇时间的长短、不同生产劳作活动的种类和比重、外出活动的地点和频率等问题。[2]笔者近年发表的一项排日账研究成果，也以徽州乡民的生计活动为讨论的主题。[3]这项研究侧重从劳动安排、日常行事地点和现金收入三个方面，探讨了晚清婺源农户程家的生计模式及其变动，认为在太平天国结束后，随着国际茶市的扩张和农户家庭结构的变动，这家农户投入更多的劳动进行茶叶的生产和加工，从而增加了现金收入；同时又通过投入更多劳力进行土地开发，增加了自耕土地数量，相对缓和了对米粮市场的依赖。

目前排日账研究的另一个重点，是对近代徽州乡村社会生活的讨论。王振忠在一项对婺源西乡一位塾师所记排日账的研究中，侧重讨论了这个文本反映的晚清徽州乡村的社会生活。[4]这个问题也是笔者研究

---

[1] 邵鸿、黄志繁《19世纪40年代徽州小农家庭的生产和生活——介绍一份小农家庭生产活动日记簿》，第1—6页。

[2] 黄志繁、邵鸿《晚清至民国徽州小农的生产与生活——对5本婺源县排日账的分析》，第119—124页。

[3] 刘永华《小农家庭、土地开发与国际茶市（1838—1901）——晚清徽州婺源程家的个案分析》，《近代史研究》2015年第4期，第66—81页。

[4] 王振忠《排日账所见清末徽州农村的日常生活——以婺源〈龙源欧阳起瑛家用账簿〉抄本为中心》，第107—127页。

的一个关注点。在2014年发表的一项成果中,笔者侧重讨论了婺源程家的行动空间及其与程家经济、社会、宗教行事的关系。[1]笔者发现,以太平天国运动为分界,程家的行动空间出现了较为明显的变动。运动前,程家的家庭成员经常前往100华里以外的市镇,而此后他们前往这些市镇的频率明显下降,更多在大约30华里的空间半径内活动。笔者认为,这种行动空间范围的收缩,可视为程家生计模式改变的一个结果,由于在土地开发与茶叶生产中投入越来越多的劳力,程家前往远处的频率自然减少。另外,笔者还考察了程家行动空间的结构,讨论了社会交往和宗教行事对其行动空间的影响。

除了系统利用程氏排日账外,本书广泛使用了徽州文书。近三十年来,数量可观的徽州文书得到整理、出版[2],一些大学图书馆收藏的徽州文书,也开始对外开放。这些文献没有提供程家日常行事的直接证据,但不少文书来自程家生活的十六都或婺源及婺源周边地区,因而可以作为程家生活世界的旁证。笔者在撰写程家的生活空间、生计活动、时空感知、乡民与王朝国家关系等几个章节的过程中,就利用了来自婺源及周边地区的保甲册籍、契约文书、账簿、族谱等文献。

本书还利用了婺源的土改档案。由于保存不佳,婺源的土改档案并不完整,不少档案可能在移交过程中散佚,其中跟本书讨论的沱川相关的卷宗,就很不完整。不过,土改档案,特别是土改时期开展的各种土地占有情况调查,为了解土改前夕沱川的社会经济状况提供了不无局限、但较为系统的数据,是这一地域20世纪50年代前唯一较为可靠的人口、家庭和社会经济状况的材料。由于影响深远的社会变革尚未开展,时代间隔也不算大,这些材料为重构19世纪程家生活世界的一些侧面提供了较为坚实的数据基础。

还需特别提到的是《我之小史》一书。这是一本自传体小说,作者詹鸣铎(1883—1931),字振先,是晚清的末代秀才。他生活的婺源

---

[1] 刘永华《从"排日账"看晚清徽州乡民的活动空间》,《历史研究》2014年第5期,第162—171页。
[2] 目前出版的较为重要的徽州文书汇编有《徽州千年契约文书》(石家庄:花山文艺出版社,1993年)、《徽州文书》(桂林:广西师范大学出版社,2005年—)、《清至民国婺源县村落契约文书辑录》(北京:商务印书馆,2014年)、《徽州民间珍稀文献集成》(上海:复旦大学出版社,2018年)等。

十三都庐坑村（今浙源乡庐坑村），位于沱川东南，距离沱川仅二三十华里。尽管鸣铎比允亨小三十多岁，但他生活的世界，与允亨的世界有不少联系。他的不少亲友来自沱川，他自己曾于光绪二十九年（1903）前去沱川一个私塾就读一年，《我之小史》中出现的一个人物，甚至在排日账中被频频提起。书中最初几回对鸣铎少小时期的追忆，为了解排日账保持缄默或很少谈及的一些重要面向，如家人之间的关系、学馆生活、排日账书写等，提供了相当鲜活有趣的描述。[1]

刘汝骥编撰的《陶甓公牍》一书，也为本书的写作提供重要史料。刘氏于光绪三十三年（1907）补授徽州知府，在任期间曾发起徽州各县士绅调查境内民情风俗等，调查报告收录入《陶甓公牍》卷十二。[2]此次调查的内容，涉及民情、风俗、办事之习惯，调查报告对各县的饮食、服饰、居处及人生礼仪等，均有或详或略的记录，为笔者重构程家生活世界中有关物质文化、读写问题等方面，提供了比较重要的证据。

自2007年起，笔者曾三度前往徽州进行实地考察。[3]这些考察以程氏排日账记录的程家经常光顾的村落、市镇、进香中心等为线索，对这些地方进行近距离观察，试图全面还原程家的生活场景，更好地呈现程允亨的生活世界。同时，笔者还走访了沱川、清华等地的一些中老年村民，了解排日账语焉不详的一些事项，其中包括：排日账中地名的识别，土改前沱川、清华、溪口等地的社会经济状况，沱川各聚落的村落、祠堂与寺庙，沱川的仪式活动等。这些信息反映的是徽州乡村发生天翻地覆变化之前沱川及周边地区乡民生活的不同侧面，上距排日账结束的年代仅有半个世纪左右，因而对理解程允亨的生活世界具有较大的相关性和不容忽视的参考价值。

总之，笔者在写作过程中，力图以程氏排日账为主要史料，结合同时代的其他徽州文书，辅之以得自实地考察的口述访谈、碑刻、实物等证据，去再现一个徽州乡民的生活世界及其变迁。

---

[1] 有关此书的价值，请参考书前葛兆光、王振忠的序言。
[2] 刘汝骥《陶甓公牍》卷十二《法制科》，梁仁志校注：芜湖：安徽师范大学出版社，2018年。卷十二包括了70多页的调查报告。
[3] 笔者的实地考察共三次：2007年4月5日—8日；2009年11月13日—30日；2011年11月3日—15日。

第二章　沱川及其周边

程允亨生活的世界，位于中国东南的徽州。这个区域有着富有特色的生态环境、谋生方式与社会文化传统，程家世代的生活，就受到这一区域的生态与人文要素的塑造。

山乡生态

徽州位于新安江、青弋江、饶河水系乐安河的上游，境内大部为山势崎岖的山地和丘陵。绵亘于祁门、太平、宁国之间的黄山，主峰高达1800米，一般山地海拔都在600—900米之间，只有西南部丘陵比较低缓，大约在300—400米。散布其间的是沿江狭窄的河谷平原和山间盆地。[1]

明清时代，徽州下辖六县。程家所在的婺源县，境内山地、丘陵分布较广，山地占总面积的83.09%。地势由东北向西南倾斜。东北部层峦叠嶂，最高峰鄣公山海拔1629米，旧有"盘踞徽饶三百里，平分吴楚两源头"之说。西南部则丘陵绵亘，群山峡谷之间河流纵横。河流沿岸与支流两侧，分布着河谷平原与山间盆地[2]，这些地带是婺源乡民进行农田耕作的主要地域。由于山地、丘陵众多，丰富的林木资源成为当地重要的生计来源。此外，森林中的野生经济作物，是乡民采集的重要物资，在其生计中也占有不容忽视的地位；山上的野生动物，在乡民生活世界颇为常见，打猎往往是山乡青年的娱乐活动之一。

---

[1] 孙敬之主编《华东地区经济地理（上海·江苏·安徽·浙江）》，北京：科学出版社，1959年，第104页。

[2] 婺源县志编纂委员会编《婺源县志》，北京：档案出版社，1993年，第6—7、65—66页。

徽州与外界的交通，主要依赖发源于当地的几条河流。新安江是徽州最重要的水系，发源于休宁，两大支流之一的率水，流经休宁、婺源县界不远处的溪口镇，向东流去。在屯溪镇与另一条支流横江汇合后，称作新安江，继续东流，进入浙江境内，最后在杭州湾注入东海。新安江是旧时徽州人与外界人员、物资、信息往来最重要的渠道，程家平日食用的食盐，就是沿着新安江溯流而上进入徽州的；19世纪50年代以后，程家生产的茶叶，也应该是沿着这条江取道宁波或杭州，最后运抵上海，再从这个大都市出口至欧美的。率水河畔的溪口，是婺源客商前往江南地区水路的第一站，在此地上船，航行至屯溪后，换成大船，继续东行。[1]另一条河流青弋江，发源于黟县，北流至芜湖附近汇入长江。

婺源境内最重要的河流是乐安河，在婺源县境多称婺河（又称婺水），发源于婺源东北，汇集县内诸水，向西经德兴、乐平、鄱阳等地，注入鄱阳湖。太平天国运动前，婺源乡民生产的茶叶，多沿着乐安河进入江西，沿着赣江水系进入赣南，然后越南岭，下广州，由十三行出售给英国东印度公司。

程家所在的沱川，位于婺源县北部，为一个山间盆地。境内四周高山林立，东、西、北三面，千米以上的山峰比比皆是。西北的鹅头尖，海拔1224米，是境内最高峰，中间较平缓，东南的河谷地带，海拔约136米。源出境北的三条小溪，流经篁村、燕山、理源三村，在郭村合流，称作沱水，南流纳小沱水后，折而西南行，经清华镇汇入婺河。[2]

沱水水少河浅，无法通航。沱川与外界的交通，主要靠陆路。从沱川出发，向西南经月岭脚、小横坑、汪平坦、十亩段、花园等地，行走三十华里，可抵达婺北重镇清华。这条陆路是沱川的生命线，因为沱川为缺粮区，当地最重要的米市就在清华镇。清华以前可以通航，亦有陆路，向南可通思口和婺源城，西南经长林、严田、甲路等地，可抵婺西重要集市赋春。由赋春继续西行，便进入江西境内的乐平、德兴和景德镇等地。光绪二十七年五月，允亨前往乐平访友，走的便是这条线路，这条线路可称作西线。程家出售葛巾时，也常常从清华走水路，取道婺

---

[1] 詹鸣铎《我之小史》，第96页。
[2] 婺源县地名委员会办公室编《江西省婺源县地名志》，婺源：婺源县地名委员会办公室铅印本，1985年，第19页。

地图2.1 沱川地域

河将货物运到婺源城或思口镇的沽坊村。

　　对于沱川一带民众来说,清华是最为重要的市镇。清华一度号称"七省通衢",在连接浙江与江西、徽州府与饶州府的贸易往来中扮演过重要角色。根据笔者的实地调查,过去这里有一条商业街,今称老街,分上、下街两段。从上街街头到下街附近的高奢村(也有少许商铺),约长5华里,其中商业街主体达3华里。镇北有一条小河,过去通航运,可通婺源县城。远自景德镇、乐平、浮梁等县的客商,都可经水路或陆路前来这里做买卖。1949年前后,老街的店铺,主要包括出售米、布、南货的商店、馆子店、药店、伕行(轿夫)、理发店及酱房等。据民国《婺源县志稿》记载,这里的米粮店(包括兼营杂货、南货者),仅加入婺源县商会者,就有万和芳、志兴霖、裕丰、胡义盛、胡义兴、振兴合记、联芳春祥记、余和茂、源茂兴、江永盛、义升、胡同益、施景纪、振兴炜记、宏发、戴万益、江余记、施聚兴、李美旭、胡怡新祥、怡祥、王顺和、宏登霖、戴万和、同利确、施浩兴、新兴隆、同茂万记等29家;茶行有荣昌永、承昌永、益馨、洪利大、华利祥、同利祥6家;

第二章　沱川及其周边　　37

图2.1 清华航船
资料来源：《清华镇风景》，《图画时报》1929年第556期，第3张。

另有益兴号、广源号、震兴号、广茂号、益顺号、义兴号、永兴隆、德隆号、怡顺号、聚兴号、广茂怡、锦和号、义升号、万益号、浩兴号、恒亨号、晋兴号、复茂号、济生号、振茂号、隆兴号、心诚号等22家其他店铺。[1]以上三个行业的商号共60家。若是算上没有加入商会的小店，数量应该远远不止此数。

从清华东行，经高奢、花园、沱口、浙源、十保、虹关，越浙岭，复经庄前、沂源、司马墩、花桥、界首，可抵溪口镇。从溪口继续东行，经石田、渭桥、蓝渡等地，便可抵达休宁城。继续东行，最后便来到新安江上的重镇屯溪。如果不走清华，从沱川北行，经塘崛，越平鼻岭，取道汪村、留口、徐家坑等地，也可达庄前，从此地可前往溪口等地。这条东行线路对程家的生计也至关重要，允亨购买食盐，出售葛粉、黄精，基本上走这条线，不妨称为东线。平鼻

---

[1] 陈爱中《婺源徽商老字号名录》，黄山市徽州文化研究院编《徽州文化研究》第三辑，合肥：黄山书社，2004年，第424—444页。

岭是休宁进入婺源的重要通道之一，也是一个军事要塞。咸丰七年（1857），太平军就是在此地击溃团勇后，从北面进入沱川一带的。

此外，从沱川向东北行，经徐家坦、查木坑，翻过婺源、休宁边境的几座山岭，可以进入休宁西南的大连村。大连远离米市，村民必须到清华籴米，因此这条山路对他们颇为重要。可能因为这个缘故，他们与沱川人互通往来，村中吴姓与沱川各姓互有通婚关系。允亨的儿媳妇，就来自这个村子。

早在秦汉时期，中原王朝就已将后来的徽州纳入版图。唐宋时期，这一地区的开发逐渐深入，朝廷建立了一郡六县的地方行政建置，这一格局大致延续至20世纪30年代。唐开元二十八年（740），析休宁、乐平二县部分乡村，设婺源县。元代升婺源州，明代复为县，隶属徽州府。1934年，婺源划入江西省，1947年一度划回安徽，1949年后复为江西辖区。[1]

明清时期，婺源县设都、里（图）等基层组织。明初，婺源设置50都、164里（图）。后有所增减，万历二十年（1592）剩138里（图）。康熙三十年（1690）增图后，婺源共计有153里。[2]此后，乾隆八、九年增2里，共155里。[3]程家所在的沱川，属于十六都。十六都地处婺源北乡，统辖的是今隶属婺源北部沱川乡全部及大鄣山乡、清华镇等乡镇的部分村落。十六都原有三图，康熙三十年增一图，共四图。一、二图大致在今沱川乡境内，而三、四图主要在今大鄣山乡和清华镇境内（详见第三节）。

工商传统

在20世纪30年代卜凯（John Lossing Buck）主持的乡村经济调查报告中，徽州属于稻米茶区。这一地带为水稻区的重要构成部分，从东往西地跨浙江大部、福建中北部、安徽南部、江西大部、湖北南部、湖

---

[1] 道光《徽州府志》卷一之二《舆地志·建置沿革表》、卷一之三《舆地志·疆域》，《中国地方志集成·安徽府县志辑》第48册，南京：江苏古籍出版社，1998年，第45—46、58—65页；婺源县志编纂委员会编《婺源县志》，第12—13页，斯波义信《宋代江南经济史研究》，方健、何忠礼译，南京：江苏人民出版社，2001年，第402—416页。

[2] 康熙《婺源县志》卷之二《坊都》，页1a—1b。

[3] 道光《婺源县志》卷之三《疆域四·坊都》，页1b。

南大部、贵州东部、广西东北部等地区。这一地带不仅包括起伏山冈与高耸山岭，还包括洞庭湖、鄱阳湖四周的平原、诸山间河原与谷地以及沿海小三角洲。由于区内山地、丘陵多，耕地占全区面积的18%，其中可灌溉者占78%，梯田为30%。主要作物为水稻与油菜籽，油菜籽、小麦、大麦均种于冬季，夏季大都继以水稻，每年栽种两次作物的复种面积，占总耕地面积三分之二以上。本区皖南及浙江、福建等地，山岭特多，全国之茶，多产于此。这是此区被命名为水稻茶区的主要原因。[1]

在整个水稻茶区中，徽州山多田少问题较为严重，婺源尤为如此。婺源流传"八分半山一分田，半分水路和庄园"的说法。晚明沱川士绅余懋衡（？—1629）曾指出："吾婺僻处上游，山多田少，地鲜膏腴，民终岁勤动，竭土之毛，自供赋徭外，所余不支数月之需，直寄生耳。"[2]根据1983年农业区划资源调查，耕地仅占全县土地总面积的7.55%，其中水田占91.4%，旱地占2.5%，菜地占6.1%[3]，远远低于30年代水稻茶区的耕地平均值。婺源各乡镇当中，沱川又属耕地较少的地域。80年代前期的数据显示，当时的沱川公社山地面积10万余亩，约占全社总面积的90.2%，耕地4537亩，约占4.1%，仅及全县平均值的一半余；其中水田4113亩，占耕地总数的91%，与全县平均值相当。[4]

正因为山多田少，婺源乡民充分利用山地林木资源。康熙《婺源县志》有一段话，简明扼要地概括了晚清婺源乡民生计的特征：

> 婺居徽、饶间，山多田少。西南稍旷衍，东北则多依大山之麓以为田，层累而上指，至十余级不盈一亩，牛犊不得耪其间，刀耕火种。兼溪涧之润多不及受，而仰泽于天。每一岁概田所入，不足供通邑十分之四。乃并力作于山，收麻、蓝、粟、麦，佐所不给，而以其杉、桐之入，易鱼、稻于饶，易诸货于休。走饶则水路险

---

[1] 卜凯《中国土地利用》，乔启明等译，《中国史学丛书续编》第18册，台北：学生书局，1985年，第28页，第四地图，第83—88页。
[2] 光绪九年刊《婺源县志》卷五九《艺文三·记述四》，《北乡富教堂记》（余懋衡），页32a。
[3] 婺源县志编纂委员会编《婺源县志》，第6、77—78页。
[4] 婺源县志编纂委员会编《婺源县志》，第19页。

峻，仅鼓一叶之舟；走休则陆路崎岖，大费肩负之力。故生计难，民俗俭。[1]

由于耕地很少，婺源生产的粮食不足半年之需。因此当地乡民靠山吃山，种植经济林木，解决缺粮问题，这就形成了当地经济商业化程度高，生计严重依赖市场的经济格局与生活节俭的习俗。需要说明的是，康熙年间茶叶生产在婺源乡民生计中尚不占重要地位，故而方志未曾提及，至19世纪情况已大不相同。

应该说，明清时期婺源生计模式的上述特征，并非仅见于婺源一地，也在很大程度上存在于徽州各地，而且可能早在两宋时期，各种非农活动就开始在当地生计中占有重要地位。徽州的经商传统，大致可以追溯至宋代。[2]至明后期，经商已成为当地重要的生计手段之一，徽商成为全国最重要的地域性商人群体之一，故而明末谢肇淛《五杂组》有"富室之称雄者，江南则推新安，江北则推山右"之说。[3]嘉靖《徽州府志》讲述徽州经商之盛，亦称："徽之山，大抵居十之五，民鲜田畴，以货殖为恒产。春月持余赀出贸十二之利，为一岁计，冬月怀归，有数岁一归者。……善识低昂，时取予，以故贾之所入，视旁郡倍厚。"[4]

清代徽州各县情况大致相似。歙县，"田少民稠，商贾居十之七，虽滇黔闽粤秦燕晋豫，贸迁无不至焉。淮浙楚汉，又其迹焉者矣。沿江区域，向有'无徽不成镇'之谚。"[5]祁门县，"人性椎鲁，农者十之三，厥田高亢，依山而垦，数级不盈一亩。快牛利剡不得用，入甚薄。岁祲，粉蕨葛佐食。即丰年，谷不能三之一。大抵东人资负戴，南人善操舟，西人勤樵采，北人务山植。他则行贾四方，恃子钱为恒产。或春出冬归，或数岁一归。然智浅易盈，多不能累千万。"[6]黟县，正德以前，

---

[1] 康熙三十三年刊《婺源县志》卷之二《疆域·风俗》，页25a—25b。
[2] 斯波义信《宋代江南经济史研究》，第414—415页。
[3] 谢肇淛《五杂组》卷四《地部二》，北京：中华书局，2021年，第124页。
[4] 嘉靖《徽州府志》卷之二《风俗志》，《北京图书馆古籍珍本丛刊》第29册，北京：书目文献出版社，1998年，第66页。
[5] 民国《歙县志》卷一《舆地志·风土》，《中国地方志集成·安徽府县志辑》第51册，南京：江苏古籍出版社，1998年，第39页。
[6] 同治《祁门县志》卷五《舆地志五·风俗》引康熙县志，《中国地方志集成·安徽府县志辑》第55册，南京：江苏古籍出版社，1998年，第59页。

尚是"户口少,地足食,读书力田,无出商贾者",清代则"生齿日盛,始学远游,权低昂,时取予,为商为贾,所在有之,习业久,往来陈椽,资以衣食"。[1]婺源县虽称"不善服贾",[2]不过晚清当地士绅认为:"婺源山岭重叠,无大川流,……迫于生计,遂不得不流动。流动者之经营以木、墨、茶三种实业为多,流动者之分数,东、北两乡居多,童子垂髫有离父母从乡人走数千里外自营生活者,此商界特色也。"[3]

明清方志中对徽州乡村职业和生计模式的论述,常有相当程度的印象主义色彩,给人不甚准确之感。晚清所编保甲册籍,登载了保甲烟户的主要职业,其价值早为学人注意。[4]近年整理出版的光绪祁门县十五都一图、绩溪县九都保甲册,内中有各种烟户的职业分类,从中可窥见徽州乡村职业分布之一斑及商业之重要地位。

清代祁门有乡六、都二十二,十五都在县南,统图三,辖奇岭、庐溪、查湾、白桃、罗源、礼屋、曲坞、倒湖等村。[5]现存册籍为一图保甲册,实际村落为奇岭及周边地区,后附寄户(共5牌,计38户)、世仆庄户(共13牌,计105户)和客户(1牌,5户)的情况。[6]保甲册记录的主要信息有村落名、甲牌号、烟户姓名和职业。如有功名和散官品级,也予以标出;如户主年龄幼小,也标注年龄。如一甲二牌郑正一,村落为奇岭,职业是贸易,并标明其功名是监生。册籍标注的职业,包括务农、手艺、贸易、驾舟、训蒙、医术、扇业等。如在外经商,会标明经商地点,如"江右生理"之类,有的还提供经营业务的类型,如"土碓生意""药材生理"。兹根据保甲册原有分类,将册籍信息编为表2.1。

---

[1] 嘉庆《黟县志》卷三《地理志·风俗》,《中国地方志集成·安徽府县志辑》第56册,南京:江苏古籍出版社,1998年,第59页。
[2] 光绪壬午年刻本《婺源县志》卷三《疆域六·风俗》,页1b。
[3] 刘汝骥《陶甓公牍》卷十二《法制科》,芜湖:安徽师范大学出版社,2018年,第238页。
[4] 1963年,山根幸夫就利用流入日本的同光之际所编山东省滋阳县保甲册籍,发表了《山东省滋阳县户册について》一文,该文收入山根幸夫《明清史籍の研究》,东京:研文出版,1989年,第177—271页。
[5] 同治《祁门县志》卷三《舆地志·疆域》,第49页。
[6] 《清光绪祁门县十五都一图保甲册》,李琳琦主编《安徽师范大学馆藏千年徽州契约文书集萃》,芜湖:安徽师范大学出版社,2014年,第五册,第1955—2079页。刘道胜、凌桂萍曾对这个文本进行分析,参见刘道胜、凌桂萍:《晚清祁门县保甲设置与村落社会——以〈光绪祁门县保甲册〉为中心》,《安徽大学学报》(哲学社会科学版)2014年第4期,第111—119页。

奇岭位于祁门县西南，为一山村，但地近昌江。从保甲册可知，一图所在地域，以奇岭村为主体。有关奇岭村的信息，大致涵盖了一图前五甲的主体部分（册籍所列的烟户包括一甲二至十牌，二甲一至十牌，三甲一至七牌，四甲二至十一牌，五甲一至四牌，有部分残缺）。附编寄户5牌，包括五甲五至八牌和六甲一牌，其中五甲五牌至八牌对应西尤村，六甲一牌对应蓝溪小岭。附编世仆庄户13牌，包括六甲二牌至十一牌、三甲八牌、五甲九牌至十牌，六甲二牌、三牌对应的是蓝溪龙井，四牌、五牌对应的是蓝溪姚家，六牌、七牌对应的是兰溪黄家，八牌对应兰溪木卑树坑，九牌对应蓝溪茅屋里，十牌对应兰溪口，十一牌对应拳头源查家坞，三甲八牌对应奇岭祠庄，五甲九牌对应张村祠庄，五甲十牌对应巴公滩。最后，附编客户仅1牌，散布于奇岭各处。综合上述信息看，这本册籍主要体现了奇岭村的烟户情形，也部分体现了蓝溪、西尤等村的情形。

表2.1 光绪祁门县十五都一图职业分类表　　　　（单位：户）

职业类别	奇岭	附寄户	世仆庄户	客户	合计
务农	24	20	78	3	125
手艺	110	2	10	——	122
驾舟	81	4	8	——	93
贸易	67	5	——	——	72
生理	23	——	——	——	23
训蒙	16	——	2	——	18
扇业	12	——	——	——	12
店业	8	——	——	——	8
医术	5	——	——	——	5
其他（一）	9	2	8	5	24
不详（二）	24	4	——	——	28
合计	379	37	106	8	530

注：（一）其他：包括肄业、业儒、举业、守祠、守墓、守仓、砖匠、桶匠、镴匠、纸槽等。（二）不详：1. 册籍未填职业；2. 册籍残缺。

如表2.1所示，现存册籍记录了奇岭村379户的信息，这些烟户涉及的职业类型共十数种，其中务农者仅24户，占总户数的6%；从事非农职业的有手艺、扇业、驾舟、医术、训蒙、贸易、生理、店业等类，共计331户，占总户数的87%。这些职业种类中，手艺、扇业可大致归并为手工业，贸易、生理、店业均可归入商业，驾舟为运输业。依据这个标准，从事手工业者有122户，商业有98户，运输业有81户，三者共占总户数的79%。与奇岭村普通烟户相比，寄户和世仆庄户的职业结构存在较大差别。寄户共37户，其中务农者就有20户；世仆庄户共106户，务农者有78户，均为总户数的主体。不过综合四种类型的户籍，务农仅有125户，占总户数的24%，如扣除职业不详的户数（28户），占总户数（502户）的25%；非农户有377户，占总户数的71%左右，扣除职业不详的户数，占比为75%，仍为乡村户数之大多数。

清代绩溪县有乡七、都十五，九都在县郊，有图一，统辖礼灵、高迁、王庄、草坦、霞间、乳溪口、翚岭下、潭石头、朗坑、洪上塘、古塘、溪塔、七里降、马家坞、外王桥、前坦、大塘、溪西、九里坑、黄毛坦、华阳镇、何家田干、刘家门前、横坞、灵山下、杨园坦、十里牌、油村、脚山底、横路头、王里村等村。[1] 九都保甲册对应的地名有洪上塘、方家源、西灵镇、杨元坦、十里牌、曹渡村、南门外、横路头、杨里村、华阳镇、何家田圩、脚山底、油村、灵山下等，册籍注明部分聚落距城5里左右。[2] 册籍登载的烟户有本地人，也有客民，共计6甲65牌。登载的职业类别比较简单，仅有士、农、工、商等，少数标明店工、面店、工店、公差、打工、教馆等。[3] 现仍根据册籍原有职业分类，将各类职业户数编为表2.2。

这本册籍填写的职业类别有14种，四民之外数量不多，仅23户，其中记录为打工、工店、店工、店、面店、油坊、裁缝七类者可归入工商业，共计19户。如表2.2所示，在九都595户人家当中，务农户有168户，占总户数的28%，接近祁门十五都一图的比重，如果扣除职业不详的户数（扣除134户），占总户数（461户）的36%。非农户有293户，

---

[1] 道光《徽州府志》卷二之四《舆地志·乡都》，第157页；嘉庆《绩溪县志》卷一《村都》，《中国地方志集成·安徽府县志辑》第54册，南京：江苏古籍出版社，1998年，第362页。
[2] 查卫星地图，洪上塘等地现已成为绩溪县城的一部分。
[3] 李琳琦主编《安徽师范大学馆藏千年徽州契约文书集萃》，第五册，第2081—2215页，《清光绪年间绩溪县南乡九都保甲册》。

占总户数的49%，扣除职业不详的户数，占比为64%。非农户中，从事工商业者有276户，占总户数的45%，扣除职业不详户数后，占比为60%，其中标明"商"的户数，占比为46%。

表2.2 光绪绩溪九都职业分类表　　　　（单位：户）

职业类别	户数	职业类别	户数
士	13	店	2
农	168	面店	1
工	49	油坊	1
商	208	兵	1
打工	9	教馆	1
工店	3	裁缝	1
店工	2	不详	134
公差	2	合计	595

资料来源：李琳琦主编《安徽师范大学馆藏千年徽州契约文书集萃》，第五册，第2081—2215页，《清光绪年间绩溪县南乡九都保甲册》。

上面讨论的祁门十五都和绩溪九都，前者对应的聚落是一个山村及其周边小村，后者对应的则是一系列散村，前者靠近河流，后者接近县城。这两个地域，很难说能够代表19世纪整个徽州乡村的职业分布状况。同时，保甲册籍对民众职业的记录，也有简单化的嫌疑。在徽州这样的山区，一个农户家庭为了谋生，同时兼营几种社会经济活动的现象是很常见的。不过每户或每个乡民，大都有主营职业，因此册籍中的职业信息，还是颇有意义，特别是跟方志中印象主义式的描述相比，两地保甲册提供的职业分布信息，为了解晚清徽州乡村的职业分布，提供了相对准确的数据。

综合两种册籍信息，两地农业人口所占比例都不高，基本上不超过三分之一，而非农业人口占三分之二左右。非农业人口中，工商业者又占了主体，其中从商者（贸易＋生理）祁门县略低于手艺人，而绩溪县则远远高于手工业者。总之，由于生态环境、商业传统等因素的影响，19世纪的徽州已远非纯粹的农业社会，商业和手工业已成为乡村经济的主体构成部分，多数家庭很可能都在不同程度上介入工商业。这种生计传统，对理解程家的生计模式颇为重要。

第二章　沱川及其周边　　45

村落、姓氏与寺庙

据康熙《婺源县志》记载,沱川所在的十六都,包括了理源、郑村、燕山、篁村、东坑、车田、水路、黄村、源口、岭下、莒源、沙田、白石源、金溪、塘会等村。[1]理源、郑村、燕山、篁村、东坑五村,现属沱川乡管辖。车田、水路、白石源、岭下等村,都在今大鄣山乡境内,沙田应是沙坦,也在大鄣山乡。黄村、源口、莒源,原属古坦乡管辖,2006年古坦乡撤销后并入大鄣山乡。尚有长林等村,属鄣山垦殖场管辖。[2]金溪、塘会归属不详。

今日沱川乡下辖的村落,比历史上十六都的范围要小。十六都西南部,即今大鄣山乡一带,属于不同的流域,历史上与沱川的关系就不甚密切(排日账的记录也证实了这一点),不在今沱川乡范围之内。

沱川盆地的聚落分布格局,体现了地理环境对人类生活的深刻影响。沱川盆地及其周围,散布着30余个大小不等的聚落。其主体是沱川盆地的燕山、郑村、理坑、篁村。在沱川盆地的周边,散布着规模较小的村落,居住着朱、王、程、查、胡、吕、张、汪、李、许、梅、戴、叶、姜等不同姓氏(参见附录二)。

道光《婺源县志》十六都沱川下,列举了燕山、理坑、郑村、篁村、东坑五村。五村中,前四村位于沱川盆地中心地段。其中最大的是燕山,位于盆地中心,1980年有334户,1145人;其次是理坑,位于盆地东北,有240户,915人;郑村次之,位于盆地中心偏东,有154户,703人;篁村又次之,位于盆地西部,有88户,420人。燕山等四村,是余氏宗族聚居的单姓村,根据当地族谱记载,其定居可追溯至北宋时期。根据1980年的人口数据,沱川余氏有3394人,占沱川总人口5845人的58%。[3]

东坑村规模最小,位于盆地东部,1980年有37户,157人。[4]村民

---

[1] 康熙《婺源县志》卷之二《疆域·坊都》,页4a。
[2] 婺源县地名委员会办公室编《江西省婺源县地名志》,第18—22、39—45、47—52、173页。
[3] 根据《江西省婺源县地名志》各聚落释名信息统计。据该书编者说明,释名中的户口数是1980年年底数据(5845人)。该书还给出了全乡人口数据(6286人),这个数据依据的是第三次人口普查(1982年)数据。这可能是两个数据不同的原因。此外,表1余姓不是主要姓氏的村落,应该也有少数余姓村民,因此余姓的比重应该超过58%的比重。
[4] 婺源县地名委员会办公室编《江西省婺源县地名志》,第21页。以下户口数均为1980年数据,恕不一一注明。2009年笔者调查时,东坑有40多户。

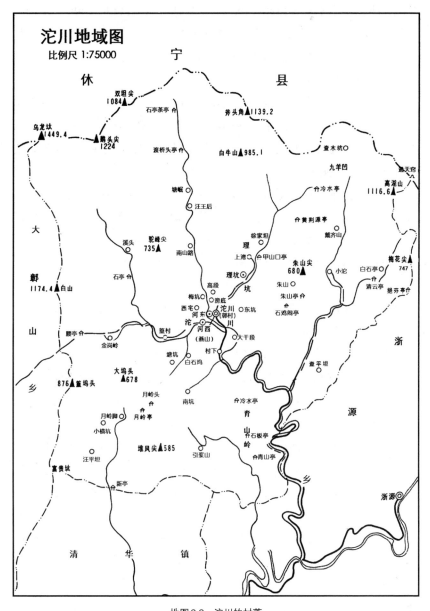

地图2.2　沱川的村落

资料来源：据《江西省婺源县地名志》"沱川公社地名图"改绘。

以朱姓为主，也有几户程姓、余姓。东坑朱姓曾是沱川大族，元末迁居东坑，明初，朱辛友（1380—1458）及其孙朱品（1436—1495？）都因"富甲一乡"，曾先后担任里长。[1]不过至19世纪，东坑朱姓已逐渐衰微。

由于地形的影响，盆地周边的聚落规模要小得多，住户一般不多于50户，居住世代也不多。

在鄣村东北方向，有朱山、小沱两个小村。朱山村位于朱山尖山腰，村民姓胡，自理坑迁来，1980年仅6户，已传14代。小沱村在朱山尖东麓，村民姓吕，据说于明嘉靖年间建村，有33户。在小沱东面，有白石坑村，村民姓程，14户。

在沱川盆地北部，最靠近盆地中心的聚落，就是程家居住的上湾。从上湾往东北方向行，可到徐家坦。徐家坦村民姓徐，先祖自金岗岭前来开基，仅5户。徐家坦的东面，有戴齐山村，村民姓余，仅3户，1970年才建村。从徐家坦朝东北方向行，可到达地处婺源、休宁边界大山深处的小村查木坑。查木坑于清代中叶建村，村民姓朱，36户。

在沱川盆地的西北部，由近及远分布着高段、南山路、溪头、汪王后、塘崛等村落。高段村民姓余，4户，自篁村迁居。南山路村民姓王，自桐城迁居，已传31代，有15户。溪头位于南山路西面，明末叶姓自歙县迁来，有48户。汪王后村民姓余，自篁村迁来，37户。塘崛村民姓张，已传14代，28户。沿篁村西行，可到小村金岗岭。金岗岭村民姓汪，已传21代，有22户。

从沱川盆地朝西南行，首先可达白石坞。白石坞村民姓姜，自婺源宝珠坑迁来，已传10代，19户。白石坞西南侧，是塘坑小村，有里塘坑、外塘坑两个聚落。里塘坑居民为李姓，自清华迁来，外塘坑居民有江、汪两姓，两村村民24户。从白石坞南行，可达南坑村。南坑距离燕山步行约一小时，村民都姓查，自查木坦迁来，有18户。在南坑西南方向，有月岭脚、小横坑、汪平坦三村。月岭脚村民姓汪，自篁村迁来，已传13代，仅4户。小横坑主要姓氏为葛姓，自兰溪县迁来，已传20代，有15户。汪平坦主要姓氏为汪姓，自休宁县梓槎迁来，已传21代，8户。

---

[1]《桐川朱氏宗谱》卷三，乾隆二十九年木活字本，页18a；《桐川朱氏宗谱》卷首，清木活字本，《庸级公传》，页1b。

在鄣村以南,附近散布着塝底、梅坑、西宅、村下、大干段等几个小村。塝底村民姓许,自查木坑迁来,已传15代,有6户。梅坑主要姓氏为梅姓,自婺源大畈迁来,已传15代,村民8户。西宅主要姓氏为胡姓,已传16代,村民7户。村下村民以戴姓为多,还有四、五户程姓,戴姓已传25代,有37户。大干段,1976年沱川公社在此办农科所,有村民7人。最后,在沱川盆地东南面,还有引浆山、查平坦两村。引浆山主要姓氏朱姓,已传14代,村民11户。查平坦主要姓氏为查姓,自婺源凤山迁来,已传36代,有83户。[1]

盆地各处,修建了不少寺庙,它们不仅是沱川乡村重要的人文景观,在乡村社会中也扮演了重要角色。沱川最重要的寺庙,应是南坑村口的越国祠。越国祠又称汪帝庙、红庙,祠中汪公的正月出巡活动,是整个沱川最盛大的仪式活动。2009年笔者在沱川考察时,此庙尚在重建中。南坑位于沱川西南,如今是一个交通闭塞的地方。但在沱川—沱口公路开通之前,此地是沱川前往清华的必经之路。从南坑过月岭脚,经司马墩、元坑桥、三里屯,就可到达清华。据老人说,过去越国祠供奉了很多神明,正殿供奉汪帝、五猖、四大元帅、记善、记恶、门神一对、土地,后殿供奉汪帝夫妇、汪帝的父母和哥嫂。

东山寺位于鄣村东南,处于沱川盆地的边缘,在整个沱川的仪式生活中,也扮演着相当重要的角色。县志对这座寺庙仅有"沱川余氏众建"寥寥数字的记载。[2]该寺建置年代不详[3],寺中有一通崇祯元年(1628)旧碑,应是该年重修碑记,可知此寺最迟建于明代。主持重修的,是寺内僧人海修。碑记还记载了寺中的香火田、汪帝香灯田等寺产。[4]原寺规模很大,据传有大雄宝殿、天王殿、观音殿、祖师塔、汪帝庙、地藏殿、钟鼓楼、藏经阁等建筑,可惜都在20世纪40年代战乱中遭到破坏,"文革"期间彻底毁弃,近年才得到重建。目前东山寺正殿供奉如来、观音、文殊、普贤、阿难、迦叶、十八罗汉等。寺左为汪

---

[1] 婺源县地名委员会办公室编《江西省婺源县地名志》,第21—22页。
[2] 民国《婺源县志》卷八《建置九·寺观》,页4a。
[3] 汪发林《沱川乡余氏宗族与民间信仰》称"早在唐代,此地即已建庙三幢以祭,统名东山寺"(卜永坚、毕新丁主编《婺源的宗族、经济与民俗》,上册,上海:复旦大学出版社,2013年,第109页),恐不可信。
[4] 碑存东山寺内。碑额题"东山古刹"等字。

图2.2 东山寺远眺（寺前为王家村）

帝庙，供奉汪帝、关帝、华佗、财神等。寺右为地藏殿，供奉地藏王。寺东侧路旁有一座小土地庙，内奉土地公、土地婆。

在村落层面，各村都有村庙及其他类型的寺庙。燕山、鄣村的寺庙，除了东山寺外，还有南山路的胡老爹庙和今燕山小学附近的关帝庙，都已毁。[1] 理坑村有越国祠、观音庙，附近还有黄荆原的五猖庙和上湾的法师堂，其中以越国祠最为重要。该祠又称汪公大帝庙，位于理坑水口东岸、理源桥桥头。庙分前后堂，前堂供奉汪帝，后堂供奉十八罗汉。庙毁于"文革"期间。观音堂位于村东山路旁，有泉自石中流出，建亭其上，称作"石泉亭"，二楼供奉观音及十八罗汉等。黄荆原的五猖庙，供奉五猖和十八罗汉等，毁于20世纪50年代。[2]

---

[1] 民国《婺源县志》卷七《建置志·祀典》载，西山关帝庙，"一沱川"（页26b），或即燕山关帝庙。此外，民国志还提到鄣村有真武庙（县志写作正武庙），参见民国《婺源县志》卷七，《建置四·祀典》，页26a—26b。

[2] 汪发林《沱川乡余氏宗族与民间信仰》，第85—86页。民国《婺源县志》卷八《建置九·寺观》载："黄荆源菴：理源"（页7a）。

篁村村内寺庙很多，有云衢庵、周王庙、万罗庵、南原庵等。云衢庵，见于县志[1]，位于村北驼峰山腰。细读康熙四十七年（1708）婺源士人程弁所撰《重建云衢庵记》，此庵建于明天启间，本非寺，康熙十一年（1672），僧一如来此驻锡，始建堂二楹，塑佛像。后一如徒悟本重建。现庵已毁。过去庵内供奉观音、文殊、十八罗汉等。[2]

周王庙位于篁村村头河边，供奉周王菩萨。周王，应即周宣灵王，民国《婺源县志》载："周王庙：在江湾，祀周宣灵王。"[3]周王菩萨头戴乌纱帽，身披红花彩衣，脚穿登云靴，左手握书籍，右手执拂尘。据传，此神本名周杨，是北宋名医，医术超群，救人无数。旧时附近村民长病不愈，或遇疑难杂症，或小孩成长不顺，都来庙中烧香，祈求神明护佑。光绪十八年正月二十四日，母亲病重时，允亨曾派儿子同仓到周王庙"讨仙丹"，可惜回天无力，次日上半夜，他的母亲就去世了。[4]

万罗庵位于篁村水口桥头，实为两座寺庙。西庵堂正堂供奉汪帝和胡老爹，堂前为社坛，供奉土地公、土地婆。胡老爹名为胡中圣，据说是一位徽州道士，死于村中。东庵堂一楼正堂供奉阿弥陀佛、观音、大势至菩萨，二楼供奉释迦牟尼、地藏王、药师佛等。[5]南原庵位于村南山坡，庵内供奉观音、十八罗汉等。庵毁于20世纪50年代。[6]

排日账提到的寺庙不多。除了东山寺、周王庙外，还提到金岗岭（排日账多记作金刚岭）的玄天上帝庙。光绪二十二年十月十五日记，"儿上金刚岭拜上帝老爷"。[7]庙在金岗岭村前，又称真武庙，供奉玄天上帝、观音。上湾程氏宗祠善庆堂内，供奉了二十余尊小神像，包括观音、十八罗汉、胡老爹、五猖等。在当地，这座祠堂也叫法师堂，堂内不仅举行祭祖，也进行祭神活动。[8]

此外，县志提及的沱川寺庙，值得注意的还有高湖山铁瓦禅寺、充

---

[1] 民国《婺源县志》卷八《建置九·寺观》，页7a。
[2] 汪发林《沱川乡余氏宗族与民间信仰》，第63—64、131—132页。这篇文章提供了《重建云衢庵记》录文。
[3] 民国《婺源县志》卷七《建置四·祀典》，页27b。
[4] 程氏排日账#11，光绪18/1/24-25。
[5] 访谈人：姓氏不详（婺源县沱川乡篁村），访谈时间：2009年11月18日。
[6] 汪发林《沱川乡余氏宗族与民间信仰》，第65页。
[7] 程氏排日账#11，光绪22/10/15。
[8] 汪发林《沱川乡余氏宗族与民间信仰》，第85页。

头闻八相公庙等。民国《婺源县志》载，"铁瓦禅林：高湖山"。[1]高湖山位于沱川东北，海拔1116.6米，离沱川约20华里，"上有潢类湖，以此得名"。明正德间，有僧结庵于此，是为白云庵，这座佛庵至今尚存，今名白云古刹，庵内供奉观音、汪帝等[2]，应即县志所载铁瓦禅林。程允亨曾前往高湖山求签，时在光绪十年十月二十六日，排日账交代这次是"抽芊〔？〕问母事"[3]，可见也是为了他的母亲，只是无法判断是否由于生病。据县志记载，闻八相公庙，"在沱川充头，明初余海阳猎射麂母，麂子抱号死，海阳感悟，引枪自杀，仆胡仲亦以身殉，遂成神焉。太仆余一龙立庙，孙绍祉修墓作记"。[4]这座庙的有趣之处是，相关传说透露了打猎在沱川余氏先人生活中的地位。在允亨生活的年代，打猎是村中青年的一项闲暇活动。

山乡生态、工商传统与聚落、姓氏与寺庙，构成了程允亨生活世界的基本自然与人文环境，这是允亨生于斯、长于斯的环境。

---

[1] 民国《婺源县志》卷八《建置九·寺观》，页7a。
[2] 光绪《婺源沱川余氏宗谱》卷之四一《奠居》，页3b—4a，《沱川总图》；卷四十《遗文》，页7a—8a，《高湖山记》(作者为余绍祉)。
[3] 程氏排日账#8，光绪10/10/26。
[4] 民国《婺源县志》卷七《建置四·祀典》，页29a。

第三章 父 辈

允亨出生于一个温饱基本无虞的乡民家庭。他日后选择的生计模式，在很大程度上可以追溯至他的父辈；他后来生活其中的社会世界的基本结构，也与父辈的世界有诸多关联。对其父辈社会经济生活的再现，有助于理解他后来的生活世界及其变动。

发开一家

允亨祖父的名字不详，在现存程氏排日账开始记事（道光十八年，1838）之前，应该就已亡故。咸丰五年（1855）十一月三十日，允亨的父亲发开在账中记录说，托一位族人"起家先父亲"；次日，即十二月初一日，又托族人"上西山葬家先父"；初二日，又记与弟弟"做分水"。[1] 可见其父亲早已去世。徽州盛行厝而不葬的习俗，遵照这种习俗，父亲去世后，发开会先将其尸骨安顿在村子附近，若干年后才下葬。发开的母亲汪氏，是休宁县左源人，可能于光绪七年（1881）十二月亡故。[2]

从排日账记录判断，允亨祖父母生育的儿女中，长大成人的至少有三位。发开是老大。老二是再顺，允亨称他为"再叔""灶叔"[3]，生于道光二年（1822）前后[4]，光绪十九年（1893）八月去世[5]。老三是发开的

---

[1] 程氏排日账#4，咸丰5/11/30-12/2。"分水"应即风水。
[2] 程氏排日账#6，光绪7/12/5。
[3] 咸丰五年十二月初二日，程发开记，"己仝再顺弟上西坑担石头，做分水"（程氏排日账#4，咸丰5/12/2)，综合程允亨所记排日账可推断，程再顺即程发开之弟。除特殊情形外，本书对排日账中出现的人名不予统一。
[4] 同治十一年五月十二日，程允亨记，"仝允兴兄再叔五旬吃酒"；光绪十八年五月十二日记，"灶叔做七十岁，办夜饭吃酒"（程氏排日账#5，同治11/12/2；#11，光绪18/5/13）。据此推断，程再顺生于道光二年前后。
[5] 程氏排日账#11，光绪19/8/5。

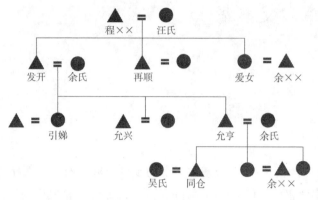

图3.1　程家四代世系图

妹妹爱女，允亨称她为"爱女姑娘"，生于道光六年（1826）前后[1]，光绪二十二年（1896）三月去世。[2] 再顺比发开小十来岁，结婚后或因原妻亡故，或未能生育子嗣，娶了继室[3]，但似乎最终仍无子嗣。去世时，其丧事是由允兴、允亨兄弟料理的。[4] 爱女嫁入燕山余家。允亨与姑妈和外甥感情不错，排日账中多有他们礼物往来的记录。

发开又名义茂，生于嘉庆十六年（1811）前后[5]，卒于光绪十六年（1890）前后[6]，享年八十岁。其妻余氏，应为理坑人[7]，生于嘉庆二十五年（1820）前后[8]，光绪十八年（1892）正月亡故[9]，享年七十三岁。两人是在道光十八年（1838）九月初七日成婚的，一起生

---

[1] 光绪二十一年（1895）十月初三日，程允亨祝贺姑妈"七重大庆"（程氏排日账#11，光绪21/10/3），可知爱女生于道光六年前后。
[2] 程氏排日账#11，光绪22/3/1。
[3] 同治十一年四月，排日账提及"再叔女婶"；光绪四年（1878）七月，又有再顺"讨亲"的记录（程氏排日账#5，同治11/4/4；#光绪4/7/7）。
[4] 程氏排日账#11，光绪19/8/6。
[5] 光绪七年九月，程允亨记，"父亲在家七秩荣庆，允兴兄同本身贺庆之喜"（程氏排日账#6，光绪7/9/30）。据此推断，程发开出生于嘉庆十六年前后。
[6] 光绪十六年（仅有正月初一至闰二月初七日的记录）排日账还记录了程发开的日常行事（程氏排日账#10，光绪16/1/1-闰2/7），但次年初的记录中其行事已不再出现，因此，他应该是光绪十六年去世的。
[7] 程允亨的舅舅为余鹏飞，理坑人，应即余氏之兄弟。
[8] 光绪六年（1880）九月，程允亨兄弟为母亲做六十岁寿诞；光绪二十六年九月，又为母亲做八十岁寿诞；余氏亡故的时间是光绪十八年正月二十五日（程氏排日账#6，光绪6/9/7；#11，光绪18/1/25；光绪26/9/7）。据此推断，余氏应生于嘉庆二十五年，光绪二十六年为冥寿。
[9] 程氏排日账#11，光绪18/1/25。

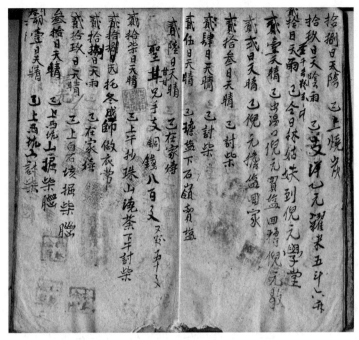

图3.2 程发开笔迹
（本页面有"程发开记""程义茂记""余林春号""振先"朱印印记）

活了五十余年。[1]道光十九年（1839）六月，程氏兄弟分家。[2]分家后，汪氏似乎跟发开过。

有关发开本人，我们了解得不多。可以确定，他能识文断字，应该上过几年私塾。不过论掌握的字数，他可能比不上允亨，这一点后面再谈。从他留下的排日账看，他的字虽算不上好，但笔画干净有力，显得较有自信，行距、字距都较适中，可见对软笔的掌控能力不错（图3.2）。他所记的排日账，文字简明扼要，笔误不多，句子结构较为完整，显示其读写能力不弱。

发开似乎是一个勤恳而精明的乡民。当然，勤恳是那个时代许许多多徽州乡民的性格。从他的记录可以看到，他不时长途跋涉，前往一百多华里外的溪口买盐，再挑到婺源西南乡贩卖；有时也到休宁城买布，

---

[1] 程氏排日账#1，道光18/9/7："托美寿哥、东喜哥娶亲。"
[2] 程氏排日账#1，道光19/6/3："己托午舅、永礼叔公、心力叔、早月兄、福侄兄做中分家。"

或前往黟县六都、溪口买麻布袋，挑回沱川本地出售。路上长途跋涉，且负重而行，其艰辛可想而知。从这些贩卖活动，难以断定发开是否擅长经商，但作为一个小生意人，发开应该是精明的。有一件事可以作为旁证。五口通商之前，发开已介入日益兴旺的茶业贩卖生意，后来又适时购入茶园，为程家数十年的生计打下了基业，这是需要专门讨论的重要生计方式。

太平天国前的生计

在婺源北乡这样一个缺粮严重的地域生活，并不是件容易的事，特别是对于像程家这种家中耕地不多的农户而言。

程家不属于没有立锥之地的赤贫农户——这样的农户在历史上大多数时期恐怕都不多见，经营着为数不多的几块耕地。从排日账看，发开手上耕种的土地中，有的是自己的，也租入几块土地。程家自己的土地，有牛栏、庄下、顿底、西坑几处的耕地。牛栏是皮骨双全的"全业"地，每年大约可收获332斤谷子[1]，而庄下、顿底、西坑的耕地只有田皮（西坑的部分田产也拥有田骨），庄下每年大约可收获90斤谷子，顿底的大致收益是135斤。同时，程家还租种了西坑、石桥底和大桥的几块土地。西坑每年交租后，大约可收获200斤谷子（其中包括程家自身土地的收益），石桥底的净收益是110斤，大桥为135斤。石桥底的土地，是在大桥停租后租入的。道光十八年前后，共耕种五块土地，累计净收益是892斤谷子，约折大米500斤（折597市斤）。

除种植水稻外，这些土地在水稻收割后，一般种大麦、小麦或番薯、芋头一类（牛栏一年仅种一季，其余五处耕地均为一年两熟地），不过麦子的收获量很低，每年总产量可能不到176斤（折210市斤）。至于番薯，这一时期似无种植。此外，程家还在苦竹山、白玉坑等处种植了玉米。不过道光、咸丰时期种植数量不多，估计年产量为100市斤。以上累计年收获310市斤，加稻米收获，每年累计粮食收获量为907市斤。[2]

---

[1] 本书使用的"斤"，均为旧制斤，新制斤写成"市斤"。1旧制斤为1.1936市斤。
[2] 这个数据当然只是近似值，毕竟玉米、番薯、芋头与大米是不同类型的食物，每个单位重量中包含的卡路里是不一样的。

这个产量够程家老小吃多久？我们需要算一笔账。以道光十八年前后的情况为例。在发开兄弟分家前，程家共有5人，成人4人（汪氏、发开、余氏、再顺），未成年1人（爱女）。如孩子口粮折算为成人消费量的六成，则程家成人粮食消费人数为4.6人。如果成人口粮消费量为大米420市斤，那么程家全家年粮食消费量为1932市斤。由于程家每年粮食产量为907市斤，可推算出这一时期的缺粮数是1025市斤，约为程家全年粮食消费量的53%，也就是说，这一时期程家自己生产的粮食，只够供应全家将近半年的消费。作为旁证，笔者计算了道光十八年、十九年程家的籴米记录，这段时间程家每年共购入大米75斗左右，以每斗15市斤计算，折合1125市斤，接近我们得出的1025市斤的数据。这一时期米价较高，道光十八年每石1—2月份价格为2.51元，7—8月是2.17元。[1] 依此折算，1025市斤缺粮折合银元14.8—17元（每石以150市斤计）。[2]

这还仅仅是程家每年为解决缺粮问题所需花费的银元数。除粮食外，程家还需购买肉类、布料、食盐等生活必需品。此外，一个乡民毕生还要面对两件大事——建房与娶亲，这两件事都要支付高昂的费用。这意味着，发开必须寻求农田耕作之外的其他收入。

从现存排日账开始记事，到太平军进入婺源之初，程家最重要的现金收入来自茶叶的生产与贩卖，因此有必要仔细考察程家是如何介入这一生计活动的，而这又需从18世纪以来国际茶市的变动说起。

早在唐宋时期，徽州就是产茶之地，当地出产的茶叶制作精细，品质优良，运销大江南北。明清时期，徽州茶商基本控制了北京、天津、杭州、苏州等大都市的茶叶市场，而徽州地区应为他们经销茶叶的主要来源地。从清中叶开始，中国茶叶市场发生根本性变动，海外茶叶市场越来越重要，这一动向给徽州这样的产茶区带来了深刻影响。[3] 现有研究表明，英国东印度公司自广州购买茶叶开始于1689年，1692—1697年

---

[1] 有关程家耕地收成与口粮的估算方式，请参见附录六；历年婺源及周边地区的米价，请参考附录三。
[2] 以上对道光十八年前后程家粮食产量的估算方法，请参考附录六。
[3] 详见仲伟民《茶叶与鸦片：十九世纪经济全球化中的中国》，北京：中华书局，2021年，第39—80页。

曾一度中断交易，1697年恢复，但购买数量有限。[1]18世纪后期，特别是1785—1789年以后，公司从中国购买茶叶的数量大幅增加。据统计，1760—1784年，东印度公司自中国输入英伦本土的茶叶，每年平均大致在3.3万担至6.2万担之间波动。1785—1789年，猛增至13.8万担。1800—1833年，更增加至22万担以上（1805—1809年除外）。[2]1785年之后，英国东印度公司输至英国的茶叶大幅增加，是因为1784年英国颁布了减税法（Commutation Act），政府大幅削减茶税，同时要求东印度公司保证国内的茶叶需求。英国从中国购买的茶叶中，红茶以Bohea（武夷茶）、Congou（工夫）、Souchong（小种）为大宗，绿茶以Singlo（松萝）、Hyson（熙春）为大宗，这两种绿茶都来自徽州。[3]

荷兰东印度公司是18世纪从中国购买茶叶的第二大公司，该公司从中国购买的茶叶，有松萝、屯绿、熙春、熙春皮、贡绿、珠茶、珠兰、雨前等种类，以松萝为大宗。公司每年购入松萝的数量，1757—1764年仅为不到1千担，1765—1785年，大致增加至1千担以上（1776、1783年是例外），1786年增至2千余担，但总数与英国东印度公司相比仍是微不足道。1787年后，数量一路下滑，1792年仅为328担左右。[4]1787年后公司购入绿茶数量的大幅下降，或许与英国减税法的推行有一定关系，这个法案降低了英国国内的茶价，从而减少了走私的动力。

综合英、荷东印度公司的茶叶采购数据，1785年之前，中国茶叶出口数量不大，1785年后大幅增长，进入19世纪更有进一步的增长，达到每年22万担以上的规模。鸦片战争后，由于英国商人不断要求降低茶叶进口税，1853—1865年，英国政府多次调低茶叶进口税。此外，美、俄等国也大量从中国进口茶叶。在这种背景下，中国茶叶出口迅猛增长。1832—1836年，每年中国出口茶叶45万担，1867年猛增至131.4万担，1886年更增至238.7万担，1894年回落至193.9万担。从1836年前后到

---

〔1〕 陈慈玉《近代中国茶业之发展》，北京：中国人民大学出版社，2013年，第8页。
〔2〕 严中平等编《中国近代经济史统计资料选辑》，北京：科学出版社，1955年，第15页。
〔3〕 Hoh-Cheung and Lorna H. Mui, "The Commutation Act and the Tea Trade in Britain 1784-1793," *Economic History Review* 16.2 (N. S., 1963), p. 238; 陈慈玉《近代中国茶业之发展》，第10—12页。
〔4〕 刘勇《清代一口通商时期西方贸易公司在华茶叶采购探析——以荷兰东印度公司为例》，《中国经济史研究》2017年第1期，第101—102页，表1。

1886年，茶叶出口数量增加了四倍多。[1]由于出口茶叶包括了红茶、绿茶与砖茶，难以估计绿茶出口量的增长率，不过1863—1920年间中国茶的出口数据显示，中国绿茶出口量在十几万担至30多万担之间波动[2]，其数量已接近甚至超过鸦片战争前英国东印度公司出口的各类茶叶的总和，因此，五口通商后，整个绿茶市场的扩张幅度是很大的。

茶叶出口的大幅增加，对徽州特别是婺源的茶叶生产与贸易，无疑提供了重要的动力。从现有记载看，清代前中期，婺源商人以从事木材贸易最为重要，康熙三十三年（1694）《婺源县志》、乾隆二十二年（1757）《婺源县志》都记载："婺远服贾者，率贩木。"[3]当时茶叶贸易相对而言不甚重要。傅衣凌在讨论明清婺源商人时曾指出，"约在鸦片战争前后，婺商的业茶起家，逐渐增多"。[4]重田德对晚清民国时期编纂的三个不同版本的《婺源县志·人物志》进行了系统解读。他发现，历代所修《婺源县志·人物志》所载婺源商人，道光以前基本没有涉足茶叶贸易者。道光志《人物志》记载的首位婺源茶商，应该是程广富。光绪壬午续篇（记载1818—1882年事迹）以后，茶商的记述开始增多，很快成为光绪志《人物志》的主要部分。[5]光绪《婺源县志》也指出了婺源种茶开始盛行的时间："纺织之利，郡守何公倡于曩昔矣。乃三四十年来，村氓多逐逐于植茶。"[6]这句话写于光绪八年（1882），如往前回溯四十年，种茶在婺源乡间开始盛行的时间，差不多是在鸦片战争前后。可见19世纪20年代至40年代，是婺源茶叶种植面积大幅扩张、茶叶贸易量大幅增长的时期。婺源茶商的兴起，当然不是从1820年或鸦片战争

---

[1] 威廉·乌克斯（William H. Ukers）《茶叶全书》（All About Tea），上册，中国茶叶研究社译，上海：中国茶叶研究社，1949年，第44页；上海社会科学院经济研究所、上海市国际贸易学会学术委员会编著《上海对外贸易（1840—1949）》，上册，上海：上海社会科学院出版社，1989年，第50—51页；Zhuang Guotu. *Tea, Silver, Opium and War: The International Tea Trade and Western Commercial Expansion into China in 1740-1840*, Xiamen: Xiamen University Press, 1993, pp. 93-155；仲伟民《茶叶与鸦片：十九世纪经济全球化中的中国》，第65页。
[2] 陈慈玉《近代中国茶业之发展》，第322—323页，附表1。
[3] 康熙《婺源县志》卷之二《疆域志·风俗》，页28b；乾隆二十二年刊《婺源县志》卷之四《疆域六·风俗》，页4b。
[4] 傅衣凌《明清时代徽州婺商资料类辑》，《江淮论坛》编辑部编《徽商研究论文集》，合肥：安徽人民出版社，1985年，第591页。
[5] 重田德《清代徽州商人の一面》，氏著《清代社会经济史研究》，东京：岩波书店，1975年，第294—349页；重田德《清代徽州商人之一面》，刘淼辑译《徽州社会经济史研究译文集》，合肥：黄山书社，1987年，第417—456页。
[6] 光绪《婺源县志》卷三《疆域六·风俗》，页5a。

以后才开始的[1]，不过，县志《人物志》展示的婺源种茶盛行和茶商逐渐执婺商乃至徽商之牛耳的过程，从侧面体现了婺源茶叶生产与贸易的飞速发展，是与18世纪80年代后期起，欧洲特别是英国东印度公司从中国购买茶叶数量大幅增长密切相关的，婺源茶叶生产与贸易的发展，与国际茶市变动息息相关。[2]

因海外茶市扩张带来的茶叶生产的扩大，当然不限于婺源一地，而是徽州不同地方都曾发生的情形。1848年，英国植物学家福琼（Robert Fortune，1812—1880）受东印度公司派遣，深入中国茶乡考察。他在徽州见证了当地茶业的繁盛。他从杭州雇船沿新安江逆流而上，进入徽州境内后，他发现两岸的山坡上"可以看到大片大片的茶林"，茶树中间种着小米、玉米等庄稼。船最后停靠在屯溪的码头，他看到，"屯溪是个很繁荣很忙碌的市镇"，这个市镇"据估计有15万居民，最大宗的贸易物品就是绿茶。""这儿有很多大的茶叶商，他们从茶农或和尚们手中购买茶叶，然后进行加工与分类，把茶叶分成不同的批次，运往上

---

[1] 乾隆十九年（1754），徽州、宁国二府商人在上海成立思恭堂，设立义冢，嘉庆二十三年（1818）扩大建筑规模。当时思恭堂中，婺源八人担任司事，同时由婺商茶帮选出四人、木业帮选出十人充当司月，可见1820年前，仅就上海一地而言，茶商在婺商中已渐成气候。参见根岸佶《支那ギルドの研究》，东京：斯文书院，1933年，第182页；傅衣凌《明清时代徽州婺源资料类辑》，第591页；上海博物馆图书资料室编《上海碑刻资料选辑》，上海：上海人民出版社，1980年，第230—233页。

[2] 目前没有徽州茶叶供应国内市场与国际市场各自所占份额的数据。不过光绪二十三年（1897）歙县知县何润生在《茶务条陈》中指出："（茶叶）产以婺源为最，年销洋庄约三万数千引，歙、休、黟次之，绩溪又次之，四县年销洋庄约共四五万引，均系绿茶，祁门年销洋庄一万余引，专做红茶。各县以婺源北乡所产为上品。"又称："徽茶内销，亦居十分之一二，专用婺袋盛储，茶朴、茶梗、茶子、茶末居多。"见刘锦藻《清朝续文献通考》卷四二《征榷十四·榷茶》，《十通》第10种，上海：商务印书馆，1936年，考7968页。此外我们知道，20世纪50年代，整个屯溪专区从事茶叶生产的户数占总农户的60%以上，茶叶产量占全国总产量的十分之一左右。婺源生产的主要是绿茶，简称"婺绿"，这种茶叶自19世纪中叶以来就成为驰名中外的外销茶，而婺源的北乡和东乡为"婺绿"的主要产地。参见孙敬之主编《华东地区经济地理（上海·江苏·安徽·浙江）》，第104页（因为婺源已改归江西省，此处的数据不包含婺源县）；刘隆祥、詹成业《"婺绿"经济史略》，《婺源县文史资料》第1辑，婺源县政协文史资料研究委员会1986年编印，第12—37页；王钟音《婺源茶叶产制史》，《婺源县文史资料》第2辑，婺源县政协文史资料研究委员会1987年编印，第20—70页。至于徽州内销茶的情况，目前研究不甚深入。近年马勇虎、马路、章毅等学者利用歙县昌溪吴氏茶商账簿群，对晚清徽州茶商内销加工、经销情况进行了考察，可参考。参见马勇虎、马路《清末民初徽州京庄茶商经营实态研究——以吴炽甫京茶庄商业账簿为中心》，《安徽大学学报》（哲学社会科学版）2020年第2期，第18—26页；章毅、黄一彪《晚清内销茶商的季节性经营和跨地域流动：以泰昌发介号〈淳庄账簿〉为中心》，《史林》2022年第1期，第91—102页。需要指出的是，昌溪吴氏茶商经销的茶叶不限于徽州茶，还包括浙江淳安等地所产的茶叶。这些研究提醒我们，尽管近代国际茶市扩张有较为明确的证据，但恐怕也不宜夸大茶叶外销数量所占的份额。

海或广州,在那儿再卖给外国商人。据说每年屯溪要运出去七八百批次的茶叶。"繁荣的茶叶贸易,带动了相关行业的发达。福琼注意到,"这儿有很多木器店,生产柜子,光是这一行业就雇了不少人"。他总结说,"屯溪和周边人口稠密的地区可以说都是因为茶叶对外贸易而兴盛起来的"。[1]作为历史上徽州茶的重要产地,婺源东北乡早有产茶传统,国际茶市扩张对这一地域的影响,理应超过茶叶生产不那么重要的地域。

程氏排日账记录开始那年,也即道光十八年之前,程家应已介入茶业。当时接近光绪《婺源县志》所称种茶在婺源开始盛行的时间,上距近代婺源茶商开始崛起的年份,仅有十几年而已。道光十八年以后的记载,见证了程家逐渐介入茶业的具体进程。仔细阅读排日账可发现,程家介入茶业的方式,曾发生过值得注意的变动。道光十八年春季,发开采茶的茶园只有白石垅一处,采茶投入劳力6工,出售干茶62斤,收入14.1两。[2]跟踪茶季之后的记录可发现,发开与其姐夫多次前往祁门月山下等处买茶,到沱川的郭村、燕山等处出售。[3]也就是说,这一年发开种植茶树、制作茶叶,但产量不高,同时还从事茶叶的贩卖生意,因此程家出售的茶叶中,可能包括了从其他茶农手上收购的部分茶叶。此后几年,发开春季采茶投入劳力不增反减:道光十九年,4工,出售干茶57斤,收入12.7两;道光二十年,3工;道光二十三年,4.5工,这两年的产茶数量都不见于记录,但估计较此前略有下降。[4]

同时,发开继续从事茶叶贩卖的生意。如道光十九年五月二十六日,发开挑猪肉到左源换茶,然后挑回沱川出售。[5]道光二十三年十二月十五日、道光二十四年二月十五日,也可见到发开挑猪肉进左源换茶叶的记录。至道光二十四年茶季,发开多次至左源收购茶叶,同时还在本地买茶(12斤,价银2.95两,每斤0.25两左右)。[6]道光二十五年正月,发开仍旧挑猪肉进左源换茶,茶季结束后,又多次进左源、大连等

---

[1] 罗伯特·福琼《两访中国茶乡》,敖雪岗译,南京:江苏人民出版社,2016年,第247、252—253页。
[2] 程氏排日账#1,道光18/闰4/1。
[3] 程氏排日账#1,道光18/5/8-11,5/14-23,5/26-27。
[4] 参见第五章表5.6。
[5] 程氏排日账#1,道光19/5/26-29。
[6] 程氏排日账#2,道光23/12/15,道光24/2/15,3/23-28,4/3,4/7-8,4/4。

处收购茶叶。[1]此后在本地出售两次：第一次出售茶叶1担，收入19两，每斤近0.22两；第二次出售茶叶，收入11两。[2]当年售茶毛收入达到30两，比道光十九、二十年高出三分之一强。

面对茶叶收入的增长，发开逐渐调整了经营方式。可以推断，截至道光二十五年，程家出售的茶叶中，大部分是从茶农手上收购而来的。发开肯定感觉到，与其收购茶叶赚取差价，不如自己制作茶叶，因此，他调整了介入茶业的方式。道光十九年十二月，发开就当入白石岘茶坦一处。更重要的举措是道光二十五年七月，他购入苦竹山一块茶坦，共花销8元（含中人礼金）。此前，程家在苦竹山没有产业，自此次置产后，苦竹山成为程家最重要的茶园的所在地，后来也成为程家最重要的玉米种植地。这次置产之后，程家的经营方式发生了改变。道光二十六年三月初一日，在茶季到来之前，程家"支银乙两零五分实，九七，付全水师定做茶"。[3]当年在春茶采摘上，破天荒地投入了35工。不过本年出售茶叶数量未见明显增长，这应该是因为自制茶叶产量虽然提高了，但收购茶叶数量减少，故而售茶数只出现小幅增长。从本年开始，程家不再从事茶叶贩卖生意，转而专注进行茶叶生产，此后这成为程家三代人经营茶业的主要方式。

对程家介入茶业的早期经历的讨论显示，19世纪徽州茶叶生产的发展，并不始于五口通商，而应该是最晚在19世纪二三十年代就已经开始的一个长期的社会经济进程，五口通商所起的作用，不过是加强了原先的趋势。同样，程家介入茶业，也不是从鸦片战争之后才开始的。不过鸦片战争前后程家的变动还是值得注意。由于从事茶叶贩卖生意，发开可能比其他农户更为了解茶市发生的变化，他敏锐地捕捉到五口通商前后市场对茶叶需求增长的商机，做出了较为迅速的反应，果断地购入茶园，从茶叶贩卖转而从事茶叶生产，从而奠定了程家后来主要依靠茶叶获取现金收入的生计策略，这从侧面体现了发开颇为精明的一面。

除了介入茶叶生产与贩卖外，发开还通过其他方式贴补家用。农业方面，除种植自家食用的粮食作物、蔬菜外，发开还种植了主要用于市

---

[1] 程氏排日账#2，道光25/1/13，4/9-12，5/12，5/24-27。
[2] 程氏排日账#2，道光25/5/28，6/9。
[3] 程氏排日账#2，道光26/3/1。

场出售的作物。灰蒟是其中最重要的一种。灰蒟，排日账也写作蒟蒻，即魔芋（学名：*Amorphopha llus Blume*），属薯芋类作物。发开曾在西坑、庄下、石桥底等地种植灰蒟[1]，咸丰六年，甚至在沱川附近收购灰蒟。[2]这种作物一般四月种植，九月收获。程家自产和收购的灰蒟，一般供市场出售。道光二十三年冬季、道光二十四年春季和秋冬季、道光二十五年冬季，排日账多次记录发开前往溪口、洪村等地出售灰蒟。[3]出售灰蒟的收入有多少？不妨看看道光十八年、十九年的情形。道光十八年出售过4次灰蒟，售价6000多文。[4]道光十九年出售灰蒟的记录有6笔，售价为4000多文外加银元1元、银两1两余。[5]可见，种植这一作物，也可以获得一些现金收入，稍微贴补家用。

徽州山多，挖葛根、采黄精，是乡民贴补家用的一项较为重要的收入来源。从排日账记录看，太平军被镇压之前，挖掘葛根、制作葛粉的记录较多，而采集和收购黄精及制作葛巾的记录，则要等到此后才比较频繁地出现。[6]

葛粉是由葛根加工而成的。葛（学名：*Pueraria lobata*），蔷薇目豆科藤本植物。葛根含淀粉，可制葛粉，亦可入药。嘉庆《黟县志》称：

---

[1] 参见道光十八年至咸丰七年历年排日账。
[2] 程氏排日账#3，咸丰6/3/11。
[3] 程氏排日账#2，道光23/11/15-16，12/3，12/19，道光24/1/7-8，8/3-4，10/19，11/12-13，12/10，道光25/10/16-17；#3咸丰3/8/13，9/26-27，10/8，10/27-28，11/15-16，12/2-3，咸丰4/8/12，9/13；#4，咸丰5/10/1，11/15-16，11/20-21，咸丰6/10/26-11/1。程家收购灰蒟的记录：咸丰三年三月十六日，"托堂兄到朱山双喜买来灰蒟贰秤，计洋二员"（程氏排日账#3，咸丰3/3/16）；咸丰六年三月十一日，"收朱山双喜灰蒟子壹秤，计洋乙元"（程氏排日账#4，咸丰6/3/11）。以大米换灰蒟的记录：咸丰三年十月二十四日，"已担米上（章）〔鄣〕公山换灰蒟"；十一月十二日，"已担米上鄣公山换灰蒟"；十一月二十四日，"已担米上（障）〔鄣〕公山换灰蒟"（程氏排日账#3，咸丰3/10/24，11/12，11/24）。
[4] 道光十八年八月初七记："小（陀）〔沱〕汪秋兄去灰蒟四秤，言定六百贰十文，计钱二千四百八十文。"八月二十三日记："小沱秋兄去灰蒟三秤半净，当收钱乙千二百文，下欠乙千一百八文。"九月二十一日记："秋兄去灰蒟拾贰秤（数据似有误——引者），当收钱乙千二文，言定五百六十文。"十月初八记："去灰蒟四秤零八斤，当收钱乙千三百文。"（程氏排日账#1，道光18/8/7，8/23，9/21，10/8）
[5] 道光十九年九月初九日："付佳云兄灰蒟四十斤，计钱乙千一百六十文。"九月初十："小沱张为庆去灰蒟四秤，言定五百八十文，当收钱乙千文。"九月二十六日："佳云兄去灰蒟四秤，言定五百七十文乙秤。"十月初二："如庆兄去灰蒟三秤零七斤，当收钱乙千文。"十月初六："佳云兄去灰蒟四秤，当收银乙两零半分实，又钱五百文，下欠。"十月十五日："去灰蒟三秤零七斤，为庆兑，当收（羊）〔洋〕钱乙元，又收钱乙千文。"（程氏排日账#1，道光19/9/6，9/10，9/26，10/2，10/6，10/15）
[6] 太平天国运动前，排日账只有一笔有关葛巾的记录（程氏排日账#1，道光18/1/10："已上白石垓斫条、踏葛巾。"），没有出售葛巾的记录。

"土刚不化,农人终岁勤劬,亩收不给,多远取于池、饶。贫不能负者,采岩谷薇葛以充腹。"[1]葛是徽州贫民的充饥之物。茎皮纤维可织葛布或做造纸原料。婺源一带多以葛皮纤维织成葛巾。葛在徽州地区颇为常见,从排日账挖掘葛根的记录看,沱川附近的三四十个地点,都留下程家掘葛的记录,足见葛在当地是习见的野生植物。[2]挖葛的时间,多安排在十月以后。此时进入冬季农闲时节,加之葛生长了一年,淀粉积淀相对丰富,正是采集的合适时机。

葛粉的制作,要经过几道工序。挖回的葛根,先清洗干净。然后是所谓"打葛",这大概是制作葛粉最费时费力的一道工序。其做法是以木槌将葛根捣烂。其后是所谓"撞粉",即将捣烂的葛根放入纱袋内,以清水冲洗葛根,使葛根之中的淀粉,过滤到备好的大桶或水缸里,这样淀粉慢慢沉淀到桶底。最后,将沉淀在桶底的葛粉取出晒干。[3]葛巾是以葛茎的纤维制作而成的,具体制作方法不得其详。从排日账看,从道光年间至光绪年间,程家一直从事葛粉制作。至于葛巾,除了道光十八年提到一次踏葛巾的记录外[4],同治十一年(1872)之前没有制作与销售记录,说明太平天国结束前,葛巾生产对程家生计不重要。

由于地处山区,沱川一带制作葛粉的乡民可能不在少数。我们看到,发开除自身上山掘葛、制作葛粉外,还向附近的村民收购葛粉。如道光十九年三月初八日,"收新孝兄干葛粉四十六斤"。十九日,"收其叔干葛粉八十斤,计银四两六钱正"。咸丰六年十二月初五日,"己在家,上徐家坦收葛粉"。初十日,"己在家,上徐家坦买葛粉"。咸丰七年十二月十三日,"己上徐家坦买葛粉"。[5]

不管是自制还是来自收购,程家的葛粉自己食用的数量应该是很有

---

[1] 嘉庆《黟县志》卷三《地理志·风俗》,《中国地方志集成·安徽府县志辑》第56册,南京:江苏古籍出版社,1998年,第58页。
[2] 这些地点包括:朱家碛、乌麦窟、冷水亭、苦竹山、横坞、平分后、界至垄(又作介至垄)、江树垄、高培山、斧头角、金扁单、白玉山、慷柴安、引浆山、月答外、清山岭、朱坑岭、殿茶坑、红竹、石颈垄、火炉穿、石蓬基、田霞坞、葛家、寒太原、牛角岭、照壁山、斫木坑、松坑、里培、三垄(又作山垄)、双环岭、天堂、岚培、九阳凸等。
[3] 结合排日账记载与《野生葛根粉的制作过程》,https://jingyan.baidu.com/article/e75057f2a3b18febc91a892e.html(访问时间:2020年7月12日)。
[4] 程氏排日账#1,道光18/1/10。
[5] 程家排日账#1,道光19/3/8, 3/19;#4,咸丰6/12/5, 12/10;咸丰7/12/13。

限的，绝大多数葛粉用于出售（少数用于送礼）。出售葛粉的时间，通常是在冬春之际的十二月至次年二月。出售葛粉的地点，不是沱川本地或是清华，而是以休宁城最为频繁。如道光十九年十一月十一日，程发开挑葛粉至休宁县城，十三日抵达休宁城，将葛粉售予胡开文店。[1]

在小买卖方面，可能以食盐贩卖最为重要。发开父子所记排日账中，都有不少买卖食盐的记录，但以发开这一代，特别是咸丰五年至八年间（1855—1858）的记录最为频繁。

我们来看看咸丰三年秋冬之际和咸丰五年春季发开贩卖食盐的记录。咸丰三年九月二十六日，发开挑着灰藭，至溪口出售。次日到达溪口，卖出灰藭后，就地买盐挑回家，二十九日到家。当天，又再出溪口。十月初一日到溪口买盐，初三日到家。在家中休息几天后，初八日第三次挑灰藭上溪口，初九日买盐，十一日到家。第二天参与一场婚礼后，十三日第四次前往溪口买盐，十五日到家。发开买盐是为了自己食用吗？应该不是，一个五口之家，吃不了那么多盐巴。继续读排日账。此后数日为阴雨天，发开在家休息，并做草鞋。二十一日，还是一个雨天，发开挑盐下赋春。次日，到达赋春，在镇上"卖盐、担米"，买好后回家，二十三日到家。这些大米，也不是为了自家食用。因为回家的次日，他"担米上（章）〔鄣〕公山换灰藭"。二十五日，挑回灰藭。二十七日，挑着灰藭再上溪口出售，这是第五次上溪口了。此次因遇上雨天，在溪口一家店里休息了一天，第二天帮一位乡亲办货，十一月初二日才回到家中。[2] 从九月二十六日至十一月初二日，发开前往溪口多达五次，主要目的都是买盐。综观咸丰三年、四年发开贩盐记录，咸丰三年，发开确定无疑从事食盐贩卖的次数仅2次，咸丰四年仅1次，其他则是为清华的商铺挑盐，其性质更接近挑担而不是贩卖。[3]

咸丰五年后，情况发生变化。这一时期发开的活动重心，已经转移到食盐贩卖。咸丰五年，发开共前往溪口贩盐24次，咸丰六年10

---

[1] 程氏排日账#1，道光19/11/11-13。
[2] 程氏排日账#3，咸丰3/9/26-11/3。
[3] 程氏排日账#3，咸丰3/3/14-15，3/19-21，7/5-10，10/11-13，11/13-14。咸丰三年的贩盐记录，见程氏排日账#3，咸丰3/2/17，10/13；咸丰四年的贩盐记录，见咸丰4/7/24。

图3.3 溪口

次,咸丰七年19次,咸丰八年7次(另去屯溪1次)。[1]我们来看看咸丰五年二、三月的情况。二月十四日,发开"支洋贰元出溪口买盐"。当天就到了溪口。第二天挑盐回家。忙完家务、稍作休整后,十八日至二十日,在燕山卖盐。二十二日,再出溪口买盐。二十三日挑盐回家。二十四日、二十五日,又在燕山卖盐。三月初一日,第三次出溪口买盐。次日到家。初三日至初五日,在燕山卖盐。初九日,第四次出溪口买盐,次日到家。十一日至十二日,在燕山卖盐。十三日,第五次出溪口买盐,次日到家,当天有卖盐记录。此后,十七日有第六次出溪口买盐记录,但没有提到卖盐。[2]从二月十四日至三月十九日,发开出溪口

---

[1] 程氏排日账#4,咸丰5/1/14、1/22、2/1、3/9、3/13、3/17、5/23、5/27、6/1、6/5、6/14、6/18、6/22、6/28、7/9、7/17、7/23、7/28、8/13、10/2、11/11、11/21、11/24、11/27;咸丰6/2/15、3/4、6/24、9/28、10/5、11/10、11/21、11/25、12/19、12/24;咸丰7/1/16、2/3、2/28、3/6、3/23、4/28、5/24、闰5/16、6/6、6/13、6/17、6/28、7/16、9/27、10/8、10/19、11/1、11/15、11/19;咸丰8/1/13、2/18、3/3、3/10、6/3、6/19、9/28、10/7。咸丰五年至八年发开介入食盐贩卖,背后的原因不详,但很可能跟太平军活动有关。

[2] 程氏排日账#3,咸丰5/2/14-3/19。

多达六次，每次都为了买盐，而且有多次卖盐记录。

为何发开要花费大量的时间和精力，前往百里以外的溪口镇购买食盐呢？要回答这个问题，必须从清代的盐法说起。根据清代专商引岸制度的规定，每个盐场均有自己的行销地域，超出行销地域贩卖食盐，属于走私行为，是要受到重罚的。[1]清代徽州行销的是两浙盐，也就是两浙沿海盐场生产的食盐。据嘉庆《重修两浙盐法志》记载："盐筴之行，自两淮外，无广于浙者，东迤海，北距扬子江，西尽歙信之域，南暨瓯闽之交，所食皆浙盐也"，这里所说的"歙信之域"，就是安徽的徽州府和江西的广信府。《两浙盐法志》还交代说：徽州府属六县，"掣销杭、绍二所引盐"，换句话说，徽州府行销的是杭州、绍兴两个批验所查验的引盐，其中"婺源县引盐由休宁分销，自休宁运至住地一百八十里"。[2]道光《徽州府志》卷五《食货志》"盐引"条也载云：

> 通府：共额销盐一十六万一百八十一引。……休宁县：额销浙江绍所盐六万七千七百七十三引，又奉增嘉所盐一万二百八引（共额定七万七千九百八十一引）。……婺源县分销休宁县盐引，祁门县分销黟县盐引，绩溪县分销歙县盐引，俱系融销，并无额分之数。[3]

徽州一府共销16万余引，而休宁一县即分摊绍兴、嘉兴等批验所引盐近8万引，约当全府引数一半，这应跟该县引盐分销婺源不无关系。同时，据光绪《婺源县志》的记载，"婺食醯于浙，然以贫无盐商，凡婺之窝引，皆休商行掣告销，虽休兼婺利，而盐止于休。婺民则挑负诸土物，逾岭零星贸易，价溢而劳瘁倍之。故穷僻村氓，多食淡者"，[4]也证实了上述说法。换言之，婺源乡民要想买到比较便宜的食盐，必须自

---

[1] 对清代食盐运销制度的讨论，可参见黄国信《区与界：清代湘粤赣界邻地区食盐专卖研究》，北京：生活·读书·新知三联书店，2006年，尤其是第一章；另外，该书第14页有清代主要盐区分布图一幅，可参看。图中徽州府属于两浙盐的行销地域，而西部的饶州府属于两淮盐的行销地域。
[2] 嘉庆六年刊《两浙盐法志》卷一《疆域》，《续修四库全书》史部第840册，上海：上海古籍出版社，2002年，第615、618、627页。
[3] 道光七年刊《徽州府志》卷五之一《食货志·赋役》，"盐引"，《中国地方志集成·安徽府县志辑》第48册，第402页。引文中提到的"嘉所"，应该是嘉兴批验所，参见嘉庆《两浙盐法志》卷一《疆域》，第625页。
[4] 光绪《婺源县志》卷三《疆域六·风俗》，页3b。

第三章 父辈 67

图3.4 卖恤盐
资料来源：董棨绘《太平欢乐图》，许志浩编，上海：学林出版社，2003年，第162页。

行前往休宁出售官盐的盐栈购买食盐，而这正是程家频频前往溪口购买食盐的制度史背景。当然，程家频频前往溪口，不只是出于自身消费的需要，也出于营生的考虑。他们前往溪口买盐，或是替人买盐，或是为了在婺源老家贩卖（图3.4）。[1]

那么，这种贩卖有多大的利润空间呢？排日账留下了道光十九年、二十年溪口两个盐价数据。道光十九年七月初五日，发开"支银2两，欠2分，出溪口买盐九十五斤"[2]，当时每两白银合铜钱1440文，可求得每斤价格为近31文。道光二十年正月二十三日，发开在溪口盐栈买盐88斤，花银1.68两[3]，当时每两白银合铜钱1500文左右，每斤价格为近29文。那么，当时沱川一带的盐价如何呢？笔者找到了咸丰二年、三年十六都四图的两个数据：咸丰二年三月和咸丰三年三月的数据均为每斤

---

[1]《太平欢乐图》描绘的是清中叶浙江的情况，但发开父子贩卖食盐的图景，与这幅图中所绘应该是相似的（董棨绘《太平欢乐图》，许志浩编，上海：学林出版社，2003年，参考图3.4）。
[2] 程氏排日账#1，道光19/7/5。
[3] 程氏排日账#1，道光20/1/23。

40文。[1]比较溪口与十六都两地价格,可知每斤食盐差价为10文左右,约当十六都价格的25%。如果将铜钱贬值的因素考虑进去,实际的利润率要稍低一些,另外其中还包含了食盐运输的成本。[2]

那么发开每次从食盐贩卖能赚取多少钱呢?这就牵涉每次贩运食盐的数量。我们有两个系列的数据:其一是实际重量,道光年间和咸丰年间各有2个数据(道光十九年:95斤,道光二十年:88斤;咸丰七年:84斤,咸丰八年:99斤);其二是花费白银数,考虑到银价变动,我们只考虑咸丰年间的数据,咸丰六年至八年,我们共有四个数据(咸丰六年:2元;咸丰七年:2元,3元;咸丰八年:3元),另外我们还知道,咸丰七年,2个银元购买了84斤食盐,咸丰八年,3个银元购入了99斤食盐。[3]综合上述数据可以推断,发开每次购买食盐数在90斤上下,如利润以每斤10文计算,则每次贩卖活动可赚取900文左右。如此,可估算出咸丰五年至八年每年的食盐贩卖收入:咸丰五年为21600文(合12.41元),咸丰六年为9000文(合5元),咸丰七年为17100文(合9.5元),咸丰八年为8000文(合4.44元),算是一笔不小的收入了。

发开还曾从事麻袋、布匹等小商品的贩卖。麻袋是从黟县六都源头

---

[1] 咸丰二年三月初七日,某文新弟"去钱四百六十文,盐十斤,当收钱六十文",10斤盐的价格为400文;咸丰三年三月初五日,又"去钱二百文,盐五斤",5斤的盐价为200文。《婺源十六都四图吴氏收支账》,文书标题由笔者自拟,道光、咸丰间写本,上海交通大学图书馆藏,卷宗号:ZHL,编号:2012-0918-01-1,文件号:DSC0578-DSC0579。另据宣统年间调查,婺源食盐"每斤钱四五十文,近则三倍之"(刘汝骥《陶甓公牍》卷十二《法制科》,第246—247页),说明食盐每斤40文左右的价格,可能从19世纪中叶一直持续至19世纪末。

[2] 光绪十九年五月二十日,允亨挑茶箱前往溪口,到茶行交卸后,"支英洋乙元买盐,行秤卅五斤半"(程氏排日账#11,光绪19/5/20),当时银元1元合铜钱1000文上下,可知溪口盐栈每斤食盐的售价为28文左右。那么,当时沱川一带每斤食盐的售价如何呢?五月十五日,也即五天前,允亨在排日账中留下了一条记录:"江隆号盐二斤,钱一百文"(同上,光绪19/5/15),每斤售价为50文。从溪口贩卖到沱川,每斤食盐可赚22文,如依此计算,利润率为44%左右,似乎过高。运输成本可以参照程家挑担的工钱。从沱川附近挑茶箱到溪口,常可获取250—350文的"力脚"[挑担工钱]。以下是排日账记录的光绪十九、二十年所得力脚的数据:280文(程氏排日账#11,光绪19/4/14),510文(同上,光绪19/5/20),375文(同上,光绪19/6/11),500文(同上,光绪19/6/20),280文(同上,光绪19/6/30),500文(同上,光绪19/7/12),180文(同上,光绪19/8/15),166文(同上,光绪20/2/5),160文(同上,光绪20/2/15),220文(同上,光绪20/6/9),630文(同上,光绪20/7/1),315文(同上,光绪20/7/13),300文(同上,光绪20/7/14),300文(同上,光绪20/7/16),295文(同上,光绪20/7/17),300文(同上,光绪20/8/16),290文(同上,光绪20/8/17),240文(同上,光绪20/8/25),300文(同上,光绪20/8/27),300文(同上,光绪20/8/28),300文(同上,光绪20/9/1),310文(同上,光绪20/9/4),200文(同上,光绪20/11/17),160文(同上,光绪20/11/25),142文(同上,光绪20/12/27),200文(同上,光绪20/12/29)。

[3] 程氏排日账#4,道光19/7/15,20/1/23;咸丰7/1/16,咸丰8/3/3,咸丰6/6/24,咸丰7/10/8。

村买回的。道光二十年八月初十日,发开从母亲手上借来八两余银子。次日,他带着银元十元前往黟县,当晚在溪口歇息。十二日,来到黟县六都源头村,"买麻袋布二十一匹"。十三日,从六都挑麻袋回家,在溪口歇息。十四日到家。十五日,出售麻袋一匹给村民。二十日、二十一日,出售麻袋,他母亲买了一只。道光二十四年七月十三日,发开再次前往黟县买麻袋,次日到源头。十五日,买好麻袋后回家,当晚在溪口歇息。十六日,顺道在溪口买盐,然后继续回家。十七日回到家中。二十三日,又"支洋十元出溪口买麻布袋",二十五日到家。二十六日开始,在本村、金岗岭等处出售麻袋。[1]

布料是从休宁城买回的。道光二十四年十一月十二日,发开挑着灰蕨出溪口。次日抵达溪口,出售灰蕨后,前往休宁城。十四日,在休宁城买布。十五日到家。二十一日,上金岗岭卖布。二十二日,到洪源卖布。道光二十五年六月十五日,发开再次前往休宁买布。次日抵达休宁城,买布后回家,十七日到家。十八日至二十九日,除一日因下雨在家歇息外,其余十一天都在沱川卖布。[2]

从排日账记录看,发开并不固定出售某种货物,似乎只要是能赚钱的货物,他都愿意去贩卖。直到太平天国结束后,已经上了年纪的发开,仍然不时做些小本生意(如贩卖鱼干)。[3]这是他贴补家用的一种方式,只是由于没有留下相关记录,我们无从了解他从这些小买卖中赚了多少钱。他既是一个从事耕作的农夫,也是走家串巷的乡间商人。学界的明清商人研究,对身家数十上百万两的大商人颇为青睐,而像发开这种可能数量可观、但资本有限的小生意人则少见提及,这固然是由于资料的限制,同时也跟学术偏见不无关系。[4]实际上,在那个时代,这些

---

[1] 程氏排日账#1,道光20/8/10-8/15,8/20-21;#2,道光24/7/13—17,7/23—29。道光二十年采购麻袋的地点,排日账写作黟县六都,道光二十四年则记作八都,不过村子均写作元头。查黟县六都有源头村(嘉庆《黟县志》卷二,《地理·都图》,《中国地方志集成·安徽府县志辑》第56册,南京:江苏古籍出版社,1998年第57页),当以六都为是。
[2] 程氏排日账#2,道光24/11/12-22,25/6/15-7/29。
[3] 程氏排日账#6,光绪4/12/10-17,12/22,12/24,12/28。
[4] 学界对徽商的研究颇多,如王振忠《明清徽商与淮扬社会变迁》,北京:生活·读书·新知三联书店,1996年;臼井佐知子《徽州商人の研究》,东京:汲古书院,2005年;张海鹏、王廷元主编《徽商研究》,合肥:安徽人民出版社,1995年;王裕明《明清徽州典商研究》,北京:人民出版社,2012年;马勇虎《近代徽州布商研究——以商业账簿为中心》,芜湖:安徽师范大学出版社,2017年等。

小生意人在促进货物流通、满足普通民众消费需求方面，可能扮演着不亚于大商人的角色，他们从事的贩卖活动，是商品流通的"毛细管"。

在发开的小心经营下，尽管米价较高，但直到太平军进入婺源头几年，程家的经济状况似乎都还凑合。前面提到，道光十八年，程家为解决粮食缺口，每年需要支付15—17元的开支。想要了解这一时期程家的经济状况，不妨对比一下同期历年程家收入方面的情况。根据排日账记录，道光十八年程家的现金收入为近39元，道光十九年为35元左右，道光二十五年为55元左右，道光二十六年为34元左右。咸丰年间收入略有下降，咸丰三年为近17元，咸丰四年为近27元，咸丰五年为近31元，咸丰六年为27元左右，咸丰七年为31元左右，咸丰八年为54元。[1]纵观以上数据，咸丰八年茶叶收入畸高，可不列入考虑外，咸丰七年前，程家的收入多在二十几元至三十几元的区间（参见第七章表7.2）。扣除购买粮食及布匹、肉类等生活消费品的开销外，应有不少结余。

从排日账开始记录到道光三十年，是经济史上所谓的"道光萧条"的后期。那么这一经济局势如何影响发开一家的生活呢？道光萧条是由吴承明提出的一个概念，是指发生于道光年间的经济不景气，其基本表现为银贵钱贱，物价下跌，交易停滞，商民皆困；银价由每两合钱1000文增至2200文，江南米价跌落约25%。江南道光萧条主要体现为：田价大幅下跌，农业产量降低而成本居高不下，农民收入锐减，农村棉纺织业濒临破产。[2]导致道光萧条的主要原因，学界说法不一，主要有19世纪初气候剧变说、白银外流说等。[3]

---

[1] 综合程氏排日账道光十八年至咸丰八年历年数据。
[2] 吴承明《18与19世纪上叶的中国市场》，《中国的现代化：市场与社会》，北京：生活·读书·新知三联书店，2001年，第240—241页；李伯重《"道光萧条"与"癸未大水"——经济衰退、气候剧变及19世纪的危机在松江》，《社会科学》2007年第6期，第173—174页。
[3] 李伯重主张气候剧变说。他认为，全球气候处于1720—1820年相对暖和时期，1840—1880年进入中国历史上第6个小冰河期，而1820—1840年是两个时期之间的转折期，这一气候变动对经济衰退带来严重影响，从而出现了"19世纪危机"。参见李伯重《"道光萧条"与"癸未大水"》，第178页。罗畅主张白银外流说。他认为，道光时期，国内白银产量急剧下降，又出现白银外流现象，遂导致银贵和货币供应不足问题。参见罗畅《道光萧条刍议——以粮价数据为中心》，《古今农业》2012年第1期，第55—56页。需要指出的是，有学者认为"道光萧条"并不存在，参见倪玉平《清朝嘉道时期的关税收入——以"道光萧条"为中心的考察》，《学术月刊》2010年第6期，第134—146页。

道光萧条在物价方面有比较明显的体现。直隶宁晋县粮食和手工业品价格的走向显示，19世纪前半叶物价朝下跌方向运动。19世纪头十五年，物价指数基本在100上下摆动，1820年下跌至85，30年代早期略有回升，此后又开始下跌，1850年跌落至55。同期北京、苏州粮价也可以观察到类似走向。不过1850年后的最初几年里，粮价维持在40年代的水平，甚至比此前更低。1856年北京的粮价仅为1850年的三分之二。1853年南京陷落后，安徽粮价跌到每石一两以下。不过50年代中叶后，物价一路上涨，在太平天国运动结束前到达峰值。[1]

道光萧条最直接的影响，是银贵钱贱和物价下跌。我们知道，程家生活于婺北山区，严重缺粮，每年需要购入大量粮食，米价下跌总体对程家是有利的。程家籴米最早的数据是道光十八年的，我们没有道光前期的米价数据，因而无法进行道光前后期米价变动的比较，不过我们有道光十八年至咸丰八年（1838—1858）相对完整的数据。查道光年间排日账所记婺北地区的米价，道光二十年前，1—2月份，米价在2.51—2.87元之间；7—8月是2.17—2.74元之间，总体比同治末至光绪二十五年（1899）前相比（2.0—2.6元/石）还要稍高一些，在排日账记录的19世纪中后期数据中，算是米价最高的时期之一。[2]不过"道光萧条"接近尾声的道光二十四年以后，米价大幅回落。以1—2月价格为例，道光二十四年每石大米价格为1.75元，道光二十五年涨至2.05元，道光二十六年回落至1.67元。进入咸丰朝，"道光萧条"结束后，除咸丰五年米价较高外（2.38元/石），从咸丰三年（1853）至咸丰六年，米价都不高于1.82元/石。[3]总体而言，婺北地区的米价与同期全国的物价走向是相似的，不过与宁晋县物价相比，米价进一步下跌的时间开启稍晚。另一方面，物价下跌应该会影响到程家农产品的销售价格。这一时期程家进行葛粉、黄精的加工制作与销售，也出售魔芋一类。假设这些产品

---

[1] Yeh-chien Wang, "The Secular Trend of Prices during the Ch'ing Period (1644-1911),"《中国文化研究所学报》第5卷第2期（1972年12月），pp. 354-359. 王业键重构的19世纪前期中国各地粮价图也显示，道光朝粮价的总体走势是大幅下跌，但中间也有波动，如道光二十四年前，米价相对较高，此后则逐渐走低。参见王业键《十九世纪前期物价下落与太平天国革命》，《清代经济史论文集（二）》，台北：稻乡出版社，2003年，第261—262页。

[2] 只有太平天国后期和光绪二十六年、二十七年的米价超出这个价位。

[3] 请参考附录三附表3.1和后面章节的讨论。

的价格跟米价一样下跌,那么米价下跌带来的福利,就可能仅仅是名义上的。尽管如此,对于生活在沱川这样的缺粮区的民众而言,感受道光萧条的方式,跟产粮区相比可能是不尽相同的,米价下跌对生计的影响可能更小。

  总而言之,自19世纪30年代后期至太平天国前期,允亨的父辈在从事农田耕作的同时,投入大量时间往返于休宁、婺源、黟县等地,从事食盐、布匹、麻袋等小商品的贩卖,此外也进行茶叶、灰藁、葛粉等农产品的收购与销售。发开敏锐地感觉到当地茶市变动带来的商机,适时购入茶园,开始进行茶叶的种植与生产。有了这个基础,太平天国运动结束后程家调整生计模式一事,就变得顺理成章了。通过投入这些生计活动,发开一家不仅解决了温饱问题,而且还可能有一定结余,这为发开自己成家与生儿育女提供了经济基础——发开自己成亲、允亨兄弟出生,都发生于这一时期。

第四章 "长毛"来了

允亨出生的19世纪40年代，清王朝已度过了鼎盛时期，面临着种种统治危机。在外，列强环伺。英国人依仗坚船利炮，打开了中国国门，逼迫清王朝开放了上海等五个通商口岸，国内外市场之间的关联度大幅提高，程家开始逐渐感受到这一进程的影响。在内，一场声势浩大的暴动正在酝酿，这场暴动将席卷华中、华南等清王朝的主要赋税来源地，动摇王朝的统治根基，并直接给程家的生活带来冲击。允亨就是在这样的大变动环境中出生、长大的。

出　生

发开夫妇至少生育了两个儿子。[1] 老大是允兴，生于道光二十四年（1844）前后。[2] 允亨生于道光二十九年（1849）前后[3]，比兄长小五岁左右，他出生那年，发开三十八岁。由于那年的排日账没有保存下来，我们无从了解他是哪一天出生，程家又是如何庆祝他来到这个世界的，但对允亨参与的生育庆典，我们有所了解。

---

[1] 笔者之所以说"至少"，是排日账中提及一位"树弟"，曾在程家生活一段时间，其身份不详。查程氏账簿#2有允树，当即允亨所称的树弟，名字中的字辈名（允）与允亨兄弟一样。允树在排日账中第一次出现，是在光绪十一年十二月除夕，当天有给允树压岁钱的记录（程氏排日账#8，光绪11/12/30）。此后七年时间里，排日账中没有再提及他。光绪十八年九月，他再次出现（#11，光绪18/9/26），此后至排日账记录结束，他似乎基本上住在程家。但光绪二十一年正月排日账记录说，"托兴兄、中兄、恭兄出郧村接树弟，情理不合"（#11，光绪21/1/30）。为何他离开程家去郧村呢？为何光绪十八年他基本不见于排日账记录呢？这些问题难以索解，因此姑记于此，以志存疑。

[2] 同治十二年（1873）八月，排日账记允兴"三十为载"（程氏排日账#5，同治12/8/10），可知他出生于道光二十四年前后。

[3] 现存两种程氏账簿中，其一首页书某人"生于道光己酉年八月廿一来世，去世光绪癸卯三月初乙卯时"。书写者应为同仓。此人年岁与允亨大致相合，应为他的生卒年。

生育是生命的开端，婺源围绕生育，形成了一系列习俗，允亨应该就是在这种习俗中长大的，他也见证、参与了这些习俗，并因此在排日账中留下了不少记录，他自己出生时，父母、亲友为他庆生的方式，应该与此大同小异。

对新生命的关注，从女子怀孕后就开始了。妊娠期间的女子有诸多禁忌。如忌参与红白喜事，不宜接触做豆腐、做屋上梁等事。又忌吃兔肉，否则孩子豁唇；忌吃姜，免胎儿生六指；忌吃甲鱼，恐难产。头胎孩子临产的当月初一，娘家要将事先预备的新生儿"和尚衣"、开裆裤、鞋、袜、帽、围兜、棉袄、尿布等，连同红糖、红米等礼物送到女婿家，谓之"催生"。孕妇临盆，家人要打开家中门、箱、橱上所有的锁，寓意"松关"，以祈降生顺利。

婴儿出生后，要放鞭炮，并去亲友家、祠堂报喜。报喜男女有别。生男放四个两响的天地炮，生女只放三个。同时，孩子父亲挑一担米果、一壶米酒去外婆家报喜，生男在壶盖或壶嘴以红纸做标记，生女标记用绿纸。外婆家回赠一公一母两只鸡及鸡蛋、红糖、苋菜干等。有门户的人家，孩子一出生，就要请算命先生起四柱、论八字、看五行，称作"算胎命"，了解孩子命中带什么星煞，五行缺什么，好不好养，采用寄养、取名等方法以避凶趋吉。

婴儿出生三日后，举行"洗三朝"。接生婆用艾叶、枳壳叶、桂圆壳、石菖蒲煮水，为婴儿沐浴洗肚脐，沐浴完毕，穿上娘家送来的衣服。此日，家里向亲友、乡邻遍散馍果，并请村中老先生为孩子起名。起名后，以毛笔将名字、生辰八字及吉言，按一定格式抄写在红纸上，贴于中堂左右墙。男贴左，女贴右。

生子满月，要在堂前祭拜祖宗，举办满月酒。产后三十日内，收到产妇家馍果的亲友，陆续以红糖、鸡蛋、苋菜干回赠，礼重的还要赠以活鸡、腊肉，谓之"望娩婆"。孩子满月时，请满月酒答谢亲友。此日还要以鸡蛋点心和红包，请剃头师傅剃胎头。剃完，以去壳熟鸡蛋在婴儿头顶滚动数下，据说可除胎气，热天不生痱、疖。

此外，孩子第一次到外婆家，称作"接外甥"或"移窝"；出生满百日，要摆酒席；出生满一年，称作"周年""百岁"等，也需办酒席。[1]

从排日账所记允亨在孙子出生期间的相关行事，可大致推知发开是如何迎接允亨自身的降生的。光绪二十一年十二月，允亨孙儿出生，我们来看看排日账对孩子降生后的相关记录：

〔十二月〕拾肆日天阴庚辰值平　已同儿、允兴兄、树弟菖片做分水。……去英洋乙员买鸡子七十二介，找来五百文。付丰弟钱五十文。

拾伍日天阴辛巳值定　已出街籴米英洋乙员半，六斗三升，又半员买（沙）〔砂〕糖十乙斤半，付大秤。支现钱二百〔文〕买鸭子三十〔个〕。

拾陆日天雪壬午值执　已同儿在家。孙儿做三朝，献祖宗。接余汪娇娥、舅母、爱苏嫂、梅娇嫂。又秉丰弟赊来（伏）〔腐〕干十五块。又进荣兄（余）〔赊〕来鸭子十五介，下欠一百文。

拾柒日天阴癸未值破……接成元、顶元二位吃子酒。

拾捌日天阴甲申值危　已在家扫（寻）〔尘〕。儿进大连亲眷家。

拾玖日天阴乙酉值成　已在取酒。又接余秋香先生、余益根兄吃子酒。……

贰拾日天雨丙戌值收……托焕来司做胎衣。[2]

允亨的孙儿应该是在十二月十四日出生的。出生当日，允亨就买了72粒鸡蛋，次日又到清华籴米，买砂糖、鸡蛋。十六日，是孩子出生的第三日，允亨买来豆腐干15块、鸭蛋15粒，并接来几位亲属，给孩子"做三朝""献祖宗"。此后，程家两次请亲友"吃子酒"。大概程家没有专门摆酒席，而是分开请相关的少数亲友吃饭。允亨的儿媳妇是休宁大连人，孩子出生后最初几日，没有去大连报喜的记录。十八日，也即孩子出生的第五日，才记录"儿进大连亲眷家"。从排

---

[1] 以上对婺源生育习俗的论述，综合了以下几个文本的信息：婺源县志编纂委员会编《婺源县志》，北京：档案出版社，1993年，第532页；毕新丁《婺源风俗通观》，北京：中国文联出版公司，2006年，第3—5页；朱德馨《婺源的风俗与民间忌讳》，卜永坚、毕新丁编《婺源的宗族、经济与民俗》，下册，第777—780页。

[2] 程氏排日账#11，光绪21/12/14-20。

日账记录看，程家没有专门为孩子做满月、百日等。[1]看来即使婺源一地，各乡习俗也有不少的差异，难以一概而论。

排日账中，不时有"吃子酒"的记录。[2]所谓"子酒"，可能是满月酒，也可能是"三朝"或此后几日举办的酒席。梳理排日账的记录，请吃子酒的人家，主要包括舅父、表兄、外甥、小姨、先生、朋友等。[3]吃子酒馈赠的礼物，除了鸡蛋之外，排日账最常提及的是"命章"。"起命章"（排日账有时写作"命张"，即命课），应该就是前面提到的"算胎命"。对此，排日账留下了不少记录。如同治十一年六月二十日记，"起命（张）〔章〕送到初英老先生家，四孙郎拜贺"。[4]光绪七年二月六日，"本身起（卑）〔命〕（张）〔章〕，新旺兄家生令郎，吃子酒"。[5]光绪二十一年三月初一，"已在家起命章，恭贺万圭兄，又恭贺万青表叔"。[6]光绪二十六年三月十一日，"已起命章，出燕山，对熊外甥家吃子酒。"[7]遵照这个习俗，允亨出生时，应该也有亲友送来"命章"，但可惜它们没有保存下来。

少年时代

发开第一次提到允亨，是在咸丰八年（1858）。正月二十四日，他在排日账中记录道："允亨儿上学。"[8]这年允亨应该已经九岁了。清代孩童一般八岁开始上学。[9]如果这是允亨第一次上学，那么比一般孩子

---

[1] 不过，排日账提到一笔做"周年"的记录。程氏排日账#11，光绪18/12/14："早晨做周岁，二女。"
[2] 程氏排日账#6，光绪7/2/6；#11，光绪20/1/15，光绪21/1/27，12/2；#12，光绪26/3/11。
[3] 舅父（余鹏飞、吴成）：程氏排日账#11，光绪20/1/15，光绪21/1/27；表兄（万圭）：#11，光绪21/3/1；外甥（余熊能）：#12，光绪26/3/11；小姨：#6，光绪5/11/30；先生（余初英、余监亭，或是塾师）：#5，同治11/6/20，#11，光绪21/12/2；朋友（汪发祥）：#11，光绪19/12/29；身份不详（新旺）：#6，光绪7/2/6。
[4] 程氏排日账#5，同治11/6/20。
[5] 程氏排日账#6，光绪7/2/6。
[6] 程氏排日账#11，光绪21/3/1。
[7] 程氏排日账#12，光绪26/3/11。
[8] 程氏排日账#4，咸丰8/1/24。
[9] 梁其姿《17、18世纪长江下游地区的基础教育》，《变中谋稳：明清至近代的启蒙教育与施善济贫》，上海：上海人民出版社，2017年，第16页。刘伯山对同治年间黟县宏村万氏塾学门人的入学年龄进行了统计，这所塾学的门人中，出生时间可查的有20位，入学年龄最小的6岁，最大的16岁，平均年龄为10周岁左右，刘伯山《晚清徽州乡村塾学教育的实态——以黟县宏村万氏塾学为中心》，《安徽大学学报》（哲学社会科学版）2013年第6期，第99页。

晚了一些。他自己的孩子同仓,上学时只有七岁。[1]詹鸣铎八岁开始从父读书。[2]胡适入学年龄很早,三岁多就被送入学堂,跟随叔父读书。[3]当然,胡适的情况比较特殊,他的父亲早逝,母亲对这个儿子期望甚殷,因此送入学校的年龄,比普通孩子早了四五年。

排日账称学堂为"学馆"。学馆先生一般是在乡的读书人,这一群体本身就很复杂。鸣铎的父亲是一位秀才,曾在庐坑家中短期开馆授徒。有的塾师到其他村子设馆,在这种情况下,他的生活多由学馆所在的村民照顾。民国十八年休宁五城某山村的塾师,就由村中学童家轮流供应伙食,每家每月供应三五天。[4]在家设馆的塾师,多不脱离农业劳动。上湾的塾师程早月,曾教过程氏兄弟。排日账时有他下地干活的记录,他家养了牛,因而程家请他犁田,而他收取牛租。[5]学馆的学费很低。早月所开的学馆,一个孩子每年可能才收1元。[6]沱川另一位塾师存绶先生的学馆,要交2个银元的学费。[7]进入学馆时,还需要交数额不大的"拜礼钱",同仓入馆读书时,允亨交了100文拜礼钱。[8]

孩子进私塾后,开始接受识字教育。先生根据孩子的不同情况,安排各自的学习对象与学习进度。胡适入学之前,便已认得近一千字。因此入学后,"不须念《三字经》,《千字文》,《百家姓》,《神童诗》一类的书",他念的第一部书,是父亲自己编写的一部四言韵文《学为人诗》。[9]鸣铎上学前,也认得一些字,父亲教他写排日账,即在他正式上学之前。八岁入学堂后,他没有读"三百千",而是跟随父亲直接读《上论》(《论语》上半部,下面的《下论》为《论语》下半部,《孟子》同)。第二年,父亲外出做生意,安排他跟随一位塾师继续学习。学习内容从《下论》而《大学》《中庸》,而《上孟》,而《中孟》,而《下

---

[1] 程同仓生于光绪元年(1875),光绪七年正月开始上学。参见程氏排日账#6,光绪7/1/25。
[2] 詹鸣铎《我之小史》,第353页。
[3] 胡适《四十自述》,北京:中国文联出版公司,1993年,第17页。
[4] 詹鸣铎《我之小史》,第80页;刘伯山编著《徽州文书》第三辑,第7册,第137—164页。
[5] 如程氏排日账#1,道光18/8/16,9/16,道光19/4/22,5/10等。在排日账中,牛租是指支付给自带耕牛劳动的农户的工资。
[6] 程氏排日账#3,咸丰3/12/25日记:"支洋乙员,早月兄学钱。"
[7] 程氏排日账#8,光绪10/12/11记:"支洋贰圆付受先生学馆钱。"
[8] 程氏排日账#6,光绪7/1/25记:"父亲同仓儿存绶先生家馆读书,拜礼钱壹百文。"
[9] 胡适《四十自述》,第17页。

孟》，而《诗经》。四年后出学堂时，《诗经》将近读完。[1]两人在入学堂之前认字，很可能是通过方板识字的方法。方板是指方木板，在上面写字，每一板写一字，便于认读。当然在普通农家子弟当中，像胡适、鸣铎这种情况是不多见的。孩子入学堂后，入手学习的是《三字经》《千字文》《百家姓》，三本书读下来，可掌握将近两千字。掌握一定量的汉字后，开始学习《鉴略》《名物蒙求》《神童诗》一类读物，同时有的孩子开始学"四书"。[2]

对于无意科考的农家孩子来说，可以选择另一类读物——杂字。这种读物采撷日常生活中常见的汉字，分类编成四言或六言的韵语，篇幅不大，容易记诵。跟"三百千"相比，杂字没有明显的叙事特征，多配有插图；收录的单字多在数百字至一千多字之间，而且收录单字与"三百千"多有不同，罗友枝（Evelyn Sakakida Rawski）的统计显示，她选择的六种配图杂字收录的单字，仅有12%与"三百千"相同。这种启蒙读物通俗易懂，注重日常应用，多带有显著的地方色彩、乡土气息。据估计，一本编得好的杂字，大致能用一次（顶多两次）冬学的时间学完；学会这些字后，可以对付记账、写信、看通俗小说和唱本等读写任务。因此，这种书籍在清代较为流行，成为中下层民众习字的重要读物。[3]

尽管排日账没有留下记录，允亨认字很可能是靠杂字。明清时期，徽州是杂字的重要出版地之一，明代可以确定刊刻地点的18种杂字中，来自徽州的有2种；清代可以确定刊刻地点的434种杂字中，来自徽州的有49种，位居各地出版数量之首。[4]另有不少其他地区出版的杂字，也在徽州流通。有学者在徽州地区先后买到近200册、60余种杂字书。[5]因此，当地流通各种杂字是不成问题的。事实上，婺源本地也出版杂字，如《农业杂字》有清婺邑王青云阁本、民国婺邑文林堂本、婺源文

---

[1] 詹鸣铎《我之小史》，第80—83页。
[2] 梁其姿《17、18世纪长江下游地区的基础教育》，第18—19页。
[3] 张志公《传统语文教育教材论》，北京：中华书局，2013年，第29—33页；Evelyn Sakakida Rawski, *Education and Popular Literacy in Ch'ing China*, Ann Arbor: University of Michigan Press, 1979, pp. 128-139；温海波《识字津梁：明清以来的杂字流传与民众读写》，厦门大学博士论文，2017年，第103—159页。
[4] 温海波《识字津梁：明清以来的杂字流传与民众读写》，第72—73页。
[5] 戴元枝《明清徽州杂字研究》，上海：上海教育出版社，2017年，第2页。

聚堂本等版本，是徽州地区较为流行的一种杂字。[1]

《农业杂字》又题作《易见杂字》，将单字分类连缀为四言（有时也采用三言）句式，是主要面向乡民编纂的杂字。婺邑文林堂刊印的《农业杂字》，全书总共6045字，收录单字1964字。[2] 该书大致依据乡村社会经济活动所涉事项，将字词分为农业、种子、作山、园坦、百工、器用、衣冠、行商、坐贾、技艺十大类。书中收录的字词，与婺源的山乡生态与谋生方式关系密切。第三类名为"作山"，收录的是山地开发的相关字词，下分种麻、种山坦粟、青靛、山皮、桐子、园坦、菜蔬、藤索、香辣、果子、麻苎等目，其字词涉及山地开发的不同面向。第八类"行商"，下分拼木、树木、斫树、拖树、装簰、篾笼、蓬舍、放簰、做捆、抽分、苏州簰、瓜州簰等子目，基本上涵盖了从林山买卖、林木砍伐到搬运、捆扎、运输等诸多方面，兼及林木抽分一类与木材贩卖业务有关的内容。所谓"苏州簰""瓜州簰"，或为两种不同的扎簰方法。

这本杂字书名虽用了"农业"，但收录了大量与工商业相关的字词。除了林木贩运外，百工类、行商部分内容、坐贾、技业等类，都与工商业有关。如行商类，收录了跟婺源缺粮问题密切相关的粮食贩运类词汇：

> 收拾财本，定夺船只。来来往往，贩粜粮食。早稻晚稻，稻谷籼谷。禾萌有穊，风车打过。红赤糙米，乐平齐粮。雪白上熟，升斗斛量。布袋绌起。搬挖上舡。撑篙拽纤，赶水过前。[3]

坐贾类下有杂货、纸马、屠户、腐酒店、荤店、素食、典当、烟墨等目，技艺类列有医士、病症、释教、道教、杂术、杂戏等目，大多是跟农田耕作没有关系的行业，或可视为工商业在婺源乡民生计中拥有重要地位的一个旁证。此外，杂字中的一些字词，属于地域色彩较浓的表述，如掭、刴[4]、柴脑、茶丛、批桠、塝、拖树、箬皮等，这类表述在徽

---

[1] 温海波《识字津梁：明清以来的杂字流传与民众读写》，第53页。戴元枝《明清徽州杂字研究》第219—227页提供了这本杂字的录文。
[2] 温海波《识字津梁：明清以来的杂字流传与民众读写》，第130页，表4.4。
[3] 戴元枝《明清徽州杂字研究》，第225—226页。
[4] 刴，徽州俗字，见于徽州乡音书，参见方孝坤《徽州文书俗字研究》，北京：人民出版社，2012年，第191页。

州之外的地域应不多见，但在排日账中则颇为习见，这可以视为排日账与杂字之间可能存在密切关系的间接证据。

今人对私塾的认识，颇受鲁迅笔下的三味书屋的影响。鲁迅的如椽之笔，的确很形象地描绘出了私塾读书的图景。体罚在学馆中应该比较常见，而且也得到家长的认可。鸣铎回忆说，"父亲学规最严，每笞臀必自移长凳，自取竹鞭"，即使鸣铎犯了错误，也要挨板子。他母亲忍不住要护短，也常因此挨打。同一学馆的学生中，有所谓"学生头"者，学生奉为同侪领袖，在学生中颇有权势，因此成为大家巴结的对象，"是以在学堂内学生头处万万不可获罪，凡有食物及纸张，必随时进贡，以遂其欢心"，凡学生头之命，学生不敢违背。〔1〕

每个学馆的开学、放假时间，应该都有一定的惯例可循。开学时间，江南地区多安排在正月十五日。不过婺源乡间要晚些。允享入学馆时，已经是正月二十四日，同仓入学是在正月二十五。〔2〕这两日可能是婺源乡间多数学馆开学的时间。江南学馆放假的时间是腊月二十五日，年中各种节日大约放10天假期，一个完整的学年包括整整十一个月。〔3〕排日账没有明确提及学馆放假的时间，不过咸丰三年排日账记录交付学费的时间正好是十二月二十五日〔4〕，因此当地学馆放假的时间可能与江南是一样的。

学馆学习时间的长短，应该是根据各家的经济条件有所不同。黟县宏村同治年间所办的万氏塾学，共招收过37位学生，其中3位学生仅就读两三个月，其余34人均就读一年以上，其中就读时间最长的达五年，平均就读时间是2.77学年。〔5〕我们不知道允享读了几年书，不过我们了解同仓的学习情况。他于光绪七年开始入馆读书，光绪十一年自记排日账中，就不再有读书的记录，因此他共读了四年书。通常一本杂字只需学习一两个冬学的时间，四年学习的内容，应该远远不只是某一本杂

---

〔1〕 詹鸣铎《我之小史》，第80—83页。
〔2〕 程氏排日账#6，光绪7/1/25。
〔3〕 梁其姿《17、18世纪长江下游地区的基础教育》，第16页。
〔4〕 程氏排日账#3，咸丰3/12/25。不过光绪十年学馆交钱的时间是十二月十一日，参见程氏排日账#8，光绪10/12/11。
〔5〕 刘伯山《晚清徽州乡村塾学教育的实态——以黟县宏村万氏塾学为中心》，第100页。

字。鸣铎回忆说，除了学习"四书"外，先生还教学生抄帖式。[1]允亨入学馆读书的年代，写排日账应已成为学童每日的功课。他开始记账，应该开始于这一时期，不过他少时所记的账都没有保存下来。[2]现存允亨所记排日账，最早的是同治十一年的，当时他已是二十三岁的青年了。他所记排日账，笔画较为工整，内容较父亲所记丰富得多，而且时间长得多，显示出允亨较为出色的读写能力和难得的毅力（参见第十五章）。

即使仅学习四年时间，离开学馆后，允亨也已经是十三岁的少年了。这个年龄的孩子，要开始帮家里干活了。光绪十一年同仓从学馆肄业后，开始帮家里做些家务事。细读这一时期同仓所记排日账，家里一般不会安排同仓参与远程贩卖，派给他的活儿，主要包括农活、采茶、砍柴、割草、看水一类。这是一个社会化，特别是学习谋生方式的过程，对日后的生活应该是至关重要的。

在成长的过程中，和小伙伴一起参与的活动是很重要的，有的关系一直维持到老年。允亨有位朋友，叫作余万圭，两人应是"发小"。允亨二十出头时，不时跟他一起进山打猎。后来他们相互帮忙干农活，一起加入合会，允亨还请他做中人、参与主持分家，他成为允亨毕生的好友。[3]

"长毛"来了

允亨的童年和少年时代的前期，大都是在纷飞的战火中度过的。咸丰元年（1851），也就是他一周岁大时，太平军在广西金田发起暴动。咸丰三年，首次进入徽州。咸丰四年后，长期占据徽州，此后战乱一直持续至同治二、三年，也就是允亨十二三岁的时候。

徽州地区自明清鼎革、"三藩之乱"后，承平一百七十多年。太平军兴，打破了长期的安定局面。咸丰三年正月，太平军攻陷安庆。二

---

[1] 詹鸣铎《我之小史》，第93页。
[2] 目前，几种晚清学童所记排日账保存至今，参见黄志繁、邵鸿《晚清至民国徽州小农的生产与生活》，第119页，不过此文没有说明哪些排日账出自尚在学馆读书的学生之手。此外，休宁五城的《日就月将》，是由学馆学生所记。
[3] 参见第十一章的讨论。有关两人的最早记载，出现于同治十一年。

月,占据南京。"未一月,连失两省会",婺源"阖邑人心尽为惊皇"。[1]此年太平军初次进入徽州,来到祁门县。太平军头目带十余人,到祁门县张贴告示安民,叫百姓进贡,未停数日便离开。[2]咸丰四年正月,驻守安庆的太平军由石埭进入祁门,攻陷祁门县城,这是徽州府属县第一次失守。此后徽州逐渐成为清军与太平军拉锯的重要战场之一,徽州进入了长达十年的战乱时期。

总体而言,咸丰十年之前,徽州并非清军与太平军对垒的主战场。太平军定都天京后,组织了北伐与西征,北伐的主战场是皖北、河南、直隶、山东等地,而西征的主战场是皖南、江西和两湖,徽州虽地处皖南,但当时双方的攻防重心是沿江的安庆、贵池、铜陵、芜湖等地。咸丰四年开始,在徽州一带长期作战的是石达开部将范汝杰,所部不过万人。咸丰八年,杨辅清部进入皖南活动,徽州太平军实力增强,但杨部的活动中心也不在徽州,而是徽州以北的池州、宁国一带。[3]

咸丰十年,战局发生转折。一方面,咸丰六年十一月,清军夺回武昌、汉阳;咸丰八年,又夺回九江,此后基本肃清了两湖、江西的太平军,为围攻天京提供了粮饷保障。另一方面,在陈玉成、李秀成的率领下,太平军奔走于大江南北,先后于咸丰八年、咸丰十年攻破江北大营与江南大营。特别是咸丰十年二月,李秀成攻陷杭州,闰三月,又攻破江南大营,接着进据苏州,挺进上海,清政府原有的攻防体系被打乱,于是长江以南的主战场转移到东南方,江南成为攻防的新重心。[4]

在这种形势下,咸丰十年五月,朝廷任命曾国藩署理两江总督。七月,实授曾国藩总督,并授为钦差大臣督办江南军务。曾国藩担任总督后,定下了围攻安庆、进图天京的战略。六月,率鲍超、朱品隆、张运兰等渡江,进驻祁门,其意在"倚江西粮台景德镇转运,水军炮船护

---

[1] 光绪《婺源县志》卷十七《兵防二》,"兵事",页8a。
[2] 佚名《徽难全志》,南京大学历史系太平天国史研究室编《江浙豫皖太平天国史料选编》,南京:江苏人民出版社,1983年,第294页。
[3] 冯剑辉《曾国藩"纵兵大掠"徽州考辨——兼论徽州咸同兵燹》,《安徽大学学报》(哲学社会科学版)2007年第2期,第116页。
[4] 罗尔纲《太平天国史纲》,上海:商务印书馆,1947年,第73—78页;茅家琦、张远鹏《太平天国史话》,北京:社会科学文献出版社,2000年,第82—106、124—136页。

第四章 "长毛"来了　　83

饷，以为万全"。[1]咸丰十一年四月，移驻东流（在今安徽东至县）。曾国藩离开徽州时，只带五百人前往，其主力留守徽州，左宗棠驻守乐平，后进屯婺源。从咸丰十年起，曾国藩部屡次与太平军李侍贤、李秀成、杨辅清等部作战，双方互有胜负。同治二、三年（1863—1864），徽州军事才有明显起色，多股太平军溃败部队从徽州逃往江西，而清军则一路围堵、追剿，逐渐收复失守的城池，肃清境内的太平军余部。[2]

在近十年的时间里，清军与太平军反复拉锯，徽州府城、县城频频失守。据统计，在此期间徽州六县县城被太平军攻占的次数，黟县、绩溪各15次，祁门、婺源各11次，休宁10次，歙县4次，平均每城被攻占11次，攻占10次以上的共五县，远远高于安徽其他地区。[3]程家所在的婺源，县城被攻占11次。不过从时间分布看，婺源县城失守情况与徽州战局的总体进展不尽相同。

从年代分布看，婺源城失守发生较早，但结束也较早。婺源城第一次失守发生于咸丰五年。此年正月、二月，太平军先后攻陷黟县、休宁、歙县县城及徽州府城。二月二十六日，太平军自休宁进入婺源，进攻清华一带。二十八日，攻陷婺源城。最后一次失守发生于咸丰十一年。此年五月二十二日，太平军自德兴攻陷县城，次日退出城外，二十四日，退守汪口。

太平军几次占领婺源城的时间，大体都不算长。第一次攻占婺源城，是在咸丰五年二月二十八日，三月十五日，官兵便夺回县城。婺源城第二次失守，发生于咸丰五年四月初七，初十太平军便离开。第三、四次太平军都仅占领四天（咸丰六年三月八日至十一日，八月二十五日至二十八日）。咸丰十年、咸丰十一年，太平军虽频频攻占婺源城，但占领时间都不长。咸丰十年十一月，太平军两度占据婺源城，第一次占了三天，第二次占了八天。咸丰十一年，占据三次，第一次在正月，占了十余天；第二次在三月，占据五天；第三次在五月，二十二日占城，

---

[1] 王闿运等《湘军志》，长沙：岳麓书社，1983年，第59页；冯剑辉谓曾国藩移驻祁门的一个考虑，是应付来自朝廷和江浙官僚士绅的压力，率兵渡江入徽，摆出图复江浙的姿态，可备一说，参见冯剑辉《曾国藩"纵兵大掠"徽州考辨——兼论徽州咸同兵燹》，第116—118页。
[2] 许承尧《歙事闲谭》卷十六，"程笃原撮录《安徽通志》徽州兵事"，李明回、彭超、张爱琴校点，合肥：黄山书社，2001年，第534—552页。
[3] 郑小春《从繁盛走向衰落：咸同兵燹破坏下的徽州社会》，《中国农史》2010年第4期，第89页。

次日就退出城外。

太平军占据婺源城时间最长的时期，发生于咸丰七年至九年之间。咸丰七年二月十四日，太平军从景德镇进攻婺源县，击溃驻守官军，十九日攻占县城；二十七日，撤退。七月初六，太平军自乐平前来攻城，再次攻占县城。此次占城时间较长，至九月初四方才撤退，前后近两个月。咸丰八年七月二十八日，太平军击退官兵、局勇，官兵退屯清华，"城空数日，贼不敢逼"。[1]八月初一，始入城。太平军占城后，加固了县城周围的工事，为固守计。官军两次攻城，都失利。第二年正月底，官军发动猛攻，二月初一，太平军撤退，由西乡退守浮梁。初二，官军入城。此次占城时间前后长达半年之久。这两年多时间里，不仅太平军占城时间长，破坏也较为严重。咸丰七年七月，太平军进入县城之日，"焚县治及民居数百家"。[2]咸丰八年八月至次年二月，太平军占领婺源城半年，撤退时"尽焚民居而遁"。[3]

婺源之所以在太平天国前期战事较多，后期受战事影响较小，应该与该县所处的地理位置与太平天国期间的战局变动有关。婺源西与江西接壤，与景德镇毗邻。咸丰八年前，江西是太平军与清军作战的重要战场，这一局势自然影响到婺源。咸丰九年后，江西的太平军势力基本被扑灭，长江以南的重要战事逐渐转移到安庆以下长江沿线和江南地区，加之左宗棠部长期驻扎在婺源附近，来自太平军的压力也相对较弱，当地的军事局面因此有较大改观，太平军未能长期占据县城。迨同治元年至三年（1862—1864），太平军余部虽多次攻击婺源及周边地区，但都被官军击溃，婺源城不再失守。

清军与太平军在婺源拉锯的数年内，遭受战争蹂躏最严重的地域，是婺源中部连接徽州与江西的主要通道周围的村镇，其他乡镇受战乱的影响较小。婺源北部的清华，这个与程家联系最密切的市镇，成为官兵与团练驻守的重地。

清华第一次遭到攻击是在咸丰五年。二月二十六日，太平军从休宁取道花桥、浙岭一带进攻清华，进而从清华南下攻占婺源城。咸丰七年

---

[1] 光绪《婺源县志》卷十七《兵防二》，"兵事"，页11a。
[2] 光绪《婺源县志》卷十七《兵防二》，"兵事"，页10a。
[3] 光绪《婺源县志》卷十七《兵防二》，"兵事"，页11b。

五月初四，太平军从沱川攻击清华。初八，由清华、甲路退守景德镇。十三日，一股太平军自甲路袭击清华。由于太平军的到来，婺源士绅开始组织团练，清华成为地方防御的重镇，邑绅洪修政、潘国珍等在镇上设永绥团练局。同时，参将王梦麟、都司王恩荣等率郡兵驻防清华。是年七月初，太平军占领县城，然后进攻清华、金竹，遭到官军与团练的反击。八月，王梦麟率军进攻太平军，太平军失利，光绪《婺源县志》记载了此次战事：

> 八月，参将王梦麟等自清华进营金竹降，贼分两股，一由前坦过茶培岭，一由思口至金竹，均距官军前营里许不进。别遣悍贼千余人从新岭绕龙腾袭官军，后见有备，均不敢入。后营官军开壁击之。时县丞叶钤、都司王恩荣伏兵集福庵山上，自上下击，团兵四面助威，贼腹背受敌，自相践踏，经官军斩杀及投跃水中死者无算。又永绥局令贫民挑饼数担，伪为贩卖者，置毒饼中，见贼即逃，贼掳去争食，毒发而死者数十百人。[1]

九月初四，太平军退出县城后，当地士绅筹防团练，在紫阳书院设立总局，四乡设分局：东乡永安局，南乡和安局，西乡振厉局，北乡永绥局，此举的目标是整合地方团练的力量，以便更好地统筹对太平军的军事行动。团练的运作，得到了地域组织特别是宗族的支持。[2]在十六都现存的民间文献中，就记录了宗族支付团练经费的情况。[3]

咸丰八年八月，太平军占城之前，重创了驻守婺源的官军与民团，官军主动放弃县城，退屯清华。此后以清华为基地，与县城太平军多次

---

〔1〕光绪《婺源县志》卷十七《兵防二》，"兵事"，页10a。
〔2〕孔飞力《中华帝国晚期的叛乱及其敌人》，第89页。
〔3〕从咸丰七年起，婺源十六都江氏宗族账簿开始出现与团练相关的开销。咸丰七年开销中，支钱13074文"付勇丁工钱"，支钱3156文用作"各项杂支"，后注："并迎枪酒钱、旗杠砍木送局。"咸丰九年，支租谷47秤"付各家头团丁"。咸丰十年，支钱420文作"永绥公局差送官军担"（永绥公局是北乡团练分局的名称）。咸丰十一年，"支团练钱五千六佰五十文"。同治元年，"支洋五员付公局勇丁（？）"。同治二年，"支洋贰元付勇费团练"，"支洋叁元付公局团练"。《江氏族产收支簿》，道光二十四年立，上海交通大学图书馆藏，卷宗号：ZHU，编号：2012-0720-08，备注："婺源16都3图查氏"（疑有误，该账光绪五年记，"支钱四佰文，旧报峰青举人酒钱"，峰青即江峰青，光绪十二年进士，据此可推知这是十六都江氏账簿），无页码。

交锋，屡屡失利。次年，总兵李定泰前来会剿太平军，此后婺源的局面才有所起色。二月初一，太平军从县城撤退。在此期间，清华成为官军驻守的军事重镇，没有遭到太平军的侵扰。

咸丰十一年正月二十七日，李侍贤率部从休宁西进江西，发兵至北乡进攻清华等处。二月，北乡军功俞胜来等与太平军战于清华，死之。此后两年时间，清华没有发生战事。清华最后一次战事，发生于同治三年。此年三月十八日，太平军从休宁西进，进攻东乡江湾、北乡清华等处，"东北两乡练勇战于回岭、浙岭，皆失利，夷伤甚众"。[1]但此时太平天国已经日落西山。

程家所在的沱川，位于婺北僻远之处，兵燹破坏较小。考光绪《婺源县志》，太平军进击沱川的军事行动仅有一次，发生于咸丰七年。此年五月初一，太平军自休宁三十二、三十三都进攻北乡平鼻岭。平鼻岭位于休宁、婺源边境，是一个军事要塞，为兵家必争之地，"沱川廪生余铨桂等督团勇防御岭上"。初二，太平军进攻新岭，"桂以身先，团勇奋击，杀贼数人，贼退，余益富等追贼，战死"。初三，"贼大股来攻老岭，火药不济，团勇失利，桂率余连喜等二十余人死之"。[2]平鼻岭失守后，太平军进入沱川。[3]咸丰十年十一月十五日，一股来自宁国的太平军由徽州、休宁进攻婺源大畈，王梦麟等驻扎江湾，在太平军攻击下溃败，"王梦麟等由北乡沱川退祁门，江湾、汪口民居被焚过半"。[4]此次官兵溃败后，北乡应该军事空虚，不过太平军是否占据沱川，不详。

十年兵燹，给徽州带来了严重破坏。连年战乱，加上瘟疫等灾害，

---

[1] 光绪《婺源县志》卷十七《兵防二》，"兵事"，页13b。
[2] 光绪《婺源县志》卷十七《兵防二》，"兵事"，页9b。考光绪三十二年（1906）《婺源沱川余氏宗谱》卷三十八《仕进》，页31b，余铨桂，道光二十一年（1841）入学，后补县学廪生。卷三十九，《人物》，"忠节"，页2b—3a，"铨桂，字香屿，号筱云，……自发贼踞金陵，究心韬略，有投笔请缨志。丁巳闰五月，贼由休西直扑平鼻岭，桂督团据隘击之，贼败退。初三，贼攻老岭，因火药不济，团勇小却，贼乘势冲突，桂身中数枪，犹率勇挥刀前进，力竭死之。……恩恤云骑尉世袭，祀忠义祠。……乡人愍其忠，立昭忠会，置田租，以其死事日设主祀之，永歆俎豆焉。"（录自光绪《婺源县志》卷二十二《人物五》，"忠节一"，页14b—15a）
[3] 光绪《婺源县志》卷五十四《人物十五》，"列女烈节"，页27b，余文辉妻詹氏条。"余沱川人，氏环川女。丁巳夏，贼犯平鼻岭，氏遣子元亨随乡团御贼获胜，雨甚，贼越岭入村，亨与母皆死之，氏年七十五。"
[4] 光绪《婺源县志》卷十七《兵防二》，"兵事"，页12a。

造成徽州人口锐减，乡村凋敝。同治三年十二月，曾国藩奉旨实地勘察灾情，向朝廷奏称："皖南徽（州）、宁（国）、广（德）等属，兵戈之后，继以凶年，百姓死亡殆尽，白骨遍野，此受害最重者也。"[1]据估计，经过十年战乱，皖南人口损失达930万，约占皖南战前人口的81%，其中徽州人口损失60%左右，较皖南其他府损失稍轻。[2]

在徽州乡村中，受兵燹破坏最严重的是地处冲要的村落。祁门沙堤叶村地处西乡十八都，是进出祁门的交通要道。同治元年二月，太平军入境，烧毁村内祖祠民房庄屋81幢。数日后目击者进村时发现，这个原本有三百户人口的村子，村民或死或逃，留在村中的仅有数十老幼。黟县九都屏山，情况更是惨烈。屏山东邻阜岭，北近羊栈岭，羊栈岭是太平军进出祁门、黟县的主要通道，因此屏山首当其害。同治二年二、三、六月，太平军三度经过屏山，居住屏山的朱氏宗族共殉难丁男8人，女丁32人，烈节女子4人，被焚祠堂、民房、商铺等80余幢，居住此村的其他宗族的殉难人数尚不在此数。村民致死原因不一，但大都十分惨烈，男丁有刀砍毒殴身死、刀砍身死、枪戳身死、被缚投塘身死、在山上被掳勒挑不从毒打身死等名目，女丁有刀砍抛水身死、抱幼子奔逃不及被贼夺子毒打身死、被掳入城杀死且尸骸遍寻无踪、枪戳投水身死、被殴投井身死、刀砍投水身死、逃避村后山上受饿身死、被掳入城勒赎不从登时杀死、勒挑无力登时杀死、被焚身死、遭殴投水身死、逃出饿死外地、毒殴身死、勒死、刀死等名目。[3]

同治三年，在处理兵灾过程中，根据受害程度差异，朝廷设置了最重、较重、次重、稍次四个等级。在徽州六县中，绩溪属受害最重之地，歙县、黟县属受害较重之地，祁门为受害次重之地，婺源属受害稍次之地[4]，因此，婺源在六县中算是灾情最轻之处，不过即使如此，有的村落还是伤亡惨重。以光绪《婺源县志》所载忠节清单为例。咸丰七年，汾水吕氏先后遇害的男丁有42人。其中，吕世盛"年

---

[1] 曾国藩《曾文正公奏稿》卷二一《豁免皖省钱漕折》（同治三年十二月二十八日），《曾文正公全集》第22册，光绪二年（1876）传忠书局刻本，页75b。
[2] 曹树基《中国人口史》第五卷《清时期》，上海：复旦大学出版社，2001年，第500、505页。
[3] 郑小春《从繁盛走向衰落：咸同兵燹破坏下的徽州社会》，第90—92页。
[4] 曾国藩《曾文正公奏稿》卷二一，页76a—76b。

七十二，与妻同被拷死"；吕世炆一户，"二月子被贼掳，八月贼又至，炆夫妻恨甚骂贼，同被杀"。[1]咸丰十一年二月，金竹村遇害的程氏男子中，汇案请旌的有22人，待汇案请旌的有5人。[2]同年，孔村遇害的男子共16人，鸿村遇害的男子共23人，梅溪遇害的男子共18人，"皆三月遇贼被杀"。[3]

跟上述村落相比，沱川人员伤亡较小。据光绪《婺源县志》记载，沱川主要人员伤亡发生于咸丰七年，亦即闰五月初平鼻岭之役期间。跟随余铨桂一同殉难的沱川人，有余元亨、余亮高、余益富、余连喜、余发旺、余邦显、余龄保、余兆发、余昌管、余开能、余启祥、余华保、余美珠、余显秀、余法、余时桂、张鸟皮、张炳顺、张春富、胡荣顺、汪金能、汪祥发等22人。[4]沱川贡生余志煌，是在太平军进入清华后遇害的，据县志记载："丁巳闰五月，平鼻岭战败众溃，贼冲过岭，煌再集村团遏之，不敌，身中数枪，骂贼不屈死。"[5]同年八月初四，沱川的余万贵、万寿兄弟随团练救援县城，"贵弟与兄奋勇前进，毙贼多名，火药竭，兄弟皆殁于阵"。[6]本年有一位十一岁的少年余振文，"贼至被掠，欲抚为养子，文骂曰：'吾好人家儿子，岂肯认贼为父乎！'贼牵之，骂愈急，遂被杀"。[7]本年遇害的还有一位寄居清华的沱川人余祥，因"督办官军供应，贼至，不屈遇害"。[8]男性之外，还有一些妇女在战乱中遇害，光绪《婺源县志·列女烈节》所载沱川妇女，大都遇害于咸丰七年，计有余大铻妻汪氏、余本堂妻吴氏和继妻詹氏、余昌满妻詹氏、余连富妻俞氏、余张九妻王氏、余文辉妻詹氏、余裕喜妻吴氏、叶三德妻方氏9人，[9]另咸丰六年有汪日生妻詹氏遇害于清华[10]，本年遇害

---

[1] 光绪《婺源县志》卷二二《人物五》，"忠节二"，页17a—17b。
[2] 光绪《婺源县志》卷二三《人物五》，"忠节三"，页5a—5b、9a。
[3] 光绪《婺源县志》卷二三《人物五》，"忠节三"，页10a—11b。
[4] 光绪《婺源县志》卷二二《人物五》，"忠节二"，页11a—11b。
[5] 光绪《婺源县志》卷二一《人物五》，"忠节一"，页16b。
[6] 光绪《婺源县志》卷二二《人物五》，"忠节二"，页13a。
[7] 光绪《婺源县志》卷二二《人物五》，"忠节二"，页16b。
[8] 光绪《婺源县志》卷二一《人物五》，"忠节一"，页15a。
[9] 光绪《婺源县志》卷五四《人物十五》，"列女烈节"，页14a、15a、16b、27a、34a。
[10] 光绪《婺源县志》卷五四《人物十五》，"列女烈节"，页42a。

的还有余起秀妻胡氏[1]，另有余法珠妻汪氏，遇害年代不详。[2]另有一些沱川人被掳或走失，下落不明。如沱川余氏族人余培尧、余逢袭于咸丰七年被掳，余多龄于咸丰十年被掳，余逢祺被掳未归，具体年代不详。[3]

程氏排日账对太平军的记载不多。现存排日账保留了咸丰二年（1852）至咸丰八年的记录，这段时间刚好是太平军起事后逐渐发展、壮大的时期。咸丰四年，太平军开始进入婺源，从此年至咸丰八年，前后有五年时间，但排日账对太平军只有数十字的记载，从中略可窥见战乱期间民众生活的实态。

咸丰五年二月二十六日，太平军进攻清华，此次行动可能取得了成功，清华被占。同期排日账的记载是，二月二十四日，发开至燕山卖盐。次日，继续在燕山卖盐，当天大概听到太平军前来的消息。二十六日，也就是太平军攻占清华当天，发开在家做草鞋。三月初六，排日账有前往赋春籴米的记录，大概清华经过战乱，米行暂时歇业，发开只好前往其他市镇籴米。从此日起至三月中旬，排日账都没有清华籴米记录。至三月二十日，方才再次出现清华籴米的记录。

咸丰七年是太平军在婺北一带最为活跃的一年。闰五月初，沱川余铨桂率领团勇抵御太平军，兵败身死。这一段时间，婺北地区茶叶已采摘完毕，大麦也已入仓，正是种植稻子的季节。闰五月初一日，亦即余铨桂驻扎平鼻岭，与太平军对垒那天，"己进查木坑岭当乡勇"，这是排日账第一次明确记录发开当乡勇一事。平鼻岭在沱川西北方，而查木坑位于沱川东北方，沱川方面听闻太平军从祁门进攻的消息后，估计派勇分守平鼻岭和查木坑等处。太平军的实际进攻方向是平鼻岭，而发开去了查木坑，幸运地躲过了一劫，得以平安回家。次日，也即太平军进攻新岭那天，发开下田莳田。初三，余铨桂战死当天，发开在家做杂务。初四继续做杂务。初五莳田。初六、初七，在自家田里干活，也帮族人干农活。初八，处理家中杂务。初九，方才前往思口籴米。[4]这段时间，

---

[1] 光绪《婺源县志》卷五四《人物十五》，"列女烈节"，页27b。
[2] 光绪《婺源县志》卷五四《人物十五》，"列女烈节"，页36a。
[3] 光绪《婺源沱川余氏宗谱》卷二十，页22a、27b、59b、61b。
[4] 程氏排日账#4，咸丰7/闰5/1-闰5/9。

上湾似乎没有受到太平军的直接干扰。

咸丰八年，排日账留下了几笔当乡勇的记录。七月二十九日，排日账记，"已出清华街当勇"。八月初一又记，"已出清华街，汪家祠歇。当乡勇"。初二记，"已清华街当勇回家"。查光绪《婺源县志》，咸丰八年七月二十八日，太平军击退官兵、局勇，官兵退屯清华，太平军于八月初一进占县城。发开至清华当勇的记录，与这个时间正好相合。此后，八月二十二日、二十三日，排日账两次记录在"石岭当勇"，二十四日回家。石岭位于清华西南方，在婺源县城前往清华的路上，这次当勇也与清华防务有关。

现存排日账的记录结束于咸丰八年十月二十六日，我们无从知晓此后太平军对程家生活的直接冲击。不过，从婺源战局态势与此期徽州社会经济状况看，一方面，从咸丰七年至九年，婺源经历了最严重的兵燹，此后军事局面逐渐缓和，程家所在的沱川，自咸丰七年后可能没有太平军进入，程家主要的生存空间不再遭受战争的直接冲击；另一方面，咸丰十年以后徽州战事的加剧，以及整个东南地区社会经济的严峻局势——特别是米价的暴涨，肯定给生活在包括沱川在内的徽州缺粮地区的乡民带来了诸多困难。

米价飙升，是太平天国中后期不少地区都经历过的一个过程。1854年春季，上海每石大米的价格是白银1.35两，到了1862—1864年，价格飙升至4两多。19世纪50年代初，安徽、江西的米价每石不到1两，1863年上涨至近3两。1862年天津的米价甚至高达每石5.5两。[1] 在这种背景下，婺北地区的米价也出现了大幅上涨的情形。前面提到，道光年间婺北地区的米价较高，道光十八年至道光二十年，每石大米冬季的价格是2.50—2.90元之间。但道光二十四年后，基本回落至每石2元以下。咸丰五年起，米价再次上涨。咸丰四年，每石米价是1.64—1.67元，咸丰五年上涨至2.38元。咸丰六年稍有回落，春季每石已降至1.75元，秋季更回落至1.25元。但至咸丰七年，随着婺源战事的扩大，米价再次暴涨，当年春季价格涨至2.41元/石，秋季涨至2.82元/石，咸丰八年更抬升至春季的3.03元/石和秋季的3.45元/石，此年秋季米价已涨至咸丰四

---

[1] Yeh-chien Wang, "The Secular Trend of Prices during the Ch'ing Period (1644-1911)," p. 359.

年最低米价的2.1倍。[1]

令局势更为严峻的是,战争的爆发,阻隔了交通路线,影响到茶叶的运销,程家生产的茶叶和山货,难以卖到好价钱。太平军暴动前,广州是中国茶叶出口最重要的口岸。战争爆发后,徽州前往广州的商路不通,对徽州茶市带来影响。一位在广州从事茶叶贸易的歙县商人在家书中说:"今年所做之茶,意想往广州,公私两便。不料长毛阻扰,江西路途不通……所有婺源之茶均皆不能来粤。"[2]在这种情况下,位于长江口的上海,逐渐取代广州,成为中国茶叶出口最重要的口岸,婺源茶叶的通道,也从此前入江西、越南岭、下广州,改为顺新安江东下杭州,再从宁波或杭州北上上海。[3]

可能由于地处僻远地区,战乱对沱川生产本身造成的直接影响较小,太平天国期间(截至1858年)程家的茶叶产量稳中有升。咸丰三年的产量是80斤,咸丰四年增至97斤,咸丰五年、六年小幅回落至86斤与91斤,咸丰八年又猛增至2担。不过茶叶产量真正趋于稳定,是在太平天国结束之后,从同治末年至光绪十年(1884),程家的茶叶产量大体维持在2担多至3担之间。

战事对程家茶叶生产最直接的冲击是茶价暴跌。太平军兴之前,茶叶每斤单价通常是0.3元以上。咸丰三年起,价格下跌,除咸丰四年外(当年0.34元/斤),茶价跌落至0.13—0.15元/斤,不到此前的一半。受此影响,程家从茶叶出售获得的现金收入也大幅缩水。道光二十四年前,程家茶叶的毛收入基本不高于20元。道光二十五年购入苦竹山茶园后,当年收入猛增至近42元。次年回落至不到25元。但咸丰三年后,历年茶叶收入又回落至20元以下(咸丰八年,茶价畸高,达到近42元,另当别论),其中咸丰三年、五年、六年、七年的收入均在11元以下(咸丰四年为近19元)。[4]

可以想见,这些年程家虽无性命之忧,但在米涨茶跌的价格运动的影响下,其生存状况肯定趋于恶化。至少在相当长时间里,允亨和他的

---

[1] 请参考附录三附表3.1的米价数据。
[2] 张海鹏、王廷元主编《徽商研究》,第592页。
[3] 张海鹏、王廷元主编《徽商研究》,第226—229、238—240页。
[4] 参见第七章表7.2。

家人可能过着忍饥挨饿的生活。太平军离开后,他们造成的恐惧,并没有因此消失,而是经由老人、大人之恐吓,进入孩子的心中。鸣铎回忆说,小时候听长辈"讲长毛的掌故,及天翻地覆事,心中尤怯"。[1]鸣铎的村子离沱川只有二三十里,他出生时,上距运动结束已将近二十年。自然,"长毛"唤起的恐惧,允亨也应该是深有体会,而且因为亲身经历的关系,这种恐惧恐怕有过之而无不及。

---

[1] 詹鸣铎《我之小史》,第77页。

第五章　劳动安排与阶级关系

允享对山乡生态与生计活动的了解，从入学馆读书以前应该就已开始。离开学馆后，他开始参与较为轻松的农副业活动。在此过程中，慢慢熟悉了农田耕作、茶叶种植与制作、山货采集等生计活动的基本技能，他自己也在这些农耕周期与相关制度中慢慢长大。

农田耕作

徽州地处皖南山区，耕地垦殖指数不高，全区耕地面积只占土地面积十分之一弱，是安徽全省耕地比率最低的地区。[1]20世纪50年代，皖南的耕作制度一般是一年两熟。[2]程家耕种的土地，也大致可分为水田和旱地两种，而水田的耕作制度，又分为一年一熟和一年两熟。在这些不同种类的土地上，种植的作物不同，耕作方式也不一样。程家耕种的水田，以一年两熟田为多，庄下、顿底、西坑、石桥底、大桥的水田，都属于一年两熟田，只有牛栏的水田属一年一熟田。现将各处水田的耕作制度列于表5.1。

表5.1　程家的农田耕作制度（一年两熟水田）

地点	上半年作物	下半年作物	间种蔬菜或作物
庄下	麦类	水稻	芋头、萝卜、大豆
顿底	麦类	水稻	萝卜、大豆
西坑	麦类	水稻	灰蓊、油菜、芋头、大豆、棋子
石桥底	麦类或灰蓊	水稻	萝卜、油菜
大桥	麦类	水稻	灰蓊

资料来源：综合程氏排日账历年记录。

---

[1] 孙敬之主编《华东经济地理（上海·江苏·安徽·浙江）》，第104页。
[2] 孙敬之主编《华东经济地理（上海·江苏·安徽·浙江）》，第105页。

皖南地区耕作业以粮食生产为主。20世纪50年代，稻谷产量占全区粮食产量的70%以上。其他较重要的粮食作物有小麦、大麦、甘薯、玉米等。[1]程家耕作的土地，与皖南总体情况相似。其一年两熟田，主要种植粮食作物，以水稻、小麦、大麦为主。上半年通常种小麦或大麦，下半年种植水稻。头年水稻收割后，随即犁田翻地，数日后种麦。麦子通常于四、五月份成熟。麦田翻土数日后，即可开始莳田，种下水稻秧苗。水稻大概于九、十月份收割。这种稻麦轮作制，是明清时期南方不少地区常见的种植制度，这种制度的特征是，水稻与旱作作物的水旱轮作，有助于避免耕地长期处于过湿状态，可以改善土壤的理化性状。[2]

程家在水田间种芋头、油菜、大豆、灰藋等作物。大豆、灰藋、芋头都是上半年的作物，四、五月份下种，八、九月份收获。萝卜、油菜属下半年的作物。萝卜八月份种植，一个月后便可收获。油菜生长周期较长，九月份种植，来年四月份收割。除了油菜外，这些间种作物很可能多种于田塍上。

牛栏水田，是程家耕种的唯一的一年一熟田，这也许跟这处土地的用途有关。细读排日账可知，这块土地长期以来就用作程家的秧田。秧田需要提早一个半月就下谷种，这势必影响麦类的种植周期，故而难以种植两季作物。此处土地一般四、五月份莳田，九月份收获，此后闲置至来年春季。

水稻的种植周期，有撒谷子、拔秧、莳田、耘田、割草、割禾等几个阶段。撒谷子的时间，大体在三月下旬至四月上中旬之间。[3]谷子撒在提前准备的农田里，这块土地被称作"秧田"。秧田本身需要先犁好，割去田边的草，然后才能下谷种。一个半月以后，待麦子收割完毕，农田犁好，就可开始拔秧、莳田。莳田一个月后，耘田，并在农田撒草木灰，十几天后撒石灰。[4]此后就是等待收获。

以道光十八年庄下的耕作周期为例。该年闰四月初十日，割小麦。

---

[1] 孙敬之主编《华东经济地理（上海·江苏·安徽·浙江）》，第105页。
[2] 李伯重《有无"13、14世纪的转折"？》，《多视角看江南经济史（1250—1850）》，北京：生活·读书·新知三联书店，2003年，第61—62页。
[3] 道光十八年为四月十四日、十五日，道光十九年为四月初三日，道光二十三年为三月二十一日。程氏排日账#1，道光18/4/14-15，道光19/4/3；#2，道光23/3/21。
[4] 程氏排日账#1，道光18/5/3，6/12-27。

二十一日，犁田，下粪，并种下灰蕛（应是种在田塍上）。二十八日、二十九日，踏草、割草。五月初二日，莳田。六月初二日，耘田（此日还应撒草木灰）。十七日，下石灰。八月初十日收割。从莳田至收割，共三个来月时间。此后开始进入麦类种植周期。八月十六日，"掘禾丛"，即将水稻根翻入土内，并整理好土壤。十七日，种大麦。大麦的种植比较粗放，似乎不追肥，甚至没有除草的记录。次年三月二十八日，收割大麦。麦类的种植周期很长，从种麦至收获，长达七个多月。

除水田外，程家还耕种了几处旱地（参见表5.2）。白玉山、乌麦窟、汤水店三处，仅见于发开一辈，而且种植时间都很短。白玉山、乌麦窟以种植玉米为主，白玉山还种植油麻，乌麦窟种萝卜。汤水店则仅种过萝卜。苦竹山是程家苦心经营了至少两代的旱地。从发开一代起，就开始在山上开荒，太平天国结束后，程家更是投入大量劳力开荒，因此成为程家经营的最重要的旱地，地里种植了玉米及番薯、萝卜等作物，并栽种了不少茶树、油茶树及桃树、桐树等。

表5.2 程家的农田耕作制度（一年一熟水田与旱地）

地点	种植作物	其他作物	备注
牛栏	水稻	芋头、灰蕛	——
苦竹山	玉米	番薯、萝卜	兼种茶、桃、桐等
白玉山	玉米	油麻	仅见于道光十九至二十年
乌麦窟	玉米	萝卜	仅见于道光十八至二十年
汤水店	萝卜	——	仅见于道光十九年

资料来源：综合程氏排日账历年记录。

玉米是徽州重要的旱地作物，也是程家除稻米之外最重要的粮食作物。玉米是来自美洲的作物，明末传入中国，有资料显示，最晚于18世纪已被引进徽州。道光《徽州府志》称："徽属山多田少，棚民租垦山场，由来已久。大约始于前明，沿于国初，盛于乾隆年间。其初起于租山者之贪利，荒山百亩，所值无多，而棚户可出千金数百金租种，棚户亦因垦地成熟后，布种苞芦，获利倍蓰，是以趋之若鹜。"[1]这条史料只

---

[1] 道光《徽州府志》卷四《营建志》，"水利"，《道宪杨懋恬查禁棚民案稿》，《中国地方志集成·安徽府县志辑》第48册，南京：江苏古籍出版社，1998年，第320页。

提到明代棚民开始进入徽州，并未言明徽州引进玉米的时代是明代，因此明代玉米是否已传入徽州，恐难断言，但清代玉米种植渐多，应该是不成问题的。其实种植玉米的不限于棚民，徽州本地人也颇有种植者，程家就是一例。

玉米下种时间在三、四月份。一般中耕两次，五、六月份除草，七、八月份再除一次。八月份玉米逐渐成熟，需要专人看守，九月份开始收获，种植周期半年左右。伴随着玉米下种和收获，要举行一系列的仪式。每年春季玉米播种时，应该先要祭告山神。排日账有些年份播种前，记录了祈祷性的文字，应该与此有关。如光绪七年三月十六日，应该是此年程氏兄弟开始在苦竹山播种玉米的日子，当天排日账记，"允兴兄同本身苦竹山剉包芦万旦……"。光绪二十年三月十三日，是此年玉米播种的日子，当日排日账记，"己同儿苦竹山剉包芦万旦……"。[1]沱川一位村民说，开山种玉米，等到玉米快成熟时，要备好一张符，放在玉米地里，用石头压着，意思是叫山神守住玉米。玉米收获以后，才能将符化掉。[2]

水对于稻田而言，是至关重要的。种田不能靠天吃饭，灌溉不可或缺。由于地处山区，婺北地区没有大型水利工程，民众修建的基本上是小型的碣、陂等拦水工程。光绪《婺源县志》称："婺属古泽国，而实处山脊，厥土刚硗，多燥壤焉。雨集浍盈，涸可立待。虽群壑奔注，而飞瀑迅急，无渟潴之蓄，是故甃石截流，亩乃受泽，农赋赖之，谚呼为碣，亦犹楚人之号芍陂也。"[3]查排日账，道光二十年七月二十三日记，"己在家作余家（堨）〔碣〕"。光绪二十六年七月二十六日记，"同众作碣"。[4]这是排日账中有关修建水利设施仅见的两条记录。作碣应是建碣之意，这种设施多依地势而建，通过拦截溪水，引入沟渠，灌溉地势较低的农田。由于山溪水量有限，通常碣的灌溉范围不大。

沟渠、水圳连接碣和农田，水圳需要不时进行维护，程家称为爬圳、作水圳；而沟渠时有淤塞问题，需要不时清理，排日账称为淘

---

[1] 程氏排日账#6，光绪7/3/16；#11，光绪20/3/13。
[2] 访谈人：余开建（婺源县沱川乡郡村），访谈时间：2009年11月21日。
[3] 光绪《婺源县志》卷十二《建置八》，"塘堰"，页6b。
[4] 程氏排日账#1，道光20/7/23；#12，光绪26/7/26。

沟、挠沟。排日账对这些活动时有记录。水圳的维护通常在上半年，以五、六月份为多，如光绪四年五月初五日，前去西坑爬圳；光绪八年四月二十一日，在西坑作水圳；光绪十年六月二十日，"父亲顿底同众爬圳"；光绪十一年六月初十日，"父亲上牛栏拔水圳"。[1]淘沟则多安排在八、九月份，如咸丰六年九月初五日，在石桥底淘沟；咸丰七年八月二十二日，庄下淘沟；光绪十一年九月二十三日，西坑淘沟。光绪二十二年九月二十日，顿底淘沟。[2]此时收割、插秧已完成，属于农闲季节，同时水田需要用水，淘沟安排在这个季节，并不是随意的。

年中插秧后，稻田需要引水灌溉。遇见用水人多时，需要看水。这项工作，排日账也写作作水、守水。看水的时间，多半在七、八月份，这正是插秧完成后，水田需要引水灌溉的季节。从历年记载看，每年需要看水的日子很少，通常只是三两天。[3]但雨水较少的年份，看水需要更多时间。如光绪五年下半年投入六天时间。[4]光绪九年，投入了五天。[5]光绪十三年，旱情比较严重，看水时间大幅增加。从六月二十四日至八月十三日，共投入了三十一日。[6]由于旱情比较严重，这一年沱川民众在当地寺庙举行了祈雨仪式。[7]

除了用水，耕牛对于农田耕作也很重要。程家自身没有耕牛，很显

---

[1] 程氏排日账#6，光绪4/5/5；#7，光绪8/4/21；#8，光绪10/6/20，光绪11/6/10。
[2] 程氏排日账#4，咸丰6/9/5，咸丰7/8/22；#8，光绪11/9/23；#11，光绪22/9/20。
[3] 如，光绪七年八月初十日，西坑山作水。光绪八年七月十四日，西坑山作水；八月初四日，西坑山作水；初七日，西坑山作水。光绪十年五月十六日，庄下作水。光绪十四年七月十九日，西坑山作水；二十三日，牛栏看水。光绪十五年六月二十日，西坑作水。光绪十八年七月二十二日，西坑作水；二十四日，牛栏看水。光绪二十年七月二十六日，西坑作水。光绪二十一年八月初八日，牛栏作水。光绪二十二年八月十七日，牛栏作水。光绪二十六年八月初一日，牛栏作水；初三日，作水；初六日，牛栏看水（程氏排日账#6，光绪7/8/10；#7，光绪8/7/14，8/4，8/7；#8，光绪10/5/16；#10，光绪14/7/19，7/23，光绪15/6/20；#11，光绪18/7/22，7/24，光绪20/7/26，光绪21/8/8，光绪22/8/17；#12，光绪26/8/1，8/3，8/6）。
[4] 光绪五年七月初三日，西坑山作水；初九日，西坑山田作水；十五日，西坑山作水；闰七月初八日，西坑山看水；初九日，看水；初十日，庄下作水（程氏排日账#6，光绪5/7/3，7/9，7/15，闰7/8-10）。
[5] 光绪九年八月十二日，西坑作水；十五日，西坑山作水；十六日，西坑山作水；十九日，牛栏作水；二十一日，牛栏看水（程氏排日账#7，光绪9/8/12，8/15-16，8/19，8/21）。
[6] 光绪十三年六月二十四日至二十八日，看水；七月初二日至初九日，十一日至十三日，十八至十九日，看水；二十二日、二十三日至二十七日，守水；八月初二，初四日至初七日，守水；十三日，看水（程氏排日账#10，光绪13/6/24-28，7/2-9，7/11-13，7/18-19，7/21，7/23-27，8/2，8/4-7，8/13）。
[7] 程氏排日账#10，光绪13/8/7。

然，由于土地太少，饲养耕牛并不划算。程家采取的方法是，雇请有牛的农户犁田，而程家以实物的形式提供报酬，通常是在收割时，直接以稻谷支付，这种实物报酬，当地称作"牛租"。从某些年份的记录看，牛租大约是收获量的十分之一。如道光十九年九月十六日，顿底收获稻谷20秭零6斤，而牛租是2秭。[1]

婺源乡间有一些改良土地的方法。石灰就是用于改良土地的，程家经常到婺源的石灰产地长林购买石灰。石灰用于壅田，中和土壤的酸碱度。粪便、草木灰是程家农田耕作的主要肥料。粪便既可用于水田，也用于旱地，多于犁田前挑至田地，犁田时翻入土内。程家家中积肥有限，有时必须买邻里的肥料，如光绪十八年八月，允亨买了允中牛粪30担，堆到西坑田里。[2]石灰则于耘田时撒入田里。猪粪还用于壅茶，施肥月份以正、二月或九、十月为多。

在没有农药的时代，害虫治理是一个难以处理的问题。《补农书》论病虫害，只谈到预防虫灾的办法，如散尽土中热气，使得害虫无生存环境；又如冬天掘稻根，另添新土，以此杀虫护苗。[3]婺源一带有以桐油灭虫的做法。道光十九年六月十八、十九日，去顿底、牛栏"塞桐油"。光绪十一年七月初八日记，"父亲上牛栏放油尿蟲飞灾无囗"。光绪十八年闰六月初二日，"顿底放桐油尿蚤"。十五日，"托灶叔顿底放桐油滨〔？〕蚊"。[4]此处的蚤、蟲，应该都是害虫。以桐油灭虫的方法，至今仍在使用。

读者也许会认为，在徽州这样一个缺粮地区，当地的精耕细作程度应该很高，但情况并非如此。20世纪50年代的一部经济地理著作指出："过去皖南地区的耕作相当粗放，虽然每一农业人口平均耕地只1.6亩，但由于主要力量从事茶叶、林业生产，用于耕作业的劳力仍嫌不够。"[5]从排日账提供的信息看，程家的农田经营方式在皖南地区不算例外，属于较为粗放的方式。

---

[1] 程氏排日账#1，道光19/9/16。
[2] 程氏排日账#11，光绪18/8/6。程允中家中养牛，程家常请他犁田，排日账有不少程家给允中交牛租的记录。
[3] 陈恒力、王达《补农书研究》，增订本，北京：农业出版社，1963年，第158—159页。
[4] 程氏排日账#1，道光19/6/18-19；#8，光绪11/7/8；#11，光绪18/闰6/2。
[5] 孙敬之主编《华东经济地理（上海·江苏·安徽·浙江）》，第105页。

茶树种植与茶叶生产

除了耕种水田、旱地外，程家还在山上开辟茶园，种植茶树，制作茶叶。在现存排日账有记录的年代，这是程家最为重要的一项现金收入来源。程家的茶园亩数，排日账没有明确记录，无从推断，但茶园所在的处所则留下了明确记录。茶园，当地称作茶坦。截至太平天国前期，程家的茶坦有白石垓、苦竹山、抄珠山、屋背等处；太平天国结束后，有苦竹山、白石垓、西坑、墓山口、瓦窑坑、屋背后、牛栏等处。从历年投入采茶的劳力判断，以苦竹山、白石垓、西坑最为重要。

两代人共购置了两处茶坦。第一次是道光二十五年七月，购入苦竹山茶坦一处。第二次是光绪十一年十一月，购入苦竹山石蓬基茶坦一处。[1] 这次购入茶坦的交易，排日账保存了交易契约的草稿：

> 立自情愿出卖茶坦契人添科，原承开垦茶乙大局，坐落本都土名（箬）〔苦〕竹山石篷（箕）〔基〕茶坦乙大块，其茶〔坦〕四至分明，不（在）〔再〕开述。今因正用，自情愿托中将茶坦卖与程允亨兄名下为业，当三面议定，时值洋正。其洋是身收记，不另立领。其茶坦悉听受人管业，锄鋜（？）摘茶无阻。未卖之先，与他人内外人等并无重张交易不明等情。如有，是身自理。恐口无凭，立此契字为据。
>
> 光绪拾壹年拾一月　　　　　契人添科〔花押〕
>
> 　　　　　　　　　　　　　仝男松林〔花押〕
>
> 　　　　　　　　　　　　　中见健堂〔花押〕
>
> 前项契价当日两相交付足讫。契尾。

道光十九年十二月，还当入白石垓茶坦一处，价银3两。[2] 光绪十九年五月，则出当茶坦一处，但不到一年后便赎回。[3] 苦竹山的茶坦是程家最重要的茶园，程氏兄弟分家时，就将此处的茶坦一分为二，排日账是

---

〔1〕程氏排日账#2，道光25/7/18；#8，光绪11/11/8。
〔2〕程氏排日账#1，道光19/12/29。
〔3〕程氏排日账#11，光绪19/5/26，光绪20/3/2。

这样记录的："父亲同本身托连悦叔、英月叔上苦竹山分茶坦茶厘山，允兴兄（占）〔拈〕勾下蓬茶坦，本身（占）〔拈〕勾上蓬茶坦。"[1]

茶树属多年生植物，不存在年度种植周期。采摘之外的主要劳力投入，一是施肥，二是做塝。施肥时间多安排在每年十二月前后，[2]所施肥料均为猪粪。做塝，即做茶坦塝，是修护茶园的边坡，割去杂草，防止水土流失。做塝时间不定，只要避开茶叶采摘季节就行。如道光十八年安排在正月二十六日至二十九日，同治十二年安排在七月十八日、二十日至二十三日，光绪十年安排在十二月二十八日，光绪二十二年安排在二月二十五日。[3]有时，还需投入一些劳力割草。

茶园主要劳力投入，集中于所谓的"茶季"，即春茶采摘季节。开始采摘茶叶，称作"开园"，而采摘完毕，称作"收园"。历年开园和收园的时间，列于表5.3。一般来说，开园安排在清明以后，特别是谷雨与立夏之间。采摘时间短则半月，长则二十余天。收园之后，再花几天时间拣茶，即可将新茶出售给茶商。从茶树上采摘下来的茶叶，称作"茶草"。茶草采摘回家后，有时需要晾晒，[4]然后制作成茶。制茶过程，排日账只有"焊茶"一说，其实包括若干个环节，如杀青、揉捻、干燥等。发开父子参与焊茶，应该是知晓制作工艺的。

表5.3 程家历年茶园开园、收园时间表

年份	开园时间	收园时间	谷雨时间
同治十一年（1872）	三月二十一日	四月初八日	三月十三日
光绪四年（1878）	三月二十九日	四月十七日	三月十八日
光绪五年（1879）	闰三月初十日	三月二十八日	三月二十九日
光绪六年（1880）	三月二十一日	四月十二日	三月十一日
光绪七年（1881）	四月初六日	四月二十八日	三月二十二日
光绪八年（1882）	三月十七日	四月初二日	三月初三日

[1] 程氏排日账#8，光绪10/3/16。
[2] 排日账茶坦施肥的明确记录有5例，十二月2例，正月2例，十一月1例，参见程氏排日账#4，咸丰7/1/15；#6，光绪7/11/19；#8，光绪10/1/24；#10，光绪14/12/13；#11，光绪21/12/7。另外，排日账所记"浇茶"，也应是施肥之意。
[3] 程氏排日账#1，道光18/1/26-29；#5，同治12/7/18，7/20-23；#8，光绪10/12/28；#11，光绪22/2/25。
[4] 光绪十九年四月初三日记，"己在家晒茶胚"（程氏排日账#11，光绪19/4/3）。

续表

年份	开园时间	收园时间	谷雨时间
光绪九年（1883）	三月二十六日	四月十五日	三月十四日
光绪十年（1884）	四月初八日	四月二十八日	三月二十五日
光绪十一年（1885）	三月十八日	四月初七日	三月初六日
光绪十三年（1887）	四月初七日	四月二十三日	三月二十七日
光绪十四年（1888）	三月二十五日	四月初十日	三月初九日
光绪十五年（1889）	四月初六日	四月二十五日	三月二十一日
光绪十八年（1892）	四月十一日	五月初二日	三月二十三日
光绪十九年（1893）	三月二十二日	四月初七日	三月初五日
光绪二十年（1894）	三月二十九日	四月十七日	三月十五日
光绪二十一年（1895）	四月十一日	四月二十五日	三月二十六日
光绪二十二年（1896）	三月十八日	四月初十日	三月初七日
光绪二十七年（1901）	三月十六日	四月初一日	三月初三日

资料来源：程氏排日账历年记录。排日账部分年份谷雨日期缺记，根据《万年历》增补。

茶季延续半个多月时间，劳动强度高，体力消耗大，而且因为要雇请短工，因此在开园之前，通常需要备好充足的食物。首先是籴入足量的大米，其次是杀猪，由于时令是茶季，被称作"茶猪"，这在名称上区别于春节前宰杀的"年猪"。如光绪四年三月二十七日，程家"托岩子兄杀茶猪乙只"，此年开园采茶的时间是三月二十九日。光绪六年三月十七日，"托连茂杀〔茶猪？〕壹只"，此年开园时间为三月二十一日。光绪十年四月初三日，"父亲同本身早晨托岩子兄杀做茶猪乙只"，此年开园的时间是四月初八日。[1] 就算没有杀猪，也会到市场买回猪肉。光绪十一年茶季来临之前，就备好了食物。三月十五日，允亨到清华籴米1担2升。次日，他的父亲"支洋贰员出街买亥肉"，按当时的肉价，2个银元可买猪肉十几斤。[2] 在这种情况下，茶季的食物比平日肯定更为丰盛。有一种说法认为，被雇请的采茶工一般是七天可吃一次猪肉，叫"神福"。[3] 排日账没有记录茶工的伙食待遇，但茶季伙食比平日更为丰盛是可以确定的。

[1] 程氏排日账#6，光绪4/3/27，光绪6/3/17；#8，光绪10/4/3。
[2] 程氏排日账#8，光绪11/3/15-16。
[3] 郑建新《徽州古茶事》，沈阳：辽宁人民出版社，2004年，第93页。

春季采摘后，夏秋季节还可采摘一至两次。春茶是头茶，而立夏之后所采茶叶称作二茶，也称"次茶""子茶"（也写作"紫茶"）或"夏茶"。再后称作秋茶，也叫三茶、三暑。这两种茶叶的价值，与春茶相差甚远，产量似乎也不高。[1] 徽州的习俗不鼓励采秋茶。当地有句俗语，"卖儿卖女，不摘三暑"，意思是为了培育茶棵，秋茶坚决不采。[2] 从排日账记录看，程家子茶、秋茶都采，前者安排在五、六月，后者在八、九月，但子茶投入时间相对较少，产量应该也低，而秋茶投入时间多些，但一般不雇短工。

最后，谈谈茶叶的捐税问题。茶叶在运输过程中，需要缴纳为数可观的厘金，是诸多文献已经确认的事实，并被视为影响中国茶叶国际竞争力的重要因素。[3] 笔者看到的一本同治二年的《茶箱水脚账》，由婺源十六都茶号"源吉号"所记。账本记录了从婺源至饶州府城沿途缴交的厘金："西关厘金钱四百文。鲈鳜埠厘金六百文。石镇街厘金四百文。角山前厘金六百文。黄龙卡厘金四百文。"[4] 这家商号沿途经过了五个厘金卡，共缴纳厘金2400文。这些只是十六袋茶末所交的厘金，厘金之重可以想见。程家没有参与茶叶的贩卖，无须缴纳厘金。但在某些特殊情况下，他们似乎需要缴纳茶捐。光绪十年七月二十三日排日账记，"支出洋贰员，付衍庆堂苦竹山茶厘"。八月初七日又记，"支洋乙员付□亭先生（首）〔手〕，苦竹山茶税"。[5] 这两笔缴纳茶厘、茶税的记录，为排日账数十年记录所仅见。笔者认为，这两次缴纳的所谓茶厘、茶税，可能并非常规的捐税，而是缴纳给沱川的地域组织，用于处理茶山纠纷的费用（详见第十二章）。

另外，围绕茶叶的销售，形成了资金借贷周期。新茶出售后，是清偿债务的一个重要时间，有原十六都源口村的一件民国拨约字为证："立拨字约人源口吴得禄，今拨到潢川宅下桥会友名下□洋叁元正，其

---

[1] 程氏排日账#11，光绪21/5/7："己卖茶朴卅乙斤，每斤五十五文，乙千七百七十五文，计英洋乙员，计钱六百六十五文。"春茶的价格参见第六章表6.3。光绪二十一年春茶价为0.23元/斤，约折铜钱255文，为茶朴价的4.6倍。茶朴应即粗茶。

[2] 郑建新《徽州古茶事》，第86页。

[3] 陈慈玉《近代中国茶业之发展》，第259—264页。19世纪80年代后期，中国出口茶叶的各项税捐高达茶价的25%左右，印度茶、锡兰茶免纳出口税金，日本茶之出口税为每担1元。

[4] 《茶箱水脚账》，同治二年写本，上海交通大学图书馆藏。卷宗号：ZHU，编号：2012091801-2。

[5] 程氏排日账#9，光绪10/7/23，8/7。

洋订定候至卅年春茶出售拔还缴约，决不拖欠。恐口无凭，立此拔约如据付（？）批。"[1]

山货采集与贩卖

山货的采集与贩卖，在程家的现金收入中也占有一定的比例。程家采集、贩卖的山货，最重要的是葛粉与黄精两种。

葛根的采集与葛粉的制作、贩卖，前面已经谈到。葛粉的制作与贩运，一般安排在冬季农闲季节，与茶季、其他农活的时间基本错开。除采集葛根外，程家还采集葛的茎部，茎皮纤维可织葛巾。排日账没有记录葛巾的制作程序。不过可以确定的是，太平天国运动结束后，程家开始投入一些时间制作葛巾。

葛巾的销售市场和葛粉不同，葛粉主要销往休宁城，而葛巾主要是在婺源境内销售，特别是婺源县城和思口的沽坊。程家出售葛巾，通常是先将葛巾挑到清华，存放在亲戚家或饭店内[2]，然后再肩挑或船运至目的地。如光绪六年二月初二、初三、初六日，允兴兄弟挑葛巾出街，寄在娥姑表姑娘家里。初七、初八日，程发开下婺源城里卖葛巾。[3]光绪七年二月十九日、二十一日，程氏兄弟两次挑葛巾出清华街，寄在表姑娘家。二十二日，允兴挑葛巾出街，而发开"出街搭船"，应该是搭船带葛巾到婺源城。次日起至二十五日，发开一直在婺源城卖葛巾。二十六日回家。同年十一月二十六日记："父亲出街搭船卖葛巾，允兴兄担葛巾出街搭船。"[4]这两条记录说明，从清华至婺源城可以通航。

沽坊，又写作姑坊，今为婺源思口镇沽坊村，位于清华前往婺源城的路上，也在婺河支流沿岸，是程家出售葛巾的另一个地点。同治十一年十一月初五、初六日，允兴挑葛巾到清华。初九、初十日，允亨兄弟挑葛巾到清华。十一日，发开与允亨兄弟挑葛巾出清华。十二日至十四

---

[1] 照片编号：DSC05295，文书收藏于上海交通大学图书馆，卷宗号：ZHU，编号：2010050104。
[2] 光绪七年十一月二十四日记："允兴兄同本身担葛巾出街，寄饭店。"次日记："允兴兄同本身担葛巾出街（出街），寄饭店。"（程氏排日账#6，光绪7/11/24—25）
[3] 程氏排日账#6，光绪6/2/2-3，2/6-8。
[4] 程氏排日账#6，光绪7/2/19，2/21-26，11/26。

日,发开"下婺源城"卖葛巾。十五日回家。这里的"下婺源城",可能是沽坊,排日账误记为婺源城,因为本月二十七日、十二月十六至十七日,发开多次下姑坊取葛巾账。[1] 同治十二年正月二十六日,"父亲仝本身挑巾下姑坊卖葛巾乙担,每斤十五文,计钱乙千四百文"。又光绪七年九月二十九日记:"父亲同本身担葛巾下沽坊,又寄银辉兄舡栈。"[2] 舡栈,即船栈,说明由于葛巾数量不少,程家到沽坊时,可能将葛巾寄存于当地的船栈内,然后再找买家。不过也有证据显示,这位银辉其实也买入葛巾。光绪八年十二月十九日记:"父亲下沽坊到银辉兄家兑葛贰担葛巾钱。"光绪十三年十二月十二日,发开父子"担葛巾出街,下沽坊卖(艮)〔银〕辉兄"。光绪十四年正月二十一日,发开前去找银辉取葛巾钱。[3] 可见银辉应该是程家葛巾的买家或中介之一,而且程家与此人建立了长期的生意关系。从沽坊沿河南下,可抵达思口,这是一个集镇,程家也曾在此地卖葛巾。光绪十三年十月初五、初六日,发开前往思口卖葛巾,初七回家。[4]

从排日账看,光绪十四年后,程家很少投入时间生产葛巾,也很少涉足葛巾的销售活动。光绪二十六年、二十七年,甚至没有提及任何生产、销售葛巾的活动,说明程家应已退出这个市场。这是洋布冲击的结果吗?我们无法找到直接的证据。不过笔者倾向于认为,这与葛类资源的枯竭有较大关系。

黄精(学名:*Polygonatum sibiricum*),徽州民间又称野生姜,为百合科多年生草本植物,根状茎横生,节膨大,肉质肥大,可入药。与葛根、葛茎不同,程家几乎没有介入黄精的采集,而是进行黄精的收购、加工与贩卖。[5]

程家收购黄精的记录较多,下面略举一二。道光十九年九月初二日,发开"收生姜四十六斤,计银二两八钱七分零"。同治十一年秋季,

---

[1] 程氏排日账#5,同治 11/11/5-6,11/9-15,11/27,12/16-17。
[2] 程氏排日账#5,同治 12/1/26;#6,光绪 7/9/29。
[3] 程氏排日账#6,光绪 8/12/19;#10,光绪 13/12/12,光绪 14/1/21。
[4] 程氏排日账#10,光绪 13/10/5-6。
[5] 咸丰六年七月十二日记:"己上西坑山掘生姜。"十六日记:"己掘生姜。"(程氏排日账#4,咸丰 6/7/12,7/16)这两条记录,是排日账仅有的程家采集黄精的记录。

发开多次在沱川家中或前往金岗岭、溪头等处收购黄精。[1]光绪五年七月初八日至十六日，发开、允兴父子五次前往篁村、金岗岭、白山下等处收购黄精。[2]程家每次收购黄精的数量可能不少。光绪四年八月初八日记："允兴兄同本身支三员上小（陀）〔沱〕顺意兄收野生姜，计重乙百九十斤。"此后又于十三日、十五日，两次至小沱找汪顺意收黄精，不过这两次没有记录黄精的重量。[3]光绪十一年七月二十九日记，"父亲上金〔岗〕岭法祥兄家收生姜，又收鄣公山四顺生姜七十斤。"八月初二日记："父亲在家，收鄣公山四顺兄生姜三百廿斤。"[4]

为便于收购更多的黄精，程家会委托黄精产地的村民代收。光绪十一年八月十九日排日账记："父亲上鄣公山四顺兄家托收生姜，付钱三千文。"[5]鄣公山的四顺，是在发开委托下，去收购黄精的。四顺收购黄精后，由程家派人挑回。光绪二十一年八月二十五日，允亨"上鄣公山四顺兄〔家〕担生姜九十四斤"。或由四顺挑到程家。如该月二十七日，"父亲在家收鄣公山四顺兄生姜七十三斤"[6]。

黄精收购后，需进行加工。程家的加工方法比较简单，黄精洗净后，先放入锅中煮，然后晒干。同治十一年九月初六日，发开将收购的黄精煮好，然后晒干，黄精晒干需花几天时间。同治十二年六月至七月初，程家收购了不少黄精，黄精煮好后，晒干花费了九天时间。[7]

经过加工后，黄精就可以出售了。与葛粉相似，黄精的销售地点也在休宁或屯溪。光绪四年二月二十日，允兴兄弟挑葛粉、黄精前往休宁。二十二日抵达休宁城，"允兴同本身（难）〔蓝〕度担黄精、粉休城县胡开文宝号卖，计黄精三头，粉乙头，计洋乙十七元正，钱二百文"。回程时，到溪口籴米18斗。同年十一月二十七日，发开与允亨上休宁卖黄精，二十八日到休宁城，将黄精卖给胡开文号，计价8元4角。[8]光

---

[1] 程氏排日账#1，道光19/9/2；#5，同治11/7/21, 7/25, 7/27, 7/29-8/3, 8/6, 8/9-11, 8/16-20, 8/29, 9/1, 9/3。
[2] 程氏排日账#6，光绪5/7/8-16。
[3] 程氏排日账#6，光绪4/8/8, 8/13, 8/15。
[4] 程氏排日账#8，光绪11/7/29, 8/2。
[5] 程氏排日账#8，光绪11/8/19。
[6] 程氏排日账#8，光绪11/8/25, 8/27。
[7] 程氏排日账#5，同治11/9/6，同治12/7/2-10。
[8] 程氏排日账#6，光绪4/2/20-22, 11/27-28。

绪九年二月初二，发开、允亨父子挑着葛粉、黄精上屯溪。初四，到屯溪，将葛粉、黄精出售给振丰号，黄精售价为5元半。三月初三，父子俩再次挑着黄精上屯溪，初五日到达屯溪，将黄精售予余裕隆号，黄精1担，售价为10元加500钱（应是铜钱500文）。[1] 光绪十一年八月十四日，程氏父子挑着黄精上休宁县出售，当天出售黄精97斤，售价8元7角2分。[2] 又光绪四年十二月二十三日，"父亲在家卖黄精四拾捌斤，计洋陆员正"。[3] 这大概是程家唯一一次在家出售黄精的记录。

从排日账看，程家最后一次出售黄精是光绪十九年。[4] 此后，排日账再也没有出现收购、出售黄精的记录。因此，到了光绪二十年，程家不仅基本退出葛巾的生产与销售，也开始退出黄精的收购与销售市场，程家的现金收入受到了一定影响，而这也在一定程度上引发了程家的家计危机。

阶级关系

农田的耕作，茶叶的生产，不仅涉及生产技术和市场，也跟生产资料的占有制度与劳动的组织息息相关，也即牵涉学界曾进行过热烈讨论的阶级关系问题。明清徽州乡村社会主要有三种类型的阶级关系：其一是租佃关系，其二为雇佣关系，其三是主仆关系（主家与佃仆的关系），这三种关系在允亨的生活世界中都存在过。不过程家的社会经济活动，主要牵涉的是租佃与雇佣这两种关系，佃仆问题与生产的关系不大，放到第十章讨论，本章主要讨论前两种关系。

现有研究认为，明清徽州是全国地权分配较为不均的区域。章有义曾对万历年间（1573—1620）徽州几种鱼鳞图册加以整理计算，他的研究发现，在有地户中，92.87%的农户占有土地不到5亩，他们占有的土地仅占土地总量的57.8%；而另外7.13%的业主，却占地42.2%，其中田产达30亩以上的地主，只占总户数的0.3%，而占有田地占总亩数的

---

[1] 程氏排日账#7，光绪9/2/2-4，9/3/3 5。
[2] 程氏排日账#8，光绪11/8/14。
[3] 程氏排日账#6，光绪4/12/23。
[4] 程氏排日账#11，光绪19/7/23-26。

8.09%。不过他也发现这一时期地主比较少,大地主更为罕见,90%的土地仍为农民所有。这说明,这一时期的地权特征未必是地权集中化程度高,而可能仅仅是租佃率较高。不过章氏认为,从晚明到清中叶,地权集中化程度有提高的趋势。他对康熙、乾隆年间个别都图地权分配进行了比较,发现乾隆年间的土地更为集中。占有30亩以上土地的地主,控制了将近四分之一的土地。这一趋势大体延续至太平天国运动前,此后至19世纪末20世纪初,被太平天国运动中断的集中化趋势再次出现。[1]

20世纪50年代初的调查,提供了年代较晚、但更为系统的地权分配数据。据1950年9月统计,土地改革前,休宁县各阶层占有土地总户数为39523户,占有土地总数为298326亩,其中地主(包括半地主式富农、地主兼工商业、工商业兼地主)1412户,占总户数的3.57%,占有土地96319亩,占土地总数的32.28%。[2]祁门县,土改前地主阶层(包括工商业兼地主)占有的土地(包括公堂祠会土地),为耕地总面积的53.8%,人口占总户数的3.7%。祁门县地主占有土地比例高,是因为计入了公堂、祠会土地,而休宁没有计入。如祁门不计入公堂、祠会土地(占耕地总面积的36.14%),则地主和工商业兼地主所占耕地,为耕地总面积的17.72%。[3]婺源县没有全县统计数据。现有数据是县内66乡(土改期间全县共113个乡)土改前各阶层占有土地的数据。66乡共有户数26791户,占有土地总数为214690.40亩,其中地主(包括半地主式富农)351户,占总户数的1.3%,占有土地34625.76亩,占土地总数的16%。婺源列入统计的仅为66乡的数据,全县划分为地主成分的实际有2076户,占全县总户数的4.83%。[4]也就是说,上述66乡地主户数,只占全县地主的17%,因此全县地主实际占有土地的比例应该比上述数值要高。

需要指出的是,休宁、祁门、婺源三县土改前夕各阶层土地占有数据,仅仅显示了地主占有土地的数量与比例,没有说明占地30亩以上地

---

[1] 章有义《明清徽州土地关系研究》,北京:中国社会科学出版社,1984年,第2—20页。需要指出的是,章有义比较的是不同都图的数据。
[2] 休宁县地方志编纂委员会编《休宁县志》,合肥:安徽教育出版社,1990年,第105页。
[3] 祁门县地方志编纂委员会编《祁门县志》,合肥:安徽人民出版社,1990年,第106页。
[4] 婺源县志编纂委员会编《婺源县志》,第224—225页。

主的占地比例，其数据与章有义提供的数据没有直接的可比性，也无法很好地说明地权的集中化程度。这一方面，区、乡级的数据提供了值得注意的证据。土改前后，沱川归婺源县第五区管辖。第五区区政府驻清华，辖清华、诗春、鸿椿、翻身、郭理、篁燕、新民、浮溪、罗云、鲤村、严田、团结、洪源、民主、双河15个乡[1]，郭理、篁燕两乡应该涵盖了沱川的主体部分。土改前，第五区占有土地者总户数为3794户，土地21149.70亩，其中地主阶层（含半地主式富农）139户，占总户数的3.66%，占有土地2486.66亩，占土地总面积的11.76%。可见整个第五区，若不计入公产，私人地主所占土地的比例并不高，土地集中化的情况并不明显。全区土地占比最高的是公产（含外乡公产）土地，土地亩数达13530.5461亩，占总土地的60.88%，其次是中农所占土地，888户共占有土地2189.441亩，占土地总面积的13.49%。地主每户平均才17.89亩，富农户均8.9亩，中农每户才2.47亩。[2]这就是说，第五区的农户，只要占有2.5亩左右的土地，就可以评上中农。

最后，来看看郭理乡的情况。土改前后，上湾应属第五区郭理乡。根据50年代初的统计，土改前，郭理乡占有土地者户数为173户，占有本乡土地2017.926亩，其中地主7户，占总户数的4%，占有土地252.411亩，占总土地的12.51%，每户平均36.06亩；富农（含佃富农）5户，占有土地66.83亩，每户平均13.37亩；中农74户，占有土地320.368亩，每户平均4.33亩；贫农74户，占有土地127.242亩，每户平均1.72亩（参见表5.4）。这说明，首先，郭理乡所在聚落有一些占地30亩以上的地主，但他们所占土地在土地总数中的比例很低（仅12.51%）。其次，中农、贫农占户数比例高，各占总户数的42.77%，他们户均占地少，才1.70—4.5亩，他们是租入土地最多的两个阶层（分别租入907.232亩和1107.572亩，占土地出租总量的41.56%和50.74%）。但部分中农、贫农可能因从事工商业，租出了一些土地。最后，公产有1139.812亩，占全乡土地面积的56.48%。与第五区全区相比，郭理乡占

---

[1]婺源县志编纂委员会编《婺源县志》，第50页。
[2]《江西省浮梁专区婺源县第五区土改前各阶层土地及生产资料占有统计表》（表二，1951年编制），《婺源县土改档案》，婺源县档案馆藏，无卷宗号。

地30亩以上的地主较多,中农、贫农平均占有土地数量也稍高一些,但总体仍然很低,全乡地权仍旧较为分散。在这样的社会中,除了少数几户占地较多的地主外,85%左右的农户占有土地都不多,如以所占土地而论,彼此之间很可能没有明显的社会经济差别。程家就属于这个比重最高的群体。

表5.4 土改前夕郰理乡土地占有情况表

阶层	户数(户)	自耕(亩)	租出本乡(亩)	租出外乡(亩)	租入本乡(亩)	租入外乡(亩)	自耕+租出(亩)	%
本乡地主	7	19.52	200.736	32.155	28.47	2.38	252.411	12.51
佃富农	1	6.4	——	——	2.49	——	6.4	0.32
富农	4	12.4	38.01	10.02	7.26	——	60.43	2.99
中农	74	150.205	152.603	17.56	660.084	247.148	320.368	15.88
贫农	74	79.845	42.777	4.62	756.109	351.463	127.242	6.31
雇农	2	1.35	1.65	1.07	25.16	4.88	4.07	0.20
工人	2	1.12	2.39	——	18.778	8.117	3.51	0.17
孤寡	3	6.45	1.18	——	20.99	1.88	7.63	0.38
船叶(业)			0.49		2.55		0.49	0.02
小商贩	1	0.75	7.365	0.9	7.21	3.2	9.015	0.45
小土地出租者	2	0.9	48.758	9.51	6.27	0.31	59.168	2.93
工商业家			9.97	4.48			14.45	0.72
公产		——	1038.772	101.04			1139.812	56.48
其他	3	1.35	11.47	0.11	20.80	7.4	12.93	0.64
合计	173	280.29	1556.171	181.465	1556.171	626.778	2017.926	100

资料来源:根据《江西省浮梁专区婺源县郰理乡(村)土改前农村土地使用关系调查表》(195?年)改编。

徽州是盛行一田多主制的区域,田骨与田面的分离,是徽州乡村常见的习俗。程家拥有的土地中,只有牛栏的田产是皮骨双全的"全业"地(西坑部分田产也属"全业"地,但数量不详)。根据排日账记录,这块土地每年可收获稻谷300斤以上,按照目前对徽州亩产的估计,其面积应为1亩左右。[1]同时程家还拥有西坑、庄下、顿底三处田产的田皮。此外,由于土地不足,程家还租入西坑、石桥底、大桥的几处土地。根据光绪二十一年闰五月的一条记录,程家当时经营的耕地大致在3亩上下,程家拥有这些耕地的全业或田皮(详见附录六第一节的讨论)。同时,程家还拥有苦竹山的大片旱地。如依据土改时期鄣理乡的标准,仅从土地占有面积判断,程家大致介于中农与贫农之间。必须指出的是,在讨论清代徽州阶级关系时,应该将非粮食作物收获与工商业收入纳入考量,稻田占有量在逻辑上不具备绝对的参考价值。就程家而言,考虑到其来自茶叶、山货及贩卖的收入,至少在分家前的相当长时间里,这家农户的收入应接近当地中农。

牛栏由程家自耕,不存在租佃问题,庄下、顿底两处土地涉及租佃关系。庄下、顿底的田骨都归保竹祠,这是理坑的一个宗祠。徽州宗祠大都控制着数量不等的田地,作为祭祖之用,沱川几个余氏宗族的大宗祠、房祠,都控制了一定数量的田产。程家租入的几处土地,可能属私人地主所有。西坑的土地从发开一辈就开始租种,租佃记录大致保持至19世纪90年代以后,程家似有永佃权。程家租种大桥田地的时间不长,从现存排日账开始记事就已租种,道光二十七年以后不再有租佃记录。道光二十六年排日账开始记录石桥底交租事宜,最后一次的交租记录是同治十一年。大桥不再租种的时间与石桥底租种时间仅相差一年,有理由认为后一处田地是前者的替代。章有义曾分析黟县的租簿,他发现太平天国运动后,出现了清算欠租、退佃及租期缩短等情况。[2]从程家所涉租佃事例看,除大桥田地租入年份不清,难以判断佃期外,几处田地租佃的时间都比较长,太平天国后,程家没有遇见清租、退佃的情形。此外,同治十二年程家租入土地的变动,仅仅涉及一处土地,本身似乎

---

[1] 光绪二十六年秋收,八月十四日牛栏割禾100斤,八月十六日割禾180斤,八月十七日继续割禾,但没有记录数量(程氏排日账#13,光绪26/8/14、8/16-17),据此推断,这块土地的总产量当在300斤以上。据江太新、苏金玉估计,光绪年间徽州的平均亩产是233斤(《论清代徽州地区的亩产》,《中国经济史研究》1993年第3期,第44页);刘和惠、汪庆元认为,明清时期徽州稻谷的亩产量,畈田大约为340斤至400斤,山田大约为280斤(《徽州土地关系》,合肥:安徽人民出版社,2005年,第134页)。据收获量推断,牛栏田产的亩数当在1亩上下。
[2] 章有义《明清徽州土地关系研究》,第225—238、281—297页。

第五章 劳动安排与阶级关系　　111

不足为怪。不过需要注意的是，同治末年至光绪九年分家前，程家家庭规模逐渐扩大，在这一时期减少租入土地的数量，其实是一个颇值注意的现象。有关这一决策的背景，我们将在下文详谈。

各处田地的租率，随地租形态、田地肥瘠、所处区域而异。根据20世纪50年代初的调查，徽州土地的租率，一般为收获量的50%左右。[1]另有学者统计了晚明一个宗族的土地与晚清歙县几处畈田的租率，也认为实租额为收成的一半。[2]排日账有石桥底、大桥两处土地的收获量与租额记录，可计算租率。石桥底是一年两熟田，咸丰四年收稻谷11秤，以每秤15斤计算，折165斤；前后交租两次，分别是45斤和39斤，共84斤[3]，可推算出租率为50.90%。大桥也是一年两熟田，排日账有道光十九年、二十年、二十六年的数据：道光十九年收获稻谷20秤，交租7秤，实收6秤，租率为30%；道光二十年收获稻谷19.5秤，交租7.5秤，租率为38%；道光二十六年收获稻谷21秤，交租12秤，租率为57%。[4]大桥的租额，道光二十六年与道光十八年、十九年差别不小，后两年的数据或有漏记情形，同时沱川一带让租较为普遍，如计入让租额，那么道光二十六年租率也是接近收获量的一半。这样说来，沱川的租率似乎与徽州其他地区相近。不过需要指出的是，这两处土地都是一年两熟田，程家只需缴纳秋季水稻收成的租子，冬季种植的大麦、小麦、油菜等作物，历年都没有交租的记录，应该是无须交租的。大小麦等的收成，远不如水稻，但无须交租，因此沱川一带的租率，应低于收获量的一半。[5]

如果是有田皮的田产，骨租的租率明显较低。庄下的田皮归程家所有，道光十八年的收获量为稻谷16秤，我们有次年交租的记录，为6秤[6]，可知租率为37.5%，比没有田皮的土地低12.5%左右。

---

[1] 华东军政委员会土地改革委员会编《安徽省农村调查》，出版地、出版社不详，1952年，第34、203页。
[2] 刘和惠、汪庆元《徽州土地关系》，第132—134页。
[3] 程氏排日账#3，咸丰4/8/8。
[4] 程氏排日账#1，道光19/9/10-11，道光20/9/4，9/28；#2，道光26/8/28。
[5] 历年的排日账都没有大小麦收获量的记录，仅光绪十年有收获量的记录，笔者估计，麦子的收获量，约为水稻年收获量的25%（参见附录六）。如计入麦子的收获量，沱川的地租率应不高于40%。
[6] 程氏排日账#1，道光18/8/10，道光19/8/22。

这一部分其实相当于田皮的租子,只是土地由程家自耕,因而不存在交皮租的问题。

程家租入的这几处土地,似乎都缴纳实物租,没有分成租和货币租的记录。交租的时间,通常安排在庄稼收割的当天或数日内,交租时由程家派人将租谷挑到田主家中。由于田主生活在理坑附近,不存在远距离交租的问题。交租时,田主一般会"让租",即给租子打折扣。实收低于租额的情形,在徽州颇为常见,实收常在租额的75%以下。[1]程家租入的土地,只有实收记录,无从判断名义租额。不过由于有让租数额,因此排日账记录的所谓租额,可视为名义租额,而扣除让租后的租额,可理解为实收租额。让租的比重,为让租额与租额之比。

如表5.5所示,让租的情况较为普遍。让租比重历年有波动,比较明显的是,太平天国运动前后,让租比重有一定差异。总体而言,太平天国运动前,让租比重通常在12%以上,最高值为20%,太平天国运动后则降至10%以下,最低只有5%。换句话说,太平天国运动结束后,程家租入土地的实收比重有一定上升,这意味着程家的租佃负担有小幅提高。与徽州其他地方相比,沱川的让租比例,比有些地方的实收比例(75%以下)要低一些(当然两者的属性不能完全等同),但在19世纪中后期的基本走势则有较大的相似性。如章有义讨论了休宁吴启贤堂祁庄、祁门郑世德堂等公堂的晚清租簿,他发现,鸦片战争前后,实收地租下降的趋势较为明显。太平天国运动失败后,实收比重也有明显下降,但19世纪60年代末起有所回升,1893年以后实收地租更是明显上升,高于太平天国运动前的水平。[2]可见程家租入土地让租比例的变动,尽管与章氏考察的两个祠堂尝产的实收地租的变动相比,在时间上不完全同步,但其基本走向则大致相似。当然,由于程家租种的土地不多,让租比例的下降,对其生活水平的影响不大。

---

[1] 章有义:《明清徽州土地关系研究》,第310页;章有义《近代徽州租佃关系案例研究》,北京:中国社会科学出版社,1988年,第90—91页。
[2] 章有义《近代徽州租佃关系案例研究》,第91页。

表5.5 程家租入土地历年让租比重表

田产坐落	年份	租额（斤）	让租（斤）	比重（%）
顿底	道光二十五年	120	24	20
	咸丰三年	165	20	12
	咸丰五年	150	10	6.7
	光绪十年	82.5	7.5	9
	光绪十九年	108	10	9
	光绪二十年	190	10	5
	光绪二十一年	145	10	7
	光绪二十二年	142.5	10	7
西坑山	道光十九年	187.5	30	16
石桥底	咸丰三年	49	6	12
大桥	道光十九年	105	15	14

资料来源：程氏排日账历年交租记录。

程家只是普通小农家庭，没有必要雇请也请不起长工，但每年却需要雇请短工，因此程家牵涉的雇佣关系，是与短工的关系。

茶叶采摘有较强的季节性，必须及时采摘，因此短期内需要投入较多劳力。从18世纪末起，随着茶叶生产的扩张，产茶区对劳动力的需求也大幅增长，在此背景下，大量的外地劳工进入这些地区。闽北自18世纪以来是中国重要的外销茶产地，春季采茶季节，大量来自江西上饶、南丰等地的茶工进入闽北，其人数可能高达20万人。[1]我们没有19世纪徽州外来茶工的数量，不过20世纪30年代中叶一篇文章称，每年茶季，祁门这个不满十万人口的县份，"顿时增上二十余万的工人"，"他们多有来自千里外，男的、女的、老的、幼的，操着十数县的口腔，像蚂蚁也似的向着祁门县境界内移动"。[2]文章没有交待数据来源，这个数据可能不尽可信，不过祁门外地茶工颇多则是可以大致确定的。20世纪30年代末，财政部贸易委员会安徽办事处调查统计股对徽州歙县、休宁、婺源、祁门四县茶厂茶工进行了抽样调查。此次共调查了四县44家茶厂的

---

[1] Robert Gardella, *Harvesting Mountains: Fujian and the China Tea Trade, 1757-1937*, Berkeley and Los Angeles: University of California Press, 1994, pp. 43-45, 86.
[2] 程世瑞《祁门的红茶》，《农村合作月报》第2卷第3期（1936年10月），第101—102页。

79位茶工。各县茶工中，歙县调查茶工27人，来自徽州以外的茶工共11人，其中怀宁茶工5人，浙江威坪3人，安庆、淳安、桐城各1人；休宁调查茶工20人，来自徽州以外的茶工共8人，其中来自安庆的有6人，桐城2人；祁门调查茶工8人，来自徽州以外的茶工1人，为怀宁人；婺源调查茶工24人，来自婺源以外地区的仅1人，调查报告没有交代其籍贯。[1]这次调查样本数太少，调查时间也较晚，未必能反映19世纪的茶工状况，不过徽州外地茶工较多，仍可从中窥见一斑。[2]从这次调查看，在徽州产茶区中，婺源的外地茶工可能较少。不过从排日账看，仍有相当数量的外地茶工进入允亨的生活世界。

程家的茶园有一定规模，家庭成员即使全力投入，通常仍是人手不够。从排日账看，道光二十五年前，程家主要靠自家劳力采茶，基本上看不到雇请短工采茶、制茶的情况。[3]道光二十六年起，随着茶园的扩大，开始雇请短工采茶、制茶，该年雇请短工的人数达到22人次。[4]程家在道光二十五年七月购入苦竹山茶坦，次年雇请短工人数大幅增加是意料中事。这些短工有些来自沱川本地，有些来自毗邻的江西乐平、鄱阳、德兴等县。这些茶工是从何处雇请的？排日账留下了一条宝贵记录。光绪十八年四月十四日记："己出街。请人未成，清华歇。"次日又记："己清华街请人乙位，黄计钱兄。"[5]这说明，至迟到光绪年间，清华出现一个茶工市场，程家就是在这里雇请外地茶工的。

外地茶工进入允亨的生活世界，应该是在太平天国运动结束后发生的，因为此前排日账没有提及外地茶工。排日账首次明确记载江西茶工，是在同治十二年，该年四月十四日、十五日、十七日，雇请一位德兴人采茶。光绪四年四月初八日，雇请的也是一位德兴人。光绪七年四月十九日，雇请一位鄱阳人采茶。光绪八年三月十八日、十九

---

[1] 财政部贸易委员会安徽办事处调查统计股《皖南茶工调查报告》，《茶声半月刊》第1卷第11—12期（1939年12月5日），第127—130页；第1卷第13期（1939年12月15日），第144—145页。
[2] 有关徽州茶工的问题，尚可参考邹怡《明清以来的徽州茶业与地方社会（1368—1949）》，上海：复旦大学出版社，2012年，第234—238页；康健《近代祁门茶工生活状况的考察》，《古今农业》2014年第1期，第104—110页。
[3] 道光二十五年春茶没有雇人记录，但夏茶采摘开始雇请短工，时间仅一天，参见道光25/8/19。
[4] 程氏排日账#2，道光26/4/6-25。
[5] 程氏排日账#11，光绪18/4/14-15。

日、二十一日、二十二日至四月初二日，雇请南康人采茶。[1]光绪九年三月二十七日、二十八日，雇请两位乐平人采茶，三月三十日雇请两位德兴人采茶，此两人或即此年四月初一至初九日多次提及的王成彩、项明森。光绪十年四月初十日至二十三日，除雇请项明森（写作"项明申"）外，同时请了疑为其兄弟的项明用采茶。光绪十一年三月二十七日、二十八日，雇请德兴人一位采茶。[2]光绪十二年四月初三日至初八日、光绪十三年四月十二日、光绪十五年四月初九日至初十日，雇请的是一位乐平人。光绪二十二年三月二十七日至二十九日，雇请了一位万年人采茶。[3]此后便未见雇请外地人采茶的记录。

笔者将程家历年春季采茶的劳力投入制作成表5.6，从表中可观察到历年雇请短工采茶的情况。前面提到，道光二十五年前，春季采茶没有雇请短工。道光二十六年，茶工劳力数达22工。咸丰三年有15工。此后数量有所下降，每年大约雇请10工。咸丰四年以后，正是太平军开始占据徽州的时期，茶叶采摘和茶叶市场受到战时影响，雇佣人数减少是可以理解的。这种情况可能一直延续到太平天国运动结束。此后雇工人数回升至战前水平，维持在每年20工左右，至90年代后期才有所下降，这一时期茶园分割，因此雇请茶工的数量下降。[4]

表5.6　程家历年春季采茶劳力投入表　　　　（单位：天）

年份	苦竹山	白石坳	西坑	抄珠山	其他	雇工日数	共计
道光十八年（1838）	0	5	0	0	1	0	6
道光十九年（1839）	0	4	0	0	0	0	4
道光二十年（1840）	0	3	0	0	0	0	3
道光二十四年（1844）	0	2	0	0	2.5	0	4.5
道光二十五年（1845）	0	6	4	0	0	0	10
道光二十六年（1846）	21	9	3	1	1	22	35

---

[1] 光绪八年四月十八日记作"南昌"，其余均为"南康"，南昌距离婺源路途遥远，可能性小，应为南康之误。
[2] 程氏排日账#5，同治12/4/14-15，4/17；#6，光绪7/4/19；#7，光绪8/3/18-19，3/21-4/2；光绪9/3/27-28，3/30，4/1-9；#8，光绪10/4/10-23；光绪11/3/27-28。
[3] 程氏排日账#9，光绪12/4/3-8；#10，光绪13/4/12，光绪15/4/9-10；#11，光绪22/3/27-29。
[4] 表中光绪二十六年、光绪二十七年雇工日数仅有8天与5天，可能与排日账缺载有关。这两年程家遇见债务危机，允亨对茶季劳动的记载较为简单，属于不甚正常的情况，似不应解读为雇工日数的大幅下降。

续表

年份	苦竹山	白石垅	西坑	抄珠山	其他	雇工日数	共计
咸丰三年（1853）	17	4	4	2	3	15	30
咸丰四年（1854）	12	2	0	2	8	12	24
咸丰五年（1855）	11.5	3	0	0	6	10	20.5
咸丰六年（1856）	11	7	1	0	7	9	26
咸丰七年（1857）	15	7	0	0.5	0.5	9	23
咸丰八年（1858）	16	1	0	0	4	10	21
同治十一年（1872）	24	10	10	0.5	5	8	49.5
同治十二年（1873）	35	5	0	0	1	10	41
光绪四年（1878）	29	14	10	1	15	19	69
光绪五年（1879）	47	16	7.5	0	11	29	81.5
光绪六年（1880）	44	11	5	0	4.5	17	64.5
光绪七年（1881）	39	15.5	12	0	4	21	70.5
光绪八年（1882）	33	13.5	9	0	11	22	66.5
光绪九年（1883）	39	11	15	0	5.5	20	70.5
光绪十年（1884）	24	18.5	10	0.5	6.5	16	59.5
光绪十一年（1885）	26	24	3	0	3.5	26	56.5
光绪十八年（1892）	34	6	5	1.5	7.5	23	54
光绪十九年（1893）	7	1	2	0.5	20.5	20	31
光绪二十年（1894）	36	0	0	0	5.5	26	41.5
光绪二十一年（1895）	31	3	0	0	7.5	29	41.5
光绪二十二年（1896）	20+	15.5	1.5	0	0.5	14+	37.5
光绪二十六年（1900）	6	0	1	0	7	8	14
光绪二十七年（1901）	10	7	1.5	0	13.5	5	32

资料来源：根据程氏排日账历年记录编制。

注：表中的"其他"指地点不详及墓山口、瓦窑坑、屋背后、牛栏等处。

历年茶工的工钱，有一些波动。咸丰四年四月，雇请起秀采茶10工，工钱1.2两，这一时期银贵钱贱，根据咸丰五年兑换率，1.2两白银合铜钱2902文，平均每工工钱达290文。[1]太平天国结束后，工钱相对稳定。光绪九年四月初九日记："到四美嫂借来洋贰员，付王成彩、项

---

[1] 程氏排日账#3，咸丰4/4/21。每两白银折1.39元，咸丰五年每元兑换铜钱1740文（参见附录五）。

（名）〔明〕森二人工钱。"[1]两人共采摘了12个工作日,平均每天工钱近160文。光绪十年四月二十三日,程家"支洋叁员,又钱叁百文,付项明申、明用二人工钱"。[2]两人共工作20个工作日,每天近165文工钱。光绪十一年三四月间,雇请黄思巢采茶,工作15天,休息1天,共16天,支付银元2元、大钱400文,平均每天近160文;[3]雇请德兴人一位,工作2天,支付铜钱320文,平均每天160文。[4]光绪十八年四月二十一日记:"支铜钱捌百文付计钱工夫,共六工箅"[5],平均每人每天工钱为133文左右。光绪二十二年四月十一日记:"己现英洋贰员付发芹工夫,共十乙工"[6],平均每天工钱180文左右。总体看,光绪年间的茶工工钱,以160文/日较为普遍。光绪二十年前后,银钱比价大体是每英洋1元兑铜钱1000文,每石米1—2月价格为1石2.41元,160文可购买大米近10市斤。[7]

短工的付酬方式,似有计件与包日两种。如光绪十八年四月二十三日记:"己同儿托敬敷弟、候明侄苦竹山摘茶,又培侄摘草,包日。又托金婶家边摘茶草十斤半。"二十五日记:"己同儿托九侄、候明侄、进侄苦竹山摘茶。托连琨、有仂、保三工,包日。"[8]此处培侄、连琨、有仂等标明"包日",而金婶嫂采茶则记录茶叶重量,前者当属包日,后者应属计件,也即前者只计劳动时间,不计采茶数量;后者只计采茶数量,不计劳动长度。上述工钱,主要是包日工钱,计件工钱的算法不详。

按常理推断,除非特别标明,本地短工通常食宿自理,而外地短工则多由程家提供食宿。光绪九年,程家雇请了项明森、王成彩采茶。四月初一日记:"本身在家,托项明森兄、王成彩兄供（善）〔膳〕嬉,歇雨。"[9]光绪十年雇请的是项明申（应即项明森）、明用兄弟,应该也提供食宿。如四月十三日,"项明申、明用二人供（僐）〔膳〕嬉"。十七日,

---

[1] 程氏排日账#7,光绪9/4/9。
[2] 程氏排日账#8,光绪10/4/23。
[3] 程氏排日账#8,光绪11/3/19-4/5。
[4] 程氏排日账#8,光绪11/3/27-30。
[5] 程氏排日账#11,光绪18/4/21。
[6] 程氏排日账#11,光绪22/4/11。
[7] 光绪二十年的米价取中数,以1石＝2.35元计（参见附录三附表3.1）。
[8] 程氏排日账#11,光绪18/4/23,4/25。
[9] 程氏排日账#7,光绪9/4/1。

"父亲在家嬉,本身西坑田塝摘茶,项明申、明用二人供(僆)〔膳〕"。二十日,"项明申、明用二人供(僆)〔膳〕"。[1]另外还可看到,如遇雨天,这些短工不必到茶园劳动,而程家仍需提供食宿。程家籴米记录通常超出其缺粮数量,可能跟为茶工提供伙食有一定关系(参见附录六)。综合上述信息,上文提到的外地茶工的工钱,应该是包吃住的工钱。

这些租佃与雇佣关系方面的变动,发生于太平天国运动结束后。天京陷落时,允亨已经是十五六岁的青年。这些变动从侧面显示,允亨面对的经济局势和社会关系,可能与父辈存在较大的差别。那么,他如何面对这些变动呢?他自己的生活又发生了什么变化?

---

〔1〕 程氏排日账#8,光绪10/4/13,4/17,4/20。

第六章　生计模式的调整

太平军败退后，徽州社会经济逐渐恢复。现存排日账自咸丰八年（1858）后，一直没有留下记录。至同治十一年（1872），也即太平军撤出婺源九年后，才再次出现了记录，让我们可以再度观察程家的生活世界。可能从这一年开始，发开将记账任务交给了允亨。此时允亨已经是二十三岁的青年，我们可以透过允亨自己写下的文字——也可以说是透过他的眼光，来观察后太平天国时代的程家生计。

成　亲

太平天国结束后，程家发生的最大变化，是程氏兄弟长大成人，并先后成亲，程家的家庭规模、结构都发生了很大的变化。允亨成亲在先，时间应该是同治十三年（1874）前后，那年允亨二十五岁；[1]允亨的兄长允兴则于光绪五年（1879）成亲，成亲时已经三十五岁了。[2]允亨的妻子来自燕山余氏宗族，允兴的妻子来自休宁田里，姓氏不详。

中国传统家礼中有"冠礼"，其实各地多不实行。据民国徽州文人许承尧言，徽州地区"冠为成人之礼，近时大概从略，非独徽与歙也"。不过他认为"冠虽不行，而有冠之名。笄则备极详慎"。[3]然后他谈到徽州的冠礼、笄礼：

---

[1] 现存排日账有同治十二年记录，但当年没有提及允亨成亲之事；同时，我们知道程同仓出生于光绪元年（光绪二十年九月，程同仓满二十岁，参见程氏排日账#11，光绪20/9/28，可推知他的生年）。综合两者可推断，允亨结婚时间当在同治十三年。
[2] 程氏排日账#6，光绪5/8/24-25。
[3] 许承尧《歙事闲谭》卷十八，第607页。

> ……然凡支幼长成入祠，尚曰冠丁；釀金于社，则曰冠金，亦见冠之遗意也。乃或以十五岁为冠，或以十六岁为冠，未有至二十者，是则与古殊矣。惟女将嫁，先期卜日而笄，曰上头。父母醮而宴之。婿家于是日亦致馒饦果饵之属，曰上头茶。斯为合礼。[1]

许承尧提到的冠丁、冠金，排日账均未见记录，大概这些行事仅限士绅家庭行之，与普通民众没有关系。不过在沱川，二十岁是一个重要的岁数。光绪二十年九月，同仓年满二十，其岳父送来蛋12个、面1斤10两、鞋1双作为贺礼，[2] 可见沱川乡间对二十岁是比较看重的。允亨二十岁时，尚未成亲，当然不会有岳父送礼之事，但家中稍事庆贺则或许有之。

与冠礼不同，不管士庶都举行婚礼，而且比较隆重，可说是传统中国社会中最为重要的一种人生礼仪。许承尧述歙县婚礼习俗云：

> 婚礼，媒通庚帖以后，即致果饼腥鲜于女家，曰探宅，乃古纳采、问名、纳吉意，而并举之。女家则请翁姑及婿履式，以时致馈，曰送鞋样，既而行聘，曰下定，即古纳征也。吉期已卜，则以骈丽语启之，或附纳聘函中，亦有特举者，曰送日子书，即请期之礼。前后三往复，始娶。婿不亲迎，惟以亲族名帖致女家，曰领亲。女家以名帖答，曰交亲，亦不亲送也。伴妇舆者，婿家惟用仆妇之吉者以迎，谓之男妇，曰伴亲。女家用老成妇姬以送，曰伴娘，意殊缜密。新妇入门，即行交拜礼，而后合卺。三日庙见，乃拜谒翁姑尊长，诸家人以次及，曰拜堂。遂宴妇于堂上，始服妇职。[3]

歙县婚礼，大体分为通庚帖、探宅、送鞋样、下定、送日子书、迎娶、交拜、拜堂等几个仪节。婺源的婚礼流程差别不大，但名目有所不同，其仪节计有讨生庚、论八字、踏家地、订婚、讨礼单、下定、送日子

---

[1] 许承尧《歙事闲谭》卷十八，第607—608页；道光《徽州府志》卷二之五《舆地志·风俗》，第161页。
[2] 程氏排日账#11，光绪二十年九月二十八日："己同儿顿底种小麦。又濂溪吴灶廾亲春来恭喜儿二十为载，收子十二只，又面〔？〕乙斤十两，鞋一双。"
[3] 许承尧《歙事闲谭》卷十八，第608页；道光《徽州府志》卷二之五《舆地志·风俗》，第161页。

第六章　生计模式的调整　　121

单、纳采、迎娶、拜堂、三朝、谢媒等。[1]排日账对婚礼的记录,自然不如上述完备。不过账中记录的程家婚事,有道光十八年发开婚礼、光绪四年发开弟弟再顺婚礼、光绪五年允兴婚礼、光绪十九年同仓婚礼及光绪二十六年允亨女儿婚礼,共计五次,尤以同仓的婚礼记录最为完备。通过拼合相对零碎的证据,辅之以今人搜集的民俗材料,还是可以再现19世纪沱川一带婚礼的基本情况,以为同治十三年允亨婚礼的参考。

婺源婚礼的第一步,是讨生庚、论八字,类似于歙县的通庚帖。讨得庚帖后,将庚帖放于灶神台上,如三日内厨房不打碎碗碟、缺瓢少筷,则认为吉利。然后请算命先生根据八字,推算两人是否相冲相克。如八字不相冲,女家派女眷来到男方家中,了解男方的家庭状况,称作"踏家地"。如果同意亲事,就会留下吃饭。这些步骤,排日账中没有留下记载。女方同意后,可订婚。订婚需写"鸳鸯帖",该帖又称"鸳谱",用大红全帖。其格式是,封面书"鸳谱"或"鸳鸯礼书",内页帖内右边中间书男方姓名出生年月日时,右下角署男方乡里父亲姓名,如父亲已故即署兄长姓名,由男方写好后送到女方家中。女方接到后,在左页中间书女方姓名出生年月日时,左下角署女方乡里父亲姓名,由女方送还男方(如图6.1)。程家几次婚事的鸳鸯帖也没有保存下来。

订婚后,男方向女方商议聘礼,俗称"讨礼单"。先由女方用红纸开出聘礼数目及女方本人首饰、衣妆等项。双方商定聘礼后,再由女方将礼目用红纸开列成正式礼单,内称"礼端"。礼单用大红全帖。这种礼单较为常见,图6.2、6.3即为二例。聘礼通常分两次送纳,下定时先送一部分,余下部分迎娶前送纳。聘礼商定后,即可下定,先送部分聘礼给女方。

聘礼的丰俭,自然随贫富而异。图6.2是来自婺源秋口镇的一份礼单。聘金包括几个类型:首先是礼洋,聘礼托媒礼洋100元、公堂礼洋6元;[2]

---

[1] 有关婺源婚礼,参考朱德馨《婺源的风俗与民间忌讳》,第762—776页;毕新丁《婺源风俗通观》,第11—17页。以下论述参考了这两个文本的内容。
[2] "公堂"是祠堂,"公堂礼洋"应为新娘出嫁前拜谒祖先时交给祠堂的礼金。十六都江氏宗族账簿中,就多有公堂银的记录,每位固定五钱白银。如道光二十六年,"收起佑之女公堂九五色实银伍钱正,1600,扣钱八百文"。道光二十九年,"收起焕次女上公堂实元五钱正,1600,扣钱八百文"。咸丰元年,"收起月公堂实元伍钱正"。咸丰元年,"收宏选长女公堂银伍钱正,化钱八百文"。咸丰八年,"收公堂艮乙两五钱正,扣钱一千五百七十五文",该年应是有三位女子出嫁,故而共收公堂银1.5两。《江氏族产收支簿》,道光二十四年立,无页码。与江氏宗族相比,大连吴氏的公堂礼要重得多。

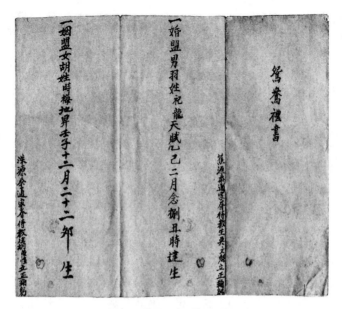

图6.1 婺源县秋口镇鸳鸯帖

资料来源：黄志繁、邵鸿、彭志军编《清至民国婺源县村落契约文书辑录》第3册，北京：商务印书馆，2014年，第951页。

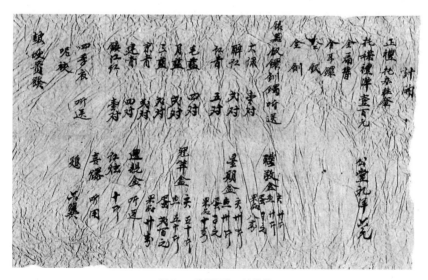

图6.2 婺源县秋口镇礼单

资料来源：黄志繁、邵鸿、彭志军编《清至民国婺源县村落契约文书辑录》第4册，第1647页。

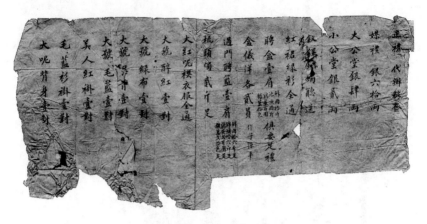

图6.3 婺源县江湾镇礼单
资料来源：黄志繁、邵鸿、彭志军编《清至民国婺源县村落契约文书辑录》第8册，第3757页。

其次是金银首饰；再次是各种颜色的布料和衣服；第四是装于聘敬盒、星期盒和冠笄盒内的猪肉、鱼、蛋、果品及鸡；最后是红烛、喜炮等。要办理这些聘礼，估计花销当不下150银元。江湾镇礼单中所列聘礼稍少，媒礼是60两，不过公堂银有大小公堂两种，分别是4两和2两，但对金银首饰没有做硬性要求，对肉、鸡、蛋、糖果的要求也不高，后面列出的是各种衣饰、布匹的数量，聘金加上其他礼物的费用，估计当在七八十两以上。两相比较可知，两家的贫富是有差距的。[1]不过，江湾镇的聘金等费用，可能已是中人之家的聘金支出了。詹鸣铎回忆说，他的妻子"配我，据云仅值数十金"[2]。詹家在鸣铎父亲外出经商前，大致属中产之家，其聘金仅数十两银子，普通农户的聘金数量可以想见。

允亨给同仓娶媳妇时，照例应该开过礼单，只是没有保存下来。不过从排日账送礼记录中，还是可以知道聘礼的大致数量。光绪十八年四月初二日，允亨托亲友送聘礼，当日记录就提到了聘礼的类型和数量：

> 已托启富弟出大连定亲，吴青元亲翁之女。礼英洋肆拾陆员正。亥十斤。鱼六斤。果品四包。鸭子四十介。醉红布乙对。[3]

---

[1] 晚清银元与银两之间的兑换比例大致是1元＝0.72两，据此推算，两者礼金的差距不大，主要差距是在金银首饰及其他物件。
[2] 詹鸣铎《我之小史》，第87页。
[3] 程氏排日账#11，光绪18/4/2。

程家的聘礼主要是这次交付的，因此透过这份清单，可以了解聘礼的类型和数量：聘礼的主体是英洋46元；其次是肉类、蛋类和果盘；再次是布匹。与上述两家相比，程家的聘金比较低，礼金不到他们的一半，没有提及金银首饰，肉类、布匹等的数量也较少（程家也送了公堂礼银，详下）。[1]

为了筹备聘礼，三月三十日，允亨便"支英洋乙员出燕山醉红绿乙对"，又从一位村民处借来本洋十元、英洋贰元。四月初一日，又"出街，支英洋乙员，买亥十二斤。支钱伍百捌拾二文，买鱼、果子。支钱卅文，买首饰匣果品。支本洋乙元，买饼一秤足。二百文，果品四包，鸭子四十只"。[2]

女方踏家地后，向男方要未来公婆和丈夫的鞋样，开始做鞋。允亨长女的婆家是沱川汪王后人，这是一个余姓聚居的单姓村。双方商定婚事的时间，排日账没有交代。不过从光绪二十六年九月下旬开始，排日账有一系列请人做鞋乃至买鞋的记录：

　　〔九月〕廿三日天晴辛卯值定　己甲路英洋三员买布，白乙匹，青贰匹，江青三尺，大钱一百文。转回上横亭歇。

　　廿四日天晴壬辰值执　己转亭回家。托时娇、金娥做鞋。

　　廿五日天晴癸巳值破……又金娥做鞋。

　　廿六日天晴甲午值危……又时娇、金娥做鞋。

　　廿七日天晴乙未值成……托时娇、金娥做鞋。

　　廿八日天晴丙申值收……又托时娇做鞋。

　　……

　　〔十月〕初叁日天雨辛丑值满……去英洋乙元时弟媳买鞋乙双，回桶。

　　……

---

[1] 程氏排日账#6，光绪7/11/8："允兴兄聘盒乙肩，礼物：银簪乙枝，从圿一对，银镯乙双，扁川乙对，亥六斤，鱼三斤，果品二包，（奚）〔鸡〕子四十（元）〔个〕，出燕山嘉灯亲下定。"这次下定的聘礼包含了银饰，可见同仓的聘礼应该包括首饰，只是排日账没有记录。

[2] 程氏排日账#11，光绪18/3/30-4/1。

十四日天阴壬子值除……支九十六文买鞋皮六双。[1]

根据排日账的记录，十月初二，"收亲翁连芳送盒礼，钗陆。买亥十斤，鱼八斤，子四十介，果子八包"[2]。此日可能是亲家来送聘礼的日子，此前准备的鞋子及次日购买的鞋（注明"回桶"用），可能是此日送给男方的。而此后再做的鞋子，应该是迎亲时送出的。

迎娶前，程家还在除夕前送过一次礼。据排日账记录，光绪十八年十二月十六日至十九日，程家在燕山、清华有多次采购行动，二十日，允亨将这些礼物挑到亲家家中：

> 拾陆日天阴庚午值执　已在家，出燕山托锡民兄英记号买布毛（监）〔蓝〕四对、红青乙对、红绿乙对，付英洋陆员，找钱一百五十文。……
>
> 拾柒日天阴辛未值破　已同儿出街，支英洋乙元，籴糯米三斗六升。……又买红鱼乙斤半，计一百卅文。
> ……
> 拾玖日天雨阴癸酉值危　已同支英洋乙元，出街买亥五角，计重付大秤五斤，又亥油九两，找来（同）〔铜〕钱四百文。又帮焕美叔担荳四斗。
>
> 贰拾日天阴甲戌值成　已担节进大连，红鱼贰只，亥□斤半，细布五对。[3]

送日子单，即歙县的送日子书，也即预订结婚日期，在下定后举行。婚期由男方根据双方八字请人择定，写成帖子，称作"星期帖"，择日送去。程家娶亲的日子单没有保存下来，图6.4是来自婺源江湾的日子单。送日子单一般提两个椭圆形有盖的红漆小竹篮，装上猪肉三五斤、鱼两尾、爆竹、烟酒等礼物，把星期帖放在上面送去。程家于光绪十八年四月下定，至次年正月二十五日迎娶，而送日子单的时间是正月

---

[1] 程氏排日账#12，光绪26/9/23-28，10/3，10/14。
[2] 程氏排日账#12，光绪26/10/2。
[3] 程氏排日账#11，光绪18/12/16-17，12/19-20。

十二日，也即迎娶前十三日。送日子单前两日，允亨到清华街买果品等物。正月十二日，他"托羆能外甥担礼物进〔大〕连送日子，亥五斤，鱼三斤，果品四包，鸭子四十介"[1]。

送出日子单后，程家就紧锣密鼓地着手进行娶亲前的准备。送日子单后的次日（正月十三日），允亨"支英洋肆员正，托梅娇嫂进大连吴灶开舅家公堂礼事，托标司做衣裳"，此处的"公堂礼事"，应是上文谈到的公堂礼银。十八日，他前往赋春采购酒席需用的货物：

拾捌日天晴壬寅值闭　己下富村歇。

拾玖日天晴癸卯值建　己富村英洋乙元，米四斗正。支英乙元，换本洋乙员，又钱一百拾文，买红鱼，付春秤廿六斤。又支钱叁百文，买鸭六十介。又支钱三百七十文，雄雌鸡贰只。转回上严田歇。又支钱卅文，买油纸乙张。支钱十五文，买棕索。

贰拾天雨甲辰值除　己严田挑鱼米上清华街。支英洋乙员，换钱乙千卅文。支钱陆拾〔文〕，买荳豉、花生。支五十五文，买花根。[2]

赋春（引文写作富村、付春）位于婺源西乡，离上湾有百里之遥，出产鱼米，且不如东北乡富庶，物价应该较为低廉，这是程允亨前往办货的主要原因。

回上湾后，允亨请了几个亲戚前来一起备办婚礼，同时一些亲友也陆续送礼前来，且看迎娶前几日的活动：

贰拾乙日天阴乙巳值满　己在家取酒，出燕山接姑娘，送萝卜十斤。支钱一百文，买带丝。支钱一百九〔十〕八文，买火炮，□生店赊此。又支十二文，买纸札。托圭兄杀猪乙只，手力一百文。

贰拾贰日天雨丙午值平　己在家。收黑能外甥恭喜对旬乙□半斤、头烛乙对、鸭子十四介。江通〔？〕一栂收。又燕山锡民兄

---

[1] 程氏排日账#11，光绪19/1/12。
[2] 程氏排日账#11，光绪19/1/18-20。

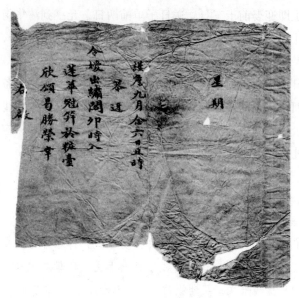

图6.4 婺源县江湾镇星期帖（残本）
资料来源：黄志繁、邵鸿、彭志军编：《清至民国婺源县村落契约文书辑录》第8册，第3756页。

□喜烛乙斤乙大对、小火炮乙包。又徐家坦庆兄索面乙斤、鸭廿介。托中兄进连，上头盒乙担。英洋乙员，永生店火炮三包，数一百八十文。批书。

贰拾叁日天阴丁未值定　己在家事。托梅娇嫂办碗盏。

贰拾肆日天阴戊申值执　己在家事。托梅娇嫂、姑婆办碗盏。支英洋乙员，出燕山办杂货、海菜。支英洋乙员，托能外甥出街，买米叁斗五升，灯笼一副，钱一百文。又钱四十二文，买花生。支钱二百文，付卖猪客。[1]

爱女姑妈和外甥是程家往来密切的亲戚，而梅娇嫂是本族的族人，因此允亨将操办婚礼的事务交给他们。

程家迎亲安排在正月二十五日。新娘在离开娘家之后，拜天地之前，禁忌不少。男方一般派三人去娶亲，领头的携带红伞、绣巾等，其

---

[1] 程氏排日账#11，光绪19/1/21-24。

他两人一人挑迎亲桶，一人带着看望亲家母的礼物和迎亲用的香烟、爆竹等。此外还有轿夫。迎亲桶中放一刀猪肉、两条鱼、果品等物，称作"献桶"，桶中的礼物是不收的。桶内放两个红纸帖，一为通门帖，上书"恳"字；一为迎亲帖，上书"迎"字。到女方家门口后，先放三个天地炮打招呼，然后将通门帖从门缝投入。女方开门时，迎亲者递上开门包，女方才开门放爆竹，欢迎迎亲人到家中落座。

迎娶前一日，女方开始备办酒席。迎娶当日，设酒席接待男方前来迎亲的人。光绪二十六年十月十七至十八日排日账就记录了允亨女儿出嫁前一日和当日的情况：

> 十七日天晴乙卯值平　己在家办海菜、货物，共钱二百九十文。又对江隆号来亥壹斤十一两。托文书哥做伙头办碗，现买伏干廿四文，八块。
>
> 十八日天晴丙辰值定　己托文书做办酒席，接女婿，（折）〔接〕客培添灯兄、有益兄、中兄、敬敷弟、濂溪吴旺开亲眷、兴兄吃酒。支钱一百文买子。江隆号来亥七两，（伏）〔腐〕干卅文，水酒四壶，又烧酒四盂，加伏干卅文，送首包大厘钱二百文。[1]

出嫁女吃了酒席，沐浴更衣、梳妆打扮后，在家中或祠堂祭祀祖先，跟祖先告别后，向父母和亲属一一行礼辞别。新娘动身的时间，是写在星期帖上的。吉时到后，新娘由父亲或兄长从闺房背到堂前椅子上坐下，伴娘替她换上上轿鞋，换好后脚不可下地沾灰尘，不然会将娘家的财气带走。此时新娘开始哭嫁。三声天地炮响起，新娘头上盖上红绣巾，手提剪刀镜，由迎亲的领头人背出门去上轿，家中随即关上大门。迎亲的轿夫，有二人、四人、八人之分，普通人家只有二人，程家雇请的轿夫是二人。

迎亲的时间多安排在夜间。上述星期帖上的时间是丑时（凌晨1—3点），而进门时间安排在卯时（凌晨5—7点）。允亨儿媳的娘家在大连，距离上湾二十华里，中间有群山阻隔，路途比较遥远、险峻。新

---

[1] 程氏排日账#12，光绪26/10/17-18。这次也可能是回门。

娘动身的时间，排日账没有记录。不过账中提到"进门酉时"，也即傍晚17—19点。如果倒推，则可知动身时间应该是下午三四点左右。这跟大连到上湾的路程和路况应该有关，因为夜晚行走山路毕竟很不方便。

花轿到村口后，先停在路口，鸣炮打招呼。傧相拿面盆盛水、递毛巾，为新娘洗脸，免得新娘进门后与公婆"冲热面"。进门吉时将到后，夫家才派人敲锣打鼓迎接花轿进门。进门前，男方提前在门前地上铺好几段青竹枝，上面放一个大竹筐，花轿抬到后停在上面。竹枝枝丫多，意为子孙多；竹筐大而圆，意为夫妇长久团圆。花轿进门时，夫家将一只宰杀的鸡甩过轿顶辟邪。然后新娘在伴娘的引领下，从铺在地下的布袋上走向堂前，边走边有人将布袋在前相传相接，寓意代代相传。新娘进洞房后，到婚床上左转三遍，右转三遍才坐下，叫作"坐帐"或"坐福"。然后由伴娘挑起红绣巾，她一边挑，一边说："一挑金，二挑银，三挑做夫人。绣巾挑挑起，公婆都欢喜。绣巾挑上床，儿孙生满堂。绣巾挑进斗桶内，家中财旺五谷丰。"

据介绍，婺源开额是在新娘上轿前，在娘家做的。不过根据排日账的记录，开额是在新娘进门次日做的。开额也有吉时。据排日账记载：二十六日，"己早托中兄、富弟丑时开额"，可见开额的时间安排在进门后次日的凌晨1—3点之间。排日账又记："巳时敬天地拜祖宗"，可知拜堂时间定在进门后次日上午9—11点。这与婺源其他地方的拜堂时间是一样的。拜堂时，新郎、新娘在伴郎、伴娘的引导下，走到厅堂八仙桌前。鞭炮响后，先朝外拜天地，新郎作揖，新娘躬身万福，总共四拜，再转身向中堂拜祖宗，也是四拜，最后是夫妻对拜。拜堂之后，新娘正式成为新郎家的一个成员。

新娘进门的当日和次日，新郎家办酒席招待亲朋好友。我们来看排日账这两日的记录：

贰拾伍日天阴己酉值破　己在家，托梅娇嫂、姑婆办碗盏。接客：熊能外甥、玉表侄、庆兄、家兴兄、恭兄、富弟、进侄、敷弟、家中兄；又轿夫春元、金谷进大濂吴再舅讨媳，进门酉时。

贰拾陆日天阴庚戌值危 己早早〔此字衍——引者〕托中兄、富弟丑时开额。巳时敬天地、拜祖宗。又接女客：爱苏嫂、兴娥嫂、喜花弟媳、梅娇嫂、月秀婶、兰基侄媳、助章嫂。不真酒。爱姑娘不上楼。只得□花喜真酒。[1]

细读这些记录，二十四日接待的客人是男客，二十五日则是女客，负责接待的亲友也有男女之别。光绪五年八月允兴娶亲时，二十五日负责接待的是妇女，次日则是男子[2]，也是男女分开，只是时间刚好相反。

婺源拜堂仪式中，是没有拜高堂仪式的，因为拜见公婆通常安排在新娘进门的第三日。新娘拜见公婆后，到堂前扫地，并下厨房帮忙，俗称"三朝"。大概这个礼节不太重要，排日账没有留下记录。不过当日记："己在做户管，册书余锦川生工钱二百文。"册书是负责编制实征册、征收钱粮的差役，此日请册书并支付工钱，是因为当日允亨将儿媳添入册籍，还是另有原因？排日账没有特别交代。婚事过后，新郎家还需专备厚礼答谢媒人，俗称"谢媒"。程家谢媒安排在新娘进门后的第四日。当日排日账记："己鱼三斤、亥贰斤、果品四包、子廿介、礼四色，进大濂谢杏姐媒人。"[3]最后，是回门的习俗。有学者认为婺源回门安排在进门后的第三日。若是如此，程家的情况有所不同。排日账提到回门，是二月二十四日，已经是进门一月之后。当日记："办酒请大连亲情回门。（奚）〔鸡〕乙对、粽六十只、鸭（奚）〔鸡〕子十六介、炒米十筒。回去鸭子介、麻饼廿双。"[4]回门之后，婚礼才算真正告一段落。[5]

成婚后，允亨成为一个丈夫，一年后又升格为父亲，他开始承担更多的社会责任。不过，发开继续当着家，直到分家的次年，才将这个担子交到允亨手上。短期内，允亨还无须进行家中重要事务的决策。实际上，太平天国运动结束后，程家生计模式的调整，应该是发开做出的。

允亨兄弟成亲后，程家的家庭规模扩大了。此前，程家有汪氏、发

---

[1] 程氏排日账#11，光绪19/1/25-26。
[2] 程氏排日账#6，光绪5/8/25-26。
[3] 程氏排日账#11，光绪19/1/27-28。
[4] 程氏排日账#11，光绪19/2/24。
[5] 顺便提及，二月十三日，亦即回门之前，程家还"办酒席请大连亲客"（程氏排日账#11，光绪19/2/13）。

开夫妇与允亨姐弟,现在家里包括成人7人:汪氏、发开夫妇、允兴夫妇、允亨夫妇;儿童1—2人。家庭规模的扩大,对这一时期程家的生计带来了影响:一方面,家里需要养活更多的人,粮食缺口的压力较前增大;另一方面,家中一时劳力颇为充裕。程家这一时期选择的生计模式,跟家庭规模的扩大有相当大的关系。下面从太平天国前后程家行事安排的变动,来考察后太平天国时代的生计模式。

生计模式的变动

程氏排日账记录最为详尽的,当数程家从事各种生计活动的内容。允亨等人不仅记录每日的收支情况,还逐日记录了跟自己和家人从事的各种行事有关的信息,如具体时间、家人称呼和/或名字、交往者姓名及其称呼、行事地点、行事内容等。在这些信息的基础上,我们可重构三个数据系列:一是有关程家日常行事的时间分配的统计数据,这是基于他们每日从事各种行事的时间编制的统计数据;二是有关程家收支的数据系列;三是有关程家家人行动空间的统计数据,这是基于程家每日行事地点的频率编制的统计数据,尽管程家行动空间涉及的日常行事范围颇广,但因排日账以各种生计活动的记录为主体,行事地点出现的频率及其变动,在很大程度上反映了程家生计活动的基本形态和总体变动趋势——当然程家的行动空间本身也有探讨价值。

应该说,这三个系列的属性不尽相同。依笔者的判断,排日账所记程家收支信息并不完整,小笔收支估计时有遗漏,不过大笔收支相对完整。日常行事的时间分配和行事地点频率的统计数据,处理的是非数据类的文字史料,相对误差较小,可以较为准确地体现程家的时间安排与行动空间方面的实况,应予以充分重视。这三组数据,第一组数据属于程家的收支结构及其变动,最直接反映其生计状况及其变动;第二组数据涉及程家投入各种日常行事的类型与频率,体现其基本的生计策略及其变动;第三组数据正面体现的是程家行动空间的形态与变动,但也提供了程家生计策略及其变动的旁证。通过有机结合这三组数据,不仅可了解程家不同年代的家庭收支状况乃至总体生活水平,而且可重构程家的生计模式及其变动,在此基础上讨论太平天国运动前后程家应对经济变动的不同方式，从而动态地把握19世纪社会经济变动与农户生计之间的关系。有关这三组数据的分析，笔者分工如下：本章侧重分析程家劳动时间的基本结构，第七章侧重讨论程家的收支结构与生活水平，第九章侧重考察程家行动空间的结构与变动问题。

为了解程家从事的各种行事的基本形态，笔者对排日账记录的程家家庭成员涉及的行事进行了分类，然后对他们从事这些活动的天数进行了统计，其结果归纳为表6.1。

表6.1 程家日常行事汇总表（1838—1901） （单位：日）

事项	1838—1858	%	1872—1883	%	1884—1901	%	合计	%
粮食种植	855.5	19.61	2646.5	29.18	1500	27.16	5002	26.39
蔬菜种植	136	3.12	249.5	2.75	132	2.40	517.5	2.73
燃料采集	265.5	6.08	819	9.03	582.5	10.55	1667	8.79
家务劳作	289	6.62	791	8.72	470.5	8.52	1550.5	8.18
茶叶生产	413	9.46	739.5	8.15	674	12.20	1826.5	9.63
食盐买卖	409.5	9.38	29.5	0.33	29	0.53	468	2.47
葛粉/黄精	253	5.80	767.5	8.46	99.5	1.80	1120	5.91
粮食买卖	283.5	6.50	141.5	1.56	149	2.70	574	3.03
挑担	39	0.89	127.5	1.41	176.5	3.19	343	1.81
借贷	13	0.30	1	0.01	33.5	0.61	47.5	0.25
其他商业	336	7.70	358	3.95	374	6.77	1068	5.63
走亲戚	29	0.66	40	0.44	58.5	1.06	127.5	0.67
帮工/换工	131	3.00	76	0.84	82.5	1.49	289.5	1.53
会社活动	4.5	0.10	9	0.10	18	0.33	31.5	0.17
社区事务	41.5	0.95	42	0.46	56.5	1.02	140	0.74
其他社交	7.5	0.17	94.5	1.04	90	1.63	192	1.01
请/托	——	——	8	0.09	12	0.22	20	0.11
年中行事	25	0.57	94	1.04	75	1.36	194	1.02
人生礼仪	22	0.50	74	0.82	117	2.12	213	1.12
进香	4	0.09	28	0.31	27	0.49	59	0.31
其他宗教	2	0.05	17.5	0.19	21	0.38	40.5	0.21
衙门事务	11.5	0.26	6	0.07	13.5	0.24	31	0.16

续表

事项	1838—1858	%	1872—1883	%	1884—1901	%	合计	%
游嬉/休息	713.5	16.35	1712.5	18.88	717.5	12.99	3143.5	16.58
不详	79	1.81	199	2.19	14	0.25	292	1.54
合计	4363.5		9071		5523		18957.5	

资料来源：据程氏历年排日账编制。

注：各类活动包含的细目如下：（一）粮食种植，包括水稻、大小麦、玉米、甘薯等作物的种植；（二）蔬菜种植，包括油菜、灰菊、芋头、萝卜、油麻、大豆等作物的种植；（三）家务劳作，包括烧炭、砍柴一类及做草鞋、盖房等行事；（四）借贷，包括现金借贷与钱会的借贷；（五）其他商业，包括葛巾、布袋的贩卖，桐子、棋子、茶厘的种植、加工与贩卖，杂货、牛皮的贩卖，及收账等；（六）社区事务，包括修建祠堂、开路及祈雨、打醮等社区仪式的参与；（七）其他社交，主要是交租一类；（八）其他宗教，包括拣日子、看地等；（九）衙门事务，包括缴纳钱粮、打官司等；（十）游嬉，包括游嬉、打猎、看戏等。此外，本表统计以日为单位。若是半天，计作0.5日。

　　排日账所见程家日常行事，涉及经济、社交、宗教仪式等不同方面，笔者将这些行事分为粮食种植、蔬菜种植等二十多个不同类别。同时，笔者还依据排日账保存状况和程家家庭构成的变动，并参照太平天国前后社会经济局势的变化，将现存排日账记事的时间（道光十八年至光绪二十七年，1838—1901）分成三个阶段：第一阶段是道光十八年至咸丰八年，这是太平天国爆发前至太平天国前期的阶段；第二阶段是太平天国结束至光绪九年，这是程氏兄弟先后成家至分家前夕的阶段；第三阶段是光绪九年以后，这是程氏兄弟分家以后的阶段。有关这个表格的内容，后面的章节还会涉及，下面主要对表中生计行事部分的数据进行分析。

　　可想而知，在各类行事中，生计活动所占比例最高。表中的粮食种植、蔬菜种植、燃料采集、家务劳作、茶叶生产、食盐买卖、葛粉/黄精的采集、收购与贩卖、挑担、借贷、其他商业活动各类，都可归入生计行事。从总体看，程家投入各类生计活动的劳动量，占所有日常行事总数的三分之二左右（66.64%）。为更具体地讨论程家的劳动安排，笔者将这一部分的内容从表6.1抽出，编制成表6.2。如表6.2所示，在十类生计活动中，程家投入时间最多的当推粮食种植，占行事时间总量的近40%。作为一个农户，粮食种植在程家生计中的重要性是不言而喻的。我们知道，程家耕种少量水旱田地，水田主要种植大、小麦与水稻及芋头、油菜等，旱地主要种植玉米、番薯、蔬菜等。水田一般是一年两熟，旱地则是一年一熟。从历年排日账看，程家的水田数量比较稳定，在19世纪没有发生过大幅度的变动，仅在同治末年稍有变动，苦竹山等地的旱地因为开荒的缘故，有一定程度的增长。除种植粮食外，程家还投入一定时间进行蔬菜种植（仅占4.1%），程家种植的蔬菜一般供自家消费，基本不出售。

表6.2　程家生计行事汇总表　（单位：工＝劳动日）

事项	1838—1858	%	1872—1883	%	1884—1901	%	合计	%
粮食种植	855.5	28.48	2646.5	45.01	1500	40.00	5002	39.59
茶叶生产	413	13.75	739.5	12.58	674	17.973	1826.5	14.46
燃料采集	265.5	8.84	819	13.93	582.5	15.533	1667	13.20
葛粉/黄精	253	8.42	767.5	13.05	99.5	2.653	1120	8.86
粮食买卖	283.5	9.44	141.5	2.41	149	3.973	574	4.54
蔬菜种植	136	4.53	249.5	4.24	132	3.52	517.5	4.10
食盐买卖	409.5	13.63	29.5	0.50	29	0.773	468	3.70
挑担	39	1.30	127.5	2.17	176.5	4.71	343	2.72
借贷	13	0.43	1	0.02	33.5	0.893	47.5	0.38
其他商业	336	11.18	358	6.09	374	9.972	1068	8.45
合计	3004	100	5879.5	100	3750	100	12633.5	100

资料来源：根据排日账历年行事记录编制。

程家在农田耕作之外也投入了不少劳动。这些活动包括茶叶生产、燃料采集、葛粉/黄精的采集、收购与贩卖、粮食买卖、食盐买卖、挑担、借贷和其他商业贩卖活动等，这些活动投入时间所占比例共计56.31%，占各种生计活动总日数的一半多，比粮食种植高出16%，各种非农田耕作活动在程家生计中的重要地位由此足见一斑。笔者谈过，这种生计安排方式，在婺源乃至整个徽州乡村应该都是比较普遍的。

在各种农田耕作之外的经济活动中，最为重要的是茶树的种植与茶叶的制作（14.46%）。这个比例在徽州山乡应该不算例外。我们谈到，产茶是徽州乡民收入中很重要的一个部分，参与茶叶生产的农户是很普遍的。种植茶树、加工绿茶，可能从18世纪末以来就成为上湾所在的婺源北乡农户最重要的经济来源之一，对允亨一家的生计也至关重要。

从表6.2可以看到，燃料采集与黄精和葛粉的采集与制作，在程家生计中也占有一席之地。为了贴补家用，程家经常前往附近的山上，从事葛根、桐子、柽子、棋子、桃等野生植物和经济林木的块茎、果实的采集，及砍柴、伐木、烧炭、狩猎等活动，其中以燃料与黄精、葛根的采集、收购和加工为最重要，所占比例分别是13.20%和8.86%。燃料采集主要包括砍柴和烧炭两种劳作，柴火和木炭除供自家消费外，还出售给邻里和亲戚，因此也是一项收入来源。黄精和葛粉这两项商品，每年给程家带来的收入，少则数元，多则十数元，是一笔不容忽视的现金收入。桐子、柽子、棋子是另外三种山货。桐子，即梧桐子，可榨油。柽子，又称茶厘、茶子，即山茶的果实，可榨油，油可食用。棋子，是一种落叶乔木的果实，可制作肥皂、蜡烛。这三种物品除程家自用外，多余部分也投入市场销售。

从事上述活动的记载，在排日账中频频出现。如同治十一年十月十五日，"允兴兄仝本身苦竹山掘葛"；次日，兄弟俩又到朱加碛掘葛；十七日、十八日连续在苦竹山、冷水亭掘葛；十九日，在苦竹山"揪桐子"（采摘桐子）；二十日至二十五日，又在苦竹山、横坑、平分后、介至垄等地掘葛；二十六日至二十九日，发开与允亨兄弟一同"打葛"；三十日，兄弟俩"撞粉"。[1]这一段时间，兄弟俩将近半个月的时间，差不多都投入葛根的采集和葛粉的加工。又如烧炭，在上述葛粉制造结束后，烧炭是允亨连续七天的主要工作（十一月初二日至初八日），而他的兄长允兴，有时和他一同烧炭，有时陪同父亲做买卖。[2]再如砍柴，光绪十七年十二月二十四日至二十九日，同仓花了四天砍柴、卖柴。[3]这些山货和林木的销售，也为程家带来一定的收入。

在黄精和葛粉的采集、收购与销售之后，是粮食买卖（占4.54%）。我们说过，程家所在的婺源北乡属于缺粮区，程家几乎每月都需前往清华或其他市镇籴米，因此投入粮食买卖的劳动日就占了一定比重。不过，由于生活在缺粮区，程家几乎不出售或贩卖粮食。

---

［1］ 程氏排日账#5，同治11/10/15-30。
［2］ 程氏排日账#5，同治11/11/2-8。
［3］ 程氏排日账#10，光绪17/12/24-29。

程家还在食盐贩卖上投入了一些时间（3.7%），尤其是在第一个时间段（13.63%）。程家参与食盐贩卖，与清代的食盐销售制度有关，这一点前面已经谈过。从排日账可以看到，太平天国前期，程家经常前往休宁县溪口镇购买食盐，然后挑到沱川本地、婺源中部、西南部地区和江西境内贩卖。这个集镇与程家最为重要的关联，就是食盐的购买。程家通过贩卖食盐，赚取一定的差价，贴补家用。在晚清60余年的时间里，程家还从事挑担活动，这包括帮邻里购买日用货物以赚取工钱，也包括为茶栈或茶号挑茶箱。同时，他们还花了一些时间，进行货品、银钱的借贷，不过所占比例很低。另外，程家也从事灰藡、麻布、鱼干等小商品的贩卖活动，因投入时间不多，兹不赘述。

表6.2所列三个不同阶段的数据还显示，在60余年的时间里，程家的生计模式发生了一些值得注意的变化。先来分析表中提供的历时性变动数据。

细读表6.2所列三个阶段的数据，首先可以观察到的一个现象，是程家投入粮食种植的劳动日比例，从第一阶段的28.48%，增加到第二阶段的45.01%和第三阶段的40%。这意味着至迟从19世纪70年代初开始，程家投入更多的劳动进行与粮食种植有关的活动，这不仅包括了常规的农田耕作，还包括荒地开垦一类的事务，其中排日账最频繁提到的，是苦竹山的各种垦殖与耕作活动。

其次，从第二阶段开始，程家投入燃料采集、茶叶生产、黄精与葛粉的采集、制作与贩卖及挑担的劳动量，所占比例有一定波动，多呈小幅增长趋势。其中投入燃料采集的劳动量，从第一阶段的8.84%上升至第二阶段的13.93%，再增加至第三阶段的15.533%，增加近7个百分点；投入茶叶生产（种植与制作）的劳动量，第一阶段是13.75%，第二阶段稍有下降（12.58%），第三阶段则出现一定增长（17.973%）；投入黄精、葛粉的采集、制作和贩卖的劳动量，从第一阶段的8.42%，上升至第二阶段13.05%，第三阶段回落至2.653%；投入挑担的劳动量，从第一阶段的1.3%，上升至第二阶段的2.17%和第三阶段的4.71%，呈小幅稳定上升趋势。这说明，太平天国结束后，为了贴补家用，程家投入更多时间进行燃料采集、黄精与葛粉的采集、制作与贩卖及挑担等活动。不过程氏兄弟分家后，程家投入黄精与葛粉的采集、制作与贩卖的时间，有较为明显的下降,这一方面跟分家后家庭构成的变动有一定关系,另一方面可能也与黄精、葛资源的枯竭不无关系。

再次,程家投入蔬菜种植的劳动,在三个阶段中没有显著的变动(第一阶段4.53%,第二阶段4.24%,第三阶段3.52%),说明这一活动在程家生计结构中不甚重要但具有相对稳定的位置。

最后,程家投入食盐买卖的劳动量,总体上呈现下降的趋势。程家投入食盐买卖的劳动量,第一阶段占较高的比重(13.63%),19世纪70年代之后骤然降至第二阶段的0.5%和第三阶段的0.773%。这一变动背后的原因,后面再谈。

在上述变动中最值得注意的是,在道光十八年之后60余年的时间里,程家投入食盐买卖的劳动量呈现下降趋势,而投入粮食种植的劳动量,则呈现大幅增长趋势,同期这家农户投入燃料采集、茶叶生产、黄精和葛粉的采集与加工及挑担的劳动量有小幅增长或变动。这意味着,大致以太平天国结束为界,程家的生计模式发生了值得注意的变化,即从原先在进行农田耕作,茶叶生产,及山货的采集、加工与销售的同时,投身食盐、布匹、麻袋等商品的贩卖,转变为从食盐等商品的贩卖活动中基本抽身而出,投入更多时间进行与粮食种植有关的生计活动。这一生计模式的调整,究竟出于哪些考虑?

茶叶生产

我们谈过,茶叶生产是程家最重要的现金收入来源,在其生计中扮演着至关重要的角色,那么太平天国前后程家的茶叶生产,对其生计模式变动是否带来影响呢?是不是因为程家在茶叶生产中获得了足够的收入,才决定放弃原先的各种商品的贩卖活动?我们来看看国际茶市行情与程家茶叶生产之间的关系,特别是茶价变动、茶园规模变动与茶叶产量的变动。

首先,如表6.2所示,程家在三个阶段投入茶叶生产的绝对劳动量,从第一阶段的413工,增加至第二阶段的739.5工,再回落至第三阶段的674工,总体呈现以增长为主导的走势。不过这些劳力所占比例,从第一阶段的13.75%,稍降至第二阶段的12.58%,再增至第三阶段的17.973%。

与此相对应，表6.4所见程家在其最重要的茶园所在地苦竹山的行事，呈现出类似的趋势。这家农户投入苦竹山茶园的绝对劳动量，第一阶段是139工，第二阶段增至332工，第三阶段回落至203.5工。[1]综合上述两方面的信息，在程家于苦竹山投入的劳动量中，用于茶叶生产的绝对数量，在19世纪后期呈总体增长趋势，但在投入劳动日总数中的比重则没有显著增加。那么茶叶的价格是否有明显的提高，导致程家茶叶收入大幅增长呢？这就需要对国际和沱川本地的茶叶价格进行回顾。

前面提到，从19世纪60年代至20世纪初，中国绿茶的输出量基本维持在每年20万担的规模。那么茶价是否也维持在一定水平上呢？先来看看国际绿茶价格的总体走向。1862—1920年，中国绿茶出口单价的波动，大致可分为五个阶段：（一）1862—1872年，绿茶每担价格为30两以上，最高达到40两/担；（二）1873—1884年，绿茶价格大幅下跌至20—25两/担；（三）1885—1892年，绿茶价格进一步下跌至17—20两/担；（四）1893—1903年，茶价回升至20—25两/担；（五）1904—1920年，茶价暴涨至32—50两/担。[2]从这个波动可以看出，太平天国结束前至同治末年，茶价较高；从同治末年至1903年，茶价下跌，在17—25两/担之间小幅波动；1903年以后茶价暴涨。从这些数据看，太平天国结束后，绿茶的价格不是提高，而是稍有降低。当然在此后半个多世纪的时间里，尽管上海绿茶出口的价格有较大震荡，但从十几二十年的时段看，波动幅度并不大。

那么，茶叶初级市场（茶农→"螺司"或小茶庄）的情形如何呢？从程家茶叶售价记录看，太平天国运动开始前，茶价较高，每斤达0.29元以上；运动开始后，茶叶下跌至每斤0.13—0.15元左右。这一时期没有上海绿茶出口价格，无法进行比较。1873—1884年为太平天国结束后绿茶下跌的时期，这一时期程家茶价共有6个数据，平均价格为0.19元/斤。1885—1892年，上海出口茶价继续下跌，程家的茶价有2个数据，平均价格为0.155元/斤。1892—1901年，上海出口茶价稍有回升，程家

---

[1] 程家在苦竹山从事茶叶生产所占比例，第一阶段高达68.8%，第二、三阶段骤然降至17%和16.3%，这个比例的急剧降低，不是由于投入的绝对劳动量本身的下降，而是由于程家在此地投入粮食生产与垦荒等活动的比例大幅增加。
[2] 陈慈玉《近代中国茶业之发展》，第322—323页。

茶价有5个数据，其中尽管有1894年的畸低茶价（0.08元/斤），但平均价格仍有0.166元/斤（参见表6.3）。因此，尽管沱川的茶叶收购价格的波动比上海茶市剧烈，但综合1873—1901年近30年三个时段的价格看，沱川收购价与上海茶市的总体走向，基本上是相吻合的。换言之，太平天国运动后，茶叶价格总体下跌了。

表6.3 程家历年春茶产量与茶叶毛收入一览表 （单位：银元）

年份	春茶产量（斤）	每斤单价（元/斤）	茶叶售价（元）
道光十八年（1838）	62	0.32	19.60
道光十九年（1839）	57	0.22	17.65
道光二十五年（1845）	?	——	41.70
道光二十六年（1846）	80	0.33	26.69
咸丰三年（1853）	8	0.14	11.10
咸丰四年（1854）	97	0.21	20.85
咸丰五年（1855）	86	0.13	11.55
咸丰六年（1856）	87	0.13	11.38
咸丰七年（1857）	85	0.13	11
咸丰八年（1858）	288	0.15	42.80
同治十二年（1873）	170	0.29	49
光绪四年（1878）	189	0.14	26.50
光绪五年（1879）	255	0.20	52
光绪六年（1880）	258	0.21	53
光绪九年（1883）	216.5	0.11	24.10
光绪十年（1884）	170	0.19	32.20
光绪十一年（1885）	173	0.17	28.60
光绪十八年（1892）	127.5	0.14	18.40
光绪十九年（1893）	127.5	0.20	26.87
光绪二十年（1894）	145.5	0.08	12.55
光绪二十一年（1895）	189	0.23	45.69
光绪二十二年（1896）	195	0.16	28.13
光绪二十六年（1900）	177	0.16	29.53
光绪二十七年（1901）	190	——	——

资料来源：根据程氏排日账历年记录编制。

备注：（一）表中的银两已根据1两＝1.39元的比例换算成银元；银元与铜钱的折算率根据

历年变动数据进行折算。同治十一年至光绪十一年因无银钱兑换比率,参照光绪十八年的银钱比价(1元=1000文)。因历年以铜钱方式获得的现金收入不高,对统计影响较小(历年银钱比价情形,请参考附录五)。

(二)表中茶叶单价根据排日账记录推算,非由茶叶除以茶叶重量算出(因为有的年份仅有部分批次的茶叶有单价)。

(三)每担按85斤计算(光绪二十六年出售2担7斤,排日账又写作177斤,可算出每担85斤,参见程氏排日账#12,光绪26/5/11)。

(四)表中1896年的茶叶售价为170斤的价格,另有25斤售价不详,因此实际售价应高于表中的数据。

那么程家的茶园规模与茶叶产量是否有所扩大呢?我们可以确定,在我们讨论的时间内,茶园规模方面确有一定扩张。前面提到,程家最大的茶园——苦竹山茶园,是在道光二十五年由发开购入的;道光十九年,还当入白石垓茶坦一处。太平天国结束后,光绪十一年购入了另一处苦竹山的茶园。从这一时期采茶的记录看,程家还有西坑、墓山口、瓦窑坑、牛栏等地的采茶记录,说明在这些地方也种了茶。随着茶园的扩张,程家茶叶产量也有了一定提高。如表6.3所示,太平天国运动前,程家年产茶叶1担左右。运动结束后,增加至2担,甚至在分家前几年,达到年产3担的峰值。光绪九年分家后,回落至年产1.5担至2担多的产量。

应该说,即使是产量最高的时期,程家的产茶量在徽州茶乡也不算高。花桥村是位于休宁、婺源边界附近的一个村落,根据1950年中共皖南区党委农委会的调查,该村产茶不如附近村落多,但种茶的户数占总户数的94%,最多的农户每年出茶230斤,最少是10斤,一般的茶农每户出茶40斤左右。与这个村落的情况相比,程家从鸦片战争前夕至太平天国前期的产茶量,已经是一般农户的一倍余,产茶量最高时,与该村产茶最多的农户相仿。不过应该注意到,1950年的产茶量,深受抗战与内战的影响,比抗战前大幅降低。当地民众回忆说,抗战前全村产茶达到4万余斤,而临近解放时降到3千余斤,1950年全村产茶数为7300多斤[1],约当抗战前的六分之一。如参照抗战前的数值,花桥村一般农户的产茶数量,可能与程家产茶数量最高的年份相近。从这个角度看,程家

---

[1] 中共皖南区党委农委会《休宁县花桥村竹、木、茶山调查》,华东军政委员会土地改革委员会编《安徽省农村调查》,第212页。

只能算是一个中下层产茶农户。

因此，从历时性的角度看，太平天国前后，尽管程家投入茶叶生产的比例没有明显的增长，茶叶价格总体走低，但由于茶园的扩张，程家茶叶年产量仍有一定程度的提高。与此相应，程家从茶叶生产中获得的毛收入，还是比太平天国前有较为明显的提高。如表6.3所示，太平天国结束前，尽管有若干相对异常的年份（如1845年、1858年），不过程家每年的茶叶收入大致在11—20元之间波动。运动结束后，茶叶收入增加到24元以上，并多次出现50元左右的较高数值。分家后，茶叶收入稍有回落，不过除了少数异常年份（1892年、1894年），茶叶收入大致在25—32元之间波动。可见在太平天国后，随着程家茶园的扩大与投入茶叶生产的绝对劳动量的增加，程家的茶叶收入与此前相比呈现出一定的增长趋势，有些年份的收入甚至比此前高一倍多。无疑，茶叶收入很可能弥补了因退出食盐等商品贩卖导致的收入缺口，在很大程度上缓和了程家的缺粮和日常生活开支的问题。

那么，太平天国后的茶叶价格，虽然不如运动前，但面对相对稳定的国际茶价，程家为何不投入更多的劳力来提高茶叶的产量呢？最重要的原因，应该是茶园规模的限制。程家茶园的规模，限制了他们的茶叶生产能力。其次，茶叶价格的回落，也是一个需要考虑的重要因素。茶价的相对低迷，无法为扩大茶园规模（如透过租入更多的茶坦）提供足够的动力。最后，还有一个因素需要考虑。徽州民谚云：茶叶两头尖，三年两年要发癫[1]，形象说明了茶价动荡不安的情形。这意味着，如果要租入更多的茶坦，扩大茶叶生产规模，就需要承担相当大的风险。无论如何，在上述因素的影响下，程家投入茶叶生产的劳动，在总劳动量中的占比并无显著提高，茶叶生产给程家带来的收入，总体有了一定提高，但增加幅度仍然有限，如何获取更多的收入，仍是程家需要面临的一个问题。

土地开发

程家生计模式的调整，还需考虑另外一个重要因素：程家家庭规

---

[1] 张海鹏、王廷元主编《徽商研究》，第245页。

模的变动。前面谈到,从道光十八年,也就是第一册账簿开始记录的年代,到太平天国运动初期,这家农户大概是个包含三代的家庭:发开母亲、发开夫妇及允兴、允亨兄弟,这是一个核心家庭。太平天国结束后,允亨兄弟先后成家。至此,这个家庭转变为由三对夫妇、至少三代人组成的联合家庭,这是程家家庭规模最大、结构最为复杂的时期。四年以后,也即光绪九年,这个家庭进行了分割。分家后,允兴、允亨兄弟分开过,而发开夫妇与允亨一起过。发开于光绪十七年(1891)去世,其妻子去世的时间,应该是光绪十八年(1892)。不过,同年同仓成亲,这个家庭又维持了主干家庭的结构,一直到这批账簿记事结束。

回到表6.2。表中的第一阶段(1838—1858),相当于程家核心家庭的时代,此期允兴、允亨兄弟尚未长大成人,是个家庭结构相对简单的时期,也是恰亚诺夫(A. Chayanov)所说的家庭中劳力、消费比例比较不利的时期。[1]进入第二阶段(1872—1883)后,家庭结构转变为联合家庭,此期发开父亲已经去世,允兴、允亨兄弟已经长大成人,并且允亨、允兴先后结婚,虽然到了70年代后期程同仓出生,但这一阶段劳力、消费比例到达家庭周期中最为优化的时期。到了第三阶段(1884—1901),随着允兴、允亨兄弟分家,允亨一家成为主干家庭,此期发开年事已高,而同仓长大于1892年成婚,此期程家的劳力、消费比仍处于较为有利的状态。综合上述分析来看,程家在第二、三阶段的劳力,总体来说比第一阶段更为充足。从日常行事看,程家处理这一状况的主要办法,就是在粮食种植中投入更大比例的劳力。这是如何做到的呢?细读排日账发现,太平天国运动结束后,程家在苦竹山从事社会经济活动的记录大幅增加,因此有必要来看看程家在这个地方从事的活动,在此基础上讨论程家对劳力的具体安排。

表6.4归纳了排日账记载的不同时期程家在苦竹山的各种行事。苦竹山位于婺源与休宁的交界处,距离上湾约有十七八华里的路程,因需翻山越岭,徒步前往需两个半至三小时。这片山场可能包括部分沱川的

---

[1] A. 恰亚诺夫《农民经济组织》,萧正洪译,北京:中央编译出版社,1996年,第20—40页。恰亚诺夫讨论的是家庭发展周期对家庭经济活动的影响,其中最为关键的是家庭中拥有劳动能力的成员与不具备劳动能力的成员之间的比例。

表6.4 程家在苦竹山活动详情表

(单位：工＝劳动日)

年代	粮食生产	蔬菜种植	燃料采集	茶叶生产	掘葛	掘山	拔山	耘草	伐木	采茶子	采桐子	采桃	搭篷	帮工	拔路	嫁	其他	不详	合计
道光二十五年(1845)				5															5
道光二十六年(1846)				32							0.5								32.5
咸丰二年(1852)	9.5			18.5			1												29
咸丰三年(1853)	9			19											1				29
咸丰四年(1854)	1			19.5		2.5	2	2											22.5
咸丰六年(1856)	9.5	1		13		6	2	2					2						32
咸丰七年(1857)	5	1	1	15		1.5	1	1											29
咸丰八年(1858)	3.5		1	17															23
合计	37.5	2	1	139		10	6	3			0.5		2		1				202
%	18.5	1.0	0.5	68.8		5.0	3.0	1.5			0.2		1.0		0.5				100
同治十一年(1872)	45.5	27.5	10	35	12	6	13.5	37			6.5	3		3	4	3	6	6	218
同治十二年(1873)	64	25	10	38	3	29	12	47			5					7	11	9	260
光绪四年(1878)	79.5	15.5	6.5	31		5	15	11	4		2					5	4	4	182.5
光绪五年(1879)	114.5	37.5	9	62	4	65.5	5	13.5	3		2.5	2.5	4	1		2	1	2	329
光绪六年(1880)	71.5	16	10	41.5		18	12	30.5	2	6	2.5		2			2	9.5	3	226.5
光绪七年(1881)	95.5	16	18.5	43		31	3	21	2	10	2.5	5	7		3	1	3	1	262.5
光绪八年(1882)	76	24	28	39	2	26	20	15	9	7	2		2		1	4	6	7	268

续表

年代	粮食生产	蔬菜种植	燃料采集	茶叶生产	掘葛	掘山	拔山	耘草	伐木	采茶子	采桐子	采桃	搭蓬	帮工	拨路	赠	其他	不详	合计
光绪九年（1883）	51.5	12	13.5	42.5		32	6	23	2	6.5	3.5	7				1		2	202.5
合计	598	173.5	105.5	332	21	212.5	86.5	198	22	29.5	26.5	17.5	15	4	8	25	40.5	34	1949
%	30.7	8.9	5.4	17.0	1.1	11.0	4.4	10.1	1.1	1.5	1.4	0.9	0.8	0.2	0.4	1.3	2.1	1.7	100
光绪十年（1884）	42	5.5	8.5	29		0.5		3	5.5	3	4	1.5	4.5	2	1	2	1		113
光绪十一年（1885）	55	15.5	8.5	25	4	1.5	5	1.5	1.5	8	3	4		1		0.5	2	9	145
光绪十八年（1892）	86	25	11	41		12	8	5	4	4	4		2		2	9	3	4	218
光绪十九年（1893）	38	9	5.5	13		13.5	17	2				1	45	1			1	7	154
光绪二十年（1894）	39	4	12.5	16	3.5	19.5	9	2	3.5	38		0.5	4.5				1	5	155.5
光绪二十一年（1895）	15.5	6.5	11.5	28		3.5	7	5		13	2	3	2					1	98.5
光绪二十三年（1896）	20	2	5.5	29		4				5	2		3		2		4	2	79.5
光绪二十六年（1900）	3.5		12	5						8							2	6	38.5
光绪二十七年（1901）	52.5	4	26.5	17.5		30	4	9.5	62	11		1	1		11	2	4	11	247
合计	351.5	71.5	101.5	203.5	7.5	84.5	50	28	76.5	90	15	11	62	4	16	13.5	18	45	1249
%	28.14	5.72	8.13	16.3	0.6	6.8	4.0	2.2	6.1	7.21	1.2	0.9	5	0.3	1.3	1.1	1.4	3.6	100

资料来源：程氏排日账历年行事记录。

公地，理坑及周围的上湾等小村，均可开发、利用这片山场。程家在此地的行事，可细分为粮食生产、蔬菜种植、燃料采集、茶叶生产、掘葛、掘山、耘草、竹木砍伐、茶厘采集、桐子采集、采桃、搭棚、帮工、拔路、"嬉"（也即休息）、其他及不详等17类，主要以经济活动为主。笔者从排日账历年记录中，选取记载相对完整的三个时段（1845—1858年、1872—1883年、1884—1901年），对程家在苦竹山投入的劳动日数进行了统计。

在这三个时段内，程家总共在苦竹山投入劳力3400工。若以投入工数从高到低为序，程家在苦竹山从事的活动，计有粮食生产（987工）、茶叶生产（674.5工）、掘山（307工）、蔬菜种植（247工）、耘草（229工）、燃料采集（208工）、拔山（142.5工）、茶厘采集（119.5工）、竹木砍伐（98.5工）、搭篷（79工）、桐子采摘（42工）、掘葛（28.5工）、采桃（28.5工）、拔路（25工）、帮工（8工）等项，另有38.5工用于休息，58.5工用于处理纠纷等其他活动，还有79工情况不详。

上述各项行事中，掘山一项，意即开荒；耘草一项，指在旱地、茶园和菜地中除草；拔山一项，指清理旱地、茶园、菜地附近的灌木、杂草；拔路，指清理从上湾通往苦竹山的小路，这些活动均可看作粮食耕作、茶叶生产、蔬菜种植的准备性、辅助性工作。在上述三个时段，程家投入垦荒的劳动量是307多工，为投入粮食生产总劳动量的近三分之一。不过从历时性角度看，程家在不同时期投入粮食生产和垦荒的劳动量是不同的。具体来说，第一阶段程家在苦竹山投入粮食生产的劳力是37.5工，第二阶段骤然增加到598工，第三阶段回落至351.5工，分别占该期投入劳动日总量的18.5%、30.7%和28.14%。与此相应，程家投入垦荒（即掘山）的劳力，在三个阶段分别是10工、212.5工和84.5工，分别占投入劳动日总量的5%、11%和6.8%。

那么，程家在苦竹山的垦荒活动有何成效？我们知道，程家在苦竹山种植的主要粮食作物是玉米。根据排日账历年的玉米消费记录，笔者推测，太平天国前，程家每年的玉米产量为100市斤，太平天国结束后，随着垦荒的渐次展开，程家玉米年产量逐渐提升至光绪二十年前后年产450市斤的规模（参见附录六），比运动前增加了350市斤左右。这个数量不算很高，不过应该看到，光绪十九年程家的粮食年产量为1216市斤,该年玉米产量约为粮食总产量的三分之一强。而且还应注意到,太平天国结束后,米价虽然较太平天国运动中后期大幅回落,但从19世纪70年代初至19世纪末,仍在每石2.0—2.6元之间波动(参见附录三)。在这种情况下,程家还需要养活更多的家口(太平天国结束前应为5人,分家前为7人,分家初期6人,同仓成亲后又增至7人,参见附录六)。因此,玉米产量的增加,无疑在很大程度上缓解了家中缺粮的压力。得益于茶叶收入和玉米产量的提高,从同治末年或光绪初年开始,程家甚至不再租种已耕种多年的石桥底的土地。因此,通过投入更大比例的劳动日进行粮食生产与垦荒活动,程家在太平天国结束后,一方面消化了相对充沛的劳力,另一方面也舒缓了因人口增长带来的对粮食消费的增长需求。

比较三个时期程家在农田耕作中投入劳动力的比例,可以看到,太平天国结束后,劳动力投入比例有较为明显的增加(从太平天国运动前的28%增加至分家前的45%再回落至分家后的40%),这个走势似乎为黄宗智提出的内卷说提供了证据。不过对苦竹山垦荒活动的讨论显示,这些劳力并未被全数投入粮食作物的种植活动,其中相当部分其实被用于开荒(第一阶段仅10工,太平天国后猛增至212.5工,分家后回落至84.5工)。同时,太平天国后在农田耕作方面投入的劳力,也没有尽数投入此前就已耕种的土地,其中相当部分被用于在新开垦土地上种植玉米等作物。换句话说,劳力投入的增加,与土地面积的增加密切相关。此外,在某块土地上投入的绝对劳动量,看不出明显的增加。事实上,程家的土地经营方式可能一直处于相对粗放的水平,而且就算在生计状况逐渐恶化的时期,程家仍旧经常雇请族人从事农田耕作活动。从各个方面看,19世纪中后期,程家似乎并未遭遇内卷化的困扰,其主要原因应与劳动力还能找到其他出路有关:一方面,垦荒活动吸收了不少剩余劳动力,同时扩大了耕地面积(尽管增加的只是产量较低的旱地);另一方面,山货采集、挑担等活动,也吸收了部分剩余劳动力。此外,茶叶收入的总体增加,提高了家庭的现金收入,也在一定程度上舒缓了人地压力。

那么,19世纪中后期的程家生计与"勤勉革命"有关吗?首先应该指出的是，速水融在提出这个概念时，它有一个重要内涵。他在研究江户时代（1603—1867）浓尾地区的人口和农业时，发现一个有趣的变化。在这长达两个多世纪的时间里，当地人口增长了25%左右；与此同时，家畜数量大幅减少，减少最多的地方，家畜只剩下原数量的20%。这意味着，原来由家畜进行的农业劳作，后来改由人类承担，即人力代替了畜力。这就是速水将这一变动称作"勤勉革命"的本意。[1]如果以此为尺度，这个变动不但不曾发生于19世纪的程家（程家没有耕牛），恐怕也未必发生于整个明清时代的农家。在资源配置方面，本章的讨论显示，程家的生计模式确实发生过变化，不过这一变动似乎与更多家人投入劳动无关（乡村妇女和儿童参加劳动，肯定不是19世纪才开始的），也与消费方面的调整没有明显关系（这一点留待第八章讨论）。表6.1提供的数据表明，三个时期程家的闲暇时间的确发生了变动，不过这个变动不是简单的增减：太平天国结束前，程家闲暇时间占比为16.35%，太平天国结束后增至18.88%，分家后下降至近13%。在程家生计有所改善的第二阶段，闲暇不但没有减少，反而有所增加。这说明程家投入劳作的比重有所下降。分家后，程家才出现闲暇减少的趋向。为了应对米价上涨带来的压力，程家减少了闲暇时间，投入更多时间进行茶叶生产、燃料采集、挑担等活动（参考第十四章第三节）。

我们说程家没有遭遇明显的内卷化，也没有出现劳作投入明显增加的情形，并不是说程家的生活是轻松悠闲的。我们不过是说，就此处讨论的时代而言，似乎观察不到"自我剥削"、畜力取代人力和资源配置方面的明显变动。山乡生计方式的多元性，似乎为山民避免内卷化提供了可能，也有助于他们减缓重置资源的压力。然而应充分认识到，在徽州山乡讨生活并不容易。从排日账记录看，程发开父子一直勤勉劳作，堪称典型的"徽骆驼"。[2]太平天国结束后，程家大量劳动力被投入苦竹

---

[1] 速水融《近世日本经济社会史》，第186—195页。
[2] 笔者结合排日账提供的天气记录和行事记录，随机从程氏父子所记排日账中，各自抽取三年时间，对他们在雨雪天外出劳作的天数做了统计。道光十八年至二十年（1838—1840），雨雪天共255天，发开在雨雪天劳作的总天数为112.5天（请托雇工和非生计活动未计入），道光二十年十一月十一日后没有记录，占雨雪总天数的44%。光绪四年至六年（1878—1880），雨雪天共239天，允亨在雨雪天劳作的天数为129.5天，占雨雪总天数的54%。换句话说，在所有雨雪天中，发开父子有将近一半时间在外劳作。

山。必须记住,这是一处距离上湾十七八华里的地方。程家是以花费大量时间往返苦竹山为代价,来缓解劳动力过剩的问题的,个中艰辛是我们在讨论程家生计模式时必须考虑到的。程家似乎以扩大耕作空间的方式,来寻求劳动力过剩的舒缓。[1]如果要说程家出现过"勤勉革命",这一变动主要不是透过资源的重新配置,而是在很大程度上透过劳力的空间重置来实现的。这一过程对程家的行动空间和家庭生活都带来了一定影响,苦竹山作为一个远离聚落的空间,在程家生活中扮演的角色越来越重要(参见第九、十、十三章的相关讨论)。

  总之,对太平天国运动前后程家生计行事变动的考察表明,运动结束后,程家对生计模式进行了调整:一方面,程家通过扩大茶园规模,投入更多劳力进行茶叶的种植与生产,其茶叶收入有了相当程度的增长,有些年份的茶叶收入较运动前增加一至两倍。另一方面,面对家庭规模扩大、粮食缺口增大的问题,程家在苦竹山等地投入越来越多的劳力,用于粮食生产、土地开发等活动。从长期趋势看,程家投入粮食种植的劳力,无论是绝对数量还是相对比重都有大幅的增加。其结果是,程家的粮食产量较前有了一定程度的提高,小幅提高了解决口粮问题的能力。可以说,通过部分调整生计模式,程家不仅解决了粮食不足的问题,而且积攒了一定数量的银钱,为这一时期程家家史上两个至关重要的大事——盖房与娶亲——提供了必不可少的资金。

---

[1] 约翰·冯·杜能(Johann Heinrich von Thünen, 1783-1850)可能会将苦竹山归入所谓的"原野",那种区域距离聚落太远,运输费用太高,因而不适合从事农牧业。不过从程家看来,这个地方的边际报酬应该比较高,足以抵消空间距离产生的麻烦。杜能的相关讨论,参见《孤立国同农业和国民经济的关系》,吴衡康译,北京:商务印书馆,1986年,第88—100页。

第七章 生活水平、商业化与交易形态

太平天国结束后,程家的生计模式发生了一些值得注意的变动,从事商业贩卖的时间减少了,更多时间被用于垦荒等农业生产活动,自耕地的数量与粮食产量得到提高,同时茶园规模也有所扩大,茶叶年收入有所增加。总体来看,分家前程家的现金收入较运动前有了相当程度的提高。不过这只是名义收入的提高,本章探讨的主要问题是,太平天国运动前后,程家的生活水平是否有实质性的变化?五口通商后国内外市场的整合,对程家的生活水平带来何种影响?同时,本章还想谈谈程家生计的商业化程度与程家介入的各种交易形态。

生活水平估计

想要了解生活水平的变动,有两种方法:社会经济史研究中长期使用的一种方法,是比较每年的实际收支状况,从而了解生活水平的变动;另一种方法是最低消费篮子估算法,这种方法分析的是实际收入与维持温饱所需的家庭最低消费开支之间的关系。下面先采用第一种方法对程家的收支结构和生计状况进行讨论,然后考察几个不同时期程家的最低消费篮子。

首先需要说明的是,现存排日账记录的缺陷,给系统分析程家历年收支状况带来了困难。对于程家历年的收入,笔者可以给出一个相对粗略的估计,但排日账对支出的记录很不完整,这就给进行收支比较带来了困难。下面笔者采用折中的方法,从两个方面讨论程家的收支:一方面,笔者对程家的收入结构进行估算,同时选取记录较为完整的光绪后期,重建程家的开支结构;另一方面,笔者将比较程家收支中最为重要的项目,即收入中最为重要的项目(茶叶收入)和支出中最为重要的项目（籴米支出）。

下面先来估算程家历年的收入。程家的收入分为现金收入与非现金收入两项。非现金收入是自产自用的东西，难以估算，且历年产量差别不太大，其中最重要的就是粮食，我们需要、也可以了解的是缺粮数（参见附录六）。笔者主要估算的是程家的现金收入。归结起来，程家的现金收入主要包括茶叶、山货（葛粉、黄精、茶厘）、家禽家畜（猪、鸡、鸭）、挑担和其他（食盐、魔芋、小麦、桃、柴）五个类别。笔者以排日账历年记录为基础，编制成表7.1。

表7.1　程家历年收入一览表　　　　　（单位：元）

年份	茶叶	山货	家禽家畜	挑担	其他	合计
道光十八年（1838）	19.60	8	3.48	0.87	7.37	39.32
道光十九年（1839）	17.65	8	—	—	9.63	35.28
道光二十五年（1845）	41.70	8	5.67	—	—	55.37
道光二十六年（1846）	23.69	8	2.09	—	—	33.78
咸丰三年（1853）	9.10	8	—	—	—	17.10
咸丰四年（1854）	18.85	8	—	—	—	26.85
咸丰五年（1855）	9.55	8	0.90	—	12.41	30.86
咸丰六年（1856）	10.38	8	3.82	—	5.0	27.2
咸丰七年（1857）	10.00	8	3.28	—	9.5	30.78
咸丰八年（1858）	41.80	8	—	—	4.44	54.24
同治十二年（1873）	48.00	2.8	—	—	0.28	51.08
光绪四年（1878）	24.50	18.96	—	—	—	43.46
光绪五年（1879）	49.00	18.40	—	2.33	0.27	70.00
光绪六年（1880）	51.00	2	—	5.93	—	58.93
光绪九年（1883）	22.10	18.96	—	3.33	3.19	47.58
光绪十年（1884）	30.20	8.31	2.00	0.60	—	41.11
光绪十一年（1885）	21.60	7.23	5.20	3.66	1.00	38.69
光绪十八年（1892）	15.40	4.00	8.80	1.16	2.00	31.36
光绪十九年（1893）	24.76	8.37	1.80	2.63	1.00	38.56
光绪二十年（1894）	9.55	—	4.40	5.39	0.79	20.13
光绪二十一年（1895）	42.69	13.20	11.55	4.47	—	71.91
光绪二十二年（1896）	26.13	11	7.50	1.18	0.36	46.17

续表

年份	茶叶	山货	家禽家畜	挑担	其他	合计
光绪二十六年（1900）	28.53	1.00	——	8.98	——	38.51
合计	595.78	194.23	60.49	40.53	57.24	948.27
占比（%）	62.83	20.48	6.38	4.27	6.04	100

注：（一）表中的"山货"包括葛粉、葛巾、黄精、茶厘的加工、贩卖的收入；"家禽家畜"包括来自鸡、鸭、猪的出售收入；"其他"包括来自魔芋、小麦、桃、柴等的出售收入，咸丰五年至八年食盐贩卖的收入也计入此项。

（二）银两与银元的兑换率为：1两＝1.39元（亦即银元1元兑换银两0.72两，此处参考的是婺源县志编纂委员会编《婺源县志》第360页提供的兑换率）。银元与铜钱的折算率根据历年变动数据进行折算（同治十一年至光绪十一年因无银钱兑换比率，参照光绪十八年的银钱比价，即1元＝1000文，请参考附录五）。

（三）程家历年有一定的贩卖收入，特别是截至太平天国前期，程家投入较多时间从事食盐等商品的贩卖活动，但因排日账没有记录贩卖收入，表中仅列入笔者估算的食盐贩卖收入。不过在推算收入时，笔者适当考虑了这一方面的收入（见注四）。

（四）截至太平天国运动前期的程家收入中，排日账仅记录了茶叶、家禽家畜等两三项收入。不过，从排日账记录可知，这一时期程家曾不时从事各种商品的贩卖活动，这些商品的贩卖所得，排日账没有留下记录。同时，道光二十五年之前，程家自己种茶不多，大半茶叶应来自收购，不过排日账也没有记录收购成本。姑且认为，道光二十五年前，茶叶收购成本与各种货物的贩卖所得相抵。

（五）程家贩卖食盐的时间，主要集中在咸丰五年至八年，这四年的贩卖所得，已计入"其他"栏，其估算方法详见第三章第二节。

（六）程家分家前几年，家庭劳力充足，葛粉、黄精两者收入较好的年份，每年可售得毛收入15元左右。截至太平天国前期的程家的劳力不如光绪九年分家前，笔者估计这一时期这项收入在8元上下。

（七）考虑到黄精的收购成本及加工过程中的劳动投入，太平天国结束后，历年黄精净收益以售价的60%进行折算。

（八）同治十一年、十二年，光绪五年至光绪九年、十一年、二十一年，排日账时有生产、出售葛巾的记录，目前仅有三个价格：同治十二年有一担的价格，共1400文（程氏排日账#5，同治12/1/26）；光绪二十一年有两次收账记录，共2元（#11，光绪21/12/5、12/14）。这几年葛巾收入以2元计算。

（九）历年茶叶的生产成本中，还应计入茶工工资。笔者参照表5.6《程家历年春季采茶劳力投入表》及茶工实际工资数据，凡雇工10人以下，计作1元；10人以上（不含10人）、20人以下，记作2元；20人以上（不含20人），计作3元。

应该说明的是，排日账记录本身存在不少漏洞。有的年份茶叶等商品的售价不甚完整，有时则完全没有记录。发开曾不时从事食盐、布匹等小商品贩卖活动，但他从这些贩卖活动中获得的净收益，排日账没有记录。道光二十五年前，程家每年都收购茶叶，但这些收购成本，排日账没有交代。程家出售的黄精，基本上来自收购，排日账中留下的黄精出售记录,没有扣除收购成本。在这种情况下,笔者估算的数据,疏漏在所难免。不过,笔者以历年记录是否完整为标准,排除了一些数据明显不完整的年份,并试图根据具体年份的实际行事记录,对各项收入数据做了调整和推算(详见表7.1注)。因此,表7.1的数据虽然不甚精确,但应该说离事实尚不甚远。如果要说有什么问题,笔者认为本表可能多少低估了程家的实际收入。

如表7.1所示,太平天国前,程家每年有三四十元的现金收入;太平军兴后,每年收入下降至二三十元;太平天国结束后,收入增加至四五十元;分家后,回落至三四十元。尽管同时代的数据,我们掌握的基本上是人均收入,但列举这些收入,还是可为评估程家的收入水平提供参考。根据张仲礼的估计,19世纪后期,一个知县各种收入每年约为3万两银子,一个学官约为1500两,经理一项公共工程的士绅一年可获120两,开馆授徒的士绅年收入为100两左右。[1]根据李伯重的估计,19世纪20年代江南华娄地区一个农夫的年收入为45两银子,长工为42两,店员为42两。[2]即使在收入最高的时期,程家一家的年收入,也不到一位开馆授徒的士绅的一半。在大多数年份里,程家的年收入也低于华娄地区一位农夫的年收入,较低的年份则不到后者的一半。不过需要记住的是,我们比较的仅仅是程家的现金收入,程家的非现金收入(特别是自产粮食)并未计入。如计入这一部分的收入,他们与华娄地区乡民之间的差距将有所缩小。

在程家历年的五大类收入中,最为重要的是茶叶收入,其比例接近各类收入总数的三分之二。其次为各种山货的收入,占历年总收入的五分之一左右。这两项收入就占了总收入的83%。其余三大类(家禽家畜、挑担和其他)仅占了不到17%。

其次,来估算程家的开支结构。跟收入记录相比,程家排日账开支记录的系统性更差一些。这有多方面的原因。除了跟记账人自身的勤惰有关外,记账人在记账时的家庭地位也影响到系统性。如果记账人当

---

[1] 张仲礼《中国绅士的收入:〈中国绅士〉续篇》,费成康、王寅通译,上海:上海社会科学院出版社,2001年,第196页。
[2] 李伯重《中国的早期近代经济:1820年华亭—娄县地区GDP研究》,北京:中华书局,2010年,第222页。

家,他对家庭开支的了解,肯定比不当家的时候更全面。由于这个原因,同仓所记排日账中,家庭收支的记录甚为罕见,同治至光绪初年允亨所记排日账也是如此。在这种情况下,要对程家历年的开支进行统计不太可能。不过在允亨所记排日账中,笔者发现光绪后期的开支记录相对完整,因此下面依据光绪十八年至二十一年(1892—1895)前后四年的记录,对程家的家庭开支结构稍作估算。

表7.2　程家历年开支结构表(光绪十八年—二十一年)　　(单位:元)

项目	光绪十八年		光绪十九年		光绪二十年		光绪二十一年	
食物	24.257	22.6%	36.873	59.33%	30.006	67.5%	36.98	62.29%
服饰	1.548	1.44%	1.858	2.99%	2.48	5.58%	5.237	8.82%
养猪投入	——	——	6.3	10.14%	5.5	12.37%	5.37	9.05%
用具	4.09	3.81%	0.915	1.47%	1.815	4.08%	1.28	2.16%
雇工	3.526	3.29%	5.776	9.29%	2.179	4.9%	5.14	8.66%
仪式与礼物	73.437	68.42%	9.401	15.13%	1.001	2.25%	3.45	5.81%
钱粮	0.33	0.31%	0.28	0.45%	——	——	——	——
其他	0.034	0.03%	0.422	0.68%	0.713	1.6%	——	——
不详	0.106	0.1%	0.32	0.51%	0.757	1.7%	1.906	3.21%
合计	107.328	100%	62.145	99.99%	44.451	99.98%	59.363	100%

注:(一)"食物"类包含了购买嗜好品(主要是酒类)的开支;"用具"类包括购买农具、家具、餐炊具、肥料、材料等的开支;"其他"类包括购买药物、纸张和剃头等的开支。
(二)牛租(支付给有耕牛农户的雇工工资)以粮食的方式支付,没有列入雇工开支。
(三)凡用于仪式和礼物的食物、服饰等,计入"仪式与礼物"类。
(四)光绪十八年养猪投入与光绪二十年、二十一年钱粮支出缺记,并不意味着当年没有相关开支。
(五)借贷利息不计入。

如表7.2所示,光绪十八年至二十一年,程家的开支在44元至107元之间波动。光绪十八年的开支高达107元,这是因为此年允亨的母亲过世、同仓娶亲,仅仅仪式和礼物开支就高达73元余,如扣除这项开支,则为34元。光绪十九年的开支稍高,也是因为包括了部分同仓娶亲的开销。此外,光绪二十一年食物费用畸高,可能是因为有重复记账问题,实际数据应该低一些。因此,这些消费数据的价值与其说能准确反映普通年份程家的消费状况,不如说更有助于我们理解程家的消费结构。如将光绪二十年开支视同普通年份的开支,并扣除养猪投入,那么这一时期的现金收入与消费可能基本持平。不过考虑到这一时期开始出现负债,每年需要支付不小的借贷利息,可以基本确定,程家应该开始面临收不抵支问题(参见第十七章)。

程家的开支主要分为食物、服饰、养猪投入、用具、雇工、仪式与礼物、钱粮等项,除了养猪投入属生产性投入外,其余项目均可归入消费性开支。在各项开支中,最为重要的是食物,在普通年份,食物可占程家全年总开支的一半至三分之二左右,这说明,程家消费的恩格尔系数较高,消费水平较低。[1]值得注意的是,程家除在籴米方面花销较大外,每年在非粮食类食物(猪肉、豆腐干、酒类等)方面也有较大的开支。结合表7.2和表7.3可知,光绪十八年籴米开支是15.80元,食物总开支是24.257元;光绪十九年籴米开支是26.03元,食物总开支为36.873元;光绪二十年籴米开支为19.28元,食物总开支为30.006元;光绪二十一年籴米开支为20.45元,食物总开支为36.98元。这四年非粮食类食物占比基本在30%以上,光绪二十一年更高达45%。换句话说,程家超出三分之一的食物开支用于购买猪肉、酒类及豆腐干等加工食物。允亨日常喜欢喝点酒,并不时买些豆腐干之类配酒。如将这些数据与表7.5所示糊口水平相比,可以看出程家在家庭危机爆发前几年,生活水平可能还远远没有探底。

非食物类开支在程家消费结构中所占比重较低。服饰所占比例在9%以下。另一项相对重要的支出是雇工,主要包括茶季的雇工和农忙季节的雇工,所占比例在10%以下。仪式与礼物是另一项支出,普通年份在6%以下,不过遇有娶亲、丧葬的年份,这项费用多达73元以上,比例高达68%。钱粮是每年必须支付的一笔开支,但所占比例很低(详见第十六章)。此外,在普通年份,养猪投入可达全年总开支的10%左右,不过这是一项生产性投入。

---

〔1〕恩格尔系数显示的是食物开支在家庭总开支中所占的比例。恩格尔定律认为,随着家庭收入的提高,食物花销的占比下降。在恩格尔(Ernst Engel, 1821-1896)所处的19世纪中叶,恩格尔系数在60%以上属于贫困水平,当时即使中等收入家庭,恩格尔系数也高达50%。参见Kaj Ilmonen, *A Social and Economic Theory of Consumption*, eds. Pekka Sulkunen, Jukka Gronow, and etc., trans. David Kivinen, Houndmills: Palgrave MacMillan, 2011, p. 75. 程家的消费水平接近19世纪中叶西欧贫民的水平。

为了解程家历年的生计状况，我们还可比较贩茶收入与籴米开支。笔者以表6.3估算的程家历年茶叶毛收入与附录三附表3.1、附表3.2估算的米价与籴米数为基础，编制了表7.3。表7.3的茶叶收入，直接从表6.3过录；籴米支出由附表3.1的1—2月米价乘以附表3.2的籴米数算出；表中贩茶与籴米收支差，是茶叶生产、贸易收入与籴米支出之差，正数是收超过支，负数是收不抵支。除了上述数据外，笔者还罗列了历年米价、茶价数据以资比较。

表7.3 程家历年收支比较表（仅限茶叶收入与大米支出）（单位：元）

年份	茶价（元/斤）	米价（元/石）	茶叶收入（元）	籴米支出（元）	茶叶与籴米收支差（元）
道光十八年（1838）	0.32	2.51	19.60	18.83	0.77
道光十九年（1839）	0.22	2.70	17.65	21.06	−3.41
道光二十年（1840）	——	2.87	——	——	——
道光二十四年（1844）	——	1.75	——	18.03	——
道光二十五年（1845）	——	2.05	41.70	30.75	10.95
道光二十六年（1846）	0.33	1.67	26.69	——	——
咸丰三年（1853）	0.14	1.82	11.10	——	——
咸丰四年（1854）	0.21	1.67	20.85	——	——
咸丰五年（1855）	0.13	2.38	11.55	——	——
咸丰六年（1856）	0.13	1.75	11.38	——	——
咸丰七年（1857）	0.13	2.41	11.00	——	——
咸丰八年（1858）	0.15	3.03	42.80	——	——
同治十一年（1872）	——	2.17	——	——	——
同治十二年（1873）	0.29	2.33	49.00	——	——
光绪四年（1878）	0.14	2.61	26.50	37.06	−10.56
光绪五年（1879）	0.20	2.50	52.00	35.25	16.75
光绪六年（1880）	0.21	2.44	53.00	——	——
光绪七年（1881）	——	2.33	——	40.54	——
光绪八年（1882）	——	1.86	——	14.88（？）	——
光绪九年（1883）	0.11	2.17	24.10	18.23	5.87
光绪十年（1884）	0.19	2.19	32.20	18.18	14.02
光绪十一年（1885）	0.17	1.89	28.60	20.79	7.81

续表

年份	茶价（元/斤）	米价（元/石）	茶叶收入（元）	籴米支出（元）	茶叶与籴米收支差（元）
光绪十八年（1892）	0.14	2.00	18.40	15.80	2.60
光绪十九年（1893）	0.20	2.74	26.87	26.03	0.84
光绪二十年（1894）	0.08	2.41	12.55	19.28	−6.73
光绪二十一年（1895）	0.23	1.92	45.69	20.45	25.24
光绪二十二年（1896）	0.16	2.5	28.13	20.69	7.44
光绪二十六年（1900）	0.16	3.06	29.53	18.79	10.74
光绪二十七年（1901）	——	3.03	——	——	——

注：（一）米价、籴米支出为1—2月数据。
（二）表中茶叶收入为毛收入（对比表7.1的数据，表7.1的数据扣除了茶工工资）。
（三）光绪二十二年茶叶收入数据仅为170斤茶叶的收入。

如表7.3所示，无论是鸦片战争前后，还是太平天国前后，都看不出长达数年的收支失衡的情况，也看不到线性的走向。从鸦片战争前至太平天国运动前期，我们只有3个数据，其中2个数据显示茶叶收入超出籴米开支，差额在0.77—10.95元之间，1个数据显示收不抵支，不过差额不大（3.41元）；太平天国结束后，至义和团运动结束，我们有11个数据，其中正数9个，负数2个，正数差额在0.84—25.24元之间波动。2个负数中，光绪四年收支差为−10.56元，这是因为该年籴米数量大、茶叶价格和产量偏低。籴米数量大，跟光绪四年、五年程家盖新房应有直接关系，由于雇请了不少工匠建造新房，米粮需求量大幅提高。光绪二十年收支差为−6.73元，这是由于该年茶价畸低：该年春茶产量为145.5斤，超出光绪十八年和十九年，但由于价格只有0.08元/斤（只为头一年价格的40%），影响到该年茶叶收入仅有12元余，仅为头一年的一半。总体而言，在太平天国结束后的大多数时间里，程家的收支状况没有明显恶化的迹象，多数年份看不到明显的收不抵支的问题。

最低消费篮子（minimum consumption basket）估算法，是考虑到不同文化消费习俗的差异，进行跨文化生活水平比较的一种方法。这种方法考虑到民众饮食、穿着等方面的基本需求及名义工资与实质工资的差别，因而颇能反映民众生活水平及其变动。[1]这种估算法需要两个系列的数据：其一是人均最低消费篮子数据，其二为工资变动系列数据。比较这两个系列的数据，可以估算出不同时段的福利比率（welfare ratios），也即工资与最低消费篮子之比。正如马德斌指出的，福利比率是一种实质工资指数，它"回答一个人全日制的工作能否支撑一个家庭'基本的'消费水平这样一个具体的问题"。福利比率显示生计状况的好坏，"当福利比率等于1，一个全日制工作的非熟练工人仅仅能够支撑他的家庭维持最低的生活水平。高一点的比值意味着有一些盈余，而低于1则意味着他们不得不减少家庭人数或者更加努力地工作，因为已经没有节省开支的余地了"[2]。

应该指出，最低消费篮子估算法，主要是针对城市工人设计的。作为一个农户，程家跟生活在城市中的工人不同，不存在全日制非熟练工作的问题。在这个家庭中，凡有一定劳动能力的成员，都可能会参与劳动。因此，难以估算出一个全日制非熟练工人的工资。为了让比较有意义，笔者认为应该进行全家最低消费篮子与家庭年收入之间的比较，在此基础上估算出福利比率。为此，必须了解每个不同时期相关农户的家庭人口，而这一点对于程家来说是不成问题的。

估算最低消费篮子的第一步，是估算历年的家庭收入，这一步已见上文（表7.1）。第二步是估算不同时期程家的最低消费篮子。首先，笔者以马德斌编制的最低消费篮子项目与数据为基础，将其项目简化为表7.4。根据马氏提供的估算方法，每人每年平均消耗大米171公斤，肉类3公斤，棉布3米，另有黄豆、食用油、肥皂、灯油、蜡烛、燃料等方面的消耗，因程家就地取材，无须购买，不列入计算。

---

[1] "最低消费篮子"与英国经济史学家罗伯特·艾伦（Robert C. Allen）的"维持生存所需的最低收入"（physiological minimum）有所不同，因为后者仅考虑食物的开销，而前者包括了穿着、燃料、照明等方面的开销。对"维持生存所需的最低收入"的定义，参见Robert C. Allen, *The British Industrial Revolution in Global Perspective*, Cambridge: Cambridge University Press, 2009, p. 28.

[2] 马德斌《中国经济史的大分流与现代化：一种跨国比较视野》，第136—137页。

表7.4 维持生计的消费篮子

项目	每人每年平均	每日卡路里	每日蛋白质
大米	171kg	1677	47
黄豆	20kg	187	14
肉类	3kg	8	2
油	3kg	67	0
肥皂	1.3kg		
棉布	3m		
蜡烛	1.3kg		
灯油	1.3kg		
燃料	3 M BTU		
合计		1939	63

注：（一）上表参考了马德斌《中国经济史的大分流与现代化：一种跨国比较视野》，杭州：浙江大学出版社，2020年，第129页，表5-3。

（二）单位：kg＝公斤；m＝米；M BTU＝百万BTU（英国热量单位）。

第三步，估算不同时期程家维持温饱所需的最低消费篮子。这一步的重点是两个：其一，各时期程家家庭的规模，也即家庭人口数；其二，最低消费篮子中不同物品的价格。

先看几个时期的家庭人口。道光十八年，程家有5人（汪氏、发开夫妇、再顺、爱女）；咸丰四年，有6人（汪氏、发开夫妇、允兴、引娣、允亨）；光绪四年，有7人（汪氏、发开夫妇、允兴、允亨夫妇、同仓）；光绪十年，有6人（发开夫妇、允亨夫妇、同仓、允亨长女）；光绪二十六年，有7人（允亨夫妇、同仓夫妇、允亨次女、同仓子、允树）。将这些人口代入表7.4，可制成表7.5。

再来看看不同物品的价格情况。表7.4的黄豆、肥皂、蜡烛、灯油、燃料由程家自备，无须购买。需要购买的有大米、肉类（包含猪油）、棉布三项：

（一）大米。道光十八年：1—2月份单价为2.51元/石，如以1石＝75公斤计，则每公斤价格为0.0335元；咸丰四年：1—2月份单价为1.67元/石，每公斤价格为0.0223元；光绪四年：1—2月份单价为2.61元/石，每公斤价格为0.0348元；光绪十年：1—2月份单价为2.19元/石，

第七章　生活水平、商业化与交易形态

每公斤价格为0.0292元；光绪二十六年：1—2月份单价为3.06元/石，每公斤价格为0.0408元。

（二）肉类。排日账仅有光绪十八年前后的肉价，光绪二十六年参照此年肉价，价格为1斤136文，1旧制斤＝596.82克，即每公斤价格为228文，折成银元为0.228元/公斤（参照光绪十八年兑换率，1元＝1000文）。其他年份依据婺源江湾《金龙公清明会账簿》记录的猪肉价：道光十八年参照道光十九年数据，价格为90文/斤，折银元价0.0755元/公斤（道光十九年银元1元＝1037文）；咸丰四年价格为96文/斤，折银元价0.0925元/公斤（参照咸丰五年兑换率，1元＝1740文）；光绪四年价格为192文/斤，折银元价0.321元/公斤（参照光绪十八年兑换率，1元＝1000文）；光绪十年价格为97文/斤，折银元价0.163元/公斤（参照光绪十八年兑换率，1元＝1000文）。[1]

（三）棉布。我们仅有光绪十八年的数据，1元＝建德布4.2丈，折1丈＝0.238元，每丈以10尺、每尺以0.96市尺计，每丈折2.91米，则1米＝0.0818元。建德布应属粗布，程家较常购买的就是这种价位的布料（参见第八章）。

以上三项乘以每个时期人均消费数、人口数，可得出程家在五个不同时期的最低消费篮子数。

表7.5 五个不同时期程家的最低消费篮子

项目	每人平均	道光十八年（5人）	咸丰四年（6人）	光绪四年（7人）	光绪十年（6人）	光绪二十六年（7人）
大米	171kg	855kg	1026kg	1197kg	1026kg	1197kg
自产数	—	453.5kg	453.5kg	587.5kg	583kg	482.5kg
实需数	—	401.5kg	572.5kg	609.5kg	443kg	714.5kg
单价	—	0.0335元/kg	0.0223元/kg	0.0348元/kg	0.0292元/kg	0.0408元/kg
总价	—	13.45	12.77	21.21	12.94	29.15

---

[1] 黄志繁、邵鸿、彭志军编《清至民国婺源县村落契约文书辑录》第七册，第3024、3040、3072、3082页。光绪四年肉价畸高（192文/斤），光绪元年为136文/斤，光绪二年为160文/斤，光绪三年为176文/斤，光绪五年跌落为112文/斤（参见黄志繁、邵鸿、彭志军编《清至民国婺源县村落契约文书辑录》第七册，第3067—3073页）。有关19世纪徽州的肉价，还可参考许村志编纂委员会编《许村志》，合肥：黄山书社，2015年，第391页，表7-2-17。

续表

项目	每人平均	道光十八年（5人）	咸丰四年（6人）	光绪四年（7人）	光绪十年（6人）	光绪二十六年（7人）
肉类	3kg	15kg	18kg	21kg	18kg	18kg
单价	——	0.146元/kg	0.0925元/kg	0.321元/kg	0.163元/kg	0.228元/kg
总价	——	2.19	1.67	6.74	2.93	4.10
棉布	3m	15m	18m	21m	18m	18m
单价	——	0.0818元/m	0.0818元/m	0.0818元/m	0.0818元/m	0.0818元/m
总价	——	1.23	1.47	1.72	1.47	1.47
合计	——	16.87	15.91	29.67	17.34	34.72
年收入	——	39.32	26.85	43.46	41.71	38.51

注：程家粮食自产数参照附录六。

最后，将这几个年份程家的总收入与最低消费篮子进行对比，可了解程家生活水平的变动。收入与最低消费篮子的比值越高，生活水平越高，反之越低。根据表7.5所示程家生活水平的变动，可以将道光十八年至光绪二十七年60余年时间分为以下几个阶段：

（一）太平天国前：程家的年收入在33—40元之间，最低消费篮子是17元左右，福利比率在2上下，这意味着这一阶段程家的收入，除满足基本生活需求外，还有相当数量的盈余。

（二）太平天国期间：我们只有太平天国前期的估计，这一时期程家年收入减少至26—31元之间（咸丰八年为54.24元，数据畸高），最低消费篮子是16元左右。这一时期，多数年份收入高于最低消费篮子，少数年份的收入与最低消费篮子比值接近1（如咸丰三年），这意味着程家的生计有所恶化，有时收入仅足以糊口。我们没有太平天国后期的程家收入，不过可以想见，随着米价飙升，程家的生计状况很可能急转直下。

（三）同治十一年至光绪九年分家前：程家年收入在43—59元之间（光绪五年畸高，为70元，可忽略），光绪四年最低消费篮子为30元左右，少数年份福利比例接近或超出2（光绪四年、五年），可见这一时期生计状况有所好转，基本恢复全太平天国前（鸦片战争前）的水平。

（四）光绪九年分家后至光绪二十年：这一时期程家年收入回落至31—42元之间（光绪二十年畸低，仅20.13元，可忽略），光绪十年最低消费篮子为17元上下，有的年份福利比率高于2（光绪十年、十一年、十九年），可见这一时期支付最低消费篮子后，家庭收入仍可能有相当部分的盈余。不过光绪十八年、十九年，由于需要支付结婚的高额费用，家庭开支骤增，家庭生计状况开始恶化。

（五）光绪二十一年至光绪二十七年：这一时期程家年收入较前一阶段有小幅提升（38—47元，光绪二十一年畸高），不过光绪二十六年最低消费篮子大幅上升至近35元。这一时期的头几年，生计状况没有明显波动，但光绪二十六年前后，随着大米价格迅速上涨，程家的生计状况逐渐恶化，该年收入（38.51元）基本上只能满足最低生活开支了。

对比表7.5和表7.2，程家实际开支与最低消费篮子之间的主要差别有两点。其一，程家在食物上的实际开支高出最低消费篮子不少。光绪十九年和光绪二十一年，每年用于食物的开支高达37元（笔者认为，这可能是因重复记账引起的），而就算是米价飙升的光绪二十六年，大米和猪肉两项食物累计也只有33元左右，光绪十年则仅有16元。此外，雇工也是一笔不小的开销。尤其值得注意的是，程家时常雇请族人、邻里干农活。这固然意味着程家的生活水平超出了温饱，但高额的粮食开支和雇工支出无疑侵蚀了积蓄的空间。其二，最低消费篮子只是维持温饱的开支，没有考虑社会再生产的问题，而在现实社会中，每个家庭无法自外于社会关系，仪式与礼物的开支，就是维持、再生产社会关系的必要支出。在允亨生活的世界中，这笔支出数量可观，可能用尽家中多年的积累，并导致债台高筑。实际上，允亨后来的生计危机，很大程度上跟同仓娶亲有关。由于举债的影响，程家的生活实际上在光绪十八、十九年开始就逐渐恶化了，这一点是从最低消费篮子分析中无法了解到的。

不妨将程家不同时期的福利状况，与马德斌及其合作者得出的中国城市的福利比率作一比较。有关19世纪中国民众的生活水平，马德斌基于实际工资变动和身高测量数据进行了分析。他对实际工资的分析显示，19世纪中国实际工资持续下降，19世纪中叶太平天国运动期间已处于危及生存的水平，战乱平息后，生活水平才得到缓慢的改善并持续至20世纪初；他对身高样本的分析显示，19世纪三四十年代，中国人的身高维持稳定，但在19世纪中叶太平天国运动的影响下，身高开始下降。六七十年代，身高似乎出现了停滞，至多是温和复苏。其后至19世纪80年代甚至到90年代，两次出现实质性的持续下降。这一趋势似乎至世纪之交到达谷底，到了20世纪后的20年里，才开始反弹回升。[1] 以上两个不同性质的分析，所得结果不尽相同（身高体现的是至少一二十年前的生计状况），最重要的差别出现于太平天国运动之后：实际工资的总体趋势是持续改善，而身高的趋势是在停滞之后继续下降。

笔者重构的程家福利比率，与马德斌等得出的北京等城市的福利比率，在基本区间上没有明显的差别，笔者重构的程家福利比率走向，也与马氏重构的走向基本相同。不过笔者重构的福利比率，也与马氏的数据存在一些值得注意的差别。

其一，马氏的中国城市福利比率，在18世纪初情况尚好，1760年前后开始逐渐恶化，进入19世纪后进一步恶化，开始是在糊口水平徘徊，19世纪20年代后越过关键的1比值后，逐渐走低，1857年前后进入低谷。而根据笔者的分析，从1838年至1901年，程家只有少数年份福利比率低于1。从鸦片战争前夕至太平天国爆发的十余年里，福利状况尚称良好。只是等到太平军兴后，程家的福利状况才出现了一定危机。

其二，太平天国结束后，马氏讨论的城市非技术工人的生活得到缓慢改善，并持续至20世纪初。与此不同，太平天国结束后，程家福利状况恢复较快。但至19世纪末，程家福利状况再次恶化，而马氏中国城市福利状况的恶化，要晚十余年时间。

其三，马氏提供的数据显示，从1738年至1913年，中国城市非熟练工人的福利比率在0与2之间波动，没有超出比值2的年份，而程家的福利比率，有些年份超出2，其中比较重要的时段有太平天国前、太平天国结束后至19世纪90年代，这意味着程家在这些时段不仅解决了温饱，还有相当部分的盈余，这些盈余为社会再生产（娶亲、建房）提供了可能（参见第十、十二章）。

如何解释两者的差异？笔者认为，就19世纪大多数时间而言，两者

---

[1] 马氏对中国城市福利比率的讨论，参见马德斌《中国经济史的大分流与现代化》，第137—140、168页。

之间的差异很可能是由于，跟城市非熟练工人相比，山区乡民收入来源更为多元，拥有较强的应对市场波动与极端经济局势的缓冲能力；而19世纪末程家的生计危机，则牵涉一系列复杂因素，应与城乡差别的关系不大，笔者将在第十七章对此进行讨论。

  对程家不同时期生计状况的分析，还为讨论市场与乡民生计之间的关系提供了一个个案。我们看到，市场变动与乡民生计之间的关系，并非一种单向度的因果关系。没错，发开对价格颇为敏感，能够迅速对市场变动做出反应。但同时也应注意到，市场变动，比如太平天国前后国际茶市的扩张，并未引起乡民对茶市高度依赖，以致乡民生计状况随着市场行情的涨落而改善、恶化的问题。市场参与——对茶市的介入，无疑给程家带来了好处：茶叶成为程家最重要的一项现金收入，在解决程家的生计问题中扮演了至关重要的角色。但这里涉及的并非某一商品的生产和市场如何决定乡民生计状况的问题，因为乡民控制的土地资源有限，他们对市场的反应，必然受到土地数量的限制，而租种更多土地以便从市场获取更多的收入，又面临着支付地租、家庭劳力不足、雇佣费用大幅增长等方面的压力及农产品价格波动带来的风险；更重要的是，乡民不同于种植园主，收入仅仅依靠某种商品，从单一商品的价格是难以了解其收入的全貌的。因此，也只有在乡民家庭的层面，而非从单一商品与市场的关系方面，才能更好地理解市场变动与乡民生计之间的关系及乡民生计安排背后的逻辑。

  尽管程家对茶市变动所持态度相对审慎，但鸦片战争后，茶叶贩卖、生产的参与和扩大，还是为程家提供了一项重要的收入来源，特别是太平天国运动结束后，程家之所以能够解决温饱问题，很大程度上依靠茶叶收入。主要依靠来自茶叶的现金收入，程家还积攒了一定数量的资金。正是依靠这些资金，程家才有余力修建新房——程家的新房正是在运动结束后，程家生计状况较好的那几年盖起来的，后来同仓娶亲，也在一定程度上依靠主要来自茶叶的收入。[1] 这一认识与罗伯特·加德拉（Robert Gardella）对19世纪后期闽北茶区得出的看法基本相似。加

---

〔1〕 必须指出的是，本书对程家生计状况的讨论，只是就19世纪几个不同时期的相对变动而言。从现代人的角度看，即便在生计状况最佳的时期，程家的生活也远远谈不上优裕。

德拉引证的史料显示,来自茶叶销售的"横财"在一定程度改善了闽北茶区的生活水平。茶市扩张前,当地的主食是甘薯,但至19世纪70年代,由于来自茶叶的收入,当地农户可以买得起大米和鱼。同时他们的居住条件也有较大改善。[1]总体而言,涉足茶叶生产对程家生计的影响主要是正面的。在排日账记录跨越的六十多年时间里,程家基本上没有真正受到茶市波动的伤害,因为茶园是自家的,茶季雇佣工人的支出不多,肥料、工具等其他方面的投入也很有限,一季茶叶收入的锐减,还不足以给程家带来灭顶之灾。

总之,对鸦片战争前至义和团运动后程家生活水平的分析表明,19世纪农家经济的发展走向,可能不是一个单向的过程。鸦片战争前后,程家的生计看不到明显的恶化动向。不过太平天国运动期间的战乱,的确给程家生计带来直接的冲击,家庭收支失衡,生活水平下降。太平天国结束后,乡村经济复苏,程家生活水平基本恢复至运动前的水平。[2]只有到19世纪末20世纪初,在各种因素的交相作用下,程家生计才出现较为明显的恶化迹象。

农家经济的商业化

我们已经看到,对程家或其他生活在19世纪乡村的农户而言,市场在社会经济生活中扮演着重要的角色。但这个市场如何运作?它们在多大程度上影响乡民生活,又是如何影响乡民生活?

在不少读者的认识中,山区是一个较为封闭的地区,位置偏僻,交通不便,阻碍着山区与其他地区的联系。事实上,山区与外界的联系必不可少,山区与市场打交道的需求,甚至超出了平原地带。这是因为山区多属缺粮区,必须依靠市场解决缺粮问题;而为了购买粮食,又必须生产能在市场出售的商品。因此,如果说哪种生态环境更加难以做到自给自足,那一定不是平原,而是山区。

程家的生活必需品,一部分是自己生产的。程家种植水稻、玉米、

---

[1] Gardella, *Harvesting Mountains: Fujian and the China Tea Trade, 1757-1937*, pp. 81-82.
[2] 不过也应看到,这一时期玉米在程家主食结构中的地位逐渐上升,这意味着程家生活水平的恢复是有限度的。

第七章 生活水平、商业化与交易形态

番薯等粮食作物，能够维持一家半年左右的消费。程家一日三餐的蔬菜，基本上是自家种植的。他们餐桌上的肉食，包括猪肉、鸡鸭、鱼，部分来自自家饲养。在经济条件许可的情况下，程家每年要杀两头猪，一是茶季杀的茶猪，一是春节前杀的年猪。程家可能生产部分布料，19世纪90年代之前，他们一直生产葛布。

不过程家对市场的依赖程度很高。程家自己种植的粮食，只够维持一家不到半年的口粮。笔者曾估算过程家几个时期的粮食需求与籴米数量（见附录六），道光十八年，程家全年口粮需求为1932市斤，籴米1125市斤，为总口粮数的58%；同治十一年，口粮需求为2100市斤，籴米1350市斤，为总口粮数的64%；光绪十年，口粮需求为2184市斤，籴米1245市斤，为总口粮数的57%；光绪十九年，口粮需求为2604市斤，籴米1425市斤，为总口粮数的55%。可见程家粮食的商业化程度较高，购入粮食所占口粮比重，基本维持在55%以上，这个数据略高于抗战时期苏南蚕区（无锡）乡村的粮食购入比重。[1]

程家日常餐桌上的食物，除猪肉部分来自自家生产外，鱼干、豆腐干、花生、酒等，基本上来自市场。有关猪肉，我们只有光绪十八年至二十二年、光绪二十六年的数据，而且不甚完整，不过仍可大致了解猪肉商业化程度之一斑（参见附录四）。光绪十八年，购买近27斤；光绪十九年，购买近21斤；光绪二十年，购买22.5斤；光绪二十一年，购买近11.5斤；光绪二十二年，前十个月，购买27斤；光绪二十六年，购买12斤。我们有光绪十九年底、光绪二十一年底、光绪二十六年杀猪的记录。光绪十九年十二月初一日，杀年猪一头，重50余斤，没有出售猪肉记录，应该主要用于制作腊肉，供来年食用，以50斤计，则光绪二十年购入猪肉，为猪肉食用量的31%。光绪二十一年十二月初四日杀年猪一头，重100余斤，又小猪3头，重量不详，仅以100斤计，光绪二十二年购入猪肉，为猪肉总食用量的21%。光绪二十六年四月初四日杀猪一头，去猪肉一边，重23斤，可知另半边应该也是23斤，购入猪肉数为总食用数的34%。综合历年情况，猪肉的市场购入量为程家全年食用量的五

---

[1] 根据1939年"满铁"调查，无锡县荣巷镇附近3村共自产粮食229.3石，购入粮食235.1石，购入粮食占粮食消费量的50.7%。参见曹幸穗《旧中国苏南农家经济研究》，北京：中央编译出版社，1996年，第212—213页。

分之一至三分之一。

程家的另一种生活必需品——食盐，全部来自市场。排日账不时出现购买布料的记录，这表明程家衣裳的材料也基本来自市场。每年茶季，程家雇佣不少人手来帮忙采茶。当地甚至形成了一个短期劳动力市场，每逢茶季，不少来自江西饶州府的民众前来出售劳力。因此，短工的雇佣也来自市场。

程家的现金收入，基本上是透过市场交换获得的。茶叶是程家最重要的现金来源，程家生产的茶叶基本上是出售给茶商的。葛粉和黄精是程家另外两项重要的现金来源，也主要是为市场生产的。太平天国结束前，魔芋在程家的收入中曾占据过一席之地，这种作物也主要是为市场生产的。挑担，包括排日账提到的挑茶箱，是程家贴补家用的一项收入来源，主要涉及的是劳力市场，也是程家与市场互动的一种方式。太平天国结束前，发开频繁介入贩卖活动，贩卖的商品包括茶叶、食盐、布料、麻布、鱼干、豆豉等。这项收入完全是透过市场交换获取的。

除物品、劳力外，土地也在市场流通。程家曾多次购入茶坦，也曾多次将自家田地典出。借贷，包括合会和抵押借贷，在沱川民众之间频繁进行（参见第十七章），这些活动显示了程家与地方金融市场的关系。

商业化不仅表现在程家对市场的严重依赖上，也不仅体现于不同物品市场的广泛性，还体现为商品和金钱对社会关系的深入渗透。市场关系对社会关系的介入，深入到这些关系中最核心的部分。我们提到，道光二十年，发开曾两次向母亲借钱，二月借入1两余，八月借到8两余[1]，这是发生于母子之间的借贷。前者似乎支付了0.02两的利息，后者则没有提及利息。同时，同年八月二十日，发开还向母亲出售麻袋一只。[2]这是发生于母子之间的买卖关系。家庭本是同居共财的单位，这里涉及的或是程母的私房钱，因而发生了现金借贷而不是赠予的关系。只是这两次发生于母子之间的借贷，基本上属于无息借贷，这在19世纪沱川应该是人情的一种体现。

---

[1]　程氏排日账#1, 光绪20/2/19, 8/10。
[2]　程氏排日账#1, 道光20/8/20。

交易形态

需要指出的是,程家参与的交换,并不限于市场交换,还包括形形色色的其他交易形态。当然,现金交易(包括即时现金支付和延迟支付即赊账)无疑是最为普通的一种形态,但以物易物也比较常见。此外,礼物交换时有所见,不过本章暂不考虑。交易地点,包括城、市镇、乡村等不同层级。交易方式,包括店铺购买、在地收购、货郎零售等。

在程允亨生活的19世纪中后期,现金交易已是徽州乡村社会最为普遍的交换形态。春节尚未结束,程家就需要外出到米行籴米,这是以现金支付的方式进行的,分即时支付和赊账两种。清明前后,进入茶季,雇茶工采茶,收园后直接支付工钱,而茶叶通常就地出售给茶行,短期内就可以收到茶钱。此后帮茶行挑茶箱,基本上是在挑担完成的当日收取工钱。夏天农忙结束后,程氏兄弟前往各处收购黄精,挖葛根,制葛粉、葛巾。入秋以后或来年春季,他们将葛粉、黄精挑到休宁城、屯溪或溪口的商铺出售,而葛巾多用船运至婺源城或沽坊出售。大米、食盐是程家常年涉及的交易,通常在清华、溪口等市镇的米行、盐栈购买,这些基本是现金交易。同时,程家还常年在本地的商铺购买豆腐干、猪肉、花生、米酒等食物,这些常以赊账的形式购买,年底结账。

尽管19世纪中后期乡村商业化程度已经很高,市场交易已牵涉许多商品,但物物交换还是颇为常见。发开介入茶叶贸易之初,就曾与茶农进行物物交换。道光十九年五月二十六日排日账记,"己担猪肉五十二斤进左源换子茶"。二十七日,仍"在左源换子茶"。二十八日,担茶回家。[1]道光二十四年二月十五日,"己托堂兄杀猪,担猪进左源(放)〔换〕茶"。次日担茶回家。三月二十二日,"己担米进左源换茶"。这次用于换茶的是米。二十三日至二十六日,一直在左源收茶。二十七日,担茶至大连歇息。二十八日,回到上湾。[2]道光二十五年正月十三日,发开再次"担猪肉进左源换茶"。十六日返回上湾。此时离茶季尚早,发开应是先将猪肉作为预付款付给左源的茶农,待茶季时再到茶农家收取茶

---

[1] 程氏排日账#1,道光19/5/26-28。
[2] 程氏排日账#2,道光24/2/26,3/22-28。

叶。四月初九日至十一日，排日账有发开前往左源收茶的记录。[1]

道光二十五年后，由于茶叶经营方式的变动，发开不再挑猪肉进左源换茶，不过物物交换的方式，在其他交易中继续存在，比较常见的是程家与油行之间的交易。程家的油茶籽是交给油行处理的，程家提供茶籽，而油行直接提供茶油，中间的差额就是油行榨油的酬劳。光绪六年十月二十六日记，"父亲同本身过察关换柽子油，每斤四斤乙两，计本秤油二十乙斤"。柽子就是茶籽，所谓每斤四斤乙两，是指四斤乙两茶籽换茶油一斤。次年十月十二日记，"父亲过虹关换柽子油，每油四斤半"。这次是四斤半茶籽换茶油一斤。光绪二十年十一月二十三日记，"柽子五斤换（圣）〔柽〕油十四两"。这是五斤茶籽换茶油十四两。光绪二十一年十月十二日，"己担柽子燕山同泰号油坊廿九斤，计油五斤十二两，存店内净油乙斤"。[2] 这次也是茶籽五斤多换茶油一斤。这些都是没有发生现金交易的例子。可以看到，在19世纪最后二十年里，相同重量的茶籽换取的茶油减少了，油坊可能收取了更高的加工费。

另一种交换发生于棋子与油、蜡烛之间。光绪九年十一月二十九日，允亨"帮东裕（旧）〔舅〕家担棋子过察关，回转担油乙担，元红烛乙斤"。允亨将棋子挑到油行，换回的是油和蜡烛。光绪十八年十月二十八日，允亨"出燕山，棋子换烛四斤"。棋子换回的是蜡烛。光绪二十年十一月十七日，允亨"帮正常弟担棋子过双路口，计力脚二百文，棋子二斤二两，计红烛十三枝"，也是棋子与蜡烛之间的交换。[3]

棋子还与食盐等物进行交换。棋子与食盐的交换时有所见。光绪十九年十月二十七日，允亨来到本地的江隆号，"去棋子十八斤，来盐乙斤"。光绪二十一年十一月十六日，他"出燕山，棋子换盐十两净"。光绪二十六年十月初四日，"去棋子十斤，对内月弟家早收盐三斤"。这三次都是棋子换盐的事例。光绪二十七年十一月初三日，允亨"去棋子十乙斤还正恒盐"。这次是以棋子偿还赊欠的盐。光绪二十七年十一月初八日，允亨"帮万昌号担棋子过虹关裕隆号交卸，

---

[1] 程氏排日账#2，道光25/1/13-16，4/9-11。
[2] 程氏排日账#6，光绪6/10/26，光绪7/10/12；#11，光绪20/11/23，光绪21/10/12。
[3] 程氏排日账#7，光绪9/11/29；#10，光绪18/10/28；#11，光绪20/11/17。

第七章　生活水平、商业化与交易形态

己换桁油七两"，这次发生的似乎也是棋子与茶油之间的交换。[1]

这种物物交易的方式，一直到1949年前后还较为常见。生活在离沱川不远的古坦（在今婺源县大鄣山乡）水岚村的少年詹庆良，[2]在日记中就时常提及这类交易。1949年农历二月二十三日，他在日记中写道："先生有一位本家人，肩挑食盐来，问人对换小猪。"六月十七日记，"有两位右龙人，肩挑布来换茶。有人问起换价，他说布一尺，易换茶叶三斤。一闻出价太高，无人将茶换布"。六月二十九日又记，"听到一位学友，在家合母亲相谈，有卖洋货客民，把洋袜、手巾用品，肩来对换茶叶"。此外，日记中还提到米筛换大米（二月初六日）、瓷器换茶叶（六月二十七日）、纸张换大米（七月十一日）、黄烟换大米（闰七月初九日）等，说明物物交易是常见的事。[3]

在各种交易形态中，市场交易是最为常见的，不过需要指出的是，这种我们称为市场交易的形态，其实本身也有比较复杂的类型，交易地点就颇有不同。由于商业化程度很高，程家自身生产的农产品和山货，大都透过市场出售；生活中需要的几种必需品，也大都是透过市场获取。综合历年排日账的记载，程家生产的产品中，茶叶、鸡鸭通常在沱川本地销售；葛粉、黄精的市场在东路，一般是挑到休宁城、屯溪出售；葛布的市场则在西路，几乎都是挑到沽坊和婺源城出售。

在程家出售的商品当中，最为重要的当然是茶叶。程家生产的茶叶，与遥远的市场有关。我们说过，徽州茶与国际市场的关系，早在鸦片战争之前就已开始，不过五口通商后，茶叶需求大幅增长。在商品套利的推动下，徽州茶市与国际茶市之间的整合度应该得到大幅提高[4]，徽州茶农与国际茶市之间的关系也变得更为密切。

茶叶从茶农手上，经过了各个环节，才远销上海，再从上海出口，销往外洋。在中间起核心角色的是茶号。徽州茶商收购毛茶，一般在茶

---

[1] 程氏排日账#11，光绪19/10/27；光绪21/11/16；#12，光绪26/10/4；#13，光绪27/11/3，11/8。
[2] 古坦位于沱川前往浮梁的交通线上，发开和允兴都曾路过古坦（排日账写作"苦坦""苦但"），参见程氏排日账#3，咸丰3/11/5-11/6；#5，同治12/11/19。
[3] 《詹庆良本日记》，王振忠《水岚村纪事：1949年》，北京：生活·读书·新知三联书店，2005年，第232—238页。
[4] 有关商品套利问题，请参见Brandt, *Commercialization and Agricultural Development*, pp. 40-44。

区水路交通便捷之地开设茶号。自明清以来，屯溪就是徽州茶商开设茶号最集中的城市。规模较大的茶号，通常在各地设有数目不等的小茶庄，具体从事收购毛茶的业务。在小茶庄与茶农之间，还有众多的茶叶小贩，当地人俗称为"螺司"。茶农的毛茶经过走街串巷的"螺司"，转卖给小茶庄，再由小茶庄送至茶号。[1]茶号不仅派员收购毛茶，而且负责茶叶的加工与包装。茶号根据消费群体的不同要求，对茶叶进行加工。国内销售的茶叶，称作"本庄茶"，其加工工艺较为简单。销往国外的茶叶，叫作"洋装茶"，加工工艺较为繁复，大体分为焙、筛、撼、扇、补火、匀堆、补老火和装箱等基本工序。[2]

程家参与的交易环节，主要是毛茶买卖，也即茶叶贸易链条中最靠近生产端的一个环节。道光十八年至道光二十五年前后，发开多次前往祁门月山下、休宁左源、大连等地收购毛茶，或以猪肉换茶，收购的茶叶在本沱川出售。道光二十六年后，放弃了收购毛茶的生意，专注毛茶生产。此后主要是在出售毛茶时与茶号打交道。程家通常是在毛茶加工完成后不久，在沱川本地出售毛茶。道光二十五年五月二十八日记，"己在家（买）卖茶乙担，计银十九两实"。这里明确说明是在家中卖茶，估计是茶贩子前来收购。咸丰三年五月二十三日记，"己在家嬉，卖茶。去干茶八十斤，计洋十乙元一角"。咸丰五年五月二十二日记，"己在家卖茶。去干茶八十六斤，计洋十乙元五角五分"。[3]也都是在家中卖茶。

有时，排日账还记录了收购毛茶的茶庄的字号。道光十九年五月十一日，程家出售干茶57斤给芝兰号。[4]当天程发开自己在两处稻田耘田，因此应该是在本地出售茶叶的，这里提到的芝兰号就是一个茶庄字号。又同治十二年五月十四日记，"父亲全允兴兄、本身在家，卖茶云珍号二担，计洋四〔十〕九元实"。光绪四年五月十五日记，"本身庄下、顿底二处踏草，又卖茶贰担零十九斤，计洋贰〔十〕陆元五角，香号"。这两条记录中提到的云珍号、香号（即自香号），也都是茶庄的字

---

〔1〕张海鹏、王廷元主编《徽商研究》，第233页。
〔2〕邹怡《明清以来的徽州茶业与地方社会（1368—1949）》，第141—156页。
〔3〕程氏排日账#2，道光25/5/28；#3，咸丰3/5/23，咸丰5/5/22。
〔4〕程氏排日账#1，道光19/5/11。

号。[1]光绪十年闰五月初十日记,"父亲同本身卖茶贰担,卖永升号,计洋叁拾贰元贰角"[2]。永升号也是茶庄字号。

有时排日账记录的是毛茶收购者的姓名。光绪五年四月初三日记,"父亲在家,去茶三担卖敬兄,计洋五拾贰员五角"。光绪十八年五月十二日记,"己早晨卖三头茶,盛兴兄去,计英洋拾捌员四角"。光绪十九年四月十三日记,"己在家。茶三头卖吉佳先生手,计英洋廿四元三角,现收四员三角。去茶一斤,卖冬成兄,计钱二百卅文"[3]。敬兄、盛兴兄、吉佳先生未必是茶庄的人,但也收购毛茶,如同发开早年收购茶叶一样。不管记录的是茶号还是收购者姓名,排日账的这些记录都不能说是随意的或无关紧要的,跟通常匿名的普通交易不同,这些交易对于程家的身家颇为重要,因而记录下收购者的字号或姓名有一定意义。

有的年份可能因本地茶叶行情不好,或销路不畅,也有外出售茶的情形。如光绪十一年四月十七日,"本身上小沱,到年意兄卖茶,未卖"。次日记,"父亲在家,同本身卖茶贰担零三斤,计洋贰拾捌员零六角,冬成去卖"[4]。第一日卖茶,可能因价格不合适未卖,第二日才卖出。光绪二十六年,程家生产毛茶两担零十六斤。五月初二日,毛茶已准备就绪,待售。初四日早晨,允亨"挑茶乙头上小沱,遇汪顺意兄家卖,未卖,转回家"。初十日,"己进濂溪亲翁家问客事。又回家挑茶进查坑"。十一日,"己同弟挑茶进查坑,又余松林弟挑茶乙担进濂溪郁开亲翁家,贰担零七斤,出卖净茶一百七十七斤十七两,计价英洋廿九员三钱八分"[5]。此年应该是销路不畅,允亨不得不外出卖茶,最后出售给休宁大连的一位熟人,结果出了问题,此事后面再谈。

程家参与的另一个环节,是茶叶的运输,即将茶叶挑至指定地点,程家最频繁前往的目的地是溪口。如光绪十一年二月初一日,允亨"担茶末上溪口,至花桥歇"。初二日,从"花桥担茶末至溪口大顺行交卸,

---

[1] 程氏排日账#5,同治12/5/14;#6,光绪4/5/15。此处的"香号"应即自香号。光绪六年四月二十八日记:"允兴兄同本身田里挑茶回家,自香号交卸,力钱贰元正,茶二担。"(程氏排日账#6,光绪6/4/28)
[2] 程氏排日账#8,光绪10/闰5/10。
[3] 程氏排日账#6,光绪5/4/3;#11,光绪18/5/12,光绪19/4/13。
[4] 程氏排日账#8,光绪11/4/17。
[5] 程氏排日账#12,光绪26/5/2,5/4,5/10-11。

计力脚五百文"。力脚，又称力钱，就是挑担的脚钱。光绪十九年五月至七月间，允亨连续三次挑茶箱上溪口。第一次是五月十九日，允亨挑茶箱上溪口，至花桥歇。次日，从花桥出溪口，至大顺行交卸，获得力脚五百零十文。六月十九日，再次担茶箱出溪口，板桥歇。次日到达溪口，仍到大顺行交卸，获力钱五百文。七月十一日，第三次挑茶箱出溪口，王林安歇。次日仍到大顺行交卸，得力脚五百文。光绪二十一年七月二十二日，允亨"担茶箱上溪口，至沂源歇"。二十三日，"已沂源担茶箱大顺行交卸，计力脚五百九十文"[1]。从上湾挑一次茶箱到溪口，往返需要三天时间，通常可得力脚500文左右，平均每天167文，与茶工的工钱相近。

除了运送茶箱，程允亨还帮助茶庄出售茶叶。如光绪二十一年七月十四日，允亨"出燕山候茶箱乙担"。次日，"挑茶箱乙〔担〕，庄前石亭卖王林安人，三百零五文"。这里得到的铜钱，应该是允亨负责挑、售茶叶的工钱，因为庄前比较近，往返时间短，日工资实际上超出150文。这一点可以从八九月间排日账的售茶记录看出，那一段时间，他经常外出售茶。八月二十八日，他"担茶箱出庄前石亭，卖板桥人"，得工钱340文，这是出售两担茶叶的工钱，每担平均为170文。九月初一日，"担茶箱出庄前石亭，卖王林安人"，得力脚235文。初二日，"担茶箱出庄前石亭，〔卖〕沂源人"，得力脚360文。十二日，"担茶箱出庄前石亭卖"，得力脚280文。十三日，"担茶箱出庄前石卖"，得力脚315文。十七日，"担茶箱出前石亭卖"，得力脚275文。[2] 从这些记载看，由于并非简单地运送茶箱，而是需要负责出售茶叶，故而从中获取的工钱，比上述挑茶箱所得通常更高，工钱数量有二三百文（不过由于等候茶箱需要时间，因此得到的收入不能简单理解成一天的工钱），约当一个茶工一天半至两天的工钱。此外，每笔买卖基本上都记录了出售茶叶的地点和购买茶叶者的村落名，说明这种交易也不完全是陌生人之间的交易。很可能在交易过程中，允亨会跟收购者聊天，从中了解到对方是何地人氏，这和我们在超市购物的经历是很不一样的。

---

[1] 程氏排日账#8，光绪11/2/1-2；#11，光绪19/5/19-20,6/19-20，7/11，光绪21/7/22—23。
[2] 程氏排日账#11，光绪21/7/14-15，8/28，9/1-2，9/12-13，9/17。

程家的生活必需品，也在不同的地方购买：大米主要来自离沱川最近的大市镇清华，有时也前往婺源西南乡的思口等地购买，前往东面的市镇（如溪口）购买的情形较为少见；食盐几乎都在溪口购买；布匹以在清华购买较为常见；小猪主要来自沱川本地、西南乡的赋春和浙江开化等地；酒席上需要的红鱼主要在赋春购买。此外，兑换货币（一般是银元兑换铜钱）的地方，通常是在清华。

除了商品外，程家还付费购买服务。发开曾两度前往歙县城择日。[1]程家家人生病，通常是在沱川本地就诊。程家的茶工，很可能是在清华镇雇请的，我们已经提到，太平天国结束后，那里应该有一个劳力市场。程家家人理发，一般就在本地找剃头师傅解决。

这样一种市场交易实态，和此前学界对乡村市场的认识是不尽相同的。在施坚雅的基层市场模型中，基层市场提供农户日常生活需要的大多数东西，普通乡民的交易活动，基本上不会超出基层市场圈（standard marketing area）的范围。[2]就沱川而言，最近的基层市场就是清华。但事实上，程家的市场交易活动，远远超出了清华镇，包括了从东北到西南呈带状分布的市场范围，范围大，而且相对分散（详细论述参见第九章）。

这种交易形态的出现，可能有几个方面的原因。其一，制度的约束。在食盐专卖制度下，婺源本地无出售官盐的盐栈，婺源人购买食盐，只能到徽州其他县，离沱川最近的盐栈，就位于休宁溪口，这是程家频频前往溪口买盐的主要原因。其二，商品市场专业性的限制。程家生产的葛粉和黄精，婺源本地可能没有专业的收购商，因此程家必须前往休宁城、屯溪等地出售。程家生产的葛巾也是如此，葛巾通常是运送到婺源城和沽坊出售的。其三，不同市镇的价格差。由于距离商品产地不同，不同市镇出售商品的价格可能存在有利可图的区间，

---

[1] 道光十八年七月十八日，程发开"上歙县拣日子"，联系到九月初九日前后的迎亲活动，可以推断此次是为九月的迎亲择日。同年十二月十四日，他又到歙县"拣日子"。此次择日的目的不详（程氏排日账#1，道光18/7/18, 12/14）。

[2] 施坚雅指出："我用'基层'（standard）一词指一种农村市场，它满足了农民家庭所有正常的贸易需求：家庭自产不自用的物品通常在那里出售；家庭需用不自产的物品通常在那里购买。"参见Skinner, "Marketing and Social Structure in Rural China: Part I," p. 6, 译文参考施坚雅《中国农村的市场和社会结构》，史建云、徐秀丽译，北京：中国社会科学出版社，1998年，第5—6页。

这也是程家交易地点比较分散的一个重要原因。如婺源西乡、南乡产米较多，米价应该相对较低，这是程家前往当地买米的一个重要考虑。又如猪仔、红鱼等，程家前往赋春、开化等地购买，并非因为清华没有出售，而很可能仅仅是由于清华不如赋春等地便宜而已。不管如何，在王朝制度、商品买卖专业化程度、地域价格差等因素的驱动下，乡民的市场行为很可能会"偏离"施坚雅预见的理想模型，而呈现出相当复杂的实态。

除了交易地点不同外，程家介入交易的处所和对象也呈现出多样化的特征，交易处所包括城、市镇、乡村等不同层级，交易对象包括乡镇商铺、个体代理商、走家串巷的走贩等。市镇在程家的市场交易活动中，占有很重要的位置。大米是在清华、思口、溪口等市镇的米行购买的。食盐通常在溪口购买。布匹一般在清华的布店购买。程家购买猪肉、红鱼的重要地点是赋春，这也是一个市镇。程家的葛粉和黄精，有时挑到屯溪出售，这是另一个市镇。普通乡村也是交易活动进行的处所。程家生产的茶叶，基本上就是在沱川本地由茶行的代理人（螺司一类）采购的。程家饲养的鸡鸭和部分猪肉，也直接在沱川本地销售。道光、咸丰时期，发开曾从事灰藆、布料、麻布、咸鱼等商品的贩卖活动，这些活动基本上不涉及市镇，而是属于走家串巷的贩卖活动。另外，不要忘了，燕山、理坑应该有小型食杂店，出售豆腐、豆腐干、花生、酒等食杂，允亨就曾频频与这些食杂店打交道。与市镇、乡村相比，城（府城、县城）对于程家介入的交易活动而言，大概是比较不重要的。程家在婺源城的交易活动，主要是出售葛巾。休宁城对程家来说更为重要，程家的葛粉和黄精，主要是由休宁的商铺收购的。除此以外，程家家人很少进城。

从排日账的籴米记录，还可以观察到信用空间的问题。这里所说的信用空间，是以程家生活的沱川为中心，围绕大米的赊账、寄存等业务而形成的信用范围。此处涉及的核心问题，是程家的信用可以到达多大的空间范围。

程家和几家清华米行有信用关系。道光二十五年正月十八日记，"已支银六两零五分，出清华街籴米卅六斗，烧酒乙阻，现付廿四斗"。程家籴米36斗，现付24斗，尚存12斗应该存在米行。二月初八，"已支银乙两九钱柒分，九八兑，籴早红米十三斗贰升，又赊十二斗"[1]，这是赊账。三月十五日，"得丰宝号赊米拾斗"。又二月十五日，"已出清华得丰店籴米拾斗"。三月初六日，"已到得丰宝号籴米十斗"。三月十八日，"已到得丰宝号来米九斗"。得丰号是清华的一家米行，这三次在得丰号籴米，都没有支付记录，应该都是赊账。五月二十八日，"已在家（买）〔卖〕茶乙担，计银十九两实。支银九两欠八分，还得丰宝号。六月初三支洋三元，扣银二两六钱一分"[2]。此次支付给得丰号的银子，应该是前几次籴米的赊账。当日程家出售茶叶获得现金，便将欠款归还米行。

再举两例。光绪十一年二月初十，"本身支洋四员出街籴早红米十五斗六升，仍存十斗四升，又买占米四斗五升，洋乙元"。二月二十三日，"本身出街籴米，信茂号，担重本月米乙担零二升半，来若笠一只"。[3] 二月初十，允亨到清华信茂号米行买米，在米行存了10斗4升米。本月二十三日，到米行挑回十几天前寄存的米，并以2.5升米，换回箬笠一顶。光绪十九年三月二十二日，"已支英洋乙员，出街信茂号籴米三斗五升半，又赊米六斗四升半，共九斗实"。次日，"已支英洋乙员出街信茂号籴米三斗五升半，配五斗二升，烧酒半砠，二共下欠洋贰员八角"。五月初六，"支英洋贰元还信茂号，又支乙员籴米三斗六斤半"。[4] 在籴米一个多月之后，程家支付了欠下的部分账目。

程家与溪口米行之间的信用关系，排日账的记录也有所涉及。光绪九年二月初二日，允亨与父亲至屯溪出售葛粉、黄精，返程时路过溪口，在盐栈买盐，"又到永发宝号籴米，洋四元，计米十七〔斗〕贰升，存店内"。存在米行的米，应该是到三月二十一日才从溪口挑出的，因为当日排日账记，"本身出溪口，到永发宝号担米九斗六升"。[5] 不过，排日账中没有溪口米行、盐栈赊账的记录。这说明程家与溪口商铺之间可能没有相对固定的信用关系。至于其他赋春、思口、屯溪等市镇，排

---

[1] 程氏排日账#2，道光25/1/18，2/8。
[2] 程氏排日账#2，道光25/3/15，2/6，3/6，3/25。
[3] 程氏排日账#8，光绪11/2/10，2/23。
[4] 程氏排日账#11，光绪19/3/22-23，5/6。
[5] 程氏排日账#7，光绪9/2/2，3/21。

日账没有留下类似的相关记载，应该也没有信用关系。

　　上述讨论显示，程家主要与清华米行之间有较强的信用关系，与溪口某些米行的信用关系较弱，而其他市镇则应不在程家的信用范围内。换句话说，程家的信用关系，主要存在于程家与清华镇之前，中间的空间距离是30华里左右。这种普通农家与基层市场之间的信用关系，其范围与基层市场的市场圈是基本重合的。

第八章 饮食、穿着及其他

由于史料的限制，我们对历史上普通民众的物质文化的了解，远远少于精英群体。排日账为了解一个多世纪前普通民众的饮食、衣着等情况提供了一些较为具体、相对长期的史料。通过拼合散布于排日账不同年份的记录，我们可以推进对清代徽州乡村物质文化的认识，从中亦可见19世纪中国普通民众物质文化之一斑。本章主要讨论饮食与衣着两个方面，家具、照明、洋货等问题也稍有涉及，住房的问题将在第十三章进行讨论。

饮　食

程家的食谱，大体包括主食、蔬菜、肉类、蛋类等类，另外还有加工食品，下面以程氏排日账为基础，考察这些食物的种类与消费情况，调味品、酒席上的菜品等也放入本节一并讨论。

主食、蔬菜与加工食品

徽州各地的主食，以米、麦、玉米为主。宣统元年（1909）歙县民情习惯调查发现，"歙山多田少，产米常供不给求，东、西两乡犹能输其羡于邻境，惟南乡与北乡之黄山农家多种苞芦以自食，非小康之家几不易得。米面不常食，商铺有定律，月四餐、六餐而已"。绩溪，"食性米多麦少，杂粮不作正餐，小麦粉间或数日一食"。婺源本地，"城中皆米食，不喜杂粮；乡间东北多山，贫民种玉蜀黍作饼食；西南高田，种粟麦以充饔飧"[1]。从报告可以看到，即使一县之内，主食也有地域和阶级的差异。

---

[1]　刘汝骥《陶甓公牍》卷十二《法制科》，第222、280、246页。

程家最重要的主食，无疑是大米。这可以从两类证据看出：其一，程家最重要的土地，种植的主要作物就是水稻；其二，程家在市场购入的主要粮食也是大米，其他粮食很少见。程家食用的大米，排日账提到的有早红、占米、皮熟、糯米、熟米等名目，以早红出现的次数最多。早红，或即桃花红，县志称这种稻米"谷粒微红，而米粒正白，亦先熟，桃花米是也"。占米，应为籼，县志称"土人谓之'福建籼'，盖福建有占禾，本出南海占城国"。[1]糯米则是质软而带黏性的米，多用于酿酒。皮熟、熟米，其种类、属性不详。从价位看，早红价格较廉，而占米、糯米价格较高。光绪二十六年四月初一，允亨籴占米2斗5升半、早红3斗3升，其价2元，本年三四月间，米价多在每元3斗3升至3斗5升之间[2]，可知占米之价比早红高出近四分之一。糯米价与占米相似，也比早红高出五分之一至四分之一。[3]由于价格较廉，早红应该是程家日常食用的主要大米种类，排日账提及早红最为频繁，不是没有原因的。

大米的食用方法较多。据宣统元年的民情调查，绩溪县大米的做法，计有米饭、酒、米粉粿（其形如饼，裹以肉菜馅烤制）、裹粽、汤元（即汤圆）、元元（形如馒头，和以红曲制成）、年糕、米糖（俗名"麻糖"）等类。[4]婺源乡间，大米的日常做法是每日捞饭煮粥，一稀两干，灾荒年份则改为两稀一干。将稻米做成捞饭食用在东南地区比较常见，做法是将米在锅中煮到七八成熟，然后将米饭捞起，放入蒸锅蒸熟。除了蒸煮之外，婺源还将米炒制成干粮，外出劳作时食用。[5]

麻果是一种大米加工食品，可能就是绩溪的米糖。其做法是，"以糯米、大米经几次造作，将米蒸熟、晒干、炒开，和饴糖、蔗糖制成"。[6]在沱川一带，这是节庆的食物，也作送礼用。光绪二十二年六月十九日排日账记，"己在家赴趁允兴兄打麻果，做观音会，派散四斤十两"。光绪二十七年八月十三日记，"吴亲情格节，去糖五十只。又对余

---

[1] 光绪《婺源县志》卷三《疆域七》，"地产"，页1a—1b。
[2] 程氏排日账#1，光绪26/4/1。
[3] 光绪六年二月初十，程家支2元籴早红4.2斗、糯米3.4斗，糯米价约比早红高五分之一（程氏排日账#6，光绪6/2/10）。
[4] 刘汝骥《陶甓公牍》卷十二《法制科》，第280页。
[5] 毕新丁《婺源风俗通观》，第38页。
[6] 刘汝骥《陶甓公牍》卷十二《法制科》，第280页。

日良兄来米糖五十只，下欠厘钱一百文"〔1〕。允亨买了米糖，作为礼物送给亲家。占米是其主要成分之一。婺源十六都三图查氏的一本账簿开支中，有"支钱贰元，籴占米打麻果"的记录，可为一证。〔2〕

糯米可用于包粽子。光绪十九年二月二十四日，允亨"办酒请大连亲情回门"，提到的礼物有炒米10筒、麻饼20双、粽子60个。光绪二十一年十二月二十七日，程家以糯米裹粽子。〔3〕米粉是东南地区颇为流行的大米加工食品，但排日账极少提到这种食物，在晚清民国婺源账簿中也不多见。

玉米在程家食用的粮食中，也占了很重要的位置。徽州玉米的食用方法，大体以磨粉为多。程氏排日账中，就屡次提到"磨苞芦"一事。光绪十九年十二月十二日至光绪二十年三月初九日，排日账记录程家磨苞芦6次，共磨玉米30斗；光绪二十一年十月五日至光绪二十二年一月二十四日，共磨玉米29斗。〔4〕玉米和麦类，都需要磨粉，光绪二十年十二月初十日，允亨"上篁村买石磨乙付，计英洋乙员五角"，〔5〕石磨应该是用于磨粮食的。磨粉之后，玉米可以做成苞芦糊、苞芦羹、苞芦粿、粟米粥或玉米饼。〔6〕据说荒年以苞芦饭为正餐，或以菜粥或苞芦糊、苞芦馃或乌腊（葛藤根）、蕨粉等野食充饥。〔7〕前面引述的清末调查指出，婺源"乡间东北多山，贫民种玉蜀黍作饼食"，说的正是程家所在山区的情形。应该说，在徽州的食物等级中，玉米的地位较低，也不属民众喜爱的食物。这种食物在酒席上难以见到，程家也极少从市场购入。

徽州的一年两熟田，多采用稻、麦连作制。程家也种麦类，小麦为多，也种大麦。小麦的食用方法，排日账记录极少，仅见四次。光绪十

---

〔1〕 程氏排日账#11，光绪22/6/19；#13，光绪27/8/13。
〔2〕 此账簿封面题"大清道光贰拾肆年夏日……"，为查氏宗祠道光二十四年至1950年收支记录，由上海交通大学图书馆收藏，引文为民国十九年开支记录，照片编号：PC205470。
〔3〕 程氏排日账#11，光绪19/2/24，光绪21/12/27。
〔4〕 程氏排日账#11，光绪19/12/12：5斗；光绪19/12/20：7斗；光绪20/1/18：5斗；光绪20/2/8：3斗；光绪20/2/20：7斗；光绪20/3/9：3斗；光绪21/10/5：5斗；光绪21/10/20：5斗；光绪21/11/1：5斗；光绪21/11/23：3斗；光绪21/12/21：4斗；光绪22/1/7：5斗；光绪22.1.24：3斗。
〔5〕 程氏排日账#11，光绪20/12/10。
〔6〕 柯灵权《歙县里东乡传统农村社会》，上海：复旦大学出版社，2014年，第273页。
〔7〕 毕新丁《婺源风俗通观》，第38页。

年七月二十五日记,"父亲西坑口磨小麦粉"。[1]光绪十八年七月初五日记,"西坑口磨小麦乙秤,足租乙斤,包芦乙斗"。[2]这里的租很可能是使用磨子、加工面粉的费用,如果这个推断没错,1秤麦子,需交1斤麦子的加工费。综合排日账记载看,程家小麦产量很低,在其饮食结构中不甚重要。

面粉可做面、煎饼、饺子一类。[3]面食是招待客人、馈赠亲友的食物之一。光绪五年九月二十日,允亨的兄长去探望岳父,就备办了鱼、猪肉、鸡蛋及索面等作为礼物。[4]光绪十八年正月,允亨母亲去世时,他去清华买了酒、面、鸭蛋等。本年十一月,允亨外甥讨亲,他备办了索面1斤14两及鸭蛋、鸡蛋、红烛、苞芦等礼物前去祝贺。[5]光绪二十一年十月初三日,允亨姑妈七十寿诞,他也在本地商铺备办了索面1斤14两、鸭蛋10只前去祝寿。[6]光绪二十二年二月初九夜里,允亨"夜下隆号,朋友十二位吃酒",当日排日账提到的食物就有猪肉、豆腐干及面三种。[7]光绪二十六年十月二十八日,程家遭受劫难后,托两位亲朋处理欠账问题,他招待亲朋的食物,就是索面1斤。[8]不过在笔者经眼的记录酒席的婺源账簿中,却不常提到面食。

番薯也属晚明传入中国的美洲作物,在南方山区种植甚广。不过程家番薯种植面积不如玉米广。排日账第一次提到番薯(排日账写作"翻垂"),已是同治十一年。[9]从排日账记录看,种植、收获番薯投入的时间,都远远不如玉米。此外,程家还种植了芋头、灰蓣、大豆。排日账没有出售芋头的记录,因此芋头应该供自家食用。灰蓣,县志介绍,"一名鬼芋,食之者必用灰汁煮,方成积粉,如葛粉状,以辛物芼之"[10]。程家种植灰蓣,似是为了出售,排日账中出售灰蓣的记录比较多,第三

---

[1] 程氏排日账#8,光绪10/7/25。
[2] 程氏排日账#11,光绪18/7/5,另见光绪18/6/16和光绪19/7/3。
[3] 柯灵权《歙县里东乡传统农村社会》,第273—274页。
[4] 程氏排日账#06,光绪5/9/20。
[5] 程氏排日账#11,光绪18/1/26,11/2。
[6] 程氏排日账#11,光绪21/10/3。
[7] 程氏排日账#11,光绪22/2/9。
[8] 程氏排日账#12,光绪26/10/26。
[9] 程氏排日账#5,同治11/6/26。
[10] 光绪《婺源县志》卷三《疆域七》,"地产",页4a。

章已经谈过。大豆可以制成豆豉，排日账中时见程家买豆豉的记录，而最普通的豆制品应该是豆腐和豆腐干。

除了上述粮食外，排日账还提到米皮糠、麦麸等。[1]米皮糠的记载，主要见于光绪四年（1878）至光绪十三年（1887）间：其中光绪十一年两次记录都留下了购入数量，第一次110斤，第二次114斤，开销均为1元。[2]购买麦麸的记载见于光绪十八年以后。光绪十八年九月初六日，允亨花铜钱205文，到清华米行购买麦麸23斤。同年十一月十二日，又支钱100文，在清华米行买麦麸10斤。[3]此时购入麦麸的数量尚少。光绪二十年后，购买麦麸的数量大幅提高。光绪二十年五月初九日，允亨支英洋5角，在清华街达兴号米店买麦麸55斤。六月二十五日，又到清华米店买麦麸12斤，花铜钱100文。八月初一日，又支铜钱100文买麦麸9斤。[4]光绪二十二年九月初七日，他到清华复茂号买麦麸120斤。光绪二十七年六月十八日，允亨支付英洋1元，在清华义隆号米行买麦皮75斤。[5]程家购买米皮糠、麦麸，是用作饲料还是食物？笔者认为两者用作饲料的可能性不小，特别是在分家前，因为程家一直养猪，却很少有打猪草的记录，而且以这些年程家的收入，似还不至于要吃米糠和麦麸。不过考虑到光绪十八年后程家生计状况的恶化，我们不能排除它们被用于充饥的可能性。

程家种植的蔬菜有萝卜、冬瓜等。[6]程家有一块菜地，当然也在田里种菜。蔬菜的做法，也没有详细记载。另外，程家还种植油菜、油麻等油类作物，其中油菜也可做蔬菜食用。

程家生活中的加工食品，最常见的是豆腐干，这是程家餐桌上常见的菜，允亨喜爱用豆腐干配烧酒。程家应该会做豆腐，光绪十九年十二

---

〔1〕排日账有时记作"麦否""麦丕""麦皮"。
〔2〕程氏排日账#6，光绪4/8/12，光绪5/6/15，光绪7/8/4；#8，光绪11/7/18, 8/17；#9，光绪12/7/11，光绪13/7/27，光绪14/7/6。
〔3〕程氏排日账#11，光绪18/9/6, 11/12。
〔4〕程氏排日账#11，光绪20/5/9, 6/25, 8/1。
〔5〕程氏排日账#11，光绪22/9/7; #13，光绪27/6/18。
〔6〕萝卜的记录很多。光绪五年九月二十二日："本身苦竹山拔萝卜，采（采）东瓜藤叶。"（程氏排日账#6，光绪5/9/22）东瓜，应即冬瓜。

月二十六日记,"支钱六十文买果品、香,又石(羔)〔膏〕"。[1]石膏应该是用于点豆腐的。允亨也曾托人做豆腐。光绪二十二年二月初七日记,"托秉丰弟做豆(伏)〔腐〕二匣"。[2]另一种豆类加工品是豆豉。光绪四年十二月十三日,允亨和父亲一同到景德镇买干鱼、豆豉,其中豆豉就买了五斗。[3]从后续记录看,干鱼挑回家后,由发开在上湾附近贩卖,而豆豉无贩卖记录,应是供自家食用。当然,豆豉每次购入的数量不多,大宗购买的情况仅见于光绪四年那次。如光绪十九年正月初十,允亨到清华买豆豉、花生、菜丝等食物,总共才花去100文钱。又如光绪二十年十二月三十日,允亨到江隆号买金银火纸、鱼段、豆豉,才花62文。[4]

酒类也属加工食品。光绪十八年八月二十八日,允亨到溪口买盐,又花"廿五文买粬",粬是酿酒的重要材料,那么程家是自己酿酒吗?两日后排日账记,食盐"飞(旧)〔舅〕卅八斤、粬半斤,收力脚钱一百八十文",[5]粬应该是给他舅舅买的。从排日账历年频繁的买酒记录看,不管允亨是否会酿酒,可以确定的是,程家餐桌的酒,主要来自商铺,而不是自家酿造。晚清婺源调查称"酒取之江西乐平县,本邑无烧锅躏曲之事",[6]程家所买的酒类可能也来自乐平。

程家饮用的酒,有水酒、火酒、烧酒等名目,火酒、烧酒应为同一物,是提炼过的酒精度较高的米酒。程家买火酒次数,较水酒多一些。这类米酒,据说"力薄而性烈,无深醇者"。[7]允亨喜爱喝酒。光绪十九年六月初一日,他到清华籴米,回家途中在茶亭休息,"饮酒醉了,乱事,歇"。初二日,"己茶亭醒,清赏起来,饮饭子生二介,挑未动身,月岭汪王庙四五六人,允兴、允中兄、允恭、志阳、敬敷弟怕命脉相关,又好也"。这次出行,差点因饮酒出事。回家后,他专门请帮助他的族人吃酒,排日账记,"回家办酒饭,请兄弟谢

---

[1] 程氏排日账#11,光绪19/12/26。
[2] 程氏排日账#11,光绪22/2/7。
[3] 程氏排日账#6,光绪4/12/13。
[4] 程氏排日账#11,光绪19/1/10,光绪20/12/30。
[5] 程氏排日账#11,光绪18/8/28-29。
[6] 刘汝骥《陶甓公牍》卷十二《法制科》,第247页。
[7] 刘汝骥《陶甓公牍》卷十二《法制科》,第222页。

第八章 饮食、穿着及其他

情。江隆兄火酒卅六文。支现钱廿四文买（伏）〔腐〕干八块"。[1]允亨买酒的次数，在分家前后似有变化，分家前买酒记录较少，而此后逐渐增多，而且随着年岁变大，他的酒瘾似乎也变大了。光绪二十年、二十一年，买酒次数分别是33次和37次，光绪二十六年增至62次。[2]

糖果也是重要粮食加工品之一，排日账提到的糖果有麻苏糖、麻片糖、米糖、早米糖、粟米爆糖、芋骨糖、爆烳糖等类。麻苏糖与麻片糖可能是同一种食物，估计以芝麻为重要原料，故而得名，这是排日账中最频繁提及的糖果食品。光绪十八年八月十二日，允亨在"石狮店买麻苏糖十六包，计钱一百廿八文"，然后带上其他礼物，"进大连格节"，而其亲眷"回篮干笋十二两，（奚）鸡子六介，生糖六只"。同年十二月三十日，"支钱四十二文买麻片糖半斤"。[3]光绪十九年十二月十七日，允亨"出燕山，晚米十筒、亥乙斤送姑娘，回麻片糖乙斤"。[4]光绪二十年正月二十一日，他从村里的商铺"赊来麻苏糖十三包，……进大连亲眷看目连戏，送麻苏糖"。[5]光绪二十二年二月初十日，他"支现钱六十四文买麻苏糖八包，进大连灶开亲戚望病"。[6]光绪二十七年十二月十九日，汪王后的亲家前来格节，送来的礼物中，有麻片糖乙斤半，允亨送麻苏十包作为回礼。[7]综合上述记录可知，麻苏糖应为19世纪沱川一带送礼的重要食物加工品之一。

米糖、早米糖、粟米糖、芋骨糖一类，应该也是因主要原料为大米、粟米、芋头等得名的副食品，通常也是作为亲戚之间往来的礼物出现的。光绪十九年九月二十五日，允亨送了6斤番薯给姑妈，而姑妈回了早米糖14只。光绪二十年十二月二十三日，他再次去探望姑妈，送了粟米爆糖2斤。[8]光绪二十一年十二月二十四日，同仓"二百二十五〔文〕买芋骨糖三斤半"，又"托万圭兄□麻片糖廿介〔？〕净"。[9]光绪二十七

---

[1] 程氏排日账#11，光绪19/6/1-2。
[2] 根据这几年排日账所记买酒记录统计。
[3] 程氏排日账#11，光绪18/8/12, 12/30。
[4] 程氏排日账#11，光绪19/12/17。
[5] 程氏排日账#11，光绪20/1/20。
[6] 程氏排日账#11，光绪22/2/10。
[7] 程氏排日账#13，光绪27/12/19。
[8] 程氏排日账#11，光绪19/9/25，光绪20/12/23。
[9] 程氏排日账#11，光绪20/12/24。

年八月十三日，允亨买了米糖五十只，去大连亲家格节。[1]光绪二十一年十二月二十九日，允亨上金岭看望朋友汪发祥，"送去爆烳糖乙斤半"，回礼是裹粽十二只，此处的爆烳糖和光绪二十年十二月二十九日提到的松子夹沙云片，[2]不知是何物。

饼是常见的米、面制品之一。婺源一带元旦宗祠多有散饼的习俗。婺源东乡秋口沙城村某族，于道光十年成立义聚饼会，会友二十阄，每年办饼二十几至四十斤不等，七十岁以上老人都可分得饼一对。[3]江湾钟吕村某姓宗祠，咸丰、同治年间，每年元旦至汪口、江湾买饼一百六七十斤，这是宗祠的重要开销之一。[4]在段莘阆山村的一本杂抄中，抄录了《写饼关文》一份，乃向饼店订购饼食的关约。[5]排日账没有提到祠堂散饼的习俗，不过频频提到几种饼食。

最常提到的是麻饼。如光绪十九年正月初八日，允亨"支钱廿五文买饼乙双，送康太兄"。二月初九日，"又二百文买麻饼"。二月二十四日，允亨"办酒请大连亲情回门"，准备的食物中，有麻饼20双。[6]光绪二十二年三月二十日，"支钱十三文买甘蔗乙根，麻饼廿双，送大濂，来百日糕乙（蓝）〔篮〕"。[7]糖饼居其次。光绪二十年二月初四日，允亨给亲家的回礼中，有糖饼一双。[8]光绪二十二年三月初一日，允亨的姑妈去世，他前往吊唁，回礼有糖饼乙双。[9]还有小麦饼。光绪二十六年六月十一日，清华一位米行老板前来上湾收账，允亨拿出点心招待，当天记，"清华施雅园老板对吾家里，请点心，小麦饼当应，现付英洋贰员正，下欠乙员"。[10]月饼只提及一次。光绪十九年八月十二日，"收大濂亲眷节亥斤半，水晶月饼贰重"。[11]

---

〔1〕程氏排日账#13，光绪27/8/13。
〔2〕程氏排日账#11，光绪21/12/29，光绪20/12/29。
〔3〕黄志繁、邵鸿、彭志军编《清至民国婺源县村落契约文书辑录》第5册，第1904—2081页。
〔4〕黄志繁、邵鸿、彭志军编《清至民国婺源县村落契约文书辑录》第11册，第5233、5239、5246、5252等页。
〔5〕黄志繁、邵鸿、彭志军编《清至民国婺源县村落契约文书辑录》第14册，第7052—7053页。
〔6〕程氏排日账#11，光绪19/1/8，2/9，2/24。
〔7〕程氏排日账#11，光绪22/3/20。
〔8〕程氏排日账#11，光绪20/2/4。
〔9〕程氏排日账#11，光绪22/3/1。
〔10〕程氏排日账#12，光绪26/6/11。
〔11〕程氏排日账#11，光绪19/8/12。

第八章　饮食、穿着及其他

除饼之外,排日账还提及糕点。光绪二十年十二月二十九日,允亨到清华,"支钱一百文买白糖糕、松子夹沙云片、百果"。[1]糖糕应该是米制糕点。

肉类、蛋类及调味品

晚清调查称歙县"肉食用猪,食牛羊者绝少,鳞族羽属亦不多得"[2]。婺源差别不大。程家饮食结构中,最为常见的肉类也是猪肉。程家养猪,每年宰杀一至两头,猪肉多半不出售,仅供自家食用,同时还不时买入猪肉。程家猪肉的食用量,由于记载不甚完整,目前只有粗略的估计,其中相对完整的是光绪二十几年的记录。下面依据这些记录,对程家年人均猪肉消费量稍作估计。

光绪二十年,程家购买猪肉16次,共21斤左右[3],年底杀猪一头,猪肉数量不详。不过头一年十二月份杀猪一头,50余斤重[4],这次杀猪没有出售猪肉的记录,猪肉应该腌制成咸肉,供来年平日食用了。如果这个推断无误,那么光绪二十年程家食用猪肉共71斤左右,这一年程家有7人,年人均食用猪肉10斤余。

光绪二十一年,程家购买猪肉14次,共10余斤。[5]头年宰杀的年猪得了多少猪肉,排日账没有记录,因此这一年的记录不完整。不过这年十二月初四日杀猪1头,得猪肉100余斤,又杀小猪3头,没有猪肉数量[6],两次都没有出售记录。光绪二十二年仅有前十个月的购肉记录,共27斤。如仅计入头年十二月初四日宰杀第一头猪的得肉数(近100斤),那么此年全家食用猪肉达127斤,人均食用猪肉18斤左右。

光绪二十六年是程家经济比较困难的一年,当年购买猪肉13次,共12斤左右[7],加上四月杀猪1头,出售了半片猪肉,另外半片应该留着食用[8],23斤左右。由于光绪二十五年的排日账没有保存下来,笔者无

---

[1] 程氏排日账#11,光绪20/12/29。
[2] 刘汝骥《陶甓公牍》卷十二《法制科》,第222页。
[3] 根据附录四数据统计。
[4] 程氏排日账#11,光绪19/12/1。
[5] 根据附录四数据统计。
[6] 程氏排日账#11,光绪21/12/4。
[7] 根据附录四数据统计。
[8] 程氏排日账#12,光绪26/4/2。

无从知晓头一年是否杀猪。如仅计算四月杀猪售后猪肉数与全年购入猪肉数，则本年程家全家食用猪肉35斤左右，不足光绪二十年的一半。该年十月，允亨长女出嫁，如仍以7人计算，该年人均猪肉消费量为5斤。

从光绪二十几年的情况看，程家人均猪肉消费量波动较大，消费较低的光绪二十六年，人均消费5斤左右（约折6市斤）；而最高的光绪二十二年，人均消费达到18斤（折21.5市斤）；光绪二十年有10斤左右（折11.9市斤）。这个猪肉消费量，是否低于其他区域的民众？有关猪肉年人均消费量，学界有几个估计。根据封越健的统计，乾隆后期，江苏泰兴的徽州休宁典商文谟典的伙计，每年共有33天打牙祭吃荤菜，荤菜有猪肉、鸡肉、咸蛋等，如每次以4两计，每位伙计全年共消费肉蛋等8.25斤（折9.8市斤）。[1]根据李伯重的估计，1820年松江华亭、娄县两地每年人均消费猪肉30市斤；[2]黄敬斌认为20世纪30年代江南农家人均年消费猪肉6市斤，另有鱼5市斤及鸡鸭肉、鸡鸭蛋等；[3]蒋勤、高宇洲对19世纪四五十年代浙南石仓阙家的年人均猪肉消费量进行了估计，1845年人均消费45.6市斤，后逐渐下降，1856年为24市斤；[4]此外，马德斌估计的1750年的最低消费篮子中，猪肉人均消费量是6市斤。上述数据的属性不同，李伯重的估计包含了穷人与富人，封越健统计的是典商伙计，蒋勤的估计涉及一个下层士绅的家庭，黄敬斌估计的是普通农家，而马德斌的估计只是维持生存所需的最低消费。与这些数据相比，程家在生计状况最糟糕的时期，依据保守估计，猪肉消费量接近马德斌的最低消费量（不过应该提醒的是，猪肉并非程家消费的唯一肉类食物），消费量较高的年份则已接近蒋勤等人估计的下层士绅猪肉消费量的下限，而正常年份应该略高于黄敬斌估计的20世纪30年代江南农家猪肉和鱼的累计消费量及封越健估算的乾隆后期典商伙计的肉蛋类食物消费量。需要说明的是，跟分家前后比较，光绪二十年后程家的生活水

---

[1] 文谟典每月初二、十六两次牙祭，约每人买肉4两。每斤按16两算。参见封越健《十八世纪徽商典铺的经营管理与典当制度——以休宁茗洲吴氏典铺为中心》，《"中央研究院"近代史研究所集刊》第78期（2012年12月），第79页。
[2] 李伯重《中国的早期近代经济：1820年华亭—娄县地区GDP研究》，第259、524页。
[3] 黄敬斌《民生与家计：清初至民国时期江南居民的消费》，上海：复旦大学出版社，2009年，第91页。
[4] 蒋勤、高宇洲《清代石仓的地方市场与猪的养殖、流通与消费》，《中国经济史研究》2019年第3期，第56页。

平有所下降，因此程家分家前的猪肉消费量，有可能稍高于这一时期。

程家养过鸡，[1]也会到村中买鸡。[2]光绪十九年正月十九日，程允亨儿子成婚前，他前往赋春采购货物，支钱370文买雄、雌鸡2只。[3]这一对鸡应该用于做仪式。光绪十八年二月初四记，"到桂弟家来干鱼乙斤半，鸡乙只，乙斤四两"。同年九月十一日记，"支钱九十文买鸡乙只"。[4]这些鸡估计是自己食用。不过总体而言，排日账中买鸡的记录仅见以上三笔，估计程家的鸡主要供生蛋用，很少宰杀。排日账没有记录鸡蛋的食用情况，但购买鸡蛋（写作"鸡子"）的记录则比较常见。

程家也养了鸭，排日账有售鸭的记录。[5]道光二十年二三月间，发开先后出售了至少七只鸭子[6]，这个数字应该接近程家同一批喂养的鸭群的规模。加上十月初四日出售鸭子的金额（1.325两），本年程家出售鸭子共得银9.81两，对一家农户来说，这个数额已是不菲的收入了。鸭子出售时的重量，道光二十四年十月二十三日排日账留下了记录："兴文兄去川乙头，五斤，计银乙两三钱二分半实，当收乙两零六分零，下欠二钱六分半实。"[7]5旧斤折6市斤左右，因此程家出售的算是较重的鸭子。咸丰五年也有一次出售鸭子的记录。允亨一代，仅光绪十八年有养鸭的记录[8]，因此很可能程家不再饲养鸭子了。排日账中对购买鸭蛋（写作"鸭子"）的记录也较为频繁。

排日账留下不少养鱼、买卖鱼的记录。程家养鱼最重要的证据，见于光绪二十六年的记录。本年正月十二日记，"已英洋叁员，西乡甲路阳盛兄家买池鱼十乙尾，计大秤十五斤。计价英洋叁员，钱一百文"。

---

[1] 程氏排日账#5，同治12/6/24："允兴兄甲鸡篓"；#6，光绪5/8/9："本身苦竹山担柴回，又甲鸡留。"鸡篓、鸡留应为同一物，均是圈养鸡的竹器。
[2] 程氏排日账#11，光绪18/2/4，9/11。
[3] 程氏排日账#11，光绪19/1/19。
[4] 程氏排日账#11，光绪18/2/4，9/11。
[5] 程氏排日账#1，道光18/4/3："永隆兄去川乙头，计（艮）〔银〕乙两二钱五分实。"次日："兴文兄去川乙头，计银乙两二钱五分实。"川，即是鸭。
[6] 发开出售鸭子的时间分别是：道光二十年二月二十五日（售价1.07两）、二十六日（1.15两）、三月初六日（1.82两）、四月十九日（2.145两）、二十四日（1.15两）、二十五日（1.15两）。除四月十九日计量单位为"担"外，其余均记录为"头"。从出售金额看，四月十九日为一头鸭价的两倍左右，可大致推断出售鸭子两头（程氏排日账#1，道光20/2/25-26，3/6，4/19，4/24-25）。
[7] 程氏排日账#2，道光24/10/23。
[8] 光绪十八年九月初四日记："万圭借去川连伙四斤"（程氏排日账#11，光绪18/9/4）。

在此前后，程家没有办酒席，亦无馈赠亲友的记录，可推断这些鱼是用于饲养的。这些鱼每条平均1.36斤，显然不是鱼苗，而是已经养殖了一段时间。[1]本年三月初十日、十一日、十五日、二十一日、二十二日，六月初六日、二十一日，都有割鱼草的记录，应是用于喂养上述池鱼。五月十三日，因族内斗殴命案，衙门派差进村，允亨躲到东山下朋友家，估计因为这个原因，他将池鱼转移到了东山下朋友家的一口鱼塘内。五月十六日，事情平息后，允亨父子"托添灯兄家东山下塘里起池鱼上来，回塘十四只"。[2]

本年还有多次捉鱼记录。六月初十日，"早晨捉池鱼乙尾，计重二斤十二两，江隆号来酒四盏"。七月初一日，有客人前来，"儿托添灯兄捉池鱼乙尾，计重伍斤半。支廿六文买（伏）〔腐〕干、酒应客。支钱二十文买陈酒二盏"。十月十一日，"已在家捉池鱼乙只，计重六斤贰两"。十月三十日，程家生计危机爆发后，为了抵债，允亨父子"托余添灯兄、敬敷弟卖池鱼卅六斤，每洋四斤，计英洋八员，（低）〔抵？〕账"[3]。从这个数据，可大致了解程家养鱼的总数。另外，光绪九年十一月初八日记，"父亲在家，捉池鱼三斤乙两"[4]。没有支付记录，估计也是自家养殖的。

除了这两年以外，程家似乎没有养鱼。不过，其他年份可以看到买鱼的记录。同治十一年十二月三十日，允亨"支洋乙元，到美兴兄捉池鱼乙只，三斤十两，计洋乙元三角乙分"。[5]光绪二十二年三月十七日，"对任皇兄家捉池鱼乙只，计重六斤三两，儿吃也"[6]。允亨为了孩子，向一位村民买了一条池鱼。排日账还提到，光绪十三年五月初九日，"本身钓鱼，每有不做事"[7]。这是同仓钓鱼的记录，也是排日账唯一的钓鱼记录。

---

[1] 排日账没有提到这些鱼的种类，笔者推测可能是草鱼。
[2] 程氏排日账#12，光绪26/1/12，3/10-11，3/15，3/21-22，6/6，6/21，5/13，5/16。五月十三日回塘鱼数多了三条，估计是自家塘内本有三条，其他十一条则是正月十二日购入的。下文所引材料中，有两条记录提到重五六斤的鱼，应即十一条之外的老鱼。
[3] 程氏排日账#12，光绪26/6/10，7/1，10/11，10/30。
[4] 程氏排日账#7，光绪9/11/8。
[5] 程氏排日账#5，同治11/12/30。
[6] 程氏排日账#11，光绪22/3/17。
[7] 程氏排日账#10，光绪13/5/9。

鱼不仅供自家食用，也经常作为礼物馈赠亲友，这方面排日账的记录较多。同治十一年九月二十五日，发开"进查木坑捉池鱼到燕山引姐家"[1]。光绪五年九月二十日，"允兴兄办鱼、亥、鸡子、果子、索面，过田里和松亲翁之会"[2]。光绪十八年四月初二日，允亨送给大连亲家的定亲礼物中，有鱼6斤。[3]光绪十九年正月十二日，他安排外甥进大连送日子时，也送了3斤鱼。[4]光绪十九年正月二十九日，他自己带着"鱼三斤、亥贰斤、果品四包、子廿介、礼四色，进大濂谢杏姐媒人"[5]。光绪二十六年十月初二日，允亨长女的婆家送来的礼物中，也包括8斤鱼。[6]

红鱼，由鲢鱼、鳙鱼、鲤鱼等鱼类腌制而成，上抹红粉，故称红鱼。这种食物在当地酒席和馈赠中比较重要。光绪七年十二月十二日记，"本身支钱乙百文，出燕山买红鱼十贰两，接绶先生、飞舅、裕舅三客"[7]。此次请酒，应与十二月初六日入葬允亨祖母汪氏有关。光绪十八年十二月二十日，允亨给亲家送节，本日所记礼物有红鱼2只，这是他三天前到清华街上买的。[8]光绪十九年正月十九日，他前往赋春采购货物，支本洋1元、钱110文买红鱼[9]，这次是为了准备正月二十六日儿子的婚宴。

婺源属于皖南山区，本地出产水产不多，干鱼应该大都来自鄱阳湖地区。发开贩卖过干鱼[10]，干鱼也是程家餐桌中不时出现的食物，排日账的相关记录不少。如光绪十年十一月二十八日，"出燕山买干鱼贰两"[11]。光绪十七年十二月三十日，"支钱八十八文又买干鱼"[12]。光绪十八年二月初四日，"到桂弟家来干鱼乙斤半"。十二月十三日，"支钱廿文买干鱼

---

[1] 程氏排日账#5，同治11/9/25。
[2] 程氏排日账#6，光绪5/9/20。
[3] 程氏排日账#11，光绪18/4/2。
[4] 程氏排日账#11，光绪19/1/12。
[5] 程氏排日账#11，光绪19/1/29。
[6] 程氏排日账#12，光绪26/10/2。
[7] 程氏排日账#6，光绪7/12/12。
[8] 程氏排日账#11，光绪18/12/23，12/20。红鱼1斤半，花去130文。
[9] 程氏排日账#11，光绪19/1/19。
[10] 程氏排日账#6，光绪4/12/13-15，12/17，12/22，12/24，12/28。
[11] 程氏排日账#8，光绪10/11/28。
[12] 程氏排日账#11，光绪17/11/30。

四两"。十二月二十七日，"支钱八十文买干鱼乙斤"[1]。光绪十九年十一月二十七日，"支钱一百五十三文买干鱼虾二斤半，同允兴兄均分"[2]。光绪二十一年十二月初四日，到江隆号买干鱼半斤，花去46文。[3]光绪二十六年正月初四日，由同仓轮值担任狮主，程家备办的食物中，就包括"干鱼二硌"[4]。干鱼的价格比肉类便宜，光绪十八年前后，每斤售价才八九十文左右，而同期猪肉价为每斤136文左右，因而是一种相对廉价的蛋白质来源。

鲞，是盐和红曲腌过的鱼，排日账中也时有提及。如光绪十九年正月初九日，"对万发兄家借来鲞鱼连伙二斤半。出燕山，钱一百文，买鲞鱼乙斤乙两"。十二月十四日，允亲家送礼前来，礼物包括猪肉2斤、鲞鱼4只，允亨的回礼是（伏）〔腐〕干6块、芋头3斤、大鱼虾2筒。[5]光绪二十年二月十五日，允亨"支钱三百七十七文买鸭子、面、鲞鱼"，这些礼物是为次日进大连走亲戚准备的。十六日记，"已进大连办篮乙担、鲞鱼四只、索面二斤、亥乙斤十两、鸭子廿四介，恭喜亲眷"[6]。

海产是徽州酒席上较为看重的食材。据晚清民情调查交代，绩溪酒席的男席，有海菜三种，而女席则海菜较少。普通之宴没有海菜，而家庭祝寿、宴请题主大宾、亲迎新婿等特别之宴，则有海菜。[7]程家的食谱中，海产比较少见。光绪二十六年十月十八日，允亨接女婿，前一天他"在家办海菜、货物"[8]，至于备办的是何种海菜，他没有记录。排日账明确提到的一种海产是墨鱼。光绪九年十二月十九日，允亨"支钱三十文买墨鱼"[9]。除夕之即，墨鱼应该是用于做年夜饭的。

程家食用的最为昂贵的食品，当数燕窝。燕窝是来自东南亚的舶来品，明代起较多进口。19世纪20年代，马来半岛每年向中国出口燕窝达约1818担，价值120多万西班牙银元。19世纪七八十年代，下降至

---

[1] 程氏排日账#11，光绪18/2/4，12/13，12/27。
[2] 程氏排日账#11，光绪19/11/27。
[3] 程氏排日账#11，光绪21/12/4。
[4] 程氏排日账#12，光绪26/1/4。
[5] 程氏排日账#11，光绪19/1/9，12/14。
[6] 程氏排日账#11，光绪20/2/15-16。
[7] 刘汝骥《陶甓公牍》卷十二《法制科》，第287—288页。
[8] 程氏排日账#12，光绪26/10/18。
[9] 程氏排日账#7，光绪9/12/19。

第八章 饮食、穿着及其他

六七百至八九百担的规模，价值也下降至白银四五十万两。[1]据排日账记录，光绪二十六年七月十七日，允亨"托兴娥嫂燕山〔买〕燕窝丝二两八钱，计英洋乙员贰角"。七月二十一日，又"去英洋乙员，托兴娥嫂买燕窝丝，下欠钱二百文"。[2]六月底、七月初，允亨生病七天左右，此后在家养病，这两次购买燕窝，或是为了自己进补。从第一次购买的价格看，燕窝丝价格为每两0.43元左右。

做菜离不开油。程家做菜使用的油类，有猪油、茶油、菜油等。程家买猪油（排日账写作"亥油"）的记录不多，三十多年中仅有二十多笔。如光绪九年九月初二日，允亨担茶箱至溪口，"支钱三百三十六文买亥油"[3]。光绪十八年开始，记录相对完整。每年购买猪油的次数为两至七次不等，每年总数少则一两斤，多则四五斤。[4]猪油历年的价格变动不大，基本维持1斤200文左右的价位，比普通肉价高。当然程家食用的猪油，还包括自家宰猪所得的猪油。因为猪不重，油不会太多。仅仅猪油，应该是无法满足做菜的需求的。因此，程家做菜也使用几种植物油。

油茶，是婺源一种重要的油类植物。每年秋季八九月份，收获油茶（排日账也写作"茶厘""柽子"）。油茶收获后，需晒干，剥去外壳，然后以茶籽榨油。榨油后的柽子渣制成柽子饼。程家在苦竹山种了油茶树。光绪八年二月二十二日、二十六日、二十七日，就留下了苦竹山种柽树的记录。[5]柽子晒干后，程家挑到油坊换成油。燕山就有油坊。排日账提到的燕山油坊有两家：一家为同泰号（也写作同泰昌），见于光绪二十一年十月十二日记录。[6]另一家排日账写作"月太号"，见于光绪

---

[1] 冯立军《略论明清时期中国与东南亚的燕窝贸易》，《中国经济史研究》2015年第2期，第112页。
[2] 程氏排日账#12，光绪26/7/17，7/21。
[3] 程氏排日账#7，光绪9/9/2。
[4] 参见程氏排日账#11，光绪18/7/23，9/27，10/27，12/19，光绪19/8/13，10/13，光绪20/6/14，7/14，11/8，光绪21/7/13，7/30，11/19，光绪22/5/14，6/23，7/13，7/30，9/7，10/4，10/20；#12光绪26/8/22；#13，光绪27/9/3，11/13。
[5] 程氏排日账#7，光绪8/2/22，2/26-27。
[6] 程氏排日账#11，光绪21/10/12："已担柽子燕山同泰号油坊29斤，计油5斤12两，存店内净油1斤。"

二十七年十月初五日的记录。[1]所谓"月太号",应该是裕泰号。2009年笔者在沱川田野期间,燕山一位老人告诉笔者,1949年前,燕山有两家油坊,一家是他家开的显记,另一家就是裕泰。[2]此外,程家有时还到虹关的油坊换油。[3]综合历年排日账记录,柽子与柽油的兑换比例有一定波动,大致是4斤至6斤柽子换1斤柽油。[4]

程家有时会出售部分油茶,留下部分榨油。如光绪十八年三月初四日记,"茶厘子壹百陆拾肆斤,英洋叁员,仍存子十五斤,计油三斤"。[5]光绪二十一年二月初三日至初五日,允亨托恭兄、姜观喜打茶厘油,初七日,他"担茶厘子,出燕山同泰号油坊换油,计子八十二〔斤〕十两,计油十七斤四两"。[6]从后一个数字看,从油茶榨取的油,数量还是不小的,应该在程家的食用油中占了较高比重。换回的油,除了自己食用,也供出售。如光绪十八年十二月二十七日,允亨"卖柽油七斤十五两,英洋乙元"。[7]光绪二十一年二月初六日,"已去柽油乙担,计重七十斤净,(买)〔卖〕改〔?〕嫂,本洋七员二角,现收五员二角,又收贰员。又去十斤四两,现英洋乙员"。初八日,"去柽油七斤四两,珠嫂,英洋二元,现收乙员。又乙员。还账下四元正"。[8]柽子饼有时也供出售。如光绪二十一年六月十五日,"去柽子饼70片"。[9]

油菜是婺源食用油的重要来源。程家早先(尤其是太平天国结束前)种植油菜。但从光绪十年开始,也即程氏兄弟分家后,程家似乎就不再种油菜了。[10]收割后的油菜籽,也用于到油坊换油。光绪五年四月十七日,发开出燕山换菜油。[11]光绪十三年闰四月二十一日,他再次出燕山换菜油。[12]农历四月是油菜成熟的季节,发开应该是带上自家种的

---

[1] 程氏排日账#13,光绪27/10/5:"出燕山,柽子八斤换油乙斤半,月太油坊。"
[2] 访谈对象:余进万,82岁,访谈时间:2009年11月17日。
[3] 程氏排日账#6,光绪7/10/12,光绪8/10/29;#10,光绪13/11/4。
[4] 程氏排日账#7,光绪9/11/18,12/9;#8,光绪11/12/17;#11,光绪20/10/12,12/30;#12,光绪26/10/4;#13,光绪27/9/26。
[5] 程氏排日账#11,光绪18/3/4。
[6] 程氏排日账#11,光绪21/2/3-5,2/7。
[7] 程氏排日账#11,光绪18/12/27。
[8] 程氏排日账#11,光绪21/2/6,2/8。
[9] 程氏排日账#11,光绪21/6/15。
[10] 参考程氏排日账光绪十年以后历年记录。光绪十三年大概是一个例外。
[11] 程氏排日账#6,光绪5/4/17。
[12] 程氏排日账#10,光绪13/4/21。

第八章　饮食、穿着及其他

油菜籽，去燕山的油坊换菜籽油。总体而言，在上述谈到的三种油类中，程家主要食用猪油和茶油，特别是茶油，程家每年产出不少，应是程家食用的主要油类，相比之下，菜籽油应是最不重要的。

开门七件事，柴米油盐酱醋茶，盐酱醋都属调味品。程家定期前往溪口买盐，有几年甚至从事食盐的贩卖，因为盐是最重要的调味品。前引光绪《婺源县志》谈到，由于婺源贫无盐商，食盐不易获取，婺源民众多食淡者。晚清一份调查也指出："盐食浙产，以贫故无盐商，惟挑负踰岭，价溢而劳倍，向年每斤钱四五十文，近则三倍之，故村氓多淡食。"[1]食盐之外，排日账没有提到酱、醋。糖提到的次数也很少。购买砂糖的记录只有两笔（另有一笔是为他人购买，不计入）：一次是光绪七年十一月二十六日，允兴挑葛巾到清华，买（沙）〔砂〕糖；[2]另一次是光绪二十一年十二月十五日，允亨出清华，支"半员买（沙）〔砂〕糖十乙斤半"。[3]这次买糖，是为了备办孙儿的三朝酒席。程家虽然很少买糖，不过正如前面提到的，排日账不时提到糖制品，这种糖制品可能是程家消费糖的主要方式。

其他调味品，可以注意的还有胡椒（有时写作"古月"）。可能由于价格较贵，且非生活必需品，程家购买胡椒的次数也不多，而且多用于酒席。光绪五年十二月初三日记，"父亲同本身屯溪回转溪口，买盐、金（艮）〔银〕、（楜）〔胡〕椒、带丝"[4]。光绪十八年正月二十七日，允亨办理母亲丧礼，前往江隆号买豆腐干、胡椒等物。[5]光绪十九年正月十一日，允亨备办儿子的婚宴，当天买了胡椒26文。十月初九日，支钱12文买胡椒、干鱼1两。十二月十五日，允亨到溪口买盐，顺便买胡椒1两，支用钱100文。[6]

此外，光绪十年十二月二十二日，允亨从思口籴米回家，"转回上清华街歇，支钱乙百文买程皮四两、姜片四两"[7]。程皮应为陈皮，陈皮、

---

[1]　刘汝骥《陶甓公牍》卷十二《法制科》，第246—247页。
[2]　程氏排日账#6，光绪7/11/26。
[3]　程氏排日账#11，光绪21/12/15。
[4]　程氏排日账#6，光绪5/12/3。
[5]　程氏排日账#11，光绪18/1/27。
[6]　程氏排日账#11，光绪19/1/11，10/9，12/15。
[7]　程氏排日账#8，光绪10/12/22。

姜片应该都是茶点而非调味品了。

酒席中的食物与菜品

可以想见，由于生活水平所限，程家的日常饮食应该是比较简单的。只有遇见人生礼仪、钱会活动或逢年过节等特殊时日，才有可能打破较为单调、乏味的日常饮食。

在举行婚礼、丧葬、三朝等人生礼仪时，都会举办酒席招待来访的客人。在这些场合举办的酒席中，婚宴大概是最为丰盛的。程家举办的婚宴中，以同仓婚宴的记录最为详尽。排日账的记录虽然没有提供菜单，但从备办的食材中，略可窥见婚宴的菜肴。同仓成婚的日期是光绪十九年正月二十六日。正月十八日，允亨就开始着手备办婚宴的物品。当日，他前往婺西重镇赋春。十九日抵达后，在镇上采购了大米4斗、红鱼26斤、鸭蛋60个及雄鸡、母鸡各1只。二十日路过清华，在街上又买了豆豉、花生、花根等。二十一日，请人杀猪一头。二十四日，出燕山办杂货、买海菜。又托外甥到清华买米3.5斗。二十三日至二十五日，请亲友"办碗盏"。[1] 从上述清单看，婚宴上应有猪肉、红鱼、鸡鸭、海菜、鸭蛋、豆豉等食材加工成的菜肴。从一个农家的角度来说，已算是较为丰盛的酒席了。此外，婚礼多分男席、女席，前者可能较后者丰盛。宣统元年民情调查交代，绩溪县城中男席，有三海菜，三牲肉及杂品，每席约银元两元；女席则牲肉杂品居多，海菜次之，每席约银元一元四角；不过乡间男、女席没有丰俭之别。[2] 不知沱川一带男、女席是否有别。

婚礼的其他节点，不如成亲婚宴丰盛，但较之平日却自有不同。光绪二十六年十月十八日，允亨请女婿，要了解酒席的丰俭，不妨看看头一日和此日的排日账记录。光绪二十六年十月十七日记，"已在家办海菜、货物，共钱二百九十文。又对江隆号来亥壹斤十一两。……现买（伏）〔腐〕干廿四文八块"。十八日记，"己托文书做办酒席，接女婿，……支钱一百文买子。江隆号来亥七两，（伏）〔腐〕干卅文，水酒

---

〔1〕 程氏排日账 #11，光绪 19/1/18-21, 1/23-25。
〔2〕 刘汝骥《陶甓公牍》卷十二《法制科》，第287—288页。

第八章 饮食、穿着及其他 195

四壶,又烧酒四盂,加伏干卅文"[1]。程家备办的食材,有海菜、猪肉、豆腐干、酒等,其中海菜一样,已将这次酒席与普通的酒席区分开来。

与婚宴相比,丧事的酒席简单得多。排日账记录了允亨办理母亲丧事的一些细节。允亨的母亲于光绪十八年正月二十五日去世。次日,允亨到清华买了面、鸭蛋。二十七日,还在本地商铺买了付干、胡椒等。当天为前来吊唁的客人准备了食物,此次没有请专人"办碗盏",也没有提到杀猪,排日账仅记录"已早晨同兴兄、儿办索面酒",[2]可见主要食物是面,只是面里边可能加了鸭蛋而已。相比之下,允亨叔父丧事的食物要丰盛一些。允亨的叔父再顺于光绪十九年八月初五日去世。次日排日账记,"支钱卅文买干。广源店亥乙斤,油半斤,鸡子三介,接姑娘吃,鸭子卅二文,干鱼卅二文"[3]。这次丧事备办的食物有猪肉、豆腐干、鸡蛋、鸭蛋、干鱼等,做出来的菜色定然是相对丰盛了。

做三朝,是婴儿出生第三日举行的祝贺活动。排日账有允亨为孙儿做三朝的记录。孩子出生的时间是光绪二十一年十二月十四日。当天,允亨买鸡蛋72个。十五日,到清华籴米6.3斗,并买砂糖11斤半、鸭蛋30个。十六日,又买来豆腐干15块、鸭蛋15个。[4]做三朝的时间就是十六日这天。准备的食材只有鸡鸭蛋、豆腐干、砂糖,相关菜色应该是比较简单的。

跟其他地区相似,婺源的年节行事,最为重要的是春节。春节期间举行一系列家庭与宗族活动。除夕是家庭聚会,照例需要备办相对丰盛的食物,但排日账对此没有留下什么记录。正月初二开始,举行一系列集体活动,比较重要的有初二的新年酒和初四的舞狮,这两个活动都属宗族活动,限于族人参与,由族人轮流担任头首。笔者获见的道光年间婺源十六都吴氏某房的一本账簿,罗列了本房族人轮当新年酒的名单,理论上每户轮当一年。[5]上湾程氏每年于正月初四舞狮,牵头承应舞狮的族人,称作"狮主"。排日账没有提及新年酒的食材与菜色,不过

---

[1] 程氏排日账#12,光绪26/10/17-18。
[2] 程氏排日账#11,光绪18/1/25-27。
[3] 程氏排日账#11,光绪19/8/6。
[4] 程氏排日账#11,光绪21/12/14-16。
[5] 账簿封面题"合族各项条规头首述后",封二题"道光五年正月立",现藏于上海交通大学图书馆。

留下了程家担任狮主及备办酒席的记录。光绪二十六年正月初四日记，"儿在家当应狮主。干鱼二磅，萝卜二磅，豆腐二磅，甲酒二壶，米乙釜（？）"[1]。光绪二十六年轮到同仓承应舞狮，备办的食材有干鱼、萝卜、豆腐、酒等，菜色想来也是比较简单的。

社会是围绕社神的祭祀而组织的会社，每年春秋举行祭祀的同时，也动用社会的田产租金或借贷利息举办简单的酒席，对此排日账留下了一些记录。光绪二十二年二月初三日，由允亨负责举办春社，他"支钱十乙文买油一两。亥斤半，计钱二百文，市钱。（伏）〔腐〕干卅文。米六□，计钱六十文"。光绪二十二年八月十七日，仍由他负责举办秋社，他"支钱十三文，水酒、（伏）〔腐〕干，又炮八文"[2]。光绪二十六年二月二十六日，允亨"在家做社，支钱二百买亥乙斤乙两，又对焕美兄来（伏）〔腐〕干卅文，又水酒乙（乎）〔壶〕，情内板来又米七筒"[3]。每年二月的酒席有猪肉、豆腐干、水酒，而八月的酒席仅有豆腐干、水酒，前者要丰盛一些，但总体还是比较简单。

清明也是婺源较为重要的节日。各地宗族多有组织清明会者，负责清明祭祀与酒席的筹办。江湾圩口村俞氏清明会，每年备办的食材包括猪肉、面、料糕、鸡蛋、豆腐干、豆腐、酒、酱油等。[4]江湾钟吕村俞氏清明会，采购饼、面、米粉、豆腐干、干鱼、酒、油、胡椒等，[5]荤菜只有干鱼。段莘官坑某氏家族的清明酒，光绪四年备办食物有：饼五斤半，猪肉二斤半，面五斤，另有水酒、豆腐干等。[6]上湾近邻理坑敦复堂，照老规矩每年清明酒席有十二种菜："池鱼、鲜鸡、烧骨、火肉、煮□肉、子糕、花粿、玉丸、肚豆、蒸菜、糊腐、杂（肝、青菜，或肺、菜头），酒不计。"悠远祠清明酒有菜十一品、十四碗：蒸菜二碗，蒸亥二碗，煮亥一碗，子糕一碗，肉丸一碗，黄花粿一碗，蒸鸡一碗，咸鱼一碗，腊肉一碗，糊腐一碗，亥杂二碗，外加酒九壶。[7]与

---

〔1〕 程氏排日账#12，光绪26/1/4。
〔2〕 程氏排日账#11，光绪22/2/3，8/17。
〔3〕 程氏排日账#12，光绪26/2/26。
〔4〕 黄志繁、邵鸿、彭志军编《清至民国婺源县村落契约文书辑录》第七册，第3098—3228页。
〔5〕 黄志繁、邵鸿、彭志军编《清至民国婺源县村落契约文书辑录》第十一册，第5023—5149页。
〔6〕 黄志繁、邵鸿、彭志军编《清至民国婺源县村落契约文书辑录》第十五册，第7384页。
〔7〕 理坑杂抄，晚清写本，无页码。

前面几个家族的清明会酒席相比,可说是丰盛多了。排日账对上湾程氏的清明酒有所记录,如光绪二十七年二月十八日记,"己在家支票钱一百七十六文买亥乙斤,金(艮)〔银〕、火纸乙介,水(伏)〔腐〕,酒,做清明。"[1]程家备办的食材有猪肉、豆腐、酒,与前述家族的丰俭大致相当,跟理坑余氏两个祠堂相比则要逊色很多。

除了人生礼仪与逢年过节外,平日遇见特殊情况,也会办酒席。如钱会会友聚会的日子,就要办酒席。光绪十九年二月二十五日,程家邀集七贤会,托人办会酒,相关开销包括:"支钱五十文买伏干,支钱十八文鸭子,支钱廿文水伏,支钱二百文又廿三文,付万发兄鲞鱼。"[2]备办的食材有豆腐干、鸭蛋、豆腐、鲞鱼四种。夏季农忙时节雇请村民帮忙,也会讲明是否供饭,如需供饭,是需要备办一些食物的。如光绪二十六年六月初二日记,"包春元西坑莳田,贴午饭、点心、酒,共二日"。当天的开销,有"一百五十文买烧酒七盂,又盐乙斤。又江隆号(伏)〔腐〕干卅六文,又来亥十两,下欠三共三百文。又口钱一百文买烧〔酒〕十盂"[3]。可见如需供饭,必须有酒有肉。为了答谢别人的帮助,有时也会办酒席。光绪二十七年十月二十二日记,"己在家托崇赐侄对广源号亥乙斤三两,水(伏)〔腐〕、米粉市钱卅四文。又火酒乙(乎)〔壶〕,油一两,一百十三文。又焕美叔(伏)〔腐〕干五十一文,请裕峰先生、崇四"[4]。此处提到的食材有猪肉、豆腐、豆腐干、米粉、火酒等。有时程允亨也请朋友吃酒,如光绪二十二年二月初九日,"夜下隆号朋友十二位吃酒,亥、(伏)〔腐〕干、面,九百文"[5]。这种聚会有酒有肉,其丰盛不亚于普通的节日宴会。

大体而言,由于经济条件的限制,程家举办的酒席总体是比较简单的,即使是婚宴,菜色也不多,酒席算不上丰盛,其他酒席更是简单。这些酒席中,有没有荤菜(特别是猪肉),大概是判断丰俭的重要标准。

---

[1] 程氏排日账#13,光绪27/2/18。
[2] 程氏排日账#11,光绪19/2/25。
[3] 程氏排日账#12,光绪26/6/2。
[4] 程氏排日账#13,光绪27/10/22。
[5] 程氏排日账#11,光绪22/2/9。

穿　着

跟饮食相比,排日账没有留下多少穿着方面的记录,幸好有关明清时期普通民众穿着的研究,目前已有一定的学术积累,下面参考前人的成果,结合地方文献,连缀排日账的相关记录,介绍程家穿着之大概。

衣料

流行于徽州的杂字,提到了一些有关衣料的信息。前面谈过的《农业杂字》,在"攀机匠"标题下,便罗列了与织物有关的词语:

> 织棉织绢,纻丝绵绸。纱罗缎帛,皂複包头。手帕汗巾,诸暨衮龙。山水摘花,万鈒斜纹。锡绫彭缎,剪绒刷经。晒白漂白,暑布福生。麻苎布葛,铁縞太仓。尤墩马口,上海松江。[1]

这些织物以棉、丝、麻、葛等材料织成,应该罗列了清代徽州乡间能看到的各种织物。当然在这个清单中,跟程家有关的衣料,只占了其中一小部分。

自宋末元初以来,随着全国各地棉花种植的普及,棉布逐渐成为各地衣着的重要材料。除产丝区外,清代江南地区丝织物和皮毛制品的穿着,大体限于中上层社会,普通民众的衣着多以土布为衣料,麻布在衣料中也占有一定地位,特别是夏衣用麻布者较多。[2] 宣统元年由徽州知府刘汝骥组织的民情风俗调查,为我们了解20世纪初徽州普通民众的穿着提供了一些信息。据调查报告称,祁门"乡村农民只知用本地土布而已。妇女衣服纯用布制,冬裘夏葛不多见"。绩溪县,"绩俗向朴,兵燹前俱穿布衣,帛者百不一二。夏穿土葛布、土麻布,穿夏布者少,穿纱绸者更少。冬则穿粗布,如常熟布、余姚布,富而老者穿棉袍,次穿夹袍,裘不多见"。至于婺源县,据报告称"婺邑二十年前(即1890年前后——引者),服饰崇朴素,富商大贾往来江淮、吴越间,皆穿土布

---

〔1〕戴元枝《明清徽州杂字研究》,第222页。
〔2〕黄敬斌《民生与家计:清初至民国时期江南居民的消费》,第112—117页。

衫"。同时又补充说，近二十年来穿着的风气开始大变，不过其描述主要限于衣裳的样式而非衣料。[1]可见，直到19世纪末20世纪初，婺源的普通民众仍以棉布为基本衣料。

从排日账记录看，程家平时穿的衣料与徽州乡民差别不大。我们提到，程家生产葛巾。不过在历年排日账中，葛布似乎只供出售，笔者没有发现染葛巾的记录，也没有找到程家用葛布做衣服的记录。葛布缝制的衣服较为轻薄，透气性较好，为何程家不使用这种衣料呢？除了程家自身可能所产不多外，一个合理的解释是，葛布价格比较贵，主要是社会中上层的衣料。[2]正因为如此，徽州民间将"冬不裘，夏不葛"视为生活质朴的重要标志。[3]

在程家购买的各种布料中，比较常见的所谓"粗布"，应该是纤维较粗的一种布料，从上引调查报告看，这是冬衣的衣料。光绪五年十二月二十日允亨记，"父亲过双路口买粗布"[4]。光绪十八年九月二十一日，允亨"支钱一百四十文买粗布，（清）〔青〕，六尺"[5]，每尺的价格是23文。十一月初一日，又"支钱陆拾文买粗布二尺"[6]，每尺价格为30文。光绪十九年正月十二日，允亨花了一百四十四文买布六尺[7]，单价与上述相仿，估计买的也是粗布。光绪二十年五月二十日记，"支英洋乙员买粗布四丈七尺"[8]，买的布料也是粗布。排日账还提到"余腰布"，应为余姚布，这种布料可能来自浙江余姚，也属粗布的一种。[9]

市面出售的粗布，多为未染色的白布，交给裁缝之前，需要染色。光绪五年十二月买粗布的次日，允亨"支洋二元出街籴米，搭染布正裕号"[10]，出清华籴米的同时，到染坊染布。这个染坊应该位于清华的"接角祠"（或为街角祠之误），光绪八年九月二十三日记，发开"出街接角

---

[1] 刘汝骥《陶甓公牍》卷十二《法制科》，第258、278、246页。
[2] 黄敬斌《民生与家计：清初至民国时期江南居民的消费》，第115—117页。
[3] 刘汝骥《陶甓公牍》卷十二《法制科》，第222页。
[4] 程氏排日账#6，光绪5/12/20。
[5] 程氏排日账#11，光绪18/9/21。
[6] 程氏排日账#11，光绪18/11/1。
[7] 程氏排日账#11，光绪19/1/12。
[8] 程氏排日账#11，光绪20/5/20。
[9] 程氏排日账#11，光绪19/6/10："支钱陆拾文买余腰布三尺四寸。"
[10] 程氏排日账#6，光绪5/12/21。

祠染坊（热）〔染〕（清）〔青〕布"[1]，将粗布染成青色。

青色，似乎是徽州普通民众衣着中较为常见的颜色。《农业杂字》"染匠类"下罗列了二三十种的颜色：

> 深青蓝青，粉青皂青。鸦青靛青，豆青光青。洗白月白，天青玉色。藕丝茶褐，葱白鱼白。明绿暗绿，瓜皮柳绿。黑墨官绿，竹根油绿。鹅黄独黄，柳黄焦黄。大红桃红，木红紫红。茄花酱色，沉香檀香。还复冻漂，颜色鲜亮。[2]

大概由于颜料的关系，蓝色、青色种类繁多，这是那个时代衣着中比较常见的两种颜色。

染布的价格，排日账留下了一条记录。光绪十八年十二月二十九日记，"支钱二百廿八文，染布五丈二尺"[3]，每丈布染价为44文左右。此外，衣服穿久了，可能会掉色，也需要重新染色。光绪十九年六月初十日记，"支钱一百文染裤贰件"[4]。我们知道，染布应该是在缝制之前就完成的，此处提到的染裤，可能就是给掉色的裤子染色。

这些未染色的白布、已染色的青布，似乎是程家穿着中最常见的布料。光绪二十六年十月二十七日记，允亨"去当青〔布〕三丈零七寸，又白布三丈八尺零八寸，又青布三丈五尺零贰寸，托兴娥嫂出当英洋贰元正"[5]。程家在家中存放了近10丈的布料，其中青布6丈多，白布3丈多。由于家中急需用钱，便将这些布料拿去出当。此后，允亨先后托人于十二月十七日、次年二月二十四日分两次将布料赎回。

排日账记录中，与粗布价格相近的是建德布，也较为常见。从名称判断，这种布料可能是安徽建德生产的。在发开所记排日账中，就已提到这种布料。道光二十五年三月十八日记，"已到得丰宝号来米九斗，万源□建布乙匹六尺"[6]，发开出清华籴米，又买布料，这里的"建布"

---

[1] 程氏排日账#7，光绪8/9/23。
[2] 戴元枝《明清徽州杂字研究》，第222页。
[3] 程氏排日账#11，光绪18/12/29。
[4] 程氏排日账#11，光绪19/6/10。
[5] 程氏排日账#12，光绪26/10/27。
[6] 程氏排日账#2，道光25/3/18。

应该就是建德布。光绪十年闰五月十七日记,"父亲支洋贰圆出街买建德布"[1],明确提到建德布。排日账中有几个建德布的价格。光绪十八年十月三十日记,"已支英洋乙元,买建布四丈二尺"[2],每丈价钱238文（以1元合1000文计）。光绪十九年八月十三日记,"支五十文配儿买建布转脚四尺五寸,共一百文"[3],每丈222文。光绪二十一年正月十二日记,"己下富村……支本洋乙员买建布陆丈"[4],不过此次使用的是本洋。光绪二十年同时有粗布和建德布的价格,因而可以比较两者的贵贱。光绪二十年五月二十日,允亨"支英洋乙员买粗布四丈七尺";六月二十日记,"支英洋乙员买建德布清三丈八尺,找去钱廿二文"[5],可知建德布价格比粗布高些。

高庄布,是排日账提到的另一种布料,不过不常见。光绪二十年十一月二十八日记,允亨买"万昌店高庄布二丈,计钱二百廿文"。二十九日,又买"信义店高庄布二尺,计钱二十二文"。[6] 高庄布每丈价格110文,仅为同期粗、建德布价格的一半,算是排日账提到的最便宜的布料了。排日账还提到石门布。光绪二十一年十一月十六日记,"对余净兄石门布来二匹,下欠英洋乙员五角□"[7],每丈价格为187.5文左右,比粗布、建德布低,也是一种低价布料。

除了上述布料外,排日账还提及仰塘布,这种布料的产地不详。光绪二十一年七月二十九日记,"支英洋乙员买仰塘布四丈正"[8]。光绪二十六年五月二十八日记,"支英洋乙员出燕山买（印）〔仰〕塘布三丈五尺,又赊来乙尺,下欠廿九文"[9]。光绪二十一年,仰塘布的价格是英洋每元4丈,前一年英洋1元可买到粗布4丈7尺或建德布4丈8尺,所以仰塘布比粗布和建德布贵一些。光绪二十六年五月,仰塘布价格上涨

---

[1] 程氏排日账#8,光绪10/闰5/17。
[2] 程氏排日账#11,光绪18/10/30。
[3] 程氏排日账#11,光绪19/8/13。
[4] 程氏排日账#11,光绪21/1/12。
[5] 程氏排日账#11,光绪20/5/20、6/20。
[6] 程氏排日账#11,光绪21/11/28-11/29。
[7] 程氏排日账#11,光绪21/11/16。
[8] 程氏排日账#11,光绪21/7/29。
[9] 程氏排日账#12,光绪26/5/28。

至英洋每元3丈5尺。[1]

跟粗布相对的是所谓的"细布",亦即纤维较细、大概质地也较佳的一种布料。程家很少买这种布料,排日账只是在光绪十八年提到一次,那是作为礼物出现的。[2]送礼前四日,排日账记,"己在家,出燕山托锡民兄英记号买布,毛(监)〔蓝〕四对,红青乙对,红绿乙对,付英洋陆员,找钱一百五十文"[3]。英记,是燕山一家布店的字号。此日买入毛蓝等布料共6"对",与二十日所记"细布五对"相近,据此推断,细布即是毛蓝、红青、红绿等色布料。[4]宣统元年徽州调查报告称,光绪朝以前,在外经商的婺源商人,穿着毛蓝土布长衫、红青土布马褂[5],虽然报告以此表彰婺源县民素来质朴,但对于普通农户来说,这些布料应该是质量较好的衣料了。因此,光绪二十六年十二月、光绪二十七年十二月,允亨长女儿婆家送来的礼物中,都包括了毛蓝布。[6]排日账还提到一种醉红布,也是婚礼中男方送给女方的礼物之一。光绪十八年四月初二日,允亨派人送给大连亲家的礼物中,就提到了"醉红布乙对"[7]。此外,排日账中提到的彩毛红、加毛红、红青布,也用作礼物[8],估计也都是质地较好的布料。

洋布很早就进入沱川。道光二十四年十一月十四日,发开前往休宁县买布,当日的排日账记录没有提到布料种类,但同月二十一日记,"己上金江岭卖洋青布",二十二日又记,"己洪源卖洋青布"。[9]可以断定,这次在休宁城购买的是青色的洋布。洋布虽然出现得很早,但似乎程家不太欣赏这种布料,因为除了出售洋布的记录外,程家买入洋布自用的情况,

---

[1]　程氏排日账#13,光绪26/5/28。
[2]　光绪十八年十二月,允亨给大连亲家送礼,其中就有"细布五对"(程氏排日账#11,光绪18/12/20)。
[3]　程氏排日账#11,光绪18/12/16。"对"字含义不详。
[4]　不过,马勇虎认为,毛蓝布是"耐用、耐穿的粗布",参见马勇虎《近代徽州布商研究——以商业账簿为中心》,第133页。
[5]　刘汝骥《陶甓公牍》卷十二《法制科》,第239页。
[6]　程氏排日账#12,光绪26/12/19:"己在家,汪王后余三九亲家来隔节,亥乙对,布乙对,毛蓝,粟米(羔)〔糕〕三斤,回麻片糖十二两。"程氏排日账#13,光绪27/12/19:"六九亲眷来格节,毛蓝布乙对,麻片糖乙斤半,回夫麻苏十句。"
[7]　程氏排日账#11,光绪18/4/2。
[8]　程氏排日账#12,光绪26/10/1:"对有性兄布彩毛红贰对,又加毛红二尺,红青布三尺四寸。"
[9]　程氏排日账#2,道光24/11/14,11/21-22。

第八章　饮食、穿着及其他

排日账只提及了一次。[1]光绪二十一年十一月十一日,允亨买洋布三尺,次日,又买"信义号洋布三尺五寸……。又托汉来司伙计做胎衣。补记:付现钱二百文,焕来司手"。[2]这次买入的洋布,不是做成人衣裳用,而应该是"作胎衣",用于给婴儿做衣服的(是因为洋布比较柔软?)。

排日账提到的布料,还有明蓝布、难面布、城布、乌汫、绛希等名色。[3]这些布料仅出现过一两次,并非程家衣着的重要材料。

服装

在《中国古代服饰研究》中,沈从文研究了清代的《康熙耕织图》《康熙万寿图》《乾隆南巡图》《姑苏繁华图》,认为图中的人物形状、社会景象,都相当接近写实。图中所见一般平民,男子头裹巾子或椎髻,着短衣短裤,也有穿对襟短衣或齐膝长衣、长裤或裹脚的;女子头裹巾子或加遮眉勒,身穿对襟或交领衣和长裙。[4]黄敬斌进一步援引方志、欧洲人描绘的生活图景等资料,基本印证了沈从文的看法。他认为,清代江南地区,夏衣男性多短衣短裤,女性多穿长衣;冬衣以棉袄、裤为主;春秋衣则以夹袄、裤为主。这些衣服多是自制,但购买成衣或委托加工的情形也不罕见。[5]

程家似乎极少买入成衣,不过大都也非自制。布料买回后,通常是交给裁缝缝制成衣服。排日账留下了不少请师傅缝制衣服的记录。光绪十九年正月十二日记,"托发开司、标司做衣裳",发开、标应该都是裁缝,"司"是对他们的称呼。[6]光绪二十年十一月初一日,允亨"托(换)〔焕〕来司伙计做衣裳"。这两次做的都是衣裳,估计是上衣。同月二十八日,又"托焕来司、德〔善〕做衣袜□"。除了衣服,袜子也是裁缝做的。次

---

[1] 光绪二十三年,黟县宏村一户典商家庭购买洋布花费1044文,土布花费3346文,外加银元5角,洋布花销约当土布的四分之一。参见周致元《一份"流水日志"中所见的近代徽州社会》,《合肥学院学报》(社会科学版)2011年第4期,第25页。
[2] 程氏排日账#11,光绪21/11/11-12。
[3] 明蓝:程氏排日账#7,光绪8/12/13:发开"清华街买明(监)〔蓝〕布二对"。难面:程氏排日账#7,光绪9/10/19:"支钱……乙百文〔买〕难面布。"城布:程氏排日账#11,光绪18/1/28:"对万昌店香1干,城布1丈,……英洋3元。"乌汫:程氏排日账#12,光绪26/10/1:"万青兄来布彩线、丝线乙钱,……乌汫乙丈。"绛希:程氏排日账#11,光绪19/8/5:"又敬敷弟时万昌店买衣章,绛希9尺,白布3尺。"
[4] 沈从文《中国古代服饰研究》,上海:上海书店出版社,2002年,第609—614页。
[5] 黄敬斌《民生与家计:清初至民国时期江南居民的消费》,第117—120、122—123页。
[6] 程氏排日账#11,光绪19/1/12。"司"应是师傅之意。

图8.1 除夕瑞炭
资料来源：董棨绘、许志浩编《太平欢乐图》，上海：学林出版社，2003年，第120页。

日，"托焕来司、德善做短架裤"[1]。"短架裤"大概是一种短裤。经过三天的工作，裁缝缝制了衣服、裤子和袜子。光绪二十二年五月十一日，允亨买布4丈2尺，又赊8尺。十二日，请"裁缝匠做衣裳二通"[2]，"通"应该是上下全套，二通就是两套。光绪二十六年五月二十八日，允亨买来仰塘布三丈五尺。六月初一日，"托长□司〔做〕衣裳，现付工钱五十四文"[3]。这可能是一件衣服的工钱，如果是一套衣服的工钱，则工价未免过低。

作为普通民众，允亨和他的家人不太可能穿长袍——毕竟，这是排日账中所谓的"先生"，也即有一定功名或地位之人的标配。他最有可能的穿着，就是上衫加裤子（包括短裤、长裤）的组合。上述请裁缝的记录，从侧面证明了这一点。排日账所有请裁缝的记录，缝制的都是衣裳、裤子、袜子一类，没有缝制袍子的记录，这种穿着和允亨及其家人的身份不相符。他的穿着，有可能像董棨在《太平欢乐图》中所绘的卖炭薪的这位乡民（图8.1）。

---

[1] 程氏排日账#11，光绪20/11/1。
[2] 程氏排日账#11，光绪22/5/11-12。
[3] 程氏排日账#12，光绪26/5/28，6/1。

此外，允亨还可能戴帽子。排日账留下了一条买帽子的记录。光绪二十一年十一月十一日，允亨"支英洋乙员，买建布四丈三尺，又细（占）〔毡〕帽乙顶，洋布三尺，下欠二百八十文"。[1]山区冬天寒冷，毡帽可以御寒。至于鞋子，日常穿的应该是草鞋，[2]冬天穿布鞋。[3]当然，除了寒天外，打赤脚在那个时代应该也是很常见的。

家具、燃料及其他

在《15至18世纪的物质文明、经济和资本主义》一书中，布罗代尔将家具视为物质文化的一个部分加以讨论。他指出，"穷人没有家具"，是近代早期欧洲屋内设施的"第一条规律"。当时欧洲一些地方，穷人连床都没有，平时睡在草垫上；有的人家则没有桌子，只能以木桶当桌子来用。[4]这当然只是工业革命之前欧洲某些地区社会下层的状况。

明清时期的中国，有关普通民众家具使用的史料极其匮乏，至20世纪30年代才有若干调查报告。卜凯主持的调查将中国分为小麦地带和水稻地带。小麦地带每个农家平均拥有家具的情况是：床，3.4件；桌，4.1件；椅，2.1件；长凳，4.0件；橱，2.6件；箱，2.2件；碗橱，0.3件；书桌，无数据；镜子，0.4件；锅，2.3件。水稻地带的情况是：床，4.1件；桌，4.6件；椅，4.0件；长凳，12.0件；橱，2.8件；箱，2.7件；碗橱，0.5件；书桌，0.2件；镜子，0.3件；锅，1.8件。婺源所在的水稻茶区，每个农家拥有家具的情况是：床，3.2件；桌，4.3件；椅，4.1件；长凳，11.9件；橱，2.4件；箱，2.9件；碗橱，0.6件；书桌，0.2件；镜子，无数据；锅，1.5件。[5]总体而言，水稻茶区农家家具拥有量，比整个水稻地带的平均

---

[1] 程氏排日账#11，光绪21/11/11。
[2] 排日账时见程氏家人做草鞋的记录，如程氏排日账#6，光绪7/3/3-6，3/12-15，3/17-18，3/20，3/27-29。
[3] 布鞋出现于婚礼的礼单中。
[4] 布罗代尔《15至18世纪的物质文明、经济和资本主义》，上册，顾良、施康强译，北京：生活·读书·新知三联书店，1992年，第332—335页。
[5] 卜凯《中国土地利用》，第650页，第十四表。30年代末，中国经济统计研究所对吴兴、无锡、嘉兴三地农户家具拥有数量进行了调查，这次调查所得的数量，较卜凯提供的扬子江水稻小麦区的数据低不少（只有锅除外）。参见黄敬斌《民生与家计：清代至民国时期江南居民的消费》，第166页。

值略低一些。彭慕兰比较了卜凯的数据和德弗里斯提供的17世纪荷兰菲士兰（Friesland）的数据，他认为，过去认为的中国乡村生活清苦简朴而欧洲家庭充斥着新物品的刻板印象需要修正。[1]

那么，程家拥有哪些家具呢？光绪十八年二月十一日，允亨母亲去世后，程氏兄弟分割了她留下的遗产，其中包括锅伙、橱桌等家具，可惜排日账没有提供家具的件数。不过第二天提到，"帮兴兄回来大（厨）〔橱〕一口，英洋乙元。又大跍桶乙只，又茶架乙只，两样计英洋七角，允恭兄做中"。[2]橱、跍桶、茶架估计是允兴分得的家具，允亨再从兄长那里买得。

排日账有多次请木匠做床的记录。第一次发生于光绪五年四月，第二次发生于光绪七年闰七月，这两次都是在分家前；第三次发生于光绪十三年八月，这次是在分家后。[3]笔者估计，分家前夕，程家至少有三张床，发开夫妇、允兴夫妇、允亨夫妇各使用一张。分家后，允兴分走自己那张，允亨剩下两张。光绪十三年木匠制作的那张，应该是给同仓准备的。此后家中应有三张床。此外，苦竹山应该安置了一张简陋的床。

排日账记录了几次制作桌子的事，第一次是道光二十六年三月，持续了一周时间，记录交代是八仙桌。[4]第二次发生于光绪七年闰七月，排日账说做的是"拐桌"。[5]第三次发生于光绪十九年二月。[6]另外还有一次补桌的记录，发生于光绪五年四月，正是做床的前后。[7]这次距道光二十六年做桌已有三十多年，有可能修补的是那张老八仙桌。笔者估计，分家前，程家至少有两张桌。

前面提到，分割母亲遗产时，允兴分到大橱一件。另外，道光二十年有制作橱子的记录，[8]时间较早。假如到19世纪末，这个橱子还完好无损，那么程家至少有两件橱子。排日账还有柜子、八仙凳、面盆架的

---

〔1〕 彭慕兰《大分流：现代世界经济的形成，中国与欧洲为何走上不同道路？》，第184—185页。
〔2〕 程氏排日账#11，光绪18/2/11-12。
〔3〕 程氏排日账#6，光绪5/4/22-24，光绪7/闰7/10；#10，光绪13/8/30。
〔4〕 程氏排日账#2，道光26/3/10-12。
〔5〕 程氏排日账#6，光绪7/闰7/14，闰7/16。
〔6〕 程氏排日账#11，光绪19/3/13-15。
〔7〕 程氏排日账#6，光绪5/4/26。
〔8〕 程氏排日账#1，道光20/2/21-27。

制作记录。柜子制作时间在同治十一年。[1]八仙凳制作时间是道光十八年，共制作"二面"，或许是两件。面盆架的制作时间，是在制作八仙凳的次日。[2]

排日账留了几笔有关锅的记录。同治十二年，排日账记录说，发开至"苦但"（应为古坦）买锅。[3]光绪四年十二月，发开、允亨父子曾前往景德镇买"细锅"[4]，这次买锅，也许是因为同年七月程家放在苦竹山草篷内的锅被盗。[5]光绪十八年六月，允亨到清华籴米，"支钱三百九十文买小中锅乙口"[6]。光绪二十一年闰五月，又在清华"支钱三百文买细锅乙口"[7]。光绪二十二年五月，出清华籴米，再次"支钱三百买锅十马乙口"。从价格判断，这次买的应该也是细锅。查同年三月，程家苦竹山篷被盗，盗走的物件中，就有细锅一口[8]，可见这次买锅仍是因为细锅被盗。综合上述材料看，分家前后，程家至少有两口锅，一口在上湾家中，较大；另一口在苦竹山篷内，是细锅。

综合上述情况看，程家的家具数量接近卜凯调查所见民国水稻茶区农户的家具数量而略低。

在电灯发明以前，黑夜是人类的敌人，或者说至少是统治者的敌人。黑夜不仅为各种犯罪活动提供了掩护，在民间的观念中，黑夜也是妖魔大肆出没的时间，驯服黑夜成为统治者很伤脑筋的事。[9]照明就是驯服黑夜的手段之一，中国一些区域有点天灯的习俗，天灯不仅提供照明，也被视为具有驱赶邪魔的功效。[10]在民众的日常起居中，也需要照明。特别是徽州民宅"天井小，少窗，光线黑暗"，[11]照明尤为重要。

---

[1] 程氏排日账#5，同治11/11/19-21。
[2] 程氏排日账#1，道光18/8/20-21。
[3] 程氏排日账#5，同治12/11/15-16。
[4] 程氏排日账#6，光绪4/12/12。
[5] 程氏排日账#5，光绪4/7/10-11。
[6] 程氏排日账#11，光绪18/6/15。
[7] 程氏排日账#11，光绪21/闰5/17。
[8] 程氏排日账#11，光绪22/3/13，5/23。
[9] Norbert Schindler, "Nocturnal Disturbances: On the Social History of Night in the Early Modern Period," in Norbert Schindler, *Rebellion, Community and Custom in Early Modern Germany*, trans. Pamela E. Selwyn, Cambridge: Cambridge University Press, 2002, pp. 193-235.
[10] 刘永华《闽西四保的路灯习俗》，《民俗研究》2003年第3期，第190—193页。
[11] 刘汝骥《陶甓公牍》卷十二《法制科》，第222页。

图8.2 棋子树（塘崛村）

  油是照明的重要材料。徽州乡村常见的油类有菜油、茶油、花生油等，但这些都是食用油。民众燃料油的一个重要来源，是当地的一种植物油——棋子油。棋子是徽州的一种落叶乔木（图8.2），疑即乌桕[1]，秋天结实，通常十月至十一月收获。果粒白色，小如黄豆，外皮为白色粉末状物，可做肥皂、蜡烛；里面的果实呈黑色，含青油，可用于照明（图8.3）。[2]排日账留下了不少采摘棋子的记录，为了解程家如何解决照明问题提供了较为翔实的材料。

  作为经济林木，棋子基本上是人工种植的。综合排日账对棋子采摘的记录，程家的棋子树主要种植于四处，其中西坑山和西坑里经常合记为一处：（一）白石垓：从同治十二年至光绪二十六年，几乎每年都有程家上白石垓采摘棋子的记录。[3]（二）西坑：光绪四年、七年至十年、十四年、

---

[1] 陆容《菽园杂记》卷十四："冬月取桕子，春于水碓，候桕肉皆脱，然后筛出核，煎而为蜡。其核磨碎，入甑蒸软。压取清油，可燃灯，或和蜡浇烛，或杂桐油制伞。"（佚之点校，北京：中华书局，1985年，第174页）其功用与徽州棋子相近。
[2] 访谈人：胡崇高（婺源县清华镇），访谈时间：2007年11月14日。集体化时代，大量种植棋子树，现存棋子树多为那个时期种植的。
[3] 程氏排日账#5，同治12/10/7；#6，光绪4/11/11，光绪5/10/23，光绪6/11/3-5，3/8，光绪7/11/3；#7，光绪8/10/23，光绪9/11/11，11/13；#8，光绪10/10/21-23；#9，光绪12/1/7-10；#12，光绪26/10/9。光绪十二年（1886）正月初七日至初九日，程允亨上白石垓"斫棋子树"，初十日，"在家破棋子树"，这是将棋子树砍倒了吗？难以索解。

图8.3 棋子（塘崛村）

十八年至二十一年有采摘记录。[1]（三）屋背：同治十二年、光绪四年至六年、九年、十四年、十八年、二十年有采摘记录。[2] 上述记录不甚完整，可能有漏记现象。此外，道光二十四、二十五年有大桥采摘棋子的记录[3]，但此后没有任何记录，很可能此处棋子树并非程家所有。

棋子结实后，需要将果实铲下来，排日账中时有请人铲棋子的记录。[4] 太平天国结束前，棋子收获后，多半挑到市镇出售。如咸丰五年十一月十一日，发开挑棋子至溪口出售；咸丰六年十一月二十日，再次到溪口出售棋子；咸丰七年十一月十八日，"己上溪口卖棋子"。运动结束后，出售记录仅有一次。[5]

太平天国后，常见的做法是将棋子换成油、蜡烛或是食盐等物。如光绪九年十一月二十九日，"本身帮东裕（旧）[舅]家担棋子过察关，回转担油乙担、元红烛乙斤。"光绪十八年十月二十八日，"出燕山，棋

---

[1] 程氏排日账#6，光绪4/11/13-14，光绪7/11/2；#7，光绪8/10/25，光绪9/11/12；#8，光绪10/10/20。

[2] 程氏排日账#5，同治12/10/8；#6，光绪4/11/12，光绪5/10/25，光绪6/11/7；#7，光绪9/11/17-18。

[3] 程氏排日账#2，道光24/10/29，道光25/11/4。

[4] 如光绪十四年（1888）十一月初八日记，"父亲托允中兄西坑、屋背后、白石垓四处铲棋子"（实际仅提及三处）。光绪十八年十月十七日记，"己托允中西坑山、白石垓、西坑里、屋背后四处铲棋子"。光绪二十年十月二十九日，允亨"托进侄西坑山、白石垓、屋背后铲棋子"。十一月初四日，又"托发祥兄西坑又田塍铲棋子"（程氏排日账#10，光绪14/11/8；#11，光绪18/10/17；光绪20/10/29，11/4）。

[5] 程氏排日账#4，咸丰5/11/11，咸丰6/11/20，咸丰7/11/18。光绪四年十一月十六日，"父亲挑棋子，上小沱卖（籴）[巢]"（程氏排日账#6，光绪4/11/16）。

子换烛四斤"。光绪二十年十一月十七日,"己帮正常弟担棋子过双路口,计力脚二百文,棋子二斤二两,计红烛十三枝"。[1] 以上是以棋子换油、蜡烛的记录。又如光绪十九年十月二十七日,允亨去江隆号买东西,"又去棋子十八斤,来盐乙斤"。光绪二十一年十一月十六日,"出燕山,棋子换盐十两净"。光绪二十七年八月二十四日,"余正恒弟家来棋子,盐三斤十两"。十一月初三日,"去棋子十乙斤,还正恒盐"。[2] 这些是棋子换食盐的记录。棋子换油、蜡烛之处,多为燕山或察关的油坊。

除了棋子油外,桐油也可用于照明。程家在苦竹山上就种植了桐树,历年都有采摘桐子的记录。另外在抄珠山、西坑、白石垯、牛栏等地可能也种植了桐树。[3] 桐子的产量,排日账仅提供了一个数据。光绪四年三月初八日排日账记,"本身同允兴兄出鄣村,托连悦叔打桐油,计桐子乙百二十〔斤〕"。次日记,"允兴兄出鄣村,托连悦打桐油,计头油卅七斤"。[4] 桐子120斤打出了37斤的桐油,出油率是不低的,而这37斤桐油,点灯应该可以点很长时间了。至于灯具,光绪二十六年十月初八日,"去钱四百八文买桐油盏乙只"。[5] 灯盏虽然名为桐油,但应该其他种类的油类,也是可以用的。

最后,松香也是很好的照明材料,上湾背靠大山,山上松木不缺,这种照明材料应该是容易获取的。不过有关这一点,排日账保持缄默。

五口通商后,洋货开始大批进入中国市场。那么这些货物是否进入允亨的生活世界呢?

首先,洋货在徽州各地的流通是不成问题的。宣统元年刘汝骥组织的调查中,不少徽州士人都在报告中谈到这一点。歙县,太平天国结束后,"好洋货者多,好土货者少"。一县之内,又有差别,"洋货之用数以西乡为多,土货之销场以南乡为最"。休宁,"洋油、洋布几于比户可封",在

---

[1] 程氏排日账#7,光绪9/11/29;#11,光绪18/10/28,光绪20/11/17。
[2] 程氏排日账#11,光绪19/10/27,光绪21/10/26,11/16;#13,光绪27/8/24,11/3。
[3] 程氏排日账#2,道光26/8/30;#5,同治11/9/24-25,同治12/9/23-25;#6,光绪4/10/2,光绪7/9/1,9/8;#7,光绪9/9/24,10/5等。
[4] 程氏排日账#6,光绪4/3/8-9。
[5] 程氏排日账#12,光绪26/10/8。

洋货的冲击下，境内万安、临溪等处的土机"积赊巨万，谈工艺者色阻，研土产者灰心"。不过另一方面，"洋酒之用于宴会、洋芭芦之施于小碗、洋乳为哺儿之要件、番馔乃请客之恒需，则休宁尚未盛行，偶一见之，不必云奢"。祁门，"向称俭朴"，但"近日渐见繁华，各色客布、洋布销售颇多"。绩溪，风俗向来俭朴，不过"晚近"则"夏穿纱罗，次亦穿夏布、洋布"，至宣统元年前后，则"不但粗布不穿，土货、细布亦不愿穿，绸缎纱罗亦憎本货而喜洋货"。[1]在19世纪末的黟县宏村，一些洋货开始见于日常消费。光绪后期一本账簿提到的洋货，除前面提到的洋布外，还有小洋刀、洋肥皂、洋锁、洋铁筒、洋铁畚箕、洋钉等。[2]

婺源本地，"近各国通商，多染外洋习气"。调查报告感叹说，本地民众，除守旧者和寒儒下士，"此外盖无人不喜洋货嗜新品矣"。在各种洋货中，报告特别指出了鸦片的流毒：

> 吾国生计问题种种受外人朘削，而朘削之最酷者莫如鸦片，其它洋货不过攫吾财而已，鸦片则并吾民生产力而胥攫之，此殆中国之通患。而吾婺受患尤巨，下流贫民烟瘾特深，即令如限戒绝，此辈重疾初瘳，断难能力之骤长，非生聚十年，邑之元气何由复也？[3]

报告认为，鸦片影响到普通民众（所谓的"下流贫民"），应该已深深地渗入婺源乡村了。事实上，光绪二十六年前往程家抬走猪的，是一位绰号"烟鬼人"的村民，此人应是一个鸦片鬼。

随着时间的推进，不少洋货肯定逐渐进入徽州地区，到了19世纪中后期，其中一些货物已渗入乡村，进入允亨的生活世界。前面谈到，洋布早在道光年间就已在排日账中出现，发开曾到休宁城购买洋布，挑回婺源贩卖，但程家自身似乎很少使用这种外来的衣料。除此以外，在排日账中，难以找到其他洋货的记录。这并不是因为允亨没有留下记录，而是因为除了洋布、鸦片外，大多数洋货很可能并未在普通乡民的日常生活中找到立足之地。

---

〔1〕刘汝骥《陶甓公牍》卷十二《法制科》，第218、222、227—228、258、278—279页。
〔2〕周致元《一份"流水日志"中所见的近代徽州社会》，第25页。
〔3〕刘汝骥《陶甓公牍》卷十二《法制科》，第246、239页。

第九章　行动空间

在人文地理学中，行动空间（activity space）是指"某人（或某社群）在某日（或某一时间段）经常造访的地方的空间范围"[1]。行动空间可以被视为生活空间的一个部分，也即那些经常被造访的地方的空间范围，那些没有被造访过，只是在言谈中提到或在书报中读到的地方，不在行动空间的范畴之内。对乡民的行动空间进行研究，既可加深对其空间实践与空间感知的了解，又可为认识其日常行事乃至生活世界及其变动提供一个难以替代的视角。

生活空间研究

近三十年来，海内外学界对中国乡民的生活空间进行了一些有趣的研究。日本学者稻田清一以一部日记为基础，探讨了晚清江南一位乡村地主生活空间的范围与结构。[2]在稻田氏的启发下，洪璞发表了对清末民初江南地主生活空间的研究。[3]更多的学者尽管没有对生活空间展开正面的讨论，也没有使用生活空间这个概念，但在论著中对这个问题有所触及。比如，施坚雅对市场体系尤其是基层市场共同体的探讨，就触及乡民的生活空间问题[4]；黄宗智对华北小农的考察，也牵涉这一问题[5]；而经济史学家对明清商帮和长距离贸易的讨论，也必然涉及商人的

---

[1]　Gerald R. Pitzl, *Encyclopedia of Human Geography*, Westport, Conn.: Greenwood, 2004, p. 5.
[2]　稻田清一《清末江南一乡村地主生活空间的范围与结构》，张桦译，《中国历史地理论丛》1996年第2期，第219—242页。
[3]　洪璞《乡居・镇居・城居——清末民国江南地主日常活动社会和空间范围的变迁》，《中国历史地理论丛》2002年第4期，第20—32页。
[4]　Skinner, "Marketing and Social Structure in Rural China: Part I."
[5]　黄宗智《华北的小农经济与社会变迁》，第230—234页。

生活空间问题。[1]

在阅读这些研究论著时，很容易形成这样一个印象：科举制度和任官回避制度的存在，加上士大夫的社交策略及这个群体较为优裕的经济条件，意味着士大夫生活空间的范围比较大；同时，由于本身职业的需要，商人尤其是行商经常外出做生意，生活空间应该也比较大。那么，普通乡民的情况又是如何呢？在施坚雅的市场模型中，乡民的生活空间，大致不超出一个基层市场的服务区域。根据施氏的说法，这是一个由18个村落、1500户人家组成的方圆约50平方公里的空间。[2]而在黄宗智对清末民国华北乡村社会的考察中，对华北不同阶层乡民的生活空间进行了区分。他认为，华北乡村中的富农与少地、无地的贫民，其社交活动均有可能超越村落的界限，因为前者需雇佣乡村工人，而后者需出卖劳动力。相反，中农不存在上述需求，因而大概是华北乡村最为封闭的一个阶层。[3]不管如何，在这些研究中，典型的乡民似乎都生活于一个相当狭小的世界中，即使在商业化影响日益深入的近代，他们的日常政治、经济、社交及宗教文化等活动，大致都没有超出本地集市的服务区域甚至本村落的范围。

学者之所以得出这样一个结论，当然有多方面的原因，其中他们所依赖的证据生成的背景，就是很重要的一个原因。除了黄宗智和施坚雅之外，大多数研究依赖的史料，都来自士大夫本身，在这些文献中，普通乡民的生活不是根本不提，就是有不同程度的扭曲。黄、施二氏的研究，一是基于前人的经济人类学调查，一是基于自身的田野考察，当然可以弥补文献的缺失。不过，这些调查是在相对特殊的时期开展的，在这些调查中搜集的证据，究竟在何种程度上反映现实生活的常态，还是有一定争议的。[4]因此，我们今日对乡民生活空间的理解还不够深入，

---

[1] 比如，张彬村《美洲白银与妇女贞节：1603年马尼拉大屠杀的前因与后果》，陈国栋、罗彤华主编《台湾学者中国史研究论丛·经济脉动》，北京：中国大百科全书出版社，2005年，第291—316页。
[2] Skinner, "Marketing and Social Structure in Rural China, Part I," p. 33; 施坚雅《中国农村的市场和社会结构》，第44页。
[3] 黄宗智《华北的小农经济与社会变迁》，第232—233页。当然，黄宗智的看法同时涉及乡村生活的空间面向和社会面向。
[4] 黄宗智立论的最重要的资料，是"满铁"在抗战期间的华北乡村所做的经济人类学调查；而施坚雅在四川盆地的田野调查，是在40年代末进行的，而且时间很短。两者开展（转下页）

在某种意义上说是可以理解的。

排日账中对日常行事的长期记录,为分析一个农户的行动空间提供了翔实的史料。笔者使用"行动空间"而非"生活空间",有实际的考虑。程家三代在记账时,基本上都交代了行事的具体地点。但应该注意的是,和稻田等人处理的日记相比,排日账仅仅记录记账人及其家属的日常行事,和他们无关的行事一般不会被提及,故而基本上也就不会出现其他人行事的地点。[1]因此,排日账提及的地名,基本上属于稻田论文中所说的A类(与记账人及其家属行为活动相关的地名),而B类(与记账人亲朋好友的行为活动相关的地名)和C类(作为信息传闻在谈话中出现的地名)基本上不存在。[2]很明显,这些地名牵涉的仅仅是行动空间,其内涵较稻田的生活空间为小。不过从这种意义上说,利用这批账簿中的地名信息,来重构程家的行动空间,在学理上说是不成问题的。此外还应指出的是,由于排日账基本上不记录女性成员的行事,账中体现的主要是程家男性成员的行动空间(有关女性的行动空间,笔者在第十章稍有论及)。

据笔者统计,这批排日账提及的地名共有503个,扣除重复的地名,实在地名357个。在这些地名中,已识别的地名共415个,扣除重复剩278个,分别占地名总数、净地名总数的82.5%和77.9%;未识别者共88个,扣除重复还有79个,分别占总数的17%和22%。在账簿提到的所有地名中,已识别的地名占了将近八成,而且未识别地名出现频次很低,因此,这个百分比应该足以反映这家农户行动空间的大体情况。

这些地名位于程家所在的沱川一带者,共有145处,占已识别地名总数的52%;位于本婺源县但不在沱川境内者共77处,占已识别地名总

(接上页)调查的时间均属战乱时期。有关施坚雅的田野调查,参见 G. William Skinner, *Rural China on the Eve of Revolution: Sichuan Fieldnotes, 1949-1950*, ed. Stevan Harrell and William Lavely, Seattle: University of Washington Press, 2017。

[1] 主要的例外只有一个,就是当程家雇请从饶州府乐平、德兴等地短工帮助采茶之时(如程氏排日账#5,同治12/4/14;#7,光绪8/3/27)。

[2] 参见稻田清一《清末江南一乡村地主生活空间的范围和结构》,第226页。董乾坤处理的祁门生员胡廷卿的生活空间,实际上包括A和B两类地名(是否包括C类不详),办即包括了胡家家人实际造访过的地点与跟胡家亲朋好友、商业伙伴的行为相关的地点,可能还包括胡家购买的某些商品的产地,因而不尽然是胡家的活动空间,参见董乾坤《晚清乡绅家庭的生活实态研究——以胡廷卿账簿为中心的考察》,合肥:安徽大学出版社,2020年,第142—158页。

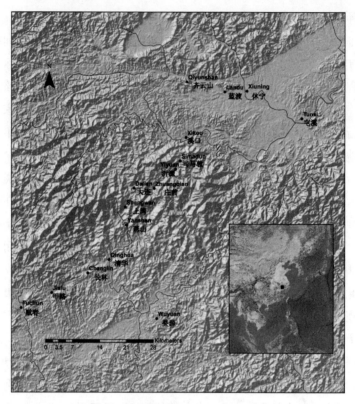

图 9.1 程家的行动空间（Steve Ford 绘制）

数的 27.7%；位于毗邻的休宁县者共 33 处，占已识别地名总数的 11.9%；位于徽州府其他县份、饶州府和浙江省的共 24 处，占已识别地名总数的 8.6%。换句话说，在所有已识别地名中，位于程家所在地域（即沱川一带）者占一半强，而在这个地区之外者占一半弱。这显示，沱川固然是程家行动空间中最重要的部分，沱川以外的区域也在程家生活中有着不容忽视的地位。

这家农户行动空间的范围，还可以换一个角度进行观察。通过统计账簿中出现地名的频次，可以观察哪些地方在这家农户的生活中扮演着比较重要的角色。[1] 在已识别的 278 个地名中，出现 20 次以内的地名共

---

[1] 必须交代的是，排日账提及地名的次数，往往不同于程家实际在这一地点行事的次数。换句话说，在距离上湾来回超出一天的地点，如下文提及的溪口、休宁县城或是赋春等地，提及地名的次数与从事相关行事的天数可能大体相当，但要高于实际行事的次数。

215个,占总数的77%;出现21次以上的地名共63个,占总数的22.7%;出现50次以上的共26个,占总数的9.4%。笔者根据上湾距离这些地点的远近,编排了上述26个地点出现的频次,将结果整理成表9.1。如表9.1所示,在出现次数最高的26个地名中,距上湾十华里以内的有14个,50华里以下、50—100华里之间的各有3个,100华里以上的有6个。在距离上湾100华里以上的地方中,溪口、庄前和休宁在排日账中出现次数均在200次以上。出现次数高达763次的清华镇,距离上湾也有30华里(参见图9.1)。这些数据应该足以反映路程相当遥远的乡村和集镇,对这家农户有着不同寻常的意义。

表9.1 婺源排日账地名的路程距离与出现频次表

距离(单位:华里)	地名与出现频次(单位:次)	合计(单位:个)
0-10	西坑(809)、牛栏(790)、西坑山(614)、顿底(590)、白石垓(455)、庄下(382)、燕山(346)、抄珠山(103)、大桥(69)、墓山口(60)、石桥底(58)、白玉山(56)、石蓬基(54)、屋背后(53)	14
11-20	苦竹山(2600)、大连(195)	2
21-50	清华(763)	1
51-100	长林(92)、赋春(77)、甲路(56)	3
≥101	溪口(546)、庄前(211)、沂源(192)、休宁(210)、司马敦(81)、蓝渡(52)	6
合计	——	26

资料来源:程氏排日账与笔者的田野调查笔记。

通过上述的统计分析,应该不难了解到,对于程家而言,他们的行动空间并不限于他们所在的乡镇。程家所在的沱川,对他们生活的意义是毋庸置疑的,但也应看到,程家的行动空间远远超出了这个狭小的地域。这个地域之外的其他市镇、乡村,在排日账中被频频提及,其频次甚至接近沱川本地的地名。而且,在那些被经常提及的地名中,将近四分之一超出100华里的距离。因此,至少就程家而言,进行长距离的旅行,是他们日常生活的一个部分。那么,应该如何理解这种现象呢?他们在这些地方从事何种活动?这种行动空间的分布格局,与他们的生计模式有何联系?又与他们的婚姻和宗教仪式活动有何关系?要回答这些问题，必须结合方志、民间文献等各种文献及田野调查所得口述史资料，对排日账进行细致的解读。

粮食种植、茶叶生产与亲戚往来

首先，我们来讨论表9.1列出的二十华里以内的地名。在出现频次高于50次的地名中，位于上湾方圆二十华里范围内的地方共有16个，超过总数的一半。那么，程家与这些地方有何联系？大体而言，程家在这些地方从事的活动可分为三类：一是粮食种植，二是茶叶种植和采摘，三是亲戚往来。简单地说，牛栏、西坑、西坑山、顿底、白石垓、庄下、大桥、石桥底、白玉山、石蓬基等10处，是允亨一家水旱农田的所在地；屋背后、抄珠山、墓山口及苦竹山、牛栏、白石垓、西坑等地，是这家农户茶园的所在地；燕山是沱川的经济中心，也是允亨姑妈的婆家和妻子的娘家；大连是允亨儿媳的娘家，他经常前往走亲戚、做买卖。

前面谈到，程家本身耕种少量水旱田地。水田就在上湾周围，主要包括牛栏、西坑、顿底、庄下、大桥、石桥底等处。旱地多半在山上，如白玉山、苦竹山等地。水田一般是一年两收，是冬小麦或大麦与水稻的轮作，旱地则是一年一收。徽州地区的耕作较为粗放，从排日账看，水田的耕作一般包括撒谷子、拔秧、莳田、耘田、割草、割禾、犁田、种麦等环节。灌溉的时候，需要守水。为改良土地，需不时在田里撒石灰。若是遇上庄稼生虫子，需撒桐油除虫。另外，程家还在水田的田塍上种豆类，豆类需要上泥和施肥。与水田相比，旱地的耕作更为粗放，不过也有拔山、下种、耘草、施肥、收获等环节。程家的旱地多半种植玉米，为防止人兽偷盗，到了玉米即将成熟的季节，一般在玉米地里搭篷，派家人住篷看守。再说一些旱地本来只是荒地，需要开荒，方可种植庄稼、茶树等作物，而开荒所费时日甚多。凡此种种行事，程家都计入排日账。因此，作为水旱田的所在，苦竹山、牛栏、西坑、西坑山、顿底、白石垓、庄下、大桥、石桥底、白玉山、石蓬基等地名被频频提及是可以理解的。

种植茶树、加工绿茶，向来是上湾所在的婺源北乡最重要的经济来源之一，对程家的生计也至关重要。这家农户的茶园，主要集中于苦竹山、白石垓、西坑、西坑山、牛栏、屋背后、抄珠山等处。茶树一旦种植，每年茶农除施肥、做磅外，应该说需要投入的劳力不多。不过，茶叶采摘无疑是一项既费时又费力的工作，尤其是茶季需要在短期内投入大量劳力，程家需雇佣没有种茶的邻居和来自江西乐平、德兴等地的乡民，分头前往几个不同的茶园摘茶。即便如此，大家也需忙碌一周至十几天时间。正因为如此，排日账中出现次数最高的地名（如苦竹山、牛栏、西坑），大都是茶园所在地。

如表9.1所示，在排日账中被频频提及的地名中，苦竹山高居榜首，总共出现了2600次，比出现频次排名第二的西坑高出两倍多。有关这个地方对于程家生计的重要性，笔者根据排日账的记载，选取记载相对完整的三个时段（1845—1858、1872—1883、1884—1901），对程家在苦竹山投入的日数进行了统计，编制成表6.4，并对其内容进行了分析（见第六章）。笔者的分析显示，在上述三个时段内，程家在苦竹山共投入劳动日3400工，其中最重要的行事是粮食生产（987工），茶叶生产也很重要（674.5工），掘山即开荒也投入不少时间（307工），另外蔬菜种植、耘草、燃料采集、拔山、茶厘采集、竹木砍伐、桐子采摘等活动也投入一些时间，可见程家在苦竹山的行事，绝大多数跟农业生产有关。

如此看来，程家从事生产活动的大致范围，位于以上湾为中心，半径约二十华里的范围内。这一范围可能较我们理解的传统乡民的生产空间要大一些，不过若放到当地的生态环境中，这个现象不难理解。由于当地山多地少，单凭耕种水田是无法糊口，因此，必须开发、利用村庄周围的丘陵、山地，种植玉米、茶树等。同时，对旱地的利用比较粗放，一些旱地的利用，甚至处于刀耕火种的技术水平，这意味着要维持一家的生计，就必须耕种更多的旱地，并在更为偏远的山地开荒。加之山地资源丰富，乡民还时常入山掘葛、采集草药、伐木、烧炭。对于像程家这样的农户来说，这些因素都在一定程度上提供了拓宽其生产空间范围的内在动力。

程家亲戚的空间分布范围，与这个生产活动的范围部分重叠。笔者谈过，发开的母亲汪氏，似乎是左源人；妻子余氏，应是理坑人；允兴的妻子是田里人；允亨的妻子余氏是燕山人；他的儿媳、也即同仓的妻子吴氏,是大连人。左源、田里和大连三地,都不在沱川境内,而是位于上湾的东北方,在今休宁县汪村镇境内。虽说这些村子距离上湾不过二十华里左右,但中间隔着分水岭,来往并不方便。但正是这种姻亲关系,为程家与这些村庄的乡民进行近距离接触提供了可能和动力。

燕山是沱川的经济中心。从排日账看,19世纪燕山没有定期集市,但有个小规模的市场,村边靠溪的那条街道上,开有商铺三两家,出售米、豆、油、布匹、杂货等,另有打铁铺一家及肉铺、药店、理发店等。在施坚雅的市场分类中,燕山大体可归入所谓的"小市"。[1]同时,程家在燕山有两个亲戚:一是允亨妻子余氏的娘家,一是允亨姑妈爱女的婆家。另外,每届春节,上湾程姓必须前往燕山敦叙堂给余氏拜年。元宵前后,余氏在燕山搬演台阁,通常程氏也会前往观看。因此,程家与燕山有频密的社会经济关系。

综合排日账的记载,程家在燕山的行事,计有三大类:(一)经济活动,包括购买肉、猪、鱼、家禽、果品、酒、布匹、货物等,出售油、酒、食盐、蔬菜、茶叶等,以及借贷、换油、修理农具、订制建筑材料、帮工、理发、看病、交粮(缴纳钱粮)等;(二)社会活动,包括走亲戚、拜年及给医生送礼等;(三)宗教娱乐活动,包括看台阁、看戏及玩耍等。在此需要指出的是,程家在燕山的经济行事,以交易、消费为主,基本上不涉及生产性的活动。

再说大连和田里。大连,今属休宁县汪村镇,距离上湾有近二十华里的路程,允亨的儿媳便来自这个村庄。与大连吴氏结亲后,允亨经常前往这个村庄走亲戚,有时一住就是四五天。19世纪末,允亨又与大连村的一位吴姓族人有生意往来,后因此人赖账,曾多次前往讨债,因此,自与吴氏联姻后,大连被频频提及。田里,今亦属休宁县汪村镇,距离上湾约二十华里。与大连相似,田里被频频提及,开始于允兴迎娶田里一女子为妻之后。至光绪九年程氏兄弟分家后,排日账中便不再记录允兴的日常行事,田里自此基本上不再被提及。

综上所述,程家几乎所有的粮食种植、茶叶生产等生产性活动,都位于以上湾为中心,半径为二十华里的圈子之内;程家的婚姻圈,与这

---

[1] Skinner, "Marketing and Social Structure in Rural China, Part I," p. 9.

个圈子部分重叠。另外，程家的生产活动圈与婚姻圈，与其市场圈也不完全重叠，包括沱川在内的婺源北部地区，其基层市场是清华，大连可以说在清华的市场圈内，但左源和田里似乎不在这个圈内。

集市贸易与食盐贩卖

如果说程家的生产性活动，大致是在位于上湾方圆二十华里的范围内开展的，那么，这家农户从事的商贸活动，大多是在这个范围之外进行的。借由这些商贸活动，程家与远方的市镇和村庄建立了密切的关系。

笔者说过，对于像程家这种生活在婺源北乡的农户来说，与村外世界打交道不妨说是生态环境提出的基本要求。程家拥有少量耕地，不过，这些水田、旱地的产出，顶多只能维持程家半年的口粮。因此，他们需要经常籴米，而他们频频前往籴米的市镇，并非本地的燕山，而是婺源北部的市镇清华。

笔者谈到，清华是婺北重镇，距离上湾有30华里路程，在允亨一家的生活中具有非同寻常的意义。对于沱川一带乡村来说，清华承担的是基层市场的功能。从排日账本身看，允亨一家前往清华，主要是为了做买卖。具体来说，他们在这里从事的活动包括：籴米，购买食物（猪肉、猪油、鸡鸭蛋、糕饼、果品、陈皮、姜片、面、鱼类、豆豉、花生、菜丝、烧酒、盐巴、花生）、生活用品（陶器、纸张、斗笠、菜刀、灯笼、香）、布匹、饲料（米糠、麦皮）、首饰、石膏、猪等，出售葛巾、食盐、茶叶、油、油麻（芝麻）等，以及兑换铜钱、染布、磨玉米、雇人、探亲（一位远亲）。有时是取道清华，走水路前往婺源县城，或是往东北前往溪口，还有几次是在太平军侵扰婺源期间，前往清华当乡勇。[1]其中最为常见的活动是籴米、买肉、卖茶等。也就是说，程家在清华的经济行事，以消费性交易活动为主。在排日账有据可查的三十多年时间里，与程家打过交道的清华米店，就有19家，其中尤与信茂号、裕大号、达兴号、复茂号等米行的生意往来最为频密。程家与茶行

---

〔1〕 程氏排日账#4，咸丰8/7/29-30，8/2。

的往来，一是出售茶叶，一是替茶行挑担，尤以后者最为重要。排日账中提到的茶行计有4家。从排日账看，程家和清华的钱庄也有往来，账簿提到程家在清华"换钱"共5次。所谓换钱，主要是将银元兑换成铜钱。

在表9.1中，出现次数超出200次的地名中，仅次于清华且不在沱川范围内的是溪口镇。溪口，道光《休宁县志》作上溪口街，志中仅有"县西五十里，长二里"寥寥数字，非常简略。[1] 从地理位置上说，溪口位于休宁县西南、新安江上游率水之滨，过去船只从新安江逆流而上，可以到达溪口，溪口以上河段，就无法通航了。同时，这里又位于婺源与休宁的交界处，婺源乡民翻过浙岭后，经过一段路程的跋涉，越过婺源县界后，便进入溪口地界。[2] 因此，这里是水路和陆路的一个重要交汇点，历史上有"七省通衢"和"小屯溪"的美誉。[3] 从实地看，溪口的商铺主要集中于率水两岸的溪口街与和村，其中盐栈集中于和村。晚清民国时期，溪口主要的商铺有盐栈、百货店、杂货店、旅店、药店、馆子店（小饭店）、雨伞店、绸缎店、布店、豆腐店、纸扎店、油坊等，尤以盐栈数量最多，计有广益、广源等9家，盐业贩卖在当地经济生活中也最为重要，是休宁最重要的食盐销售中心之一。此外，镇上还建有江西会馆。[4]

从排日账看，程家前往溪口，主要从事的活动有购买食盐、米粮、杂货、麻布袋、糕点、猪油、陶器等，出售灰蓼、葛粉、棋子、油麻等，以及挑担（"担茶箱""担零碎"）、换洋钱、铜钱等。溪口对于程家的重要性，还在于此地是前往徽州中东部地区的中转站。排日账显示，从溪口出发，程家前往休宁县城、屯溪、黟县、齐云山、祁门、万安街

---

[1] 道光三年刊《休宁县志》卷之一《疆域·坊市》，《中国地方志集成·安徽府县志辑》第52册，第32页。

[2] 过去，今休宁县板桥乡一带属婺源十四都管辖，1949年才划归休宁县。这一带是从清华前往溪口的必经之路。参见光绪九年刊《婺源县志》卷二《疆域四·坊都》，页6a—6b。

[3] 王振忠《历史劫难的流传与记忆》，《从黄山白岳到东亚海域：明清江南文化与域外世界》，上海：上海人民出版社，2021年，第119页。

[4] 汪顺生、余坚《休宁徽商老字号名录》，黄山市徽州文化研究院编：《徽州文化研究》第三辑，第452—475页；汪顺生《溪口——新安江源第一埠》，合肥：合工业大学出版社，2013年，第30—31、36页（仅列举八家盐栈）。李晖也提到："溪口镇上的九家盐行，全靠屯溪转运浙盐，"但没有注明资料出处，参见李晖《屯溪夜泊》中的徽商市景，《寻根》2003年第6期，第90—95页。

（休宁的另一个市镇）等地。不过，购买食盐，才是程家前往溪口最为重要的目的，这一点前面已谈过。当然，程家频频前往溪口，不只是出于自身消费的需要，也出于营生的考虑。他们前往溪口买盐，或是替人买盐，或是为了在婺源老家贩卖。

庄前、沂源、司马敦、蓝渡等乡村，在排日账中也屡屡出现。不过，在程家的生活空间中，这些村落本身并不具备特别的意义。它们之所以被频繁提及，是因为他们位于程家前往溪口、休宁县城、屯溪等地的必经之路，是他们经过长途跋涉之后歇脚、住宿的地方，因此，这些地方在排日账中频频出现，与溪口食盐贩卖之行和前往休宁、屯溪贩卖土特产品实大有关系。从沱川到溪口，走一趟要花三四天时间。在这个路程中，庄前、沂源、司马敦和蓝渡四村，常常成为程家前往溪口办事或从溪口返回时歇脚、住宿的地点。据老乡回忆，这些村庄过去均有一些农家客栈，供来往客商歇脚、住宿。[1]

从溪口出发，经石田、渭桥、蓝渡，便可到达休宁。从表9.1可看出，沱川虽属婺源县管辖，但休宁县城出现次数达210次，而婺源县城才出现27次，前者对程家的重要性由此足见一斑。那么，程家前往休宁城，主要从事什么活动呢？从排日账看，他们在休宁城的活动比较简单，最重要的是出售葛粉和黄精，另外买布、看病各出现2次，买牛皮1次，还有1次是"抽当货"（含义不详）。相较于溪口，休宁城才是程家出售葛粉和黄精最为重要的地点。收购葛粉和黄精的商号，排日账不常提到，但几笔记录提到，收购商是胡开文号。[2]这是一家徽州的老字号，由绩溪人胡天注于乾隆年间创建于休宁，在大江南北和徽州歙县、屯溪等地开设了多家分店。[3]过去我们知道这家商号以经营墨为主，从排日账可知他们也经营土产和药材。从溪口或休宁城出发，行数十里可达屯溪。道光《休宁县志》称屯溪街"长四里"[4]，可见在道光年间，屯溪已是个相当繁华的市镇，而前引福琼的徽州考察报告指出，屯溪的兴盛与

---

[1] 访谈人：胡崇高（婺源县清华镇），时间：2009年11月16日。
[2] 程氏排日账#1，道光19/11/13；程氏排日账#6，光绪5/12/1-2。
[3] 邵之惠《"胡开文"墨店》，玘国标《休宁"胡开文"墨店》，张秋香《屯溪"胡开文"墨店（厂）》，黄山市徽州文化研究院编《徽州文化研究》第三辑，第183—185、186—190、191—194页。
[4] 道光三年刊《休宁县志》卷之一《疆域·坊市》，《中国地方志集成·安徽府县志辑》第52册，第32页。

第九章　行动空间　　223

徽州茶的外销实有很大的关系。程家前往屯溪的主要目的，和休宁相似，是出售葛粉和黄精，提到的收购商有振丰号、余裕隆号等，只有一次是在那里买盐。

从表9.1还可看到，程家往东北越过分水岭，前往溪口一线（即东线）的次数，远较往婺源西乡、南乡（即西线）的次数为多，因此，沱川一带农户的生计，应该说与新安江流域的关系更为密切，不过，西南乡在程家的生活中也并非无足轻重。从出现次数看，长林、赋春、甲路都在50次以上。程家与长林、赋春的联系，主要是经济方面的。他们前往长林最为常见的目的，是到当地挑石灰。长林地处清华镇西南，是婺源重要的石灰产地，因附近山岭是婺源县的龙脉经过的地方，历朝都禁止烧石灰，但无法禁绝。[1]民国时期，长林附近有四个石灰窑，每窑一年可烧石灰12万斤。[2]笔者谈到，程家购买此地烧制的石灰，其目的主要不是用于修建房屋，而是用于壅田，调节土壤的酸碱度。

赋春，排日账多写作"富村"或"付村"，[3]是婺源西部的重镇，一度号称"小南京"，民国时期有一条不长的商街。赋春所在的婺源西乡，地势相对平坦，肥力好的水田，一年可种植三季（水稻、荞麦、油菜）。[4]因此，这里的米、油价格，较东北部低廉。程家在此地的活动，几乎都是商业活动，主要有卖盐、籴米、买布、猪、鸡、鸭、红鱼等，其中又以籴米和卖盐最为频繁。他们前往赋春一带卖盐的原因，应该是出于价格差。婺源民众购买食盐，需前往休宁，赋春位于西乡，路途较远，价格自然更高，而在百里之内贩盐，在当时应该是合法的。[5]籴米，是因为这里的大米较为便宜。大约由于赋春物价较低，光绪十九年正月同仓成亲时，允亨亲自前往赋春备办酒席所需的食物。[6]从沱川取道清

---

[1] 民国十四年刊《婺源县志》卷六八《艺文四·序记五》，页7a—7b；廖华生《士绅阶层地方霸权的建构和维护——以明清婺源的保龙诉讼为考察中心》，《安徽史学》2008年第1期，第104—115页。
[2] 访谈人：程观生（婺源县清华镇长林村），时间：2011年11月7日。
[3] 应即光绪《婺源县志》卷二《疆域四·坊都》页11a所载四十六都的富春。
[4] 访谈人：吴教科（婺源县赋春镇），时间：2011年11月7日；孙敬之主编《华中地区经济地理（湖北·湖南·江西）》，北京：科学出版社，1958年，第150页。
[5] 董棨《太平欢乐图》之八一"卖恤盐"引《两浙盐法志》云："肩引止许于本县城乡市镇肩挑货卖，盐不得过四十斤，人不得过五、六名，地不得过百里之外。"参见董棨绘、许志浩编《太平欢乐图》，第163页。按《太平欢乐图》的附说，由赵味辛、朱春桥撰写。
[6] 程氏排日账#11，光绪19/1/18-20。

华到赋春，来回需三四天工夫。[1]至于甲路，东通屯溪、清华，西通景德镇，位于连接徽州和饶州的重要商道上，也有一条商街，民国时期有七十多家商铺。[2]不过，程家主要在此地歇息，不常做买卖。

另外，还需交代程家在婺源城的行事。婺源城虽说是一县的政治经济中心，但从排日账看，在程家的生活中并不重要（仅提及27次）。程家在县城从事的经济活动，一是出售葛巾，一是籴米，次数都不多。其他活动包括交钱粮和打官司（仅1次），交钱粮是程家前往县城最重要的目的。不过光绪十年后，程家交钱粮的地点，改为燕山的敦叙堂，因此连交钱粮都无须进城了。[3]

除了上面讨论的排日账提及50次以上的地方外，笔者还希望对程家在齐云山的活动稍作讨论（有关程家的齐云山进香活动，笔者将在第十四章详谈）。这个地方出现的频次不高（仅21次），但对程家的生活世界而言也有一定意义。相对于前往溪口、屯溪或休宁县城的商业之行，这种进香之旅不仅为他们体验超自然世界提供了不可多得的机会，而且为这家农户的主要男性成员观察、认知来自相当遥远的其他地域的人群，并与他们进行接触，从而走出他们的身份、职业、地位加诸他们的生活空间的诸多限制提供了可能。

综上所述，距离上湾三十华里以外的地方，在排日账中也被频频提及，这意味着这些地方在他们的生活中大都具有颇为重要的意义。概而言之，清华是沱川一带最重要的市镇，是程家进行消费性交易（特别是籴米）的主要去处。清华之外的世界，主要是程家进行商贸活动的区域。具体而言，程家的商贸活动分为东、西两线：东线越过分水岭，进入休宁的溪口、县城和屯溪；西线进入婺源西部，乃至前往乐平、德兴和景德镇。程家在东线的经济活动，主要是购买食盐，出售葛粉、黄精，另外还到齐云山进香；他们在西线的活动，主要是籴米、买石灰和贩盐。不妨说，借由种种商贸及进香活动，乡民的作物种植和采集经济与区域性商贸活动、朝廷的食盐专卖制度，乡民的社会文化行事与区域性的宗教仪式空间，在一个积极投身贩卖活动的普通农户的生活世界中

---

[1] 访谈人：胡崇高（婺源县清华镇），时间：2009年11月16日。
[2] 访谈人：程石林（婺源县甲路乡甲路村），时间：2011年11月6日。
[3] 程氏排日账#8，光绪10/11/26；程氏排日账#11，光绪19/12/13，详见第十六章。

发生了交集。这些清华之外的市镇、村庄，早已超出施坚雅的市场圈的界限，更别提黄宗智强调的自然村了。

生计模式与行动空间的变动

我们已经探讨了程家在方圆一百多华里范围内的种种经济、社会、宗教行事，现在应该追问的是，在程氏排日账记录涉及的六十余年时间里，这家农户的行动空间是否有变动？如有变动，以哪些地域的变动幅度最大？原因何在？

为了观察程家行动空间的历时性变动，笔者依据第六章提到的标准，将排日账记录相对完整的时间分成三个阶段：第一阶段从道光十八年至咸丰八年，第二阶段从同治十一年至光绪十一年，第三阶段从光绪十七年至光绪二十七年，[1]进而统计程家在不同地方的出现次数，在此基础上分析程家行动空间在上述三个阶段的变动趋势（详见表9.2）。

表9.2　婺源排日账所见三十个地名历时性变动表　　（单位：次）

地名	1838—1858（142个月）		1872—1885（119个月）		1891—1901（84个月）	
	次数	月均次数	次数	月均次数	次数	月均次数
苦竹山	134	0.94	1464	12.30	545	6.49
牛栏	221	1.56	227	1.91	215	2.56
西坑	137	0.96	390	3.28	169	2.01
西坑山	151	1.06	302	2.54	22	0.26
顿底	170	1.20	216	1.2	105	1.25
白石垓	129	0.91	159	1.34	71	0.85
庄下	107	0.75	132	1.11	89	1.06

---

[1] 这三个阶段的划分，主要基于以下考虑。首先，第一阶段的划分，主要是考虑到排日账本身的保存状况，具体而言，1858年以后，排日账有长达十几年的空缺，因此，有必要将1838—1858年作为一个相对独立的时段来考察。其次，第二阶段之所以以1885年为断，主要是考虑到1883年程氏兄弟分家，分家之后，排日账不再记载程允兴的行事，而之所以将1885年份的记录归入第二阶段，主要考虑到这个年份紧挨着第二阶段，而离第三阶段有较大的时间空档，归入第三阶段不太合适。最后，考虑到程同仓所排日账质量较差，尤其是后期脱漏之处甚多，因此，没有将此所记两本账簿的内容列入检索范围，从而在1885—1891年之间出现了时间空档。

续表

地名	1838—1858 （142个月）		1872—1885 （119个月）		1891—1901 （84个月）	
	次数	月均次数	次数	月均次数	次数	月均次数
燕山	78	0.55	127	1.07	113	1.35
抄珠山	39	0.27	35	0.29	16	0.19
大桥	69	0.49	0	0	0	0
墓山口	0	0	40	0.34	0	0
石桥底	56	0.39	2	0.02	0	0
白玉山	51	0.36	2	0.02	0	0
石蓬基	0	0	26	0.22	10	0.12
屋背后	1	0.007	22	0.18	23	0.27
清华	204	1.44	189	1.59	156	1.86
大连	8	0.06	13	0.11	169	2.01
田里	0	0	34	0.29	1	0.01
左源	43	0.30	0	0	0	0
溪口	312	2.20	141	1.18	33	0.39
庄前	114	0.80	38	0.32	52	0.62
沂源	162	1.14	15	0.13	15	0.18
司马敦	62	0.44	19	0.16	0	0
蓝渡	47	0.33	5	0.04	0	0
休宁	120	0.85	66	0.55	4	0.05
屯溪	2	0.014	34	0.29	0	0
长林	45	0.32	34	0.29	2	0.02
赋春	50	0.35	9	0.08	7	0.08
甲路	51	0.36	0	0	5	0.06
婺源	6	0.04	21	0.18	0	0

注：（一）本表统计地名，以出现次数30以上者为限。
（二）由于程氏排日账#9、#10记录质量较差，这里没有当作统计素材，因此，这里的出现次数与表9.1的数据有所不同。

根据表9.2对三个时期地名出现次数的统计，沱川境内地名的变动幅度大都不算大，大概农田耕作一直是这家农户生计活动的有机部分，不太容易发生大幅度的变动。不过，少数地名的出现次数，却出现了大幅增长,值得注意。比如在上述三个时段内,苦竹山的出现次数从第一阶段的134次,增长到第二阶段的1464次,再降至第三阶段的545次;西坑的出现次数从第一阶段的137次,增长到第二阶段的390次,再降至第三阶段的169次。其中苦竹山的变动特别大,在第一阶段,出现频次还不算太多,到第二、三阶段却一跃成为出现频次最高的地方,而且比其他地方高出两三倍。这背后的原因,下文将做详论。

离沱川距离较近的大连、田里和左源,在表9.2涉及的三个时段内发生了不小的变动。在1872—1885年间,田里被提及34次,而第一、三阶段分别仅为0次和1次;大连在第一、二阶段,仅有8次和13次,到了第三阶段,骤然增至169次。由于两地均为程家姻亲生活的村庄,上述变动是否与此有关呢?回答是肯定的。田里次数增加的原因,主要是因为光绪五年前后,允兴娶田里人为妻,相互的社交、礼仪往来自然猛然增加。而第三阶段下降的原因,是因为光绪九年程氏兄弟分家,分家后排日账中不再记录允兴的日常行事。大连出现次数的骤然增加,与姻亲也有直接的关系。与大连吴氏结亲后,允亨经常前往大连走亲戚、看戏。在发生苦竹山山场纠纷后,他也依靠亲家居中斡旋,解决纠纷。光绪二十六年,程家将茶叶售与大连一位茶商,但一直未能收回茶账,于是从该年六月至次年十二月底,允亨多次前往大连讨账,其间曾多次在其亲家家中吃饭、住宿。[1]至于左源,在第一阶段曾频频出现,但到了第二、三阶段,程家基本上已不再前往这个村庄。究其原因,主要是因为道光年间发开曾多次前往此村收购茶叶、换茶子,此后则基本上退出这项生意。

在沱川地域以外的地名中,清华变动的幅度不大,说明这个市镇在程家生计中的地位是比较稳定的。最值得注意的变动,是清华以外的地域。随着时间的推移,在程家的东、西两条贸易线中,东北路的溪口、休宁、屯溪一线,西南路的赋春、甲路一线,被提及的次数越来越少。这说明,这些距离较远的地点,跟程家生活的关联性已经逐渐降低。在这一点上,西南路尤为明显,其变动基本上是不可逆的。东北路的情况要复杂一些。溪口和休宁两地出现的次数,在第二阶段开始下降,但降

---

[1] 如程氏排日账#11,光绪20/1/21-28,3/10-12;程氏排日账#12,光绪26/8/29-30。

幅不算剧烈，而是一个渐进的过程，但到了第三阶段，出现次数已不到第一阶段的二成（溪口：0.39次/月；休宁：0.05次/月）。相反，屯溪在第二阶段非但没有下降，反而有了大幅度的增长，不过，到了第三阶段涉及的八十四个月里，程家已不再前往屯溪。

如何理解这种行动空间的收缩过程呢？上文提及，溪口是程家购买食盐的主要地点。咸丰八年以前（特别是咸丰五年至八年），程家在溪口购买食盐后，经常挑至婺源西乡的赋春，江西境内的相无街、鲤鱼桥、长溪、黄泥头，及清华、燕山等地销售。但同治十一年以后，就不再出现相关的记录了。合理的假设是，至迟从此年开始，程家已经退出这种食盐贩卖生意了。结果，程家前往溪口的次数自然下降。不过，作为替补，到了第二阶段，以溪口为目的地的挑担活动，在排日账中开始频繁出现。其中最重要的是所谓"挑茶箱"活动，也即为沱川或清华的茶行将茶叶肩挑至溪口。这在一定程度上缓和了因不再前往溪口购买食盐而引起其出现次数急剧下降的趋势。然而，到了第三阶段，程家以溪口为目的地的挑担活动也大为减少，在整个阶段，担茶箱的次数总共才八次，这是因为程氏兄弟分家造成劳动力配置不佳吗？不无可能。

至于休宁和屯溪的变动，则似乎存在内在的消长关系。程家在休宁和屯溪的最重要的活动，是销售葛粉、黄精。对比第一、二阶段可知，第一阶段销售葛粉、黄精的主要地点是休宁城，但到了第二阶段，屯溪超过休宁城，成为这两种商品的主要销售地。这个变动既解释了休宁出现次数在第二阶段的下降，又解释了屯溪出现次数在同期的增长。[1] 到了第三阶段，程家大幅减少了葛粉和黄精的采集、收购和销售活动。这一时期排日账对葛粉采集的记载，仅光绪二十一年比较频繁，光绪二十二年有两次销售葛粉的记载，其他年份根本没有采集葛根的记录，同期黄精的采集、贩卖更是如此。排日账对此期程家黄精采集、销售活动的记载，仅有一条，那是在光绪十九年七月二十六日，程家前往休宁销售黄精。[2] 这种变动的背后，除了分家对劳动力配置的影响外，是否另有别情？笔者的解释是，这或许跟沱川地域葛根、黄精资源的枯竭有关。

---

[1] 程家出售葛粉、黄精地点的变动，或许从侧面显示了19世纪后期屯溪在整个徽州区域经济格局中地位的上升。
[2] 程氏排日账#11，光绪19/7/26。

第九章　行动空间　　229

理解这种总体变动的基本预设是，在固定的时间内，投入某种活动的时间增长，就意味着投入其他活动的时间减少。对程家而言，在苦竹山等地被提及频次的大幅度增加，与三十华里以外的市镇、乡村在排日账中出现频次的减少之间，有着内在的联系。既然苦竹山被提及的频次最高，下面便对程家在这片山场的各种行事做一分析。

前面谈到，程家在苦竹山进行的最重要活动，是粮食种植、茶叶生产、掘山、耘草等，但从历时性角度看，不同时期投入这些活动的劳力量是不同的。具体来说，第一阶段程家在苦竹山投入粮食生产的劳力是37.5工，第二阶段增加到598工，第三阶段降至351.5工，分别占在此地投入劳力总量的18.5%、30.7%和28.1%；投入茶叶种植的劳力，在三个阶段分别是139工、332工和203.5工，分别占投入劳力总量的68.8%、17%和16.3%；投入掘山的劳力，在三个阶段分别是10工、212.5工和84.5工，分别占投入劳力总量的5%、11%和6.8%；投入耘草的劳力，在三个阶段分别是3工、198工和28工，分别占投入劳力总量的1.5%、10.1%和2.2%。这意味着，程家在苦竹山投入的劳力，用于茶叶生产的绝对数量，在19世纪后期有一定增长，但在投入劳力总数中的比重则大幅下降；与此相反，投入粮食种植的劳力，无论是在绝对数量还是所占比重方面都有长足的增长；同时，投入掘山和耘草的劳力——我们提到，掘山其实就是开荒活动，第二、三阶段比第一阶段也有大幅度的增加，而这与投入粮食种植的劳力的变动趋势大致是相似的。

基于这些观察可推断，19世纪70年代以后，程家投入越来越多的劳力，在苦竹山上开荒、种植以玉米为主的粮食作物。结合上文对行动空间收缩的观察和第六章对劳动时间安排的讨论，可大致推断，以太平天国运动为界，程家对生计策略进行了调整，从此前倚重进行远距离的食盐、葛粉、黄精等货物、土产的贩卖，转而倚重开发村庄附近的山场，种植粮食和茶叶，在此过程中，程家在粮食、经济作物的种植中投入越来越多的劳力，同时越来越少光顾远距离的市镇、村庄，从而导致行动空间逐渐收缩。

若以上湾为中心，以上湾—屯溪一线为半径，划一个大圆圈，那么，这个半径达二百多华里的圆圈，包含了程家最频繁造访的市镇、村庄。这个行动空间圈大体可分为内外两圈：内圈以上湾为中心，包括沱川各地及大连、田里、左源等地，大致呈扇状分布，这是程家的生产空间和婚姻圈的大致范围，主要是与程家作为一个从事农业生产的农户和作为社会圈子的一分子的角色相关联的；外圈以清华为中心，向东北、西南两个方向延伸，东北面跨过分水岭，延伸至休宁县属的溪口、齐云山、县城及屯溪，西南面延伸至婺源县属的长林、甲路、赋春等乡镇及德兴、乐平、景德镇等处，总体呈带状分布，这基本上是程家从事商贸和进香等活动的空间，主要是与程家作为参与商贸活动的农户和作为进香仪式参与主体的角色相关联的。

像程家这样一个普通农户，当然不太可能像他们的婺源同乡、康熙年间的庆源生员詹元相（1670—1726）那样，有机会游览杭州、南京等大都市；也不太可能像詹鸣铎那样，曾经在杭州、上海等大都市长期生活；也不曾像祁门生员胡廷卿之子云青、云鹄那样去过广州、汉口等地经商，[1]但若是认为他们一辈子都没有走出大山，从未出外见过世面，那也未免是一种误解。很明显，程家无论是在生计上，还是在社交、仪式上，都与村外世界有着相当频繁的接触。程家的行动空间，实际上已经远远超越村庄和市场圈的界限。在这种状态下，很难相信其社会圈子是闭塞的，因为不管是将程家归入中农还是贫农的范畴，这家农户与村外世界都有很频密的接触。也很难相信程家的生活圈子仅限于市场圈，因为不管是就婚姻圈还是商贸圈而言，程家的种种行事，都已远远超出了市场圈的范围。程家的行动空间，甚至超出了稻田讨论的清末苏州乡村地主柳兆薰的活动范围，因为后者比较频繁造访的范围，只是个东西长约24—30公里的扇形圈。[2]

程家是个特殊的个案吗？从某种意义上说，回答是肯定的。这家农户生活的乡村，处于较为特殊的地理区位，假使没有如此靠近两大流域

---

[1] 康熙四十一年（1702）闰六月二十六日，詹元相曾前往南京，途经溪口、屯溪、杭州、苏州、丹阳、句容，七月二十五日到达南京。此次南京之行，主要是为了参加乡试。参见詹元相《畏斋日记》，《清史资料》第4辑，北京：中华书局，1983年，第235—237页。詹鸣铎早岁就到过杭州，光绪二十二年（1906）后，更长期居住于杭州、上海。参见詹鸣铎《我之小史》，第353—366页，"詹鸣铎先生生平大事年表"。有关胡廷卿家人的情况，参见董乾坤《晚清乡绅家庭的生活实态研究——以胡廷卿账簿为中心的考察》，第148页。
[2] 稻田清一《清末江南一乡村地主生活空间的范围与结构》，第233页。

的分水岭，程家的商贸活动会在跨流域的商业空间内展开吗？假如不是生活于山多田少的偏远山区，外出贩卖、挑担活动在这家农户生计中的地位会如此重要吗？况且即便是生活于类似生态环境的农户，其行动空间也可能存在不小的差别。黄志繁、邵鸿讨论的五户晚清婺源农户中，四户来自婺源东乡的溪头乡，当地的生态与沱川类似，但细读他们对这四户时间安排的统计可发现，这些农户的主要成员外出活动的天数，就存在不小的差别，有的高达总数的37%，有的则仅占8%，而且他们很少造访二十公里以外的地域。[1] 再说程家行动空间的外圈，在很大程度上是与其作为参与商贸的农户的角色相关联的。也就是说，假如程家没有参与食盐等货物的贩卖，他们也许不会如此频繁地造访100华里以外的市镇、村庄。此外，若是就其作为乡村小商贩的角色而言，程家的行动空间并不算大，15至18世纪的欧洲，来自阿尔卑斯山区的走街串巷的卖货郎，在西欧、中欧数千公里的范围内建立了庞大的销售网络。[2]

如此说来，程家的行动空间，与黄宗智、施坚雅讨论的华北、四川小农之所以存在不小的差别，可以理解为区域差别。在晚清、民国时期的华北平原，商品化程度不高，自耕农所占比例较高，乡民主要从事粮食种植，因而无须时常外出奔波，结果造就了华北乡村的"闭塞"。在民国时期的四川盆地，商品化程度较高，居住方式比较分散，市场在乡民生活中扮演非常重要的角色，但由于耕作条件极佳，乡民也无须频繁地跨越市场圈的界限，外出从事商贸活动。[3] 相比之下，由于山多田少，若是不参与贩卖或外出找活，生活在徽州地区的乡民，恐怕是不容易维持生计的。

不过从另一个层面上说，笔者的回答又是否定的。且不说黄宗智、施坚雅依赖的调查，是在特殊的历史背景下进行的，因而他们获取的有关乡民生活的图像，在某种意义上说可能是扭曲的，单从历史渊源上说，晚清徽州乡民与村外世界的联系，应该视为明清以来经济、制度与宗教发展的结果。

首先，从经济上说，宋元以降，中国经济的商业化程度越来越高。

---

[1] 黄志繁、邵鸿《晚清至民国徽州小农的生产与生活》，第123—124页。
[2] Laurence Fontaine, *History of Pedlars in Europe*, Durham: Duke University Press, 1996.
[3] 黄宗智《华北的小农经济与社会变迁》，第230—231页。

从16至18世纪,区域性农业日益专业化,跨区域贸易兴起,商人群体的影响日益扩大,因此,有学者提议使用"第二次商业革命"来把握这一时期的经济社会趋势。[1]这一商业化浪潮在将越来越多的外人(雇工、商贩等)带入乡民生活的同时,也导致越来越多的乡民造访距离较远的市镇、村庄。

其次,由于明清时期推行的几个重要的户籍、赋役制度,乡民不得不进行外出奔波。在贡赋改折之前,粮长需负责将在本地征收的粮食运送到府、省、京城或其他目的地,而里甲为应承衙门的不少差役,也需不时离开村庄,外出当差。在军户制和匠户制下,不少乡民需前往数百至数千里以外的地方服役。在有的省份,军户的数量超过总户数的四分之一,因服役带来的跨地域流动的影响面,由此可以想见。[2]

最后,明清时期,一批闻名遐迩的进香中心悄然兴起,如五台山、泰山、九华山、普陀山、妙峰山等地,成为全国范围内有一定影响的进香中心。为了吸引远方的香客,不少进香中心造出"照远不照近"的说法,宣扬香客越远,得到的庇护越多,[3]这也为乡民与遥远的进香中心建立联系提供了内在动力。

因此,不管是从经济、制度还是从宗教仪式上说,与其先祖相比,明清时期的乡民可能更频繁地出行,造访的地域范围也更大。从这种意义上说,程家的个案并不是独特的。当然,这种与村外世界的更为频繁的接触,对一个乡民而言究竟意味着什么,笔者认为也是个值得深思的问题,有待日后学界的探讨。

本章对程家行动空间变动的讨论,还触及施坚雅提出的中国村庄的开放—关闭周期的问题。施氏认为,随着朝代的兴衰,乡民社区会出现

---

[1] William T. Rowe, "Approaches to Modern Chinese Social History," in Olivier Zunz, ed., *Reliving the Past: The Worlds of Social History*, Chapel Hill: University of North Carolina Press, 1985, pp. 270-283.
[2] 对这一问题的讨论,参见刘永华《地域之外的社会:明代役法与一个跨地域网络的兴衰》,《北京大学学报》(哲学社会科学版) 2018年第5期,第117—128页。
[3] 老北京有"妙峰山的娘娘——照远不照近"的说法,其实,这种说法不限于妙峰山,其他进香中心如茅山、九华山等都有类似的说法。这种说法有助于吸引远处的香客。对中国进香史的讨论,参见Susan Naquin and Chün-fang Yü, "Introduction: Pilgrimage in China," in Susan Naquin and Chün-fang Yü, eds., *Pilgrims and Sacred Sites in China*, Berkeley and Los Angeles: University of California Press, 1992, pp. 1-38。

开放—关闭的周期。新王朝建立后,随着政经环境的改善,乡民社区逐渐开放,而随着王朝覆亡,盗贼蜂起,乡民社区趋于封闭。他举了淮北的捻和广东的围作为例证,认为这些军事化设施是19世纪中国"社会最终关闭的缩影"。[1] 从程家的个案看,尽管徽州曾在19世纪中叶经历了十年战乱,但19世纪后期似乎尚未出现施氏所说的村庄对外关闭的现象。通过分析程家在苦竹山等地的生计活动,我们发现程家在19世纪70年代以后经历了行动空间收缩的过程,但这个过程并非这家农户出现生计危机的症状,而是对其生计模式进行调整的结果。从空间上说,程家造访远距离村镇的频次确实下降了,但从经济上说,他们仍投入大量劳力,为市场而生产。在行动空间收缩的同时,程家仍旧在经济上对外开放。因此,传统中国乡村的开放与关闭,可能比施坚雅设想的更为复杂。

总之,程家的个案显示,无论是从生计活动、社会圈子还是仪式活动看,传统中国乡民在空间方面都比我们过去认为的更具流动性。不管是由于时代和制度造就的客观条件,还是出于他们自身走出小地方的主观诉求,像程允亨这样的普通乡民不单有可能,而且有必要频频走出他们生活的小世界,时常与村外世界打交道。在这种意义上说,费孝通提出的"乡土中国"概念,似有重新审视的必要。传统中国的乡民,远非我们想象的那么"乡土"。

---

[1] G. W. Skinner, "Chinese Peasants and the Closed Community: An Open and Shut Case," *Comparative Studies in Society and History* 13.3 (July 1971), p. 280.

第十章　家与家人

从呱呱坠地到走进坟墓，允亨和清代大多数乡民一样，生活在各种关系与群体当中。在这些关系中，家人无疑是最重要的；而在所有群体中，以家庭为最重要，说它们是允亨生活世界的核心并不为过。

家　人

排日账基本上只记录家人的行事，因此可以说排日账记录本身，事实上界定了家人与外人之间的边界。但遗憾的是，有关家庭生活——家庭大事如何决策，两性如何进行分工，家庭收入如何分配和管理，家内空间如何安排，家人如何用餐，等等，排日账没有留下多少记录。同时，并非所有家人的行事，都会在排日账中留下记录。不错，有的排日账会记录全家所有人的日常行事。民国十八年（1929）二月十四日，在休宁发现的排日账《日就月将》中，小记账人写下了如下记录：

〔二月〕十四日天阴戊辰属木肖龙值除虚宿管日
祖母在家万福。福顺兄进里庄。
父亲下五城卖笋。母亲上山采柴。
莲英仝菊女、金女、成女在家嬉。
先生福松家具膳。本身攻书。[1]

这里的记录应该列举了记账人所有家人的行事，甚至还记录了村民轮流给私塾先生供膳的情况。不过在笔者经眼的排日账中，这种情况并不多见。

---

[1] 刘伯山编著《徽州文书》第三辑，第七册，第138页。

就程氏排日账而言，在绝大多数情况下，女性的行事基本不见于记录，而男性家人中，也只有部分家人（主要是成人）的行事被记录下来。发开所记的排日账，只记录他个人的行事。允亨的记录要全面得多，他自己、发开、允兴，乃至后来的同仓，及住在他家的允树的行事，都一一作了记录，但只是偶尔提及家中女性的行事。排日账不但基本不记录女性家人的行事，对家人之间的关系也极少提及。光绪八年（1882）十月，允亨兄弟闹矛盾，允亨在排日账中说，自己与允兴"情理不合"，那是排日账近四十年记录中，提及家人关系的仅有的两个例子之一。排日账为了解程家与亲友、邻居之间的关系提供了较为丰富的信息，但对女性家人的情况及家人之间的关系基本保持缄默。因此，我们对程家家庭生活的了解，充其量只是极为初步的，我们只能根据账中记录的片言只语，对程家家人之间的关系稍作推断。

在讨论程家的家人关系时，首先要指出的一点是，允亨一生，几乎没有在纯粹的核心家庭生活过。允亨出生时，发开父亲已过世，发开兄弟分开过，但汪氏似乎跟发开生活在一起。不过跟后来相比，从出生到少年时代，允亨可以说生活在一个相对简单的家庭中。等到同治十三年（1874）他长大成亲，这个家庭成为主干家庭。光绪五年兄长成亲后，这个家庭更进一步演变为联合家庭。这一格局维持到光绪九年分家。分家后，发开夫妇跟允亨过，这个家庭进入主干家庭时期。其后，光绪十六年、光绪十八年，发开夫妇先后过世。但一年后，同仓成亲，这个家庭在短暂中断后，又继续维持了主干家庭的格局，直至允亨离开人世。因此，只有母亲过世后、同仓成亲前不到一年的时间里，允亨是生活在纯粹的核心家庭之中的。也就是说，在人生的大多数时间里，允亨是生活在相对复杂的家人关系之中的，这对他的家庭认知应有影响——但关于这一点，我们接近一无所知。

家人之间的家内互动，是家庭生活的重要部分，涉及进食、睡眠、闲谈等行事。在近代早期的欧洲乡村，由于劳作安排的影响，不少家庭无法共进早餐、午餐，只有到了晚餐才有可能一起进食。同时，这一时期欧洲不少普通人家，日常起居都在一个房间内进行，他们居住的房屋，尚未依据功能，将房屋分割为起居室、卧室、厨房等不同单元，家人睡在同一个房间乃至同一张床上，没有区分世代和性别，这引起了教会的注意和焦虑。[1] 在排日账记录中,看不到有关家人吃、住等方面的信息,无法知晓程家家人如何进食,如何安排住宿。不过从现有对徽州民居的研究看,19世纪徽州民居的家内区隔已较为清晰,除了赤贫的底层民众,多数家庭在安排住宿时,可能都会考虑到世代和性别差异。第八章对程家的家具进行了讨论,如果笔者的推测无误,程家在分家前有三张床,分家后一段时间内,剩下两张,但四年后又请工匠添置了新床,因而在多数时间里,家中应有三张床,这还没有计入苦竹山棚屋内安放的床。我们知道,19世纪中后期,程家的家人人数多数时间在六七人以内,故而根据世代、性别安排分睡大致是不成问题的。事实上,卜凯的30年代调查显示,南方、北方的农家,平均都有3—4张床(参见第八章),程家的情况应该不是特例。

从排日账记录看,家人互动最重要的一个场合,是各种生计活动,特别是农业劳动。排日账中,频繁出现的是家中成年男性共同参与劳动的信息。我们不妨截取光绪七年三月份程家的行事记录,对此稍作讨论。该月初一日,程家三位成年男性分头做事:发开在家休息,允兴到苦竹山掘山,允亨出清华籴米。初二日,发开请了工匠在家做事,允亨兄弟到苦竹山掘山。初三日,发开、允兴在家,允亨则从苦竹山扛松木回家。初四日,发开在家做草鞋,允亨兄弟参与修补祠堂屋顶,并吃清明酒。初五日,发开继续做草鞋,允亨兄弟一起在苦竹山掘山。初六日,发开仍旧做草鞋,允亨兄弟在苦竹山掘山,又回家吃清明酒。初七日,发开与族人扫墓,允亨兄弟继续在苦竹山掘山。初八日,程氏父子一起扫墓,在家办理清明酒。初九日,发开仍与族人扫墓,允兴给茶园浇水,允亨仍在苦竹山掘山。初十日至十三日,发开在家休息或做草鞋,允亨兄弟则仍到苦竹山掘山。十四日,程氏父子在苦竹山搭篷,允亨还前去清华籴米。十五日至二十五日,发开在家休息或做家务,而允亨兄弟一直待在苦竹山掘山、整理玉米地,准备播种(应该在山上篷

---

[1] Philippe Ariès, *Centuries of Childhood: A Social History of Family Life*, trans. Robert Baldick, New York: Alfred A. Knopf, 1962, pp. 390-403; Jean-Louis Flandrin, *Families in Former Times: Kinship, Household and Sexuality*, trans. Richard Southern, Cambridge. Cambridge University Press, 1979, pp. 90-105. 20世纪前期相当长的时间里,墨西哥贫民仍是一家人挤在同一个房间,休息时全家在地上打地铺。参见 Oscar Lewis, *Pedro Martínez: A Mexican Peasant and His Family*, New York: Vintage Books, 1964, pp. xliv-xlvii。

内过夜）。二十六日，发开在家，允兴前去清华籴米，允亨仍在苦竹山掘山。二十七日，发开在家做草鞋，允兴在家休息，允亨前去思口籴米，当晚在清华歇息。二十八日，发开、允兴仍在家，允亨从清华挑米回家。二十九日，发开、允兴在家，允亨在长途跋涉之后，也休息了一天，"出外游嬉"。[1] 整个三月份，我们观察到程氏兄弟在劳动过程中发生了相当频密的互动。在29天时间里，仅是他们一起在苦竹山劳作的时间，就累计达19天之多。不过，远程的贩卖、挑担、籴米等活动，通常只安排一人前去，父子或兄弟一同前往的情形比较少见。

苦竹山在程家生活中的频频出现，提醒我们注意这个空间与程家家庭生活的关系。前面谈到，太平天国运动结束后，程家投入大量时间经营苦竹山，这里成为程家生活的一个重心。这里本来就有茶园，程家购入这处产业后，又投入不少时间垦荒，种植玉米、蔬菜等。由于距离上湾较远，一日劳作之后，无法当日返回上湾，程家在山上搭建了草篷，后来甚至建了房子。在玉米种植季节和成熟季节，程家家人经常在山上劳作、生活。实际上，这里成为程家的另一个家庭生活空间。由于这个缘故，程家的家庭生活空间每年发生季节性的变动：在玉米的种植和收获季节，这个家庭的生活空间经常一分为二；而在其他季节，他们共同在上湾生活。很明显，在前一个场合，在两个空间生活的家人之间可能三五天无法见面，他们一起进食、闲聊的机会减少了，家人之间的互动，在两个不同空间之间分割。

夫妇关系，是家庭成立的基础。古人不常谈论日常生活中的夫妻关系，像沈复《浮生六记》那样的作品，在整个古代算是不多见的。允亨的同乡詹鸣铎，在《我之小史》中留下了一些夫妻关系的信息。他的父亲在家中开了一年学馆，就外出杭州经商，在那里瞒着家中的结发妻子，纳了一个小妾。妻子知情后，颇为愤慨，和鸣铎的祖母赶至浙江，大闹一场。鸣铎解释道：

> 原来（灰）〔徽〕州妇人，局量褊浅，只知周婆制礼，一夫一

---

[1] 程氏排日账#6，光绪7/3/1-29。

妇，故凡丈夫赋小星作燕楼，而其河东狮、胭脂虎，势必不甘肯休，与丈夫朝夕诟谇，这是习俗如此。况我母亲一生辛苦，今乃谓我的父亲有姬妾而弃憔悴，如何不积怨生愤，大伤乃心？是以去岁来杭，说不尽的酸风醋海。

鸣铎自己的妻子姓查，九岁就小婚嫁入詹家，当时鸣铎也才十岁。由于年纪尚小，两人对婚姻之事不甚了了，不过算是两小无猜。鸣铎十七岁时，两人正式成亲。圆房当日，他作了《定情诗》四首。多年后鸣铎想到早岁的夫妻生活，仍留下了一些温馨的回忆。[1]鸣铎是个秀才，而且见识过大城市的新风尚，对早年的回忆，恐怕多少受到了后来经历的影响。但父母之间的关系和他自己小夫妻之间的关系，可能在徽州乡间并不少见。

排日账中，几乎看不到夫妻关系的记录，甚至对两人是否一同干农活，也几乎没有提及。账中提及夫妻一起做事的事例似仅见一例。光绪六年四月十四日排日账记，"允兴兄同嫂过田里炳辉舅嬉"[2]，田里是允兴妻子的娘家，炳辉应是她的兄弟。允兴于头一年成亲，这次应是陪妻子回娘家休息。除此以外，发开夫妇的关系、允亨的夫妻状况，排日账一概保持缄默。

在家人之间关系中，我们对父子关系稍有了解。咸丰八年正月，允亨上学，对于父亲来说，这是个重要的日子，发开一改只记录自己行事的习惯，在当天的排日账中写道，"已在家。允亨儿上学"[3]。这中间应该包含了发开作为父亲的些许期许。但此后他不再提及允亨的情况。光绪七年正月同仓入学那天，允亨也记上了一笔，"父亲同仓儿存绥先生家馆读书"[4]，同仓是在祖父陪同下前去学馆读书的。同仓念完私塾后，回家务农。根据父亲的安排，由他负责家中的记账事宜。于是，从光绪十一年二月起，同仓开始记账，此年排日账首页第一行写着"清光绪

---

[1] 詹鸣铎《我之小史》，第129、86—87、113—114页。
[2] 程氏排日账#6，光绪6/4/14。
[3] 程氏排日账#4，咸丰8/1/24。
[4] 程氏排日账#6，光绪7/1/24。

十一年乙酉岁次仲春月立程同仓逐日帐簿学字"等字。[1]

但同仓的恒心似乎不如祖父和父亲，在他接手记账的那年，可能就时有辍记情形，因为从字迹判断，相当一部分排日账是由允亨记录的。光绪十一年九月十九日记，"祖父顿底种小麦，本身同儿同割禾，本身讨柴"[2]。这一条应是允亨补记的，以同仓的口吻写成，但表述没有统一。仔细比较此年允亨和同仓所记排日账，两者存在一些差别，这很有可能是因同仓敷衍了事所致。有趣的是，光绪十二年三月二十七日，排日账记下了两行字："祖父同父亲出街〔买？〕猪肉，又籴〔米〕乙担，本身采柴脑乙担，又好吃懒做，不学字。"[3]从笔迹、墨色看，这两行字应是允亨的笔迹，最后八字还是以朱笔书写的，这八字实际上表达了允亨对同仓的失望和批评。不过，该年排日账还是完整记下来了。光绪十三年、光绪十四年的记录也算完整。不过从光绪十五年（1889）起，漏记的情况开始越来越严重。光绪十五年七月十九日至八月初七日，完全漏记，八月三十日以后全部空缺。光绪十六年，从闰二月初八日起至年底，完全没有记录。光绪十七年的情况更加不妙，同仓只记录到正月十九日就搁笔不写了。对此，允亨不时表达了自己的不满。光绪十三年五月初八、初九两日，排日账留下了下面的记录：

  初捌日天雨甲子肖鼠属金值破翼宿　祖父在家嬉，父亲在家嬉，本身好吃懒做不学好，出外游事。
  初玖日天雨乙丑肖牛属金值危轸宿　祖父在家嬉，父亲在家嬉，本身钓鱼，每有不做事。[4]

"好吃懒做不学好，出外游事"和"每有不做事"（应该是没有做事或不做事的笔误），应该都出自允亨之手。光绪十六年正月初五日又记，"本身出外打浪荡"，[5]这也应是允亨所记。这些文字，也都表达了一位父亲

---

〔1〕　光绪十一年，允亨自己仍坚持记账，光绪十二年起，开始由同仓全权负责记账。
〔2〕　程氏排日账#10，光绪11/9/19。
〔3〕　程氏排日账#10，光绪12/3/27。
〔4〕　程氏排日账#10，光绪13/5/8-9。
〔5〕　程氏排日账#10，光绪16/1/5。

对顽劣小儿的失望和不满情绪。由于同仓的不良表现,在停止记录近一年之后,光绪十七年年底,允亨重新接管了记账的事务。[1]面对顽劣的儿子,允亨是否像鸣铎父亲那样大发雷霆,对他大肆鞭笞呢?[2]排日账没有留下记录。

程家的父女关系,我们也所知甚少。在一个重男轻女的社会里,女儿是不会被给予多少期望的。允亨的两个女儿,应该都没机会进学馆读书,至少排日账没有提及任何她们读书的信息,因此她们应该都不识字。排日账中留下的信息,基本上跟她们参与劳动有关:

(光绪十九年四月初二日)己同女牛栏摘茶。
(光绪二十二年八月二十八日)己西坑同女儿割禾。
(同年九月十八日)己同女牛栏把禾秆。
(同年九月二十一日)己同女顿底种小麦。
(同年九月二十七日)己同女西坑外种小麦。
(光绪二十七年九月十四日)己西坑同女种小麦。[3]

光绪十九年、光绪二十二年提到的女儿,应该是允亨的长女,光绪二十七年长女已故,因此提到的应是次女。允亨还提到儿媳参与劳动的情况。光绪十九年四月二十五日他写道,"己同儿媳顿底割小麦"[4]。无论是女儿还是儿媳,婺源普通农家的女性是肯定要下地干活的,而且她们在耕作、采茶等各种农业活动中,肯定扮演着举足轻重的角色。

至于母子关系,排日账记录的主要限于经济关系与跟疾病有关的行事。我们提到,道光二十年二月,发开的母亲曾帮他出面借到 1 两余银子。[5]该年八月,母亲又借给发开 8 两多银子,作为做小生意的本钱。[6]两次都没有付利息的记录。偶尔,母亲自身的账目,也会在排日账中留下一鳞半爪的记录。光绪八年十二月二十七日记,"母亲收敬华

---

[1] 光绪十七年十二月二十四日,允亨重新开始记账。
[2] 詹鸣铎《我之小史》,第80—81页。
[3] 程氏排日账#11,光绪19/4/2,光绪22/8/28、9/18、9/21、9/27;程氏排日账#13,光绪27/9/14。
[4] 程氏排日账#11,光绪19/4/25。
[5] 程氏排日账#1,道光20/2/19。
[6] 程氏排日账#1,道光20/8/10。发开从母亲手上借钱的次日,即前去黟县买麻布。

兄利洋铜钱乙千贰百文"[1]。这些记录从侧面显示，妇女有自己的私房钱，她对这笔钱有支配权。至于因疾病生发的母子关系，留到第十四章进行集中讨论。从相关记录中得到的印象是，允亨对母亲的病情很重视，跑了几处地方（包括寺庙）去寻医问药，他对母亲应该是有感情的。

在结束本节讨论前，对排日账所见女性行事稍作论述。学界对徽州女性的地位与权利，已有一定的研究。[2]排日账对女性行事的记录，提供了徽州女性其他方面的信息。

首先，在当地习俗中，重男轻女的情况是很明显的。生育男孩，要举办酒席，称作"子酒"。而女孩出生后，没有办酒席的习俗。光绪九年六月二十五日，允亨生了一个女儿，排日账中仅有"酉时生乙女"寥寥五字的记录，没有任何亲友前来庆贺的记录，也没有办酒席的记录，[3]与同仓长子出生时办酒庆贺的热闹情景形成强烈的对比。

尽管地位较低，女性在徽州乡村社会经济生活中扮演着重要角色。从排日账看，徽州女性活动较为活跃的一个场域，是各种经济活动，特别是借贷活动。前面谈到，程家女性支配了一定数量的资金（私房钱），沱川其他女性也是如此。为了让手里的钱生息，她们将钱拿去放贷。从排日账看，她们在钱会和普通借贷市场都颇为活跃。

沱川女性在程家参与的钱会中频频出现。道光十八年，发开参与一个银会，每人出会银1两左右，排日账中提到9位会友，其中女性会友3人。[4]光绪四年允亨参与的一个七贤会，会友7人，女性有4人。[5]光绪十一年，再次邀集七贤会，女性仍有4人。[6]光绪十九年二月，为支付同仓的婚礼开销，允亨托梅娇办会，应该也是七贤会，每人出银元3元，女性会友有2人。[7]

---

〔1〕 程氏排日账#7，光绪8/12/27。
〔2〕 阿风《明清时代妇女的地位与权利——以明清契约文书、诉讼档案为中心》，北京：社会科学文献出版社，2009年。
〔3〕 程氏排日账#7，光绪9/6/25。
〔4〕 程氏排日账#1，道光18/2/4，3/19，5/24，6/1，7/28-29，8/26-27，12/30。
〔5〕 程氏排日账#6，光绪4/5/2。
〔6〕 程氏排日账#8，光绪11/5/3。
〔7〕 程氏排日账#11，光绪19/2/25。

在普通借贷活动中，女性也很常见。纵观三十多年排日账所记的各种借贷事例，总计430例，其中借贷对象为女性的事例，达91例，占借贷总事例的21%。[1]因此，女性在徽州乡村的借贷市场中，扮演着不容忽视的角色。总体而言，女性借出的金额，多在银元5元或银两4两以下。不过也有些借贷数额不小。道光十八年五月，发开向爱荣嫂借入6两余银子，同日又从孰婆借3两4钱余银子。七月二十八日，从俗叔婆（或即上述孰婆）借入白银20两。十一月初一日，归还孰叔婆21.3两，其中20两应为本金，1.3两可能是利息。[2]道光二十五年四月，从容嫂借入6两银子。[3]光绪八年七月初十日，从一位根先生娘借入银元7元，此后又先后向此人至少借入11元，总计18元。[4]光绪二十六年三月，允亨从老友余万圭之女手上借入5元。[5]十二月，归还一位鸣凤嫂5元。[6]女性向程家借钱的情况也有，如光绪十九年八月，一位灶子母向允亨借了5元[7]，但较少见，这大概跟程家手头的资金有限有关。

女性在农业活动中也时有出现，特别是进入茶季后，由于急需劳力，程家要雇请村中的一些女性帮忙。如光绪八年三月开园后，四月初一日，请来采茶的女性有2人。初三日至初六日，允亨连日请舅母和一位福珠妹等择茶。[8]光绪十八年四月十七日，允亨请一位□桂嫂摘茶；二十三日，请金婶摘茶。五月初三日，请了3位女性拣茶。次日请了3位，其中1位是女性。[9]光绪十九年三月三十日，请1位女性摘茶。四月初六日，请2人择茶，其中1位是女性。[10]光绪二十年四月十八日至二十日，请来舅母、先生娘和玉瑞择茶，前两位可以确定是女性。[11]女性在茶叶生产中，主要从事择茶工作，至于采茶则多半交给外来茶工，或许是因为后者的劳动强度大一些，更适合男性茶工。这与今人对采茶的了

---

[1] 据笔者编制的程氏借贷情况表统计。
[2] 程氏排日账#1, 道光18/5/8, 7/28, 11/1。
[3] 程氏排日账#2, 道光25/4/17。
[4] 程氏排日账#7, 光绪8/7/10。
[5] 程氏排日账#12, 光绪26/3/25。
[6] 程氏排日账#12, 光绪26/12/25。
[7] 程氏排日账#11, 光绪19/8/9。
[8] 程氏排日账#7, 光绪8/4/1, 4/3-6。
[9] 程氏排日账#11, 光绪18/4/17, 4/23, 5/3-4。
[10] 程氏排日账#11, 光绪19/3/30, 4/6。
[11] 程氏排日账#11, 光绪20/4/18-20。

解似乎不尽相同。

从排日账还可看到，女性在礼仪生活中，也发挥了突出的作用。光绪十九年正月，同仓娶亲，允亨请来帮忙的人中，就有梅娇嫂、姑婆两人，他们连日负责"办碗盏"[1]。当然，女性更多是作为客人出现的。笔者提到，沱川在结婚酒席上，分男客与女客，她们宴请的时间通常错开。光绪五年八月允兴成亲时，宴请女客安排在二十五日，男客安排在二十六日，前来赴宴的女客有6人以上。[2]光绪十九年正月同仓成亲时，刚好相反：女客安排在二十六日，而男客则在二十五日，前来赴宴的女客有7人以上。[3]当地的做三朝，女客也会出席。[4]

丈夫死后，女性再嫁吗？对此，程氏排日账只留下两条相关的记录。道光十八年闰四月二十五日上午，发开"帮兴文兄出（家）〔嫁〕爱凤（审）〔婶〕"。咸丰三年十月十二日，发开"帮兴文兄出（家）〔嫁〕兴秀（叟）〔嫂〕"。[5]前一条说的是发开帮助族人出嫁一位婶婶，后者则是说帮族人出嫁嫂子。两者都可以确定是妇女再嫁的记录。在这两次再嫁个案中，妇女能否带走自己的嫁妆？她们是出于自愿还是被迫？排日账都没有留下记录。值得注意的是，这两次活动涉及的是同一个族人，这位兴文为何前后嫁出两位女性亲属？由于排日账没有交代，我们可能永远无法知晓答案了。

细读排日账还可发现，女性极少参与远程的出行活动。前面谈到的允亨与女儿一起干农活的例子，都发生于上湾附近。事实上，即使是苦竹山，也几乎见不到程家妇女前往劳动的记录。纵观排日账数十年记录，都没有提到女性参与远程贩卖与挑担活动的情况。[6]女性的各种行事，除了走亲戚、回娘家外，基本上局限于聚落周围，故而其行动空间，当远小于成年男性。这种空间限制，大概是当地约定俗成的一种安排，但对女性的空间认知肯定产生了一定的影响，使女性可能形成了与

---

[1] 程氏排日账#11，光绪19/1/23-25。
[2] 程氏排日账#6，光绪5/8/25-26。
[3] 程氏排日账#11，光绪19/1/25-26。
[4] 光绪二十年十二月十六日同仓儿子出生后，前来做三朝的女客就有4人（程氏排日账#11，光绪20/12/16）。
[5] 程氏排日账#1，道光18/闰4/25；#3，咸丰3/10/12。
[6] 不过需要补充的是，我们谈到，詹鸣铎的母亲就曾去过杭州，只是原因比较特殊。

男性不尽相同的空间认知。

目前没有证据显示,19世纪徽州妇女生活发生了剧烈变动。不过随着茶叶生产的扩张,应有越来越多的妇女介入茶叶生产。20世纪30年代末对徽州四县茶厂的调查显示,在信息完整的71位受调查茶工中,男性有41位,女性30位,女性占茶工总数的42%。[1] 采茶为不少妇女提供了赚取私房钱的新路子,而这些妇女积蓄的一部分私房钱,可能转而流入沱川的金融市场,妇女在沱川金融市场较高的参与度可能并非意外。[2] 此外,采茶过程中,青年男女混杂,出现了所谓"谑浪邪亵"之事,引起了一些官员的不安,有的官员甚至奏请禁止使用女工。[3]

盖 房

由于生育了两个儿子,在他们还小时,发开心中可能就在为他们的将来盘算。最重要的一件事,是为他们各自准备一座房子。盖建新房,是一个乡民生命历程中的大事,甚至可说是他人生成功与否的一个标志。允亨成亲后,这件事很快被提上了议事日程。

徽州地区盛行以砖瓦盖房,房屋结实耐久,单纯从房屋寿命的角度,通常无须每个世代盖房。不过由于每代不只有一个后代,因此有能力的话,多建新房还是有必要的。我们知道,发开有两个儿子。在光绪十年分家前,程家就盖了新房,这成为后来分家的基础。排日账中,对新房修建过程留下不少记录,为重构这个过程提供了证据。

现存排日账对盖房的记录,是从光绪四年开始的。新房的修建,也是此年开始紧锣密鼓地进行。不过从常理推断,相关的部分准备工作,应该此前就已开始,只是光绪三年(1877)以前的排日账没有保存下来,我们已无从知晓这些前期的准备工作了。目前了解的是,主要营造

---

[1] 财政部贸易委员会安徽办事处调查统计股《皖南茶工调查报告》,《茶声半月刊》第1卷第11—12期(1939年12月5日),第128页。

[2] 比如,程家请来帮忙采茶的梅娇,就曾多次借钱给程家,而且与允亨加入过同一个银会。梅娇帮程家米条的记录,见程氏排日账#11,光绪18/5/4;梅娇与程家的借贷关系,见程氏排日账#11,光绪19/8/10,光绪22/6/1、7/24;#12,光绪26/12/4。

[3] 邹怡《明清以来的徽州茶业与地方社会(1368—1949)》,第233—244页;Robert Gardella, *Harvesting Mountains: Fujian and the China Tea Trade, 1757-1937*, pp. 104-105.

活动在光绪四年底就已完成，次年主要是建造门窗等部件，零星工作一直持续至光绪五年七月前后，最后可能于此年后半年开始启用新居。盖房需要投入大量的资金和人力，分家之前，程家是一个联合家庭：这个家包括了发开夫妇、允兴夫妇和允亨夫妇及他们的孩子，可以调动较多的人力。同时，这一时期，程家投入大量人力制茶，茶叶收入较高，为建房提供了现金基础。

盖房之前，需要采购和准备大量的材料，包括木材、砖瓦、石头、石灰等。沱川地处婺北山区，林木资源丰富，木材可以就近取材。木材的准备，应该在盖房若干年前就已着手进行。从现存记录看，光绪四年二月，有不少伐木的记录。二月初八排日账记，"允兴兄斫杉树，又批松木桠，本身同众乙匀，山场西坑、白石圩，允福兄、再叔、崇赐侄、中兄、连月叔、允恭兄、启富弟、书叔、志阳兄、志基兄、进和侄、元侄、青泉叔同斫松木，均分，福（？）答十三股。"初九日，继续伐木，"本身同白石圩允福兄、连悦叔、允恭兄、启富弟、志阳兄、志基兄、允中兄、和侄、元侄、允发兄、再叔斫松木，下切分派，上切各人斫至南培。"初十日，发开对砍好的木料进行加工，允亨兄则继续伐木："父亲西坑批松木桠，允兴兄帮舅母家斫杉木，本身西坑山斫杉木。"十三日，"父亲篁村源头木匠蓬事"，允兴砍杉木。此后从十四日至十九日、二十七日至二十八日及三十日，排日账都有砍杉树的记录。[1]杉木是重要的建筑材料。这次砍杉木，虽属程氏全族的集体行动，但事实上为程家建房提供了木材。

在砍伐杉木的同时，石头也在准备当中。石头用于砌屋基。上湾附近的西坑、詹家坞等地，应该就有采石场。光绪四年正月初三、初四日，春节的热闹还没结束，程家就开始准备石材，由允兴去西坑"担石头"。初六日，允亨去西坑"取石头"。二十四日，程氏兄弟仍到西坑担石头。二十五日至二十七日，程氏兄弟和一位村民到詹家坞取石头。二十九日，程氏兄弟前往羊羡坞取石头。二月十五日，程氏父子和雇请的两位村民再次到羊羡坞取石头。[2]此后大概是石头已准备就绪，没有

---

〔1〕 程氏排日账#6，光绪4/2/8-10, 2/13-19, 2/27-28, 2/30。
〔2〕 程氏排日账#6，光绪4/1/3-4, 1/6, 1/24-27, 1/29, 2/15。

再提到取石头的事。

程家采购砖瓦的地点，主要是郡村东南2华里的大干段和一个叫象鼻窑的地方。两地大概有砖瓦窑，程家盖房使用的砖，主要来自大干段，而瓦则基本来自象鼻窑。象鼻窑很可能是由篁村余氏经营的，九月十三日，允亨去篁村找一位梅菴先生，排日账记录说，"昨日象鼻窑老砖不发者砖铺十块"，前一日程家购买的砖质量不佳，因而允亨很可能去篁村理论。[1] 程家采购砖瓦的时间，开始于光绪四年七月十七日，最后一次记录是十一月十七日，以七至十月最为密集。这一时期正是程家新屋紧锣密鼓建造的时间。挑砖是一个费时费力的工作，多由程氏兄弟承担，有时也请他们的外甥和族人帮忙。

光绪四、五年间程氏排日账的记录，为了解新房的建造过程提供了基本线索。前面谈到，新房所需木料的准备，可能在光绪四年之前就已着手。光绪四年二月留下了伐木的一些记录。木料在用于修建之前，必须晒干、加工，必须提前准备是理所当然的。石材的准备，似乎基本上在光绪四年进行。石材主要用于砌墙脚和铺设路面等，另外就是踏石、门闩等也是用石材打造的。砖瓦也大多是提前搬运妥当，以备随时取用的。

新房的修建似乎是在此年二月初一日开始的，当日排日账记，"父亲上金〔岗〕岭托石匠二位万师、时顺师打水马"。二月二十五日，订做中坦（疑为中堂），当日记，"本身上篁村寿姻兄，支钱乙百文买伏干，支钱乙百文〔买〕盐、油□、豆豉、火酒三壶，办接断中（垣）〔坦〕，中人寿姻兄、四兄、列中先〔生〕、立生先〔生〕、日龙先生"。本页内夹带草契一纸，内容如下：

> 立包造中坦人万兴隆，今包到名下中坦全堂，言定（仪）〔议〕价洋钱拾七元正，其中坦言明乙寸八分厚，两面光，各色八根。中坦包坦成功，无得异说。今欲有凭，立此存照。
>
> 再批：中坦周围贰面光，如若杏薄，听至扣洋。日后再不加断。务要光绪四年贰月内，中坦包坦成功，（仪）〔议〕定当收洋钱七元正。

---

[1] 程氏排日账#6，光绪4/9/13。

第十章　家与家人　247

光绪三年拾贰月初六日 立包中坦人万兴隆〔花押〕

中见人余立生〔花押〕

余新又〔花押〕

余四顺〔花押〕

代笔人余寿顺〔花押〕

余义隆〔花押〕[1]

光绪三年的排日账没有保存下来,不过从契约可知,立契时间是光绪三年十二月初六日,包造中坦的工匠是万兴隆(应即上述的"万师"),总价银元17元,立契时付定金7元。光绪四年二月二十五日,应该是交付剩余10元造价的日子。三月初一日至初三日、十一日至十二日、十六日至十七日,万兴隆到程家"楂中坦"(也写作"坦中坦")。[2]

三月初十日,排日账第一次记录石匠万师傅"做墙脚",次日继续做墙脚,并"安踏石、门闩"。做墙脚似乎并非重要的日子,排日账没有该日做仪式的记录,也没有提到开始的时辰。做墙脚后不久,就进入茶季和春耕季节,建造活动暂时停止。七月之后,主要的工作是挑砖,石匠打楼梯石、门闩石、拖泥石、枧石等构件,并在新房门口安放条石。[3]九月下旬,秋收还在进行中,建造工作恢复。九月二十四日,"父亲全允兴兄、本身择吉托砖匠时保师、九元师二位砖墙起工(驾)〔架〕马"。这个需要择吉的活动,自然被视为重要活动。十月十九日,建造活动紧锣密鼓地进行,程家杀了一头猪。二十四日,"巳时上开门"。这显然是另一个重要的时间节点。十一月初三日前后,砖墙基本砌好。此后几日,给新房盖瓦,并开始给墙壁上灰。初九日基本完成。二十日至二十四日,主要工作是做大门。[4]此前应该有上梁的仪式,这是徽州建房最重要的仪式,但排日账不知因何缘故失记。新房建造活动于次年二月中旬继续进行。二月十一日至十三日,请了两位"镢平门板"。四月,

---

〔1〕 程氏排日账#6,光绪4/2/1, 2/25。文书上书"程顺意"三字。
〔2〕 这个工作断续进行到五月中旬。参见程氏排日账#6,光绪4/3/1-3、3/11-12、3/16-17、5/13、5/15。
〔3〕 程氏排日账#6,光绪4/3/10、8/6、8/8-14、8/16-17、8/23-29。
〔4〕 程氏排日账#6,光绪4/9/24、10/19、10/24、11/3-9、11/20-24。

茶季结束后，请木匠进行装修，其工作包括"做平门""做平刺""雕坎""雕床"。六月下旬至七月初，木匠"装房""装演"。[1]至此，整个营建活动基本结束。

从准备材料到开始修建，离不开工匠的帮助，这些工匠包括石匠、砖匠、木匠等。光绪四年正月十九日，元宵才过三天，程发开就"上金光岭托石匠"。此次大概是提前约定工作时间。二月初一日，程发开再上金岗岭，"托石匠二位万师、时顺师打水马"。初五日，又托这两位石匠"山羊莪打门闩"。初九日，托他们"羊莪打达石"（达石应为踏石）。十八日早晨，大概这两位石匠另有他事，发开"过洪源问石匠"。二十四日，允亨出燕山，他在排日账中解释说，其目的是"问事匠也"。大约两次请石匠都未果，二十九日，允亨"上金光岭问石匠"。三月初六日早晨，第二次去金岗岭托石匠。这次预约成功了。初八日、初九日，排日账都记录"托万师打拖泥石"。初十日，"父亲同本身托万师做墙脚"。十一日，"父亲托万师做墙脚，安踏石、门闩"，而"本身同允兴兄赴趁万师，支钱六百五十文买门闩"。十二日、十三日，继续托万师做墙脚，同时请"兴隆师伙计二位楂中坦"。十六日、十七日、二十日、二十一日，继续由两位伙计"坦中坦"。[2]此后进入茶季和春耕。

五月十三日，春耕还在进行当中，发开继续请"兴隆师伙计〔坦〕中坦"。十四日、十五日，又托秀文师、成财师打楼梯、坦地坦。二十四日，发开再上金岗岭请石匠，未果。他再次上金岗岭，已是八月初五日。此次顺利请到工匠。次日，他请来万师到羊我坞打踏石。初八日，再去羊我坞打楼梯石。初九日至十一日，至正坑打踏石。十二日，转移至坑安打石头。十三日、十四日，回到正坑打石。十六日，万师在程家家中打门闩石。十七日，程氏父子三人至正坑扛墙脚石，又托万师至牛栏门口打拖泥石。二十三日，"父亲托万师托塔沙后过平细"，其意不明。二十四日至二十九日，请万师至正坑打条石、枧石，又在门口安条石。十月十四日早晨，发开又来到金岗岭，这次请人应该没有结果，因为十五日、十六日的排日账中，都记录请秀文师做坎，而秀文应该是

---

[1] 程氏排日账#6，光绪5/2/11-13, 4/8-10, 4/13-24, 4/26, 6/22-7/1。
[2] 程氏排日账#6，光绪4/1/19, 2/1, 2/5, 2/9, 2/19, 2/24, 2/29, 3/6, 3/8-13, 3/16-17, 3/20-21。

个木匠。[1]至此,石匠的工作基本完成了。此后,我们只看到光绪五年二月十八日,发开"托万师打踏沙福海眼"。[2]这是对石匠的最后一笔记录了。

砖匠的工作开始于下半年。程家开始买砖,是在光绪四年年初,正月初十、十一日,都有程氏兄弟出燕山担砖的记录,而大规模购买是在六月份。六月初五日,发开"支洋十元正经桂兄手买砖"。[3]自七月中旬至十月,出现了大量至大干段和象鼻窑担砖瓦的记录。[4]砖匠第一次出现于九月。九月二十四日排日账记,"父亲仝允兴兄、本身择吉托砖匠时保师、九元师二位砖墙起工驾马。"此处言明时保、九元是砖匠,"起工驾马",说明此日开始砌墙。此后,便屡屡有两人砌砖墙的记录。[5]十一月初五日,砌墙的工作似乎告一段落,师傅们开始"灰墙"(给墙壁刷灰),并在灰墙上画线作画。初六日记,"父亲同允兴兄、本身托时保师、六喜师、九元师灰墙起三线画"。初七日记,"父亲同允兴兄、本身托时保师、六喜师、九元师、细元师灰墙盖屋,起三绵画花草细架酒"。"盖屋"应该是给屋顶盖瓦片了。灰墙盖屋的工作继续了两天。十一月十一日之后,便不再有砖匠工作的记录。十一月十七日排日账记,"允兴兄同本身担砖贰码卖回瑞魁宝号"。[6]很显然,新房已建造完毕,剩余的砖别无他用,因此将之卖还给厂家。

木匠的工作,似乎与整个营造过程相始终。秀文是一位木匠。[7]三月份他就开始到程家工作。三月二十二日,他前来做梯。四月二十七日至二十九日,他帮程家"做地坦"。五月十四日、十五日,另一位木匠成财加入,他们一同"打楼梯""坦地坦"。九月十七日,秀文做"屋梢门方"。十二月二十日至二十四日,"做大门"。二十五日,"捎地涂"。[8]光绪五年二月二十九日,"托秀文师大门上分"。四月初八日至十一日、十三日至

---

[1] 程氏排日账#6,光绪4/5/13, 5/24, 8/5-6, 8/8-14, 8/16-17, 8/23-29, 10/14-16。
[2] 程氏排日账#6,光绪5/2/18。
[3] 程氏排日账#6,光绪4/1/10-11, 6/5。
[4] 程氏排日账#6,光绪4/7/17-26, 7/28-29, 8/2-3, 8/6-7, 8/20-22, 8/26-27, 8/29-9/5, 9/9-14, 10/17, 10/24-27。
[5] 程氏排日账#6,光绪4/9/24-26, 10/20-24, 10/27-11/5。有时除了这两位砖匠外,还加上另外两位砖匠六喜和细元。
[6] 程氏排日账#6,光绪4/11/5-9, 11/17。
[7] 程氏排日账#6,光绪5/4/9:"父亲托秀文师做平门,允兴兄出外游嬉,本身赴趁木匠。"
[8] 程氏排日账#6,光绪4/3/22, 4/27-29, 5/14-15, 9/17, 12/20-25。

图 10.1　程家新屋

十四日,"做平门"。十五日,"托秀文师、茆德师做平刺",十六日,"做壁刺"。十七日,两人"坦地坦"。十八日、二十日,"装房""做房"。二十一日至二十四日,秀文"雕床"。二十六日,"补桌"。[1]六月二十二日至二十七日,程家又雇请秀文"装房"。六月二十八日至七月初一日,又托他"装演"。[2]至此,木匠的活才算告一段落。

除了上述工匠外,排日账还提到了一种"镴匠",程家雇请他们"平门板"。[3]"镴"大概是锯的意思,"镴匠"可能是负责锯木的工匠。匠人之外,程家家人随时配合他们,必要时搭把手,排日账记作"赴趁"。家人忙于他事,或是人手不足时,还需雇请小工帮忙。光绪四年七月至十月,程家不时请外甥乃至允亨的岳父挑砖。[4]有时也请族人帮忙,如九月二十六日,砖匠砌墙,"托允恭兄做小工赴趁";十月十八日,请程

---

[1] 程氏排日账#6,光绪5/2/29,4/8-11,4/13-18,4/20-24,4/26。
[2] 程氏排日账#6,光绪5/6/22-7/1。
[3] 程氏排日账#6,光绪5/2/11-13,4/30。
[4] 程氏排日账#6,光绪4/7/23-24,7/26,7/28,8/2,9/12-13,10/27,11/5。

允恭出大干段挑砖；二十日至二十四日、二十七日至二十九日，请程连悦做小工；二十六日，请程允恭、程进和挑砖；十一月初一日至初四日，请程连悦、外甥做小工。[1]工匠一般支付工资，而做小工的族人则有可能以换工的形式予以偿还。不管如何，新房的建造活动，加强了程家与熟人、族人与亲戚之间的互动，熟人以工匠的身份介入营建活动，而族人与亲戚则作为小工参与建造过程。

建房被视为一生中的大事，不是没有原因的。整个建房过程，不仅需要动员各种人际关系，而且需要投入大量的资金。民国十二、十三年（1923—1924），歙北许村一户人家建造了一栋三开间二层楼房，为此可能花费了3200个光洋。[2]这是大户人家的宅子，造价较高。程家的新房投入的资金少得多。综合排日账的记录，程家定做中坦花费17元，砖瓦费为13元，各匠工钱在5元以上，购买门闩花费650文。[3]即使根据这份不甚完整的记录，建房开销已接近36元。对于一家普通农户而言，这并非小数目。

新房的修建过程，伴随着一系列酒席和仪式。在歙县白杨源村，过去建房，神福很多，通常有择期定向福、起工伐木福、画墨福、平磉福、排列福、竖柱上梁福、上照壁福、竖门岩石柱福、安阶檐福、安照壁地坎福等，都要举行祭祀，并备办或丰或俭的酒席。[4]程家盖新房，应该没有这么多神福。排日账提到的选择吉时的节点只有两个，一是九月二十四"起工驾马"，一是十月二十四日"上开门"，这两次可能分别是起工和竖门岩石柱，这两次大概是要办神福的。另外上梁是建房最重要的仪式，肯定也要办神福。徽州的上梁包括架梁、敬梁、祭锤、祭梁、撒五谷、踏梁、上梁、钉椽、盖瓦等环节，由作头师傅唱《架梁经》《提鸡经》《撒五谷经》《踏梁经》，讲利市话。[5]程家新宅上梁时，应该也少不了有一番热闹。

---

[1] 程氏排日账#6，光绪4/9/26，10/18、10/20-24、10/26-29、11/1-4。
[2] 许骥《徽州传统村落社会——许村》，上海：复旦大学出版社，2013年，第556页。
[3] 费用清单：光绪3/12/6，中坦，17元；3/11，门闩，650文；3/13，万师工钱，1元7分；3/17，兴隆师，3元；6/5，买砖，10元；8/2，买砖，1元；10/11，时保师，1元；10/12，经桂兄买砖，2元；应有遗漏，没有秀文等工匠工钱，工钱以外的神福、伙食等开销，也没有计算入内。
[4] 吴正芳《徽州传统村落社会——白杨源》，上海：复旦大学出版社，2011年，第219页。
[5] 许骥《徽州传统村落社会——许村》，第565—569页。

新屋建成后，程家家人似乎仍旧住在老宅，至少排日账没有留下乔迁的记录。不过光绪六年正月初四日记，"父亲应看狮主贺新屋，喜钱壹百文"，新屋已经落成，并很可能开始启用，[1]此后，程家有了两座宅子，分家的基本条件具备了。

分　家

程氏兄弟从小的感情如何，我们无从知晓。可以确定的是，自他们先后成家后，家庭内部的矛盾逐渐浮出水面。允兴于光绪五年八月成亲，此后允兴的行动开始有些反常。光绪六年四月十四至十五日，父亲和允亨还在家里忙着拣茶、干农活，允兴带着妻子到丈母娘家玩耍，十六日才回家。[2]光绪七年二月底，允亨在苦竹山开荒，而允兴到丈母娘家玩耍，又把她接到家里住。[3]同年十月上旬，也发生了类似的事情。[4]从这些事情中，隐约可知允兴在逃避家庭责任。

兄弟矛盾的真正公开化，出现于光绪八年，该年十月初四日记，"父亲在家嬉，允兴兄在家嬉，吵闹事，本身苦竹山拔山"。初五、初六日，允兴继续消极怠工，而允亨继续在苦竹山干活。初七日，允亨也回到家中休息。初八日记，"允兴兄仝本身情理不合，托连月叔、英月叔、鹏飞（旧）〔舅〕、东裕（旧）〔舅〕、日田（旧）〔舅〕公评合和同之事"。[5]由于兄弟之间的矛盾愈演愈烈，只好请亲友前来评理。

这次亲友的介入，没有彻底解决问题。光绪九年七月下旬至八月初，允兴又消极怠工。从排日账记录看，七月二十二日，允兴开始在家玩耍。从此日至八月初一日，除二十五日、二十八日仅提到他"在家"外，其余时间都记录他"在家嬉"。相比之下，允亨自己仅有七月二十三日因下雨在家休息，二十二日、二十四日、二十六日至二十九日，都在苦竹山挑柴或干农活，此外，二十五日出燕山找医生看病，八

---

[1]　程氏排日账#6，光绪6/1/4。新屋有可能用于存放农具、粮食等，也可能用作允兴夫妇的洞房。
[2]　程氏排日账#6，光绪6/4/14-16。
[3]　程氏排日账#6，光绪7/2/28-29。
[4]　程氏排日账#6，光绪7/10/7-8，7/10。
[5]　程氏排日账#6，光绪8/10/4-8。

月初一日与"大众"开路。[1]这段时间,允兴总计在家中待了九日。在这种情况下,分家似乎已经无法避免。

八月二日,程家终于请来几个亲友,来家中主持分家。当日排日账记:

> 初贰日天晴己酉值除　父亲、允兴兄、本身家务不和,只得托族家亲眷,请凭邻友再叔、连月叔、英叔、允福兄、飞舅、日田舅公、万垾兄凭众均分,至公无私,兄占新屋,本占老屋,各项擸荅阄分,分田地、产业,各居之后,无得推却。[2]

这次分家不知有无分关,如果有,也没有保存下来。程家家产不多,分家过程应该是比较简单的。和其他区域一样,程家分家应该是兄弟均分,不过由于发开夫妇都还健在,应该提留了部分田产,作为两位老人的养赡之资,因此分家后允亨一家分得的田产,应该多于兄长。此外,根据此日的记录,分家后,新屋分给了允兴,而允亨和父母继续住在老宅。

分家之后,第一步是分灶,开始各自做饭菜。八月十二日记,"父亲在家赴趁,允兴兄托瑞荣师泥锅,各爨分居"[3]。这是在分家十日后了。此后程氏兄弟继续一起生活了一段时间。八月初四、初五日,兄弟俩还一同到溪口卖黄精。次月,赶上秋收季节,于是一同参与收割。九月初八日,全家在西坑割稻子。十一日,西坑收割的稻田交完租子后,还剩下八秤,由兄弟均分。十四日、十六日、十七日、二十二日,全家又多次前往苦竹山收获玉米,收获当日,"三股均分"(应该是允兴一分,允亨一分,另一分估计分给发开夫妇)[4]。

允兴兄弟的分家,并未就此结束。光绪十年,分家的第二年,茶季开始前,对程家最重要的茶园进行了分割。三月十六日记,"父亲同本身、儿托连悦叔、英月叔上苦竹山分茶坦、茶厘山,允兴兄占匄下蓬茶坦,本身占匄上蓬茶坦"[5]。此后,排日账还记录了两次程氏兄弟分割财

---

〔1〕程氏排日账#7,光绪9/7/22-8/1。
〔2〕程氏排日账#7,光绪9/8/2。
〔3〕程氏排日账#7,光绪9/8/12。
〔4〕程氏排日账#7,光绪9/8/4-5, 9/8, 9/11, 9/14, 9/16-17, 9/22。
〔5〕程氏排日账#8,光绪10/3/16。

产的行事。一次发生于光绪十一年七月初九日,排日账记,"本身(符)〔苦〕竹山讨桃,同允兴兄均分"[1],估计苦竹山的桃树一直没有分割。第二次发生于余氏去世之后。余氏于光绪十八年正月二十五日去世,二月十一日,时隔半月后,排日账记,允亨兄弟"托灶叔、志阳兄、允恭兄、允中兄、启富弟、鳖叔七位,均分母亲衣服、锅伙、厨楝,丧费贰人共十乙元,除母二元,每股二共五千五百〔文〕"[2]。这次分割了余氏留下的衣服、厨具、家具,并清算了兄弟俩应承担的丧葬费用,兄弟各分摊到铜钱5500文的费用。至此,兄弟分家才算告一段落。

分家那年,发开已是七十二岁的老人。分家之前,当家的很可能是发开,两代人交接当家事务,很可能发生于光绪十年,也即分家后的第二年。这不仅跟分家习俗及发开年事已高有关,排日账记录的借贷信息,也从侧面提供了值得注意的线索。我们知道,至迟从同治十一年起,允亨就接管了记账的责任,但细读光绪九年之前,借贷记录甚为少见,但从光绪十年起,排日账的借贷记录大幅增加。[3]这一变动与分家在时间上很近,这本身恐怕并非偶然。借贷是家中大事,如果不当家,是很难全面掌握家里的借贷情况的。因此,发开很可能在分家的第二年,将当家的担子交给了允亨。

接手当家那年,允亨三十五岁,正当壮年。当家后,允亨不再仅仅是一个孩子、丈夫和父亲,而且成为一家之主,需要承担更多的家庭和社会责任。从这种意义上说,分家后程家的生计与家庭安排,包括母亲丧事与儿子婚事的安排,都可理解为允亨个人决策的结果。一家之主的角色,要求他在处理好家庭事务的同时,还需应对好生活世界的方方面面。这种角色期望,加上个体自身的期待与抱负,把他一步步从社会的"幕后"推向"前台",推动他做出抉择,这大大加深了他对宗族、村落等层面的社会事务的参与,扩大了他打交道的人际圈子,这也就加深了他涉世的"深度",他生活世界的范围有所扩大。

---

〔1〕 程氏排日账#8,光绪11/7/9。
〔2〕 程氏排日账#11,光绪18/2/11。
〔3〕 光绪十年前,排日账历年借贷记录笔数为,同治十一年,有借贷记录2笔;同治十二年,1笔;光绪四年,1笔;光绪四年,1笔;光绪五年,1笔;光绪六年,1笔;光绪七年,1笔;光绪八年,2笔;光绪九年,无借贷记录。而光绪十年后,笔数大幅增加:光绪十年,6笔;光绪十一年,13笔。

第十一章　宗族与村落

宗族与村落，是徽州最重要的两种超家庭的社会组织，前者是由同宗的家庭组成的亲属组织，后者是主要围绕神明祭祀等公共事务而形成的地域群体，两者都是允亨生活世界中极为重要的组成部分。作为一家之主，允亨首先要面对的就是这两种性质不同却关系密切的社会组织。

宗族组织与宗亲关系

在程允亨生活的时代，宗族无疑是整个徽州地区最重要的社会组织之一。[1]只要条件具备，沱川的亲属群体就将自身组织成宗族。哪怕是"小姓"，也可能修建祠堂，定期举行祭祖活动。沱川最大的宗族，无疑是余氏宗族。这个宗族聚居的理坑、燕山、鄣村、篁村，是沱川最大的几个聚落。我们谈到，根据1980年的人口数据，沱川余氏应有3394人，占沱川总人口5845人的58%。

根据沱川余氏族谱的记载，沱川余氏的始祖余道潜，是北宋时人，徽宗年间迁居沱川篁村。道潜生子瓿（二世）。瓿生子二：诜成、诩成（三世）。诩成生子二：诚、全（四世）。诚生子四：子胜、子聪、子强、

---

[1] 有关明清徽州宗族组织的研究，有兴趣的读者可参阅王振忠《徽学研究入门》，上海：复旦大学出版社，2011年，第32—34页。值得注意的专著有：叶显恩《明清徽州农村社会与佃仆制》，合肥：安徽人民出版社，1983年；Harriet T. Zurndorfer, *Change and Continuity in Chinese Local History: The Development of Hui-chou Prefecture, 800 to 1800*, Leiden: E. J. Brill, 1989；赵华富《徽州宗族研究》，合肥：安徽大学出版社，2004年；唐力行《徽州宗族社会》，合肥：安徽人民出版社，2005年；刘道胜《明清徽州宗族文书研究》，合肥：安徽人民出版社，2008年；朴元熇《明清徽州宗族史研究：歙县方氏的个案研究》，北京：中国社会科学出版社，2009年；章毅《理学、士绅和宗族：宋明时期徽州的文化与社会》，香港：香港中文大学出版社，2013年；Joseph P. McDermott, *The Making of a New Rural Order in South China, Vol. I: Village, Land, and Lineage in Huizhou, 900-1600*, Cambridge: Cambridge University Press, 2013；胡学辑《徽州宗族研究译文集》，上海：复旦大学出版社，2017年。

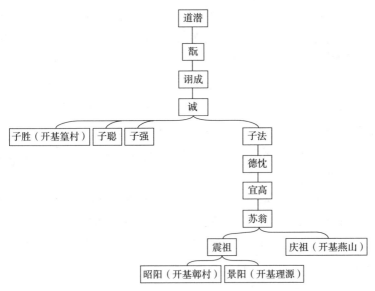

图 11.1 沱川余氏世系简图
（据光绪《婺源沱川余氏宗谱》世系部分绘制）

子法（五世）。长子子胜，行百三，居住篁村，被奉为篁村始祖。子法生子三：德忱、德谦、德润（六世）。德忱生宜高（七世）。宜高生子三：苏翁、莱翁、茶翁（八世）。苏翁生子三：震祖、庆祖、汝楫（九世）。庆祖为燕山开基祖。震祖生子八：闻阳、宾阳、昭阳、景阳、载阳、复阳、知阳、祺阳（十世）。昭阳，行闰三，为鄣村开基祖。景阳，行闰五，为理坑开基祖（参见图11.1）。

围绕子胜、庆祖、昭阳、景阳这四个余氏先祖形成的支派，构成了四个宗族，它们各有自身的宗祠。燕山余氏的宗祠是敦叙堂，鄣村余氏宗祠是乐义堂，理坑余氏宗祠是衍庆堂，而篁村余氏宗祠是余庆堂，另外余庆堂也是四族的统宗祠。沱川大族，有"三门"和"五门"之说。"三门"有两种解释，一谓余氏的三个支派，即篁村一门，燕山一门，鄣村、理坑合一门；一谓理坑、鄣村、燕山三族。"五门"则谓余氏四族外，加上东坑朱氏，合称"五门"。[1]

---

[1] 汪发林《沱川乡余氏宗族与民间信仰》，第99、120页。

上湾程氏与理坑余氏比邻而居，两者关系颇为密切。程家牵涉的纠纷，有时请余氏"四大房"出面调处（详见第十六章）。这个"四大房"，并非沱川余氏的四个宗族，而是理坑余氏的四个房派。余景阳开基理坑，生子公顺（十一世）。公顺生二子：良实、良大（十二世）。良实（定富公）之后裔，被称为上房；良大（定广公）生三子（十三世），分别被称为松、竹、梅三房，与上房合称"四大房"。上房之祠堂为敦复堂，良大之祠堂为克绍堂。[1]因此，所谓的"四大房"，实为理坑余氏宗族的主要房支。

在族、房之下，是不同层级的房支。不少房支置买了田产、山场，作为祭祖或其他活动的开销来源。笔者在理坑搜集的抄本《各祠会等事仪规例》，应是理坑余氏上房及其下某个支派的祠规汇编。上房的祠堂为敦复堂，祭祀余顺、余良实及其子孙。[2]除了敦复堂之外，这个抄本还提到了良一祠（十二世）、垂远祠（主祀余大保，十八世）、致和祠（主祀余德甫，十九世）、永和祠（十九世？）、思源祠（主祀余广龄，二十世）、悠远祠（主祀余天行，二十一世）、敦本祠（又称丹五祠，主祀余芳新，二十一世）、味山祠（主祀余文翼，二十二世）、永裕祠（主祀余柳堂，二十五世）、云青祠（主祀余廷焕，世代不详）、璇玉祠（主祀、世代不详）等十一个祠。这些所谓"祠"，其实应该是拥有一定财产的房支组织，未必真的建有实体的祠堂。

程氏排日账的记录可以印证这一推测。排日账提及的程氏"祠堂"，有廷远祠、广泽祠、广杰祠、添琢祠（又写作添作祠）、允元祠五个祠堂名，这还仅仅是程家参与祭祀的"祠堂"，没有算上程氏宗祠，而且其他家庭参与祭祀的"祠堂"也不在此列。很难想象，像上湾程氏这样的小族，会修建如此之多的祠堂。一个合理的解释是，沱川当地将拥有一定财产的祭祀亲属团体都称作祠。

在乡村社会中，这些被称为"祠"的亲属组织，其实就是大大小小的基金会。它们有的拥有一定田产、山场，有的仅控制一定的流动资金。它们是徽州的重要土地出租者之一。20世纪50年代"土改"前，由

---

[1] 汪发林《沱川乡余氏宗族与民间信仰》，第95—96页。
[2] 这个抄本收录的祝文中，世代最早的敦复堂，祭祀的十二世祖仅有良一（即良实），没有良大，据此可推知敦复堂为上房祠堂。《敦复堂清明祝文》，见《各祠会等事仪规例》，无页码。

宗族构成的所谓"公堂"和非宗族会社构成的"公会",在东南、华南的不少地区控制了当地一半乃至90%以上的耕地。[1]徽州各县的公堂、公会也占了数量可观的土地,不过各县此类土地所占比例差别较大,其中绩溪、歙县、休宁比例较低,而祁门、黟县、婺源比例较高。根据土改期间调查,土改前绩溪县祠产、庙产、学产、文会产、茶亭和桥会等公产耕地1.5万多亩,占全县耕地总面积的12.39%。[2]根据1950年9月统计,土改前休宁县全县有土地298325.895亩,其中公产祠会31853.968亩,[3]占全县土地总数的11%左右。歙县土改前公田、祠田等公产有36844.4亩,仅为全县耕地总面积的9.22%。[4]相比之下,祁门、黟县、婺源公产所占比例较高。土改前,祁门公堂、祠会多达5032所,公产占全县耕地总面积的36.14%。[5]另据1950年的一项典型调查,祁门县莲花塘村有七个宗族占有大小不等的族产,另有七个公会。村中最大的宗族吴氏宗族,其宗祠为致顺堂,下设43个祀,30个会,仅仅这些祀、会出租的土地,就有992亩,占全村使用土地的45%。如加上其他宗族及公会的土地,总计占有近1288亩土地,其中绝大多数应该是本村土地,占本村使用土地总数将近一半。[6]土改前,黟县祀会土地有39943亩,占耕地总面积的39.95%。[7]婺源县没有全县公产数据,不过有数据可查的66个乡,土改前有214690.40亩土地,其中公产104910.75亩,[8]占66乡土地总数的49%。

那么,沱川地域的情况如何呢?20世纪50年代初的土改调查,为我们提供了较为清晰的图景。根据土改时期的统计,鄣理乡(由鄣村

---

[1] 刘永华《明中叶至民国时期华南地区的族田和乡村社会——以闽西四保为中心》,《中国经济史研究》2005年第3期,第52—60页;刘永华《礼仪下乡:明代以降闽西四保的礼仪变革与社会转型》,第176—177页。
[2] 绩溪县地方志编纂委员会编《绩溪县志》,合肥:黄山书社,1998年,第151页。
[3] 休宁县地方志编纂委员会编《休宁县志》,第105页。
[4] 歙县地方志编纂委员会编《歙县志》,北京:中华书局,1995年,第130—131页。
[5] 祁门县地方志编纂委员会办公室编《祁门县志》,合肥:安徽人民出版社,1990年,第106页。
[6] 中共皖南区党委农委会《祁门县莲花塘村公堂、祠、会调查》,华东军政委员会土地改革委员会编《安徽省农村调查》,第200—203页。这篇报告没有提供土地总量,不过从吴氏族产占比,可推知本村使用土地总数为2204亩。各祠、会所占土地,一部分位于外村,但数量不多,因为公堂、公会出租给外村佃农的亩数,仅为179.1亩与4.4亩。扣除这些土地不算,祠、会出租的土地占全村土地50%左右。
[7] 黟县地方志编纂委员会编《黟县志》,北京:光明日报出版社,1989年,第148页。
[8] 婺源县志编纂委员会编《婺源县志》,第225页。

与理坑构成）共有自耕土地280.29亩，出租土地本乡、外乡共1737.636亩，占有土地合计2017.926亩，其中公产本乡、外乡共1139.812亩，占本乡土地占有总数的56%。篁燕乡（由篁村、燕山构成）共有自耕地311.798亩，出租土地本乡、外乡共2307.682亩，占有土地合计2619.48亩，其中公产本乡、外乡共1393.31亩，占本乡土地占有总数的53%。[1]从这些数据来看，沱川公堂、公会占地的情形，与祁门白莲塘村的情况相近，比婺源66乡平均数稍高。换句话说，在程家所在的沱川地域，以族产为主体的集团地主，控制了当地一半多的使用土地，是当地最为重要的土地所有者和出租者。

祠堂除经营大量田产之外，还是流动资金的重要提供者。只要祭祀之外有盈余，其资金通常都会进入当地金融市场，用于放贷。因此，"祠"成为乡村金融市场非常活跃的参与者，也是大笔现金最重要的供给者之一。基于明清时期各地祠堂在资本供给方面扮演的重要角色，科大卫、周绍明（Joseph P. McDermott）都敏锐地观察到，祠堂，而非钱庄与票号，才是明清时代中国商业资本主义发展的一个重要基础。[2]排日账就留下诸多程家向余姓祠堂借钱、还钱的记录。光绪二十六年的债务清单中，共列举了程家的六位债主，债务总计104元，其中来自私人的有67元，来自祠堂的有37元，后者约占36%。跟来自私人的借贷相比，祠堂提供的借贷多为大笔的现金，通常在10元以上。

允亨所在的程氏宗族，是一个规模不大的宗族，目前仅有不足十户人家。[3]由于族谱不传于世，19世纪30年代之前上湾程氏宗族的历史，现已难以重构。幸好排日账中留下了不少宗族史料，为理解19世纪后期程氏宗族及其在程家社会生活中的地位提供了基本素材。根据现有资料，笔

---

[1]《婺源县第五区诗春等乡土改后各阶层财产占有统计表》（1952年前后），《婺源县土改档案》，婺源县档案馆藏，无卷宗号。需要注意的是，徽州是一田多主制盛行区域，土改统计报表可能在进行统计时，对这一复杂制度造成的土地占有格局进行了简单化处理，公堂、公会在使用土地总数中所占比例，可能比这些报表提供的数据低，故而在使用这些档案中有关土地占有情况的数据时，应该审慎的态度。

[2] David Faure, *China and Capitalism: A History of Business Enterprise in Modern China*, Hong Kong: Hong Kong University Press, 2006, pp. 40-41; McDermott, *The Making of a New Rural Order in South China, Vol. I: Village, Land, and Lineage in Huizhou, 900-1600*, pp. 5-6.

[3] 据汪发林调查，2009年上湾全属程姓，目前仅有约30人。参见《沱川乡余氏宗族与民间信仰》，第49页。

者推断允亨属二十世，[1]如果假定第一世是定居上湾的时间，那么程氏在上湾已生活了五六百年了。[2]尽管定居时间较早，不过在19世纪最后三十年里，程氏宗族的规模较小，人丁最旺的时期应该也不足百人，光绪后期有近十六户人家。[3]然而麻雀虽小，五脏俱全。这个宗族有一座祠堂，有数量不多的族产和坟山。在排日账中，多次出现"族家人"的表述，其内涵是程氏族人。"族家人"是一个行动主体，他们一起重建祠堂，举办打醮仪式，砍伐族山树木等。

程氏的祠堂名叫善庆堂。20世纪70年代被毁，90年代重建。原祠据说占地400平方米，分前堂、后堂和寝堂，中有天井。其寝堂上有楼，楼上供奉观音、罗汉、胡老爷、五猖等20余尊神明塑像。[4]从这些信息推断，程氏宗族早先的规模很可能要大得多，不过至晚清大概已经衰微。重建后的祠堂规模较小，目前仅有一间（图11.2）。善庆堂建置年代不详，排日账首次提及善庆堂，是在咸丰七年（1857）正月二十四日，光绪六年（1880）重修。[5]此次重修留下了较详细的记载。此年七月初十，排日账记，"本身在家，同众议事收善庆堂前堂，托木匠、（橄）〔镢〕匠来龙山开山斫松木，办酒，支洋乙员付善庆堂"。当日族众议事，决定重修善庆堂。次日开始重修。[6]八月二十九日，"父亲同本身同众大族竖善庆堂朝堂，辰时上梁，申时上脊大吉"。[7]此后的工作是盖瓦等收尾工作，这个工作持续进行至十月。十月二十二日，发开还和族众一同"赴趁瓦匠盖屋"。[8]祠堂最后落成的日期不详，估计当在同年年底。重修历时一年左右。

---

[1] 笔者在上湾一家农户的阁楼发现的神主牌中，余梅娇标识为二十世，程允亨称她为嫂，可由此推知程允亨的世代。同时，据程同仓之孙程春全相告，他自己是23世，允亨为其曾祖父，刚好也是20世（访谈地点：婺源县沱川乡上湾村；访谈时间：2007年4月6日）。
[2] 汪发林认为，上湾程氏是清初从婺源秋口镇港头村前来，大约得自访谈。他还提到，"上湾程氏后裔则舍弃以往世系，尊始迁上湾者为一世祖"，并举神主牌所列时代为证。但他所举神主牌的世代为二十二世，从世代推算，恐在清初之前。参见《沱川乡余氏宗族与民间信仰》，第101页。
[3] 在沱川，负责接待舞狮队的族人被称为"狮主"，由族人轮流承当，每年两户。程家光绪十八年承当过一次，光绪二十六年再次承当（程氏排日账#11，光绪18/1/4；#12，光绪26/1/4）。如以此为依据估算，光绪后期程氏宗族共有十六户人家。
[4] 汪发林《沱川乡余氏宗族与民间信仰》，第85页。善庆堂供奉为数众多的神像，与程氏宗族法师较多有关。
[5] 此次重修，或是因为太平军占领徽州期间，祠堂遭到破坏。
[6] 程氏排日账#6，光绪6/7/10。从"前堂"一语，也可推知光绪年间善庆堂的规模比现在大。
[7] 程氏排日账#6，光绪6/8/29。
[8] 程氏排日账#6，光绪6/10/22。

第十一章 宗族与村落

图11.2 程氏宗祠善庆堂

除了祠堂外,排日账没有提及族谱。不过在田野访谈过程中,程氏族人提到该族曾有族谱一册,但没有保存下来。程氏宗族似乎没有族田,但也许对理坑周围的山场有开垦的权力,对山场的部分林木有采伐权。在婺源、祁门交界处的苦竹山,程家就曾种植了茶叶、玉米、蔬菜等作物。除此以外,程氏宗族似乎没有什么财产。不过族中的几个会社——如观音会、社会——拥有若干不动产和动产,但这些会社财产应属于会社的社友而非全族。[1] 由于族产有限,光绪六年重修善庆堂时,其经费主要来自族人摊派,同时族人还需出工参与重修。

要考察宗族在传统中国社会的重要性,不仅需要讨论宗族的组织架构及其运作,还有必要在普通族人的社会生活层面,检视宗族组织在其中扮演的角色。这一问题可以在两个层面进行讨论:其一是宗族组织在族人社会生活中的地位,其二是在族人的人际网络中定位宗族的影响。在思考这些问题时,宗族的重要性不仅体现为一个具备若干功能的组织,也体现为宗族型塑下的父系亲属关系,即宗亲关系。

程家对宗族生活的参与,在排日账中留下了相对翔实的记录,大体

---

[1] 明清时期乡民的会社参与情况,是一个值得探讨的问题。除几个银会(七贤会)外,程家家人参与的会社有观音会、社会、端阳会、三官会等,可惜由于排日账没有提供这些会社的成员名单,我们难以得出明确的认识。

包括了重修祠堂、举办仪式、采伐木材、开路修碣等几个方面。

光绪六年，程氏宗族重修善庆堂，程家参与了重修过程。该年七月初十日，允亨代表程家与族众议修善庆堂前堂，出席了当天族中办理的酒席，并支付银洋1元。八月二十日，又"支洋二元付善庆堂"。同月二十八日，"又支洋乙元付善庆堂"。[1]在重修祠堂过程中，程家共缴纳了4元。同时，程家还派人参与重修的劳动。如光绪六年七月，允兴参与了采伐木材等活动。八月初二，"本身合村同众善庆堂朝堂拖梁扛树。又下测朝堂，同木匠。此日厦然凛堃〔？〕，香英叔、再叔、允法兄被伤腰"。由于发生事故，三位族人受伤。八月十九日至二十九日，发开、允兴、允亨三人曾多次参与搬运木材、协助上梁等活动。十月，当善庆堂修理进入最后阶段后，程家也曾派人参与盖瓦等活动。[2]

程家每年都参与常规的清明祭祖仪式。每隔若干年，祠堂还举办打醮仪式。如咸丰七年正月二十四日，排日账记，"己在家，全善庆堂送火，平安醮"。[3]光绪十八年正月在善庆堂打醮，光绪二十年在本村的集禧门打平安醮，光绪二十一年在本村某处举行安龙仪式。在上述三次仪式中，以光绪十八年的打醮仪式记载最为详细。该年正月十四日排日账记，"己在家，同众破柴做圣牌董"。[4]所谓"圣牌董"，就是神主牌。这是打醮之前的准备。二十一日至二十三日，程氏在善庆堂举办了为期三天的醮仪，[5]从其他年份的情形看，这个醮仪应该属平安醮。

程氏族人还共同采伐木材、修筑和维护公共工程。程家参与采伐木材的记载，排日账中仅在道光二十四年冬至二十五年春留下了较为详细的记载。道光二十四年十一月初十日，排日账记，"己全众进石山坑斫树。新力叔、新荣叔、加荣叔、早月兄、英月弟、再顺弟、允元侄、至杨，九工"。此后至次年三月十四日，不时有程家参与伐木的记录，最为密集的记录，出现于道光二十四年十二月初二至初七日和道光二十五年三月十四日，这些日期的记录基本是连续的。[6]道路的维护是乡村基

---

[1] 程氏排日账#6，光绪6/8/20，8/28。
[2] 程氏排日账#6，光绪6/7/10-11，7/18，8/2，8/19，8/27-29，10/20-22。
[3] 程氏排日账#4，咸丰7/1/24。
[4] 程氏排日账#11，光绪18/1/14。
[5] 程氏排日账#11，光绪18/1/21-23。
[6] 程氏排日账#2，道光24/11/10，11/20，12/2-7，道光25/1/10，1/12，1/30-3/14。

第十一章 宗族与村落

本的公共事务之一，多在秋季农闲时节举行，排日账留下了一些记录。如光绪六年八月初一日，允亨记，"本身黄荆源同众拔路"。光绪七年至九年，每年八月也都留下了开路或拔路的记录。光绪十八年、十九年、二十一年，这个活动安排在七月，而光绪二十年、二十七年安排在八月。参与开路的民众，被称作"众""大众"或"山友"。[1]程家参与水利工作修建的事例，排日账只留下两条记录，而且很简单。[2]

综合各种信息看，程氏宗族和弗里德曼所说的A型宗族较为接近。[3]不过应该注意到，这个宗族仍然控制了相当数量的资源，在村落事务中发挥一定的作用。同时还应指出的是，宗族对于程家生活的重要性，不仅体现于程家对宗族公共事务的参与，更重要的是，它体现为一系列的民俗化乃至日常化的社会实践。这一面向可从年节行事和人生礼仪两个方面进行认识。

宗族在年节行事中扮演的角色，体现于春节、社日、清明、端午等几个重要节日。每年春节，程氏都组织族人到沱川燕山余氏宗祠敦叙堂拜年吃酒，此事于正月初二日举行。如同治十二年（1873）正月初二日允亨记，"允兴兄仝兴开叔、兴坤叔、崇赐侄出燕〔山〕敦叙堂拜年"。光绪七年（1881）正月初二日，"允兴兄同五久侄、鳌叔、进财侄出燕山拜年"。[4]这是每年都举行的常规活动，多少带有宗族之间联谊的意涵，只是这种联谊是单向的。每年程氏派出四人作为代表，他们由族人轮流承应。

正月初二日当天，程氏族内举办新年宴席，族内安排了当年承应办席的族人、陪客吃酒的族人，一般也是每年四人，也由族人轮流承应。如光绪四年（1878）的情形是，"本年新年酒志基兄当应。（培）〔陪〕客吃酒：灶叔、四侄、志基兄、和侄"。光绪二十一年，"本年〔新年酒〕头兴兄当应。（培）〔陪〕客：允恭兄、五九侄、志阳兄、志基兄四

---

[1] 程氏排日账#6，光绪6/8/1，光绪7/8/1-2；#7，光绪8/8/1，光绪9/8/1；#11，光绪18/7/1，光绪19/7/17，光绪20/8/20，光绪21/7/1；#13，光绪27/8/18。

[2] 程氏排日账#12，光绪26/7/26。参阅第五章。

[3] 根据弗里德曼的理解，A型宗族人丁少，社会分化程度低，族人相对贫困，基本没有族产，常依附大族寻求庇护，祭祖仪式较为简单，无族谱，族内经济、仪式合作罕见，有可能寻求大族士绅介入处理族内纠纷，参阅Freedman, *Lineage Organization in Southeastern China*, pp. 131-132。

[4] 程氏排日账#05，同治12/1/2；#06，光绪7/1/2。

人吃酒"。[1]

正月初四日，程氏还举行舞狮活动，负责舞狮事宜的族人，被称作"狮主"，上午、下午各一人，亦由族人轮流承应。如光绪七年正月初四日记，"狮主：上午允福兄当，下午志阳兄"。光绪十八年正月初四日记，"已在家照应当狮主。支钱十六文办水伏，又五文买火炮乙串，又五拾文狮主钱。下午鳖叔当应。"光绪二十二年正月初四日记，"已在家看狮。上午允兴兄当应。下午志阳当应。"[2]前来舞狮的，应该是沱川本地的"小姓"。在徽州，春节期间由"小姓"舞狮较为常见。[3]

清明祭祖，是沱川重要年节行事之一。此日前后，族人祭扫各代祖先的坟墓，当地称这个仪式为"挂钱"或"挂纸"。祭扫完毕后，做"清明酒"，而清明活动本身也被称作"做清明"。做清明，要选出牵头的组织者，此人被称为"清明头"。排日账每年都留下了做清明的记载。以光绪五年（1879）为例，三月十二日记："父亲做草鞋，允兴兄同本身苦竹山陀苗竹回家，吃广泽清明酒。"三月十四日至十六日，连续举行三天清明祭祖活动：

> 拾肆日天晴戊午值平〔清明〕 父亲做清明，允兴兄支洋贰〔元〕出街籴米，本身全众冢林下〔卦〕（挂）纸，塘坞、窑坞、松坑、汪王庙四处祖坟。
>
> 拾五日天阴己未值平 父亲在家，办金（艮）〔银〕缎帛，做道浩公清明。……
>
> 拾陆日天晴庚申值定 父亲、允兴兄、本身做清明，广杰祠当，又中午筭账。[4]

由于祭扫的祖坟涉及不同世代，祭祖往往持续数日，而参与祭扫的族

---

[1] 程氏排日账#06，光绪4/1/2；#11，光绪21/1/2。
[2] 程氏排日账#06，光绪7/1/4；#11，光绪18/1/4，光绪22/1/4。舞狮队伍可能来自理坑村。民国时期，理坑有红、黑狮两匹。参见《沱川乡的余氏宗族与民间信仰》，第98—99页。不过汪氏提供的舞狮时间（十二月二十四至正月初三）与排日账所记不符。
[3] 傅衣凌在讨论明清徽州佃仆问题时就提到这点，参见傅衣凌《明清农村社会经济》，北京：生活·读书·新知三联书店，1961年，第17页。
[4] 程氏排日账#06，光绪5/3/12，3/14-16。

人，也应因祭扫祖先的世代而各有差异。

除了春节、清明外，族人可能还参与社日和端午的活动。有关徽州地区的社日、端午活动，将在第十三章详谈，此处侧重讨论族人参与这两个节日的情况。可能因为社日不甚重要，排日账中做社的记录不甚完整，不过通过整合历年的记载，还是可以了解社会与做社的基本情形。所谓"社会"，是因祭社而成立的会社。上湾的社会有田产，每年秋天交租一次；应该还有流动资金，放入当地的金融市场放贷。[1]社日举行的活动，称作"做社"，做社要办酒席，做社也由社友轮流做头。[2]此外，由于社日有春秋两天，春社、秋社应该都会做社。[3]至于端午，上湾有所谓的"端阳会"，是为庆祝端午节活动而组织的会社。在排日账中，有关端阳会仅留下光绪五年、六年和九年的记载。端阳会有资金，用于放贷。光绪五年五月初五日记，"父亲、允兴兄、本身早晨同众做端阳会。又会里（惜）〔借〕来铜钱八百四十七文"。次年同一天记，"交钱九百七十二文还端阳会"。[4]借贷一年利息为125文，年息率近15%。

族人在人生礼仪中扮演的角色，最明显体现于丧葬仪式。在沱川丧葬仪式中，宗亲与姻亲都扮演着重要角色，但姻亲更多是前来吊唁，而族人要承担诸多丧葬事宜。尤其是下葬，基本上是由族人承担的。同治十一年五月二十日，程氏族人程和深病故，排日账记，"……早晨和深侄病重，托新旺叔过东坑接仰余先生来，病重无脉，不能医。到于辰时，去世夭伤。本身到万敷〔？〕兄借来松板五片合细棺。再叔、全叔、英叔、志基兄仝托葬和深侄蒜片坞里培。又下晚托允福兄请告木下神"。[5]此处提到的丧葬参与者，均为程氏族人。光绪五年七月初一日，族人程进元溺亡，次日允兴"同族家人葬进元侄"。[6]光绪十九年（1893）八月初五日，程再顺去世。再顺似乎无后，或是后代年幼，作为其最亲近的族人，程氏兄弟主持办理了他的丧葬仪式，并可能支付了相关费用。初六日，排日账记，"〔讬〕（托）族内人如棺墓"。初七日，又"托

---

〔1〕　如程氏排日账#11，光绪20/9/13，光绪21/3/2。
〔2〕　程氏排日账#08，光绪11/2/8。
〔3〕　程氏排日账#11，光绪22/2/3，8/17。
〔4〕　程氏排日账#06，光绪5/5/5，光绪6/5/5。
〔5〕　程氏排日账#05，同治11/5/20。
〔6〕　程氏排日账#06，光绪5/7/1-2。

族家人出家入柩，开（姻）〔咽〕（候）〔喉〕闰殓，厝屋背后"。[1] 排日账中不仅记录了程家托族人办理丧葬的信息，还留下诸多程家参与族人丧葬仪式的记载，这些记载显示了宗亲作为一种社会关系在族人生活中的重要性。

排日账中反复出现的"族家人""族内人"等表述，还提醒研究者注意记账者的宗族意识。检索允亨所记排日账，共得包含"族"字的表述24条，以单字和词组方式出现，构成"大族""合族""族众""族内""族家人""族内人""同族"等表述，表11.1概括了这些表述出现的相应次数。允亨在谈到本族时，常称为"大族"；在指称族人时，使用"族""族内""族家""族家人""族内人""同族""族众""族人"等诸多表述，族长只出现一次，用于指称余氏宗族的族长。笔者认为，这些频繁出现的表述显示，允亨的宗族意识较为清晰，这从侧面体现了宗族组织与宗亲关系对于徽州民众的重要性。

表11.1　程氏排日账中有关"族"的表述　　　（单位：次）

表述	出现次数	资料出处
族内	5	程氏排日账#7，光绪9/1/21-23，光绪9/2/17；#12，光绪26/5/13
大族	4	#6，光绪6/8/29；#7，光绪9/1/24，光绪9/2/28；#11，光绪19/8/26
族家人	3	#6，光绪6/7/2；#11，光绪18/2/9，光绪19/8/7
族	2	#7，光绪8/2/18；#8，光绪11/2/24
同族	2	#8，光绪10/3/10；#12，光绪26/7/12
族内人	2	#11，光绪19/8/1，8/6
族众	2	#6，光绪7/3/7；#11，光绪18/1/25
族人	1	#11，光绪18/1/27
合族	1	#11，光绪18/2/9
族家	1	#7，光绪9/8/2
族长	1	#5，同治11/7/2
合计	24	——

---

[1] 程氏排日账#11，光绪19/8/5-6。

以往的研究强调宗族在明清、近代东南地区（包括徽州）社会中扮演的重要角色，[1]笔者的讨论也证实了宗族的重要性，不过与强调宗族作为组织在地域社会中扮演的角色不同，笔者更为关注的，是如何从族人的社会生活中理解宗族、宗亲的重要性。本节对程家年节行事、人生礼仪的讨论显示，在徽州乡民的社会生活中，宗族更多体现为日常化、民俗化的存在，这种存在实际上体现了宗族意识及相关实践，已渗入乡民日常生活的肌理。正是这些民俗化、日常性的宗族活动，为族人之间相对频繁的互动提供了契机。

村落与仪式

沱川各处分布着许多寺庙，沱川民众在这些寺庙举行不同的宗教仪式。这些寺庙及其仪式，为沱川民众提供了一个与祠堂及其仪式有所重叠但又不尽相同的仪式—社会框架，其运作方式有必要进行探讨。

从寺庙的仪式活动看，沱川的地域群体大致分为两个层级，即跨村落层级与村落层级。南坑越国祠和东山寺，是跨村落层级寺庙中最重要的两座寺庙，它们都举行跨村落的重要仪式。

越国祠又称汪帝庙、红庙，祠中供奉的主神，是徽州最重要的地方神之一汪帝。越国祠每年举行多次活动。春节期间，活动最为频密。正月初一，沱川民众到庙内拜年、打锣鼓，初二舞龙、舞狮。正月十五，余氏宗族派人前来，抬着汪帝神像，到沱川出台阁，十五日抬去，十九日回来。此外三月、七月、十月也有活动。三月份是拜老爷，七月半和十月半都是烧香、拜菩萨。另外，孩子受了惊吓，要到越国祠的五猖

---

[1] 对宗族的人类学研究，最重要的论著有：林耀华《义序的宗族研究》，北京：生活·读书·新知三联书店，2000年（1935年燕京大学硕士论文排印本）；Freedman, *Lineage Organization in Southeastern China*; Freedman, *Chinese Lineage and Society: Fukien and Kwangtung*; Hugh D. R. Baker, *A Chinese Lineage Village: Sheung Shui*, Stanford: Stanford University Press, 1968; Rubie Watson, *Inequality among Brothers: Class and Kinship in South China*, Cambridge: Cambridge University Press, 1985. 社会史的宗族研究，请参阅：Patricia Buckley Ebrey and James L. Watson, eds., *Kinship Organization in Late Imperial China, 1000-1940*, Berkeley and Los Angeles: University of California Press, 1985; 陈支平《近500年来福建的家族社会与文化》，上海：上海三联书店，1991年；郑振满《明清福建家族组织与社会变迁》；常建华《明代宗族研究》，上海：上海人民出版社，2005年；科大卫《皇帝和祖宗》等。

前叫魂。元宵前后越国祠汪帝的出巡活动，配合出台阁等活动，是沱川全境最重要的仪式。这个活动由沱川余氏共同参与，集仪式与娱乐为一体，汪帝随着台阁出巡，是其中的主要内容之一。有关这个活动的详情，笔者将在第十三章讨论。这里需要交代的是，出台阁活动的主体，有"三门"和"五门"二说，其中三门是指鄣村、燕山、理坑三个聚落的余氏宗族，而五门是三门加上篁村余氏宗族和东坑朱氏宗族，以五门参与较多，因此可以说这个活动是以余姓为主体、包括当地其他重要姓氏的一个跨村落活动。

鄣村东南的东山寺，在沱川仪式生活中也扮演着相当重要的角色。东山寺与沱川余氏关系甚为密切。民国《婺源县志》就提到此寺为"沱川余氏众建"。寺内现存一口铁钟，钟体刻有"风调雨顺""太子千秋""国泰民安"等铭文及捐款芳名十二位，分别是信官余一龙支孙孝友堂、余乐义堂、余敦叙堂、余衍庆堂、余守义堂、余敦仁堂、余源开、余志忠、余良佐、余樱章、余彝叙堂、余查氏起凤，落款题铸钟时间为嘉庆二十一年（1816）。[1] 上述捐款人全为余姓信众，其中孝友堂等均为祠堂，乐义堂、敦叙堂、衍庆堂分别为鄣村、燕山、理坑余氏宗祠，孝友堂为燕山余一龙后裔的支祠，守义堂、敦仁堂为鄣村的房祠，[2] 彝叙堂所属不详，但为余氏祠堂当无疑义。因此可以说，余氏是东山寺的檀越主。东山寺是沱川盆地的仪式中心之一。由于红庙离盆地中心较远，元宵前后出台阁时，乡民提前将汪帝接到东山寺，活动结束后才送回。此外，祈雨仪式也以东山寺为主要场所，祈雨活动就是在寺前的一块农田内举行的。

祈雨是为应对旱情举行的跨村落大型仪式活动。沱川位于婺源北部山区，耕地主要靠泉水和山溪灌溉，平常年份不易出现旱情。不过，一旦天久不雨，山泉枯竭，就必须祈雨。燕山的敦叙堂、理坑的衍庆堂都曾做过祈雨的道场，不过东山寺是比较固定的地点。排日账留下了两次祈雨的记录：一次是道光二十年的祈雨，另一次是光绪十三年的祈雨。另外道光十二年（1832）也举行过祈雨，而且这次祈雨的簿册《雨坛总

---

[1] 铁钟存于东山寺内。铭文由笔者抄录，并参考了汪发林《沱川乡余氏宗族与民间信仰》第108—109页提供的录文。
[2] 汪发林《沱川乡余氏宗族与民间信仰》，第118—120页。

账》幸运地保存至今。此次祈雨距程氏排日账开始记事仅六年，发开肯定曾目睹此次祈雨，甚至可能曾参与其中。簿册记录的祈雨程序，应该是沱川历代相传的仪式传统，后来允亨目睹的祈雨仪式，与这次祈雨应该基本一致。

祈雨是一个大型仪式活动，如果没有一个组织主持其事，是很难办理起来的。从《雨坛总账》可知，祈雨活动的制度依托是都图组织和申明亭，有关都图和申明亭问题，笔者将在第十六章详谈。这里需要交代的是，19世纪沱川属十六都，十六都下有四个图，其中四图不在沱川境内，所以参与求雨的是一、二、三图，特别是一、二图。[1] 申明亭源自明初建立的同名建筑，在19世纪的沱川是一个重要的跨村落权力机构，余、朱等姓处理地方公务，就以申明亭的名义进行，与祈雨相关的告示，经常也是以一二三图、申明亭的名义发布的，申明亭还是各图甲集合的主要地点。因此，申明亭是祈雨的指挥部，而各图下的小甲，是征派祈雨所需物料、劳力的基本单位。道光十二年祈雨所需的竹木稻草，雨坛迎神送神、请水接水等差役，基本上以图甲为依托，落实到小甲层级。[2]

总理是祈雨的实际组织者，他们由各村推举。道光十二年的总理共11人，其中燕山3人，理源、鄣村、篁村各2人，东坑1人，所谓的"下门"1人（俞姓），可见这是一个以余姓为主体、同时包含了其他重要姓氏的跨宗族地域群体。程姓是小族，没有推举总理，他们以其他方式参与其中。执事操办各种事务，具体包括司银、司钱、管账（支钱）、写票、理坛、监坛、对神、买办、理厨、治厨、化财、香灯、值坛小甲等名目。其中司银、司钱、管账、写票、理坛，由总理担任；监坛、对神、买办、化财、值坛小甲，指派各图小甲负责；理厨、治厨都指派具体村民；香灯由庙祝担任。祈雨仪式，则请所谓的"法友"举行。法友，当地俗称大法，是婺源一带对道士的称呼。道光十二年七月祈雨，共请了8位法友：程永礼、程兴文、程时荣、程允福、程早月、胡有初、

---

〔1〕三图只有一个小甲参与，其他小甲似乎不参与，这与第十六章谈到的康熙增图有关，详见第十六章的相关论述。
〔2〕《雨坛总账》，道光十二年七月写本，无页码，王振忠教授珍藏，感谢振忠教授惠赐这个文本的电子版。下文对道光十二年祈雨活动的论述，均依据这个文本。

程时美。有趣的是，8人中，3人在程氏排日账中出现过，[1]他们是上湾程氏的族人。上湾程氏没有被指派差役，他们主要在祈雨中担任大法，这可能是他们参与活动的主要方式。一份婺源当地的调查显示，历史上上湾程氏族人多有以道士为业者，直至民国时期仍是如此。[2]

祈雨所需的物料、执役指派至具体的小甲，而经费则依照两种方式办理。道光十二年七月廿五日申明亭出具的告示就指出，"（祈雨）费用浩大，合川衿耆殷实十排人等公议，将所在雨坛之银，三股敷出。一亩认二股，二亩认一股。其不足之费，除山地客乡田外，悉照亩角敷出，每秤派费四文，预付贰文暂用。其亩角租有升降，出入照查公开。至所当租，系收谷者认费无辞，不得执拗"。一种办理方式是照股摊派，由一图、二图分别办理二股和一股。另一种方式则是根据收成（租谷）数量，每秤派铜钱4文。

雨坛设在东山寺。在允亨生活的时代，此地一直是举行祈雨仪式的中心。光绪十三年八月初七同仓记，"本身出东山寺看祈雨接水"。[3]祈雨地点正是东山寺。七八月份，是下季水稻成长的季节，保证稻田用水很重要。从该年此前记录看，六月下旬以来，除了七月初十至十二日外，一直没有雨水记录，当地应该逐渐出现了旱情，于是从六月下旬开始，频频出现程家派人"看水""作水"或"守水"的记录。此次祈雨似乎并不成功，八月上旬祈雨，直到九月初三，都没有出现下雨的记录。[4]

决定祈雨后，先派人到各处拈香。道光十二年于七月二十一日集议祈雨，次日早晨就派人拈香。《雨坛总账》列举的拈香地点，包括东山寺、致祭殿、关帝庙、水口桥、宗三庙、西峰庙、水口桥、南源祖殿、相公庙和大夫桥，每处均备好金银香纸及蜡烛一对。南源祖殿，即前面提到的红庙。二十三日下午，大法至南源祖殿准备文书。当天

---

[1] 这三人是程时荣、程允福、程早月，其中允福与允亨是同辈人。
[2] 汪发林《沱川乡余氏宗族与民间信仰》谈到："位于理坑村之西北方向，距理坑仅半华里的上湾，则以'做大法'而闻名乡里"，"民国时期，上湾村'做大法'者……约十五六人。而有民间俗语说：理坑是'七个角就有八个大法'。极言上湾做大法者人数之众多、道行至强盛"。（第101页）
[3] 程氏排日账#10，光绪13/8/7。
[4] 在此期间有看水记录的日子：6/24-28，7/2-5，7/7-9，7/11-13，7/18-19，7/21，7/23-27，8/2-7。参加程氏排日账#10，光绪13/6/24-9/3。

衿耆等在申明亭开会,决定在东山寺起坛祈雨,搭厂迎神,要求各小甲将所需物料送至东山寺,并将迎神时间定于二十八日,要求届时"合川大小户人等,俱要虔忱斋戒,一切屠沽药鱼杀物等事,尽行禁止"。晚上,安龙王献醮请水,开始举行祈雨科仪。当晚子时,申文献醮,安排请水的差事。

二十七日,东山寺前竖立大小两厂。当天,大法们到致祭殿写文书。二十八日,安排小甲将神像抬到厂内安设。大厂设在西边,中间供奉西峰大圣、龙王牌及赵侯师,左边供奉汪帝,右边供奉胡大元帅。正桌安众神,厂外安猖。小厂设在东边,供奉宗三舍人。神位安设妥当后,举行下马醮仪,摆设供品。从本日开始,安排小甲值日宿坛。二十九日,就安排各甲分头请水接水。

请水是祈雨的核心环节。据当地老人相告,请水的地点多安排在大鄣山百丈段龙潭、金岗山的龙井等地。[1] 据民国《婺源县志》载,大鄣山位于"县西北百二十里""徽郡最高山也""山上有清风岭、瀑布泉、白云菴、须弥菴、那伽井、龙井、张公洞"。[2] 龙潭应即县志提及的龙井。道光十二年七月祈雨活动中,同时安排小甲分头前往斧头角、百丈箭、大鄣山请水。[3] 请水之前,先请风水先生择定吉日。吉日择定后,村民开始吃素。祈雨当日,请水队伍前往祈雨地点。道光十二年七月,分头前往斧头角等三处请水,每队包括负责请水的大法1人、小甲2人,负责押水的小甲2人。他们带着金银香纸蜡烛、底线、火炮、铁牌、文书及狗鳖各一只等。到龙井后,先焚香祷告,洒酒敬拜天地,然后全体跪拜在地,由一人念《求雨祷文》。念毕进龙井以竹筒打水。打好水,做谢神仪式。[4]

20世纪40年代,沱川还举行过祈雨活动,因此,一些老乡曾听老一辈说起过这一活动的细节:

---

[1] 在婺源大嶂山乡水岚村发现的一本祈雨科仪抄本中,提到的行雨龙王的名目,有鄣公山、望梅仙源、吴家源、白石塔、百丈际等十六种。参见王振忠《水岚村纪事:1949年》,第161页。
[2] 民国《婺源县志》卷四《疆域五·山川》,"大鄣山",页11a—11b。
[3] 斧头角在沱川境内,百丈箭即即百丈段,也在大鄣山。
[4] 汪发林《沱川乡余氏宗族与民间信仰》,第79—80页。

沱川一般到大鄣山百丈段的龙潭去求雨。据说那里住着一条小龙，专门管天气。在沱川本地，做求雨道场的地点，是东山寺左侧的菜园里，这里叫作求雨墩。这是沱川三门四村的求雨处。……道士要做三天的道场。〔求雨时，〕要派几个身强力壮的年轻人到大鄣山打水。他们必须带着一条小狗。龙潭在悬崖下，很深，很危险。到达目的地后，人是无法下去的，必须拉一条长绳，拴在一人的腰上，将人放下去。打到水后，用刀捅小狗一刀，再将狗扔进龙潭。狗暂时还不会死，身上一直流着血，将龙潭弄得到处是血。据说龙是讲卫生的，闻不得腥味，而且龙、狗属同种，闻到狗血的腥味，龙就会发火。他一发火，就会发雨，来洗清龙井的狗血。将狗扔入龙潭后，求雨的人必须马上回家。如果路上下起雨来，不能到路边躲雨，碰到屋桥，也不能过，必须绕道，淋着雨也要走回沱川，这样才能够将雨带回沱川。如果在路上躲雨，雨就停在躲雨的地方了。与此同时，道士在道场中一直念经，直到求雨的人回来。[1]

笔者在理坑搜集的一本民国杂抄中，抄录了一篇《求雨祷龙神文》，求雨的地点就是百丈龙潭。此外，杂抄中还抄录了多篇祈雨疏文，其中几篇是向某王大仙祈雨的。此外，排日账也留下了发开参与取水的记录。道光二十年八月初三，排日账记，"己上（漳）〔鄣〕山百上占（渌）〔求〕雨，回转六固尖打水，回转（漳）〔鄣〕山歇"。次日，"己下湖家岩打水回家"。[2]此次求雨的地点，应该就是百丈段。这条记录也显示，上湾程氏除了担任大法，也参与祈雨的其他活动。请回水后，将水送到雨坛。

祈雨仪式是由大法主持的。在祈雨过程中，他们不时与龙王打交道，当地有个传说，讲述的就是两者之间的交往。据说篁村以前有个道士，要到京城张天师那里批文件（道士的证书）。走到村口，碰到一个小孩，对他说："道士，你要到张天师那里批文件吗？可以带上我去吗？"道士说："可以。"然后回头问他："你住在哪里？"小孩回答说：

---

[1] 访谈人：余开建（婺源县沱川乡鄣村），访谈时间：2009年11月21日。
[2] 程氏排日账#1，道光20/8/3-4。

"百上一家村。"到张天师处后，小孩请求给他的文件盖印，盖印后，文件变成了一只龙爪，原来这个小孩就是百丈段的小龙，他因此修成了正果。道士到家后，小孩到家里来拜访他，对他说："谢谢你，我没什么东西答谢你，只有身上的皮（鳞），给你一块。以后家中碰到干旱要求雨，只要将皮放在水中搅三下，天上就会下雨。"道士试了几次，的确有效。不过因求雨有效，道士的老婆开始骄傲起来，起了坏心，专害别人。她看到别人晒谷子，就说："马上就要下雨了。"于是将龙皮放在水缸里搅三下，大家就看到百丈段有一片云像伞一样，马上撑开，很快就下雨了。几次后，小龙知道了真相，很生气，就将龙皮收了回去，篁村就再也没有这个东西了。[1]这个故事透露出来的信息不少，跟这里讨论的主题相关的，是祈雨对于这一带民众的重要性和道士在祈雨中扮演的重要角色。

据《雨坛总账》记载，道光十二年七月的祈雨活动似乎颇为灵验。七月三十日辰刻，请水的人还未赶回沱川，便已下起"小雨纷纷一阵"。等到三处水请到坛，"小雨纷纷"。当晚戌亥间，又"得雨一阵"。八月初一午刻，有微雨。晚上酉戌间"得大雨二阵"。初二早晨，"大雨自丑末起至卯末止，高田虽未起水，而苗物将甦，人心皆快"。午刻又"得大雨一霎"。晚上又下大雨一阵。初三日，"自寅刻至午刻，大雨倾盆，合川河内长水约有贰尺，高田亦长水，苗物尽甦，人心大快"。当天下午，即出示送神。初四日，将诸神送回庙中。当天，在东山寺正殿献醮，并举办散伙酒席，以示庆祝。此次祈雨活动，从七月二十一日始，至此前后持续了十四天。

在村落层面，各村大都建有寺庙，各庙举行或大或小的仪式。理坑的寺庙，以越国祠最为重要。这座神祠供奉的主神，与红庙相同。每年元宵期间，村内举行酬神演戏活动。正月十四日，村中派人去庙里接汪帝。迎接队伍有三四十人，十二人扛旗在前，两人敲锣随后。其后是两人高举"肃静""回避"高脚牌，两人提马灯，两人举黄布凉伞，一人捧香炉，一人捧香盘，四人抬轿。十二人组成的乐队殿后。入庙后，焚

[1] 访谈人：余开建（婺源县沱川乡郭村），访谈时间：2009年11月21日。

香祷告汪帝。然后为其更换新衣,再将神像移入神轿。接到汪帝后,队伍将神像抬到余氏宗祠衍庆堂。十五日,祠内祭祀汪帝。十六、十七两日,请来休宁戏班,为神演戏,每晚两出。十九日,由原班人马将神像送回越国祠,脱下新衣,换回原装。观音堂位于村东,村民每月逢九日来此礼拜,以六月十九日为最盛。此地也是女子求子之处。

篁村村内寺庙中,以万罗庵的仪式为最重要。庵内西庵堂正堂供奉汪帝和胡老爹。据看庙的菜姑说,每年正月初二,村民抬汪帝出巡,巡游村落有篁村、河西、河东、理坑、鄣村、村下、南坑、白石坞、里塘坑、中塘坑,然后回庙,巡游一周需要两天,初二晚上神像安置在南坑红庙,初三回庙。此外,九月初三汪帝生日,村民也会前来烧香。[1]

金岗岭的玄天上帝庙,又称真武庙,供奉玄天上帝、观音。每年正月十五、七月十五、十月十五,庙内举行拜上帝活动,而二月十九、六月十九和九月十九,则举行围绕观音的礼拜活动。光绪二十二年十月十五日,同仓曾到庙内拜上帝。2009年笔者考察这座寺庙时,庙内仍依照上述日子安排仪式活动。[2]程家还到庙里求签问事。同治十一年十一月初一日记,"本身早晨上真武庙(揪)〔求〕(千)〔签〕、起命〔?〕章"。光绪十九年十二月二十四日记,"上金光岭抽签诗"。[3]庙中至今还存有签筒。除了这里提及的两次外,程家还三次前往金岗岭抽签,时间分别是:光绪九年正月二十八日、光绪十八年正月初二日、光绪二十年六月初七日。这三次当中,光绪十八年这次求签,排日账交代是为了"问母症",而光绪二十年这次是为了"讨仙方",即请药方,另外一次的目的没有言明。[4]

打醮是旧时婺源乡间常见的仪式活动,通常在村落层面举行,种类繁多,光是从笔者搜集的一本民国杂抄看,就有祈雨醮、种痘谢神醮、禳瘟醮、汪帝醮、禳火醮(又称送火醮)、度亡、安龙醮、春醮、忏石桥醮、王大仙下马醮等名目。如果村中连续发生火灾,则需举行送火;如有人溺亡,需举行祭江;禳瘟在连年遭遇瘟疫后举行;而破血湖是针

---

〔1〕 访谈人:姓氏不详(婺源县沱川乡篁村),访谈时间:2009年11月18日。
〔2〕 程氏排日账#11,光绪22/10/15;2009年11月18日实地考察笔记。
〔3〕 程氏排日账#5,同治11/11/1;#11,光绪19/12/24。
〔4〕 程氏排日账#7,光绪9/1/28;#11,光绪18/1/2,光绪20/6/7。

第十一章 宗族与村落

对妇女难产举行的超度仪式。[1] 排日账提及的主要有送火醮、禳瘟醮两种。咸丰七年正月记，"已在家，仝善庆堂送火平安醮"。[2] 此次是送火醮无疑，打醮时间似乎仅有一天。

理坑历史上也举行过禳瘟仪式，乡民对此还留有记忆。禳瘟又称打五猖。如果连续出现瘟疫，即需请上湾大法来禳瘟。大禳瘟在衍庆堂举行，小禳瘟在敦复堂举行。仪式时间多选在七月十五日。仪式开始前，五位村民到水口附近，将自身化妆成五猖模样，而道士在衍庆堂摆好香案。法事开始后，扮五猖的人手持钢叉、铁锁进入祠堂。准备停当后，他们在大法的带领下，挨家挨户上门，从大门入，后门出，为各家驱赶瘟神。法事结束后，将所有道具装入纸船内，抬到水口的大樟树下焚化。[3]

此外，光绪十八年正月二十一日至二十三日，善庆堂举行了连续三日的仪式，排日账留下了较为翔实的记载：

> 贰拾日天阴庚戌值满 已在家。支钱二百四十〔文〕，出燕山买元红烛乙斤，又呆烛乙斤，溪口元红烛乙斤，共烛三斤，付众计钱三百六十文。
>
> 贰拾乙日天阴辛巳值平 已同儿同大众吃饭、办物。祠堂内打扫，蜜门口补设坛场、楝案。净坛，申文。支钱典钱廿八文买油。
>
> 贰拾贰日天晴壬午值定 已同儿同大众吃饭。开启，午朝，送净，安猖，祭舡，收瘟，送舡，吃饭，延星，拜忏，拜塔，谢神，设释，（账）〔赈〕孤。又支钱一百廿文买烛，元红半〔斤〕，呆烛半斤，共计乙斤付众。
>
> 贰拾叁日天晴癸未值执 已同众照家头吃朝饭，做金银物礼，请龙神，请法司，请观音，请祖宗，散坛酒。[4]

---

[1] 汪发林《沱川乡余氏宗族与民间信仰》，第101—105页；汪发林《婺北的道士世家与民间斋醮活动》，卜永坚、毕新丁编《婺源的宗族、经济与民俗》，下册，第676—728页。
[2] 程氏排日账#4，咸丰7/1/24。
[3] 汪发林《沱川乡余氏宗族与民间信仰》，第104—105页。
[4] 程氏排日账#11，光绪18/1/20-23。

仪式开始前一日，程家开始着手准备仪式，购买了各色蜡烛，并支付仪式的开销。二十日开始举行仪式，当日的科仪有净坛、申文。二十一日，举行开启、午朝、送净、安猖、祭船、收瘟、送船、延星、拜忏、拜塔、谢神、设释、赈孤等科仪，是为此次打醮最重要的一日。二十二日，举行请龙神、请法司、请观音、请祖宗等科仪。从安猖、祭舡、收瘟、送舡等科仪看，此次仪式很可能是禳瘟仪式。这次仪式的举办主体，应该就是程氏宗族。值得注意的是，允享及其父兄虽不以道士为业，但从上述罗列的名目看，他们似乎对道教科仪颇为了解。

以往对村落仪式的研究，比较集中于东南地区，特别是闽台地区，学界在这些地区经验事实的基础上，曾提出过"祭祀圈""信仰圈"等有影响的概念。[1]这些概念阐发了村庙及其仪式在界定村落社会边界中扮演的重要角色，对村庙及其仪式进行研究，成为考察乡村社会结构的一个至关重要的切入点。后来的研究强调，这些寺庙仪式为乡村社会提供了一个仪式—社会框架。[2]但这个框架从何而来？它仅仅是一种基于仪式的框架吗？对沱川跨村落和村落仪式的考察显示，一方面，有的跨村落与村落仪式，如红庙汪帝的出巡仪式，似乎是仪式自身生产的组织框架；另一方面，像祈雨这种跨村落仪式，则基本以图甲组织作为指派物资和差役的基本框架，王朝推行的基层组织与乡村自身的仪式组织合二为一，这是值得我们注意的。[3]

"小姓"

在余姓聚居村落的边缘，生活着若干所谓的"小姓"。据一位老乡

---

[1] 20世纪70年代初，台湾学者对寺庙与地域社会之间的关系进行了深入探讨，在此基础上提出了"祭祀圈"概念。"信仰圈"则由林美容在80年代提出，参见林美容《祭祀圈与地方社会》，台北：博扬文化事业有限公司，2008年，第324—353页。

[2] Kenneth Dean and Zheng Zhenman, *Ritual Alliances of the Putian Plain, Vol. One: Historical Introduction to the Return of the Gods*, Leiden: Brill, 2010; 刘永华《寺庙进村——闽西四保的寺庙、宗族与村落（约14—20世纪）》，《历史人类学学刊》第16卷第1期（2018年4月），第1—38页。

[3] 这一格局与笔者研究的明清闽西适中兰盆会的情形有一定似之处。兰盆会是一个跨村落的大型仪式活动，其组织者为当地的"四姓七团"，而"七团"实为当地里甲系统中的七个总户。详见刘永华《文化传统的创造与社区的变迁——关于龙岩适中兰盆胜会的考察》，《中国社会经济史研究》1994年第3期，第57—69页。

相告,郭村南边一些聚落的胡、汪等姓村民,属于"出身不太好"的人,他们以前是负责抬轿子的。另一位老乡告诉笔者,理坑村北一带,也住着一些"身份特殊的人家",他们包括胡、程、毕等姓氏。他是这样介绍这些人家的来历及其与理坑余氏宗族的关系的:

> 他们的来历是,不知是余懋衡还是余懋学,在京城当官时,看见一些人要被卖掉——被别人买去杀死,感到很可怜,就把他们买下来,带回老家,把他们安置在边角(聚落边缘)上。他们可以耕种余姓的田,只需交一点租,是固定租,每亩地一年才交一秤。他们被分配给各个房头,照应各房头的事情。他们需要做的事情是:一、春节前帮我们打扫房子,为此,我们应给他们包红包,给他们吃的。二、为余姓抬轿子,余姓会给他们工钱。三、村中有婚丧事,请他们前来吹打,也需付酬金,他们照应相应房头的事情,这种方式叫作"跟房头"。四、舞龙、舞狮,正月初一在衍庆堂做,同一天郭村和燕山也有类似的活动,不过,那是由他们村边的人做的。他们住在下人住的地方。他们可以自由搬迁,可以自盖房屋,但是房屋不可以建在大宗祠边上。他们也不能跟余姓通婚。他们的女儿嫁给余姓,不能做正室,只能做小妇(小老婆)。如果他们犯了法,就得到余氏宗祠去跪。[1]

这些世袭的身份群体,当地文献多称作"世仆",学界亦称作"佃仆",他们依附于大族,为大族提供若干被视作较为卑贱的劳役,如抬轿子。他们是徽州地域社会中的"不可接触者",即使家财万贯,在外风光无比,也无法与其他身份群体平起平坐。[2]

雍正年间,曾实施豁贱为良政策,世仆在开豁之列,但在实际运作过程中,由于大户的阻挠,徽州的大多数世仆并没有得到开豁。为了改变自身的地位,世仆曾做出过不少努力。明末清初江南等地的"奴变",也曾在徽州黟县发生过,休宁、祁门、歙县都受到波及,但不久就被扑

---

〔1〕 访谈人:余保钦(婺源县沱川乡理坑村),访谈时间:2009年11月19日。
〔2〕 傅衣凌《明清农村社会经济》,第1—19页;叶显恩《明清徽州农村社会与佃仆制》,第232—302页。

灭。[1]不过此后这些斗争断断续续一直持续至清代中后期。嘉庆年间震动徽州的葛、胡二姓与余姓诉讼案,发生于沱川地域,是世仆为摆脱贱民地位与大族发生冲突的一次大事件。[2]

葛、胡二姓,聚居于沱川西南的小横坑村。根据以此次纷争案卷编成的《奏请钦定徽宁池三府世仆例案》的交代,两姓"世佃余田,世住余屋,世葬余山,世与仆人结婚,实系余姓世仆","自明至今,供役无异"。[3]所谓"供役",究竟是何役?《余泽山禀状》说是"使其看守身祖坟墓,供应祠祭薪爨之役",[4]也即一是为余姓守坟,一是余姓祭祀时,为祠堂提供做饭菜的柴薪。进入18世纪中后期,中西茶叶贸易的扩张,为徽州茶叶生产与销售提供了刺激。小横坑的葛、胡两姓,很可能就是抓住了这个机遇,逐渐积累了一定财富。[5]从纷争案卷可知,二姓修建了自身的祠堂,[6]这应该与其经济条件的改善有一定关系。同时,财富的逐渐累积,也为二姓挑战余姓的权威提供了经济基础。

雍正五年、六年(1725—1726)间,朝廷下令将徽州佃仆开豁为良,规定"文契无存,不受豢养"的佃仆应开豁为良,而其他则视为奴婢,不予开豁。此后,该定例做了多次调整。乾隆三十四年(1769),安徽按察使暘善建议,所谓"文契无存"的"文契",必须是卖身文契。[7]据王振忠推断,很可能因为这个背景,[8]同年小横坑葛子辉、胡胜等拒绝服役,贡生余澄源等告到衙门,"蒙各宪审结,住屋、葬山均系余业,断令葛、胡两姓轮供祭役",这是葛、胡二姓与余姓纷争的开始,此次纷争以二姓失败告终。

---

[1] 傅衣凌《明清农村社会经济》,第99—101页。
[2] 对这个诉讼案的讨论,参见王振忠《大、小姓纷争与清代前期的徽州社会——以〈钦定三府世仆案卷〉抄本为中心》,《明清以来徽州村落社会史研究》,上海:上海人民出版社,2011年,第109—137页。林李翠《清代婺源沱川的强宗弱族与乡村政治》(江西师范大学硕士论文,2019年)第26—37页结合田野考察所得信息,对这次纷争进行了讨论,亦可参看。
[3] 《奏请钦定徽宁池三府世仆例案》,《谨述葛、胡两姓豢仆挑梁讦讼究结颠末》。《奏请钦定徽宁池三府世仆例案》刻本残本由卜永坚教授惠赐,廖华生教授惠赐了全书录文,谨此向二位教授致谢。
[4] 《奏请钦定徽宁池三府世仆例案》,《余元旭禀状》。
[5] 沱川士绅余赞贤针对葛、胡小姓写的《螺丝赋》,就隐晦谈到了二姓参与茶叶贩卖的情况,参见王振忠《大、小姓纷争与清代前期的徽州社会》,第119—121页。
[6] 《奏请钦定徽宁池三府世仆例案》收录的《刑部、都察院、大理寺看语》谈到"葛保声言病重难受,自知不能久活,情愿令葛旦对伊致毙,图赖余姓,嘱将其木主入祠,永远祭祀"。
[7] 经君健《清代社会的贱民等级》,北京:中国人民大学出版社,2009年,第193—202页。
[8] 王振忠《大、小姓纷争与清代前期的徽州社会》,第111页。

嘉庆元年（1796），葛、胡二姓再次发难。葛祥五、胡廷高等"举报老民，希邀顶戴，经乡约余宗义禀止"。为了绕过乡约，二姓"又混请立约"，余姓上告，安徽布政使批示："葛、胡两姓住葬余业，实系余姓祖仆下贱，饬县革约"。这应该是嘉庆四年（1799）的事。嘉庆五年（1800），婺源县知县李金台"顿翻前议"，将二姓所葬坟地"作为捐给义冢"，同时"勾通府书汪焕，胧请设约"。在这种情况下，嘉庆七年（1802）八月，余泽山控告到都察院。都察院在批复中，要求将余姓的诉状等"连人一并咨行两江总督，作速提集犯证，查核卷宗，秉公审讯，照例拟结"。[1]

嘉庆八年（1803）二月二十五日，两江总督委派徽州府同知鸣岐会同署婺源县知县孔广燮诣勘葬山地。胡从政"因葛、胡二姓历被余姓讦讼受累，心怀不甘"，二十八日晚邀同二姓部分族人，设谋殴打前来勘查的余姓，并图谋烧毁空屋陷害余姓。次日早晨，余姓提前得知二姓的图谋，绕道而去。二姓遂"起意做伤图赖"，不意因做伤过重等原因，害死两条人命。二姓乃到县衙图赖余姓。不幸的是，县衙在审理过程中，"验明尸伤，究出实情"，抓获了参与做伤的主从犯，分别处以斩立决、绞监候、流、杖、笞等刑。这一惨烈的图赖案才算告一段落。[2]

我们知道，发开生于嘉庆十六年前后，嘉庆八年的惨剧发生时，他还未出生。不过这件发生在沱川的大事，肯定一直成为当地民众茶余饭后的谈资，发开和别人拉家常时，想必听别人提起过这件事。这个惨剧不断提醒沱川的民众，他们生活于一个身份秩序之中，大、小姓之间有难以逾越的身份边界，允亨也应该是在这样一个世界中长大的。

那么，允亨所属的上湾程姓，是否属于"小姓"呢？有一种说法认为，沱川有"大程""小程"之别，"大程"是村下程氏，余氏早期一位祖妣就是村下程氏的女儿，因而当地有"余不欺程"的说法；而上湾程氏据称是"小姓"。[3]这种说法，跟笔者在沱川调查期间了解到的情况不同。在当地访谈期间，笔者接触到的村民都说，上湾程氏不属于"小

---

[1] 综合《奏请钦定徽宁池三府世仆例案》所收《谨述葛、胡两姓攀仆跳梁讦讼究结颠末》《余元旭禀状》《都察院咨文》的信息。
[2] 《奏请钦定徽宁池三府世仆例案》，《刑部、都察院、大理寺看语》。
[3] 林李翠《清代婺源沱川的强宗弱族与乡村政治》，第50—56页。

姓"。排日账找不到程氏为余氏服役的线索。的确，程氏有部分族人从事道士行当，徽州道士多由世仆充当也是事实，不过细读排日账，并无程氏道士定期为余氏做法事的记录。不过，程姓并非"小姓"的最直接证据是，程姓与沱川余姓、大连吴氏之间一直保持通婚关系。发开的妻子，是燕山余氏族人；他的妹妹爱女，嫁给了燕山余氏族人；允亨的妻子，是理坑余氏族人。允亨的儿媳妇，来自大连吴氏，这个宗族也是与沱川余氏互有通婚往来的重要宗族之一。[1]

从排日账每年的记录中可以看到的一项行事，是每年正月初二日，程氏组织族人到燕山敦叙堂拜年。如道光二十五年正月初二日，"加荣叔、允元侄、仲荣叔、再顺弟四人出（仍）〔燕〕山拜年、吃酒。"同治十二年正月初二日，"允兴兄仝兴开叔、兴坤叔、崇赐侄出燕〔山〕敦叙堂拜年"。光绪二十一年正月初二日记，"出燕山拜敦叙堂年：儿、能侄、良侄、谷侄四人吃酒"。[2] 这个活动如何解释？笔者目前没能找到直接的答案。另外，程家纠纷寻求理坑余氏四大房解决，但春节拜年的地点，却不是理坑的衍庆堂，而是燕山敦叙堂，也是一个值得注意的地方。综合这些情况看，程氏应该不属"小姓"，但作为一个生活在大族阴影下的小族，这个宗族跟沱川的几个余氏宗族保持着某种依附关系。

纵观排日账记录，19世纪中后期，沱川地域的社会组织看不出变动的明显迹象。家庭、宗族、村落与跨村落组织仍旧发挥着重要作用，它们的地位没有受到其他组织的挑战。相反，随着后太平天国时代的贸易扩张和经济复苏，乡村原有的社会结构被再生产——程氏宗祠于光绪六年得到重修，并不是偶然。同时也应看到，在允亨的祖辈生活的年代，茶叶贸易的扩张，改善了一些佃仆的经济地位，为他们挑战所谓"大姓"的地位，提高自身的身份地位提供了契机。遗憾的是，他们的挑战没有成功。在程氏排日账涵盖的时间里，没有发现身份秩序受到挑战和明显崩解的迹象。那么，在社会关系层面，情况又是如何呢？

---

[1] 汪发林也认为，"齐家坦的汪姓和上湾的程姓都是大姓"。参见《沱川乡余氏宗族与民间信仰》，第84页。
[2] 程氏排日账#2，道光25/1/2；#5，同治12/1/2；#11，光绪21/1/2。

第十一章　宗族与村落

第十二章　关系与人情

允亨不仅生活于群体和组织当中，也生活于一个关系网络中。甚至在他出生之前，他注定要进入的关系网络就已经存在。随着入学、成家，他接触的人际关系，无论是在种类还是数量上都在增加。他先是作为家庭一分子，继而作为一家之长，与族人、亲戚、邻里、朋友打交道。这些人际互动，不仅伴随着生命历程的展开而变动，时代的演进也在其中留下了或显或隐的印记。因而在他的生活世界中，人际互动、个体生命历程与历史进程，不可避免地纠缠在一起。也因为这个原因，透过人际关系，有可能观察到组织层面难以洞察的时代变动，从而为观察时代变动提供了一个相对敏感的角度。

人际关系的类型

尽管人无不生活于人际关系之中，但由于史料局限等原因，以往对乡民的人际关系关注不多。排日账较为系统地记录了记账者与族人、亲友等之间的人际互动，通过对排日账中的人际交往信息进行系统处理，可以重构相应历史时期记账者的人际网络，了解记账者与不同人群的互动频次与内容，进而有可能从一个不同于组织/群体的视角，认识其所在乡村的社会结构。

现有的传统中国社会研究，主要有两个路径：其一是组织路径，其二是关系网络路径，在区域社会史研究中，长期以来占主导地位的是前一种路径。[1] 这种路径的主要优势，在史料方面是文献较为丰富，在认

---

〔1〕　有关这个问题，可参考阎云翔对中国乡村社会研究视角的讨论，阎云翔《礼物的流动：一个中国村庄中的互惠原则与社会网络》，李放春、刘瑜译，上海：上海人民出版社，2000年，（转下页）

知方面是有助于充分认识宗族、村落等组织的基本结构与主要功能，认识这一组织在乡村权力构架中的地位。不过这一视角难以揭示宗族、村落影响普通民众的深度与广度，难以定位宗族、村落在乡民日常生活与社会关系中的位置。进而言之，从组织的角度观察传统中国社会，潜藏着放大组织重要性的危险。

笔者在研读排日账过程中认识到，由于组织路径的遮蔽，研究者对出现于徽州乃至整个东南地区民众生活中，存在于宗族和村落组织之中、之间和之外的诸多社会关系，难以进行综合的认识、合理的定位和到位的表述。为推进对明清乡村社会结构的认识，有必要在组织路径之外，寻求其他的认知路径。人际关系路径强调直接面对组织视角难以把握的人际关系，要求研究者将关注焦点从组织切换至个体和家庭，以此为起点重新审视明清乡村社会结构。将研究出发点从群体切换至个体和家庭，不仅有助于更好地揭示宗族、村落影响族人、乡民的方式，从族人、乡民的角度理解宗族、村落的意义，还可以直面组织视野下难以把握的有关人际关系和网络的经验事实，对明清乡村社会形成更切近的定位和认识。

现存程家排日账保留了近四十年的记录，其中尤以允亨所记时间跨度最大，信息最为系统、丰富。因此，笔者以他所记的排日账为依据，重构其从19世纪70年代至20世纪初近三十年间的人际网络。允亨所记排日账共保存了七册，起自同治十二年（1873）二月十三日，止于光绪二十七年（1901）十二月廿九日，其中同治十三年至光绪三年（1874—1877）、光绪十二年至十七年（1886—1891）大部、光绪二十三年至二十五年（1897—1899）的记载没有记录或没能保存下来。现存排日账包括大约203个月（近17年）的记录。尽管存在不小的漏洞，但将近17年的相对完整的记录，还是为系统地重构19世纪最后三十年程家的人际网络提供了较为丰富的信息。

需要说明的是，从网络分析的角度看，允亨所记人际往来信息，具

（接上页）第111—115页。阎云翔参考了布尔迪厄在《实践理论纲要》中对正式亲属关系与实践亲属关系的区分，这一区分对本章讨论的问题也有参考价值，参见 Pierre Bourdieu, *Outline of a Theory of Practice*, trans. Richard Nice, Cambridge: Cambridge University Press, 1977, pp. 33-38。

有自我中心（ego-centered）网络的属性，而且这些信息仅涉及程家人际网络中所谓的"第一等级区位"（first-order zone）部分，也即仅与程家有直接往来的人际关系，与程家有交往的其他主体自身的人际关系，没有包含在内。同时，排日账提及他人时，所记一般为记账人与他人往来的信息，因而他人名字在排日账每出现一次，就意味着记账者与此人之间有一次人际往来。如此，便可在排日账所记人名与互动频次之间建立一种直接的相关关系，这样有助于统计人际往来的频次。

要讨论程家的人际关系与人际互动，首先必须对排日账所见程家的人际关系进行分类，这是重构允亨人际网络的第一步。那么，程家的人际关系，包含几种类型呢？允亨所记排日账中的称谓体系，不仅为辨识其互动对象的身份提供了重要信息，同时也为了解其人际关系的类型提供了一整套来自主位的（emic）的分类体系。

综合排日账提供的信息，允亨使用的称谓，大体包括以下几种类型：（一）姻亲称谓，表述为"舅舅""舅妈""姑娘""外甥""亲情"等称呼，由于姻亲称谓辨识度高，这部分的人际关系类型较为明确，包括了程氏姻亲圈子的主要成员；（二）父系亲属称谓，表述为"伯""叔""兄""弟""婶""嫂"等称谓，这些称谓辨识度较低，这个圈子包括的人际关系较为复杂，大抵包含了部分家庭成员、宗亲、朋友、邻里、熟人等类型；（三）"先生"，包括文会等组织的执事、塾师、乡约、册书、医生、风水先生等，这一称谓的身份也较易辨识，属于乡村社会中有一定地位的人物，其身份大致相当于地方精英；（四）以"师"（也写作"司"）作后缀的称谓，可视为职业称谓，主要涉及乡村手工业者群体，如木匠、泥水匠、竹匠、制茶师傅等。

以上四类称谓实际上构成两个系列：一是以父系亲属、姻亲、朋友、邻里、熟人等构成的系列，这是基于允亨与他人之间的人际关系构成的一个系列；一是由第三类、第四类构成的系列，这一系列与前一系列未必存在排他性关系，其属性主要与地位、职业相关。由于本文处理的是人际关系与网络，笔者以前一系列为基础，而将后一系列归入前一系列的诸类型之中。

必须指出的是，第一系列的分类并非纯粹出于笔者的观察，而是见诸允亨笔下的记录。前面提到光绪九年八月程氏兄弟分家一事，当日排日账提到，程家"托族家亲眷，请凭邻友再叔、连月叔、英叔、允福兄、飞舅、日田舅公、万兄凭众均分"。[1] 此处的"族家""亲眷""邻友"的表述，较为全面地概括了程家的四种人际关系类型："族家"是父系亲属（也即宗亲），"亲眷"是姻亲，而"邻友"包括了邻里与朋友两种关系类型。笔者在此四类关系的基础上，加上熟人一类。下面来谈谈在排日账中辨识人际关系类型的方法。

第一类称谓指涉的人际关系较为明确，这就是姻亲关系，而第二类称谓包含的人际关系甚为复杂。为了深入探讨程氏的人际网络的特征，有必要区分父系亲属称谓背后的人际关系类型。除了允亨的家人之外，首先可以界定的是排日账中屡屡提及的"族家人"，根据上下文判断，这个范畴指涉的是程氏宗族的族人，对应的是宗亲关系。如何辨识哪些人属于这一范畴呢？首先，凡是被称为"族家人"的，均可归入此类。其次，每年春节期间上湾举行的宴席、舞狮活动，以及清明节前后举行的祭祖活动，均限于程氏族人参与，因而可以作为辨识族人的标准。此外，笔者在上湾田野调查过程中于一户程姓人家阁楼上发现了神主牌，这也为判断程氏族人提供了直接的线索。

研究中国社会的学者可能认为，传统中国社会难以找到朋友关系的具体事例。[2] 事实上，在程家的社会生活中，朋友虽不如宗亲、姻亲那样频频出现，但无论在表述还是实践层面，都可以定位朋友关系。在表述层面，"友"常与其他词组合成词组，如"山友"（一同拔山之人）[3]、"会友"（同一会社中人）[4]、"挑友"（一同挑担之人）[5]、"邻友"（邻里与朋友）[6]等。有趣的是，在允亨所记排日账中，"朋友"一语共出现了四次：

---

[1] 程氏排日账#11，光绪8/10/4，10/8，光绪9/8/2。
[2] 王铭铭在讨论闽南社会圈子时谈到："传统上，一般村民只有'族人'和'亲眷'，而无'朋友'"，认为"'农民交友'可以说是一种现代社会的产物"。不过，王氏补充说，"友"的观念在中国古代已长期存在。参见王铭铭《美法村与塘东村：历史、人情与民间福利模式》，《村落视野中的文化与权力：闽台三村五论》，北京：生活·读书·新知三联书店，1997年，第192页。
[3] 程氏排日账#6，光绪4/8/4；#11，光绪19/7/1，光绪20/6/16，光绪21/7/1；#13，光绪27/8/18。
[4] 程氏排日账#11，光绪18/2/19，6/19，7/5，10/15。
[5] 程氏排日账#6，光绪7/8/17。
[6] 程氏排日账#7，光绪9/8/2。

（光绪七年十二月二十七日）本身上金刚岭〔明〕（朋）友嬉。
（光绪二十年十二月初一日）江隆号酒，平伙一百文，请朋友吃。
（光绪二十二年二月初九日）夜下隆号，朋友十二位吃酒。
（光绪二十七年六月廿九日）巳数十余斤进濂溪送亲情朋友家。[1]

这些称谓说明，在程家的生活世界中，朋友的观念较为常见。在实践的层面，从排日账记录可判断，余万圭、汪发祥、余添丁三人，与允亨应无亲属关系，但过从较密，应与允亨具备某种朋友关系。

邻里的辨识要困难一些。不过在研读排日账过程中，笔者发现，那些既非族人、姻亲，同时也没有特别标识地名归属的人，基本上都可归入邻里一类（他们都是理坑村民）。熟人不包括邻里，而是特指标识了地名归属的那些互动对象，也即来自上湾、理坑之外的其他村落、其他市镇，又与程家没有亲属关系的彼此相熟之人。这一类人跟邻里的主要差别，在于他们居住的聚落离上湾较远，因而归入"邻里"范畴是不合适的。这一部分人群之外，应该还有排日账提及、但与允亨不甚相熟的人，也即社会学家所说的"生人"或"非熟人"，[2]但鉴于文献本身的局限，目前难以进行更具体的区分。

基于上述讨论，笔者区分出五类人际关系，即宗亲（"族家人"，使用父系亲属称谓），姻亲（使用明确的姻亲称谓）、朋友（使用泛化父系亲属称谓）、邻里（使用泛化父系亲属称谓）和熟人（使用泛化父系亲属称谓）。这五类人际关系基本上构成了允亨人际网络的整体。

根据笔者的统计，这五类互动对象共包括637人，在排日账有记录的十多年时间里，允亨与他们一共互动过2922次（参见表12.1）。按照年份计算，每年平均提及频次为近172次，每月平均频次为14.32次。前面提到，由于排日账基本上只记录日常行事，提及频次可理解为互动频次，而且程家和他们进行的并非日常的打招呼、聊天之类的互动，而是"实质性"的各种社会互动（换工、借贷、礼物往来等）。从常理推断，前者肯定要频繁得多，但在排日账中没有留下记录。

---

[1] 程氏排日账#6，光绪7/12/27；#11，光绪20/12/1；#13，光绪22/2/9；#13，光绪27/6/29。
[2] 罗家德《复杂：信息时代的连接、机会与布局》，北京：中信出版社，2017年，第26—29页。

表12.1 程允亨人际关系与互动频次表

关系类型	互动人数（人）	互动频次（次）	人均互动频次（次/人）
宗亲	50	596	11.92
姻亲	51	374	7.33
朋友	12〔一〕	>108〔二〕	>9
邻里	418	1427	3.41
熟人	106	417	3.93
总计	637	2922	4.59

注：〔一〕光绪二十二年二月初九排日账记，"朋友十二位吃酒"（程氏排日账#11，光绪22/2/9），本表据此确定允亨朋友人数。这个处理办法有些主观，却是史料限制下的无奈之举。
〔二〕此数据为允亨与余万圭、汪发祥、余添丁三人互动的总和。

表12.1统计了五类人际关系所涉人数和互动频次。互动频次总体显示了五类关系对于程家社会生活的各自不同的相关性。从总频次看，次数最高的是邻里，占总频次的近一半，远远超过其他三类关系；宗亲和熟人相差无几，而姻亲稍少。此处值得注意的是邻里和熟人在程家社会生活中的重要地位——程家最频繁打交道的，并非宗亲，而是包括邻里和熟人在内的没有亲属关系的乡亲。

这样一种人际关系的分布格局，也许与以下三个事实有关：其一，程家所在宗族的规模。由于宗族规模较小，程家在处理社会经济事务时，当然有不少机会跟外族人打交道。其二，上湾与理坑之间的密切关系。程氏宗族所在的上湾，离理坑村不足一华里。由于宗族规模的关系，程家难免会与理坑村民发生各种往来。有趣的是，排日账在提及理坑时，通常不标示地名（而在提及来自其他村落的民众时，通常会标出村落名），这从侧面显示了程氏对理坑的认同，这也是笔者将理坑村民归入"邻里"类的基本原因。由于上湾与理坑之间的特殊关系，程家与理坑余氏之间的互动较为频密，邻里互动频次所占的高比例，就显示了这一事实。[1] 其三，本文涉及的十几年时间里，程家修建了新房，为此动员了大量人力，体现在人际关系上就是较为密集的人际互动，包括允亨与大量工匠之间的互动。这个因素也拉高了程家与邻里互动的频次。

---

[1] 如果将表12.1呈现的程家人际关系数据与表9.1（第九章）呈现的程家行动空间数据进行比较，我们会发现，尽管程家经常离开沱川，进入这一地域之外的世界，但他们的人际互动主要发生于沱川地域。这是因为，一旦离开沱川，程家互动的对象主要以集体或匿名的方式出现于排日账中。

从上述意义上说，从程家人际互动频次的特点，或可窥见东南地区小族族众人际网络之一斑。

不过，宗族规模的影响，不应被夸大。独居一处的小族，在跟外界甚少往来的情况下，仍可进行自身社会的再生产。况且在日常生活中，普通民众对互动对象的数量要求并不高。在梳理程氏族人之间的往来时，笔者发现程家与部分族人的互动比较低。如表12.2所示，在我们考察的时间里，排日账共记录了50位族人，在长达17年的时间里，与允亨互动达到17次（即每年1次）以上的族人才11人，占排日账记录的族人总数的五分之一左右。22位族人与允亨的互动不到5次，其比重接近所有有记录族人的一半。换言之，程家跟近一半的宗亲（低于5次的22人）没有多少实质性往来。尽管互动频次高未必说明互动双方的关系密切，但就生活于同一聚落的人而言，互动频次较低，从常理上应理解为彼此的关系较为疏远。从组织角度看，族人之间的关系是相对均质的，而且也预设宗族举办的各种集体活动，对塑造族人的意识有较大影响——故而有可能强化族人之间的互动关系。但事实上，在往来频密的族人与很少往来的族人之间，交往的频次相距甚远。因此，程家人际往来中邻里的频次之所以超出宗亲，本质上不能说完全是因宗族规模所致；以某个族人为中心的宗亲关系，远非均质的关系，而是呈现出某种亲疏差序的格局：在关系较亲的一边，彼此往来频密；而在关系较疏的一边，则是形同陌路。族人之间互动频次的差异，揭示了以往被组织视角遮蔽的人际关系实态。

表12.2 程允亨与族人互动情况表　　　（单位：次）

族人姓名Ⅰ	互动频次	族人姓名Ⅱ	互动频次	族人姓名Ⅲ	互动频次
程允中	79	程财鳌	10	程辉月	2
程再顺	53	程新旺	9	程×谷	2
程进和	42	程崇赐	9	程新荣	1
程敬敷	36	程兴泉	9	程新力	1
程允恭	35	程全月	8	程金月	1
程允法	31	程进元	7	程兴开	1
程连悦	30	程进喜	7	程至基	1
程五九	26	程六喜	6	程兆×	1

续表

族人姓名Ⅰ	互动频次	族人姓名Ⅱ	互动频次	族人姓名Ⅲ	互动频次
程启富	23	程进才	6	程志赐	1
程志基	19	程×良	6	程青泉	1
程允福	17	×女	5	程允初	1
程春月	16	程初英	4	×粪	1
×梅娇	15	×标	4	×当	1
程四×	13	×月秀	4	程启榜	1
程英月	11	程和深	3	程雄四	1
程新喜	11	程兴坤	3		
程长发	10	程允成	3		

强关系、弱关系

在理解中国传统社会的诸多理论中，费孝通提出的"差序格局"无疑是最有影响的模式之一。在《乡土中国》中，费氏对这个概念进行了阐述。他指出，与"团体格局"是西方社会的特征相对应，差序格局是中国传统社会结构的一个基本特征。为说明两者之间的差别，他举了捆柴和波纹的比喻。前者是有界限的，同一团体之中的关系，是预先规定的。后者则界限模糊，伸缩性极强，其出发点是自我，人际关系是相对的。[1]

也许由于费氏对差序格局的阐释不很明确、充分，容易引起误解。近来一篇讨论差序格局的论文，认为这个概念阐发的，并不是中国社会的基本特征，因为类似的结构见于其他文化。[2] 这一看法可能误读了费氏的理论。他在提出这个概念时，强调的并不是中国没有团体，或是推己及人的波纹状人际关系不见于其他文化，而是说，团体在传统中国的社会运作中不具有实质意义，对传统中国而言，更重要的是团体之中、之间、之外的人际关系。因此，他在《乡土中国》中写道：

> 我并不是说中国乡土社会中没有"团体"，一切社群都属于社会

---

[1] 费孝通《乡土中国》，北京：中华书局，2013年，第24—33页。
[2] 苏力《较真"差序格局"》，《北京大学学报》（哲学社会科学版）2017年第1期，第90—100页。

圈子性质，……我在这个分析中只想从主要的格局说，在中国乡土社会中，差序格局和社会圈子的组织是比较的重要。同样的，在西洋现代社会中差序格局同样存在的，但比较上不重要罢了。[1]

为了更明确地阐发差序格局的意涵，王崧兴提出了"有关系无组织"的说法，[2]这一阐释可以说道出了这个概念的精髓。

如果说差序格局是以自我为中心、参照关系亲疏形成的社会认知和人际互动模式，那么是否有必要进一步追问，各种人际关系在这个格局中，究竟扮演着何种角色？不同种类的人际关系，各自在差序格局中的地位有何不同？《乡土中国》基本上没有触及这个问题。在阐述差序格局的意涵时，费氏举了亲属关系和地缘关系的例子，分别论述了基于亲属亲疏、地缘范围大小形成的格局。但是在差序格局之中，不同人际关系是否扮演不同角色？对于自我而言，不同人际关系是否存在亲疏之别？对此费氏没有予以明确阐述。追问这个问题，或许有助于推进传统乡村社会结构，尤其是差序格局概念的讨论。

可是，如何测度关系的亲疏呢？社会学家使用了几种不同的标准。格兰诺维特（Mark Granovetter）认为，社会连带（tie）的强度是"互动时间长短""感情强弱""亲密性"（相互倾诉的内容）与"互惠服务的内容"的组合，不过在区分关系强弱时，他实际使用的标准是互动频率。[3] 张文宏简化了格兰诺维特的指标，侧重从关系密切程度、关系持续期和交往频率等三个指标，来讨论差序格局下人际关系的亲疏，其中关系密切程度表述为"密切"和"陌生"，关系持续期是指互动双方认识时间，而交往频率是指互动的经常性程度，即上文讨论的互动频次。[4]

---

[1] 费孝通《乡土中国》，第43页。
[2] 王崧兴《汉人社会体系的原动力：有关系，无组织》，徐正光主编《汉人与周边社会研究：王崧兴教授重要著作选译》，冯建彰、黄宣卫译，台北：唐山出版社，2001年，第21—40页。
[3] Mark Granovetter, "The Strength of Weak Ties," *American Journal of Sociology* 78.6 (May 1973), pp. 1361, 1371. 马克·格兰诺维特《弱连带的优势》，《镶嵌：社会网与经济行动》，罗家德等译，北京：社会科学文献出版社，2015年，第57—58、69页。本文参考了罗家德译本，但对其译文稍有调整。
[4] 张文宏《城市居民社会网络中的差序格局》，《江苏行政学院学报》2008年第1期，第68—69页。在讨论密切程度时，他区分了亲属和非亲属两类人际关系，下分十一种人际关系，其中亲属包括配偶、父母、子女、兄弟姐妹、其他亲属五小类；非亲属包括同事、同学、邻居、密友、普通朋友、其他六小类。

这里的关系密切程度是来自受访者自身的判断，由于笔者处理的是文献，是无法透过这一方式获取相关信息的。关系持续期可作为一个指标，它有助于排除那种因具体事务（如建房）而出现的互动频次短期畸高的情况。

至于互动频次，其情形较为复杂。米切尔（J. Clyde Mitchell）在谈到互动频次时认为，这一要素"对于网络分析的相关性很低"。[1]应该说，互动频次的主要问题是其指向性不甚明确，比如在同一个车间工作的工友，尽管互动频繁，但他们只是出于工作需要进行互动，这种类型的互动频次，跟关系亲疏并非同一概念。上文提到的程家与邻里之间的互动，多半类似于车间工友之间的关系。不过应该看到，互动频度对人际关系也会产生影响，频繁的互动，为强关系的形成提供了契机。本质上说，互动频次可能并非关系强弱的充分条件，不过通常强关系伴随着高互动频次。换句话说，互动频次可能是关系强弱的必要条件。因此，尽管互动频次的指向性不太明确，但也许可以将之视为分析关系强弱的一个参照系。特别是人均互动频次，笔者认为在一定程度上体现了互动主体的偏好。

基于对排日账的解读，笔者认为，要理解人际关系的亲疏，可以考虑三个要素：其一，人均互动频次或互动密度；其二，危机情境下的人际网络动员方式；其三，人际互动内容。人均互动频次是互动频次与互动人数之比，为区别于互动频率，不妨称之为互动密度。相比于以关系类型计算的互动频次，这个要素应可更为明确地体现人际密切程度。这一要素背后的预设是：某类人际关系类型的人均互动频次越高，此一关系类型对自我而言越亲密。

互动密度

在允享的人际互动中，与互动对象的互动频次并非均匀分布。允享与不少对象的互动频次仅有一次，互动频次相对较高的对象并不多。与哪个对象进行较为频密的互动，固然跟社区结构（宗族大小）有关，但

---

[1] J. Clyde Mitchell, "The Concept and Use of Social Networks," in J. Clyde Mitchell, ed., *Social Networks in Urban Situations: Analyses of Personal Relationships in Central African Towns*, Manchester: Manchester University Press, 1969, p. 29.

也是互动主体自身选择的结果（这里的选择，既包括了对习俗和惯例的遵从，也包括了出自个体意向的选择）。表12.1最后一列列出了宗亲、姻亲、朋友、邻里与熟人的人均互动频次。表中比较明显的差别，是以亲属关系（宗亲＋姻亲）、朋友为一方，与非亲属关系（邻里＋熟人）为另一方之间的差别。宗亲、姻亲、朋友的人均互动频次，分别为11.69次/人、7.33次/人、9次/人，而邻里与熟人的互动频次才3.41次/人和3.93次/人，前三类远远高出总人均频次（4.66次/人），而后两次则低于总人均频次。这意味着，相比于非亲属，程家与亲属之间交往的密度更高；在非亲属之中，朋友比邻里、熟人的交往密度更高，而不亚于甚至高于普通的宗亲与姻亲。

和分类互动频次相比，高频互动也许能更好地体现互动主体的习俗与惯例遵从和个体意向，尽管社区结构的干扰难以完全排除。表12.3将高频互动频次分为15次及以上、30次及以上和50次及以上三个档次，展示不同关系类型在这三个频次档次中的表现。

表12.3 程允亨高频互动关系与互动频次表 （单位：次/人）

关系类型	≥15频次	≥30频次	≥50频次
宗亲	13	7	2
姻亲	7	1	1
朋友	3	1	1
邻里	15	2	1
熟人	6	1	0
合计	44	12	5

比较表12.1和表12.3可知，在仅计算分类互动频次时，邻里占了绝对优势，但如就高频互动频次而言，邻里的优势不再明显。相反，宗亲、姻亲和熟人有较好的表现。如表12.3所示，互动频次达15次及以上的邻里共有15人，仍然居于四类关系之首。不过，宗亲的差别不大。在第二档（≥30）中，宗亲超出其他关系，具有较为明显的优势。在最高档（≥50）中，五类关系的差别非常小。这说明，在高频互动中，邻里没有优势，而宗亲具有一定优势，但其总体优势并不明显。同时，高频的邻里互动，是相对短期的关系，主要跟具体事务有关（详下）。换

句话说，如果将互动持续期列入考虑，那么高频邻里关系的强度，与宗亲、姻亲和朋友三类关系有较为明显的差别，前者主要集中于光绪四、五年，而后三类关系持续时间长，在时间线上分布较为均匀，这说明，宗亲、姻亲、朋友三类关系的强度超出了邻里关系，这一点和学界以往的认识是基本一致的。

危机应对中的关系动员

为进一步讨论人际关系的强弱，笔者将讨论危机情境下的人际网络动员，考察不同人际关系在其中扮演的角色。为应对危机而进行的人际网络动员，是理解人际网络特征的有效方法之一。其实质是聚焦危机情境，以较为明确的互动内容为出发点，讨论不同关系类型在其中的表现。其基本预设是，相比于其他情境下的互动，危机情境下的互动内容，更明确地体现了人际关系的亲疏差异。

鲍斯韦尔（D. M. Boswell）在进行赞比亚首都卢萨卡社会网的研究时，提出了透过"危机情境"（crisis situations）中的人际网络动员特征来研究社会网的方法。根据鲍斯韦尔的看法，危机情境包括五种类型：（一）人生礼仪，（二）财产与家庭争端，（三）失业与债务，（四）疾病与巫术，（五）其他。[1] 下面笔者主要处理人生礼仪、家庭争端和债务处理这三种危机情境。

在排日账中，允亨记录了两个重要的人生礼仪：其一为余氏的丧葬仪式，其二是同仓的婚礼。对于这两个礼仪，排日账留下了较多记录。[2] 以下依据这些记录，讨论这两个礼仪事件中的关系动员。

光绪十八年正月二十四日，允亨母亲去世。从次日起至二月十二日，允亨动员了人际关系前来处理丧葬事宜。在他动员的人际关系中，只有宗亲和姻亲，非亲属基本上没有参与整个仪式。在仪式过程中，宗亲与姻亲扮演的角色有一定分工。死者尸体的处理，主要由宗亲承担，

---

[1] D. M. Boswell, "Personal Crises and the Mobilization of the Social Network," in Mitchell, ed., *Social Networks in Urban Situations. Analyses of Personal Relationships in Central African Towns*, pp. 255-257.

[2] 不过可惜的是，这两次的礼账（如果程家曾记过）没有保存下来，排日账所记是不完整的，不过记账者选择记录何种信息，从侧面体现了这些信息对于他的重要性。

而姻亲主要前来吊唁,只有少数几位姻亲参与尸体的处理;同时,宗亲似乎没有馈赠礼物,而姻亲馈赠礼物。正月二十五日,即允亨母亲去世的第二日,"早晨托族众赴趁帮扶入棺椁,巳时开咽喉观殓"。二十七日,"己早晨同兴兄、儿办索面酒,承大众族人拜香、照家头等",此日办酒席答谢族人。出殡的日期是二月初九,前一日,"己同儿、兴兄办物,母亲殡事,燕山熊能外甥来帮赴办事"。当日,"己同儿、兴兄母亲丧事出殡,托族家人灶叔、允恭兄、忠兄、当弟、敷弟、志阳兄、进和侄、良侄、财鳖叔、五九侄、标弟、余新旺兄、又熊能外甥、罴能外甥门口外张祭,起马动身,厝在张六垓,酉山卯向"。参与出殡的亲友当中,姻亲只有程允亨的外甥熊能、罴能二人,邻里仅有余新旺一人,其余十一人均为"族家人",即宗亲。初十日,"已在家早晨办酒,接合族拜香酒饭",即答谢合族之人的帮助。[1]

同月十一、十二日,丧事办理完毕后,分割程氏兄弟母亲留下的遗产。十一日请来主持分家的亲友,包括灶叔、志阳、允恭、允中、启富、鳖叔七位。次日又请允中分割了部分家具。主持此次分割的七位,都是允亨的宗亲。[2] 另一方面,排日账中提及送礼的亲友,均为姻亲。正月二十七日,允亨的岳父从燕山"来拜香礼物"。二十九日,"燕山兆兄来拜香"。二月初二日,"荣善表兄来拜香"。[3] 前来吊唁的三人中,一位是允亨的岳父,一位是表兄,另一位"燕山兆兄"的身份不详,或为爱女之子。

前面谈到,同仓的婚礼于光绪十九年正月二十六日举行,上距其母亲去世刚好一年。跟丧事相似,操办这场婚事的人以亲属为主体。正月二十五日,排日账记,"己在家托梅娇嫂、姑婆办碗盏。接客:熊能外甥、玉表侄、庆兄、家兴兄、恭兄、富弟、进侄、敷弟、家中兄"。次日又记,"己早托中兄、富弟丑时开额。……又接女客:爱苏嫂、兴娥嫂、喜花弟媳、梅娇嫂、月秀婶、兰基侄媳、助章嫂"。此两日承担婚礼事务的人,基本上是宗亲和姻亲。至于送礼的客人,据二十二日排日账所记,有罴

---

〔1〕 程氏排日账#11,光绪18/1/24-2/10。
〔2〕 程氏排日账#11,光绪18/2/11-12。
〔3〕 程氏排日账#11,光绪18/1/27, 1/29, 2/2。

能、燕山锡民兄、徐家观庆兄三位。[1]此处羆能外甥属姻亲，燕山锡民兄身份不详，而"徐家观庆兄"应即汪松庆，他以何种身份参与不详。

在家庭争端中，笔者想要讨论的事例，是光绪初年程氏兄弟的争执。前面谈到，允兴成亲后，程氏兄弟开始不时出现摩擦，直至光绪九年进行第一次家产分割。光绪八年十月初四，排日账记录了程氏兄弟之间的第一次争吵。初八日，托连月叔、英月叔、鹏飞舅、东裕舅、日田舅公评理。至光绪九年八月初二，在亲友主持下分家，主持分家的人包括程家的"族家""亲眷""邻友"再叔、连月叔、英叔、允福兄、鹏飞舅、日田舅公、万圭兄等人。[2]在程氏兄弟的家庭争端中，程家邀请来调处争端和主持分家的亲友构成很值得注意。光绪八年十月的争端调处，邀请了亲友五人，其中宗亲二人（程连月、程英月）、姻亲三人（鹏飞、东裕、日田）。而次年的分家，邀请了七人，其中宗亲四人（程再顺、程连月、程英月、程允福）、姻亲二人（鹏飞、日田）、朋友一人（余万圭）。值得注意的是，排日账在谈到这些亲友时，使用了"族家亲眷"和"邻友"的表述，但实际参与调处争端的，只有宗亲、姻亲与朋友三类，邻里没有出现。

在债务危机的处理中，可以看到人际互动的另一个面向。与上文讨论的人生礼仪和家庭争端不同，债务危机的处理，不属于具备较强规范性的范畴，也就是说，没有一套明确规范，规定当事人的行事方式，因而更多体现了当事人自身的意向和选择。我们谈到，光绪二十六年十月廿四日，程家出现了债务危机。为应对这个危机，十月廿六日，允亨请程敬敷、余添灯前来处理账目。此后数日，时有处理账目的记录，前后经过了十余天工夫。程敬敷是允亨的堂兄弟，应为与允亨关系较好的宗亲之一（互动频次为36次），而余添丁在前面就曾谈到，他应该算是允亨的朋友。光绪二十六年五月，程氏父子曾到他家避难。而这一次，又请他出面料理债务。十一月初十日，大概债务问题已处理清楚，允亨至村中的商铺"江隆号"备办了猪肉、腐干、酒，与余添丁打平伙（"朋伙"）。

在《礼物的流动》一书中，阎云翔从送礼人数、礼金数等方面，对

---

[1]程氏排日账#11，光绪19/1/25-26，1/22。
[2]程氏排日账#11，光绪8/10/4，10/8，光绪9/8/2。

东北下岬村民的人际网络进行了讨论。他的研究揭示了非亲属关系在下岬村民的人际网络中的重要性。在送礼人数中，非亲属的数量远远超出亲属；在礼金数方面，非亲属与近亲一样重要。[1]王铭铭对闽南美法、塘东两村"民间福利模式"的考察，揭示了堂亲（也即这里讨论的宗亲）、姻亲和朋友的重要性。他的数据表明，这三种关系占了民间互助的全部，而"外人"的贡献几乎是零。[2]程家的人际网络与东北下岬村民相比有所不同，而与闽南美法、塘东较为相近。在危机情境的应对过程中，宗亲、姻亲和朋友扮演着非常重要的角色，而邻里（类似于阎云翔所说的"屯亲"）、熟人则基本上没有出现。[3]由此大致可以认定，在程家人际关系中，宗亲、姻亲、朋友属强关系，而邻里、熟人属弱关系。如果以同心圆的方式，来表述程家各种关系类型的亲疏程度，那么居于中心的是宗亲、姻亲和朋友，中间是邻里，外层是熟人。随着关系强度的下降，互动密度也逐渐降低，这些关系比较疏远的对象，通常不会出现于危机应对的情景之中。

互动内容

为进一步理解程家人际关系不同类型的基本属性，还有必要结合人际互动密度，就排日账所见的互动内容进行具体分析，从一个不同的侧面考察人际关系的强弱与亲疏。下面笔者拟对高频互动对象的互动内容进行讨论。互动内容是指互动所涉事项的属性，也即互动属于纯粹的买卖关系，还是包含社会交往、礼仪往来等内容。与纯粹的互动频度相比，这个互动要素能够较为明确地体现不同关系类型的重要性。互动复合度（multiplexity，下文的"单线"和"复线"是其主要指标）是互动内容的侧面之一。[4]

---

[1] 阎云翔《礼物的流动：一个中国村庄中的互惠原则与社会网络》，第95—118页。
[2] 王铭铭《美法村与塘东村：历史、人情与民间福利模式》，第178—182页。
[3] 邻里与熟人在危机情境中没有出现一事，应理解为他们没有在其中扮演重要角色，而不意味着他们没有参与上文提到的人生礼仪。对于后一点，由于相关的礼账没有保存下来，我们无从判断其有无。
[4] 对复合度的讨论，请参见B. Kapferer, "Norms and the Manipulation of Relationships in a Work Context," in Mitchell, ed., *Social Networks in Urban Situations: Analyses of Personal Relationships in Central African Towns*, pp. 226-227. 格兰诺维特认为，在某些情境下，互动复合度可以明确显示关系强度，但某些单线的关系也具有强关系属性。Granovetter, "The Strength of Weak Ties," p. 1361.

在讨论程氏的人际关系时，首先应该追问的是程家的宗亲关系。根据笔者的统计，程氏宗亲共提及50人（包括宗亲的家属），程氏与宗亲的互动频次为596次，在总频次中所占比例仅为20%。不过在高频互动层面，宗亲有很出色的表现（尤其是互动频次超出30次的场合）。我们来看看往来频次超过30次的程氏宗亲，这包括允中、再顺、进和、敬敷、允恭、允发、连悦7人。这7人基本上是允亨的同辈兄弟或上下辈：允中、敬敷、允恭、允发为允亨的同辈，再顺为允亨的叔叔，连悦为叔辈，而进和为侄辈，因而他们在辈分上是较为接近的。

在这些宗亲当中，与程家往来频次最多的是程允中（79次）。仔细梳理他与程家的互动内容可发现，这些互动频次中，大多数属于帮工、换工一类（52次），允中长期帮程家犁田，而允亨或是支付"牛租"，或是直接还工，因此在两人之间形成较为频密的雇工、互助往来关系。进和、连悦、允恭、允发、敬敷五人与程家的各类往来中，帮工和换工也占了较高比例，分别是32/38次、19/30次、18/36次、15/31次和9/36次（前一数据为帮工、换工频次，后一数据为互动总频次）。比较其他类型的人际关系，大致可以说，宗亲是程家帮工、换工最重要的对象，或者说，宗亲之间互动最重要的内容之一，就是帮工、换工。此外，在经济往来方面，借贷与合会也是其中一个内容。比如允中、敬敷与程家的往来频次中，就分别包括了7次和6次的借贷、合会往来。

共同参与仪式，也是宗亲之间互动的基本内容，这是容易理解的。作为一个社会组织，宗族影响族人之间互动的一个主要方式，就在于宗族举行的年节性仪式活动，为族人往来提供了重要的机会。每年春节期间，程氏宗族都要举行几个活动：宗族宴会、委派族人至余氏宗祠拜年、组织舞狮活动等。这些活动都为族人之间的互动提供了机会。因此，礼仪性互动在宗亲往来频次中也占了一定比例（允中：16/79次，再顺：21/53次，进和：5/38次，允恭：11/36次，敬敷：11/36次，允发：8/31次，连悦：9/30次）。当然，其中也包括了宗亲参与程家人生礼仪的频次，不过这一类往来的频次所占比例较低。总体而言，程家与宗亲的往来，以帮工、换工为主体，其次是礼仪性活动。值得注意的是，这种礼仪性活动，多属事务性往来，也即由族人共同参与的宗族事务，并非宗亲之间一对一的（dyadic）直接互动。这两个互动属性，使宗亲关系

第十二章　关系与人情　297

有别于其他人际关系。若以人际网络研究的术语来说，宗亲关系的"内容"（content）以"复线"（multiplex或multi-stranded）为多。[1]

我们谈到，宗亲之间的互动呈现不均质特性。与程允亨有较为频繁互动的宗亲，只是程氏宗亲的一小部分，这里提出了一个问题：除了性格、阶级等属性之外，排日账所见宗亲之间的互动，是否有其他内在动力？更直接地说，除了宗亲之间的事务性互动之外，宗族作为一个社会组织，对本族宗亲之间的互动是否带来深入影响？王铭铭指出，在闽南民间互助实践中，堂亲占有很重要的地位，但他认为"不是所有的同家族者都是'堂亲'"，"只有五代以内的族亲被明确地称为是'堂亲'"。[2] 刘志伟基于珠江三角洲沙湾镇的田野经验，对宗族与族人的关系进行了思考。他在一次对谈中指出，在当地生活期间，"感觉不到在当地人那里，宗族是一个跟他们日常生活有紧密关系的组织，他们做所有的事情，并不是都在宗族的秩序下，按照宗族的方式来处理的"。在"他们的日常生活里面，在他们的相互关系里面"，宗族和房支"都不是那么重要的"，"重要的还是五服之内的亲属关系"。[3] 董乾坤对祁门胡廷卿人际网络的考察，也发现了五服在乡村人际交往中的重要性。从光绪七年至光绪二十六年，与胡家发生过经济往来的个体有813人（家），胡家与他们共发生过6075次互动，其中胡家与本族久公派下裔孙互动达2239次，而这些与胡家发生高频互动的族人中，以胡家所属的时慎公一支最为集中（1582次），他们与胡家的关系均在五服之内，也即这些人均为胡廷卿高祖之后裔。[4] 其实，早在20世纪50年代，弗里德曼就指出了五服的重要性。[5] 程家人际互动的经验事实进一步显示，宗族虽然是一个"笼罩性"的社会组织，但这并不意味着族人之间必定发生频密的直

---

[1] "单线"和"复线"是网络分析的一对基本术语，指涉的是人际活动的"内容"，即互动是经济资助、亲属义务还是宗教合作，前者是指人际互动限于某一关系，而后者是指互动包括两种及两种以上关系。参见Mitchell, "The Concept and Use of Social Networks," pp. 20-22.
[2] 王铭铭《美法村与塘东村：历史、人情与民间福利模式》，第179—180页。
[3] 刘志伟等《从国家的历史到人的历史》，刘志伟《溪畔灯微：社会经济史研究杂谈》，北京：北京师范大学出版社，2020年，第270页。
[4] 董乾坤《晚清乡绅家庭的生活实态研究——以胡廷卿账簿为中心的考察》，第260页。时慎为廷卿九代祖，廷卿高祖为拱昂。查表5-1-3，从时慎到拱昂没有分支（第259页），不知是否因为忽略了时慎派下的其他分支。
[5] Freedman, *Lineage Organization in Southeastern China*, pp. 41-45.

接互动，同时在某些族人之间，又确实可以观察到相对频密、长期的往来。可惜的是，由于史料本身的局限（程氏族谱不传于世），程氏宗族与排日账所见宗亲间互动之间的内在关系，现今已难以深究，这个问题只能期待在文献保存完好的个案中进行讨论了。

在明清社会研究中，姻亲关系通常是缺席的，这种关系很难归入实体化、功能性的群体，在民间文献中也难以进行系统处理。但即使是一般认为宗族具有深厚历史渊源、在社会生活中扮演主导性角色的徽州地区，姻亲关系在跨家庭社会关系中也是极其重要的。在程家的人际网络中，互动姻亲达51人，互动频次为374次，占总频次近13%。就高频互动而言，姻亲大致与宗亲、邻里、朋友的差距较小，这显示了程家对姻亲的互动偏好。

从经验事实看，如果说程家的生活世界存在着一个礼物流动的网络，那么这个网络与宗亲的关系较小，而跟姻亲圈子则非常密切。姻亲之间的往来，不仅出现于人生礼仪与年节行事，在经济往来中也较为突出。允亨往来的姻亲中，最为频密的是其舅父余鹏飞（85次），其次是舅母满基（23次），其中与舅父的互动频次是所有关系类型的互动对象中最高。鹏飞应为允亨母亲的兄弟，理坑村人。允亨与鹏飞夫妇的互动，既有礼物往来，更多的则是社会经济往来，如柴薪买卖、合会互助等。允亨经常来往的，还有大连的亲家（吴喜信，22次；吴青元，21次），这是允亨儿媳的娘家。虽然理坑与大连相隔二十华里山路，但允亨经常前往大连亲家做客，有时是为参与人生礼仪和看戏，有时则是因经济活动和社会纠纷。这一关系拓宽了程家的生计空间，同时为处理某些棘手的纠纷提供了一个可资信赖的社会关系。另一家重要的姻亲是余熊能、余罴能兄弟（分别为21次、16次），他们是燕山村人，允亨称为外甥，当为允亨姐姐引娣之子。[1] 他们在程家举办礼仪、从事生计活动时，不时援手帮助。跟宗亲关系相似，姻亲关系多属复线关系。

如前所述，无论是在表述还是实践中，都可见到朋友关系。不过朋

---

[1] 据《婺源沱川余氏宗谱》载，余本懋（1827—1881），娶上湾程氏（1841—1872），生敬模、敬芳二子，敬模乳名熊能，敬芳乳名罴能。《婺源沱川余氏宗谱》卷廿七，光绪三十二年活字本，页82a—83a。根据排日账记录，引娣卒于同治十一年十月十五日（程氏排日账#5，同治11/10/15），与族谱所载程氏亡故时间相符。

第十二章　关系与人情　　299

友的内涵较为宽泛,不少朋友的身份难以进行明确的定位。根据排日账记录,允亨的朋友中,笔者能够辨识的仅有3位。上文引到"夜下隆号,朋友十二位吃酒",从这个表述看,允亨的实际朋友超出3位。不过就三位可辨识的朋友而言,互动频次量是108次,人均频次甚高(36次)。[1]如果考虑到实际朋友的数量,人均互动频次可能要低得多,但应不至低于宗亲和姻亲总人均频次。

这三位朋友中,频次最高的是余万圭(64次)。此人来自沱川天堂村(实际地点不详),很可能是程允亨的"发小"。他第一次出现于同治十二年七月二十七日,那天程氏兄弟与来自山垄、天堂、查木坑、小沱、朱山的几位朋友、熟人,一同到沱川附近的山上打野猪。[2]此时,允亨才二十出头。从此年开始,允亨与他的交往一直持续至现存排日账记录结束。他们相互帮忙干农活,是同一个合会的会众,也时有生意往来(卖茶叶、出售茶坦)。允亨还请他杀猪、做中人、代借银元,甚至参与主持分家。他们也有礼仪性往来,光绪二十一年(1895)三月初一,允亨"在家起命章,恭贺万圭兄"。我们知道,起命章是祝贺亲友家中生子的礼物,允亨起命章,应是要祝贺万圭得子或得孙。光绪二十二年正月二十八日,"万圭兄家接吃讨亲酒"。[3]

允亨与汪发祥、余添丁的关系与此相似(均为22次)。发祥是金岗岭人。排日账首次提及发祥的时间较晚,是光绪十九年十二月二十四日。此日允亨"上金光岭抽签诗",然后"又〔至〕汪发祥兄〔家〕嬉"。[4]此后两人时有往来。允亨托发祥帮忙制作葛粉、干农活、采茶。有时,他到汪家吃饭,甚至住在他家。他还不时赠送食物给发祥,如光绪二十年(1894)十二月二十日,他带着"净亥乙斤四两、萝卜五斤,上金钢岭送发祥兄";光绪二十一年十二月初五日,"去亥乙斤半送发祥兄";同月二十九日,又"早起上金〔岗〕岭汪发祥,送去爆烳糖乙斤

---

〔1〕 这个数据仅供参考。由于允亨的朋友超过3位,互动频次肯定高于108次,而人均频次则应远低于36次。还有必要指出的是,发开很少有朋友互动的记录,而允亨则记录了更多与朋友互动的信息,他更频繁地跟朋友打平伙,在危机处理中也更依靠朋友的帮助。
〔2〕 程氏排日账#05,同治12/7/27。
〔3〕 程氏排日账#11,光绪21/3/1,光绪22/1/28。
〔4〕 程氏排日账#11,光绪19/12/24。

半，回来果粽十二只"。[1]

允亨与余添丁的关系不如余万圭与汪发祥，不过也超出了熟人之间的关系。添丁是东山下人。允亨帮助添丁营造坟墓，请他调处山林纠纷。女儿出嫁时，请他吃酒席。光绪二十六年五月十三日，程氏族人之间发生斗殴命案，县衙差人前来村内处理，允亨、同仓等"躲东山下添灯兄家鱼塘屋内免见"。他们在添丁家躲藏了三天。同年十月二十四日，程家出现债务危机后，请添丁出面处理债务、清理账目。[2] 和宗亲、邻里相似，朋友关系基本上属于"复线"关系。

本文称为邻里的范畴，是一个"泛化亲属关系"的世界。这是程家开展各种社会经济活动的主要场域：小额借贷、银会、换工、租佃、买卖等活动，都在这一场域进行；而礼物往来，则基本上不见于这一场域。如表12.1所示，程家的人际网络中，人数最多、互动频次最高的，都属于这一关系类型。在19世纪后期，与程家互动的邻里共有418人，占互动总人数的三分之二；互动频次更高达1427次，占互动总频次的近一半。

在高频互动对象中，邻里也扮演了相对突出的角色，共计互动人数15人，位居四类关系之首。那么程家与他们的互动有何特点？大致而言，程家与邻里之间主要是社会经济关系：他们或是工匠，为程家盖房或制作生活用具；或是短工，受雇为程家采茶和制茶，尤以前者最为重要。排日账中频繁提及的邻里，如互动频次最高的秀文是木匠（81次），万师是石匠（29次），时保、九元是烧砖的师傅（分别23次、22次），来师是裁缝（21次），老六、桂圆是编制竹器的篾匠（分别21次、16次）；九侄、牡丹是采茶工（分别33次、25次），日昌（26次）、思巢（19次）、焕美（16次）、吉佳（15次）均曾受雇帮助程家采茶或帮工；而程家与兴娥（20次）则有借贷关系，也曾托她购买货物。上述互动对象中，只有兴娥曾参与程家的仪式。可以说，程家与邻里之间的互动主要限于社会经济活动（包括合会），基本不存在礼物往来。就其"内容"而言，邻里关系大都属于"单线的"（uniplex或single-stranded）。

---

[1] 程氏排日账#11，光绪20/12/20，光绪21/12/5，12/29。
[2] 程氏排日账#12，光绪26/5/13，光绪26/10/24。

作为程家人际网络的一部分，熟人与邻里较为相似。程家互动对象中，106人属于这一类型，其互动频次有417次，介于宗亲与姻亲之间。不过，这些对象不是来自同一个村落，而是散布于沱川的燕山、鄣村、篁村、高远颈、查木坑、徐家坦、高还头、东坑、王村、戴坑、山垄、汪王后、金刚岭、洪源、冲下及大连、小沱、庄前、清华等沱川之外远近不等的十几个村落或市镇。也就是说，跟邻里相比，程家只是跟来自相关村落的一小部分人进行互动。

如表12.3所示，在高频互动对象中，熟人共6人，其中来自本沱川的有3人，沱川之外3人。允亨与这些对象的互动，基本上属较为纯粹的社会经济关系。如项明森、王成彩均为江西德兴人，是程家雇来采茶的短工（分别23次、19次）；吴祥发是祁门大连人，曾购买程家生产的茶叶（18次），这三位来自外地的民众，都是因为经济关系才出现于排日账的。同样，汪发芹也是因为受雇为程家采茶，才被提及（15次）；汪松庆来自徐家坦，应是泥水匠，他曾帮助程家盖新房（32次）。在熟人中，特殊事例只有一个，即程家与万喜（28次）的关系，他们之间的关系留到下节详谈。

综上所述，程家与宗亲、姻亲、朋友之间的互动，涉及内容复合程度高，多属复线关系；而与邻里、熟人之间的互动，基本上限于社会经济事务，属于单线关系。因此，以宗亲、姻亲、朋友为一方，和以邻里、熟人为另一方的人际关系之间的差别，不仅体现为强关系与弱关系的差别，它们在人际互动的复合程度上也呈现出较为明显的差别。

在宗亲、姻亲、朋友三者之中，也隐然可见若干分野。程家与宗亲的往来，主要体现为帮工与换工的关系和对宗族事务的共同参与，这后一个特点多少体现了宗族影响族人互动的方式。相比之下，程家与姻亲的往来，基本上没有事务性往来的成分，绝大多数往来属于礼物往来和社会经济互动。允亨与三位朋友的关系特别密切，朋友不仅与允亨有礼物往来，在危机处理中也扮演着重要角色，而且包含帮工、买卖等复杂关系。综合来看，这三种强关系均在程家人际网络中扮演着重要角色，其重要性总体而言难分轩轾。不过宗亲除介入程家的危机处理外，更多限于帮工、换工或宗族的事务性活动，而部分姻亲、朋友与程家的关系，包括了礼物往来、危机处理、经济往来等多种互动关系，这些关系通常是一对一的人际互动，跟宗亲之间的事务性互动相比，显得更为活跃、直接。

乡民与"先生"

在结束本节讨论之前，还有必要对程家与地方精英之间的关系稍做考察。前面谈到，在允亨的生活世界中，有一个被称作"先生"的群体，包括了文会等组织的执事、塾师、医生、乡约、册书、风水先生等。[1]笔者认为，这个群体属于乡村社会中有一定地位的人物，其身份应大致相当于地方精英。在排日账中，这一表述共出现202次，从侧面显示程家与这个群体有相当程度的互动。[2]

在这个群体中，程家接触最多的是文会执事和乡约，他们主要以纠纷调处者的身份出现。有关程家卷入的纠纷，我们将在第十六章讨论，此处需要指出的是，介入纠纷调处的，除了理坑余氏宗族的族房长以外，主要是文会执事和乡约。文会本为清代士人交流诗文心得的会社，不过婺源的文会经常介入纠纷调处。[3]同治十一年二月，程家的一处茶坦和附近的祖坟遭到族人侵占，发开父子发现此事后，将纠纷投到乡约余裕峰处。五月，可能因乡约调处无果，程家向理坑余氏文会求助，在排日账提到的"文会先生"中，有余余三（又写作余山，或即如山）、余允前、余立修、余仲巍、余魁芳等人。七月，在他们的调解下，纠纷得到解决。光绪五年二月，程家可能因另一处祖坟与汪王后一个村民发生纠纷，程氏父子投明乡约余定桂，并接"文会先生"前去"理论"（详见第十六章）。

可能因为多由获取功名的士绅担任，祠堂执事也常被称作"先生"。程家几处耕地的田底为理坑余氏的产业，因而每年交租时，必须与管理公堂的执事打交道。光绪七年八月初五日，程氏父子在庄下割禾，当天交谷租1担给位峰先生。次日在顿底割禾，交谷租5秤给有金先生。

---

[1] 程允亨对"先生"一语的使用不甚统一，同一个人，有时称作"先生"，有时称作"兄"。但这种情形不多见。
[2] 必须说明的是，其中一二十笔记录提到的是程家与某些"先生"家属之间的互动，因而严格来说不能归入程家与"先生"群体的互动。
[3] 熊远报《清代徽州地域社会史研究》，东京：汲古书院，2003年，第196—198页。介入程家纠纷调处的族房长中，其中一部分应同时是文会的成员。

第十二章 关系与人情

光绪九年九月初三日，程家收割西坑稻子，当天将谷租交到管暄先生家。二十三日，在顿底割禾后，将谷租交到吉佳先生家。光绪十年八月二十七日，排日账记录发开父子交西坑谷租，并特定说明"选仪先生理事此年"。[1]

此外，徽州祠堂的流动资金多用于放债，光绪后期程家由于生计日蹙，不得不向祠堂借债，为此他们也会不时跟祠堂执事打交道。光绪二十年八月十四日，允享支英洋1元给绍炘先生，排日账明确说明是"上利"，并交代这笔利息是交给钦五祠的。光绪二十一年八月初四日，允享支英洋3元付给管辉先生，排日账写明这是"上味山祠利"。[2]除祠堂执事外，当地养源会等会社的执事也被称作"先生"。光绪十年二月初八日，程家因一处山场与他村村民发生纠纷，家人与"养源会执事先生"进查木坑进行处理。[3]

乡约在婺源纠纷调处中扮演着重要角色，这一点放到后面再谈。尽管不少乡约并无功名，但由于他们在乡村事务中的地位，乡约也被尊称为"先生"（详见第十六章）。同样，册书在清代基层行政中也较为重要，他们也被称作"先生"。光绪十九年正月二十八日，允享在家"做户管"，付册书余锦川先生工钱二百文。[4]此外，排日账中风水先生被称作"看地先生"，发开父子曾多次请他们"看地"（详见第十五章）。至于塾师、医生称作"先生"，应是各地较为普遍的做法，毋庸赘言。

就身份、职能不尽明确的"先生"而言，程家与他们的人际互动主要包括交易、帮工、借贷、庆贺等几种类型，前三种大致可归入经济互动，第四种则属于社会互动。

买卖关系是程家与"先生"互动的主要类型。道光二十年四月二十五日，发开帮绍等先生出清华籴米。咸丰八年四月二十日，发开收到观宝先生购茶款四元。光绪四年九月十四日，允亨前去篁村找梅菴先生调换没烧好的墙砖。十一月初六日，向冠芳先生买砖。光绪十九年四月十三日，程家将茶叶一担半出售给吉佳先生，十八日、二十一日、

---

[1] 程氏排日账#6，光绪7/8/6-7；#7，光绪9/9/3，9/23；#8，光绪10/8/27。
[2] 程氏排日账#11，光绪20/8/14，光绪21/8/4。
[3] 程氏排日账#8，光绪10/2/8。又参见程氏排日账#8，光绪10/7/20。
[4] 程氏排日账#11，光绪19/1/28。

二十四日先后收到了他支付的三笔购茶款。光绪二十年九月底至十月中旬，程家多次将干柴出售给汝贤先生。[1]程家家人也经常作为帮工，为"先生"提供有偿劳动。同治十一年四月十一日，允亨帮初英先生干农活。次年正月二十一日，允兴帮他砍柴。八月二十七日至二十九日，发开前往溪口帮清顺先生挑货。光绪四年二月初九日，允兴帮选仪先生家砍树。光绪六年六月二十日，允兴帮吉佳先生挑米。光绪十一年正月十一日，允亨帮盛先生家开荒，得工钱100文。[2]在乡民生活中，借贷是不时发生的，不过截至光绪后期，程家举债不甚频繁，借贷数额也不大，其中有少数银钱是从"先生"处借来的。咸丰二、三年间，发开曾向容先生借过一小笔款子。光绪十年，程家向步尧先生借过4元。次年三月，又从他手上借来7元。[3]

程氏父子有时还前去一些"先生"家吃酒、庆贺。同治十一年二月二十七日，发开前去余裕峰家吃"武学酒"（庆贺考中武生员？）。同治十一年六月二十日，发开到初英先生家庆贺其孙子降生。十一月初一日，允亨去武先生家，送命章。光绪七年十一月初四日，允兴去少耘先生家"接吃酒"。光绪十六年闰二月初一日，发开去余琨甫先生家"吃开贺酒"。[4]此外，程家与一位"先生"曾经形成相对稳定的礼物关系，这位先生是燕山医生余万喜，从光绪四年至光绪九年，程家与他形成了礼物往来关系，有关他们之间的交往，我们放到下节详谈。不过，"先生"只是偶然会出现于程家家人的人生礼仪。光绪十八年正月二十八日，青顺先生为允亨母亲"送孝"，并送来礼物，这也许是由于此人与程家有亲戚关系，程家的亲戚中，似乎极少属于"先生"群体。[5]

总体而言，程家与被称作"先生"的地方精英群体之间的互动，从次数看不甚频繁，互动频次最高的是与医生余万喜的关系，共计28次，算是比较频繁，这是与程家有互动的"先生"中，唯一高于15次的，不过两者较为频密的互动，仅限于光绪四年至光绪九年。此外，程家与这

---

[1] 程氏排日账#1，道光20/4/25；#4，咸丰8/4/20；#6，光绪4/9/14，11/6；#11，光绪19/4/13，4/18、4/21、4/24，光绪20/9/30，10/1，10/14，10/17-18。
[2] 程氏排日账#5，同治11/4/11，8/27-29；#6，光绪4/2/9，光绪6/6/20；#8，光绪11/1/11。
[3] 程氏排日账#3，咸丰2/12/30，咸丰3/12/25；#8，光绪10/闰5/10，光绪11/3/14。
[4] 程氏排日账#5，同治11/2/27，6/20，11/1；#6，光绪7/11/4；#10，光绪16/闰2/1。
[5] 程氏排日账#11，光绪18/1/28。不过我们无法确定他与程家有何亲戚关系。

些"先生"的互动,以经济类单线互动为主。在这些关系中,除余万喜外,与程家有礼物往来的"先生"为数甚少,且往来疏松,这从侧面体现了程家较低的社会地位。

人际关系的新动向

最后,我们来处理一个棘手的问题:在允亨生活的时代,历史进程如何影响人际关系呢?尽管历史进程与人际关系之间的关系比较间接,要从人际关系中寻找历史变动的痕迹很不容易,但仔细观察排日账展示的19世纪中后期的沱川社会,还是可以看到一些变化的迹象。

太平天国结束后,程家发生的最大的变动,就是程氏兄弟先后成亲和营建新房。成亲和建房都涉及大额的投入,因而与一个家庭的生计状况密切相关。前面提到,太平天国结束后的二十年间,是程家生计状况较好的时期,得益于这一时期的经济复苏与贸易扩张,来自茶叶、山货(葛粉与黄精)的收入,处于60多年中较好的时期。家中有了一定的积蓄,才有可能先后安排允亨、允兴的婚事和营建新房。而兄弟成亲与新房营建,又为家庭的分裂提供了可能。在此过程中,程家缔结了新的姻亲关系,即允亨与理坑余氏、允兴与田里某氏之间的关系,又在家庭内部生产出新的夫妻、亲子关系。此外,婚礼为更新既有的亲属、朋友关系提供了机会。因此,得益于这一时期的经济局势,程家不仅自身完成了社会再生产,而且缔结了作为核心人际关系的姻亲关系,生成了新的夫妻、亲子关系,既有的亲属、朋友关系也得以更新。这是在19世纪中后期的历史进程与程家人际关系之间,可以首先建立起来的一个关联。

新房的营建,还影响到程家的另一类人际关系。在修建新房的过程中,需要雇请大量工匠并与他们打交道,这就对程家的人际互动格局带来了明显但相对短暂的影响。前面谈到,程家与若干邻居之间互动频次颇高,其中最主要的是木匠、石匠、烧砖匠、裁缝、竹篾匠等工匠。下面以互动最多的秀文、万师(互动频次分别为81次和29次)为例对此稍做讨论。

秀文是一个木匠,他第一次出现于排日账中,是在光绪四年三月二十二日。这年正是程家开始修建新房的年份,此日发开请来秀文做楼梯。四月起，又陆续请他"做地坦"、打楼梯、做坎、做大门，断断续续一直做到年底。这一年允享等人与他互动的次数不多，仅15次。进入光绪五年后，随着新房框架的基本建成，木匠的工作被提上议程，与他的互动才开始密集起来。四月，请他做平门、做壁刺、雕坎、雕床、补桌。整个四月份，秀文出现18次之多。六月，又请他装房、装演，忙到七月初，这段时间他出现了10次。闰七月，他继续雕坎、做卡、装房、做拐桌、做卡总门等，又先后出现了16次。此后，九月做大门、十月上大门又陆续出现了几次。光绪五年他累积在排日账中出现了51次。在光绪四年、光绪五年中，他总计出现了66次，占总次数的五分之四以上。[1]很明显，程家与秀文的互动，实际上主要是围绕新房的营建发生的。

万师，应即万兴隆（或为字号），是一位石匠。他第一次出现于排日账，是在光绪四年二月初一日。我们谈到，在新房营建过程中，石匠的工作安排在前，因此他比木匠早些出现。二月的主要工作是打水马、门闩、踏石，三月转入打拖泥石、做墙脚及安踏石、门闩等。这两个月他共出现了11次。他再次出现，已经到了八月份。此时的主要工作是打楼梯石、门闩石、拖泥石及安条石等，这段时间出现次数较多，共17次。此后，他只在次年二月十八日出现过1次，也是与建房有关的事。[2]跟秀文一样，程家与万师的互动，也基本上是因为营建新房。

因此，以新房营建为契机，程家在光绪四、五年之间，与各类工匠产生了较为频繁的互动，这种互动，在平日虽然不能说全然不发生，但其频度是远远无法与新房营建期间相提并论的。因此，这一动向也是与19世纪中后期当地的社会经济变动密切相关的。

这一时期人际关系动向中，还有一个值得注意的事情，就是程家与余万喜之间较为频密的互动。万喜，排日账称作"万喜先生"，是燕山村的一位医生，在沱川一带较有名气。很巧，他是詹鸣铎一位姑丈的太公。鸣铎的外祖父也是沱川人，鸣铎在《我之小史》中，称万喜"亦系名医"。鸣铎11岁时，头上曾生过瘌痢，当时其外祖父已亡故，

---

[1] 综合程氏排日账#6光绪四年、光绪五年信息。
[2] 综合程氏排日账#6光绪四年、光绪五年信息。

母亲命他去找万喜诊治。这是光绪十九年的事了。据说万喜活到九十几岁高龄。[1]

排日账第一次提及万喜，是在光绪四年正月十八日，此后至光绪二十六年都时有往来。最初，允亨与他只是普通医患关系，他不时因自己与家人生病，跟万喜打交道（详见第十四章）。值得注意的是，从光绪四年至光绪九年，允亨几乎每年都去万喜家"格节"（过年送礼）。光绪四年十二月二十六日，允亨"出燕山担葛粉谢万喜先生"。[2]这一年程家曾多次请万喜诊治疾病，因此就有了这次送礼答谢活动。光绪五年底，程家似乎没有继续送礼，或是送了礼却没留下记录。但光绪六年十二月二十七日，允亨再次前往万喜家，当日记，"本身出燕山（卑）〔背？〕葛粉到万喜先生格节，回（蓝）〔篮〕鸭子十介"。[3]与光绪四年不同的是，这次万喜回了礼。光绪七年十二月，允亨继续给万喜格节，只是排日账没有提及礼物与回礼的详情。[4]不过第二年十二月二十九日排日账交代得很清楚："本身送葛粉叁斤，出燕山格〔？〕节万喜先生家，回篮冬笋乙斤。"[5]程家送的仍是葛粉，而万喜回的是冬笋。光绪九年十二月二十八日，仍是允亨前去送礼，"本身担葛粉三斤，出燕山格万喜先生节，回篮甲沙糕乙包"。[6]程家的礼物一如既往，而对方回的是糕点。此后，程家与万喜不再有礼物往来。

从称呼判断，程家与万喜并无亲戚关系，那么他们为何与一个非亲非故的熟人建立了礼物往来的关系呢？为何光绪十年后又不再维系这种关系呢？我们说过，太平天国结束后的十几年时间，是程家生计状况较好的时期，相对宽裕的家庭收入，为程家建立新人际关系提供了基础。这一时期，也是程家家庭规模较大的时期，上有老，下有小，允亨兄弟也不时生病，在这种情况下，与一位医生建立较为密切的关系，或许是为了获得更为认真、及时的诊治。程家与万喜停止礼物往来的年份也值得注意。我们知道，允亨兄弟于光绪九年分家，停止礼物往来的年份，

---

[1] 詹鸣铎《我之小史》，第92页。
[2] 程氏排日账#06，光绪4/12/26。
[3] 程氏排日账#06，光绪6/12/27。
[4] 程氏排日账#06，光绪7/12/28。
[5] 程氏排日账#07，光绪8/12/29。
[6] 程氏排日账#07，光绪9/12/28。

正好是分家的第二年，这应该不是巧合。

这一时期在阶级关系方面，也出现了值得注意的动向。我们谈到，截至太平天国前期，程家除自己的土地外，还租入了西坑、石桥底、大桥的土地。仔细追踪这些土地的租种时间可发现，大桥于道光二十六年停租，当年租入了石桥底的土地，可见两者是替换关系。石桥底土地一直租种到同治十一年，此后不再出现。也就是说，同治十二年以后，程家除了继续耕种自己的土地外，仅继续租入西坑的土地，[1]因而这一时期租入土地的数量，实际上不是增加而是减少了。我们知道，这一时期程家的规模其实较前有所扩大，为何租入的土地反而减少了呢？原因笔者在前面讨论过。一方面，这一时期程家集中劳力开荒，程家自身控制的土地有所增加，开荒后生产的玉米产量也有一定增加，这样一来，对租佃的依赖稍有减弱。另一方面，来自茶叶、山货等商品的现金收入有了一定提高。粮食生产条件和现金收入方面的改善，有助于程家减少土地的租入量，从而减少地租的剥削，更多地从租佃制度中解脱出来。这个租佃关系的新动向，未必能理解为租佃关系本身的松动，但或许可以视为佃农经济独立性的相对加强。这种走向是否普遍，有待搜集更丰富的证据，不过19世纪茶叶贸易的总体趋势意味着，至少对沱川这种与扩张的海外贸易紧密联系的地域而言，跟18世纪或更早的时代相比，应该有越来越多的佃农或多或少提高了自身的经济独立性。这种相对独立地位的获取，主要不是由于商业化对租佃关系的腐蚀，而是因为佃户在租佃关系之外获得了新的生计空间——他们从商业作物的种植（就程家的情况看，还包括了荒地的垦殖）中增加了家庭收入，而这多少降低了他们对租佃关系的依赖。

与茶叶收入增加相对应，这一时期程家投入更多时间进行茶叶的生产，这一投入的增加，不仅是通过投入更多的家庭劳力来实现的，同时还意味着雇请更多的外来劳动力。如第五章表5.6所示，截至太平天国前期，除道光二十六年、咸丰三年等年份雇工工数较多外，多数年份在10工上下。太平天国结束后，特别是从19世纪70年代后期开始，每年雇工人数大都在20工以上，这一趋势一直继续至分家后的90年代前期。而且太平天国结束后，越来越多的雇工来自江西，他们成为茶叶生

---

[1] 参见附录六。

产的主力。因此，尽管程家与茶工之间形成的主雇关系，最早是在道光二十六年，也即程家较大规模投入茶叶生产之后出现的，但雇佣关系规模的扩大与相对稳固化，发生于太平天国结束之后。

换句话说，太平天国结束后，程家在阶级关系上有两个方面的变动。一方面，程家减少了租入的土地，降低了对租佃关系的依赖，另一方面则围绕茶叶生产，与茶工形成了经营者与劳工之间的关系，而且这种关系不仅是一种阶级关系，还是一种本地人与外地人之间的关系。上述租佃与雇佣方面的变动，是这一时期值得注意的人际关系新动向。

最后，这一时期地域秩序也出现了值得注意的动向。排日账显示，截至太平天国开始后的最初几年内，没有出现过与程家有关的物权纠纷和盗窃等问题。但太平天国结束后，盗窃行为，特别是苦竹山的盗窃行为时有所见，茶坦、祖坟的纠纷时有发生。同治十一年发生了4次，光绪五年、光绪二十一年、光绪二十七年各2次，光绪八年至光绪十一年、光绪十九年、光绪二十年、光绪二十二年、光绪二十六年每年各1次（参见第十六章表16.2）。可以说在允亨记账的时间里，几乎每一年多时间，就发生一次物权纠纷事件。这些纠纷的发生，与晚清商业化过程应有联系，茶叶市场、木材市场的变动，可能都提高了茶树、林木的价值，从而有可能引发对这类资源的争夺，导致纠纷数量的增加。同时，这一问题与地域秩序的变动应该也有一定关系。

有关物业纠纷的问题，笔者将在第十六章集中讨论，这里只谈谈盗窃问题。排日账记录的最早一次盗窃，发生于同治十一年八月十六日，当天允兴在苦竹山发现，放在苦竹山草篷内的棉被和衣服，被余再富盗窃，于是他和允亨一同去捉贼。[1]第二次发生于光绪八年十二月十六日，允亨兄弟到苦竹山挑柴，发现柴已被人偷盗。[2]光绪二十二年三月十二日、十三日，允亨放在苦竹山的物件连续被盗。十二日，被余成偷去斧头一把，十三日被偷取小锅一口、锅铲一只、棕衣一件、草耙一把，盗窃者不详。[3]这三次盗窃，都发生于远离上湾的苦竹山，这些日子允亨

---

〔1〕程氏排日账#5，同治11/8/16。再富似是惯偷，光绪四年牵涉另一桩盗窃案（程氏排日账#6，光绪4/7/11），此案是否跟程家有关存疑，姑不论及。

〔2〕程氏排日账#7，光绪8/12/16。

〔3〕程氏排日账#11，光绪22/3/12-13。

兄弟临时回家，为窃贼所乘，情有可原。光绪二十七年九月十八日，连允亨种在牛栏田里的稻子也被盗割，[1]牛栏在上湾附近，这从侧面显示了窃贼的猖獗，盗窃活动似乎出现了恶化迹象。

在物业侵犯和盗窃纠纷增加的同时，沱川诸姓与休宁大连吴氏围绕苦竹山等处山场的物权纠纷也愈演愈烈。查排日账光绪十年六月十六日记，"此夜同养元会人同查木坑人二十余人至稍担上占山"。七月二十日又记，"此夜养元会执事先生邀种山同众接出衍庆堂种山茶斗柜钱，被大濂人、查木坑战斗，抢人余万保子去"。我们谈过，衍庆堂是理坑余氏宗族的总祠，而养元会应该是沱川一个护林会社。这两次事件，应该是沱川与大濂（大连）人因苦竹山的产权争端引起的。

有关这次冲突，一份土改时期的文件做了更具体的交待：婺源鄣理乡与休宁连山乡交界，中间隔有高湖山、斧头角两座大山和天堂山、板山、翻鞋尖等小山（苦竹山应该也在其中），"山靠婺源这面，系鄣理的源头山，历史上就被当地的地主阶级把持，不准农民开山种，因该乡山多田少（土改中每人只有水田八分），农民受生活所迫，在一百多年前（前同治、道光年间）便翻过山背，到面向休宁那面的山上去开荒种植，那些山原来都是茅草荒山，由婺源农民开垦，先种苞芦，后来插种了杉苗、柽子和茶树，由此引起休宁大连村人的注意，开始争山，常因争山或侵犯农作物，引起打架"。可见沱川人与大连人的山场纠纷，曾在道光、同治间爆发。据这份文件交代，光绪年间两地又爆发争山冲突，"大连村人把鄣理乡查木坑村农民余松林打破头致重伤，后由鄣理乡里坑村当时的举人余发挥出面打了一场官司，结果婺源打赢，把县界从施木垄（山名）直下到漆树坞划到离大连隔一里多路的地方。从此更激起两地的互相仇视，打架的事不断发生。婺源鄣理乡阻断休宁大连村的粮道，不准经过到清华买米，休宁也阻断运树的河道，不让婺源放杉木到屯溪去卖"。[2]笔者曾实地考察过苦竹山，这个山场就位于休宁一边，靠

---

[1] 程氏排日账#13，光绪27/9/18。
[2] 《关于我县五区鄣理乡与华东区安徽省休宁县流口区连山乡山林纠纷的综合情况》（婺源县人民政府，1953年6月6日），婺源县档案馆，卷宗号：4，《清华区公所各种通知、报告、总结、计划、协议书等》。20世纪50年代初，经过休宁、婺源两县政府协调，这片山场划归大连村管辖。值得注意的是，光绪二十六年正月至三月初，程家频繁帮大连人挑头，这些活动很可能与大连与沱川的交恶有一定关系（程氏排日账#12，光绪26/1/15-3/3）。

第十二章　关系与人情

近大连。苦竹山争端发生后，沱川方面为了打官司，向种山的农户摊派费用，上述记录中提到的"斗柜钱"或与此有关。

这些山场纠纷与冲突，给程家的产业带来了一定影响。前面谈到，程家自道光年间购置苦竹山茶园后，先是管理山上的茶园，太平天国后更投入大量劳力开荒，种植玉米，应该也种植了杉木、油茶树等经济林木。随着冲突的发生，程家的产业受到波及。光绪十年，也即沱川与大连之间爆发集体冲突事件那年，程家在查木坑的山场似乎受到波及，该年二月八日记，"父亲采柴贰担，本身同允兴兄养源会执事先生进查木坑及字四百四十乙号摆册净山，又到稍担。休宁不入馄饨，大连人回音无言默"。[1]虽然排日账没有交代事情的起因，但应该是山场的产权发生了纠纷。光绪二十年三月初十日，大连人吴庆元似乎想要强占程家在苦竹山的玉米地。此事发生后的次日，允亨"同儿早晨进大连托亲戚，被庆元占山，讲和平三工，包芦子十四签，山身种"。三月正是玉米播种季节，允亨、同仓父子进大连，托亲戚与庆元议和，然后播下玉米种子。但这一纠纷当日没有解决。五月二十六日，允亨又"进大濂送小麦粉三斤亲家，托吴灶（旧）〔舅〕送钱三百文，被吴庆元到包芦工占山事请处"。[2]这次仍托亲家出面调解玉米地纠纷。苦竹山玉米地此后没有再发生纠纷，估计调解成功了。

自民国以来，在人类学功能主义的影响下，学界对包括宗族在内的传统社会的研究，大都以组织/群体为入手点，从中观层面探讨社会组织及其变动。这种路径有其合理性。一方面，相关史料丰富。不少文献或由组织/群体编纂，或围绕组织/群体编纂而成，它们提供了相关组织/群体运作的直接证据。另一方面，在社会生活中，各种组织/群体无疑扮演着重要角色，是进行社会结构研究绕不开的基本问题。然而，这一路径无论是在史料还是主题方面，都面临着若干难以克服的问题。就史料而言，由于以组织/群体为中心编纂而成，相关文献体现的主要是组织/群体的视角，依靠这些文献来讨论社会，有可能掉入"我证我"的

---

[1] 程氏排日账#8，光绪10/2/8。
[2] 程氏排日账#11，光绪20/3/10-11，5/26。

陷阱。在主题方面，对组织/群体的过度关注，有夸大其重要性的危险。此外在一个人际关系被颇为看重的传统汉人社会里，组织/群体是否是最为合适的切入点和研究焦点，值得重新审视。

如果对组织/群体的关注，在某种程度上限制了对中国传统宗族乃至传统社会结构的认识，那么应如何转换视角？何种视角有助于应对上述史料与主题局限，更为贴近中国传统社会的特性，深化对传统社会结构的认识呢？笔者认为聚焦传统中国的人际关系和网络，来探讨社会结构的基本特征，或可提供一个相对有效的研究路径。社会网络分析法强调从人际关系和网络形态，而非社会组织/群体的角度，对社会进行讨论。[1]这一路径无论是在史料的系统处理上，还是在乡村社会研究的拓展和推进上，都有可能带来一定新意。

笔者在前一章侧重从组织/群体的角度，对宗族和村落进行了考察，本章则尝试从人际关系的角度，对程家的人际关系网络做了讨论。以往对宗族、村落的研究，侧重关注它们的组织结构与主要功能，关注它们在基层权力构架中的地位，进而对乡村社会结构的特征形成认识。笔者认为，作为研究宗族、村落的主流视角，组织/群体视角难以定位宗族、村落在乡民日常生活与社会关系中的位置，甚至潜藏着放大宗族、村落与宗亲关系重要性的危险。将视角从组织切换至人际网络，有助于把握宗族、村落组织之中、之间和之外的诸多社会关系，把组织视角难以处理的社会关系纳入视野。同时，这一视角还为比较不同时代、不同区域、不同社会的社会关系，提供一个"共同语言"。

笔者对宗族的多少带有"解构"意味的考察发现，宗族和村落的确在族人生活中扮演着重要角色。宗族的重要性，不仅体现在它作为一个社会组织提供了不同社会功能，而且体现为宗族对族人之间关系（也即宗亲关系）的型塑。对宗族事务的共同参与，增加了族人之间互动的机会，潜在地也为族人间关系的强化提供了条件。笔者还发现，宗亲关系是程家社会关系的重要构成部分，它是一种民俗化、日常化的社会关系。村落组织也在祈雨、祭祀等地方事务的处理中，扮演着相当重要的角色。

---

[1] Mustafa Emirbayer and Jeff Goodwin, "Network Analysis, Culture, and the Problem of Agency" (*American Journal of Sociology* 99.6 [May 1994]), pp. 1414-1424对社会网络分析的特点做了明晰、到位的阐述。当然，对某些社会网络分析中较为浓厚的结构论取向应持谨慎态度。

同时也应看到，从个体人际网络视之，宗亲关系远非丰富的社会生活与社会关系的全部。基于程氏排日账自身的表述，本章对这一文本所见人际关系做了分类，认为程家的人际关系包含宗亲、姻亲、朋友、邻里和熟人五种类型。笔者进而从互动频次、互动密度、危机情境处理与互动内容四个方面，对程家的人际网络进行了分析。笔者发现，从人际网络的视角看，宗亲关系仅仅是三种最基本的人际关系类型之一。宗族主导的各种年节行事，提高了族人之间的互动频次，但并未生成宗族内外的社会壁垒，在个体/家庭与非本族的个体/家庭之间，存在着多重复杂关系。与从组织角度所做的预设不同，只是在小部分（约五分之一）宗亲之间，才会出现相对密切、长期的互动，将近一半的族人之间，长期很少发生实质性互动。

本章讨论了不同人际关系的强弱。从绝对互动频次看，邻里在程家社会生活中扮演着最为重要的角色；而从高频互动对象看，程家更倾向于与宗亲、姻亲、朋友打交道。对程家高频互动对象的进一步讨论显示，徽州民众与邻里、熟人之间的互动，基本上属经济往来范畴，具备单线的属性，持续时间较为短暂；而与宗亲、姻亲、朋友的往来，则更为复杂、多元，礼仪往来所占比例较高，具备复线的属性，持续时间较长。

本章对人际关系的讨论，还揭示了宗亲与姻亲、朋友两者之间的若干差异。固然，这三种人际关系是程家人际网络的核心，在程家的危机情境处理中都扮演着甚为重要的角色。但同时也应注意到，宗亲更多限于帮工、换工或宗族的事务性活动，而姻亲、朋友与程家的关系，多横跨礼物往来、经济往来等诸多互动关系，属于一对一的关系，显得更为活跃、更为直接。

笔者的讨论说明，从组织视角观察宗族、村落，并以宗族与村落为切入点观察乡村社会结构，为理解明清乡村社会提供了一个有益的视角，但同时也潜藏着放大宗族组织和宗亲关系重要性的危险。在研究明清乡村社会时，最好能兼顾乡村社会的组织与人际关系/网络。

最后，笔者还对19世纪程家的人际关系及沱川地域秩序的变动做了若干思考。笔者的讨论显示，太平天国后，随着家庭成长周期的展开与社会经济局势的变动，程家的人际关系发生了若干值得注意的新动向。

随着经济局势的好转、程家家庭周期的演进与生计模式的调整，程家顺利完成了家庭的再生产，核心人际关系得到缔结与更新，并因新房营建提供的契机，扩大了人际圈子，此外还加强了与关键人际对象（如医生）的交往关系。在阶级关系方面，随着生计模式的调整和家庭收入的小幅提高，程家不再租种此前一直耕种的土地，小幅减轻了地租负担，同时雇请更多的茶工，阶级地位总体有所提升。后太平天国时代也可以观察到秩序变动的迹象，宗亲之间、不同宗族族人之间的产业纠纷时有发生，盗窃活动时有出现，跨地域之间的产权纠纷与冲突也愈演愈烈，出现了地域秩序有所动摇的迹象。

第十三章 时空感知

时间、空间的感知及相关实践,是每个人生活世界的重要构成部分,也深嵌于社会生活的肌理。时空范畴构成了生活世界的二维,为个体定位自我提供了基本脉络。在前面的讨论中,笔者已经谈到了允亨时空感知的一些面向,如人生礼仪、行动空间等。本章再围绕年节行事、时辰观念、村落空间、居住空间等论题,进一步讨论时空感知的其他重要面向。

年节行事

允亨对时间的感知,是与几个时间周期有关的,这些大大小小的周期,构成了他体验和感知世界、生命的主要框架。笔者先引述光绪十八年八月排日账的一条记录,来讨论允亨生活世界中的时间周期:

> 八月大　建己酉　初二日亥〔时〕秋分　初三日社　十八日寅时寒(路)〔露〕
> 初乙日天雨丙辰值危　己担茶箱上庄前,徐家坑卖,二百文。[1]

就历法周期而言,允亨生活中的第一类周期,是年、月、日、时构成的周期,这可能是他感知时间最频繁参照的一个框架,引文中的己酉、丙辰,就是构成月份、日期周期的一个部分,而亥时、寅时是一日十二时辰的两个时间段。第二个周期是节气,如引文提到的秋分、寒露,这是从事农耕活动需要参照的重要时间框架。第三个周期是节日,即从元旦到除夕的年

---

[1] 程氏排日账 #11,光绪 18/8/2。

度习俗与仪式周期，引文提到的社，就是徽州的节日之一。第四，引文提及的值危，是指值星，值星有十二，分别是建、除、满、平、定、执、破、危、成、收、开、闭，值星主吉凶，这是由十二日构成的周期。

如此，便在年、月、日、时的四个层面，形成了七种不同的时间周期，其中最为复杂的周期，出现在日的层面：这里有以二十八至三十日为一个周期的月份、约十五日为一个周期的节气、由不定期间隔构成的节日和以十二日为一个周期的值星。生活在19世纪徽州的乡民，要获取这些信息应该是不难做到的，朝廷颁行的时宪书和各地印行的通书，就包含了这些信息。[1]这些周期相互交错，编织成生活的基本骨架，日常生活就是在这个骨架内展开的。此外，以出生、结婚、死亡等生命现象为主要节点及在这些节点举行的人生礼仪，构成了一个个生命周期，这也是个人感知和体验时间的重要方式，这一点我们已在其他篇章谈及，后面还将谈到。

在乡民的生活世界中，节日大概是几个时间周期中比较重要的时间参照框架。伴随着节日到来的，是比平日更为密集的仪式和更为丰盛的食物，这些行事将节日与平日区隔开来。这些行事被视为习俗或传统，年复一年，世代相传，在时间维度上给予人一种安定乃至永恒感。

元旦，是一年的开头。徽州的一年，是在肃穆的仪式中开始的。在歙县北部的沙溪，"正月元旦，每户人各执灯笼至水月境、皇富大社、吕仙宫等处礼神祇，谓之'出行'。其时虽有熟识者，亦相对无言，以新岁出行，关系一年吉兆"。[2]婺源江村元旦及随后两日的主要活动，都是围绕祠堂展开的，"元旦，族姓各集支祠，谒祖贺岁始也。初二日，则诣宗祠。初三日，集聚星会馆，瞻拜景房公像，并谒先达诸贤。乾隆癸未定例，即日同谒始祖墓，司年治酒肴，就墓前饮福。族孙兰更增产设席，以寓敦睦之意，殊为盛举"。[3]理坑敦复堂，每年元旦"充首两人，

---

[1] 如敬徵等纂《大清道光二十二年岁次壬寅时宪书》，就介绍了顺天府及包括安徽在内的各省的节气时刻（首页，页18a—19a），年、月、日的干支，每日的五行、值星及宜忌（无页码）等。有关通书的讨论，请参阅Martin Palmer, ed. and trans., *T'ung Shu: The Ancient Chinese Almanac*, Boston: Shambhala, 1986, pp. 13-40.
[2] 凌应秋《沙溪集略》卷二《岁时》，邵宝振校注，芜湖：安徽师范大学出版社，2018年，第76页。
[3] 江登云辑、江绍莲续辑《橙阳散志》卷六《礼俗志·岁时》，康健校注，芜湖：安徽师范大学出版社，2018年，第122页。

共办果盒乙个、爵杯乙对、炉瓶乙副、息香三枝，邀集本祠下衿耆执事人等，齐诣祠堂，朝外敬天地，复将祭仪向堂上祭拜祖先"。[1]

程家元旦期间的活动，通常延续四天时间。以光绪二十六年元旦为例：

> 初乙日天阴甲辰值平　己同儿一同和气拜年。请土地、请社公、请众神、请香火祖宗。
> 初贰日天阴乙巳值定　己在家嬉。家本年新年酒兴泉叔当应。培客：兴兄、五九侄、基兄。年头本身托汪佳美兄四人吃酒。出燕山拜年：敬敷弟帮兴泉叔、儿三人。又崇四后对。
> 初三日天阴丙午值执　己在家嬉。
> 初四日天阴丁未值破　己过虹关言坑正旺兄家事。儿在家当应狮主。……[2]

元旦当天的主要活动，一是请土地、社公及其他神明和祖先；二是亲友之间拜年、吃茶酒。光绪五年元旦排日账记，"父亲同本身全众拜年、吃茶酒，做新年，请社公，请土地，请众神，允兴兄家事"。[3]此日亲友之间相互拜年、吃茶酒，而请社公、祖先等，应该是在家中设祭品请神。

初二的主要活动有两个：其一是本族的"新年酒"，其二为出燕山敦叙堂拜年。徽州一带的风俗，年中重要的节庆活动，多金派族人牵头备办仪式、酒席。其负责备办新年仪式、酒席者，称作"新年头"，酒席叫作"新年酒"。元宵有元宵会头，清明有清明头首。此外，全族的会社、本门事务处理等也有头首，称作"司政"。根据婺源十六都四图吴氏宗族一本晚清账簿的记录，这个宗族的执事名目，就有"充当年头""办新年酒""轮当保界会司政""本门司政""富五公清明头首""元宵会头首"等。这些执事或由一户轮当，或由二户轮当，[4]是民

---

[1]《各祠会等事仪规例》，民国三十七年重订本，无页码。
[2] 程氏排日账#12，光绪26/1/1-4。
[3] 程氏排日账#6，光绪5/1/1。
[4]《合族各项条规头首述后》，道光五年正月立，上海交通大学图书馆藏。富五公应该是吴氏的始祖，其祭祀由四门轮流组织，记账人所在的门四年轮当一次。

间社会组织的基本形式。上湾程氏的新年头，由一位族人轮当，同时安排四人陪客吃酒。如光绪五年，"父亲、允兴兄办新年酒当头，允福兄、允恭兄、志阳兄、志基兄四人培客吃酒"。光绪七年，"本年头崇赐侄应。培客吃酒：允法兄、辉悦叔、志阳兄、志基兄"。光绪十年，"本年头兴泉叔当应。培客：灶叔、五九侄、志阳兄、志基兄"。[1]前面谈到，敦叙堂是燕山余氏宗族的宗祠，上湾程氏每年都派人去敦叙堂拜年，通常是四人，也由族人轮流。如光绪七年记："允兴兄同五久侄、鳌叔、进财侄出燕山拜年。"光绪九年，"允兴兄同五九侄、兴泉叔、良侄四人出燕〔山〕拜年吃酒"。次年，"出燕山：允忠兄、四侄、财侄、良四人拜年敦叙堂"。[2]这种拜年，可视为宗族之间的联谊活动，不过何以程氏联谊的宗族，不是近邻理坑余氏而是燕山余氏，殊不可解。

初三日，上湾程氏没有安排集体活动。初四，则有舞狮活动。舞狮据说可以驱鬼辟邪。旧时理坑有红狮、黑狮各一匹。阳年先出红狮，后出黑狮；阴年先出黑狮，后出红狮。舞狮时间一般安排在十二月二十四日及正月初一至初三，上湾舞狮则固定于正月初四举行。舞狮之前，通常要举行点睛仪式，由主礼将朱砂点于狮眼。舞狮有出洞、上山、巡山、会狮、采青、入洞等表演程序，以采青为最常见。[3]程氏族内负责承应舞狮的人，称作"狮主"，也由族人轮流充当。如光绪十八年，"已在家照应当狮主，支钱十六文办水伏，又五文买火炮乙串，又五拾文狮主钱。下午鳌叔当应"。光绪十九年，"狮主当应：五九侄，下午：进喜侄"。光绪二十年，"上午狮主：启富弟，下午志基兄当应"。光绪二十六年，再次轮到程家当狮主，当日记："儿在家当应狮主。……工钱五十文。"[4]程氏每年二户轮当狮主，分别负责上午和下午的事务。狮主需要付狮主钱，大约是给舞狮队的红包，同时可能还需备办食物，招待舞狮队。如果头年新屋落成，请人舞狮，则需给喜钱。光绪六年正月，程家就请人到新居舞狮，当日的排日账记："父亲应看狮主，贺新屋喜

---

[1] 程氏排日账#6，光绪5/1/2，光绪7/1/2；#8，光绪10/1/2。
[2] 程氏排日账#6，光绪7/1/2；#7，光绪8/1/2；#8，光绪10/1/2。
[3] 汪发林《沱川乡余氏宗族与民间信仰》，第98—99页。
[4] 程氏排日账#11，光绪18/1/4，光绪19/1/4，光绪20/1/4；#12，光绪26/1/4。

钱壹百文。"[1]喜钱比工钱多一倍。

元旦密集的节庆活动之后，很快就迎来了元宵的活动。徽州不少地方的元宵节充满了热闹喜庆气氛。灯是元宵活动的主题之一。歙县"元宵并前后三日为灯节，村落游烛龙于社，为汪越国寿，竹马秧歌，亦以队从"。[2]歙北沙溪镇，社祠、桥、牌楼等处，都张灯结彩。镇志云："元夕祀社稷明公之神，每岁此日，社宇张灯鼓吹三日。其大路门在冯塘村皇富古社内，与方氏分日致祭。溪上皇富大社东西二门裡祭，东六年三举，西善派六年二举，民公派六年一举。以善公派倍葬螃蟹形地，故六年之间，善公二，民公一。民公派司年，则社祠灯烛交辉，水口二桥沿溪两岸，俱各张灯。顺治年又兴一牌楼灯于社之甬道，四柱中立，高二丈余，横二丈有奇，远近观者，莫不羡其巧。是日俳优狄鞮震于乡井。故至今牌楼之名，歙人皆啧道之。"[3]沙溪的皇富大社，据传建于唐代，南宋时分出独建，明嘉靖前，由凌姓东西二门合祭，嘉靖元年二门分开轮祀。[4]18世纪，由凌氏的三房轮流祭祀，在社祠、水口桥和社祠甬道牌楼张灯，并举行演戏活动。

婺源十六都四图的吴氏宗族，族人组织了两个元宵会，老元宵会成立时间不详。嘉庆二十二年（1817），由族人各出铜钱一百文，组织了元宵会，为了跟老元宵会相区分，族人称之为"新兴元宵会"。后置买会田七秤，并有小额银两在外放贷。租额利息用于装灯、祭祀等。咸丰年间一本账簿提到"十四年往吴村装灯"等字，说明装灯是吴氏宗族庆贺元宵的一项活动。[5]离沱川不远的庆源村，康熙四十一年（1702）建立树槐灯会。身为生员的村民詹元相"身家入二股，去文银一钱二分"[6]。挂灯应该也是成立灯会的主要目的之一。

元宵期间，沱川最重要的活动是出台阁，这是远近闻名的一项节庆活动。程氏排日账中，便留下了不少出台阁的记录。同治十二年正月十五日记，"本身出燕山看檯阁"。光绪四年正月十七日，"本身出燕山

---

[1] 程氏排日账#6，光绪6/1/4。
[2] 许承尧《歙事闲谭》卷十八，第609页。
[3] 凌应秋《沙溪集略》卷二，第76页。
[4] 凌应秋《沙溪集略》卷二，第32、48页。
[5] 上海交通大学图书馆收藏了该元宵会的多种账簿及实征册。
[6] 詹元相《畏斋日记》，《清史资料》第4辑，北京：中华书局，1983年，第229页。

看台阁"。光绪五年正月十六日,"本身掘木脑一担,又出燕山看台阁,嬉"。光绪六年正月十五日,"本身早晨采〔柴〕乙担,又出燕山看台阁"。光绪八年正月十五日,"本身出燕山看台阁"。光绪十年正月十八日,"本身采柴乙担,又出燕山看台阁"[1]。同治十二年至光绪十年,允亨正值二三十岁年纪,喜欢看热闹,此后年岁渐长,就较少去燕山看台阁了。他的儿子同仓则经常前往,他记的排日账中,就经常出现看台阁的记录。如光绪十三年正月十七日,"父亲顿底盖猪粪,又出燕山看台阁,本身出燕〔山〕看台阁"。光绪十四年正月十五日,"本身出燕山看台阁"。光绪十六年正月十六日,"本身香挑角〔看〕台阁"。光绪十七年正月十六日,"本身在家,出燕山看台阁"。有时看完台阁,还顺便喝酒。光绪二十二年正月十七日,"出燕山看台阁。又同店酒廿五文。又么兴店□十文〔?〕"。[2]

笔者在沱川考察时,一位老乡讲述了沱川出台阁的传说。汪帝是从安徽来的,余姓先祖想从安徽借汪帝,走过沱川的各地,至南坑时,抬不动了。大家不知道是何原因,就问菩萨:是不是想在这里建庙?抽签得到的答复:是。看来神是抬不回去了,于是请木匠做了一尊一模一样的菩萨交还原庙。时间一长,沱川的信士弟子都来祭拜。汪帝曾多次显灵护佑村民,村民出台阁,其实就是为了答谢汪帝。[3]

每年正月十四日,村民提前至南坑抬出汪帝,放在东山寺的偏殿内。十五日天气好的话,就会出台阁。天气不好,则推迟三两日。从排日账的记录看,出台阁的日子,都安排在正月十五和十八日之间,没有超出这几日的情形。有关出台阁的历史,笔者找到的最早一条史料,是东坑《桐川朱氏族谱》的记载:"始里中上元日有台阁戏,与邻村并出争赢。适飞爆中燕冈余某儿,儿惊死。某嫁其祸,郡邑遭抑。公独身走燕京,击登闻。事下有司,坐某诬,谪戍。"[4]这里涉及的当事人名叫朱

---

〔1〕 程氏排日账#5,同治12/1/15;#6,光绪4/1/17,光绪5/1/16,光绪6/1/15;#7,光绪8/1/15;#8,光绪10/1/18。
〔2〕 程氏排日账#10,光绪13/1/17,光绪14/1/15,光绪16/1/16,光绪17/1/16,光绪17/1/16,光绪22/1/17。
〔3〕 访谈人:余开建(沱川乡鄣村),访谈时间:2009年11月18日。
〔4〕 《桐川朱氏宗谱》卷首,《膺级公传》,清活字本,页1a—1b。查《桐川朱氏宗谱》卷三,乾隆二十九年木活字本,页18a,朱品卒于弘治己卯,但弘治无己卯年,疑为乙卯之误,或当作正德己卯(1519)。

第十三章 时空感知

品（1436—1495？），是明代中叶人。据此推断，早在15世纪，沱川已有元宵出台阁的习俗了。

据说，燕山的台阁在婺源、休宁一带相当有名，至今当地乡民们仍然津津乐道。所谓的"台阁"，是指搭建四方形高阁，将装扮成地方戏人物的儿童，安置在高阁的铁架之上，然后抬阁前行。沱川台阁分为上、中、下三层，台阁上安置装扮好的儿童。阁体外部，按照剧情需要，装饰成亭台楼阁、石桥、彩虹、山川、渔船、云海或花卉等样式。各层阁体均有柔性支柱，巧妙地隐蔽于阁体彩饰间，儿童或站或坐，或"悬空"安置于支柱上，彩饰则巧妙地隐蔽了支柱，几乎看不出痕迹。担任台阁人物造型的儿童，是从村中精挑细选出来的，胆子要大，扮相要俊秀，体态要轻盈，还必须能吃苦。立于第三层者，体重不得超过18斤，第二层者，不得超过22斤。由于挑选条件苛刻，如果家中有孩童被选中，家人感到非常荣耀，杀鸡宰鸭，宴请邻里，以示庆贺。常见的台阁戏曲人物造型，有"水漫金山""三打白骨精""桃园三结义""打渔杀家"等。各种扮相无一雷同。台阁下有底盘，由四至八名壮汉抬着。台阁左右两侧，还有两位与抬阁的壮汉同样装扮的青年男子，他们既是台阁的替换者，也是台阁活动的护卫者和开路人。他们手持长木叉，以便随时挑开沿途低垂的衣服等晾晒物，或是拨开路旁大树斜伸的枝丫，保护台阁和儿童的安全。

据传昔日的沱川台阁，常有七八座至十余座，队伍长达百余米，不过民国时期这等规模的活动，似乎已不多见。沱川台阁有时由"三门"组织，有时由"五门"组织，以前者居多。前面提到，三门，即鄣村、燕山、理坑三村余氏宗族；五门，则指三门加上篁村和东坑。据说东坑虽为朱姓，但因其是朱熹之后裔，历来是沱川大姓。三门出台阁时，每门各出两座，共是六座。五门则加上篁村、东坑各两座，共计十座。台阁的制作费用，由各门祠堂支付。

台阁队伍，前有鼓乐开道，后有锣钹殿后。鼓乐之后，是汪帝菩萨，然后是台阁，随后是凉伞和旗及托着香盘的青年。以一门为一个单位。出台阁有固定路线，主要经过鄣村、燕山、篁村，理坑是不经过的。出台阁之前，所有台阁到鄣村村边空地集合，然后沿西河逆流而上，过梧桐桥、高石桥（即登瀛桥），到篁村下门后不再前行，在此拆卸台阁，相关用具带回各自的祠堂，整个活动就此结束。正月十九日，将汪帝送回红庙。[1]

除了出台阁，理坑还有挂灯活动。挂灯活动的详情，我们所知甚少。不过当地一本民国抄本提到，理坑有颂圣会、兴灯会两个会社，都与灯有关。颂圣会建立于乾隆四十一年（1776），"新本头各挂灯一盏"，所谓"本头"，应为本年头首之意。会中有成员66人，分为6组，每组轮值一年，六年轮流一个周期。同时也规定了酒席的安排：66人分为11桌，每桌6人，该会的规例是："敬神后充首者各邀本桌会友回家饮酒一席"，对酒席的菜肴也做了具体规定。该会置买了11处田产，每年可收租58秤。兴灯会又称恒辉灯会，建会时间不详，规模较小，共有7股（句），会友10人（其中6人共持3股）。该会"每年正月十五夜每句散灯"，次日，邀集会友进敦复堂饮酒。该会置买了3处田产，共收租6秤。[2] 从排日账记录看，上湾程氏人丁单薄，没有举办元宵活动。[3]

进入二月，主要的节日就是春社。徽州地区对社祀颇为看重。晚清歙县翰林许承尧指出，"诸神之祀不一，惟祀社最重，举于春仲，祈农事也；秋仲复行之，报岁功也"[4]。光绪《婺源县志》称："俗重社祭，里团结为会，社之日，击鼓迎神，祭而舞以乐之。祭必颁肉群饮。语曰：社鼓鸣，春草生。至秋而祭，亦如之。间里之欢，此为近古。"[5] 其实，徽州乡间围绕社举行的活动，并不限于春秋二社。春节期间就需祭社，有些地方的元宵活动，也与社大有关系，歙北沙溪的情形就是一例。不过二月、八月的社日，举行祭社活动，是围绕社神举行的更为普遍的节日活动。婺源庆源村建有若干社会，每年会友轮流充首，祭毕办酒席，

---

[1] 以上对沱川出台阁的描述，基于汪发林《沱川乡余氏宗族与民间信仰》（第99—100页）及笔者的田野调查。访谈人：余六金（沱川乡理坑村），访谈时间：2007年4月8日；访谈人：余开建（沱川乡郸村），访谈时间：2009年11月18日；访谈人：江欣发（沱川乡冲下村），访谈时间：2009年11月20日。
[2] 《各祠会等事仪规例》，民国三十七年重订本，无页码。
[3] 除了上述活动外，文史工作者还提到，理坑有跳傩的习俗，并认为"理坑村的傩舞，是婺源诸多跳傩村庄中较出名者之一"（陈爱中《山中邹鲁》——理坑》，合肥：合肥工业大学出版社，2011年，第165页），不知有何依据。
[4] 许承尧《歙事闲谭》卷十八，第609页。
[5] 光绪《婺源县志》卷三《疆域六·风俗》，页4b。

其中庆源大社会、敦睦堂众社会友，社日前发胙肉。[1]有关沱川春秋祭社的习俗，将在第十六章详谈，此处不赘。

清明祭祖，是徽州乡间很隆重的一个活动，从投入的人力、资源看，其重要性仅次于春节。歙县"三月清明前后，各家上冢祭扫，挂楮钱于墓"。"墓祭最重，曰挂钱，亦曰挂纸。举于清明，标识增封也。族祖则合族祭之，支祖则本支祭之。下及单丁小户，罔有不上墓者。"[2]由于牵涉不同世代的祖先，祭祀通常持续数日。康熙四十一年清明，詹元相三月初四"至岩山挂纸"，初七，"起元堂祀生一公，晚饮礼生酒"。初八，"本房做清明"。初九，"祠中祀先，晚饮礼生酒"。[3]礼生酒是为答谢礼生赞相礼仪而举行的，詹元相应该是在祠祭中担任礼生。

沱川各大小宗族，基本上都有祖坟、宗祠，不少宗族还建有支祠多所，置买了田产，清明期间举行祭祖活动。理坑自衍庆堂以下，应有数十种祀产名目，仅仅"四大房"之一的上房，自敦复堂以下，就有良一祠、垂远祠、致和祠等11种祀产。这些以"祠"命名的祀产，主要作清明、冬至祭祀之用。这些祠对清明祭祀，大都有制度化程度较高的安排，不仅祀产字号、地点、亩数、佃农见诸宗族册籍，就是祭祀仪节、祭祖祝文、酒席菜色、饮酒人员等，也都登载于簿册。每年清明，敦复堂需要备办正桌、上桌、上左边桌、左右桌等共五桌的物件，仅仅正桌的物件就包括：猪一口、桌围二个、坐褥四个、炉瓶四副、沙碗五只、三牲（活鸡、鱼、肉）、状元红烛三对、红烛一对、棕荐四床、一百火爆一串、息香、常香、无色纸、火纸四只、锡箔一串、对金对银二帖。祭祀前，由充首两人备好饼各7斤或半秤，规定："散宗子、执事、写祝、司祝、司樽、司乐、尊长，各给乙双，另拾双散椆公房支丁。"祠堂对酒席饮酒人员也有规定，与席者只限："尊长十二位，理事四位，斯文人数不定，凡与祭者皆与饮，宗子一位，写祝，新头，本头，椆公房支丁四位。"此外还规定酒席"肴馔定数十贰品"，包括池鱼、鲜鸡、烧骨、火肉、子糕、花粿、玉丸、肚豆、蒸菜、糊腐、杂肝青菜和杂肺

---

〔1〕 詹元相《畏斋日记》，第216页。
〔2〕 许承尧《歙事闲谭》卷十八，第609页。
〔3〕 詹元相《畏斋日记》，第231页。

菜头，酒不计。[1]

跟理坑余氏相比，上湾程氏人丁单薄，祀产有限，无论是仪式还是酒席都不如前者，不过每年仍是认真进行祭祀。根据排日账的记录，程家参与的祭祀，有广泽祠、广杰祠、廷远祠、添琢祠、允元祠、道浩公等，由于族谱没有保存下来，程家与这些先祖之间的系谱关系已无从考证。因涉及不少祖先，祭祀持续数日，以记录较为详尽的光绪八年为例：

〔二月〕拾陆日天雨壬申值执　父亲在家办清明酒，做广泽祠。允兴兄做果。本身同英叔里塘坞广泽公、詹加坞廷迁公二处挂钱，吃清明酒。

拾柒日天雨雪癸酉值破　父亲同本身做太公清明。

拾捌日天阴甲戌值破〔清明〕　父亲做草鞋。允兴兄在家。本身同儿同族里塘坞、瓦窑坞（坑）、松坑、汪王庙四处挂纸。

……

贰拾日天雨丙子值成　父亲在家，同允兴兄、本身做允元祠清明挂纸，广杰祠单钱，又廷远祠单钱，□〔三？〕处又算账。[2]

光绪八年的清明祭祖活动，前后进行了四天。各先祖的祭祀，由裔孙轮值。酒席的菜色比较简单，光绪十一年的清明，程家轮当某位祖先的清明，备办的菜有猪肉、水腐、腐干等。[3]有的祖先有祀产，如广泽祠、廷远祠有若干铜钱在外放贷，但金额应该不大。[4]

在南方许多地方，端午也是一个热闹的节日，龙舟竞渡是这个节日的保留节目。徽州一些地方的端午活动也较为盛大。屯溪有端阳龙舟之会，其活动主要以新安江船户为主。祁门的端阳胜会，由祁门的东山祖殿牵头组织，声势浩大，前后持续长达数月。徽州府城、屯溪还举办

---

[1]《各祠会等事仪规例》，民国三十七年重订本，无页码。
[2]　程氏排日账#7，光绪8/2/16 20。
[3]　程氏排日账#8，光绪11/2/20。
[4]　程氏排日账#2，道光25/2/27："到广泽祠借来典钱四百文。" #4，咸丰6/3/2："支钱叁百五十文还廷远公。"

图 13.1 清明挂纸（理坑）

"嬉钟馗"活动，搬演钟馗斩杀五毒小鬼的情节，为百姓驱祟纳吉。歙县西溪南村，四月底在村中仁义寺前开始演戏酬神，同时预先制作好南霁云、雷万春、韩世忠夫妇等神像及龙舟一艘，五月初二诸神出巡。端午那天，收圣回辕，晚上送圣，焚化神像及龙舟。[1]

婺源是日，家家户户门前、窗口插艾枝，并在水缸内、水沟沿、墙角、角落等处洒雄黄水、石灰。中午，室内烟熏苍术、白芷、菖蒲，以驱蛇蝎等。正午家人团聚，喝雄黄酒，还以酒写于小孩额头等处，并给孩子佩香包。端午的主食不是粽子，而是蒸汽糕。南方端午赛龙舟颇为常见，但在婺源似不多见，不过县城、汪口等有龙船会。[2]沱川一带过端午节，程氏排日账留下了一些记载。光绪五年端午节记，"父亲、允兴兄、本身早晨同众做端阳会，又会里（惜）〔借〕来铜钱八百四十七

---

[1] 参见王振忠：《传统时代徽州的端午习俗》，https://www.thepaper.cn/newsDetail_forward_7950062（访问日期：2021 年 8 月 20 日）。

[2] 毕新丁《婺源风俗通观》，第 27 页。

文"。次年,"支钱九百七十二文还端阳会"。光绪九年,"本身同众做端阳会"。[1]上湾端午有会,称作"端阳会",有若干现金,拿出去放贷。

总体而言,徽州上半年节日较多,下半年少些,且除了除夕外,多不甚重要。许承尧谈歙县岁时,下半年仅举中元、重九而已。[2]沙溪所列节日,下半年有中元、中秋、秋祭、除夕等。[3]沱川一带,端午以后的节日,有中元、秋社、冬至与除夕。

七月十五是中元节,歙县于当日"祀先,焚冥衣,荐新米饭。新丧之家,有延僧追荐亡灵者,或就僧寺为之"。[4]排日账未见中元节记录,上湾大概不过中元节。不过理坑一本民国杂抄中,有几篇七月十五赈孤或度孤疏文,可知中元举行赈孤一类的仪式,如《中元会赈孤疏》云:

> 风撼桐枝,暑气潜消郚麓;声喧贝叶,慈云顿起驼峰。六根不染尘埃,十地悉登净土。言念众信△△△等,居同里闬,社共枌榆,各存利济之心,常失皈依之愿。念此际螟蟊丛集,恐秋稼之无收,虑迩来疫厉频仍,萃孤魂而作祟,致清宁乎梓里,须(?)哀籲先莲台。爰输各户微赀,共设无遮法会。伏愿三宝证盟,百灵呵护。玉光遍放,同秋月以扬辉;金偈遥传,引清风而荐爽。俾阴府之如痴如醉,尽获回头;而苦海之载渴载饥,咸沾饱足。既善缘之普结,庶运泰以渐开。物阜人安,阖村长游化日;风调雨顺,寰区永颂丰年。总仗骈幪,鉴兹忱悃。谨疏。[5]

从疏文还可见到,当地有中元会,负责集资举行赈孤仪式,请求菩萨超度孤魂,护佑民众平安、庄稼丰收。

秋社于八月举行,前已论及,此处不赘。上湾程氏秋祭较为简单,冬至则没有祭祖习俗。不过理坑有冬至祭祖者,如思源祠、敦本祠、味

---

[1] 程氏排日账#6,光绪5/5/5,光绪6/5/5;#7,光绪9/5/5。
[2] 许承尧《歙事闲谭》卷十八,第609页。
[3] 凌应秋《沙溪集略》卷二,第76—77页。
[4] 许承尧《歙事闲谭》卷十八,第609页。
[5] 从这本杂抄看,当地也有在十月至十二月举行赈孤仪式的情形。

第十三章　时空感知

山祠、云青祠都在冬至祭祖。[1]祭祖详情与清明相似,不赘述。

过年是传统中国一年中最重要的节日之一。除夕及此前的扫尘、祭灶等活动,徽州各县稍有差别。歙县,"〔十二月〕二十四日祀灶,曰'谢灶'。先期粉米范以模型,蒸而献之,名'二十四粿',平常称'寿桃',农人贮至次年春季,用以饷耕,取其便也"。"年终治羹饭酒肴,各祭其先,谓之'烧年'。除夕设馔祭祖毕,家人团坐而食,谓之'分岁'。"[2]祁门县,"〔十二月〕二十三日夜,送灶。二十四日,供祖像于堂。除日,贴桃符,饮团年酒,放爆竹,守岁"。[3]绩溪,"〔十二月〕二十三日后,各家以茶点米果祀灶。祭毕,燃烛于釜,以照虚耗。择日具肴馔,各随丰俭,序长幼,祭于香火堂,亦腊先祖五祀之意。祭毕,聚家人燕饮,谓之吃年饭。除夕,罗酒肴,聚家人妇子共饮,谓之分岁酒。燃长寿烛,贴宜春字,或竟夜不寐,谓之'坐岁'"。[4]婺源县的过年,包括十二月初八的扫尘、二十三日祀灶、二十四祭容、除夕吃隔岁等活动。二十四日,将祖先的容像挂于堂前,摆设供品祭祀祖先,称作"祭容"。除夕,贴春联、门神、年画。债务也尽可能当日偿还。傍晚焚香烧纸接灶神。设供品祭祀社公及附近寺庙、祖坟等,然后到祠堂祭祖宗,称作"隔岁"。祭祀完毕,关起大门,全家欢聚吃年夜饭,当地人称作"吃隔岁酒"。吃完,长辈给孩子发压岁钱。[5]

程家过年的活动,排日账有所记录。进入过年的一个重要标志,就是杀"年猪"。杀年猪的时间,通常在十二月,不过时间不固定。光绪十一年安排在十二月二十四日,光绪十九年和二十年都在十二月初一日,不过光绪二十年多杀了一头,时间是十二月十五日。此外,光绪二十年,允亨帮助兄长杀年猪,时间是十二月二十六日。[6]

---

[1]《各祠会等事仪规例》,民国三十七年重订本,无页码。
[2] 民国《歙县志》卷一《舆地志·风土》,《中国地方志集成·安徽府县志辑》第51册,南京:江苏古籍出版社,1998年,第41页。
[3] 同治《祁门县志》卷五《舆地志·风俗》,《中国地方志集成·安徽府县志辑》第55册,南京:江苏人民出版社,1998年,第61页。
[4] 嘉庆《绩溪县志》卷一《风俗》,《中国地方志集成·安徽府县志辑》第54册,南京:江苏古籍出版社,1998年,第366—367页。
[5] 毕新丁《婺源风俗通观》,第29—31页;朱德馨《婺源的风俗与民间忌讳》,卜永坚、毕新丁编《婺源的宗族、经济与民俗》,第801—802页。
[6] 程氏排日账#8,光绪11/12/24;#11,光绪19/12/1,光绪20/12/1,12/26。

给重要的亲友送礼，也是除夕前的一项活动，称作"格节"。光绪七年十二月二十八日，程家"出燕山格万喜〔先〕生家节"[1]。次年十二月二十九日，允亨"送葛粉叁斤，出燕山格节万喜先生家，回篮冬笋乙斤"[2]。光绪九年十二月二十八日，程家除继续给燕山万喜送礼外，还于次日由允亨"担麻片糖乙斤、鸡子十介格岳父节，回篮麻饼廿双"[3]。光绪十一年十二月二十九日，允亨再次"支钱乙百文买鸡子十二介，格岳父节"[4]。光绪十九年十二月二十九日，允亨备了"包芦十二筒，送出燕山姑娘，回〔？〕茶果子粉"[5]。

除夕之前，各家各户尽可能偿清所有债务，这一点沱川跟其他地方没有差别。在排日账记录中，有时可以很明确感到程家在偿清债务方面的努力。光绪十一年十二月，除夕是在三十日。二十八日，允亨在溪口办好年货后，就开始偿还各种债务：

> 贰拾捌日天晴壬辰值平　父亲采柴乙担。本身司马塈担零碎回家，荣丰号交卸，一百零四斤。……又换钱乙千四百〔文〕还产账。支乙千还生生堂。支大钱一百四十四文还怡泰店。又支钱四十四文还燕山昌林兄。
>
> 贰拾玖日天阴癸巳〔值〕定　父亲出燕山，葛粉三斤格万先生节。本身蒲垄烧炭。又支钱乙百文还万昌店。又钱八十七文还广源店。支钱六十七文还永光兄。又支钱乙百文买鸡子十二介，格岳父节。
>
> 叁拾日天晴甲午值执　父亲在家。支钱一百六十二文还桂司做衣裳工。又支钱二百零十文还盛兴号亥，下欠二百文。……支钱大典钱八十文还观进弟。又支钱十二文还王进有司剃头。……[6]

光绪十七年十二月三十日，允亨当日的主要活动包括："支钱八十八文买干鱼，支钱一百八拾文还红鱼，支七拾四文还全兴号店，支钱二百

---

[1]　程氏排日账#6，光绪7/12/28。
[2]　程氏排日账#7，光绪8/12/29。
[3]　程氏排日账#7，光绪9/12/28。
[4]　程氏排日账#9，光绪11/12/29。
[5]　程氏排日账#11，光绪19/12/29。
[6]　程氏排日账#8，光绪11/12/28-30。

〔文〕〔还〕兴良弟店账,支钱一百文〔付〕万圭兄葬地工,支钱一百文〔付〕做鞋工,支钱一百零八文〔付〕裁缝工,支钱一百〔付〕文春叔工,支钱六十文交约费,观富兄手收,支英洋贰员上□喜哥利"。[1] 偿清债务是当天活动的一项重要内容。此外,约费通常也是在除夕前缴交的。[2]

除夕当日的行事,除了偿清债务外,排日账提及的还包括装灯、贴对联、隔岁、给压岁钱等。装灯大概是挂灯笼,排日账时有记录,如光绪七年除夕,"父亲在家上分水庄灯";光绪八年,"允兴兄庄灯"。[3] 光绪四年除夕排日账记,"本身托高元表叔众(理)〔里〕写到对联五副"。[4] 隔岁,就是祭祀神明、祖先,排日账中常有记录,如光绪四年除夕,"隔岁神师";光绪六年除夕,"本身在家隔岁请师";光绪七年除夕,"隔岁请神";光绪十年除夕,"隔岁神师五猖兵马"等。[5] 隔岁祭祀的神明有所谓"神""师"和"五猖兵马"等名目;"神",大概是社公、汪帝一类;"师",或为上湾程氏大法的历代祖师;"五猖兵马",很明显是五猖及其麾下兵马。[6] 压岁钱,排日账只提到一次,那是光绪十一年除夕,排日账记,"支钱大钱十二文树弟迓岁"。[7] 此外,排日账还常提到除夕"献分水",排日账称建墓为"建分水"("分水"可能即风水),因此献分水或是墓祭之意。

应该说,除了除夕外,端午之后的节日,对程家不甚重要,甚至排日账丝毫不提,不过下半年虽然节日较少,但不乏仪式活动。齐云山进香,就通常安排在九月或十月,婚事、乔迁应该也多半安排在下半年秋收之后。如果算上这些活动,下半年的日子不算单调。

---

[1] 程氏排日账#11,光绪18/12/30。
[2] 约费是缴交给乡约的费用,详见第十六章。
[3] 光绪九年除夕,"父亲在家献分水……又钱十六文买(丁)〔灯〕笼,又十二文〔买〕爆,又铁錁三文"(程氏排日账#8,光绪9/12/30)。
[4] 程氏排日账#6,光绪4/12/29。
[5] 程氏排日账#6,光绪4/12/29,光绪6/12/30,光绪7/12/29;#8,光绪10/12/30。
[6] 五猖是徽州重要的地方神,其神在正邪之间,被一些地方官视为淫祀,参见Qitao Guo, *Exorcism and Money: The Symbolic World of the Five-Fury Spirits in Late Imperial China*, Berkeley: Institute of East Asian Studies, University of California, 2003; John Lagerwey, "Wuchang Exorcisms: An Ethno-historical Interpretation," 康豹、刘淑芬主编《信仰、实践与文化调适:第四届国际汉学会议论文集·宗教篇》,台北:"中央研究院",2013年,第475—530页。
[7] 程氏排日账#11,光绪11/12/30。"迓岁"应即压岁。

年节行事和人生礼仪，构成了一短一长两个时间周期。这两个周期与其他一些周期，如皇帝在位构成的年号周期、六十年构成的干支周期、历史事件侵入生活世界构成的事件周期等，共同构筑成普通民众感知时间的基础。而各个节庆、重要人生礼仪，将这些周期分割成长短不一的时段，这些时段构成了日常生活的主要骨架和节奏。在此过程中，年节行事本身，作为一种年复一年不断重复的习俗，也成为日常生活背后的时间结构。

最后，对排日账所见日常行事中的时间观念稍作讨论。排日账是以日为单位进行记录的，日是程家家人感知时间最切实的方式之一。在一日之内，排日账多不作分割。比如光绪二十一年正月初九、初十两日的记录：

> 初玖日天晴辛巳值平　己水池安烧炭。儿苦竹山担柽子。
> 初拾日天雨壬午值定〔立春〕　己出燕山爱女姑娘拜年吃酒。[1]

在这两日记录中，允亨每天只记录了一件行事，似乎这件行事是贯穿全天的。但在程家家人的头脑中，事实上是存在上午、下午的观念的。在排日账中，我们可以看到不少相关记录。[2] 如同治十二年四月初一日，允亨记，"父亲上牛栏打挡田，允兴兄牛栏割草，本身上午牛栏割草，下午西坑割草。"[3] 又如光绪五年正月初四日记，"（师）〔狮〕主上午允法兄当，下午志基兄当"。[4] 此日狮主的承应者显然是根据上午、下午两段时间事先安排好的。同仓所记排日账，有时还记录了上午、下午天气的变化，如光绪十三年三月初九日，他在排日账中记，"上午天阴，下午天晴"。[5]

排日账节气和礼仪中的时辰记录，还提醒我们注意到徽州乡民的时

---

〔1〕 程氏排日账#11，光绪 21/1/9-10。
〔2〕 下午偶尔写作"下昼"，这大概是本地方言的叫法，参见程氏排日账#6，光绪 6/3/28。
〔3〕 程氏排日账#5，同治 12/4/1。
〔4〕 程氏排日账#6，光绪 5/1/4。
〔5〕 程氏排日账#10，光绪 13/3/9。

辰观念。允亨父子在记账时，多于每月伊始记录本月节气来临的时辰。如光绪十三年正月，同仓记，"正月大建壬寅，十二日巳时立春，廿七日卯时雨水"。光绪十八年三月，允亨记，"三月大建甲辰，初八日申时清明，廿三日亥时谷雨"。[1]这些信息很可能抄自通书，未必程家真的需要确认节气来临的具体时辰，因而跟他们的时辰认知应无实际关系。

不过礼仪中的时辰就不同了。细读排日账可知，徽州出生、死亡及婚礼的动身、进门、拜堂等不同节点，大都记录了具体的时辰。在传统的观念与礼仪实践中，出生时辰是每个个体最重要的身份标记之一。第六章讨论的鸳鸯帖，帖上写着男女双方的八字，其中就包括了两人的出生时辰。婺源乡间生育习俗中的"起命章"，也是以八字为基础，对新生婴儿的未来际遇进行推算。同仓成亲时，新娘进门的时间安排在酉时，开额的时间定在丑时。去世的时辰也比较重要。允亨母亲去世那天，排日账写到，"头上半夜母亲病症"，然后补充说，"寅时去世了"。[2]程母应该是上半夜病发，次日凌晨过世的。这些时辰记录提出了一个问题，程家家人是如何了解事发当下的具体时辰的？又是如何确定未来的具体时辰，预先安排相关仪式的？

我们知道，漏刻计时、谯楼报时和更夫报时，主要与县城有关，远离城区的乡村，是难以利用这套计时、报时制度提供的便利的。那么，生活在乡村中的人，是如何知晓婴儿降生、死者断气的时辰的呢？排日账虽然频频提到各种时辰，但丝毫没有提及程家如何知晓具体时辰。莱顿大学藏泉州洪彬成编选《大清嘉庆贰壹年趋避通书》，书首有一段文字推销继成堂择日馆所产制的定时刻香，谓"凡造葬、婚嫁等事，不拘日用、夜用，俱宜照标起点，各得真正时刻。凡请用者，务请开明用事之年、月、日、时，则僭以便按是候之日永、日短，将香画明日用、夜用"。这是指如提前择定时辰，则可请该堂特制刻香备用。如事出突然，则该堂另有一法："凡有喜事生子，则宜于未产之前，请便一筒，不拘日生、夜生，俟产下之后，随即起点。若日生，则点至黄昏之际，伸手不见指纹，即将其香息之；若夜生，则点至黎明之际，伸手始见指纹，

---

〔1〕 程氏排日账#10，光绪13/1；#11，光绪18/3。
〔2〕 程氏排日账#11，光绪18/1/25。

亦将其香息之。"只要将所剩存之香带至该馆,即可推算出出生的确切时辰。[1]两者都是以日出、夜分为起点,向前或向后计算流逝时辰的长短,从而推算出需要知晓的确切时辰。这种乡村推算时辰的方法,或许也是程家推算重要行事时辰的一种方法。当然,在允享生活的19世纪中后期,西式钟表早已进入中国,虽然在我们讨论的时代,它们在徽州乡间有多普及,我们难以知晓,但沱川乡民可能通过询问家中有西式钟表的人家,来了解具体的时辰,这种可能性是不能排除的。

除了举行礼仪外,时辰对程家来说,大概不太重要。日出而作,日落而息,应该还是像程家那样的大多数农家基本的日常生活周期。只有像允享的小同乡詹鸣铎离开婺源老家,进入上海等都市生活时,时辰及近代的小时制度,才开始变得越来越重要。但透过礼仪等生活场域,时辰制度还是偶尔进入普通乡民的生活,让他们意识到一种更为精确的时间分割方式的存在。

聚落空间

空间也是人类生活的基本环境,具备多个面向与层次。拿程家生活的空间来说,就有区划空间、社会空间、风水空间等,另外婚姻圈、市场圈等也属空间范畴。基层行政有区划空间,这个空间本身就相当复杂,包括了上自省、府、县衙门,下至里甲、乡约、保甲等基层组织的管辖范围。在聚落层面,每个聚落大都有自身的社会空间与边界,这个空间往往在仪式中被清晰地表达出来,从而界定了"村内""村外"之间的界限。风水观影响下的空间,是以来龙、水口、局等风水要素构成的空间。此外,每个聚落的民众都有自身的婚姻圈、市场圈。这些空间层次与相关实践,构成了程家对空间的多元实践、感受与认知。

从卫星鸟瞰,沱川位于群山之中。在一个小型山间盆地中,散布着一些聚落。沿着小溪从盆地中心往东北方向逆流而上,盆地逐渐收束成一个小口。待过了两山夹峙的"袋口",盆地突然豁然开朗,一个相对

---

[1] 引见黄一农《通书——中国传统天文与社会的交融》,《社会天文学史十讲》,上海:复旦大学出版社,2004年,第293—294页。

独立的微型盆地出现在眼前。盆地呈东北—西南走向。东北方向是开阔的田野,分布着鳞次栉比的耕地。西南方向靠近"袋口"处,是一个中等规模的聚落。聚落位于东西夹峙的两山之间,东抵溪畔,西枕小山,略呈倒三角形,这就是理坑。理坑村正北方向,在两座小山的山麓,散布着六七座民房,这几栋房屋构成相对独立的聚落,这就是程家生活的上湾。理坑与上湾,都位于这个微型盆地之内,由于盆地南端"袋口"收缩,盆地构成相对独立的空间单元,这就是程家最基本的生活空间(参见地图13.1,请注意上湾与理坑之间的距离)。前面谈过,排日账在记录其他村落时,通常会写明村落名,但理坑却一般不会交代,这从侧面说明,记账人没有将理坑视为一个"邻村",而是将上湾视为整个大理坑的一部分,因而也就没有交代村落名。更直接的证据来自排日账本身。光绪十六年闰二月同仓记,"父亲同村对余琨甫先生家吃开贺酒",[1]查余琨甫为理坑余氏族人,[2]因而被视为"同村"人。

我们说理坑与上湾构成程家最核心的生活空间,那么,从主观认知

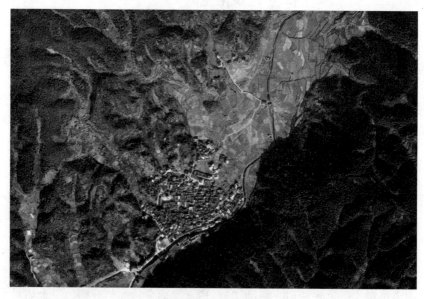

地图13.1　上湾与理坑

---

〔1〕程氏排日账#10,光绪16/闰2/1。这句话的大意应为父亲到同村余琨甫家吃酒。
〔2〕光绪《婺源沱川余氏宗谱》卷三三,页42b。

的角度看，它们是否构成同一个空间？这个问题，可以在风水、仪式两个方面去认识。我们需要追问的是，在风水、仪式中，这两个地方的空间关系如何被表述？它们是否被视为同一个空间单元？

从本质上说，风水是对空间的一种认知方式，是一个复杂的观念系统。沱川历史上曾出过几位精通堪舆的风水师，其中燕山风水师余振先对沱川及四大聚落的风水大势曾做过全面、有趣的评论，[1]后来这些评论被收入光绪《婺源沱川余氏宗谱》卷四一《奠居》。下面笔者来解读这个文本中的空间观念。

风水之所以应受重视，是因为人们认为，风水与人事密切相关，这是风水观的基础。余振先指出，"祖宗一脉相传，其间支派有荣枯，房分有降替，祚运有盛衰，人事有高下，风俗有厚薄，要皆本于阴阳二宅山水所致"。又称："观官贵之高下，则于祖宗；观风俗之贫富，则于水口；观人事之重轻，则于罗城。"所谓"祖宗"者，应是指祖宗墓穴之风水，而水口、罗城，则分别指水与山（龙脉），是为风水的基本要素。余氏对风水的具体论述，也侧重围绕山、水两个方面来讨论。

山，主要看来龙。余氏认为，沱川之山，"从南干大龙渡浙岭而起高湖，造就金瓯世界，周遭百里山城，层峦叠嶂，高出重霄，五九环列"。这个观念将方圆百里以内的群山，都纳入空间视野。群山风水的优劣，在于各山之间有无关系。以沱川而论，"团圞拱顾一家眷族，并无客山客水凑合其间，真相协攸叙之居也"。水，侧重看关锁。理坑的水有三源，在燕山汇合后，穿越山涧，流出沱川地界。但风水论中的空间，并未就此结束。余氏的评论沿着小河一路往前，从沿河的沱口、花园谈到清华，谈到河道的"重重关锁，节节会垣"，方才打住。可见对水的观察，也不限于沱川一地，而是包括了溪水流出沱川之后的走向及其与周遭环境的关系。

在余氏用以评论沱川风水的诸多语词中，"局"特别值得注意，在讨论沱川风水大势的总括文字中，出现了"局内""内局""大局"等表述。我们看到，余氏对所谓"局内"风水的讨论，主要谈的是燕山、郭村、理源、篁村四村的形势。他说"四大乡并无正结"，所幸余氏始祖

---

[1] 余振先，字玉仍，号介夫。

图13.2 理坑

墓穴,"内局虽不甚佳,而合川四势大情,灿然拱极",为"一川之主器"。[1] 从这些评论可知,所谓风水之"局",实有内外之分,这个分野背后是一种空间格局的观念。只是这个局内局外的分野,并无较为明确的界限,而是基于意象的一种判断,不过在谈及时则有确指。

在余氏看来,沱川构成一个"局","具一个团圞太极",而所谓"四大阳基"即四大村落"随局错落","莫不各一太极"。具体来说,沱川之山,自高湖山南行,起朱源尖,走大片山,下水口;北行则度九阳岭,过板寮尖,起黼阁,遂由平鼻岭而登石乌长尖、西山阁,过方山,下三台山,复起黄甲尖、项公山、莲花峰,至华盖峰,游月岭,而上天马山,登青山尖,亦下水口。其中行之脉,"东落则由朱源而孕乎三溪,北落则由黼阁而起白玉尖",前者为"燕山桥东之正龙",后者为"理源之腰结"。又北则由石乌长尖而落驼峰,"一为燕山桥西之大尽,一为篁村之祖山",是为"四大阳基之所由祖也"。也就是说,四村因来龙的不

---

[1] 光绪《婺源沱川余氏宗谱》卷之四一《奠居》,页1a—3a。

图13.3 理坑水口

资料来源：陈志华、李秋香《婺源》，北京：清华大学出版社，2010年，第177页。

同，各自构成一个相对独立的风水空间。

此外，余氏还列举沱川其他聚落的风水格局，在东者有朱山、戴齐山等，"皆朱源之余气也"；在北者有黄荆源、上湾等，为"白玉之余气也"；西北有汤水店、充头等，"皆沱峰之余气也"；在南则有金岗山、金岗岭等，"皆三台、黄甲、项公、华盖之余焉"，"其间长源邃谷，僻坞卷阿，莫不各城一乡，各钟一族"。[1]根据这一认识，理坑与上湾虽然距离很近，但在风水视野下，白玉尖为理坑之腰结，也即环抱理坑，而上湾则仅得白玉尖之"余气"，两者的差别是很明显的，各自构成不相统属的一"局"。

余氏所论为山水自然之形势而形成的风水空间。作为人居环境，这一空间也可依照风水原理进行改造，从而留下人为斧凿的痕迹。理坑对水口的营造，就是一个值得注意的例子。理坑水口位于微型盆地南端的"袋口"处。水口周围老树浓荫密布，狮山、象山对峙。从村外望去，理坑桥横架溪上，形似倒置的"凹"字，具有风水上藏风聚气的作用。桥上盖亭，亭内供奉周王菩萨。桥右为文昌阁，旧有三层，阁中供奉孔子、朱熹等神位。阁右为文笔。在桥附近，还有朝天灯柱、水

---

[1] 光绪《婺源沱川余氏宗谱》卷四一《奠居·沱川图说》，页4b—5a。

图13.4　上湾远眺

碓。朝天灯柱共有四根，置于四个方位。桥、阁、文笔、灯柱、水碓，形成理坑水口的"五星"。据说五星与五行一一对应，阁为金，桥亭为木，碓为水，灯柱为火，文笔为土。[1] 水口的营造，应该是历史上逐渐完善的。据说理坑桥、文昌阁由里人余传迁修建，其中桥建于万历十八年（1600）。如此说来，理坑水口风水的整体营造，应该不会早于这个年代。作为风水的核心构成部分，水口划清了村内村外的界限。不过这个界限，分开的是理坑与沱川盆地南面的鄣村、燕山的空间，但并未将上湾排除在外。

理坑举行的边界意识最为明显的仪式，应该是打五猖仪式。打五猖又称禳瘟。有关这个仪式的内容，目前的记录不无矛盾，且细节不够清楚。这个仪式的举办场所，一说是在理坑的衍庆堂或敦复堂，一说在上

---

[1] 汪发林《沱川乡余氏宗族与民间信仰》，第82—83页；陈志华、李秋香《婺源》，北京：清华大学出版社，2010年，第174—177页。陈志华、李秋香提到"五生"，并说不解其意，其实应即"五星"。

湾的法师堂。仪式是由上湾的大法做的。跟空间与边界有关的一个观念，是理坑"七个角就有八个大法"的说法。所谓七个"角"，应是指理坑附近的七个地点。八个大法，则是大法把守的地点，分别是：上水碓、前山、后山弯、霞坞坑、马石头、箬皮街、石子坦、鱼塘角。做道场时，八个大法把整个理坑牢牢锁住。[1]这八个把守地点界定的空间，应该就是村民眼中理坑的社会空间。根据当地村民提供的一幅地图，前山、后山弯、霞坞坑、箬皮街、鱼塘角都在理坑村四周，其余三个地点不详，不过很可能也在理坑附近。[2]如果这个推测无误，那么打五猖仪式呈现出来的社会空间，应该仅限于"小理坑"，没有将上湾等附近卫星聚落包括在内。

总之，由于文献的匮乏和老人的谢世，现已很难弄清上湾程氏的聚落空间观念。不过透过对沱川风水形势、理坑水口营造和仪式空间的讨论，还是可以大体推测他们感知聚落空间的方式。需要提醒读者的是，允亨本人对风水应该相当熟悉，他曾多次到上湾周围寻找风水上好的墓穴（详见第十五章）；而理坑的打五猖一类的仪式，基本上是由上湾的大法们包办的，因而允亨对这套话语与实践应该一点也不陌生。另外，透过这些讨论还可认识到，从理坑余氏看来，作为社会空间的理坑，通常不包括上湾、高还头等周边小聚落，这背后有一个"小理坑"的观念，这个观念和体现于排日账中的生活空间是不尽相同的。

居住空间

学界认为，徽州的普通民宅，其最基本的构成，是一个标准的三合院。三合院的基本形式多作内向矩形，堂、厢房、门屋、廊等要素，围绕长方形天井形成封闭式内院。面阔一般三间，中间堂屋为敞厅，堂屋前两侧的廊屋向天井开敞。天井是一个进深较浅的窄条形空间，由二、三层房屋围合而成。天井两端一般伸至两厢房面阔的二分之一处，有利于厢房采光。三合院大门置于中轴线上，也有经山墙一侧的门进入住宅

---

[1] 汪发林《沱川乡余氏宗族与民间信仰》，第104页。
[2] 地图由余小兵提供。

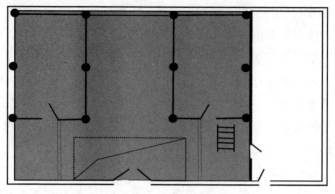

图 13.5 三合院平面图
资料来源：据段进、龚恺等《空间研究 1：世界文化遗产西递古村落空间解析》（南京：东南大学出版社，2006 年）第 85 页第 002 号改绘。

的（参见图 13.5）。[1]

根据其内部布局格式，这种三合院式的单幢民宅，在沱川比较常见的有二堂四房两阁厢和一堂两房两阁厢两种样式。两堂四房两阁厢，分上下堂。上堂中为厅堂，两侧为地房，厅堂前为天井，天井两侧为厢廊、阁厢，连接下堂，下堂是与上堂相对的一厅二地房，不过面积稍小。[2]一堂两房两阁厢，俗称"三间两阁厢"。此类房屋比前一类少下堂一厅二房，天井前为门墙，墙头盖瓦引水流入天井（图 13.5 应属此类房屋）。[3]我们无法确切知道，发开建造的新房究竟是哪种样式，但从其家庭收入判断，很可能是第二种类型，也即一堂两房两阁厢的宅子。如果笔者的记忆无误，现在的程家新屋是一幢两层建筑，没有天井，[4]大厅两侧各有厢房一间，中堂右侧后墙有小门通后院。二楼结构与一楼相近，不过大厅左右各有房间两间。室内的厢房、阁厢一类，都是木结构的，因而隔音效果不佳（参见图 13.7—13.8）。

---

[1] 段进、龚恺等《空间研究 1：世界文化遗产西递古村落空间解析》，南京：东南大学出版社，2006 年，第 85 页。
[2] 即在图 13.5 天井前方增建一厅二房，其结构应与图 13.6 大体相似，参见《溪溪陈氏关书》，乾隆五十七年，上海交通大学图书馆藏，卷宗号：ZHL，编号：2012-0918-01-1。封包备注："婺源 16 都 4 图吴氏"。此件文书应来自婺源其他村落。
[3] 柯灵权《歙县里东乡传统农村社会》，第 305—306 页。
[4] 笔者在婺源沱川、大鄣山等地考察时注意到，除祠堂、寺庙一类建筑外，普通民宅基本没有天井，这种状况可能并非 20 世纪开始的。

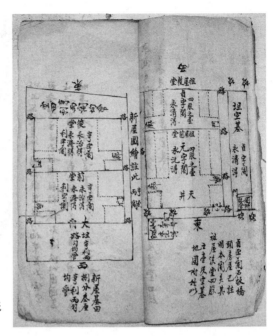

图13.6 婺源某地陈氏住宅平面图

图13.7 程家新屋侧面

第十三章 时空感知

图13.8　程家新屋大厅

在这样一种民宅中,大厅是全家的起居空间(参见图13.8)。饭桌就摆放在大厅中堂之前。小型农具、竹编生活用具等,也经常堆放在大厅两侧。大厅顶部是二楼楼板,横梁上的铁钩上,经常挂着竹篮,腊肉被高高挂在横梁上,这是猫狗和老鼠都无法触及的地方。日常聊天、接待客人、重要的仪式,都在大厅举行。现在的沱川民宅,中堂还张贴去世老人的照片。大厅两侧的厢房一般作卧室用。天井两侧的阁厢,则可能用作厨房、储藏室一类。二楼也有大厅和厢房。在上湾一户农户家,大厅供奉着神主牌位,不过笔者不太确定这是否为传统做法。现在绝大多数民宅中,已不再供奉神主牌了。二楼厢房与一楼相似,主要用作卧室。厕所一般建于屋外。

新房建造的背后,有一个基本动力——分家。我们知道,程家有两个儿子,兄弟成亲后,妯娌住在一起,除了空间拥挤外,也容易产生摩擦。于是农家多提前建好新房,实际上是为分家做好准备。光绪五年八月下旬,程家的新房才刚建好不久,程家就为允兴娶亲。新房建好与娶亲的时间几乎前后相继,两者之间应有内在关联。允兴成亲后,兄弟之间时有摩擦,在亲友调解无果后,光绪九年八月,遂请亲友分割房屋、产业,此后兄弟各建灶分爨。

在讨论程家的生活空间时，还有一点应该提及。上湾虽然在空间上认同于理坑，但在具体的空间体验中，上湾和理坑存在一个值得注意的差别。理坑是一个聚居型聚落，除了必要的道路和少数菜园，村民的房屋与房屋之间，几乎是连在一起的。相比之下，上湾是一个散村，房屋稀疏分布于聚落各处，家与家之间的空间距离较大（参见图13.4），这种分布格局是否对程氏的人际关系带来一定影响，我们不得而知。

除了上湾的宅子外，程家在苦竹山也曾搭建过棚屋，后来还修建了墙屋，这处房子构成了程家生活的第二空间，因此有必要稍做交代。

我们谈到，苦竹山位于距离上湾以北十七八华里处，太平天国结束后，程家投入大量劳力，在此地开垦荒地，种植茶树、玉米、蔬菜等。可以说，此处成为程家日常生活极为重要的空间。由于距离上湾较远，日常来往多有不便，如何解决这个问题，成为程家面临的一个问题，从棚到屋的临时居住空间的变化，折射出苦竹山对程家生活重要性的变动与程家自身对这个问题的应对方法。

程家原本在苦竹山没有产业。苦竹山第一次出现于排日账，是在道光二十五年七月。七月十八日，发开买下了苦竹山的一处茶坦。笔者曾指出，道光二十五年七月的这次交易，对程家日后的生计意味深长。此次交易大幅扩大了程家茶园的数量，开启了日后程家粮茶结合的生计模式，同时对程家自身的生活空间也带来深远的影响。苦竹山成为程家从事农耕生产的第二个中心。咸丰三年三月，排日账首次留下了发开在苦竹山种植玉米的记录。[1] 此后每逢茶季、春耕和秋收季节，程家人频频在苦竹山现身。

由于距离的阻隔，程家有必要在山上建立临时的住宅，以便在茶季和玉米种植、收获季节使用。排日账第一次提到程家搭建临时住宅，是在咸丰六年。该年三月二十七日排日账记，"己上苦竹山斫获茅搭蓬"。[2] 三月正值茶季和玉米播种时间，采茶、种植玉米，都需要投入不少时间，为了减少往返苦竹山与上湾之间的不便，发开遂开始在山上搭建茅篷。

---

[1] 程氏排日账#3，咸丰3/3/13-14, 3/19, 4/10。
[2] 程氏排日账#4，咸丰6/3/27。

此后，茅篷成为程家人在山中的歇息之地。比如同治十一年二月十八日，程氏兄弟在苦竹山开荒。十九日是雨天，允兴回家，而允亨自己则在"苦竹山篷里嬉"。次日仍是雨天，允亨也回到家中。二十一日阴，程氏兄弟再次前往苦竹山开荒，当天应该是住在茅篷中。二十二日，由于程家卷入一个祖坟纠纷，"父亲上苦竹山叫允兴兄、本身回家"。七月初五日，程氏兄弟在山上收菜，大概时间晚了，允亨"在（逢）〔篷〕歇"。[1]

茅篷的生活很简陋，但应该备有必要的生活用具。床铺是必不可少的，其次有炊具，另外还有供换洗用的衣裳。同治十一年八月十六日排日账记，"允兴兄苦竹山事落，絮被、衣裳、斧头乙把被余再富偷，本身苦竹山上午（诸）〔捉？〕贼，全允兴兄诸絮被、衣裳、斧上山蓬"。此次被盗的物件中，就有被絮、衣裳、斧头等物，程氏兄弟及时发现，似乎追回了被盗物件。光绪四年七月初十日，篷里的锅子被盗。十二月二十八日，则提到"允兴兄上苦竹山担被补锅伙"，[2]"被补"应该就是被铺。秋收以后，山上的劳作已经完成，因此将被铺挑回家中。

太平天国结束后，程家投入大量的劳力在苦竹山开荒，更用心地经营这片土地。笔者对程家日常行事的统计显示，太平天国结束前，排日账共提及苦竹山134次，月均次数是0.94次；太平天国结束后至分家前，共提及1464次，月均次数12.30次；分家后共提及545次，月均次数6.49次（参见第六章表6.4），程家家人频频前往苦竹山的事实由此足见一斑。至于程家家人在苦竹山从事的活动，笔者已经在第六章详谈。简单说，在笔者讨论的时段中，程家生计行事总劳动数是12633.5工，而苦竹山投入时间为3400工，占生计劳动日总数近27%，足见此处对于程家生计的重要性（请参考表6.4）。在排日账最频繁提及苦竹山的第二个时期（1872—1885），每月超过12天的时间，程家至少有一位家人出现于苦竹山。同时还可观察到，从19世纪70年代开始，盗窃的情况逐渐严重起来。程家在苦竹山茅篷的一些器具，就不时被盗。程家在山上种植了玉米，到了秋季将近成熟的季节，也需要有人看守。[3]

---

[1] 程氏排日账#5，同治11/2/18-22，7/5。
[2] 程氏排日账#6，同治11/8/16，光绪4/7/10，12/28。
[3] 光绪四年八、九月间，程家在建造新房的同时，也不忘时常安排家人去山上看守玉米，直到玉米收获完毕。参见程氏排日账#6，光绪4/8/18，8/22-23、8/25、8/28、9/5、9/15、9/18、9/27、10/3。

由于程家在苦竹山活动更为频繁，而茅篷需要不时搭建，建造更为牢固的建筑似成必要，但实际上这个工作直到分家十年后才开始。光绪十九年十月，程家开始在苦竹山建造更为长期的住所。十月二十一日开始，允亨与儿子一起上"苦竹山做墙脚"。二十八日，雇请汪松庆、汪印生上苦竹山"筑土墙"。修筑的工作一直进行到十一月初五日，共计八天。十一月初六日，允亨给建好的土房盖茅草。初十日前后完工。[1]此后程家在山上有了一个更为长久的栖身之所。

程家的年轻人，在苦竹山上都待过相当长的时光，不管是允兴、允亨兄弟，还是同仓都是如此。山上的生活肯定比不上家中舒适，但对年轻人而言却未必毫无吸引力。由于远离上湾，年轻人可以暂时避开父辈的管束，在山上过上相对自由的生活。同时，山上的生活也未必单调。由于不少地方山深林密，直到20世纪中叶，徽州一带还有野兽出没。少年詹庆良曾在日记中谈到野猪祸害庄稼的事："听到有人谈论，人家一块玉米，被一伙野猪食得粒无收成，一年播作辛勤，苦得劳而无功。此家有人去望，一见而泪直下。回来报到妻子，全家哭得不静。"祸害庄稼的野兽，不限于野猪，猴子和狗熊也会糟蹋庄稼。[2]山上麂子也不少。庆良曾听人说起，"有寻笋妇女，遇有一只角麂，死于竹林之边，他即歇笋不寻，把此死麂拿来，用刀剥皮炒吃"。[3]由于野兽多，打猎成为山乡青年劳作之余的一种娱乐活动。

同治十二年整个七月，允亨基本上都在山上除草。但他在山中的生活，似乎一点也不枯燥、寂寞，打猎成为夏天一项刺激的活动。七月十三日排日账记，"本身苦竹山仝天堂、三垄青和兄、万科兄、有兴兄到外碛管野猪"。二十五日，"允兴兄仝本身苦竹山打野猪"。二十七日，"允兴兄仝本身苦竹山仝山垄有兴兄、天堂万圭兄、青和兄、兴良弟托查木坑人、小沱人、朱山人师姑尖、布袋坞打野猪，因时雾雨卡还了，各人回去篷"。二十八日，"本身同天堂和兄、三垄有兴兄到石头垄看柴、烧炭，未成了"。这一天没有继续打猎，而是和几位伙伴一同劳

---

[1] 程氏排日账#11，光绪19/10/21-26，10/28-11/7，11/10。
[2] 陈爱中《"山中邹鲁"——理坑》，第63页。
[3] 《詹庆良本日记》，王振忠《水岚村纪事：1949年》，第239、234页。

动。[1]类似的记录也出现于光绪六年。该年八月初四日记,"本身苦竹山、天堂、三垄篷托朱山、小沱寸手管(墅)〔野〕猪,末到何树,管惊空也,被时霎雨,回天堂篷吃夜饭,宿"。初六日,"本身上苦竹山看包芦,又同秉锋大蛇垄打野猪,未动"。此次打猎还是一无所获。不过初七日记,"本身同天堂、三垄、苦竹山三处猎手打野猪,大蛇垄、外培、里培,不见影,又未动,(毫)〔豪〕猪乙只,每人六两五钱"。终于猎获豪猪一只。[2]

不幸的是,大概苦竹山有禁止打猎的乡规,该年十二月三十日,也即除夕那日,"身同万圭兄八月承认,苦竹山、天堂、三垄处打猎,每人不认,只好身全万圭兄二人洋乙员均派,已认,无得推捱"。[3]允亨因为参与打猎,和他的小伙伴一起被罚款一元。

---

〔1〕 程氏排日账#5,同治11/7/13,7/25,7/27-28。
〔2〕 程氏排日账#6,光绪6/8/4,8/6-7。
〔3〕 程氏排日账#6,光绪6/12/30。

第十四章　进香、治疗与娱乐

在人生礼仪、年节行事、宗族与村落等专题的讨论中，我们已多次触及宗教仪式问题。本章将在三个不同的方面，对宗教仪式及相关问题作进一步的讨论。第一节将侧重讨论程家的进香活动，第二节主要讨论治疗仪式，第三节讨论与仪式有一定关系的闲暇和娱乐问题。为了完整论述的需要，我们必不可少地将论及跟仪式可能没有直接关系的疾病、治疗及闲暇娱乐等问题。

齐云进香

从宗教信仰的角度看，程家家人可能算不上特别虔诚的信徒，因为在排日账中看不到这一方面的证据，但他们大概像多数乡民一样，应该并不怀疑超自然世界的存在，或质疑宗教仪式的有效性。排日账提到，发开曾"做善事""做阴功",[1]他应该是相信来世的。程家家人显然参与了各种宗教仪式活动，进香就是其中一种。

在排日账有记录可查的近四十年中，程家家人共进香五次，分别是道光二十六年、同治十一年、同治十二年、光绪五年和光绪七年，地点均为齐云山。道光二十六年进香，安排在九月。前去的是发开。二十三日出发，在溪口歇息。次日上山。二十五日，在山上"拜老爷、打醮"，然后下山，晚上宿于庄前，二十六日回到家中。同治十一年九月，发开再次去齐云山进香。十九日出发，二十二日回。同治十二年，允兴、允

---

[1] 程氏排日账#6，光绪4/3/23，3/25。清代中叶以降，徽州劝善活动逐渐兴起。离沱川不远的虹关村，可能在19世纪中叶成立了乩坛镜心堂，举行扶鸾活动，印行劝善书籍（王振忠《清朝民国时期的善书与徽州社会》,《法国汉学》第13辑，北京：中华书局，2010年，第470—473页）。不过目前没有找到程家参与乩坛活动的证据。

图14.1 齐云山

亨兄弟前去进香,时间安排在十月。十一日出发,十四日回到家中。次年由发开去进香,时间安排在九月。十九日出发,二十二日回家。光绪五年、光绪七年仍由发开前往,时间都安排在十月,两次均是十六日出发,十九日返回。[1] 五次进香中,发开占了四次,程氏兄弟仅参与一次。

程家进香的目的地齐云山,又称白岳,位于休宁县城西约30华里,与黄山南北对峙,是中国道教名山之一,因一石插天,直入云端,与碧云齐,谓之齐云。齐云山寺观的经营,据说始于唐元和四年(809)。山上早期的建筑,以佛教寺院为主。至南宋宝庆二年(1226),始有道士余道元创建佑圣真武祠,此后屡有重修、扩建。但正如康熙《齐云山志》指出的,齐云山到明代才开始闻名天下,而这是与朝廷尊崇真武的宗教政策分不开的。[2]

真武,古称玄武,早在汉代,就作为"四灵"之一出现于画像石。北宋时期,真武成为朝廷崇奉的神明。此后至元代覆亡,真武不时得到

---

[1] 程氏排日账#2,道光22/9/23-26;#5,同治11/9/19-22,同治12/10/11-14;#6,光绪5/10/16-19,光绪7/10/16-19。

[2] 参见Richard G. Wang, "Qiyunshan as a Replica of Wudangshan and the Religious Landscape of the Ming Empire," *Journal of Chinese Religions* 42. I (2014), pp. 28-66;王卡《天下祈福地 白岳齐云山:齐云山的道教文化渊源》,《中国道教》2015年第2期,第24—29页。

朝廷的崇奉、加封。明初，以真武曾在平定天下的过程中"阴佑为多"，"尝建庙南京崇祀"。永乐年间，更因"太宗靖难，以神有显相功"，"又于京城艮隅并武当山重建庙宇"，"两京岁时朔望各遣官致祭，而武当山又专官督祀事"。[1]在这种背景下，齐云山对真武的崇奉也逐渐展开了。永乐十八年（1420），有休宁人汪以先、道士邓道瞻辟齐云观，此即玄天太素宫的前身。正德十年（1515），道士汪泰元创建玉虚宫于紫霄崖，又建净乐宫于桃花涧。玉虚宫大殿供奉真武，而净乐宫供奉真武的本生父母。[2]齐云山以崇奉玄天上帝为中心的道教宫观群初具规模。

嘉靖、万历年间，齐云山真武道场进入鼎盛时期。嘉靖十一年（1532）五月，登基多年未得皇嗣的嘉靖降旨求嗣，派人到齐云山修斋祈嗣。次年果然诞生皇子，且于此后数年中，连得数位皇子。后又于嘉靖十七年（1538）六月，派第四十八代天师上山启建金箓大斋，酬谢神恩。同月，又启建金箓大斋，为皇太后祈福。嘉靖十九年（1540）正月，下旨将本观原纳该府香钱，特与除免，以备本山常年修理之费，赐观名曰玄天太素宫。嘉靖三十五年（1556），又下令拨银四万两重修齐云山宫观。万历年间，地方政府和士绅继续在山上捐资兴建殿堂楼阁及亭桥山道。进入清代后，齐云山香火绵延。不过清末民国时期，由于兵火相接，山上香火冷落，道观失修，羽流星散。[3]程氏父子在山上进香的过程中，很可能见证了山上香火由盛转衰的过程。

至迟到明后期，齐云山已逐渐成为徽州和整个新安江流域的进香目的地之一。晚明编纂的《齐云山志》已称"四方士女顶戴焚香，道路不绝"。[4]明末以降齐云进香的盛行，可找到几条证据。其一，《天下路程图引》等路程书中，编入了从杭州到齐云的路程。其二，徽州民间杂抄中，大都有齐云进香的文疏活套。其三，民间启蒙读物中也提到齐云进香。[5]这些信息显示，齐云进香已成为新安江流域颇为流行的一种朝山

---

[1] 张廷玉等《明史》卷五十《礼四·诸神祠》，北京：中华书局，1974年，第1308页；嵇璜等《续文献通考》卷七九《群祀三》，杭州：浙江古籍出版社，2000年，第3495页。
[2] 鲁点辑《齐云山志》卷之二《建置》，国家图书馆分馆编《中华山水志丛刊》第17册，北京：线装书局，2004年，第227—229页；齐云山志编纂办公室编《齐云山志》，合肥：黄山书社，1990年，第153—161页。
[3] 王卡《天下祈福地　白岳齐云山：齐云山的道教文化渊源》，第26—28页。
[4] 鲁点辑《齐云山志》，《中华山水志丛刊》第17册，第194页，《齐云山志序》（汪先岸）。
[5] 王振忠《华云进香：民间信仰、朝山习俗与明清以来徽州的日常生活》，《地方文化研究》2013年第2期，第40—42、52页。

图14.2　道房

习俗。沱川人的齐云进香，也见于当地杂抄。笔者在理坑搜集的一册民国抄本中，就抄录了《齐云山十月进香疏》两件（第一件落款写乾隆年号），《齐云酬香疏》两件，《齐云山进香八月廿五》《往齐云酬愿是日冬至》《上齐云进香九月初一》《齐云山疏》《齐云进香用》等疏文各一件。至迟从乾隆朝开始，理坑民众前往齐云进香，因而积累了相当数量的进香疏文。

据调查，进香由香头组织。进香前三天，要吃素。从家中动身叫"上马"，到山上要"下马"，活动结束后要"辞香"，回到家中再下马，上马、下马都有简单的烧香、设供等仪式。[1]

婺源香客与齐云山之间的联系，并不是普通香客与名山之间的关系，而是与齐云山道士的籍贯和道院道房制度关系颇大。齐云山道士的籍贯，明代多为休宁人。[2]但至迟到晚清，齐云山的道观已基本上为婺源道士控制。因此，婺源香客与齐云山道士有地缘的联系。婺源人到齐云山进香，可以直接用婺源话与山中道士交流。[3]同时，至迟从晚明开始，齐云山逐渐形成了道院道房制度。齐云山的道士分属于不少道房，而道房又大都归属某一道院管辖。据说民国时期，山上共有道观、道房

---

〔1〕 以下论述参考了巫能昌的齐云山田野笔记（2018年1月20—24日）。
〔2〕 齐云山志编纂办公室编《齐云山志》，第178—179、191—195页。
〔3〕 访谈人：汪金发、宋蠻民（休宁县齐云山），访谈时间：2009年11月13日。汪金发祖籍婺源段莘，其祖父开始到齐云山做道士。由于齐云山上住的大都是婺源人，他们平日交谈，使用的语言不是普通话而是婺源话（婺源话不同于徽州其他地区的方言）。

图14.3 东阳道院香火楼神龛(巫能昌拍摄)

36座。这些道院、道房,名字流传至今的有道院13座,道房12座,他们大多创建于清代,创于民国的只有1座。[1]

来自同一村落的香客,通常固定在一个道院或道房食宿,并在相应道院或道房的楼上,供奉本族祖先的神主牌位,这种楼被称为"祖宗楼",又称"香火楼"。山上的东阳道院就保存了香火楼。这个香火楼在正厅楼上,中堂是神龛,里面供奉了真武祖师等几尊小神像,并立有两块祖先神主牌,供奉婺源冲田齐氏宗族的祖先。香客上山后的主要活动之一,就是上楼在祖先牌位前烧香。平日,这些神主牌由道院或道房道士负责照看。进香时,香客要给香火楼捐钱,称为"点灯钱"。这种安排,自然在来自特定乡村的香客和道院或道房之间结成相当固定的合作关系。[2]信众称道士为"大法",而道士称这些信众为"香脚"。程家是否与特定道房有固定关系,排日账没有留下记录。

---

[1] 齐云山志编纂办公室编《齐云山志》,第180、196页。有关道院道房制度的早期情形,笔者目前仅找到一条史料。李日华是晚明浙江嘉兴的一位士绅,于万历四十二年(1614)四月十六日至十九日曾赴齐云山进香,他在日记中提到,十六日上山后,"驻黄庭院陈见宇房,余旧寓也"(李日华《味水轩日记》卷六《万历四十二年》,屠友祥校注,上海:上海远东出版社,1996年,第383页),这里提及的黄庭院应该是个道院,而陈见宇房是个道房。黄庭道院,还出现于新编《齐云山志》第196页,这也从侧面证明,黄庭院建于明代。

[2] 访谈人:汪金发、宋燮民(休宁县齐云山),时间:2009年11月13日。

图 14.4 齐云山求签处

齐云山香客进香的时间，上半年比较集中于四五月的茶季，下半年集中于八月十五至九月底，其中尤以下半年为盛。下半年香会活动，从农历七月初一开始，至十月初一结束。程家进香一般安排在九月和十月。据说每年初秋，各道房即派人分赴各县乡邀约旧主顾。七月初一，由道长率领各院房道众大斋三日，并在太素宫做大型禳火道场。十五日中元节，又在太素宫做水陆超度道场。七月十五日以后，浙江淳安、开化、徽州本府各县的各路香客和香会，开始依照固定日期起程进香。香会的高潮，是九月初九玄天上帝的登极日，据说此日山上香客多达五千多人。前来进香的乡民，除了照看自己的祖先牌位外，多半还会参与求签、打醮等其他仪式活动。

求签应该是齐云香客上山后的重要活动之一。程氏历年排日账中，夹带了三张签，这三张签都来自齐云山，应该都是在程家前来齐云山进香期间，在山上求签后带回的。笔者在齐云山实地考察时，在山上的太素宫和象鼻岩见到类似的签诗。程氏排日账第六种光绪四年三月初一日页内，夹《第七十四签》一首；同本账簿光绪六年九月账、排日账第八种光绪十年十月账内，也都夹着签诗一首，内书"齐云山玄帝灵签"七字，其中光绪十年签内还注"允亨签"三字，足见它们都是程家前往齐云山进香时求得的签诗。[1]

至于打醮，大致有诸天科、解结科、禳火科、血湖科、超七科、过

---

[1] 不过光绪四年、六年和十年，程家没有去进香，故而这几张签可能是发开或程氏兄弟在其他年份上山进香时求得的。

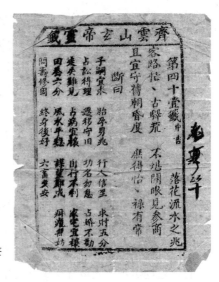

图14.5 齐云山玄帝灵签
（右边书"允亨签"）

关科、炼度科、百子科、度人经、十王科、祖师忏、报恩忏、开启科、上帝科、三元水忏、慈悲忏、救苦忏等25种类型。香客大都做祈福道场，阴的法事做得比较少。打醮的地点，过去一般是在道房而不是寺庙举行。[1]前面提到，道光二十六年发开上山进香时，就曾在山上打醮。

疾病与治疗

从排日账有据可查的年份，程家家人曾多次患病，并为治病寻医问药。疾病与治疗，是家人相互守护的一个体现，也是他们日常行事的一个部分，因此在排日账中留下了不少记录，这些记录为了解19世纪一个普通乡民的疾病与治疗实践（包括相关的仪式）提供了较为难得且相对系统的史料。[2]

明清时期，沱川曾出过几位有一定声望的医生，医药知识在这一

---

[1] 齐云山志编纂办公室编《齐云山志》，第189—190、185—186页。根据齐云山道士的介绍，在齐云山，打醮只是打平安醮的简称，是最简单的仪式。此外尚有平安禳星、五台禳星、放焰口、水火炼度、破血湖、超度等名目。访谈人：汪金发、宋燮民（休宁县齐云山），访谈时间：2009年11月13日。
[2] 赵士第、叶鹏《民国时期徽州乡村医者的医事活动、行医范围与日常生活——以〈民国婺源医家日记〉为中心》(《中国农史》2021年第2期，第103—115页）以医者的角度讨论了徽州疾病与治疗实践，虽年代稍晚，对理解晚清的情况也有参考价值。

地域应有较好的传承。[1]到了允亨父子生活的时代，沱川境内有几个医生，也开了几家药店。排日账提到的医生，有问吾、仰余、万喜、耘先生（疑为少耘，又写作沙耘）、典宗、兴先生、善敷、维州、余日先生九人，基本上都住在燕山、郭村两地，排日账对他们颇为尊敬，将他们一概归入"先生"之列。最早出现的问吾先生，出现于同治末年，最后三四位，则出现于光绪二十几年，多数人应是生活在同一个时代。排日账提到的药店，有万春店、生生堂、益元堂、保和堂四家，应该都在燕山。此外还有大连的荣君药店，程家有时也会光顾。在一个仅有几千人的地域，在沱川就诊和买药应该并不困难。

程家三代人较常遇见的病，应该是伤寒，排日账写着"霜寒""风寒"，是排日账中明确指认了病症名称的少数疾病之一。发开在光绪四年七月犯过伤寒，光绪五年十月又犯一次，[2]光绪六年十二月，又犯伤寒，接连病了六天。[3]此外，光绪十年二月，同仓妻子也犯过一次。[4]除了光绪四年外，其他伤寒的时间都发生于冬季，这是伤寒易发季节。另一种排日账明确指认的疾病是痘。光绪十九年八月二十一日，允亨"下西乡坑头。瑞弟在薄卿先生〔处？〕出（荳）〔痘〕，看（荳）〔痘〕疝好"。[5]痘即天花，是威胁儿童生命的一种病毒。明末清初，人痘种法开始在中国流行，徽州地区长期流行的就是这种痘法。18世纪末，牛痘法在欧洲出现，19世纪初经由澳门传入中国，此后在中国各地逐渐流行，也进入徽州地区。尽管允亨仅仅提到这位亲戚"出痘"，但从上下文推断，他应该是在种痘，因为出痘没有必要离开沱川。也许由于沱川没有种痘的痘师，他前往婺源西乡的坑头（应为今婺源县龙山乡坑头村[6]）种痘。排日账也没有指明种痘的类型，虽然此时已是19世纪末，但由于人痘法仍然流行，因此无法断定医生采用的属于哪类痘法。[7]

---

[1] 陈爱中《"山中邹鲁"——理坑》，第155—162页。
[2] 程氏排日账#6，光绪4/7/27，光绪5/10/27。
[3] 程氏排日账#6，光绪6/12/18-24。我们知道，感冒通常的病发周期是一周左右。
[4] 程氏排日账#8，光绪10/2/28。
[5] 程氏排日账#11，光绪19/8/21。
[6] 婺源县地名委员会办公室编《江西省婺源县地名志》，第115页。
[7] 梁其姿《明清预防天花措施之演变》，《面对疾病：传统中国社会的医疗观念与组织》，北京：中国人民大学出版社，2012年，第48—67页；王振忠《徽州文书所见种痘及相关习俗》，《徽州社会文化史探微：新发现的16—20世纪民间档案文书研究》，上海：上海社会科学院出版社，2002年，第253—296页。

除伤寒、痘外，排日账很少指认具体的疾病，只记录病痛的部位。道光二十六年正月，发开曾犯过眼病。[1]光绪四年六月，允兴手痛了三天。[2]光绪八年正月，允亨连日犯牙疼。[3]光绪九年十一月十八日，允亨在账中称自己"心痛"。[4]光绪十年十月，又连日"目痛"。[5]光绪十一年十月，肚痛。[6]光绪十九年六月，允亨前往清华，脚痛，生病回家，此后连日在家养病，十一日后才有干农活的记录，说明身体已基本痊愈。[7]光绪二十二年八月上旬，允亨接连几天脚痛，只好在家歇息。[8]光绪二十六年七月，他不慎"跌破脑损伤"[9]。最为常见的情形，是排日账只记录了家人生病，连具体病症都不做任何交代，这从侧面显示程家三代对医学的了解很有限。

程家家人对待疾病比较常见的一种方式，就是听之任之，不予治疗，等待病情好转。道光二十六年正月、光绪十年十月，发开、允亨先后犯了眼病，都没有就诊记录。光绪四年六月允亨手痛，也没有求医的记录。光绪四年至六年，发开几次伤寒，求医问药的记录仅有一次。[10]光绪十一年十月十九日至十一月二十二日，发开患病一个来月，均无就诊记录，只是连日在家中休息。[11]光绪二十六年十二月初九日至十六日，允亨接连生了八日病，也没有去看医生。[12]

成人身体的免疫系统已经建立，总体说不容易患病。但随着年岁增长，免疫力下降，疾病渐多。发开在年轻时代极少生病。但进入光绪年间，他已是六十多岁的老人，生病的记录逐渐增多。光绪六年六月十三日至十六日，连日患病，但没有记录疾病名称。[13]次年七月，又生病，

---

[1] 程氏排日账#2，道光26/1/18-19。
[2] 程氏排日账#6，光绪4/6/17-19。
[3] 程氏排日账#6，光绪8/1/28-29。
[4] 程氏排日账#7，光绪9/11/18。
[5] 程氏排日账#8，光绪10/10/2-6。
[6] 程氏排日账#8，光绪11/10/12。
[7] 程氏排日账#11，光绪19/9/7-18。
[8] 程氏排日账#11，光绪22/8/3-7。
[9] 程氏排日账#12，光绪26/7/30。
[10] 程氏排日账#6，光绪6/12/22："父亲病霜寒嬉，允兴兄在家烘葛粉，本身出燕山接万喜先生，父看病。"12/24："父亲病嬉，……本身出燕山接万喜先生，父看病。"
[11] 程氏排日账#8，光绪11/10/19-11/22。
[12] 程氏排日账#12，光绪26/12/9-16。
[13] 程氏排日账#6，光绪6/6/13-16。

病名不详。大概因自忖当地的医生难以治好，该月十七日，他独自前往歙县看病，二十五日才从歙县返回。[1]光绪十一年十月十九日起，发开接连生了一个来月的病，一直拖到次年正月初二，此后身体开始好转，平日在本地砍柴、做草鞋，二月初八日、二月初十日，先后两次前往溪口、屯溪出售黄精。[2]光绪十四年十一月初五日起，又开始长期患病，直至十二月十一日才有好转。[3]这几次患病，发开似乎都没有找人医治。

跟成人相比，小儿免疫系统还未形成，容易患病，故而小儿生病后，需要尽快买药或找医生诊断。光绪四年正月十五日记，"本身支钱六文，出燕山万春店占药，小儿搽"。十八日，"出燕山，到万喜先生草〔？〕药，小儿搽"。十九日，又到万春店"占药"。[4]这是现存排日账中为小儿治病的最早记录。当时同仓四岁上下，大概是生了常见的外科疾病，因此允亨没有送交就诊，而是直接到药店去买药治疗。后来大概因药效不佳，还是找到医生开了草药，才治愈。该年七月初二日，发开"出燕山接万喜先生仓儿看病"，[5]同仓再次患病后，发开到燕山接来医生，给孩子看病。同月十九日至二十一日，发开又三次去燕山"占药"，二十日、二十一日排日账明言"小儿吃"。这段时间，其实不仅同仓，允兴、发开也先后患病。允兴于七月初六日患病，病名不详，接万喜先生来家中就诊，然后去生生堂抓了18文的药。发开患病时间是在七月二十七日，排日账明确提到是伤寒，不过没有就诊记录。[6]很有可能程家家人患的都是伤寒，因此家人之间出现了交叉感染的情况。

沱川一带，小儿生病后，还会求助于仪式专家进行治疗，最常见的治疗方法是叫魂。笔者在沱川考察时，一位村民详细介绍了叫魂的方法：

〔叫魂〕需要七人做。七人的分工是：一、持火把；二、拿钢叉；三、抓鸡公和米袋；四、抱病人的内衣（称为魂衣）；五、背

---

[1] 排日账记作"休宁县"或"休歙县"，应以歙县为是。程氏排日账#6, 光绪7/7/17-25。
[2] 根据允亨所记排日账，发开患病至光绪十一年十一月二十二日；但根据同仓所记排日账，光绪十二年正月初三日起才没有发开患病的记录（程氏排日账#8, 光绪11/11/22；#9, 光绪12/1/3）。
[3] 程氏排日账#10, 光绪14/11/5-12/11。
[4] 程氏排日账#6, 光绪4/1/15, 1/18-19。
[5] 程氏排日账#6, 光绪4/7/2。
[6] 程氏排日账#6, 光绪4/7/19-21, 7/6, 7/27。

一袋子,袋中放五个木头做的小饭甑,内放五种供品:包括米粉做的果、猪肉、鱼、饭、蒸菜,都是煮熟的,要保暖;六、带土纸和金银;七、照应。第一人和最后一人吹哨。在出发之前,先得到锅灶处拜灶师菩萨,请他帮忙,要烧香、烧纸钱。他们的目的地是丢魂魄的地方。不管有多远,都必须到。出发的时间,要根据路程的远近。近一点的,早点吃晚饭即可,如果比较远,吃完中饭就要出发。到达目的地时,差不多天已黑了。在去的路上,凡是经过三叉路口、桥、庙等地方,都要化纸,跟神明讲明回头时要带一人回去,不能挡住他。

到目的地后,就在事发地点摆开供品,将魂衣、鸡公和米袋都放在那里。打开米袋,让鸡公吃米。如果鸡公吃米,并且发出叫声,那么魂魄很容易找回,不然就很难招回。供品摆好后,要请山神(山公、山婆),跟他们说明来意,告诉他们要将病人的魂魄带回,不要阻挠。然后开始叫病人的名字,叫:某某人回家!叫的时候,叫一次,撒一次米,要到处撒,连续叫上一百次。叫完一百次,算告一段落,可休息半个小时,然后再叫一百次。叫完,就停下不叫了。这时纸钱已烧好,大家开始不能讲话了。他们开始手抓供品,慢慢地吃,吃不完的,全部倒掉。背袋子的人,将东西收拾好。抱魂衣的,要抱好魂衣。

完成后,看看天色、时间,如果到了十一、二点,就要准备回村。不能太早,太早了碰到别人,魂魄就赖着不走了。持火把的人先将火把在地上敲击三次,大家站起来,绕着原来摆供品的地方转三圈。拿钢叉的人将fa2ma3(标音,不知何物——引者)串在叉上,放到火把上烧,然后就大声叫起来:某某人回家!此时根据师傅事先的安排,开始吹哨。在回家的路上,是不能摔倒的,摔倒的人,是会倒霉的。因此,年轻人应该照顾好老人。到了三叉路口、桥,要走快一点。到了村口,也得快跑,声音也要更大。喊累、吹累了,就换另两人喊、吹。一直到家都不能停。有些坏心人,可能会故意在路上等着搞破坏,碰到这样的人,叫魂的人会愤怒地将米撒到此人身上,那人可能就要倒霉。大声叫喊、吹哨,也是为了让不相干的人避开。

到家后，先到灶师菩萨处鞠躬，然后才进房，赶紧让病人穿上衣服，并马上给他喝热水，这样就有热气。如果感到做得不对、不好，就需要重做一次到两次。重做的话，要按照道士或神婆的要求去做。叫魂的报酬，根据病人的家庭状况而定，一般按照技术工人的规格。主家还要请吃饭，这样可不欠人情。[1]

这种仪式，现在还在当地时有举行。允亨小时候生病时，他父亲很可能曾举行过这个仪式。

　　在当地民众观念中，小孩是很脆弱的，因此围绕孩子形成不少习俗和仪式，寄养就是其中一种。根据一位村民讲述：小孩出生后，要将生辰八字交给算命先生，让他算命，五行根基很薄的，就有必要寄养。寄养的方式很多，不可乱寄。有的寄给大户人家，这是靠他的风水、气数帮助抚养；有的八字多刀、弓、剑，就要寄给树或神，这是靠菩萨的灵验来抚养小孩；或是寄给孤寡老人，他们的八字很苦、很硬，人们说他们将自己的儿子都吃掉了，当然不怕刀、弓、剑，能够承担得起。不过，由神寄养，也不可随意。像刀、弓一类，属于凶器，不能寄养给观音，倒是寄养给关公最合适，他是一个将军，不怕刀、弓一类。

　　寄养要写帖，在郲村一位仪式专家的抄本中，就有寄养帖范文。写好后，带着供品、蜡烛、金银去。供品分荤素，观音用素菜，而汪帝、关公用荤菜。寄给大户人家，要拣日子，写寄养帖，贴在中堂，还要拜此人的祖宗，说：小孩从此就是你的子孙了。然后按照此人家的辈分，为小孩起名，还要放鞭炮。每年三节（端阳、中秋、过年），要送礼、拜祖先。如果是寄养给神的，要备好供品。到庙内后，中间放三个碗，根据情况放上素菜或荤菜，两边点香烛。然后负责人（自家长辈，如小孩的父亲）先拜三下，然后将缘由告诉菩萨，说：某某要寄养在您的名下，请求菩萨收他为子。行礼要三拜九叩头。叩头完毕，念寄养帖。念毕，贴在菩萨的边上，没合适的地方贴，也可以化掉。寄养后要起名，中间一字有讲究，寄养给关公，用关字，观音用观字，汪帝用汪字，另

---

[1] 访谈人：余开建（婺源县沱川乡郲村），访谈时间：2009年11月21日。

一字可自选。[1]除了观音、关帝、汪帝外,也有寄养给社公的情况,起名加社字。笔者在沱川考察时,在东山寺、玄天上帝庙等寺庙内墙上,都发现了寄养帖,可见这种习俗流传至今。

痛感较强的疾病,有可能得到较及时的治疗。光绪八年正月二十八日,允亨患牙疼。当天就去燕山万喜先生家看病,并抓了24文药。次日,又去万喜先生家就诊,又抓药25文。[2]另外,急病、重病,大概也会及时找医生诊治。同治十一年五月,排日账记录了允亨一位侄儿病重请医救治的经过:

> 拾玖日天晴壬寅值成心宿　父亲接问吾先生看和深侄病……下晚和深侄病重,托允福兄卜卦乙介,许告木下神,又托善基先生来看经。
>
> 贰拾日天晴癸卯值收尾宿　父亲、允兴兄、本身早晨和深侄病重,托新旺叔过东坑接仰余先生来,病重无脉,不能医,到于辰时,去世夭伤。……[3]

和深所患何病,排日账没有交代,但无疑病得很重,先生前来诊断时,发现已回天无力。

从排日账可知,程家就诊有去医生处就诊和接医生来家中就诊两种方式,医生通常只负责开方子,病人或其家属拿到方子后,自行到药店抓药。此外也有不在本沱川就医,去外地看病的情形。前面提到发开前去歙县看病,就是一个例子。光绪九年八月,允亨前去屯溪,回程时曾去休宁城找一位医生看病。[4]当然,这种赴外地就诊的情况极为少见,排日账仅见两例。

如果医生诊治无效,病人及其家属就可能求助于宗教仪式,很可能在他们看来,这也是寻求治疗的一种选择。这一类型的治疗,包括几种方式。其一为讨仙丹(又称讨仙方)。道光二十六年九月十八日,发

---

〔1〕　访谈人:余开建(婺源县沱川乡郡村),访谈时间:2009年11月21日。
〔2〕　程氏排日账#7,光绪8/1/28-2/29。
〔3〕　程氏排日账#5,同治11/5/19-20。
〔4〕　程氏排日账#7,光绪9/8/8。

开曾去婺源东乡的虹关讨仙丹，[1]但排日账没有交代所治何病、为谁讨丹。光绪十八年正月，允亨母亲病重，允亨派同仓"出燕山周王先生讨仙丹"[2]。周王是周宣灵王，据说生前为宋代名医，现在篁村还有周王庙，是求药的地方，允亨所记燕山周王庙，很可能是篁村周王庙。光绪二十年六月，允亨曾上金岗岭"抽签诗，讨仙方"[3]。将近半个世纪后，少年詹庆良在离沱川不远的水岚，看到有人"因为小儿病痛，来到程家庵堂，求问观音大士，下些仙丹妙药，去把小儿医治"。另一天他还遇见一个人，因有人病重，前来村中"问问菩萨，求神发剂药，把他治好"[4]。讨仙丹，是通过求签的方式来讨取的。

为了了解家人病情，允亨有时到庙里求签。光绪十八年正月初二日，允亨就曾到金岗岭求签，当日排日账记，"已金光岭抽签问母病症"[5]，明确说明此行的目的是"问母病症"。此次求签的地方，应该就是金岗岭的玄天上帝庙。光绪十年十月二十六日，允亨"上高湖山抽（芊）〔签〕问母事"[6]，可能也与了解病情有关，另一种可能是通过求签来讨取仙丹。

排日账还提及另一种治疗方式。光绪二十六年五六月间，允亨生了几场病。五月二十二日，去鄣村找医生就诊，又买药2帖。六月二十七日、二十九日，又两次到燕山找万喜先生看病，并买药服用。七月初二日，又到燕山抓药。但病情可能没有明显改善。初四日，他"现十四文买献神祈土（杀）〔煞？〕亡（杀）〔煞？〕平安"[7]。这种方法与求签讨取仙丹不同，是主要透过给神明献祭的方式求得病情好转。此外，和深病重时，曾请来允福（一位大法）卜卦，结果是"许告木下神"，这可能也是一种治疗方式，只是这种方法的具体程序我们已经不得而知。

总体而言，允亨虽时有求助宗教仪式进行治疗的情形，但听之任之和求医问药的情况，要远远多于求助宗教仪式。

---

[1] 程氏排日账#2，道光26/9/18。
[2] 程氏排日账#11，光绪18/1/24。
[3] 程氏排日账#11，光绪20/6/7。
[4] 《詹庆良本日记》，王振忠《水岚村纪事：1949年》，第239、241页。
[5] 程氏排日账#11，光绪18/1/2。
[6] 程氏排日账#8，光绪10/10/26。
[7] 程氏排日账#12，光绪26/5/22，6/27，6/29，7/2，7/4。

由于诊治费用本身不贵，加之允亨一家对疾病多持听之任之的治疗态度，诊治费用在全年开销中所占比例应该不高。程家请医生诊断的费用，通常没有交代。光绪九年八月，允亨到休宁一个医生处就诊，排日账交代"礼仪乙百文"，[1]其中或许包含了药费。像今天一样，治疗的主要费用应该是药费。光绪四年是程家治疗次数较多的年份，我们对该年的药费做了统计，该年平时所付药费累计62文，年底支付的赊账436文，[2]总计498文。其他年份缺乏完整记录，药费难以估计。总体而言，程家每年的治疗费用应该不会超过一千文。

闲暇与娱乐

在很多人的意识中，传统时期的乡民终日为了生计奔波，少有忙里偷闲的一刻。事实究竟如何，过去因相关文献匮乏，难以进行系统的讨论，因而这方面没有多少系统的专题研究。现在我们对明清时代普通乡民的闲暇娱乐生活，应该说已有一定的了解，[3]但我们不太清楚，他们究竟每年有多少劳作之余的闲暇，又是如何打发这些时间的。对乡民的闲暇与娱乐的考察，不仅可以了解它们在乡民生活中的地位，其实也有助于了解乡民在不同时期的生存状态。

在第六章表6.1中，笔者已对排日账所记每日行事进行了分类、统计。在笔者统计的时间段内，程家家人每年有大约16.58%的时间大体属于我们所说的"闲暇"，在此期间休息或从事看戏等活动。这个数据还没有计入程家家人参与宗教仪式活动（进香及其他宗教活动、年节行事、人生礼仪）、社会交往（会社活动等）的时间，不然闲暇的比例将接近20%，这个数据低于黄志繁、邵鸿对晚清民国婺源五种排日账日常行事的统计结果。他们将记账人的日常行事分为生产劳作、休闲

---

[1] 程氏排日账#8，光绪9/8/8。
[2] 综合光绪四年全年排日账记录。
[3] 在民国时期的重要社会调查论著中，对乡村娱乐问题有一些论述，不过闲暇问题没有得到系统的处理。参见李景汉《定县社会概况调查》，上海：上海人民出版社，2005年，第312—366页；费孝通《江村经济——中国农民的生活》，南京：江苏人民出版社，1986年，第90—92页。明清社会史研究也触及闲暇问题，参见赵世瑜《狂欢与日常：明清以来的庙会与民间社会》，北京：生活·读书·新知三联书店，2002年。

与其他活动三种,其中休闲是排日账记做"嬉"或外出看戏之类的行事,他们采取的分类标准与笔者基本相同,因而其数据与本书得出的数据有可比性。他们认为,晚清至民国时期徽州小农的闲暇时间大概为30%,"相当于一年之中有大概1/3的休闲时间"。[1] 实际上,他们的统计结果是20%,但他们认为统计的排日账漏记部分并非农忙季节(包括一月至六月、十月至十二月),因此将这个数据上调至30%。笔者认为这个估计似嫌过高。因为上半年有茶季和春耕,包含了不少农忙时间,而十月至十二月是从事副业的重要时间,故而闲暇时间不宜估计过高。

表6.1中三个不同阶段闲暇时间的变动,也值得我们注意。截至太平天国前期,程家(主要是发开自己)每年的闲暇占了16.35%的时间;太平天国后稍有提高,上升至18.88%;19世纪80年代中叶分家后,闲暇时间所占比例下降至近13%,比前一阶段下降了将近6%。这说明,太平天国后的一段时间,是程家闲暇时间较多的一个时期。我们知道,这一时期也是程家生计状况较好的时期,是生计状况的改善给家人提供了更多的闲暇时间吗?可能性很大。程氏兄弟分家后,允亨一家变得更为忙碌,他甚至在雨雪天外出劳作。我们知道,这一时期是程家生计状况开始逐渐恶化的时期,闲暇时间减少的原因,应是由于这一时期为了应对生计状况的变动,程家家人投入更多时间来谋生,从而进入一个比此前两个时期都更加忙碌的时代。从这个角度看,闲暇时间多寡,在一定程度上折射出生计状况的好坏。

在没有从事生产也没有参与社会事务的日子里,程家家人所做的最常见的活动,是排日账记录中称为"嬉"的活动。在几天辛苦的劳作后,身体不适的时候,乃至跟家人闹矛盾、消极怠工的时候,都会选择"嬉"。在排日账记录中,"嬉"就是不干活、在家休息的意思。

如果不仅休息,而且外出闲逛,排日账多表述为"游嬉"。"游嬉"的范围,通常必须走出理坑。如光绪七年二月二十日,允亨自记,"父亲在家嬉,允兴兄在家嬉,本身出外游嬉,偷〔?〕(兰)〔懒?〕"[2]。

---

[1] 黄志繁、邵鸿《晚清至民国徽州小农的生产与生活》,第121页。
[2] 程氏排日账#6,光绪7/2/20。

"游嬉"之前加上"出外"二字,强调了"嬉"的场所不在家里。有趣的是,对"游嬉"这件事,允亨做了自我批评,称作"偷懒",这从侧面显示了允亨颇为勤勉的生活习惯。

游玩的范围,通常不出沱川。光绪七年十二月二十六日,允亨"出外游嬉、剃头",第二天又"上金刚岭(明)〔朋〕友嬉"[1],这位朋友应该是允亨的好友汪发祥,他所在金岗岭,是沱川比较偏远的村子。光绪十一年正月十九日,他到燕山申明亭玩。[2]光绪二十年十一月三日,又"出燕山、(今)〔金〕(光)〔岗〕岭嬉"[3]。光绪十年正月十五日,允亨"出外游,看台戏"[4],"台戏"应为前面提到的台阁,可惜没有交代"游嬉""看台戏"的地点。光绪二十一年正月二十八日,允亨的舅子吴成来访,允亨陪他"出燕山、鄣村游嬉"[5]。

不过有时游玩的范围,会扩大至沱川甚至是婺源以外的地方。道光二十年十月十七日,发开因族人打官司,进婺源城帮忙,次日在"婺源城嬉"[6]。光绪十九年程家与大连吴氏结亲后,允亨常到大连游玩。如光绪二十年二月十六日,他到大连走亲戚。次日,"在大连亲眷看地游山",第三天才回到上湾。[7]光绪二十一年正月十八日,他到大连亲戚家参与婚礼,次日开始至二十一日,连日在亲戚家玩,二十二日才回家。[8]光绪二十六日正月二十六日,他替人扛着木材进大连。他交代说,进村时他买了三根甘蔗到亲家家,此后在大连流连忘返,接连玩了五六天。[9]

允亨外出路程最远、时间最长的一次出行,发生于光绪二十七年。此时允亨年过五旬,又经历了前一年冬季的家计危机,心中烦闷可想而知。此年五月,他只身前往乐平县城,到一位熟人店铺玩。他于五月初一动身,初三抵达乐平县城,住在一位名叫余德隆的店中,从姓氏判断,此人应为沱川人,很可能是允亨的故人。此后排日账连日记,"己

---

[1] 程氏排日账#6,光绪7/12/26-27。
[2] 程氏排日账#9,光绪11/1/19。
[3] 程氏排日账#11,光绪20/11/3。
[4] 程氏排日账#8,光绪10/1/15。
[5] 程氏排日账#11,光绪21/1/28。
[6] 程氏排日账#1,道光20/12/17-18。
[7] 程氏排日账#11,光绪20/2/16-18。
[8] 程氏排日账#11,光绪21/1/18-22。
[9] 程氏排日账#12,光绪26/1/26。

乐平县德隆店嬉"。十三日,才动身回家,十六日回到家中。这次出行,前后花了半个月时间。乐平城似乎有不少沱川人。允亨抵达乐平的那天,就遇见一位"芳兄"。返回上湾后,他在排日账中补记:"乐平县对加喜叔借钱二百,买油纸三张、凉笠二顶支用。"[1]这位加喜叔也应该是沱川人。

这些"嬉"和"游嬉"等活动,似乎没有特别目的,其主要活动应为看热闹、与熟人拉家常等。不过这些看似没有直接目的的活动,对于了解沱川内外新近发生的事情,进行人与人之间的情感交流可能是相当重要的。

演戏是徽州乡村常见的娱乐活动。冷水亭是婺源西北的一个村落,发开、允亨都曾到过这个地方。光绪末年该村塾师欧阳起瑛所记排日账,就多次记录了起瑛的看戏经历。他不仅在本村看戏,还前往附近的冲田、游山、阳春、赋春镇等地看戏。村中组织演戏的,往往是一些会社。冷水亭附近的阳春、磻坑,目前均有戏台遗构。[2]笔者在婺源赋春镇冲田村一户村民家中找到的一本对联抄本中,就抄录了杂戏、目连戏、端午戏、社戏、禁鱼戏等演戏活动的对联。[3]

排日账也留下几笔允亨等人看戏的记录。同治十二年正月二十四日下午,允亨"上篁村看戏"。二月十五日、十八日,他又看了两天戏,但排日账没有交代看戏地点。[4]光绪五年十一月十一日、十二日,他连看了两日戏[5],这次也没有交代看戏地点。光绪十一年正月初四,同仓到篁村看戏。[6]光绪十二年三月,同仓到燕山看了四天的戏,这几天应该就住在允亨的外甥余羆能家。[7]这些戏是木偶还是大戏,是什么剧目,排日账大都没有交代。不过《我之小史》提到,光绪二十九年(1903)鸣铎去沱川就馆读书期间,篁村曾演目连戏,[8]允亨父子前去篁村,可能

---

[1] 程氏排日账#13,光绪27/5/1-16。
[2] 王振忠《排日账所见清末徽州农村的日常生活——以婺源〈龙源欧阳起瑛家用账簿〉抄本为中心》,第120—121页。
[3] 对联抄本,无题,钢笔抄写,无传抄年份。
[4] 程氏排日账#5,同治12/1/24, 2/15, 2/18。
[5] 程氏排日账#6,光绪5/11/11-12。
[6] 程氏排日账#9,光绪11/1/4。
[7] 程氏排日账#10,光绪12/3/5-8。
[8] 詹鸣铎《我之小史》,第150页。

也是观看目连戏。允享在大连观看的戏,排日账稍作交代。光绪二十年正月允享去大连看戏,排日账交代他看的是目连戏。允享于二十一日买了一些礼物,前往大连看望亲家。从此日起至二十四日,他在大连看了四天的目连戏,二十五日回家。[1]此外,排日账还提到,光绪二十六年二月初一日,允享又到"濂溪亲家看目连戏"[2]。

目连戏是讲述出家的王子目连下地狱解救其母亲的故事,是明清时代全国较为流行的剧目之一,在徽州也颇为流行,[3]晚明祁门文人郑之珍曾将目连故事敷衍成一百出的《目连救母劝善戏文》。[4]笔者在赋春冲田找到的对联抄本中,就收录了多副与目连戏相关的对联,其中有题作梅麓所作的两副目连戏对联,又有花园、古坦两地目连戏对联,其中花园有两副,而古坦多达十五副。[5]当然,晚清徽州乡间搬演的目连戏,未必像郑之珍所编的剧本那样,多达一百出,也不一定有浓厚的教化色彩。不过演出时间长达四天,其内容想来还是比较丰富的。目连戏演出通常并非纯粹的娱乐活动,而是具备较强的仪式功能,如在丧事期间演出的目连戏,就拥有超拔死者和孤魂的功能,这种演出仪式与戏剧属性兼具,具有"祭中有戏,戏中有祭"的特点。[6]

前面谈到,沱川的扛台阁活动,于每年元宵前后举行,是当地一年一度较为盛大的节庆活动,也是沱川地域一年之中最热闹的活动,程家家人每年大体都会去观看。另有舞狮活动,于每年春节后举行,上湾程氏每年于正月初四日举办活动,这也是沱川乡民每年可以观看的一种仪式、娱乐兼具的活动。这些活动已在前面讨论过,此处恕不赘述。

---

[1] 程氏排日账#11,光绪20/1/21-25。
[2] 程氏排日账#12,光绪26/2/1。
[3] 据茆耕茹编《目连资料编目概略》一书,徽州目连戏剧本有韶坑本、长标本、栗木本三种,参见《目连资料编目概略》,台北:施合郑民俗文化基金会,1993年,第264—265页。对目连戏的介绍,请参见田仲一成著《中国戏剧史》,云贵彬、于允译,北京:北京广播学院出版社,2002年,第197—206页。
[4] 对《目连救母劝善戏文》的讨论,请参见Qitao Guo, *Ritual Opera and Mercantile Lineage: The Confucian Transformation of Popular Culture in Late Imperial Huizhou*, Stanford: Stanford University Press, 2005.
[5] 对联抄本,无题,钢笔抄写,无传抄年份。
[6] 这是容世诚对仪式戏的经典概括,参见容世诚《戏曲人类学初探:仪式、剧场与社群》,台北:麦田出版,1997年,第16—17页。

第十五章 读与写

明清乡民的读写能力,一直是困扰学者的一个问题。清代究竟有多少人识字?目前为较多学者接受的一个数据,还是罗友枝(Evelyn S. Rawski)在1979年提出的估算:18世纪与19世纪掌握功能性识字能力的男性,约占当时中国男性人口的30%—45%,而此类女性只占女性人口的2%—10%。[1]不过即使是这样的数据,也遭到不少学者的质疑,甚至如何界定读写能力,目前也尚未形成共识;至于读写能力的掌握,如何影响民众的社会文化生活,对这个问题更缺乏有深度的讨论。[2]作为乡民读写能力的一个产物和见证,排日账为认识清代乡民读写能力提供了实物和文献证据,体现了普通识字乡民读写能力的程度与局限,也揭示了文字在19世纪乡民生活中的地位。

读写能力

程氏排日账出自程家三代男性成员之手,显示了发开祖孙三人的读写能力。笔者拟从三个不同方面,来讨论他们的读写能力。

首先,我们可以从排日账使用的单字,来推测三人掌握单字的大致数量。当然,这种推测得到的只是近似值,但仍可为了解读写能力提供相对直观的参考数据。对排日账用字的统计显示,发开所记排日账共计66632字,共使用单字822字;同仓所记共计55599字,共使用单字738

---

[1] Rawski, *Education and Popular Literacy in Ch'ing China*, pp. 22-23.
[2] 对清代民众识字能力界定问题的回顾与思考,参见刘永华《清代民众识字问题的再认识》,《中国社会科学评价》2017年第2期,第96—110页。孙青讨论了文本读写与知识、观念和文体之间的绾结,亦可注意,参见《以话演学:清末中西书籍的白话转写及近代知识下渗新策略》,《上海师范大学学报》(哲学社会科学版)2022年第2期,第146—152页。

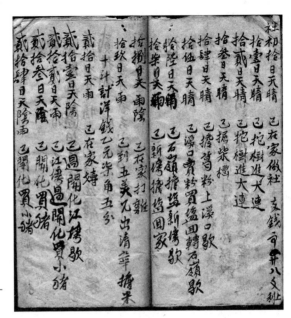

图15.1 程氏排日账页面一
(#4，咸丰六年，程发开记)

字；允享所记最多，共193231字，使用单字也最多，共1675字。这些单字使用量的不同，从侧面显示了程家三代读写能力的差异。

在上述三人中，我们多少了解第三代的教育状况。我们谈过，同仓在学馆学习的课本和内容，我们无从知晓，很可能包括但不限于杂字一类，不过可以确定的是，他共在学馆就读四年，因此，他所记排日账，可以说大致体现了一个普通（且不甚用功的）乡民子弟在四年时间里所能掌握的读写能力：在这段时间里，可以形成至少掌握700多个字的读写能力。这个能力可以作为一个尺度，来衡量其他两代的读写能力。发开掌握的单字，稍高于同仓，两人的读写能力大体不会相差很远。[1]相比之下，允享的读写能力，可能要高于父亲和儿子。仅他掌握的单字就比他们多出一倍有余。他的读写能力，在文本书写与阅读方面也有所体现，这一点暂时按下不表。

其次，为了更准确地理解程家三代的读写能力，我们还可以在句法层面，对他们所记排日账进行分析，了解他们如何遣词造句，如何组织

---

[1] 不过应该指出的是，发开、同仓的书法差别比较明显，前者的书法比较老到，而后者的书法显得稚嫩得多（比较图15.1与图15.2）。

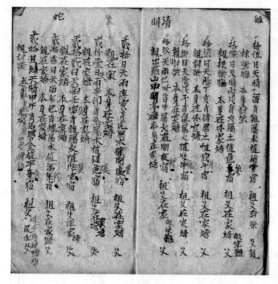

图15.2 程氏排日账页面二
（#9，光绪十一年，程同仓记）

句子之间的关系。考虑到发开与同仓读写能力相近，笔者将他们分为两组进行比较：发开与同仓合为一组，允亨自为一组。

可以看到，发开、同仓祖孙两人，在构词成句方面问题不大。他们所写句子，结构相对完整。试举数例：

1. 主谓结构

1.1 己在家嬉。（道光18/1/6）

1.2 己上午在家。（道光18/3/20）

1.3 本身上苦竹山。（光绪15/7/17）

主谓或主语＋表语的结构（有时包括状语），属于比较简单的句子，两人的表达都没有问题。

2. 主谓宾＋状语结构

2.1 己上午鱼塘背起灰蒻。下午大桥割禾。（道光19/8/20）

2.2 己男度担蒿〔粉〕至休宁县胡开文店。（道光19/11/13）

2.3 父亲、本身苦竹刴萝卜菜。（光绪15/7/14）

主谓宾＋状语结构，比主谓和主表结构稍难，不过从上述表达看，对两人而言仍不成问题。

3. 多谓语结构

3.1 己托连月弟度桥、庄下犁田、担粪、种灰蒻。（道光18/闰4/21）

3.2 己帮六姑出清华街籴米十斗乙升半。（道光 19/9/14）

3.3 祖父同众瓦窑坑做护坟、打石碑。（光绪 16/1/28）

上述三个句子，包含了两个或两个以上的谓语，结构相对复杂，特别是例3.2，包含了"帮""出""籴"三个谓语，但发开仍能流畅表达，说明这种句子尚不构成书写障碍。

那么，在事情较为复杂，需要数句方可表达清楚的场合，两人有没有能力处理呢？

4. 数句之间的关联

4.1 己渭桥担粉，至休城卖粉，回转至溪口歇。（道光 18/11/21）

4.2 己上西坑山烧炭。到仍山兆丕兄店移来七钱零半，还清。（道光 18/12/1）

4.3 己（胃）〔渭〕桥担葛粉至休宁县卖粉。又到歙县拣日子。回转至休宁县歇。（道光 18/12/14）

首先需要指出的是，在两人所记排日账中，有内在关联的句子很少，他们尽可能将需要记录的事务，分解为相互关联度不高的单句。其次，几乎看不到对一个事务的长达数个句子的介绍，也极少出现连词。从这一点也许可以推断，这应该是两人书写的极限。

那么，允亨的情况如何呢？首先，允亨所记排日账中，相互关联的句子相对常见。不过，在讲述一个需要数句才能表达清楚的事情时，他也遇见了障碍。同治十一年二月，程家与本族的辉悦（又写作辉月）发生纠纷。据排日账说，纠纷起因是一处茶坦被辉悦侵占，祖坟被迁葬。这次纠纷牵涉多人，前后持续了半年多时间，允亨记录了纠纷调处的全过程（有关这次纠纷，参见第十六章）。

排日账对纠纷起因的记录，出现于同治十一年二月二十二日，当天"父亲上苦竹山叫允兴兄、本身回家，抄珠山茶坦内被辉月侵害，祖坟迁葬"。这个表述没有多大的问题。二十四日，"父亲、允兴兄早晨托乡约余裕峰到此坟前验明被辉悦迁害祖坟、霸抢茶坦"。此日的活动应是发开、允兴父子请乡约到事发地点勘查纠纷所涉茶坦、坟墓，不过此处的表述不再流畅，"验明"之后直接接上"被辉悦迁害祖坟、霸抢茶坦"，这种处理显得有些生硬。

五月初四日，程家可能因乡约调处未果，请理坑余氏大房文会介入

第十五章 读与写

进行调处，当日记：

> 父亲、允兴兄、本身仝再叔抄珠山盖棺椁，被辉悦二月因此廿四日霸抢身之地，托大房文公理论，余余三、允前、裕峰、立修、仲巍、魁芳、仝先生，允兴兄□相劝，廷远祠坟山四至分明，左右内外人等无许安厝。

第一句话交代的是当天程氏父子所做的事。"被"字开头的那句，中间插入"因此"二字，表达较为突兀，而且"身之地"为主语，理应放在"被"字之前。第三句是交代纠纷的调处者，文气不畅。最后两句应是调处的结果，但句子前面没有交代，因而显得有些突兀。

五月二十四日，程氏父子将祖先棺椁葬入原处，当日所记文字中，又有"被辉悦抄珠山廷远公坟前迁葬"的表述，没有主语；"托中人约调处"后有"渐打勒"一句，不知何意。七月初一，在坟前立禁碑；初四日，纠纷得到解决，答谢余氏四大房士绅。这两天的表达也有问题。如七月初一记"被辉悦抄珠廷远公坟酬不安，约保相劝，订勒石到此坟前"，第一句的意思应该是，抄珠山廷远公坟被辉悦迁葬，"酬不安"不知何意。初三记"被辉悦打口仟葬廷远公下边"，又是以"被"字开头，也没有主语。[1]

由此可见，允亨对抄珠山纠纷调处过程的记述，不但有句子本身不甚完整的情况，而且各句之间的逻辑关系不甚清晰，似乎体现了记账人读写能力的极限。总之，经过四年左右的私塾教育，学童通常可以掌握简单的记事能力。这个能力的极限，也许是难以完整、通畅地表达一件事情的来龙去脉，也难以组织好跟此事有关的不同句子之间的关联。[2]

第三，我们来看看排日账的语言特征：记录者使用的语言，究竟属于文言还是白话？如何检测语言的文白特征？谢·叶·雅洪托夫（S. E.

---

[1] 程氏排日账#5，同治11/2/22，2/24，5/4，5/24，7/1，7/4。
[2] 当然也不排除一些学习能力强的学生，在学馆学习三四年后，能够将一件相对复杂的事情讲述清楚。前面提到的詹庆良，入学三年后开始记日账，他的日记已经能将相对复杂的事情说清楚了。不过他接受的是近代小学教育，和允亨生活的时代已不尽相同。参见王振忠《水岚村纪事》，第21—29页。

Yakhtov）提出的方法，为检测排日账的语言特征提供了一种不失为有效的路径。

谢·叶·雅洪托夫是苏联汉学家，主要从事汉语史研究，他从虚字的分类和统计入手，讨论了文言与白话文本之间的语言差异。雅洪托夫认为，虚字最明显地表现了文言与白话的差异。所谓虚字，是指虚词和虚语素以及代词和若干副词。他将虚语素和代词分为两个部分：一部分是上古汉语最常用的虚字，另一部分是近代汉语最常见的虚字。前者包括：（1）代词——其、之、此、何；（2）关系词——者、所；（3）名词性定语标志"之"和动词谓语标志"而"；（4）介词——以、于；（5）句尾语气词——也、矣；（6）其他——无、乃、则。后者包括：（1）代词——这；（2）名词性定语标志——底；（3）名词词尾——子、儿；（4）动词词尾——了、着、得；（5）其他——"个"（量词）、"里"（后缀词）、"便""只"。以此为标准，他选择具体的文本，对其虚字进行统计，进而确定其语言特征。[1] 这一方法为认识特定文本的语言特征提供了一个量化手段。下面选择程氏排日账部分年份（道光二十三年至二十六年、光绪十七年至二十二年）的记录进行统计分析。

表15.1　排日账中虚字使用次数表

语素	#2	#11	合计
A其	0	1	1
之（代）	0	0	0
以（介）	0	0	0
于	0	0	0
也	0	8	8
者	0	0	0
所	0	0	0
矣（语）	0	0	0
则	0	0	0
而	0	0	0

---

[1] 谢·叶·雅洪托夫《七至十三世纪的汉语书面语和口语》，《汉语史论集》，唐作藩、胡双宝选编，邱广君译，北京：北京大学出版社，1986年，第92—95页。雅洪托夫比较的是7至13世纪的文言文和白话文，但其方法适用于19世纪的文本。

续表

语素	#2	#11	合计
之（定）	0	4	4
何	0	0	0
无	0	3	3
此	0	5	5
乃	0	0	0
小计	0	21	21
B 便	0	0	0
得	0	1	1
个	0	1	1
了	0	3	3
里	0	31	31
这	0	0	0
底	0	0	0
着	0	0	0
只	0	1	1
儿	0	0	0
子	6	122	128
小计	6	159	165
合计	6	180	186

注：（一）程氏排日账#2，样本共包含18255字；#11，样本共包含50062字。
（二）表中字数未计入做其他功能使用的次数。

如表15.1所示，排日账的文言特征较为薄弱，虚字语素在样本1中完全没有出现，在样本2中出现的次数也很少，出现次数最多的"也"字，才出现8次，"此"字5次，做定语用的"之"字4次，"无"字3次，"其"字仅1次。近代语素在样本1的表现也很不明显，仅出现6次，而且仅有"子"一字，其他十字均未出现。样本2相对明显，共出现159次，不过分布很不均匀，"子"字最多，出现了122次，其次"里"字出现31次，他如"了""个""得""只"均不超过3次，"便""这""底""着""儿"根本没有出现。

可见，排日账使用的是文言和白话特征都不甚明显的语言风格。记录者在记账时，似乎有意避开了白话特征较为明显的虚字语素，但其读写能力又不足以驾驭文言文的书写，从而就使用了文言表达较少、白话表达也不多的不文不白的语言风格。

除了文字读写能力（literacy）外，数字读写能力（numeracy）也是一种重要的读写能力，并于近些年受到学界的关注。[1]作为排日账的书写者，发开、允亨本身具备必要的数字读写能力，是不成问题的。排日账中例行记录了每日发生的账目，这些账目显示记账人掌握了基本的数字读写能力。

更重要的证据，则是账中还记录了两人参与算账的事。比如清明期间，发开、允亨参与祭祖活动后，经常还需算账。光绪四年三月初五日记，"父亲同本身、允兴兄蒜坞、抄珠山卦钱，下午廷远祠算账"。光绪六年二月二十七日记，"父亲同允兴兄、本身蒜片坞做清明、卦钱，廷远祠本身当应，又三祠算账"[2]。发开还参与观音会算账，如光绪七年六月十九日，发开"同余宅选仪先生观音会算账"。光绪八年六月十九日，发开"在家观音会算账"。[3]发开去世后，允亨进入观音会，也开始参与算账。如光绪十八年七月初五日记，"己在家，观音会友算账"。此外，他还是三官会会友，参与会里算账，如光绪十八年十月十五日，他参与"三官会友算账"。[4]这些记录都证明，发开父子具备一定的计算能力。至于同仓，从他所记账簿看，应该具备初步的计算能力。

需要指出的是，发开、允亨父子虽然掌握一定的数字读写能力，也知道如何记账——这是他们学习识字的重要目的之一，但纵观他们所记排日账，两人似乎对日常发生的账目缺乏系统的记录和整理。他们所记的账，与每日行事没有分开（这正是排日账的特点），记账的方法是单式记账法，记账的主要目的是备忘。没有明确的证据显示，他们拥有清晰的利润意识，毕竟，他们只是会算计的乡民，而不是韦伯笔下追求利润最大化的资本家。[5]但这种读写能力，已经足以让他们记下重要的数

---

[1] 李伯重《八股之外：明清江南的教育及其对经济的影响》，《清史研究》2004年第1期，第6—8页。
[2] 程氏排日账#6，光绪4/3/5，光绪6/2/27。
[3] 程氏排日账#6，光绪7/6/19，光绪8/6/19。
[4] 程氏排日账#11，光绪18/7/5，光绪18/11/5。
[5] 韦伯《韦伯作品集》II《经济与历史 支配的类型》，康乐、吴乃德等译，桂林：广西师范大学出版社，2004年，第19—21、153页。

据，使他们可以相对自如地查对以往发生的债务、雇工劳动的天数、欠下的人情等，在不亏欠别人的同时，自己也没有蒙受损失，也使他们有可能在会社等社会组织中扮演一定角色。

此外，在反复研读排日账的过程中，笔者发现账中人名、地名、名物等不统一的情况随处可见，不少词有几种不同写法，而且基本属同音或音近字。人名中，允亨的叔父再顺有时写作再叔，有些写作灶叔；他的族人程允中有时写作允忠，有时写作允钟；程至杨，有时写作至阳，另有志杨、志阳等写法。地名中，燕山有时写作仍山；金岗岭，有时写作金刚岭，有时写成金光岭或金钢岭；赋春，有富村、付村等不同写法。这个清单还可以长得多。笔者认为，这种现象的出现，固然跟人名、地名等名词不甚统一有关，还可能有一个重要原因：允亨等人在日常生活中，其实主要是透过口耳相传的方式，接触到身边的各种人、地、物与行事的，他们在生活中既不会接触到多少与此相关的文本（从而可以建立一个"标准"），也无须一个"标准"来对此进行统一，因而也就在记录过程中留下了大量同音或音近的文字。这种文字与口传之间的关系，是在处理乡民读写能力时值得注意的。

文　书

作为一种文献，排日账记录也提供了记账者从事读写活动的若干直接、间接证据，这些证据为研究者了解其读写能力提供了不同于上述讨论的另一种重要线索。这些读写活动可以从文书与书籍两个方面来讨论。

从程氏排日账可以看到，程氏三代参与了几种文书的制作和使用。这些文书包括排日账本身、普通账簿、契约、对联及鱼鳞图册、实征册、碑刻、命课等。这些文书的制作和使用，体现了文本渗入普通乡民生活的广度和深度。

除了排日账外，我们知道同仓记录了普通账簿，因为他们所记的两本账簿保存至今。第一本账簿记录了光绪壬寅、癸卯、甲辰、乙巳、丙午、丁未（光绪二十八年至三十三年，1902—1907年）各年借贷、家用账目（图15.3）。第二本账簿记录了光绪戊戌、己亥、庚子、辛丑、壬

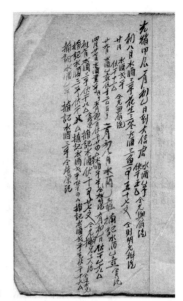

图15.3 程氏账簿#1

寅、癸卯、甲辰等年份（光绪二十四年至三十年，1898—1904年）的各类借贷、家用账目（图15.4）。

对于具备排日账书写能力的人而言，记普通账并非难事。不过从账簿书写安排看，同仓所记账簿比较混乱，缺乏预先规划，对各类账目没有进行分类，从侧面显示了记账者相对有限的账簿书写能力和财务管理能力。

在日用类书、酬世类书籍的帮助下，允亨可能会写契约，这些书中都收录了契约活套。我们在排日账书页中，找到了一张草契，立于光绪

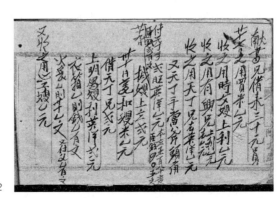

图15.4 程氏账簿#2

第十五章 读与写

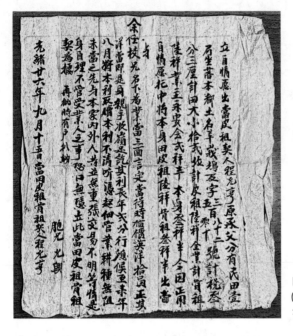

图15.5 出当皮租契（光绪二十六年，程允亨书）

二十六年九月十五日，从笔迹看应出自允亨之手（图15.5）。此田分田骨、田皮各租六秤，皮租为程家全业，骨租则由永安会与程家共有，前者占两秤半，后者占三秤半。程允亨将田皮和属于自己的骨租出当于一位余姓村民，当价十银元。出当之后，程家继续耕种土地，但每年需支付两分利息（年息20%）。

对联是各地节庆和人生礼仪中常见的文本。排日账共提及对联三次。光绪四年十二月二十九日，"本身托高元表叔众（理）〔里〕写对联五副"。光绪二十一年正月初一，"大堂前上新对联五副"。同月十八日，大连亲戚家结婚，他带着"联句一对"及其他礼物去庆贺。[1] 后两条没有提及对联出自谁手，不过第一条明确提到，对联是请别人写的。据此推断，允亨虽然具备一定读写能力，但应该不会写对联。当然，这并非因为他不懂如何写对联中出现的文字，而应是书法不够好的缘故。在几本排日账的首页和最后一页，允亨写下了不少文字，其中就包括对联。在同治十一年、十二年所记排日账中，允亨在首页写下不少涂鸦，其中包括了几副对联：

---

[1] 程氏排日账#6，光绪4/12/29；#11，光绪21/1/1、1/18。

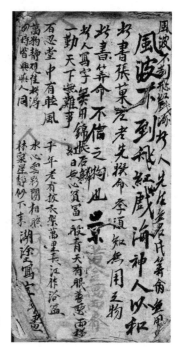

图15.6 排日账页面三
（涂鸦，程允亨书）

一勤天下无难事，
百忍堂中有睦风。

万物静观佳此得，
四时皆兴与人同。

世事让三分，天宽地阔；
心田留一点，子种孙耕。

　　这些涂鸦显示，允亨是有对联的读写能力的。甚至可以推测，他可能曾翻阅过某种对联书籍。
　　除了制作账簿、契约、对联等外，允亨在生活中还不时接触其他类型的文书，包括前面提到的婚礼文书及签诗、簿册、票据、族谱、碑刻等。
　　中国许多寺庙都有签诗，为前来烧香的人占卜前程。程氏父子到寺

第十五章　读与写　　377

庙进香、问事时，也常求签，这一点前文已多次提及。同治十一年十一月初一日早晨，允亨"上真武庙（揪）〔求〕（千）〔签〕"[1]，我们谈过，这座真武庙位于金岗岭。程氏父子时常求签的实物证据，是夹在排日账中的一些签诗。如光绪四年至七年、光绪十年至十一年排日账内，就保存了三张签诗。

前一册排日账内夹带了一支签（图15.7），后一册内夹带了两支签。这些签诗都由雕版印刷，上书"齐云山玄帝灵签"七字，可以断定来自齐云山。所谓"玄帝"，即玄天上帝，我们说过，这是齐云山最尊崇的神明。前面谈到，光绪五年、光绪七年，发开都曾前往齐云山进香，第一支签应该是在他进香时求取的。不过光绪十年、光绪十一年，程家并无家人前往齐云山进香，不知后两支签为何放入这本账簿内。

三支签都不错。第一、二支签均为"中吉"，第二支左边空白处还书"允亨签"三字，说明是给允亨求的。第三支签为"上吉"，更佳。这三支签，不仅包含编号、吉凶、征兆、签诗，而且后有断语，断语包括求子、求财、乔迁、诉讼、出行、功名、婚姻、走失、疾病、田蚕、家宅、继嗣、谋划、麻痘、寿命、六畜等事项，几乎囊括了常人生活的主要方面。

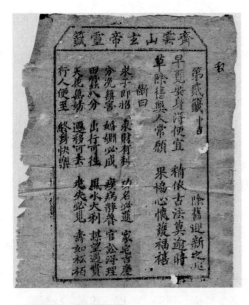

图15.7 齐云山玄帝灵签

---

〔1〕 程氏排日账#5，同治11/11/1。

齐云山玄帝灵签	第贰签中吉除旧迎新之兆 早觅安身得便宜 精依古法莫逾时 （草）〔革〕除旧弊人常愿 果协心怀护福禧 断曰 求子即招 求财有利 功名必遂 家宅吉庆 分涣无害 婚姻必成 疾病静养 官讼得理 田蚕八分 出行可往 风水大利 谋望遇贵 天花无妨 迁移可去 走失必见 寿如松柏 行人便至 终身快乐
齐云山玄帝灵签	第四十壹签中吉 落花流水之兆 客路忙忙古驿荒 不堪开眼见参商 且宜守旧朝昏度 庶得怡怡禄有常 断曰 子嗣宜求 胎孕男兆 行人信至 求财五分 占讼得理 迁移守旧 功名匆急 占婚不劝 走失难见 占病宜禳 山行不利 家宅宜禳 田□六分 风水平稳 谋望难成 麻痘无妨 问寿修因 终身后好 六畜久安
齐云山玄帝灵签	第四十五签上吉 风雷鼓舞之兆 夙有姻缘岂偶然 何须机械反常经 天空地阔原无碍 心自润明对太清 断曰 求财八分 六甲男兆 迁移大利 占讼平和 出行任往 终身康宁 功名高第 走失易见 占病延医 田蚕丰收 家宅大吉 子嗣早招 谋望遂心 行人速至 风水平稳 寿若松柏 痘疹平安 婚姻可劝 六畜兴旺

第十五章 读与写

图15.8 另一种卜问方式

除了齐云山签诗外，排日账还保存了几张没有标明地点和寺庙的签诗。光绪十年至十一年排日账内，夹有签诗一张，内有签诗四首，系手写。光绪十一年至十二年排日账内，也有签诗一张，内有手写签诗一首。前者仅有签诗无断语，后者有断语。此外，光绪四年至七年排日账内，夹有纸条一张，系雕版印刷物（图15.8），内有四言断语三首，上端书"圣阳阳圣阴阴圣阴圣"九字，可知此应为使用卜筶卜问吉凶所求签诗。从纸条所书，可知其法卜筶九次，依据九次卜问的结果，选出此一签诗。[1]签诗常用典故，多半不易索解。允亨未必懂得解签，不过有的签诗写了吉凶等级，还有文字浅显的断语，他应该是能够读得懂的。

在允亨经常接触的文本中，包括了政府基层组织有关的各种簿册。明初为进行乡村统治编制的两种册籍——黄册与鱼鳞图册，到了19世纪已发生较大变化，但类似的文本仍旧在乡村统治中发挥作用。实征册就

---

[1] 筶是一种卜具，由两片半月形木片组成，一面呈半圆形，另一面为平面，前者为正，后者为反。卜问时，将筶掷地，如两片正面向上，则是阳；两片反面向上，则是阴；一上一下，则为圣。

图 15.9　程家花户记录
（程氏账簿#1）

是从黄册衍生出来的一种文本，在徽州文书中颇为常见。民间常见的实征册，其实是从册书控制的实征册中抄录出来的，通常只过录跟特定花户有关的内容。程家账簿#1内，就留下了应该来自实征册的内容（参见图15.9）。这份清单罗列了程万利户下的田产字号、处所、钱粮及租额[1]。前三项正是实征册提供的基本信息。

另一种源自明初的册籍——鱼鳞图册，则直到允亨生活的时代可能还在继续使用。沱川所在的十六都的鱼鳞图册，似乎没有保存下来。不过笔者在大连考察时，获见了这个村落的鱼鳞图册（图15.10）。允亨对这种册籍应该是不陌生的。光绪二十六年二月八日，程氏兄弟陪同养源会执事"进查木坑及字四百四十乙号摆册净山"[2]。由于记录表述不清，我们无法知晓这天允亨一行在查木坑行事的具体内容，但可以大致确定的是，中间牵涉程家与大连人的管业纠纷。这里提到的"册"，应该就

---

[1] 也可能是以租额标示的土地面积。
[2] 程氏排日账#12，光绪26/2/8。

第十五章　读与写　　381

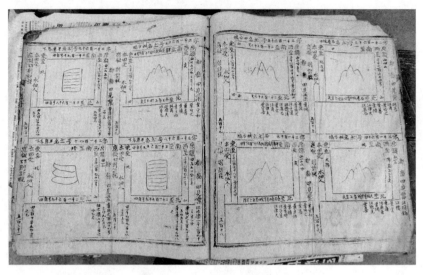

图 15.10　休宁县大连村鱼鳞图册

是登记山场管业情况的鱼鳞册。此外，允亨在同年一纸契约中提到的某处土地的字号和税则（详见附录六），可能来自实征册，也可能来自鱼鳞图册。

　　税票是允亨不时会接触到的另一种跟衙门有关的文本类型。程家有几处田产，每年缴纳钱粮时，想必都会收到税票，这些票据在徽州文书中颇为常见，程氏排日账内，保存了一张光绪二十六年税票（图15.11）。税票以雕版印刷，内容分为两个部分，右边为钱粮串票，左边是兵米串票。钱粮串票花户下，手写"有"字，而兵米串票则书"时有"字，时有或为程家花户名。钱粮串票"地丁银"下以墨印盖"柒分贰厘"，兵米串票"本色兵米"下盖"贰合"，亦用墨印。这应该就是该年程家需要缴纳钱粮、本色米的总量。左下角编号内手书"二百五七"，这应为税票的编号。查该年五月二十三日排日账记："已支一百八十二文过东坑托甲催交粮"，[1] 税票便夹于本页面的内页之中，可见应是此日交纳钱

---

[1]　程氏排日账#12，光绪26/5/23。光绪二十六年九月允亨出当羊菝坞田皮，契内有"时有户扒纳"五字，可为时有户为程家花户名的旁证。此外，程氏账簿#1有"程万利户"，又在"万利户"下书"新生"二字，并标明"癸丑秋造"，癸丑为光绪二十九年（1903），这可能是程家新设的花户名。

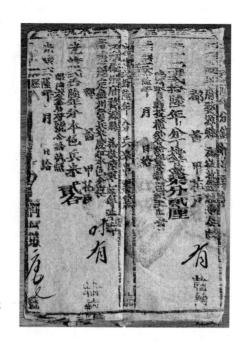

图15.11 光绪二十六年婺源县税票

粮后收到的税票。至于税票上书写的数据，之所以与排日账所记不同，是因为允亨缴纳的是折算成铜钱的钱粮。

除了税票，程家与商铺打交道时，有时也会收到票据。排日账内保存了几张此类票据。光绪二十六年排日账内保存了一张票据，上书：

发上
冬红格节米九斗
  计洋三元正
  此致
上
佑开兄照
  四月十三　回票

从最后一行可知，此票为回票，是商号发货的通知。回票"发上"盖红色"雅记"印，第二、三行大米、银元数上45度打侧盖红色"浩兴雅记"四字方印，最后一行月日与回票之间留白处盖红色"施浩兴雅记"方

第十五章　读与写　383

图15.12 票据一

印（图15.12）。施浩兴记是清华的一家米店。[1]查光绪二十六年四月十三日记，"己出街，英洋叁员浩兴号籴米六斗贰升零半，又足色酒半砠，计价九角贰（分）〔钱？〕六分还店账。又帮吴郁开家（家）赊米九斗正，身充出乙斗，共十斗，托余孚良挑回来"。四月十三日，允亨前往清华施浩兴号米店籴米买酒，又帮大连亲戚吴郁开籴米九斗。允亨自己将自己的米、酒挑回家，同时请一位余孚良挑回替亲戚籴好的米。这张回票应该是米店交给余孚良的，此人将米挑到程家后，同时将回票交与允亨。回票上的佑开就是允亨的亲戚郁开，票上大米的斗数与排日账所记相符。

另一件票据保存于光绪八年至九年排日账内，上书：

顺意叔
该钱四百十六文。
十二月廿四盛兴字（"盛兴"二字盖红印，印文为"任枝"）。

这应该是一件提醒债务人付款的通知（图15.13）。除这两件外，光绪二十六年排日账内，还保存了两张收条。其一书："二月十二（？）收银亦（？）洋乙元，找去钱九十文，合讫。广源字。"另一件书："六

---

[1] 程氏排日账#12，光绪26/2/18："己同儿帮濂溪吴回春兄弟英洋六元出街浩兴号籴米，付贰十斗。"程氏排日账#11，光绪27/6/18："己出街浩兴店籴米二斗四升半，又付英洋乙员。"

月十六收亦（？）乙元，九五入亦（？），仍该钱三百卅七。信义。"广源、信义都是理坑的杂货店，程家常到两店购买面、酒、布等物。[1]

除上述文书外，排日账中还频频提及命课。沱川人很看重八字，允亨自己就对此颇有兴趣（详下）。新生儿出生后，多算其流年，排日账称之为"起命章"。账中对此记录颇多，前面已经谈过，此处不赘。

程氏有族谱吗？排日账没有提及。笔者在上湾考察期间，程氏族人说以前有过族谱。不过我们确切知道，沱川余氏、大连吴氏是有族谱的，两者都保存至今。不管有无族谱，程氏是有祠堂的，在允亨生活的时代，祠堂内应该立有神主牌。就算是今日，笔者仍在一户程氏族人的阁楼上，发现了几块神主牌——这也是一种乡村常见的写有文字的物件。

图15.13　票据二

最后，碑铭在允亨的生活世界颇为常见。墓碑上通常都刻有文字。沱川还立有不少禁碑。同治十一年，程家与程辉悦因茶坦、祖坟发生纠纷，程家最后确立了管业权，决定在祖坟立碑，这应该也是禁碑。允亨在排日账中抄录的笔记中，也包括以下应该来自碑刻的文字：

> 吊石岭沿松树，往来贵人帮扶看者长养，禁防火盗。〔不？〕许垦种路底。合川公具。
>
> 大清光绪三年三月大种松树荫木长生。

吊石岭是沱川的一个地名，允亨曾在岭上种植松木，[2]这些文字应该是吊石岭护林禁碑的内容。

---

[1] 如光绪十一年二月十九日记："对广源店赊酒十文，做清明。"二十日记："对广源店水伏十二文。"光绪十四年十一月二十七日记："父亲讨柴子卖广源号。"光绪二十年九月二十五日记："信义号火酒廿五文。"光绪二十年十一月初一日记："信义店布下欠钱二百廿五文。"光绪二十一年二月二十四日记："己出溪口，支英洋乙元买盐卅二斤。……又帮信义四十六斤。"四月二十六日记："信义店来来面二斤，计钱一百廿八文。"参见程氏排日账#9，光绪11/2/19，2/20；#10，光绪14/11/27；#11，光绪20/9/25，11/1；光绪21/2/24，4/24。

[2] 光绪四年二月初三日排日账记："本身上吊石岭种松木，转安种安起，上转安欢喜凸。"此后，光绪六年三月初一日也有在此处种松树的记录。参见程氏排日账#6，光绪4/2/3，光绪6/3/1。

书　籍

由于家庭条件并不宽裕，程家应该不会有什么书籍。在数十年的排日账记录中，有关购书的记录仅见一笔。光绪十九年十月二十七日记，允亨买"江隆号水伏、通书、火酒廿九文"，[1]江隆号是理坑的一家食杂店，允亨是这里的常客，此日在店内购买的货物中就有通书。通书是传统乡村最常见的书籍之一，香港新界僻远的大埔海下村老塾师翁仕朝（1874—1944）留下的藏书中，就包含了不少通书。[2]根据祁门胡廷卿账簿的记录，从光绪八年至宣统二年，胡家不时购买通书或时宪书，每册价格仅10—12文。[3]通书内容驳杂，举凡帖式、礼仪、择吉、相术、堪舆、医药等知识都收录书中。葛兆光指出，这类书籍为在民众中间传播知识和思想提供了重要渠道，认为"它在民众中不仅是现代意义上的'日历'，而且还是生活中的'百科全书'，甚至还是民众精神生活的'指南'"。[4]通书对排日账书写有很具体的参考价值。排日账每日所记文字中，包含当日干支、值星、星宿等，每月也记干支，节气一般会记时辰，这些信息应该都来自通书。

虽然程家没有什么藏书，但他们要接触到书并不难。明清时期的徽州，刻书业发达，在本府境内流通的书籍应该数量可观。[5]2011年11月，笔者在考察允亨亲家所在的大连村期间，在一户村民家中发现了不少书籍，如《人谱类记节要》《曾文正公大事记》《曾文正公家书》《曾文正公哀荣录》《增广诗韵全璧》《楹联丛话》《影印名人楹联真迹大全》《历算全书》《梅氏历算辑要》《画梅辩难初编》等，基本上是晚清民初的石印本。詹鸣铎回忆说，他小时候曾在母亲指导下阅读了《收白蛇》

---

[1]　程氏排日账#11，光绪19/10/27。
[2]　王尔敏、吴伦霓霞《儒学世俗化及其对于民间风教之浸濡——香港处士翁仕朝生平志行》，《"中央研究院"近代史研究所集刊》第18期（1989年6月），第86页。翁仕朝所存通书，自民国二年以迄民国三十三年去世之年，每年皆有备存。
[3]　董乾坤《晚清乡绅家庭的生活实态研究——以胡廷卿账簿为中心的考察》，第205页。
[4]　葛兆光《〈时宪通书〉的意味》，《读书》1997年第1期，第46页。
[5]　刘尚恒《徽州刻书与藏书》，扬州：广陵书社，2003年；徐学林《徽州刻书》，合肥：安徽人民出版社，2005年；《法国汉学》丛书编辑委员会编《法国汉学》第十三辑《徽州：书业与地域文化》，北京：中华书局，2010年。

《状元祭塔》的曲谱。[1]刘伯山在黟县宏村万氏家族找到一批20世纪40年代之前印行、传抄的印本、抄本,总数约110册,他记得的印、抄本有《论语(朱子集注)》《孟子》《孟子序说》《诗经》《诗经旁注》《书经》《书经旁注》《易经增订旁注》《礼记》《通书备要》《文明尺牍教科书》《唐著写信必读》《中华民国应用商业写信必读》《命学大成》《命学摘要》《趋吉避凶》《梅花神数》《选择总要》《算书(又名大九归读诀)》《二道同钞》《大清律例全纂集成》《大清律例》《海陆军法规三十二种》《绘图百家姓读本》等。[2]允亨少时可能也接触过里面的一些书籍。有证据显示,除了学馆的若干课本外(这一点反倒没有直接证据),允亨肯定接触并阅读过一些书籍。最直接的证据,还是排日账所记信息本身。光绪六年正月初六日允亨记,"本身在家抄书"。二月初五日又记,"本身捃禾秆,又抄书"[3]。两处明确提到抄书,可惜没有交代抄录书籍的书名,也无从知道是写本还是印本。

青年允亨是喜欢涂鸦的人,他记录的同治十一年至十二年、光绪四年至七年、光绪八年至九年、光绪十年至十一年这几本排日账,都留下他的涂鸦。这些涂鸦从侧面显示了他的阅读取向。除了对联外,他对术数颇感兴趣,特别是命理和风水。在光绪四年至七年排日账的第一页,他写下这些话(图15.14):

> 此书出于唐朝国师杨筠松,秘藏于琼林宝书库,后德曾文㢱、宋国师吴景鸾得授传于山廖金精。要依四季节气浅深,选全依山向日时。……
>
> 四重阳水四重寅,离坎交争旺气赢,运至火乡□〔成〕富贵,往〔来〕须忌对提刑。人命如逢四卯全,年头辛字又相连,身轻福浅(尤)〔犹〕闲事,诚(忍)〔恐〕将来〔寿〕不(胜)坚。金龙

---

[1] 詹鸣铎《我之小史》,第93页。
[2] 刘伯山《晚清徽州乡村塾学教育的实态——以黟县宏村万氏塾学为中心》,第103页。有关晚清、民国时期乡村流通书籍的讨论,还可参考王尔敏、吴伦霓霞:《儒学世俗化及其对于民间风教之浸濡——香港处士翁仕朝生平志行》;刘永华《后五四时代中国内地的书籍流通与阅读取向——基于四份书单的分析》,《复旦学报》(社会科学版)2022年第1期,第97—113页;李仁渊《乡村中的文本流通与文本知识的传播——对19世纪闽东山区陈氏家族藏书的初步观察》,《上海师范大学学报》(哲学社会科学版)2022年第2期,第138—145页。
[3] 程氏排日账#6,光绪6/1/6、2/5。

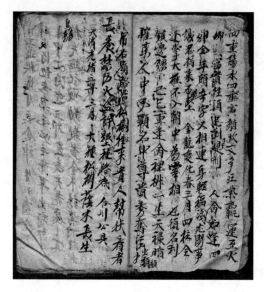

图15.14　程允亨的笔记

变化春三月，四柱全逢掌大权，不入朝中为宰相，也须名利（镇）〔震〕边疆。已巳重逢命里排，一生天禄暗催来，人中必显名（中）尊贵，秀夺江山出类才。……

　　日主通根岁月良，食神生旺寿元长，财取得地无枭杀，必主荣华出（颡）〔类〕郎。月中又得逢三卯，豆麦天花处处宜。樵夫总记歌。勤（鞑）〔俭？〕黄金本，诗书丹桂根。

　　这段文字的前几句，大意说的是与风水术传承有关的掌故。"四重阳水四重寅"开始，则来自谈命理的书籍，从此句至"秀夺江山出类才"一句，出自《渊海子平》的《天元一气诗诀》。[1]最后一段应该也来自命理类书籍，来源待考。《渊海子平》题为宋人徐大升所编，为八字命理学的宗祖之作。所谓"天元一气"，是指"四柱"（出生年月日时）完全相同的命造。据说，这种命造"不论如何富贵，究嫌偏枯，多凶亡"，如隋炀帝、杨贵妃命造为四乙酉，张飞命造为四壬寅，均以凶亡。[2]

　　比对原书可知，允亨抄录的这几句歌诀，有疏漏和笔误多处，如

---

[1] 徐大升编、李峰注解《渊海子平》卷五，海口：海南出版社，2002年，第630页。
[2] 徐大升编、李峰注解《渊海子平》卷五，第631页。

第四句"往"字后漏了"来"字，第七句"犹"写成了"尤"，第八句"恐"字误录为"忍"，漏去"寿"字，又衍一"胜"字，第十二句"震"写作"镇"，或是因为版本不同，第十五句衍一"中"字。在十六句的歌诀中，疏漏多达六处，除读写能力的影响外，或许跟抄写者粗心也不无关系。[1]此外，《天元一气诗诀》共四十句，不知何故，而允亨仅抄录了十六句。他为何抄录这首歌诀呢？也许是由于这种命造颇为罕见、奇特，激发了他的好奇心吧。

有趣的是，在上引笔记之后，允亨还写了"乙亥二月十二亥时"数字。这是谁的八字呢？程家家人中，出生于乙亥年的是同仓，那是光绪元年。因此这应该是同仓的八字。我们谈过，沱川孩子出生后，多算命课，作为父亲，允亨关心孩子的命运是合情合理的。此行左边，写有若干干支和日期，并在其下注明"禄""贵人""养""生""败"等字。这些是程氏家人的八字吗？我们无法确定。[2]此外，另一本排日账封二，写有"旧母命家屋二月十五日辰时生"数字，"旧母"应即舅母（排日账"舅"多写作"旧"），因此这应该是允亨某位舅母的八字。不知何故，允亨记录于此。

笔者推断允亨对风水书籍有相当大的兴趣，除了上引跟风水术传承有关的诗句外，还有一个重要证据：允亨不时到处"看地"。允亨的父亲发开，就对风水术有一定了解，甚至还帮助亲戚"看地"。同治十二年正月二十一、二十二日，发开"出燕山帮荣善表兄出岭外看地"。光绪十七年正月十六日，他又"出燕山帮熊能表兄出青山岭看地"。允兴和同仓应该也对风水术略有所知。光绪十八年三月初五日允亨记道，"儿同兴兄出岭外看地"。光绪二十二年正月二十二日，允亨父子"上小沱白石坑原看地，遇雪回家"。[3]

至于允亨自己，看地的记录所在多有。同治十二年，允亨还只是二十三四岁的青年，正属喜欢涂鸦的年龄。正月初三日，程氏兄弟"出月岭外游山看地"。二十四日，允亨自己"出月岭外游山看地"。光绪

---

[1] 还有一种可能，允亨是在读书后，先记诵了这些内容，然后凭记忆默写出来，这样才能理解同音字错误的问题。
[2] 程氏排日账#6，账前页面。
[3] 程氏排日账#5，同治12/1/21-22；#11，光绪17/1/16，光绪18/3/5，光绪22/1/22。

十一年正月十五日，允亨"同飞舅上南麓看地"。光绪二十年二月十七日，他去大连走亲戚时，也"看地游山"。光绪二十六年二月二十九日，他帮大连人挑米进大连，中饭后，"看狮地。又过岭戴坑，又看蛇（刑）〔形〕地"。三月初四日，他再次前往大连看地，当日排日账记："己濂溪吴正升兄家早晨看地。又对上村同余星元亲帮吴树清先看地"。[1]此处是陪同风水先生帮助亲戚看地。

不过，允亨自身对风水术的了解大概不够精深，因此碰到家中要找合适的墓地，还是需要雇请风水先生。同治十二年二月十九日，他"托五和哥到西坑山（看地）、蒜片坞、理塘坞三处看地，又支钱二佰文看地先生"。光绪二十一年三月初四日，又"托查允三先生上坑山看地"。[2]前一条明确提到他请的人是"看地先生"。程家在蒜片坞、理塘坞都有祖坟，程家大概想确认其风水优劣，或是确认附近是否尚有合适的墓穴。他支付给风水先生的工钱是200文钱，比茶季茶工的工钱（160文/天）要高一些。

应该说，在发开、允亨生活的19世纪，社会上流通的日用类书，大都包含命理与堪舆知识，即便通书也编入了最低限度的命理、堪舆知识，因此，他们要接触到这类知识并不难。[3]不过也正因为如此，要认定发开父子的命理、堪舆知识的确切来源，几乎是不可能的。

我们知道，19世纪后期，西方、日本书籍的译介和近代知识与思想的传播，在一些大都市已逐渐蔚然成风。那么，这些印刷品，特别是报纸是否渗入允亨的生活世界呢？笔者在排日账中没有找到相关信息。不过刘汝骥主持的调查，为此提供了一些线索，各地报纸的销售与阅读情形是这次调查的主题之一。

根据这次调查，报纸已经进入徽州部分人群的生活。首先，这一时期至少有十几种报纸在徽州流通，如休宁县民情报告称："官报之派销，如《政治报》《学部报》《南洋报》《安徽报》，由县署转发各界；《芜湖

---

[1] 程氏排日账#5，同治12/1/3，1/24；#8，光绪11/1/15；#11，光绪20/2/17；#12，光绪26/2/29，3/4。
[2] 程氏排日账#5，同治12/2/19；#11，光绪21/3/4。
[3] 吴蕙芳《万宝全书：明清时期的民间生活实录》，上册，台北：花木兰文化出版社，2005年，第122—131、145—159页；Palmer, ed., *T'ung-shu: The Ancient Chinese Almanac*, pp. 46-50; 陈进国《信仰、仪式与乡土社会：风水的历史人类学探索》，上册，北京：中国社会科学出版社，2005年，第276—312页。

报》《汉口报》商界偶一见之。上海之日报如《神州》,如《时报》,如《中外》,如《申报》,如《新闻》,如《舆论》,如《女报》,由屯溪民局寄送者约十分内外,由邮局寄送者约五十分内外。又《东方杂志》《教育杂志》《卫生报》《医报》《国粹报》见于绅学商界者约十分云。"[1]

那么,这些报纸仅限于在社会中上层流通,还是也在乡村流通?各县情况似乎不尽相同。歙县"学堂、商会及城镇绅商皆喜阅报纸,乡曲农民不知报纸为何事,销数不甚多"。而祁门县情况稍好,"祁虽山邑,向喜阅《京报》、阁钞,自沪上报馆接踵而起,购阅者亦渐多。就所查悉者,除县学两署及城乡各学堂外,城内销报十四家:东乡浒溪销报两家,南乡平里、鳙溪等处销报六家,西乡历口、闪里等处销报四家,北乡善和等处销报两家。"订阅并非报纸流通的唯一方式。由于徽州在外经商者所在多有,不少报纸应该是由在外亲友寄回的。如"黟之经商客外者,每以阅过之报寄回家乡,故报纸可阅者甚多,由沪上邮局递到报纸亦有十数份"。[2]可见不管是透过邮购订阅还是亲友寄回的方式,事实上报纸在乡村应该是不难看到的。

不过,婺源士人对本地报纸销售、流通的情况不太乐观。在报告册中,起草报告的婺源士人汪开宗指出:

> 我婺地僻民贫,阅报者鲜。前创设阅报社一处,未匝岁中辍。邮局又玩懈异常,故四乡有商业在外者多不由邑邮递送。惟《时报》二份、《神州日报》三份、《汇报》二份、《新闻报》《中外日报》各一份而已。至若《外交报》,各种官报,除县署外无人购阅。购报如此其少,递报如彼其艰,宜邑人故见自封,全无世界思想也。[3]

细读这段文字,报告侧重说的是,婺源订阅报纸者很少,但他也注意到,"四乡有商业在外者多不由邑邮递送",因此事实上有一定数量的报纸,是由旅外婺源客商通过其他方式寄回老家的。

综合《陶甓公牍》提供的信息看,在允亨晚年,一些报纸已经开始

---

[1] 刘汝骥《陶甓公牍》卷十二《法制科》,第230—231页。
[2] 刘汝骥《陶甓公牍》卷十二《法制科》,第220、255、265页。
[3] 刘汝骥《陶甓公牍》卷十二《法制科》,第243页。

进入徽州，而且它们的流通范围不限于城镇，也在乡村流通。不管在家中劳作之余，还是在外出访友时，他并不是没有可能接触这些近代报纸的。至于他是否阅读，报中信息是否进入他的观念，我们无从知晓。

对程允亨及其家人读写能力与读写实践的讨论，显示了受过四五年学馆教育的乡民所能企及的读写能力。笔者认为，经过四年左右的学习，一个孩子可以掌握700字以上单字的读写能力和数字读写能力。依靠这种能力，他能够使用不文不白、不甚标准的文字，表达日常生活中遇见的各种基本行事。不过这种读写也有其限度，他可能难以完整、通顺地表达一件相对复杂的事情的来龙去脉，也难以组织好跟此事有关的不同句子之间的关联。

这种读写能力的掌握，有助于一个乡民处理日常生活中的各种文书——这其实就是"功能性识字"（functional literacy）的基本内涵。他有能力记账（普通家用账和排日账），可以写契约，估计也能写简单的书信。他还读得懂各种类型的文书：与衙门有关的实征册、鱼鳞图册等册籍及税票，与节庆和宗教仪式行事有关的对联、签诗与命课，与商业活动有关的收据及其他票据等。在书籍方面，具备上述读写能力的乡民，可能读得懂不太深奥的族谱与碑刻文字，也读得懂比较浅显的有关命理、风水等方面的书籍。换言之，这种读写能力，足以让一个乡民处理日常生活中遇见的大多数文字材料。

本章的讨论还显示了文字渗入19世纪乡村生活的深度与广度。即使在像允亨、同仓这样的普通乡民的生活中，文字材料也已进入生活的不同侧面：户籍与赋税（实征册、鱼鳞图册、税票）、经济与法律（账簿、商业票据、契约）、社会（族谱、碑刻）、宗教仪式（对联、签诗、命课）等。特别是记账，成为发开祖孙三代每日的基本功课之一。这种格局，可以说是长达数百乃至上千年"文字下乡"进程的一个结果，也不妨说是近代普及大众教育前夜乡民与文字密切互动的一个例证。在民国学者讨论如何让文字下乡之前，其实文字已经深深地渗入徽州这样的乡村地区；文字的书写与阅读，很可能已成为普通乡民日常生活的一个重要构成部分。

第十六章　乡民与王朝国家

程家经常跟衙门打交道吗？他们是经由哪些制度与王朝及其代理人打交道的？王朝国家在程家的生活世界中扮演着何种角色？对程家所涉政治场域的讨论，必将面对这些基本问题。

细读排日账可知，除了光绪十年前每年前往衙门缴纳钱粮外，程家家人极少前往衙门办事，跟衙门中人打交道的机会也非常罕见。在排日账将近四十年的记录中，程家家人只到县衙打过一次官司，而且不是为了自家的事。那是在道光二十年十月十七日。当日排日账记，"己仝早月兄、允福侄兄下婺源城走脚。因正言先兄家远女嫁度坞，门户不等，打官司"[1]。一位族人卷入一场婚姻官司，发开前去婺源城助阵。他在婺源城待了两天，十九日就返回村里。在排日账记录中，衙门中人前去上湾办事仅见一次。光绪二十六年五月十三日记："己同儿、弟因族内敬敷、雄四二人斗殴命案，允法故也，县主（法）〔发〕（钗）〔差〕人到此家内，身、儿躲东山下添灯兄家鱼塘屋内免见。"[2]为躲避衙门差役，允亨父子躲到邻村东山下朋友余添灯处待了三天，十六日才回到上湾。这次其实并未真正与衙役打交道。

这两次，是程家在数十年时间里，除了缴纳钱粮外，仅有的两次与县衙和衙门中人遭遇的经历。在平时，程家更多是与王朝国家的基层组织与基层代理人打交道。要理解清王朝在程家生活世界中的角色，理解程家的政治体验，就必须理解程家与哪些王朝基层组织和代理人打交道，而要理解程家与哪些组织和代理人打交道，必须从明代建立的乡村统治制度谈起。

---

[1] 程氏排日账#1，道光20/10/17。
[2] 程氏排日账#12，光绪26/5/13。

都图组织与钱粮缴纳

明初建立的乡村统治制度，大体由三个部分构成：里甲组织的主要职能是征收钱粮、勾摄公事，里老人的基本职能是调解民间细故、民事纠纷，而里社坛、乡厉坛祭祀制度的职能是神道设教，强化对乡民的意识形态控制。这三个部分基本以里甲组织为依托，或可称之为"里甲综合体"。这个体系虽然历经五个世纪，但都对程家的生活世界产生或大或小的影响。

在明清很长的时间内，里甲组织是王朝乡村控制体系的核心部分。有关明清时期婺源里甲组织的建立与沿革，康熙《婺源县志》记载：

> 明定制坊厢八、乡六，统松岩等里三十、都五十。至洪武二十四年，编户一百六十四里。后渐归并，计一百二十九里，厥都四十，厥里编户一百二十八，内坊厢八里、乡都一百二十里。至嘉靖四十一年，增编坊厢四里、乡都一里，共一百三十三里。隆庆六年，新增乡都七里、坊厢二里。万历二十年，复增乡都二里，合隆庆共增十一里，计一百四十四里，实一百三十八里。至国朝康熙二十九年，奉总督部院傅宪碑，新增一十五里，今共一百五十三里。

明初婺源设164里，后屡有增减，康熙二十九年（1690）增图后，婺源共计有坊厢14里、乡都139里。[1] 此后，乾隆八年、乾隆九年增2里，共155里。[2]

要理解上述论述，必须对明初的松岩等30里与后来设置的164里进行区分。尽管使用的同是"里"字，但两者的内涵差异颇大。所谓松岩里等30里，见于县志，包括：万安乡统松岩里等5里；浙源乡统4里，沱川里

---

[1] 康熙《婺源县志》卷之二《坊都》，页1a—1b。增图是康熙二十九年前后两江总督傅腊塔在江南地区推行的一个图甲制改革，在徽州府得到实施，这个改革允许部分甲户脱离原先的图甲，组合成新图，在新图完粮当差。有关增图的讨论，参见权仁溶《清初徽州的里编制和增图》，《上海师范大学学报》（哲学社会科学版）2007年第3期，第100—106页；黄忠鑫《清代前期徽州图甲制的调整——以都图文书〈黟县花户晰户总簿录〉为中心的考察》，《清史研究》2013年第2期，第44—55页；舒满君《清代田赋定额的地方实践——以徽州地区为中心》，厦门大学博士学位论文，2018年，第105—114页；刘永华《清代徽州增图的新认识：婺源县十六都四图的例证》，《清史研究》2023年第6期，第24—39页。

[2] 道光《婺源县志》卷之三《疆域四·坊都》，页1b。

为其一；来苏乡统芮平里等4里；丹阳乡统瑞亭里等6里；怀金乡统黄江里等5里；游汀乡统符溪里等5里。以上共计29里，与明初30里仅相差1里，因此可以断定，以上各里就是明初"松岩等里三十"中提到的"里"。[1]

那么，这个"里"与县志中提及的164里（乾隆朝起为155里，其中乡都141里）之"里"有何差别呢？要回答这个问题，需要对婺源乡、里、都、图的关系稍作梳理。笔者整理了康熙志所载各里、都辖图的信息，编制成附表8。从附表8可以看出，康熙增图后，婺源县50都下辖139图，与县志前引乡都139里的数据正相合，可见139里之"里"，并非明初30里之"里"，而是139图之"图"。事实上，道光《婺源县志》解释说："啚，音图，所以统甲与户者也，亦谓之里，统于城与都，村皆统于都。"[2]从表中还可看到，婺源每里统一至二都，而每都统图一至七、八个不等，以二、三个较为普遍，可知清代婺源的基层制度为都图制，基层组织以图为基本单位。在清代婺源民间文献中，也以某都某图为较为常见的表述方式。

查康熙《婺源县志》，沱川属浙源乡，浙源乡统里四、都七，沱川里辖十八都。据县志载，十八都："原五啚，隆庆六年升六图，康熙二十九年奉宪增七啚，今共七啚。"列于十八都的村落有清华、龙亭、大坞、长滩、甲椿、花园约内诸姓、罗云，并无沱川村落。查浙源乡大安里辖十六都、十七都，其中十六都"原三啚，康熙二十九年奉宪增四啚，今共四啚。"列于十六都的村落有理源、鄣村、燕山、篁村、东坑、车田、水路、黄村、源口、岭下、莒源、沙田、白石源、金溪、塘会，其中理源、鄣村、燕山、篁村、东坑均在今沱川境内。[3]道光《婺源县志》十六都下列有沱川、黄村、江村、双桂、莒源、源口、莒溪等村，沱川下注："有理源、鄣村、燕山、篁村、东坑等五村。"[4]可见，沱川里虽名沱川，其实与沱川地域并无关系，它统辖的村落，主要是位于沱川南面的清华镇一带。

沱川是十六都的主体部分。晚清沱川的一些禁约显示，"六约"与

---

[1] 按，明初30里之里，实源自宋代之乡里组织。考淳熙《新安志》卷五"乡里"条，婺源有乡六，里三十，明初里数与此合，各乡所属里名亦相近。参见罗愿《新安志》卷五，《宋元方志丛刊》第八册，北京：中华书局，1990年，第7659页。
[2] 道光《婺源县志》卷之三《疆域四·坊都》，页3a。"里三十"之"里"的渊源待考。
[3] 康熙《婺源县志》卷之二《坊都》，页2a、4b、5a。
[4] 道光《婺源县志》卷之三《疆域四·坊都》，页6a。

十六都一、二、三图可能存在某种对应关系，而六约主要涵盖的正是沱川所属的五村（详下）。同时，根据抄本《婺源县户口都图》记载，十六都有四图，其中一图第一至四甲、六至九甲粮户均为余姓，十甲为朱姓；二图第二至七甲全为余姓，第一甲为张姓。此外，三图七甲有余茂宗户，从笔者搜集的一份理坑文书判断，这是理坑一个祠堂的花户名。[1] 十六都境内的余姓，主要集中于今沱川一带，而朱、张分别是沱川东坑、塘崛的大姓。此外，光绪沱川图甲文书显示，十六都二图禀文的具禀人均为余姓，一图禀文具禀人只有两位朱姓。[2] 因此可以大致推断，十六都一、二图全部和三图一部大致位于今沱川乡境内，而四图大部、三图一部位于今大鄣山乡境内。上湾程氏应该就是被编入前两图的。程家所属的图甲，排日账没有留下任何记录，不过从光绪二十二年、光绪二十六年缴纳钱粮的记录看，上湾程氏很可能与东坑诸姓编入一图十甲，也许就是十六都一图朱继周户的子户（详后）。[3]

根据明初建立的里甲制度，每州县分为若干里，每里分十甲，设里长户十户、甲首户百名，每年由里长一户督同本甲甲首催征全里的钱粮。一里钱粮征收完毕，缴纳给粮长，再由粮长组织人手将钱粮解运至指定仓口。当年负责催征的里甲称作"现年"，而其他九甲称作"排年"。各甲十年轮流一周，周而复始。在这种制度下，粮户直接将钱粮交给现年里长即可，无须前往县城缴纳。由于里甲制度自身及钱粮征收过程中出现的各种弊端，历经明中叶对赋役征派方式的种种改革，晚明开始出现了"自封投柜"制度。这一制度沿袭至清代，并于18世纪初在各省普遍推行。自封投柜制度与由里长、粮长等催征、解运钱粮的间接征解做法不同，每届钱粮开征，州县于衙署设置银柜，粮户亲身赴县，将应纳之银包封投柜。自封投柜制度的施行，意味着粮户必须每年亲身前往县城缴纳税银。

现有研究显示，粮户缴纳钱粮的方式，从自封投柜到由中间群体包

---

[1] 《婺源户口都图》，清抄本，无页码，题目由笔者自拟。婺源县每甲仅开列一户，十六都一图十甲为朱继周户。晚清理坑抄本《各祠会等事仪规例》抄录了《十六都三图七甲余茂宗户实征丁甲底》，并罗列了余茂宗户田地、山林等族产的字号及钱粮数额，此户疑为理坑余氏之总户。
[2] 光绪《婺源沱川余氏宗谱》卷四十《遗文·公文》，页11a。
[3] 根据笔者的调查，东坑现在的主要姓氏是朱、程二姓，余姓只有两户，上湾居民均为程姓，两村合编入一图的可能性是很大的。

征包收的变化，是晚清各地赋税征收方式一个值得注意的变动。至迟到19世纪初，后一种做法就已在相当程度上成为"常例"。在这种制度下，钱粮不由州县官亲征，而是由粮书、总书、册书、里书、粮差等各色吏役构成的中间群体负责征解，属包揽的一种形态。基于这个制度所涉社会群体的身份属性，有学者称之为"书差包征"制。[1]从程家的事例看，婺源由自封投柜制向包征制的全面转变，发生的时间较晚，可能至太平天国结束后，包征制才大致取代了原有的制度。此外，婺源包征的主体也具有自身的特征。

缴纳钱粮，程氏排日账称作"交钱粮"，或简称"交粮"。排日账留下了九条程家缴纳钱粮的记录，分别是道光十八年、道光十九年、道光二十年、光绪六年、光绪七年、光绪十年、光绪十九年、光绪二十二年与光绪二十六年的记录。梳理历年记录可发现，程家缴纳钱粮的地点，除了道光二十年外[2]，光绪七年前大致是在婺源城，而光绪十年后则转移至沱川本地。

太平天国前，发开每年前往婺源城交粮，道光十八年、道光十九年的记录都证实了这一事实。[3]太平军攻占徽州后，程家缴纳钱粮的方式是否发生变动，排日账没有留下记录。不过可以看到，光绪六年、光绪七年，程家仍是前往婺源城交粮。[4]光绪八年、光绪九年交粮信息失载，不过光绪十年十一月二十六日排日账记："父亲出燕山敦叙堂京城交粮。"敦叙堂是燕山余氏宗祠，而所谓"京城"也许是"进城"的笔误。本来，程家需要进城交钱粮，但此年在燕山缴纳，因而留下了看似矛盾的记载。事实上，如果前往婺源城交粮，往返需要两三天时间，但十一月二十七日排日账记"父亲在家嬉"[5]，说明发开并未离开沱川，他应是在燕山交粮的。此后，我们没有再看到程家赴县城交钱粮的记录。[6]

---

[1] 周健《维正之供：清代田赋与国家财政（1730—1911）》，北京：北京师范大学出版社，2020年，第370—401页。
[2] 道光二十年五月，"己大桥割小麦，支钱一百十五文出仍山交钱粮。"（道光20/5/1）"仍山"即"燕山"。此年改于燕山缴纳钱粮，不知是何缘故。
[3] 程氏排日账#1，道光18/3/10，道光19/2/7。
[4] 程氏排日账#6，光绪6/2/29-3/2，光绪7/9/25-27。
[5] 程氏排日账#8，光绪10/11/26。
[6] 光绪朝后期，程氏排日账共留下了三次交粮记录，分别是光绪十九年、光绪二十二年和光绪二十六年。光绪十九年的交粮地点是燕山敦叙堂，而光绪二十二年、光绪二十六年改为东坑。

因此，光绪八年至十年之间，婺源缴纳钱粮的方式，应该发生过值得注意的变动。

光绪十年前后发生的变动，仅仅是缴纳地点的变动，还是牵涉整个征解制度的变动？自封投柜制度是直接缴纳的制度，由粮户亲身赴县缴纳。那么，改为在沱川本地后，缴纳如何进行？光绪《婺源沱川余氏宗谱》收录了十六都一、二图的两组文书，记录了光绪朝后期两图具体运作的若干细节，为理解这一时期程家钱粮办纳方式的变动提供了重要线索。第一组文书是光绪二十四年闰三月十六都二图的禀文与同年六月县衙批准的图规，第二组是光绪二十七年九月的县衙告示与光绪二十八年六月十六都一图的合同。

十六都一图文书在回溯本图征收钱粮的历史时指出，"十六都一图钱粮向章由各甲催挨户催纳，自封投柜，扫甲全完。讵兵燹后人心不一，积弊日深，疲玩日甚，相习成风，靡所底止"。二图文书也指出：

> ……十六都二图钱粮，向有成规。每年于五月初一日，邀集公正绅董，督同各甲甲催设局征收，一月之间，即赴柜扫数全完，实属公私两便。近因人心不古，或以抗粮为细事，或视国课为缓图，甚至踵门催纳，巧滑者婉言拖延，强梁者逞凶恶拒，即令粮差上户，仍有恃强坐视者。所以相习成风，渐多积欠，此往年不能扫甲之情形也。[1]

前一份文书中提到的"自封投柜"，实不同于清初推行的"自封投柜"制。因为不仅粮户无须赴县交粮，而且征收之时，是由甲催挨户上门催纳，在粮户与县衙之间，有一个居间的甲催群体。那么此处描述的是什么时代的情况呢？一图文书有"兵燹后"一语，可推断这是太平天国运动之前的情形，说明在太平天国运动前，图在钱粮征解中已扮演了一定角色。不过从程家缴纳钱粮的记录看，仍有一定数量的粮户不通过图缴纳钱粮，而是继续亲身赴县缴纳。太平天国运动结束后，尽管像程家这样的粮户逐渐改变了缴纳钱粮的方式，由赴县投柜改为在本沱川祠堂

---

[1] 光绪《婺源沱川余氏宗谱》卷四十《遗文·公文》，页9b。

缴纳，但仍有一些粮户继续赴县缴纳，这不仅带来了欠粮、抗粮问题，也可能在一定程度上影响到图局的权威与运作。在这种背景下，光绪二十二年安徽全省出台的清赋举措，为图局改变局面、扩大自身权力提供了契机。

太平天国结束后，江南与安徽都面临着严重的赋税征收困境。长达十年的战乱，不仅导致严重的人员伤亡和土地抛荒，更重要的是，作为赋税征收凭证的实征册与鱼鳞图册，也在战乱中多有毁坏，如何重建赋役征解体系，解决各级衙门的财政开支，成为战后面临的一个重要问题。光绪二十一年甲午战争以中国战败告终，随后签订的《马关条约》，使清朝背上两亿两白银的巨额债务，这无疑给本已拮据的地方财政带来巨大的压力，漏洞百出的赋役征收体系亟待改革。在这种背景下，安徽、江苏等省先后发起清赋，以清赋为名，试图增加税收，或展复旧额。[1]

光绪二十二年，安徽省布政使于荫麟、按察使赵尔巽建议清丈条陈办法，经安徽巡抚福润会同两江总督刘坤一联衔具奏，奉旨俞允。福润在奏折中解释了清赋的理由。安徽省民卫屯田共计382170余顷，每年额征丁漕屯折等项正耗共170余万两。光绪十三年以前民欠未完荒灾业经豁免不计外，自光绪十四年至二十年，共荒缺246万8千余两，灾缓204万6千余两，共短450万余两。若不彻底清查，恐日亏日甚。福润等认为，太平军与捻军已平定三十余年，赋税征收不足额度的原因，不是因为荒灾，而是因为"兵燹后鳞册既失，版籍不清。绅族豪宗交相侵占，以多报少，以熟报荒。地方官明知之而不敢过问，平民习见之而相率效尤。积而愈多，官恐激而生事，未收核实清厘之效，先蹈办理不善之愆，亦遂隐忍不发。"在这种情况下，真正获利的是所谓的"滑吏刁役"，他们了解民众瞒报的弊端，"执持其短，需索其费"，从中渔利。福润等认为，要解决这个问题，只有进行清丈，理清人地归属。为此他

---

[1] 光绪朝后期江南清赋的研究成果颇多，请参见何汉威《从清末刚毅、铁良南巡看中央和地方的财政关系》，《中央研究院》历史语言研究所集刊》第68本第1分（1997年），第55—115页；赵思渊《清末苏南赋税征收与地方社会——以光绪二十五年刚毅南巡清理田赋为中心》，《中国社会经济史研究》2011年第4期，第73—84页；范金民《清末刚毅江苏清赋之考察》，《明清论丛》第15辑（2015年），第286—306页。舒满君《清代田赋定额的地方实践》第224—278页对光绪朝后期安徽清赋问题进行了讨论。

们提出了一系列办法。奏折准行后,同年七月于省城安庆设立清赋总局,光绪二十四年六月,清赋总局呈缴关防撤局,皖省清赋宣告结束。[1]

清赋总局成立后,福润及清赋总局发布告示,对清赋事宜做了安排,清赋工作在全省开展。此后,各州县在县城设立清赋公局,在四乡设立分局,办理清赋事宜。清赋的核心内容原本是清丈,但在各地执行过程中,"各州县率从简易,不事履勘,悉令民间自报,顺庄鱼鳞册、各里总分图迄未成书",[2]收效不甚理想。徽州六县,以婺源清赋收效较佳。在县令王钟汉的努力下,公局与绅董悉心办理,革除书差等中饱之弊,光绪二十二年缴额较上年多征4700余两,共计查出田地山塘1060余顷。[3]很可能以此为契机,婺源都图提出了调整征解方式、扩大图局权力的改革方案,最后得到了县衙的支持。

现在再来看看《婺源沱川余氏宗谱》收录的图甲文书。这两组文书,一组写于光绪二十四年,此时清赋已接近尾声,另一组写于光绪二十七年和二十八年,虽然年代稍晚,但应与此前的清赋有间接关系。这两组文书均以议立所谓的"图规"为核心。文书显示,议立图规的直接动力,应是来自府县衙门的清赋举措。十六都二图禀文称"兹奉金谕,令生等议立图规",而一图禀文称"现奉宪示煌煌,整顿粮弊,劝办图规"。[4]所谓"图规",实为图内议立的钱粮征缴制度。一、二图议立图规后,呈请县衙给示准行,说明相关制度得到了县衙的授权。

那么,根据新议立的图规,钱粮征解方式有何不同呢?新图规对钱粮的征缴组织、征缴原则与缴纳则例等,都做了较为详细的规定:

其一,催征组织与人员。一图图规规定:"递年于五月十六日设立总局,一律征收,准于六月初一日当堂扫甲,一票全完。"由于这是图规,此处的总局,应以图为基本单位,每图设一总局。总局的运作费用,来自本图征收的小费。总局之下,具体催征人员为缮书与甲催。"缮书轮甲承充,每甲五年……每逢壬、丁年交卸之期,务要将递年册

---

[1] 民国《安徽通志稿·财政考》卷三,页25b—27b;卷十,页38a—46a;舒满君《清代田赋定额的地方实践》,第225—235页。
[2] 民国《安徽通志稿·财政考》卷十,页38b。
[3] 舒满君《清代田赋定额的地方实践》,第256页。
[4] 光绪《婺源沱川余氏宗谱》卷四十《遗文·公文》,页9b、11b。

底推磨及上首册底推磨交出"。缮书数量不详。甲催由每甲指定,人数不一。以一图为例,一甲、三甲二人,二、四、五、六、七、九、十各一人,共十一人。[1]各甲甲催应只负责催征本甲钱粮。图规规定:"自五月二十日起,每日挨户催粮,齐至总局用午饭。如不催粮及午饭时不到者议罚。"[2]整个催征组织可能控制于士绅之手,他们在禀文中请求,"如有甲催徇庇及花户抗粮等情,许生等指名禀究",他们的请求获得了知县的批准。[3]

其二,包征包解原则。图规对缴纳钱粮的方法做了较为详细的规定,如二图图规称:

> 每年应完钱粮,当归甲催经收,由总局赴县赴柜清完。……如花户自封投柜者,固属良民,即应将自完户名开列清单银数,交缮书或甲催转交总局,查明实在。倘空言搪塞弯远飘甲,似江坑、车田等处,皆以投柜为词,及向其取粮串看视,固无串票可验,即有串票可验,十户中止完五六户,掩饰众人耳目,令人无从推度。如赴柜查询,则稽迟时日,恐难届期全完。嗣后如借自完为名,希图拖欠抗粮,不由甲催经收,亦不赴局完纳者,公议重罚,以儆效尤。[4]

县衙发给一图的告示也规定:每年于五月十六日设立总局,花户应于六月初一日当堂扫甲全完,"如有各甲花户并飘甲、寄甲等户,藉词自封投柜,仍前观望,故意抗拒情弊,许伊等指名禀追"。[5]这些规定传达的最重要的一条信息,是禁断了粮户赴县自封投柜的做法,要求他们必须缴纳给甲催,再由甲催上交总局,最后由总局赴县自封投柜。这就杜绝了粮户借由自封投柜拖欠、拒交税粮的可能,垄断了税粮征收的渠道。

其三,缴纳则例等规定。图规还对不同财产的税则做了规定,如一图图规:"基地税每厘一角。有屋者分上、中、下三等,上等外加三角,

---

[1] 查一图各甲花户名单,五甲、八甲无花户,而图规五甲有甲催一人,不知何故。参见光绪《婺源沱川余氏宗谱》卷四十《遗文·公文》,页13a。
[2] 光绪《婺源沱川余氏宗谱》卷四十《遗文·公文》,页11b—12a。
[3] 光绪《婺源沱川余氏宗谱》卷四十《遗文·公文》,页9b—10a。
[4] 光绪《婺源沱川余氏宗谱》卷四十《遗文·公文》,页10b。
[5] 光绪《婺源沱川余氏宗谱》卷四十《遗文·公文》,页11b。

中等外加二角，下等外加一角。茶坦、菜园照基地减半。其契价每洋俱另抽五分，由买主付出，不抽卖主。"对于花户设置的费用，也明码标价作了规定："新立户管，每户英洋五角，老户管分家，每户英洋二角，飘甲、寄甲面议。"[1]

比较新图规与此前的钱粮征解制度，新图规最重要的一个不同之处，就是在政府的授权下，图局正式垄断了钱粮征收的渠道。新图规执行后，不再允许本图粮户赴县自封投柜，他们必须将钱粮缴纳给图局，由图局赴县自封投柜，这意味着图局权力得到扩大。这种征解方式，与书差包征制不尽相同。从征解流程看，图局征解制度与书差包征制的做法相近，不管是书差还是图局，都是粮户与州县衙门之间的中间群体，他们负责钱粮的征解。不过这两个征解主体的属性有必要进行区分。书差包征制的征解主体是书差群体，而图局征解制的征解主体是一个由"绅董"控制的图局。

光绪后期婺源图局权力的扩张，在赋役文书上也有所体现。清代中后期徽州的税票，是由县衙门出具的，税票样式由雕版印刷，都图、花户、钱粮等信息临时填写。比如，晚清税票一般由一联两张组成（参见图15.11）：一张上头横向书"上限执照"，主体部分文字纵向六行，以宣统元年税票为例：

01 江南徽州府婺源县 为征收钱粮事今据
02 都 图 甲花户 输纳
03 宣统元年分丁地等银
04 除银自封投柜外，合给印票执照须至串者
05 宣统元年 月 日给
06 县宪

另一张上头横向书"纳米执照"，主体部分文字纵向七行，仍以宣统元年为例：

---

[1] 光绪《婺源沱川余氏宗谱》卷四十《遗文·公文》，页12b。

01 江南徽州婺源县 为敬陈军糈等事奉

02 督宪题定徽州营兵米应征本色今

03 都 图 甲花户 输纳

04 宣统元年分本色兵米

05 眼同交仓登号合给执照

06 宣统元年 月 日给

07 县宪 照门册第 号[1]

两联税票的出具主体均为婺源县衙门。从光绪后期开始，出现了一种新式税票，这种税票的出具主体不是县衙，而是都图，因为这种税票的版式中，都图是预先印好，而不是临时填写的（图16.1）。目前笔者获见的仅有十六都三图的税票，这种税票地丁、兵米合二为一，其版式分为纵向四行，文字如下：

01 十六都三图甲户应完本年

02 　　则兵米

03 　　　　由局经收合给执照

04 光绪年月日䜣甲善后会粮局票

税票左边骑缝印"善后会经收粮局字号"等字样。[2]

跟常见的晚清税票相比，这种税票最重要的不同，是其出具主体不是县衙，而是图局，更具体地说，是图的善后会经收粮局。这种税票上，盖有"善后粮局""善后会图记"戳记。这种组织应该就是上文讨论过的图局。有趣的是，笔者获见的二十多件十六都三图税票中，最早的是光绪二十七年的税票，其后有光绪二十八年、光绪二十九年、光绪三十一年、宣统元年至宣统三年及民国元年的都图税票。我们知道，十六都二图、一图先后于光绪二十四年、光绪二十七年在县衙的授权下

---

[1]《婺源县十六都三图三甲静轩户税票》，宣统元年，上海交通大学图书馆藏，卷宗号：ZHU，编号：2012-0720-08，备注："婺源16都3图查氏"，照片编号：PC205321。

[2]《婺源县十六都三图三甲黄景户税票》，光绪二十七年，上海交通大学图书馆藏，卷宗号：ZHU，编号：2012-0720-08，备注："婺源16都3图查氏"，照片编号：PC205321。

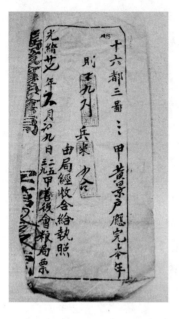

图16.1 婺源县十六都三图黄景户税票

成立了图局,三图税票出现的时间,与此大致相合,可见图局税票的出现,与图局的建立应是有关系的。在衙门的授权下,图局获得了征收钱粮、出具税票的资格。前面谈到,图局征收钱粮的做法,应该不是光绪后期才开始出现的,政府授权图局征解钱粮,也很可能始于太平天国运动前,但光绪后期"绅董"控制下的图局权力的扩张与税票出具权力的下放,意味着图局征解钱粮的做法向制度化迈出了一大步。[1]

从程氏排日账的记录中,光绪二十二年后程家交粮的地点发生了变化,从燕山敦叙堂转移到东坑。据光绪二十二年十月二十七日排日账记,"已收允兴兄钱九十八文,身柜一百八十八文,过东坑甲催交粮"。当日允亨到东坑交粮,帮允兴交粮98文,自己交粮188文。光绪二十六

---

[1] 对都图税票与县衙税票的关系,尚有一些疑点,有必要开展进一步的研究。目前有所了解的是,图局的建立,似乎并未完全垄断钱粮的征收。从税票看,光绪二十七年后,十六都三图仍可发现不少县衙出具的税票,由县衙与都图征收钱粮的双轨制似乎依然存在。比如图16.1税票收受人黄景户,光绪二十七年钱粮由本图善后会缴纳,而从税票看,光绪二十八年至三十二年、宣统元年则可能在县衙缴纳。《婺源县十六都三图三甲黄景户税票》,光绪二十八年至光绪三十二年、宣统元年,上海交通大学图书馆藏,卷宗号:ZHU,编号:2012-0720-08,备注:"婺源16都3图查氏",照片编号:PC205286、PC205288、PC205289、PC205294、PC205295、PC205300、PC205321。另一种可能是,粮户在图局缴纳钱粮时,图局同时出具县衙和都图的税票,因为光绪三十一年,黄景户同时收到了县衙和都图的税票,两者的钱粮数量是相同的。《婺源县十六都三图黄景户税票》,光绪三十一年,照片编号:PC205286、PC205348。

年五月二十三日记,"已支一百八十二文,过东坑托甲催交粮"。很清楚,允亨前去东坑,是因为要找甲催交粮。这种做法,并不是严格意义上的图甲挨户催征的方法,而是通知粮户至甲催处交粮。这对于婺源山区来说,应该是比较合理的一种做法。由于山区聚落相对分散,一图十甲的粮户,可能散布于若干个距离不等的村落,将征税主体从都或图落实到甲,应该可以缩短粮户交粮的距离,提高图甲催征的效率。这些信息也说明,清赋后,沱川议立图规,重振以图为单位的赋税征收体系,而具体催征事务,是由本甲甲催操办的。

那么,此前的燕山敦叙堂在赋役征收中扮演何种角色?背后的征收体系有何不同?我们知道,余氏是沱川最大的姓氏,敦叙堂是燕山余氏宗祠,十六都一、二图都是由余氏主导的,一图总局办公地点,应该就设在敦叙堂,这很可能是程家此前到敦叙堂交粮的原因。光绪二十二年后,在县衙清赋的推动下,婺源乡村的赋役征收体系进行了一些调整,粮户实际接触的征收主体转变为甲催,程家交粮地点的变动就是由此引起的。因此,笔者认为,程家从道光十八年至光绪二十七年交粮地点的变动,从侧面体现了清代婺源赋税征解体系的调整,展示了赋税征解从自封投柜制到包征包解制,征解主体由县衙至图局(可能还包括甲催)下移的变化过程。

最后,在19世纪六十几年的时间里,程家的税粮负担有多重?是否出现过大幅度增长?排日账的记录为此提供了一些值得注意的线索。排日账共记录历年税粮数额五个:道光十九年(140文)、道光二十年(115文)、光绪十九年(220文)、光绪二十二年(188文)、光绪二十六年(182文)。[1]前两个数据属自封投柜时期的数额,第三个数据是燕山敦叙堂交粮的数额,最后两个数据是东坑交粮的数额。从历年变动看,太平天国后税额有相当程度的上升,最高时期的税额较太平天国运动前高出将近一倍,不过清赋后反而有所下降。从交粮的绝对数额看,程家的税粮负担很轻,最高时也不过220文,多数时候低于200文。以200文计,光绪年间采茶工人一天工钱是160文左右,程家每年的钱粮负担略

---

[1] 程氏排日账#1,道光19/2/7,道光20/5/1;#11,光绪19/11/13;#12,光绪26/10/27;#13,光绪27/5/23。

高于茶工一天的工钱（同时参见第七章表7.2）。这个微不足道的数额，当然跟程家耕地较少有关，但也从侧面体现了钱粮对地少人多的婺源东北乡以及生活在徽州许多乡村的民众而言，基本不构成一项繁重的经济负担。经由钱粮缴纳为中介打交道的这个王朝国家，对于类似程家这类土地较少的农户而言，尽管不一定仁慈，却也远远没有对其生计构成严重威胁。

乡约组织

明清时代婺源的基层组织，除了里甲系统外，还包括明初的老人制和后来的乡约、保甲等组织。

明初，以里甲制度为依托，在基层推行老人制，负责乡村纠纷的调处。[1]老人制的前身，是洪武十几年施行的耆宿制。洪武二十一年（1388）耆宿制废止后，导入老人制。洪武二十七年四月、洪武三十一年三月，明太祖针对各地民众因小事而越诉至京师的做法，严厉禁止越诉，命地方官选出公正的老人，委任其处理乡村诉讼，明确规定"民间户婚、田土、斗殴、相争一切小事，须要经由本里老人、里甲断决，若系奸盗、诈伪、人命重事，方许赴官陈告"[2]，同时颁行《教民榜文》，老人制完善起来。此外，洪武五年，在全国里社内建造申明亭、旌善亭，将境内犯事者或有善行者的名字榜示亭中。

洪武朝以后，永乐三年（1405）重申《教民榜文》的规定，确认户婚、田地等诉讼，应首先由老人、里长进行处断。明代中叶（约1435—1521），各地就开始出现老人滥用职权、颠倒是非、申明亭荒废等问题，但老人制在乡村纠纷调处中继续发挥作用。只是明前期相当数量的纠纷，以老人、里长为中心进行调处，无须向官府提诉，便在乡村中得到处理；进入明中叶后，一些户婚、田地纠纷上诉到州县，而老人较为经常参与的一个重要事务，是根据受理户婚、田地等诉讼的地方官的

---

[1] 有关明代推行老人制的过程，参见中岛乐章《明代乡村纠纷与秩序：以徽州文书为中心》，郭万平、高飞译，南京：江苏人民出版社，2010年。以下对老人制的讨论，主要参考此书。
[2] 张卤辑《皇明制书》卷九《教民榜文》，《续修四库全书》第788册，上海：上海古籍出版社，2002年，第352页。

指示，进行实地取证和事实调查，随之尝试进行各种和解调停。换句话说，明前期老人的职能近似于"理判"官的性质，而明中叶老人侧重于"谕解"，调停色彩日益浓厚。这一时期的史料还显示，老人在本都申明亭轮值受理民间投词。明代后期（1522—1644），徽州乡村的社会关系和身份秩序逐步动摇，老人、里长调处纠纷变得困难，乡村纠纷调处体制开始发生变动。其中一个变动是乡约、保甲在纠纷处理和秩序维系中开始发挥重要的作用。

乡约本为北宋出现的以教化、劝善为目的的民间规约，同时也指代执行这些规约的组织及这些组织的负责人，而保甲法是王安石变法的主要内容之一。明代中叶，随着社会秩序变动，开始出现各地地方官和士大夫组织乡约、整顿风俗的情况，同时保甲法亦相继在各地推行。明代后期，乡约与保甲组织相结合，演变为兼具治安、教化职能的基层组织，并在纠纷调处中开始扮演重要角色。在不少区域，乡约保甲制的上述职能一直延续至晚清。[1]

徽州开始推行乡约，正是乡村纠纷调处制度开始发生较大变动的明代后期。早在嘉靖五年（1526），应天巡抚陈凤梧行文南直隶各地推行乡约。[2]嘉靖四十三年，徽州知府何东序也曾下令推行乡约。[3]嘉靖末年，婺源知县张槚"举行乡约，每月季会于紫阳书院，一时风动，几有无讼之化"。[4]这些乡约，很可能都是以教化为基本职能的。万历初年，知县

---

[1] 学界讨论明清乡约的论著极多，参见朱鸿林《二十世纪的明清乡约研究》，《孔庙从祀与乡约》，北京：生活·读书·新知三联书店，2015年，第242—269页。有关徽州乡约保甲制的讨论，参见铃木博之《明代徽州府の乡约について》，明代史研究会明代史论丛编集委员会编：《山根幸夫教授退休记念明代史论丛》，东京：汲古书院，1990年，第1045—1060页；陈柯云《略论明清徽州的乡约》，《中国史研究》1990年第4期，第44—55页；Joseph P. McDermott, "Emperor, Élites, and Commoners: The Community Pact Ritual of the Late Ming," in Joseph P. McDermott, ed., *State and Court Ritual in China*, Cambridge: Cambridge University Press, 1999, pp. 299-351；常建华《明代徽州的宗族乡约化》，《中国史研究》2003年第3期，第135—152页等。有关乡约与保甲的一体化，参见栗林宣夫《里甲制の研究》，东京：文理学院，1971年，第261—273页。
[2] 卞利《明清时期徽州的乡约简论》，《安徽大学学报》（哲学社会科学版）2002年第6期，第74—75页转录了嘉靖五年祁门县推行乡约的告示碑，可作为陈凤梧在南直隶推行乡约的一个例证。
[3] 嘉靖《徽州府志》卷二《风俗志》，《北京图书馆古籍珍本丛刊》第29册，第68—69页。
[4] 道光《婺源县志》卷之十《官师五·名宦》，页4b。张槚于嘉靖三十九年至四十四年（1560—1565）担任婺源县知县。

吴琯再次推行乡约。[1]吴琯推行的乡约,与嘉靖年间徽州推行的乡约有所不同,县志载云:

> 吴琯,福建漳浦人。号中云。甫下车,即揭四语于仪门柱,曰:"誾愬不行,强御不避,苞苴不入,关节不通。"历六载,守此语如一日。精明敏决,是非一谳立剖,庭无留狱。时朝廷初行久任法,三载觐回,设保甲,置乡约,遍访善恶,得其实,躬巡村落中,弗率者系于约所,同众面诘,置之法不少贷,四境肃然。[2]

吴琯推行的乡约,可能结合了乡约与保甲法,兼具教化与治安职能。此后,乡约和保甲成为婺源基层行政组织之一,它们逐渐在徽州地方公共事务,特别是纠纷调处中扮演重要角色。[3]

此外,还需提到的是宗族组织在徽州的兴起。现有研究表明,徽州早在宋元时代就已出现了宗族建构的种种实践,但这一时期宗族在徽州乡村组织中,受到各种宗教社团、群体的竞争与排挤,发展空间不大。只是进入明代后,在朝廷政策的影响下,宗族组织的发展,才成为不可逆转的趋势,以祠堂为中心的宗族组织,才最终开始主导乡村社会。[4]在这个背景下,宗族在纠纷调处中,也开始扮演越来越重要的角色。明代已出现了不少宗族处理族内纠纷的事例。中岛乐章认为,明初推行的老人制,"是以同族为中心的乡村社会关系为基盘,与同族、村落或'众议'进行各种民间调停、相互补充,形成乡村处理纠纷体系"。明代后期,老人制的角色逐渐被乡约保甲制取代,乡约、保甲取代老人,与宗族逐渐结合,成为乡村纠纷调处的主要体制。[5]

---

[1] 吴琯于隆庆五年(1571)接任婺源县知县,任满一届、朝觐返回后,开始推行乡约法。据此推断,他推行乡约的时间,当在万历二年(1574)前后。参见道光《婺源县志》卷之十,《官师一·县职》,页5a—5b;《官师五·名宦》,页5a。
[2] 道光《婺源县志》卷之十《官师五·名宦》,页5a。
[3] 廖华生《明清时期婺源的乡约与基层组织》,《安徽史学》2017年第6期;第146—148页;中岛乐章《明代乡村纠纷与秩序》,第181—182页。
[4] 章毅《理学、士绅和宗族:宋明时期徽州的文化与社会》;Joseph P. McDermott, *The Making of a New Rural Order in South China, I: Village, Land, and Lineage in Huizhou, 900-1600*, chapter 4-5.
[5] 中岛乐章《明代乡村纠纷与秩序》,第96、213页。

不过中岛也指出，明末的徽州乡村社会中，"当地各种集团和人际关系、里甲和乡约、保甲等乡村组织、地方官的统治力量等，并没有形成固定框架，而始终保持混沌竞逐这种过渡时期的状态"。到了清初，以乡约和宗族为中心的纠纷处理框架才"整然成形"。[1] 熊远报对康熙年间婺源县一位生员日记记载的纠纷事例进行了分析，发现乡约与宗族在纠纷处理上有一定分工，村落内、村落间纠纷多由乡约担当调停与仲裁，而同族内的纠纷则多由宗族担当调停与仲裁，此外族内、村内生员也常常作为调停者出现。[2] 在这些纠纷处理中，乡约与宗族相互配合，对日后的乡村纠纷调处体制带来重要影响。

上文提到，万历初年，吴琯在婺源推行乡约。吴琯的举措，得到了沱川士人的响应。光绪《婺源沱川余氏宗谱》收录了一件《乡约》，前有地方士人的呈文，可了解万历年间沱川推行乡约的一些细节：

> 十六都一图约正副余时英、余德纯、余希宪、余世显、朱惟中、余纯似呈，为奉行乡约事。上年节奉上司及本县立有乡约，始虽众志禽如，终则群情举涣。盖缘家喻户晓之道寡，以致移风易俗之效湮。兹蒙仁台复申前议，当上人更化善治之日，正父老扶杖愿生之秋。若徒从事虚文，曷以仰承德意？约等志存好古，学未通方，猥以匪人，谬赝重任。窃念欲兴教化，在服习于耳目常接之间；欲禁奸顽，贵预止于念虑未发之际。苟非详于训谕，令易知而易从，安能发其天良，俾可久而可大？……谨将所立条款，缮写成册，呈乞印信，给示颁行。为此具呈，须至呈者。[3]

后注："县主吴父母批：准行。"这篇呈文弁于《乡约》之前。从"上年"一语推断，呈文写于万历三年（1575）前后。后注提到的"县主吴父母"，正是吴琯。呈文以乡约的名义写就，是为十六都一图乡约。乡约不突破图的范围，是明清婺源较为通行的做法，沱川乡约应该也在图

---

[1] 中岛乐章《明代乡村纠纷与秩序》，第212—213页。
[2] 熊远报《清代徽州地域社会史研究》，第153—158页。
[3] 光绪《婺源沱川余氏宗谱》卷四十《礼俗》，页1a—1b。

内。[1]呈文提到的余时英等,除朱惟中身份不详外,其余均为士人。余时英以子一龙贵,赠通奉大夫;[2]余德纯、余希宪为生员;[3]余世显为正途监生,曾任南乐县县丞、辽东某卫经历;[4]余纯似为廪生,曾任紫阳书院山长。[5]此外,余时英、余世显、余德纯为燕山人,余希宪、余纯似为鄣村人,而朱惟中很可能是东坑人。

《乡约》小字注:"冢宰少原公稿",可知现收录于《婺源沱川余氏宗谱》的沱川《乡约》,出自余懋衡手撰。余懋衡,字持国,万历二十年(1592)进士,历任永新知县、御史、大理寺少卿、右佥都御史、右副都御史、兵部右侍郎、南京吏部尚书、吏部左侍郎等职。[6]余懋衡万历二十年才成进士,上距推行乡约的万历二年,已相隔十八年,而且沱川乡约的约正、约副多为他的叔伯行。因此,《乡约》可能是在余时英所拟原乡约的基础上修订而成的,或是由余懋衡自拟,与原乡约并无关系,亦不无可能。[7]

《乡约》包括《约仪》《圣谕衍义》《劝戒》《保甲》《待亲待子十反歌》五个部分,前四部分题余懋衡撰,第五部分题余长生撰。《约仪》规定了行乡约的相关仪节。《圣谕衍义》讲解明太祖的圣谕六言。《劝戒》共31则,涉及人际相处之道、民间习俗的不同方面,还规定了乡约的基本制度,是《乡约》的主体内容。《保甲》三则,介绍了保甲与乡约的关系及保甲制度的基本内容与运作方法。《待亲待子十反歌》是劝孝的歌诀。

余懋衡所定乡约的组织构架,与保甲相表里。《保甲》述其原则云:"乡约、保甲法相表里。乡约以劝民为善,禁于未萌;保甲以弭盗安民,

---

[1] 廖华生《明清时期婺源的乡约与基层组织》,第146—148页。廖华生认为,按照"约正一、约副二"的设立原则,沱川余氏所在一图应该设了两约。
[2] 光绪《婺源沱川余氏宗谱》卷三八《仕进·封赠》,页1a。
[3] 光绪《婺源沱川余氏宗谱》卷三八《仕进·府县学生员》,页3b。
[4] 光绪《婺源沱川余氏宗谱》卷三八《仕进·正途监选》,页1a。族谱称余世显为"辽东海卫经历","海卫"疑为"海州卫"。
[5] 光绪《婺源沱川余氏宗谱》卷三八《仕进·府县学生员》,页4a。
[6] 张廷玉等《明史》卷二三二,北京:中华书局,1974年,第6060—6061页。
[7] 明刊《沱川余氏乡约》余启元《小引》云:"余弟廷尉衡,理官也,出乎礼,入乎刑。故于暇日,演绎圣谕六义,而广以勤俭忍畏之说,为劝戒三十一则、保甲三则。附以律例所宜通晓者,为吾人告焉。谓诗可以兴,遂采古风雅,及宋明诸儒诗,以备咏歌。"落款题万历庚申(1620)书《沱川余氏乡约》卷一,页1a—1b,上海图书馆藏)。其意似谓余懋衡撰乡约在出仕之后。如此,则余时英所行乡约或与此不同。

防于已发。"乡约的主要事务，由约正副、党正副、各甲长牵头处理，可见保甲组织部分地嵌入乡约组织，不过《保甲》并未交代保长在乡约组织中扮演何种角色。《保甲》介绍了十六都保甲的组织状况："吾都有上、下保，上保量其里巷迂直、人家多寡之数，可分为五保。每保编十甲，每甲编十家。若近有畸零不成一甲者，则并一甲内编十余家，亦无不可。下保亦然。本都可共得十保。"[1]余懋衡设计的保甲，虽然没有提及图，但既然乡约以不超出图为原则，保甲也应该如此，而且应该是与乡约相配合的。换句话说，依据这种制度，每都分为若干图，而每图设置一约或数约，保数与约数应该基本相同。

那么，明清时代沱川一带共有几约呢？乡约的空间布局有何特点？与里甲/图甲组织有何关系？余懋衡时代的情况，我们无从知晓。不过晚清的情况，当地文献提供了一些线索。晚清沱川的禁文中，多有"六约"的表述。如光绪三年的禁赌告示，有"六约五村"的表述[2]，光绪三十一年的禁赌告示，有"五村三姓六约"的表述。[3]那么，"六约"包括哪些乡约？覆盖多大的地域范围呢？查道光七年的一份禁山约，约内提到燕山约、篁村约、鄣麓约、理源约四个约名[4]，四约对应的正是沱川余姓四大族聚居的燕山、篁村、鄣山、理源四个聚落。此外，光绪八年的禁山约提及漳前约[5]，所谓"漳前"，大概是鄣山村之前的意思，应该是指鄣山附近的东山等聚落。这五约应该就是六约的主体部分。另有一约名称、地域不详。

其次，上文提及的"五村"，应即道光《婺源县志》"沱川"下所列燕山、鄣村、理坑、篁村、东坑五村。根据笔者调查，东坑居民有朱、程、余等姓氏，其中朱姓较多，而其余四村均以余姓为主，可知余、朱应属"三姓"中的二姓。另据光绪八年禁山约，"约保"后列有余敦五、余上绍、余乐义、余余庆、朱述训、王义叙六人，光绪三十一年禁赌约"乡约"后列有余有余、余万青、余上绍、余敦五、

---

[1] 光绪《婺源沱川余氏宗谱》卷四十《礼俗》，页11a。
[2] 光绪《婺源沱川余氏宗谱》卷四十《遗文·公文》，页8a。
[3] 光绪《婺源沱川余氏宗谱》卷四十《遗文·公文》，页8a—8b。
[4] 光绪《婺源沱川余氏宗谱》卷四十《遗文·公文》，页5a。
[5] 光绪《婺源沱川余氏宗谱》卷四十《遗文·公文》，页6a。

余庆丰、朱彝叙六人,可知余、朱为"三姓"之二当无疑义,同时从光绪八年禁山约所列约保姓氏判断,另一姓应即王姓。查沱川南山路为王姓聚居之地(参见第二章),王义叙应来自此村。如果上述判断无误,那么六约覆盖的空间,就是以五村、三姓为主体构成的沱川地域社会。这意味着,乡约与村落之间存在相当明确的对应关系:如果村落达到一定规模,就可能成立一个独立的乡约;而几个较小的村落,则可能组合成一个乡约。

此外,咸丰元年一份禁约的立约主体为十六都一、二、三图,其中提到的乡约共有五人,[1]应即所谓沱川六约的乡约。这份禁约牵涉图与约的关系。为理解两者之间的关系,有必要对十六都图甲的空间布局稍作讨论(同时请参见第二章的相关论述)。清代写本《婺源户口赋役都图》记录了十六都四个图的户籍清单。十六都四个图,每图十甲,每甲一户。其中一图十甲余姓八户,其他姓氏仅有两户,二图余姓六户,其他姓氏四户,三图仅有余姓一户,其他姓氏九户,四图则全为其他姓氏。同时,三、四图各十甲中,吴、洪两姓居多,吴姓共七户,洪姓共六户,两姓共十三户,占三、四图总户数的三分之二强。

从十六都各图户籍的姓氏构成,可了解沱川一带图甲制空间布局之梗概。具体来说,余姓以沱川为主要聚居地,十六都范围内、沱川之外的余姓聚落,数量较少,规模不大。同时,今沱川乡境内没有吴、洪二姓聚居的村落,十六都范围内,二姓主要分布于今大鄣山乡车田、水路等村。从姓氏分布可见,沱川余氏主要以一、二图为根本,三图余姓户籍为余茂宗,当为理坑余氏宗族控制的总户。因此可以说,康熙三十年(1691)增图之前,沱川余氏控制了十六都图甲的多数。康熙三十年增图的过程中,主要是居住于车田、水路等村的吴、洪等姓的部分粮户,从三图独立出来,组合成了一个新图,即后来的四图。[2]根据上述线索,笔者认为,所谓"六约",应为与十六都前三图相对应的六个乡约,大致是每图二约的分布格局。康熙三十年从前三图分出的四图,应该独立

---

[1] 光绪《婺源沱川余氏宗谱》卷四十《遗文·公文》,页6b—7a。
[2] 上海交通大学图书馆保存了一份清代十六都四图的增图文书,开具了四图十甲的人丁事产,可知各甲的来源,参见刘永华《清代徽州增图的新认识:婺源县十六都四图的例证》,第31—32页。

成立了两个乡约,[1]这两约并不在沱川"六约"的范围之内。

上述文献还显示,在晚清的民间文献中,已经出现较为固定的"六约五村""五村三姓六约"一类的表述,这些表述从侧面说明,很可能从明末或清前期的某一时期开始,地方纠纷和公务的处理,已从老人和里甲组织转移到乡约保甲组织的手上。十六都六约应该涵盖了现今沱川境的全部,六约的基础是沱川的五大聚落,特别是燕山、理源、鄣村、篁村四个村落。需要说明的是,这四个聚落均为余氏聚居的单姓村,四村余氏各自形成一个宗族组织,四个宗族构成了一个高等宗族,其总祠在篁村,即余氏的始迁地。因此,沱川乡约的基础是聚居宗族。这意味着,宗族在乡约事务中扮演着相当重要的角色——在程家纠纷调处中看到的正是这种情形,而"五村三姓六约"应该是沱川地域处理地方公共事务的顶层权力网络。[2]换句话说,在清代沱川地域,围绕跨村落地方公务的处理,已经出现了超越乡约、图甲、姓氏和村落的某种制度安排。

有关这一制度的详情,文献没有透露多少信息。现在比较确切知道的一点是,这些公务和纠纷的处理,是以当地申明亭为中心来开展的。申明亭建于明初。一般认为,徽州的申明亭是以都为基本单位建立的。[3]晚清文献中提到的沱川申明亭,应该就是十六都的申明亭,此亭已毁,址在今燕山菜市。燕山位于沱川盆地中心地段,是沱川余氏主要聚居地之一,在这里修建十六都申明亭,在情理上是可以成立的。据当地文史工作者调查,燕山申明亭亦称"三门祠"。所谓"三门",是鄣村、理坑合为一门,燕山、篁村各为一门,俗称"三门四村"。[4]

如果这个申明亭就是明初建立的十六都申明亭,我们还需要确定,

---

[1] 万历年间,婺源十都增第四图,新成立的第四图十甲均分为两个乡约,参见黄忠鑫《明清婺源乡村行政组织的空间组合机制》,《中国历史地理论丛》第33卷第3辑(2018年7月),第141—143页。需要指出的是,三图有洪姓四户、吴姓二户,这些户籍对应的粮户群体,是归属于沱川"六约",还是归属于四图乡约呢?笔者认为,他们应归属四图乡约,因为在前三图的乡约姓氏中,没有出现吴、洪二姓。
[2] 这种宗族与乡约保甲组织之间的密切关系,应该是徽州不少地域常见的情形,参见洪性鸠《清代徽州宗族与保甲制的展开》,胡学文辑《徽州宗族研究译文集》,宋文静译,上海:复旦大学出版社,2017年,第146—169页。
[3] 中岛乐章《明代乡村纠纷与秩序》,第129—130页。
[4] 汪发林《沱川乡余氏宗族与民间信仰》,第120页。另外,民国《婺源县志》卷七《建置五·宫室》载"申明亭:一沱川,一沱口"(页32b),其在沱川者应即此亭。

第十六章 乡民与王朝国家 413

从明初以降的几个世纪里,申明亭制度是否一直运转。遗憾的是,没有连续的文献证据可以证明这一点。我们知道的是,康熙五十五年(1716)的一通碑铭,提到"集三门族众至申明亭公议"[1],说明经过明清交替的动乱之后,申明亭在沱川继续运转,或是废止一段时间后重新运转亦未可知。碑中提及的"三门",应即三门祠之"三门",亦即理坑、郭村、燕山、篁村四村余氏宗族。康熙末年之后一百多年时间里,笔者没有找到有关申明亭的记录。所幸咸丰元年的一份禁约提到:

>婺北沱川地方,聚族攸居,距治窎远,先宦辈曾遵例请立申明亭,凡有关风化公件,衿耆约族在亭公议,而于禁赌博一事尤严,有犯罚责,悉照成规,一切闲杂人等,不得入亭喧哗,致挠公论。历百余年,恪遵无异。嗣因日久玩生,曾于嘉庆年间,公求府宪、县主赏示严禁。[2]

从"历百余年"一语推断,从康熙朝至嘉庆朝,沱川申明亭一直没有停止运作。此后申明亭继续在地方公务中发挥作用。程氏排日账对这个建筑留下了一条记录。光绪十一年二月十九日排日账记:"父亲出燕山申明亭嬉。"[3]也许因为沱川申明亭是一个重要公共场所,允亨闲来无事,走到这里玩耍。

咸丰元年禁约提到,申明亭是"衿耆约族"讨论"风化公件"之处。我们从晚清民间文献看,申明亭处理的一个重要事务是禁赌。上述禁约提到,"近遇赌博事发,辄敢蜂集亭中,喧哗抗辩,大乖请立公亭乡议遗意"。由于这个原因,十六都一、二、三图士绅、乡约余丽元等请求徽州府出示严禁。徽州府衙批示:"查申明亭乃教化之所,即前代乡议遗意,例载森严。凡关风化公件,衿耆执事在亭剖决,所有该处居民人等,各宜敬谨凛遵。"[4]太平天国期间,"兵燹频年,未暇扶维",赌禁松弛,故而在战乱结束后,由县衙门于光绪三年(1877)出示重申赌

---

[1]《衍庆堂示》碑,康熙五十五年立,碑存理坑村内。
[2] 光绪《婺源沱川余氏宗谱》卷四十《遗文·公文》,页6b—7a。
[3] 程氏排日账#09,光绪11/2/19。
[4] 光绪《婺源沱川余氏宗谱》卷四十《遗文·公文》,页6b—7a。

禁。此后光绪三十一年（1905）再次重申赌禁一次。[1]申明亭处理的另一项地方公务是祈雨。笔者在第十一章谈到，道光十二年祈雨的一些告示，就是以申明亭的名义发布的，而且整个活动多沿袭以往的做法，说明申明亭介入祈雨事务，已有相当长的时间。另据今人调查，申明亭（三门祠）"是沱川余氏宗族议事场所"，"凡有关沱川余氏宗族之大事或家庭纠纷等，都由理事们在此议定。对宗族内有强奸、偷盗、虐待父母等恶行者，需开三门祠请众公断。故至今郭村、燕山人仍有俗语：如果遇到纠纷难以处理，比较棘手时，即说'去开三门祠'"。[2]可见在民国时期的乡村纠纷中，申明亭仍继续扮演着不容忽视的角色。

在清政府的乡村统治中，乡约被赋予较为重要的职能，萧公权将之视为朝廷进行意识形态控制的重要制度，宣讲《圣谕》被视为乡约的基本职能。不过从全国范围看，进入19世纪后，乡约本身发生了变动，乡约取得了保甲的职能，逐渐从宣讲制度转变为治安工具，甚至出现了乡约与团练合流的趋势。[3]从婺源乡约的发展看，乡约与保甲的结合其实并非晚清才开始，而是发生于晚明，而且从19世纪的民间文献看，婺源乡约最显著的职能并非治安，而是纠纷调处。

在婺源民间文献的表述中，请托乡约调处纠纷，称作"投约"。投约可能不是通过口头表达，而是需要将情况按照一定格式写成文书，投递给乡约。中岛乐章在讨论明代徽州的纠纷调处时，曾征引了明代几份投状。[4]《清至民国婺源县村落契约文书辑录》收录了来自婺源段莘沅头村的两件清代文书，应该是投约的投状，兹录文如下：

（一）

具投词人晓源宋旺发

投为持械凶殴伤重命危迫叩验明生辜死填事。

被：胡兴发兄弟侄纠凶丛殴人。

---

[1] 光绪《婺源沱川余氏宗谱》卷四十《遗文·公文》，页7b-8b。
[2] 汪发林《沱川乡余氏宗族与民间信仰》，第120页。
[3] 萧公权《中国乡村：19世纪的帝国控制》，张皓、张升译，北京：九州出版社，2018年，第219—243页。
[4] 中岛乐章《明代乡村纠纷与秩序》，第259—279页及全书各处。

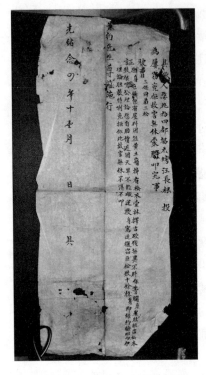

图16.2 婺源县十四都乡约投状

证：身妹幼配社泰为室，素守妇道安和。于本月十一日，泰竖造房屋，不料骇恶胡兴发兄弟侄倚势虎崛，胡观父子各持器械交加，现有拳拴，身妹遍体鳞伤，比投鸣约族，验明确证，屡肆欺懦，身妹命悬。为此不得不叩

生辜死填

□〔乡〕约先生尊前施行。

光绪廿三年三月 日具。

（二）

具投词人胡社泰

投为拥毁丛殴伤重命悬急叩维风惧竖巢穴事。

被胡兴发喝令纠殴弟侄丛殴人观九□。

证：缘身祖遗有后边问字号基地，选于本月吉日竖造巢穴，殊兴发螽螣枭心，拒观九率子胆敢逞凶，□拥身家，毁料丛殴，擒妻毒打，遍体均受重伤，饮食少进，累身次子斧伤，比经约族

验明，势逼不已。心甚不甘，迫叩申明维风惧竖巢穴皆空事，呈电

乡约先生尊前施行。

光绪廿三年三月十三日具。[1]

这两件投状涉及同一个纠纷，具状人一是受害者的娘家人，一是其丈夫。投状没有说明纠纷发生的原委，只交代了胡宋氏在修建新房时，被胡兴发等人殴伤，受害者娘家与婆家投状，请求乡约处理此事。

此外，上海交通大学图书馆收藏了婺源十四都两位村民的两份文书，应该也是用于投约的投状：

（一）

具状人婺邑北乡拾四都杨□湾汪长根投

为屡窃凶拒故害无休蒙验叩究事。

被：曹三保同弟三松。

证：原身屯镇包有屋料，因往黄土岭拼有松木壹林，择吉砍伐无异。不料保等□身□往，魈窃松木数根，鸣公理论，愿自赔偿。近因天旱，不能搬运，欺身窎远，复窃巨松数十余株。身即经约验明，向伊理论，胆敢恃喇凶拒。似此故害无休，不得不叩

贵约先生尊前施行。

光绪念四年十壹月日具。[2]

（二）

具状婺邑北乡十四都杨□安△△△等投为

屡取屡延藐据鲸吞迫□公论以追本殖事。

被：△△△

证：身先父代敝东单姓刱有木业，在宅有年，不□善为说词，向身

---

[1] 黄志繁、邵鸿、彭志军编《清至民国婺源县村落契约文书辑录》第十五册，第7696—7697页。
[2] 照片编号：DSC05348，上海交通大学图书馆收藏，卷宗号：ZHU，编号：2011081807。

父借去英蚨六十元，立有田契壹道，并借券壹纸铁据。不幸
身……身懦弱，□□据，且若闻身来往□□，俱是延词。似此
契据空存，本殖……不叩

贵宅乡约先生 尊前〔施行〕。

光绪贰拾壹年 六月……具。[1]

投状一的投约人是十四都人汪长根，出资买得黄土岭的松木，被曹三保、三松兄弟盗去松木数十株，因此投约人到十六都投约，请求乡约介入此事，予以处理（图16.2）。投状二的投约人是十四都的一位村民，其父借钱六十银元与某位村民，被此人赖账不还，因而投到乡约处。

这种投状的基本格式，主要包括以下几个部分：（一）原告姓名（"具状"起头，独立一行）；（二）投诉事由（"为……事"的表述，独立一行）；（三）被告姓名（"被"字起头，独立一行）；（四）纠纷详情（"证"字起头）；（五）受理主体（独立一行）；（六）具状时间。这种格式与明代的投状颇为相似。如天启四年（1624）的吴留投状，写明是投给"约里排年"的，[2]这份投状除了没有独立标出被告外，其余内容基本相似。两者的主要差别在于，晚清的投状更加程式化，六个部分眉目清晰。崇祯十六年（1643）的胡廷柯状纸，是投给宗族的投状，其基本格式与吴留投状相同，不过将被告姓名特别标出，置于受理主体之前，并在投状之后列了干证姓名，其格式更接近晚清州县诉状。[3]这些程式化很强的投状的存在，从侧面体现了在乡村纠纷处理中，已隐然形成了独立于州县衙门的投诉与

---

[1] 照片编号：DSC05340-DSC05341，上海交通大学图书馆收藏，卷宗号：ZHU，编号：2011081807。
[2] 为便于比较，兹将吴留投状录文如下："投状人吴留，投为杀尊灭伦乞呈幸命事。孙（欧）〔殴〕叔祖，伦法大乖。逆恶吴寿，素行不□，□□一乡。前月念九，乘男佣外，逆藏田水，论触凶（欧）〔殴〕，遍体重伤糟地。幸李五等救证，急具手模，投鸣解送，反逞强□党，拥家捉杀。媳出阻劝，不分男妇，将媳毒打，碎衣命危。族长吴八、叔娘凌氏、凌能等救证。孙杀祖，侄（欧）〔殴〕婶，霸水利，律法大变。投乞转呈，究逆辜命，敦伦正法。感激上投约里排年详请。天启四年四月日投状人吴留（花押）。"投状图版，见《徽州千年契约文书·宋元明编》第四册，石家庄：花山文艺出版社，1993年，第137页。此处参考了中岛乐章的录文，文字、断句稍有调整，参见中岛乐章《明代乡村纠纷与秩序》，第184—185页。
[3] 《徽州千年契约文书·宋元明编》第四册，第137页；录文见中岛乐章《明代乡村纠纷与秩序》，第187—188页。顺便提及，乡约投状的格式与州县诉状相近。晚清州县诉状主要分为形式事项部分与实质事项部分，前者包含的信息包括具呈人、被告、中证人信息、歇家信息、作证人情况等，后者说明做状缘由，主要包括题头和正文两部分。具呈人、被告信息及题头和正文，也是乡约投状的基本构成部分。有关州县诉状格式，参见吴佩林《清代县域民事纠纷与法律秩序考察》，北京：中华书局，2013年，第197—235页。

调处体系，而且这个体系的制度化已经达到相当高程度。

最后，谈谈乡约组织的运转经费和乡约的社会地位。乡约的运作需要一定费用，这些费用来自本约民众，被称为"约费"。程氏排日账留下了一些缴纳约费的记录，具体来说，排日账记录了光绪十年、光绪十一年、光绪十六年、光绪十八年、光绪十九年、光绪二十年、光绪二十七年缴纳约费的记录。综观这些年的记录，程家每年需缴纳约费60文（光绪二十年交66文），多数是交给一位鉴亭先生。查《婺源沱川余氏宗谱》，余任远（1837—1896），字鉴亭，监生。[1]这位余任远是个乡约吗？有可能。光绪十年、光绪十八年、光绪二十年都是交给余任远的，此外光绪十一年交给余新禧，光绪十六年交给余观富，二十七年不详。约费缴纳时间通常是在年底。[2]约费数额不大，不足以对普通农户的生计构成威胁。

明代乡约的约正、约副等，应该都有功名，而笔者了解了几位身份可查的晚清乡约，有的拥有监生头衔，有的似乎没有获得过功名，这应该与清代乡约的职役化有关。[3]不过在程家的世界中，不管是否有功名，乡约的身份都不同于普通民众，而是拥有一定地位的人物。在排日账中可以看到，乡约通常的称呼是"先生"，与对其他士绅的称呼是一样的（详下），在乡约投状中，乡约也被称作"先生"，并在这一敬称之后，加上"尊前"二字，这从侧面体现了这个群体在乡村中的地位。

总之，沱川的乡约应该是以自然村为基础而组织的，与图甲存在较强的对应关系，同时又与宗族组织有着密切的联系。在这种格局下，乡约并非浮在地域组织之上的一个基层行政层级，而是深嵌于地域空间组织与权力结构之中，这赋予乡约较为顽强的生命力和相当程度的执行力。

---

〔1〕 光绪《婺源沱川余氏宗谱》卷三三，页29b。
〔2〕 程氏排日账#8，光绪10/12/28，光绪11/12/21；#11，光绪17/12/30，光绪18/12/26，光绪19/12/22，光绪20/12/30；#13，光绪27/12/28。
〔3〕 如余裕峰、余造深、余监亭均为监生，参见光绪《婺源沱川余氏宗谱》卷三八《仕进·俊秀例监》，页13b、16b、21b。但没有发现拥有生员功名的乡约。

约族与纠纷调处

在交代制度安排后,现在来讨论乡村纠纷调处的具体运作情况。笔者侧重围绕程家涉及的各类纠纷来讨论这个问题。

笔者谈到,十六都"六约"包括了燕山约、篁村约、鄣麓约、理源约、漳前约及一个名称不详的乡约。此处的燕山约、理源约和篁村约,应该都是以村落为基础组织的乡约,而鄣麓约、鄣前约对应的村落,很可能就是鄣村及周边村落。[1] 由于地缘关系,上湾程氏很可能属理源约。旁证是,程家在发生纠纷时,曾请乡约余欢桂(1841—1897)、余茂良(乳名康泰,1837—?)调解,而余欢桂、余茂良都是理坑村人。[2]

梳理程氏排日账记载,程家牵涉的纠纷共有18次,主要是物业被侵犯引起的纠纷,除了几宗盗窃案之外,主要有同治十一年抄珠山茶坦纠纷、西坑山祖坟纠纷、安里茶坦纠纷,光绪四年余万富欠账纠纷,光绪五年汪王后产权纠纷,光绪九年交椅形祖坟纠纷,光绪十年查木坑山场纠纷、土地纠纷,光绪十一年村民挑衅纠纷,光绪十九年恶贼抢夺纠纷,光绪二十年苦竹山占山纠纷,光绪二十一年租谷纠纷、藚片坞柏树纠纷,光绪二十六年苦竹山占山纠纷及光绪二十七年吴祥发赖账纠纷,其中乡约介入的纠纷有8次(详见表16.1)。

表16.1　程家所涉纠纷基本情况表

事发时间	纠纷事由	涉事人	调解主体
同治十一年(1872)	抄珠山茶坦纠纷	程辉悦	乡约、四大房
同治十一年	西坑山祖坟纠纷	余广泽祠	乡约、四大房
同治十一年	苦竹山盗窃纠纷	余再富	无
同治十一年	安里茶坦纠纷	程允发	无
光绪五年(1879)	汪王后祖坟纠纷?	余臣庆	乡约、文会
光绪五年	苦竹山盗窃纠纷	大崧?	无

---

[1] 在前面讨论的乾隆、嘉庆年间沱川余氏与小横坑葛、胡二姓佃仆的纠纷中,小横坑归鄣山约或鄣前约管辖。嘉庆初年,葛、胡二姓试图摆脱余姓的控制,成立独立的乡约,这个请求遭到了余姓的多方阻挠。

[2] 光绪《婺源沱川余氏宗谱》卷二十,页4b;卷三十三,页86b—87a。余欢桂、余茂良应该都没有功名。

续表

事发时间	纠纷事由	涉事人	调解主体
光绪八年（1882）	苦竹山盗窃纠纷	不详	无
光绪九年（1883）	祖坟迁葬纠纷	程志阳兄弟	本族、乡约、四大房
光绪十年（1884）	土地纠纷	四俚？	乡约、中人
光绪十一年（1885）	村民挑衅纠纷	标？	乡约
光绪十九年（1893）	恶贼抢夺纠纷	四恶贼	文会、扶正会等
光绪二十年（1894）	苦竹山占山纠纷	大连吴庆元	大连亲戚
光绪二十一年（1895）	租谷纠纷	崇四（赐）	乡约、房
光绪二十一年	藚片坞柏树纠纷	？	乡约
光绪二十二年（1896）	苦竹山盗窃纠纷	余成	无
光绪二十六年（1900）	苦竹山树木盗砍	余路华	余添灯
光绪二十七年（1901）	吴祥发赖账纠纷	大连吴祥发	亲家等
光绪二十七年	牛栏田禾被盗纠纷	不详	无

资料来源：程氏排日账历年记录。

从上表可以看到，乡约一般不介入盗窃活动（共4宗），涉事主体超出沱川的纠纷（程家涉及的主要是与大连人的纠纷，共2宗），乡约一般也不介入。乡约介入的8宗纠纷中，物业纠纷占6宗，村民寻衅闹事1宗，租谷纠纷1宗，可见物业纠纷占主体，纠纷所涉物业包括祖坟、茶坦，或是两者兼而有之。下面试分析相关纠纷的调处方式。

同治十一年的抄珠山茶坦被占、祖坟迁葬纠纷，是排日账记录最为详尽的纠纷。事发于该年二月，此后从投约、调处至纠纷得到最终解决，前后经过了近半年时间。整个纠纷的处理，经历了三个阶段。首先是纠纷事发与投约阶段。二月二十二日，发开发现抄珠山茶坦被本族族人辉悦侵占，祖坟遭到迁葬，当即上苦竹山，找回在山上干活的允兴、允亨兄弟。辉悦很可能是为了霸占茶坦，才迁葬发开祖坟的。因为太平天国运动结束后，国际茶市行情不错，种茶有利可图，茶坦的价值很可能有所提高，引发了不少茶坦纠纷。二十三日，程氏父子与辉悦发生了肢体冲突。二十四日早上，程氏父子将纠纷投到乡约余裕峰处，乡约到祖坟前查勘程辉悦迁葬祖坟、霸抢茶坦的事实。[1]此为第一阶段。

---

[1] 程氏排日账#5，同治11/2/22-24。

第二阶段开始于五月初四，可能因为乡约调处无果，程家找到理坑余氏宗族族房长，当日排日账记："父亲、允兴兄、本身仝再叔抄珠山盖棺椁，被辉悦二月因此廿四日霸抢身之地，托大房文公理论，余余三、允前、裕峰、立修、仲巍、魁芳、仝先生，允兴兄□相劝，廷远祠坟山四至分明，左右内外人等无许安厝。"[1]需要注意的是，此处请托人中，包括了乡约余裕峰，乡约和族房长应该是一同参与调处的。五月二十四日，程氏父子将被迁葬的棺椁做了安顿，当日排日账记："父亲、允兴兄、本身扛棺椁到下处，被辉悦抄珠山廷远公坟前迁葬，托中人、约调处，渐打勒石，求情相劝，内外人等毋得侵害。"余氏宗族介入后，这个纠纷基本得到解决。这里的"中人"与"约"，应该就是前面提到的理坑余氏族房长和乡约。

第三阶段是立碑安葬阶段，发生于七月初。以下是排日账七月初一至初六日的记录，交代了纠纷处理的情况：

> 初壹日天晴癸未值建昴宿　父亲仝再叔到四大房中人、约〔准定勒石到坟〕余裕峰先生、冠芳先生、仲如先生、立修先生、余山先生、承安先生，被辉悦抄珠廷远公坟酬不安，约保相劝，订勒石到此坟前。
>
> ……
>
> 初叁日天晴乙酉值满（嘴）〔觜〕宿　父亲谢宗四大房余如山、余承安、冠芳、裕峰、仲如、保约族长德申，被辉悦打口仟葬廷远公下边。允兴兄仝本身照应四大房中人。
>
> ……
>
> 初伍日天雨丁亥值定井宿　父亲耘田，允兴兄仝本身苦竹山刹菜，已身在逢歇。黄昏晚，被辉悦粗言恶语相骂，沱力家里，咬父兄打架，因此抄竹山坟前茶坦内上下无厝，又托四大房诸公验明，余如山先生、（安承）〔承安〕先生、冠芳先生、裕峰先生、仲如先生、造深先生相劝。
>
> 初陆日天雨戊子值执鬼宿　父亲、允兴兄早晨抄珠山扛果棺墩

---

[1] 程氏排日账#5，同治11/5/4。

乙出厝屋□后上坦。[1]

由于允亨读写能力的局限，上述文字表述有不少不甚明晰之处，但从记录中可大致了解，七月初乡约、"四大房"介入了纠纷，做出了有利于程家的裁决，准许程家立碑示禁。程家安置好先祖棺椁，并很可能按照惯例，设宴答谢乡约和"四大房"。因为对裁决不满，辉悦仍试图对程家家人进行言语与肢体攻击。

这个纠纷调处过程中一个值得注意之处是，程家在事发后，首先是去投约，即将纠纷详情告知乡约，请求乡约介入调处。乡约在了解纠纷实情后进行调处。不过很可能调处无效，于是程家请出"四大房"介入调处。那么，此处的"四大房"究竟指的是什么？尽管涉事双方均为程氏宗族族人，但从相关人士的姓氏判断，这些房是余氏宗族的房支，而不是程氏宗族的房支。透过族谱可知，他们其实是理坑余氏宗族的上、松、竹、梅四大房中人，更具体来说，应该是余氏宗族的族长和四大房的房长。这宗纠纷说明：其一，程氏宗族规模小，凝聚力不强，宗族本身不足以调处本族族人的纠纷；其二，由于地缘关系，沱川大族理坑余氏宗族在程家纠纷的调处过程中，扮演着举足轻重的角色；其三，乡约本身在整个纠纷的调处过程中，更多扮演投诉的受理、调处的安排而非纠纷仲裁的角色，对纠纷调处的结果不具有重要作用，但他们出现于纠纷调处的不同阶段，应是作为主要参与者全程介入整个纠纷调处过程的。

这个纠纷调处方式，在此后的几宗物业纠纷中也可以观察到。抄珠山茶坦侵占纠纷事发的当月（同治十一年二月），还发生了西坑山祖坟侵害纠纷。二月三十日，程家了解到，西坑山祖坟遭到余广川祠的侵害。三月初三，也即事发三日后，排日账记，"父亲仝允兴兄、再叔在家，托四大房、乡约余裕峰先生被余广川祠侵害西坑山祖坟，托中人调处，余班桂先生、双玉先生、彦卿先生、立收先生、冠芳先生、仲如先生、承安先生到广川祠支孙相劝"。初四日，"父亲仝再叔、乡约余班桂先生相托到西坑山祖坟前验明，请看上下左右四至分明田内"。初七日，"父亲仝再叔、乡约先生托四大房诸公到广川祠支孙劝解，西坑山祖父

---

[1] 程氏排日账#5，同治11/7/1-6。

坟毋许（仟）〔迁〕葬，官坟乙丈，民坟八尺，付洋九元到广川祠，支孙内外人等，毋许侵害，合做议单二张，各执乙张存照"。此日纠纷得到解决，程家的祖坟得到保护，但程家也为此付出了银洋九元的代价，双方立议单了结了纠纷。此后，初八日，"父亲仝再叔办物谢宗四大房"；初九日，"父亲仝再叔托和舅做伙头谢宗，因此被余广川祠阻倒，请酒富先生、彦卿先生、冠芳、裕峰、仲如二位乡约先生，余举桂调理清讫，谢中"。[1] 经过初八日准备后，初九日程家设宴答谢四大房与乡约，整个纠纷告一段落。

光绪九年正月的纠纷，是因程家的交椅形祖坟被迁葬引起的，涉事的双方与同治十一年抄珠山茶坦纠纷一样，也属于上湾程氏族人。不过此次的调解过程，与抄珠山纠纷稍有不同。程家发现迁葬问题，应是在该年正月二十一日，当日排日账记，"此夜同族内议事，交椅形地被志阳兄弟"，说明纠纷发生后，程氏宗族曾在祠堂进行磋商。次日，"父亲在家，同众族内允福家长进祠堂，被志阳兄弟扦葬文宝、文贵公坟，理论投约余康泰先生品名"。程氏族人商议无果，程家转投乡约。二十三日，"父亲同族内允福兄、连悦叔托约先（先）〔生〕，被志阳粗言恶语，相劝不通，只（德）〔得〕托四房禀〔？〕（名）〔明〕，允兴兄接客始请"。很明显，因为族内与乡约交涉无果，程家只好请四大房介入此事。二十四日，"父亲同允兴兄大族允福兄、连悦叔、再叔、辉、允恭兄、启富弟、允法兄、允中、赐侄。本身办酒席，托四大房先生约康泰、承安、士登、仲巍、诵之、文（？）公理论"。继续理论迁葬事。四大房介入后，纠纷应该得到解决。二月十七日，"允兴兄同众族内办物酒席谢中，因此交椅（刑）〔形〕被志阳兄弟，约康泰、执士先生、承安、士登、仲巍、新禧、诵之、加长、兴泉"。此次是设宴答谢介入调处的乡约与四大房。次年三月初十日，"父亲同允福兄托乡约先生余欢桂交椅形被外人侵害，言（名）〔明〕同族做护坟"。[2] 这是在纠纷解决后，程家修造护坟，上距纠纷事发已过一年。在这次纠纷中，乡约也全程介入调处。

---

[1] 程氏排日账#5，同治11/2/30，3/3-4，3/7-9。
[2] 程氏排日账#7，光绪9/1/21-24，2/27；#8，光绪10/3/10。

四大房介入的纠纷，还有光绪五年的汪王后纠纷，此次纠纷的起因不详，很可能也与祖坟有关，因为程家在汪王后有一座祖坟。该年正月二十五日，排日账记，"被汪王后余臣庆情理不合，投理约先生余定桂，接文会先生上马石头文公理论"。此次纠纷的调处，也是先请乡约，再接文会先生现场勘查纠纷实情。此次纠纷应该很快就得到解决。当月三十日记，"允兴兄托连悦叔（培）〔陪〕客做伙头，接四大房中人约先生念五日事中乡（圭）〔规?〕，本身采柴，回家照应客"。[1] 在这次纠纷中，程家应是在投约时，考虑到汪王后余氏为理坑余氏宗亲，于是直接请余姓四大房介入，而不是先请乡约进行调处，无果后再请四大房调处。此外，光绪十九年八月的恶贼抢夺纠纷，起因不详，事发后，程家告到扶正会与文会，最终问题是否得到解决，排日账没有记录。[2]

其他的纠纷，相对较为简单。光绪四年三月，万美欠账不还，"父亲早晨托乡保中人万美兄，被万富久账，朱岭茶坦管业押牌"，程家托乡保和中人万美介入，控制了万富的茶坦。[3] 光绪十年闰五月，程家可能与一位村民因土地纠纷，托乡约、中人等实地勘察。[4] 光绪十一年四月，有邻里寻衅，隔墙掀瓦，程家只好请乡约介入。[5] 光绪二十一年九月，程家与崇赐因租谷纠纷，请乡约余裕峰介入，"（凛）〔禀〕明文贵支孙理论"。[6] 光绪二十一年十二月，程家一处坟地的柏树被砍，程家请乡约余裕峰理论。[7] 这些纠纷在乡约介入后，应该得到了解决，因此没有请四大房出面调解。

很可能从清初开始，乡约与宗族相结合，成为乡村纠纷调处、秩序维系的重要体制。这种体制，沱川的一些文献表述为"约族"。这个语词何时出现，待考。不过康熙末年当地的碑铭就已使用这个表述，清中

---

[1] 程氏排日账#6，光绪5/1/25，1/30。
[2] 程氏排日账#11，光绪19/8/1："己在家，被四恶贼抢夺，余氏包贩良之心，托（柜）〔贵?〕族内人见理源上马石头，托扶正会，不遵理法。"初二日，"己又见文会先生余重新、余吉佳、余益苏、余禧伯。复上马石头，（便）〔禀〕明众人被四恶贼之屠。"
[3] 程氏排日账#6，光绪4/3/20。
[4] 程氏排日账#8，光绪10/闰5/3。
[5] 程氏排日账#8，光绪11/4/13。
[6] 程氏排日账#11，光绪21/9/11。
[7] 程氏排日账#11，光绪21/12/22。

后期民间文献中更是时有所见。如上引《清至民国婺源县村落契约文书辑录》收录的光绪二十三年两件诉状，都使用了"约族"的表述，另有以下数例。

（一）篁村云衢庵禁碑，上刻"公禁碑/康熙五十二年冬月/永禁盗砍/一二图绅衿约族为/云衢庵立"。[1]这是目前沱川境内获见的最早提到"约族"一语的文本。

（二）笔者在理坑发现的一通嘉庆八年（1803）十一月的禁碑，规定："……界内□养（？）杉松橡木，内外人等□（不？）得入山□害挖掘木脑烧炭，□大惊祖，如违，闻公理论，重罚不贷。"左边的落款是"绅耆约族"，[2]"约族"与"绅耆"并举。

（三）道光二十二年理坑《悠远祠簿据》是族人产业充作祀产的一份书面说明，中间"约族"一语出现两次：

> 立存产附祀簿据四大房约族俊卿等，缘天照、接庆、三庆本属同胞，天照、接庆已先物故无嗣，而三庆六十七岁，生子早夭，因念祖宗先祀为大，爰凭四大房约族，将伊己业田租八局，共计皮租贰拾叁秤零四勉、骨租五勉，附入致和祠，永为清明祭扫之赀。祠内每年清明，自伊曾祖时新公以下，至三庆兄弟、夫妇及伊殇子成福等，设席同登，并标祀其五世之墓。其田悉听祠内经收管业，内外人等毋得争竞。倘三庆日后不能存活，其田租仍听拨出度日。总之生为口食，殁为祀产。附祀簿一本，即付致和祠永远存照。[3]

族人无后，其田产充入祠堂，由祠堂收租，而祠堂负责祭祀该族人曾祖以下世代。这本是祠内事务，但在文本中却使用了"约族"的表述，这可能是因为有乡约介入，也有可能这是一种习惯性的表述。

（四）咸丰元年徽州府批准的一份申明亭告示，申请示禁的禀文称"凡有关风化公件，衿耆约族在亭公议"，也是"约族"与"衿耆"并举。有趣的是，徽州府知府的批示没有使用沱川禀文中的"约族"表

---

[1] 汪发林《沱川乡余氏宗族与民间信仰》，第63页。
[2] 碑存理坑村内。
[3] 《各祠会等事仪规例》，民国三十七年重订本，无页码。

述,他使用的表述是"该处约保及袗耆军民人等"[1],似在暗示乡约保甲制才是基层组织的正式构架。

(五)同治二年理坑禁碑一通,为山场禁葬碑,碑铭漫漶,但碑中有"合经约族"等字。[2]

(六)光绪年间一件来自十六都的文书,也出现了"约族"一语:

> 立收字人沱溪许绍辉,缘身侄女招弟于八月间,胡莲花贩卖休宁,至阳林安耽搁。身今向理,蒙伊约族理谕,作汪吴氏,敷出盘费,莲花领身至休查明姓婚。日后身族人等断不得向伊村外生枝节。如有别情,执此向身是问,无得推辞。今欲有凭,立此收字存据。
>
> 光绪拾柒年九月日立收字人许绍辉(花押)
>
> 经约族中汪右全
> 胡桃
> 秋能
> 发华
> 德芳
> 亲笔(花押)[3]

这份文书的文字有一些不明之处,不过大致内容是,立约人许绍辉的侄女许招弟被胡莲花贩卖到休宁,许绍辉获悉后,追踪到胡莲花居住的阳林安地方,经过该地"约族"理论,胡莲花答应带许绍辉到休宁查明贩卖许招弟之处,而许绍辉则应该是在阳林安约族的要求下,立约保证不带族人到阳林安找村民的麻烦。落款处"约族中"应是指"约族"和中人。

从逻辑上说,"约族"包括两种内涵:一是乡约与宗族的合称,一是乡约—宗族综合体的表述。在后一种内涵中,乡约和宗族并非分头处理村落内外和宗族之内的纠纷,而是共同介入乡村纠纷调处。在民间文献的一些表述中,"约族"有时可能是一种合称,这种合称的出现,

---

[1] 光绪《婺源沱川余氏宗谱》卷四十《遗文·公文》,页7a。
[2] 碑存理坑村前往上湾路上。
[3] 照片编号:DSCF0491,原件由上海交通大学图书馆收藏,卷宗号:ZHU,编号:2012091801-2。

自然也值得注意。不过结合上文对程家所涉纠纷调处的事例和本节第三、五条史料的讨论，"约族"应该说有时并不单纯是乡约和宗族的合称，而是指代两者的综合体，具体是指乡约和宗族共同调处纠纷的一种体制。中岛乐章和熊远报谈到的以乡约和宗族为核心的乡村纠纷调处框架，还主要是由乡约和宗族分头处理村落内外和宗族内部纠纷的体制，而在我们讨论的19世纪约族调处体制中，乡约多与宗族共同参与乡村纠纷的调处，乡约和宗族的结合，似乎比他们讨论的时代更加紧密。这种体制结合了半官方的基层组织和地域社会组织，是介于国家与民间的一种中间组织，在乡村纠纷调处中发挥了颇为重要且相当有效的作用。

总之，"约族"一词的出现，透露出主要由乡约、宗族构成的制度安排，在婺源乡村的纠纷调处与地方公务处理中扮演着重要的角色。透过这个表述的出现与使用，可以捕捉到约族在婺源地域社会中发挥的重要作用。

在明清一些地方官的眼中，徽州是一个"健讼"之地。[1]这种看法，代表了一部分地方官对徽州地域的认知，这种认知本身自然无法否认。不过应该说，"健讼"是一个相对的概念，包含了对时间差异、地域差异的一种比较维度在内。从这个判断本身，很难推导出民间的诉讼问题已经颇为普及，也无法对乡村纠纷调处体系的效率得出确切的认识。

就清代婺源地区而言，乡村纠纷调处已形成了一套制度化程度较高、且具备相当效率的体制，很可能大多数纠纷可以透过这个体制进行解决。对婺源程氏排日账的梳理可发现：其一，在排日账近四十年的记载中，程家曾牵涉18次纠纷，但极少到县衙打官司。事实上，程家介入衙门官司，仅有上文提及的道光二十年十月那次，我们知道，那宗官司并非为了程家自家的事。其二，与此相关的，程家牵涉的纠纷，大都在以约族为中心的民间调处体制中得到解决，只有涉及外县的债务纠纷和小件财物的盗窃活动最后不了了之，这说明大多数纠纷可以在约族体制内得到解决。

笔者的意图，不是要否认地方官的"健讼"认知，更不是认为明清

---

[1] 卞利《明清徽州社会研究》，合肥：安徽大学出版社，2004年，第242—261页。

徽州是一个"无讼"的社会。不过相对昂贵的诉讼费用，加上较为有效的约族一类的乡村纠纷调处体制，从消极、积极两个方面，在基层解决了相当数量的纠纷，从而大幅减轻了州县衙门的司法压力，这也许是明清时期的"小政府"能够长期存续的一个重要原因。而民间文献中时有所见的"约族"一语，提醒我们注意到这种乡村调处体制的存在，进而引导我们去思考明清乡村纠纷调处体制在维持乡村秩序、稳定王朝统治根基中扮演的重要角色。

社坛、厉坛与神庙

里社坛与乡厉坛，是明初在乡村建立的一套透过神明祭祀来强化宗教信仰与意识形态控制的制度。洪武八年（1375），里社坛制度在全国推行；而乡厉坛制度于洪武三年（1370）在全国推行。[1]婺源推行这个制度的时间不可考。康熙《婺源县志》记载，社坛"各乡俱有建立"，[2]没有交代里社坛的数量。道光《婺源县志》记载，"明时有乡厉坛四十所，今皆废"。[3]由于通常里社坛与乡厉坛的数量相同，里社坛应该也是四十所。附表8显示，明初婺源设置30里、50都、139图，后归并40都，乡厉坛之数，与归并后的都数正好相合，可见婺源里社坛、乡厉坛应是以都为单位修建的。如果这个推断不误，那么沱川所在的十六都，很可能修建了里社坛、乡厉坛各一所。两坛的具体位置及每年如何祭祀，当地文献没有留下记载，无从考证。但清代留下的证据和笔者在当地田野考察中搜集的实物证据都显示，两坛曾在当地修建应是不成问题的。

从全国范围看，明初建立的里社坛和乡厉坛，在修建数十年至上百年后，就逐渐发生变化，不少坛场荒废，祭祀停办。但神坛、祭祀并未就此消失。事实上，在不少地方可以看到，旧的神坛被"分割"，新的神坛在不同村落修建起来，而祭祀则在这些新建的神坛前举行。徽州地区最为知名的例证，就是休宁茗洲社祭的分割过程。茗洲位于休宁县虞芮乡三十三都，吴氏宗族在当地聚居，可能还有其他姓氏。根据方志记

---

[1] 对这一制度的全面论述，参见刘永华《帝国缩影：明清时期的里社坛与乡厉坛》，第31—127页。
[2] 康熙《婺源县志》卷之五《建置》，页13b。
[3] 道光《婺源县志》卷之八《建置四·祀典》，页1b。

图16.3　孤魂总祭（婺源县沱川乡篁村，民国三十一年立）

载，休宁的里社坛、乡厉坛是以乡为单位修建的，全县各十六所，茗洲所在虞芮乡，下有三十、三十一、三十二、三十三都，共十七图四十五村，涵盖的地域范围比沱川所在的婺源十六都大得多。茗洲吴氏所编的《茗洲吴氏家记》显示，明中后期，虞芮乡也发生了社坛的"分社"过程，主要体现在两个不同方面：其一是祭祀会社，明初制度规定：同里之人于祭日共同赴坛祭祀，但虞芮乡在正统十二年（1447）以前，社祭组织就已分割；其二是祭坛，嘉靖六年（1527），由于不同社祭组织之间的矛盾，茗洲所在的社祭组织与其他组织分裂，他们向县衙提出分祷申请，获取县衙颁发的分祷执照后，自行建立独立的社坛。这种分割的结果，就是每个稍有规模的聚落，可能都建立了自身的社坛。[1]沱川过去据说有四大社公[2]，应是十六都里社坛分社后才形成的格局，换句话说，茗洲发生的分社过程，在沱川历史上也可能发生过。

在社坛分割的同时，厉坛可能也经历了同样的过程。根据笔者搜集的田野材料和其他学者的研究，徽州乡间也有类似厉坛的神坛，当地

[1] 刘永华《帝国缩影：明清时期的里社坛与乡厉坛》，第140—146页。
[2] 访谈对象：江欣发，访谈时间：2009年11月20日。江先生提到，郜村社公称作小连城社。另外，理坑之社称作理源社，参见《各祠会等仪规例》，民国三十七年抄本，无页码。

通常称之为"孤坟总祭"。有学者在徽州曾搜集到不少类似的碑刻。根据其研究可知，将无祀鬼魂祭祀统称为孤坟总祭，不仅见于婺源一县，在徽州其他地区也较为常见。此外这种碑刻还有"孤殇总祭""孤坟总汇""普祭孤墓""泽枯处""白骨处"等名目，它们通常立于山岭道路旁或水口等处，民众通常是在中元节在此举行孤魂祭祀。目前祁门大洪岭、松潭、休宁瑶里、绩溪余川村等处均发现了此类坛碑，说明立坛祭厉是整个徽州各县通行的做法。[1]在沱川地域，笔者在理坑、篁村、塘崛、查木坑等村都发现了孤坟总祭碑，说明这种碑铭在当地较为常见（图16.3）。据村民相告，这些碑正是当地祭祀无主孤魂之处。沱川一带的孤坟总祭碑，多立于清代、民国时期。村民说，过去几乎村村都有。

在旧日徽州乡间，每年例行举行春秋二社。前面谈到，做社是婺源乡民的年节习俗，排日账中常常会在二月、八月事项下，列出社日的日期。同时，这个文本还提到做社的其他信息，从中可窥见徽州普通农户是如何参与到社祭当中。光绪十一年二月初八日记，"父亲做社会当头做"。[2]光绪十八年二月十八日记，"社会敬敷做头"。光绪十九年二月初五日记，"己做社，代柜谷价乙角陆分，办会酒米六筒，亥乙斤，付干十块，酒乙壶"。同年八月初九日记，"己做头秋社会"。光绪二十二年二月初三日记，"己做社。支钱十乙文买亥油乙两。亥斤半，计钱二百文市钱。付干卅文。米六筒，计钱六十文"。同年八月十七日记，"（己）充首做社，支钱十三文，水酒、（付）〔腐〕干；又炮八文"。[3]光绪二十六年二月廿六日记，"己在家做社，支钱二百买亥乙斤乙两，又对焕美兄来伏干卅文，又水酒乙（乎）〔壶〕，情内板来又米七筒"。同年八月廿九日记，"己早晨做社首"。[4]光绪二十七年二月初二日记，"己在家吃社会，中兄做首"。次日记，"己支钱二百文上社会利，下欠陆员四角"。[5]

上述史料说明，婺源一带举办社祭，通常称作"做社"，而做社期

---

[1] 陈琪《徽州的"孤坟总祭"：设立义冢碑刻，安抚孤魂野鬼》，《徽州社会科学》2018年第8期，第37—40页。
[2] 婺源程氏排日账#8，光绪11/2/8。
[3] 婺源程氏排日账#11，光绪18/2/18，光绪19/2/5，8/9，光绪22/2/3，8/17。
[4] 婺源程氏排日账#12，光绪26/2/26，8/29。
[5] 婺源程氏排日账#13，光绪27/2/2-3。

间的聚会，称作"社会"。做社不是各家各户单独举行的，而是同族族人共同操办，这与明代茗洲吴氏做社的做法是一样的。做社有人牵头，牵头之人称作"会首"，其职能应类似于茗洲的社渠首。做头以年为周期，轮值的会首负责同年二月、八月的社祭事务。在排日账中，没有提及社祭，这并不等于此事不重要，或是没有举行，而是它已成为约定俗成的事务，无须多费笔墨记录。排日账中信息较多的，是做社的酒席，上述光绪十九年、光绪二十二年、光绪二十六年均有相关酒席或详或略的记录。最后，社应有自身的基金，作为做社的基本经费。从程氏排日账推断，程家参与的社会，并没有购置田产或山场，而是拥有一笔流动资金，平日借贷给村民，社会主要通过收取利息作为祭社经费。

程氏排日账没有提及祭祀厉坛或孤坟总祭的行事，估计上湾并无厉坛或孤坟总祭的建置。不过在程家生活的沱川，厉祭肯定是存在的，理坑就有厉祭会社，称作"祭厉会"。该会有会份八股，分成四组，每组轮值一年，四年轮流一周。有些会份是由祠堂持有的，如云溪祠、味山祠。祭厉会的田产来自族人捐献，理坑村内的光苑祠、云青祠、云溪祠都捐献了田产。祭厉会的主要职能是雇请道士，举行赈孤仪式。该会规定："每年十二月十五夜赈孤，先期出字通知村内，冥财者自送柏枝树底。"根据笔者的调查，理坑是有孤坟总祭的，柏枝树底应该就是立孤魂总祭碑、祭厉的所在。赈孤仪式的程序不详，不过祭祀的告文活套保留下来，现抄录如下：

> 维大清同治△△年岁次△△冬十有二月△△朔越祭日△△，里人余衍庆等谨陈酒食之仪，有事于本里厉祀之坛而告之曰：先王制礼，大小靡遗。至于泰厉，坛而祭之。国厉既行，达于都邑。降及里间，礼缘事立。念兹异物，不其馁而，游魂为变，仁者□咨。惟我理源，聚族而处。数百年来，沉沦几许。或埋□□，或□空山。愁风怨雨，自往自还。月落燐飞，烟疏□□。觅食无从，荒郊驰逐。尔为谁祖，谁尔子孙。北邙□郭，夫复何论。每岁孟春，盂兰建会。缺典继兴，庶几囷外。西村之地，精华所凭。丰碑永立，祀事相仍。载考季冬，祭名曰厉。举用斯时，允与古合。阴香就埋，

冷焰潜消。佑此一方，四序和调。爰命师巫，念坛以祭。尚其来歆，厉不为厉。敢告。

理坑祭厉会祭祀的厉，应该就是明初下令全国修建的厉坛之厉。告文中提到的"丰碑"，应即孤坟总祭碑。只是明初乡厉坛规定于每年清明、七月十五、十月初一三次祭祀，而理坑的厉祭则是每年仅行一次，于十二月举行（十二月十五日赈孤）。祭祀当日举办酒席，饮酒人员有大法二位（告文提到的"师巫"，应是做仪式的道士）、宗子一位、读告文一位等。[1]

如何理解以社坛与厉坛为媒介在程家与王朝之间形成的互动关系呢？我们知道，与明王朝不同，清王朝并不要求乡民修建社坛、厉坛并定期举行祭祀，因此程家参与的社坛祭祀及他们在理坑可能看到的厉坛祭祀，本质上说已不再是王朝制度。不过，这个制度在徽州乡村带来了一定影响：一方面，对社、厉的祭祀，逐渐融入当地民俗，成为其中的一个部分；另一方面，社祭、厉祭为社会的聚合提供了一个仪式—社会框架，以社、厉祭祀为契机，小至房支或邻里，大至若干村落构成的跨村落联盟，都找到一个表达和强化群体认同的组织框架，同时一些自愿结社（如社会、祭厉会）也因此形成。借由这种方式，程家与前朝制度有了一定交集——但他们很可能是将之当作一种世代相传的传统来对待的。

程家与社、厉，乃至与汪帝、玄天上帝等当地重要神明的互动，还有一个维度可能跟王朝国家有关，那就是他们与神明打交道的方式。在人类学的中国宗教研究领域，对包括社神在内的神明的祭祀与乡民社会经验之间的关系及乡民与神明打交道的方式，20世纪七八十年代都有了深入的讨论。早在1972年，焦大卫（David K. Jordan）就指出了神明信仰与人间政府之间的相似之处，他发现汉人庙宇与衙门的格局颇为相近。[2] 武雅士（Arthur P. Wolf）在1974年印行的一篇影响深远的论文

---

[1]《各祠会等事仪规例》，晚清写本，无页码。
[2] 焦大卫《神·鬼·祖先：一个台湾乡村的民间信仰》，丁仁杰译，台北：联经出版事业有限公司，2016年，第56—58页。该书初版于1972年。刘怀仁对台南王醮中王府（祭祀王爷之处）的空间设置进行了细致的研究，他发现王府的空间安排与清代衙署极为相似，参见刘怀仁《王府之想像——台南王醮中的衙署空间建构》，《历史人类学学刊》第十八卷第一册（2020年4月），第1—44页。

中，对汉人对待神明的方式进行了富有启发的讨论。他指出，在普通乡民的眼中，这些神明类似于官员，他们的组织形式与现世的官僚组织颇为相似，拥有比常人大得多的权力，其生活方式也与现世的官员相近，因此，乡民眼中的神明世界，基本上是现世官僚体系的翻版。[1] 芮马丁（Emily Martin Ahern）沿着这一思路，进一步讨论了汉人与神明打交道的逻辑，她将汉人仪式实践视为一种学习游戏，认为"当人们做仪式，而这个仪式又以政治过程作为模型时，他们可能学习的是政治本身"[2]。这些看法为理解程家跟神明之间的互动提供了一个有益的视角。

事实上，徽州乡民看待神明的方式，与武雅士和芮马丁的看法较为接近。这些神明的名号，多用现世王朝体系的名号，如汪帝、玄天上帝等。他们高高在上，接受人间的膜拜与供奉。作为回报，他们介入人间秩序，替人排忧解难。神明的出巡仪式，与现世官员的出巡相似，前面有人鸣锣开道，并高举"肃静""回避"高脚牌。因此，这种与神明打交道的方式，也即我们所说的礼仪，很可能如芮马丁所言，为像允亨这样的极少接触衙门中人的乡民，提供了学习政治运作的契机。从这种角度看，透过这种间接、迂回的方式，积淀在祭祀仪式中的政治信息，进入到普通乡民的观念世界，成为乡民政治体验的一个部分。

武雅士提醒我们，历史学者与政治学者经常强调历史上大多数中国政府无法有效地将其权威渗入地方层面，但"如从对民众的长程影响看，它似乎是已知所有政府中最为强大的一个，因为它依据自身的形象创造了一个宗教"，"它对民众想象的牢不可破的控制，可能是帝制政府尽管存在诸多缺陷，却可以长期存续的一个原因"[3]。从这个角度看，尽管依照官方倡导的模式修建的里社坛、乡厉坛及其他神庙，可能没有存在多长时间，但隐含在对社、厉及其他神明的祭祀之中的政治意识，还是可能有效地渗入普通乡民的头脑之中，塑造着一代代乡民的政治意识与国家想象。从这种意义上看，参与神明祭祀的过程，正如芮马丁所说，也是一个学习政治的过程，在此过程中，乡民学习国家如何运转，

---

[1] Arthur P. Wolf, "Gods, Ghosts, and Ancestors," in Arthur P. Wolf, ed., *Religion and Ritual in Chinese Society*, Stanford: Stanford University Press, 1974, pp. 133-145.

[2] Emily Martin Ahern, *Chinese Ritual and Politics*, Cambridge: Cambridge University Press, 1981, p. 5.

[3] Wolf, "Gods, Ghosts, and Ancestors," p. 145.

正义如何得到伸张,如何"走后门"等。因此,这个过程也就成为乡民体验政治的一个方式。

如何理解历史上的王朝国家与乡民生活世界的关系,是史学界关心的一个重要问题。跟世界历史上的多数政治体系相比,中国的国家形态发展较早,国家机器规模较大,国家在民众生活中理当扮演着更为重要的角色,在民众生活世界的不同侧面,应该都可以直接间接地观察到国家的影子。在既有的认识中,国家扮演着三种角色:资源的汲取与分配者、秩序的建构与维系者及意识形态的控制与塑造者。那么,对程家生活世界的讨论,为我们理解19世纪普通乡民与王朝国家的关系提供了什么认识呢?

首先,作为资源汲取与分配者,传统王朝国家常被视为横征暴敛的主体,不过从程家的情况看,即使到了晚清,王朝征收的钱粮仍旧比较轻,尤其是对少地的农户而言(这对无地农户的意味自不待言)。程家每年缴纳的钱粮,最重时才220文,若加上60文约费,也只是280文,不到一个茶工两天的工钱。这种国家形态的出现,既跟历代王朝轻徭薄赋的施政方针有关,也可以说是明中期开始的一系列赋役制度改革的结果。经过这些改革,田产成为赋役征派的基础,少地无地农户基本从赋役负担中解脱出来。

其次,作为秩序的建构与维系者,晚清国家在程家的生活世界中扮演着相当重要的角色。当然,王朝不是透过国家机器本身,而是透过其乡村代理人,特别是乡约来执行其职能的。从程家的经历可知,乡约成为处理乡村纠纷的一个重要机制,以乡约为纽带,通过投约、理论、立碑、谢席等环节,晚清乡村形成了一套有一定成效的纠纷调处机制。不过,在沱川的权力体系中,乡约扮演的更多是纠纷的受理者而非仲裁者的角色,他们在乡村纠纷中的仲裁权威是有限的,纠纷的成功调处,更多依靠的是一套非制度化的四大房仲裁的体制。是乡约与这套体制的结合,构成程家生活世界中纠纷调处与秩序维系的主要机制,这种体制,地方文献有时表述为"约族"。当然,这套机制也有自身的局限,超出乡约辖区的纠纷,特别是涉及跨界的纠纷,是不会交由乡约受理的,因为这超出了"约族"的调处界限。在这种情况下,程家只能寻求亲友作为中间人介入纠纷，对当事人施加压力，或者把当事人告上县衙，而后者的费用较为昂贵，因而极少动用。

最后，作为符号象征体系，明王朝曾试图借由里社坛、乡厉坛机制，强化对民众宗教信仰与意识形态的控制。这套制度实施时间不长，但在民间留下了自身的痕迹。清王朝实际上放弃了这套制度。但对民众而言，这套在地化、民俗化的祭祀，在潜移默化中塑造着他们的政治意识与国家想象，同时他们也借由相关祭祀实践，去表达对王朝体制的某种认知。他们在坛庙祭祀神明的过程中，学习如何与官员打交道，如何"玩政治"，同时也在潜移默化中，接受了祭祀礼仪背后有关国家如何运作、何为正义等一系列政治意识。

那么，在程家的生活世界中，19世纪的王朝国家经历了怎样的变化呢？笔者注意到，19世纪中后期，官府征收的钱粮有一定幅度的增长；钱粮征解方面，也由自封投柜制转变为由绅董控制下的图局主导的包征包解制（图局征解制），图局基本垄断了基于钱粮征解的乡民与王朝国家的关联。这意味着，一方面，粮户直接与县衙打交道的机会相对减少，另一方面，绅董和他们控制下的图局在乡村的权势有所扩张。在秩序变动和纠纷调处方面，太平天国运动之后，盗窃行为，特别是苦竹山的盗窃行为时有所见，茶坦、祖坟的纠纷时有发生，管业秩序似乎出现裂缝乃至一定程度崩解的征兆。尽管如此，约族体系在纠纷调处和秩序维系中，总体而言还是有成效的；或者说，这些纠纷的增加，在一定程度上意味着约族职能的加强。在意识形态方面，至少就排日账提供的信息而言，还看不出清王朝的政权合法性发生动摇的明显迹象。

第十七章 危　机

光绪九年程氏兄弟分家之后的最初几年里,无论是清王朝还是程家自身,似乎都没有发生太大的变化。不过分家十几年后,这个世界发生了几次令人震惊的事件。甲午一役,大清海陆军败北,朝廷不仅面临巨额赔款问题,国内改革的呼声也越来越高。维新运动接踵而至,但不久即告失败。随后是庚子年的义和团运动爆发、八国联军侵华和辛丑年的巨额赔款。程家自身的变化发生得要早些。光绪十六年、光绪十八年,允亨的双亲先后去世。光绪十九年,同仓成亲。一年后,新一代出生。程家完成了新一轮的代际继替周期。此后,八国联军攻占北京那年,程家发生了家计危机。这些发生在一个王朝和一个农户层面的国事与家事,并非没有丝毫关联。这两个层面发生的事件,以及其他一些因素,都在程家家计危机的发生中扮演了或大或小的角色。

国事与家事

为理解这一时期程家的生计环境,我们先来梳理一下此期对程家生计影响最大的两种商品——大米与茶叶——的价格。

太平天国后期,江南、安徽、江西一带米价大幅上涨。太平天国结束后,各地米价普遍下跌。从19世纪70年代中叶至80年代中叶,米价基本保持稳定。此后价格逐渐上涨,1895年的米价比1875年上涨了50%。至清朝覆亡时,米价比1875年上涨了1.5倍。[1] 可以想见,1895年前,米价上涨相对缓慢,而此后15年的时间里,价格涨幅较大。回到

---

[1] Yeh-chien Wang, "The Secular Trend of Prices during the Ch'ing Period (1644-1911)," pp. 359-360.

婺北米市，19世纪后期价格运动的总体方向与其他地区相似，不过19世纪末以前的涨幅不甚突出。如表7.3所示，太平天国后，婺北地区的米价大致回落至19世纪40年代的水平（但略低于道光十九年、二十年），这个价位基本维持至90年代中期。至19世纪末20世纪初，在全国米价攀升的影响下，婺北地区的米价也迅速上涨。光绪二十二年米价是每石2.5元，光绪二十六年攀升至3.06元，比光绪二十二年上涨了22%。[1]

那么茶价呢？根据第六章的讨论，太平天国运动结束后，茶价为0.19元/斤左右，较太平天国运动开始后的价格（0.13—0.15元/斤）稍有回升，但远低于运动爆发前的水平（0.29元/斤）。分家后，茶价一度有所下跌（0.155元/斤），光绪十八年后稍有回升（0.166元/斤），但仍较分家前低了将近13%。与此同时，跟分家前相比，程家生产的茶叶总量也有所下降。分家前，每年产茶2担左右，分家前几年甚至达到年产3担的峰值。分家后因茶园分割，产量回落至年产1.5担至2担余的规模。因此，分家后的十余年时间里，米价和茶价/茶叶年产量之间的剪刀差有所缩小，但收缩幅度不算大。至20世纪之交，随着米价的攀升，这个剪刀差才进一步收缩，开始对程家的生计构成威胁。

除了茶叶收入稍有回落外，这一时期程家的其他现金收入也有一定缩水，其中最重要的是山货。山货在程家现金收入中的地位，在相当长的时间里仅次于茶叶，最高时全年收入可达近19元（分家前，参见表7.1）。但分家后，仅光绪二十一年、光绪二十二年超过10元（分别是13.20元和11元），其余年份都在9元以下。这一时期投入收购、加工黄精和挖掘葛根、制作葛粉的时间，都出现了大幅下降的情形。截至太平天国前期，在这两种山货的生产与贸易方面，程家共投入253日，占所有生计行事投入天数的8.42%；太平天国结束后至分家前，劳动投入增加至767.5日，在生计投入时间中的占比上升至13.05%；分家后，劳动投入下降至99.5日，占比降至仅2.65%，两者的时间投入，无论是绝对数量还是相对比例都大幅下降（参见表6.2）。细读排日账，山货收入的下降，跟葛粉产量的下降有直接关系。分家后，程家投入葛根挖掘的时

---

[1]《我之小史》第四回写到，光绪二十六年，"米粮昂贵，异乎寻常"（詹鸣铎《我之小史》，第118页）。宣统元年，婺源米价更飙升至一石三元三四角至三元七八角（刘汝骥《陶甓公牍》卷十二《法制科》，第246页）。

间越来越少。这一方面跟分家后程家劳力的减少有一定关系,但更重要的原因,或许是经过数十年的密集挖掘后,葛根资源逐渐减少(同期制作葛巾的时间也减少了,两者应该是有内在关联的)。其结果是,分家后,程家从山货获取的现金收入逐渐下降,这对19世纪90年代以后的程家生计来说,无疑是一个不好的消息。

不过,对程家生计带来影响的,并不限于米价、茶价的波动和山货收入下降的问题,借贷在其中也扮演了重要角色。根据托尼(Richard H. Tawney)的说法,借贷是历史上乡民社会的基本问题之一,他曾经指出:"在所有小农经营耕作的国家里,乡村社会的根本问题并不是工资收入问题,而是借贷问题。"在困扰20世纪二三十年代中国农户生计的各种因素中,他将债务视为其中很重要的一项。[1]他的看法得到了其他研究的证实。据陈翰笙30年代的调查,广东番禺调查的67个村子中,有50个村子的负债农户占70%以上。他估计,整个广东有三分之二的农户负有某种债务。他指出,广东农户的借债,十分之三是因为疾病、婚丧或其他临时的费用,而十分之七只是为了购买粮食养家糊口。[2]由于本书开头谈到的那场光绪二十六年十月发生的危机是由债务引起的,我们有必要梳理一下此前十年(1891—1900)程家的债务状况。

从排日账看,程家在19世纪七八十年代并非完全不举债,但这些债务数量不大,在程家的偿还能力范围内,这种状况一直延续至分家后最初几年。光绪十七年,程家仍无数额较大的举债记录。不过此年发开过世。次年,发开的妻子也亡故。当年出现了两笔举债记录。第一笔发生于三月初十日,通过抵押田皮一秤,向廷远祠借入5.5银元。第二笔发生于同月廿五日,从余味山祠借来英洋22元。[3]这两次举债原因不详,不过主要原因估计有二:其一,支付前一年与本年为发开夫妇办理小规模丧葬仪式的开销;其二,支付同仓娶亲的聘金。光绪十八年四月二日,也就是允享母亲过世不到三个月后,程家举行了订亲仪式,聘金46

---

[1] 理查德·H. 托尼《中国的土地和劳动》,安佳译,北京:商务印书馆,2014年,第56页。该书初版于1932年。
[2] 陈翰笙《解放前的地主与农民——华南农村危机研究》,冯峰译,北京:中国社会科学出版社,1984年,第94—95页。
[3] 程氏排日账#11,光绪18/3/10, 3/25。

元，[1]这是一笔不小的开销，已经超出了当时程家一年茶叶销售的毛收入。加上公堂礼、谢媒人钱及举办婚礼酒席等各种费用，这场婚礼的开销当不在60元以下。如计入排日账记录的其他相关开销，此年的仪式与礼物开销高达73元余，为全年总开支的68%（参见表7.2）。

允亨的儿媳是在次年正月二十五日进门的。在此前后，发生了一系列借贷行为。第一笔发生于进门十天前，程家以田皮字一张为抵押，向一位村民借入英洋5元。第二笔发生于此次借贷一个月后，也以田皮字一张为押，从一个会社借入英洋10元。这两次举债很可能是为了支付同仓成亲酒席的开销。这一年的第三笔借贷发生于八月十四日，当天允亨从兄长和一位村民处借来11元，当天归还给余氏云青祠，取回契字（总共花销24元，另13元由允亨自筹）。七天后，程家再次以田皮字为押，从余味山祠借入英洋20元。[2]这几次借贷应该也是为了处理娶亲的费用，而第三次借贷显示，程家期望通过资金的周转，保住自己的一块耕地。

光绪二十年三月初二日，程家支付了2.3元，赎回一处茶坦的契字[3]，这是当年发生的唯一与借贷有关的行为，而且这次还是取赎而非举债。光绪二十一年发生两次借贷。第一笔发生于正月十五日，程家以庄下田契为押，从一位村民手上借入英洋13元。第二笔发生于六月初七日，这次以牛栏田契为押，从一位村民那里借入英洋17元。[4]光绪二十二年五月，程家再次以顿底田皮字为押，从一位邻居处借入英洋10元。[5]这三次举债的用途不详，很可能是为了分拆前两年所借债款的利息及支付光绪二十一年十二月十六日允亨孙子"做三朝"的开销。[6]自光绪二十三年至二十五年，程家的排日账已佚。不过从光绪二十六年程家的债务清单看，这几年程家共借入6笔款子，其中光绪二十四年（1898）借入4笔，光绪二十五年借入2笔，总计65元（详下），占清单所列债务总额的一半余。由于这几年的排日账没有保

---

[1] 程氏排日账#11，光绪19/1/25。
[2] 程氏排日账#11，光绪19/5/15, 2/15, 8/14, 8/21。
[3] 程氏排日账#11，光绪20/3/2。
[4] 程氏排日账#11，光绪21/1/15, 6/7。
[5] 程氏排日账#11，光绪22/5/29。
[6] 程氏排日账#11，光绪21/12/16。

存下来，这几笔债务的用途已无从知晓。

那么，这些债务对程家带来多大的经济压力呢？我们来看看沱川的借贷利息问题。综合排日账记录的借贷案例，沱川借贷利息大概有三种情况。其一，无利。这种情况很少见。前面提到，道光二十年二月十九日，发开从母亲手上借到8两余银子，没有还款记录，应该是无利的。光绪二十七年四月二十日，允亨归还有兴2元，排日账记录"无利"，查借入时间是三月十六日，可能因时间较短，有兴没有收利息。[1] 其二，10%左右。这种情况也比较少见。咸丰五年七月七日，发开向彦兄借钱，"言定加一"[2]，也即年息率10%。光绪十八年十二月二日，允亨向春元借入5元，次年五月二日归还，刚好满半年，利息为240文[3]，可求得年息率为9.6%。光绪十九年八月十四日，允亨从兄长允兴处借入6元，光绪二十一年七月初六日支付利息1元，外加铜钱100文，可推得年息率为9.2%左右。不过光绪二十二年七月十七日支付利息1元，年息率升至16.7%。[4] 这个案例说明，就算关系很近的亲属，也会收取不低的利息（下面余熊能借贷例也是如此）。其三，20%左右。这种情况最为常见。道光二十五年二月十七日，发开向社会借入400文，次年二月二十二日归还本息共480文[5]，可求得年息率为20%。光绪十九年八月十四日，允亨从钦五祠借入5元，光绪二十年八月十四日还支付利息1元[6]，年息率为20%。光绪十八年四月初十日，允亨从外甥余熊能处借入1元，六月十九日还，付利息30文[7]，可求得利息率为18%。光绪十九年八月九日，允亨向灶子母借入5元，光绪二十年八月八日支付利息1元[8]，年息率为20%。前两例是向会社、祠堂借贷的事例，后两例是向个体借贷的事例，除余熊能事例可能因有

---

〔1〕 程氏排日账#13，光绪27/3/16，4/20。
〔2〕 程氏排日账#3，咸丰5/7/7。笔者将加一理解为年利息率，当然不能排除月息加一的可能（也即年息率为12%）。
〔3〕 程氏排日账#11，光绪18/12/2，光绪19/5/2。
〔4〕 程氏排日账#11，光绪19/8/14，光绪21/7/6，光绪22/7/17。
〔5〕 程氏排日账#2，道光25/2/17，道光26/2/22。
〔6〕 程氏排日账#11，光绪19/8/14，光绪20/8/14。
〔7〕 程氏排日账#11，光绪18/4/10，6/19。
〔8〕 程氏排日账#11，光绪19/8/9，光绪20/8/8。

亲属关系利息稍低外，其他均为20%的年息率。[1]此外，排日账中还记录了以田地、房屋为抵押，利息以租谷形式交付的事例，也不多见，兹不赘述。

参照光绪二十六年程家债务清单，从历年借贷数额看，光绪二十三年以前，程家的借贷总数累计54元；光绪二十四年、光绪二十五年两年累计70元。可见光绪二十三年之前，程家借贷问题还不算严重，光绪二十二年、二十三年甚至没有借入大笔款项（同时，光绪二十一年、二十二年程家的收入不错，参见表7.1），如以20%的年息率计算，每年需偿付利息10.8元，其数额尚在基本可控范围内。相比之下，光绪二十四年后，借贷数量明显增加，光绪二十四年、二十五年，共借入70元，特别是光绪二十四年借入了50元，程家的财务状况急转直下。如以20%的年息率计算，每年需偿付利息24.8元，如以光绪二十六年程家的年收入计算，程家每年需支付的借贷利息，就高达年收入的64%，这还没计入米价上涨造成的经济压力及其他小笔借贷的利息。因此可以断定，随着债务的大幅增加，程家仅仅靠生计收入已无力偿清债务。使情况变得更糟的是，田地的抵押，意味着程家每年必须缴纳更多的地租，程家自身的口粮供给能力也受到影响。

光绪二十六年发生的一笔不成功的交易，直接影响到程家资金的周转，也有必要稍做讨论。程家生产的茶叶，一般是由茶商前来沱川收购。这一年华北爆发义和团运动，茶叶市场似乎不太顺畅。根据当年的

---

[1] 沱川地区20%的年息率应属清代比较常见的年息率。刘秋根等对清代中后期（乾隆四十七年至同治年间）京城账局、放账铺的京债借贷问题进行研究。所谓京债，是针对官员的放贷，由于京债风险较高，其年息率"达二分、三分以上"（如理解为年利率，则为20%—30%），低者达月利一分五厘（也即年利率为18%），可推知普通借贷的年息率应该低于30%。参见刘秋根、杨帆《清代前期账局、放账铺研究——以五种账局、放账清单的解读为中心》，《安徽史学》2015年第1期，第63页。王世庆对台湾北部淡水地区道光至同治年间乡村借贷问题的讨论显示，当地借贷利息率"因人、因时、因地，因借贷数目而有差异"（也跟借贷类型有关）。年息率在8%—20%之间波动，"低利者似为其亲族所借之利息"，没有亲属关系的人通常支付较高利息。利息有纳谷和纳银两种方式，"一般而言，纳和银者其利息稍偏高，多取二分（月利，全年多以十月算）"。因此晚清淡水地区普通借贷利息率接近20%。参见王世庆《十九世纪中叶台湾北部农村金融之研究》，《清代台湾社会经济》，台北：联经出版事业公司，1994年，第33—34页。进入民国后，华北地区年息率有所提高，20世纪二三十年代30%的年息率变得较为常见；华南地区借贷有钱债与谷债之别，前者常见的年利息为20%，后者则通常为30%。参见李金铮《借贷关系与乡村变动——民国时期华北乡村借贷之研究》，石家庄：河北大学出版社，2000年，第86—92页；陈翰笙《解放前的地主与农民——华南农村危机研究》，第95—98页。

海关报告，截至1900年上半年，中国多数地区贸易正常进行，华北地区只是到了6月局势才开始变得严峻，但其他地区贸易照常进行，长江流域的局势风平浪静。在上海茶市方面，跟1899年相比，1900年红茶出口英、德、美、俄四国的数量有相当程度的提高。报告还提到，此年徽州茶（Hyson）的交易数量跟上一年相似。不过报告也显示，1900年中国的绿茶出口量，比上一年少了13300多担（但较之1898年增加15100多担）。报告还提到，"绿茶市场于6月8日开启，开始出售的是少量平水茶，其价格比前一季度开市低了大约10%。茶叶质量与1899年不相上下；但由于对主要消费市场——美国——的预期很糟，一开始成交量很小。但是，后来需求增长，7月中旬前，价格已回升了5%—10%"[1]。国际贸易的波动，尽管对总出口量的影响不大，但可能造成地方茶市的震荡。

据排日账记载，光绪二十六年五月四日（1900年5月31日），"己早晨挑茶乙头上小沱，遇汪顺意兄家卖，未卖，转回家"。五月十一日（6月7日），将茶叶售予休宁大连的一位茶商，总计茶叶177斤余，售价英洋29元余。[2] 不幸的是，由于某种原因，这位茶商一直没有支付购茶款。于是从此年六月至次年十二月底，允享频频前往大连催账，但每次至多讨得一、二元，有时甚至空手而回。[3] 上海绿茶市场开市的日期，晚于程家出售春茶的时间，因此不能说开市初期茶市的行情，会直接影响到徽州地方茶市。不过上海茶商对市场的基本判断，会辗转影响到徽州茶市，则不无可能。毕竟，茶叶在一段时间内找不到买主的情形，是程家此前从未遇见过的问题。而且茶叶出口量的下降，也可能给茶市带来震荡。最后买入程家茶叶的吴发祥，是大连人，程家此前对其为人应有一定了解。如果他是一个经常赖账的人，程家应会有所耳闻。因此，此人可能受到茶市波动的影响，本身也折了本，因而无力偿付购茶款。这笔茶款的金额看似不大，不过对当时负债累累的程家来说，却事关自身的

---

[1] *Returns of Trade and Trade Reports for the Year 1900*, Shanghai: Statistical Department, Inspectorate General of Customs, 1901, pp. 1, 7, 277, 中国第二历史档案馆、中国海关总署办公厅编《中国旧海关史料（1859—1948）》第31册，北京：京华出版社，2001年，第5、11、343页。

[2] 程氏排日账#12，光绪26/5/4，5/11。

[3] 如程氏排日账#12，光绪26/12/26；程氏排日账#13，光绪27/3/2-3，5/29，6/16-17，7/27，9/1，12/26等。

资金周转和借贷信用。无论如何，最终悲剧还是发生了。

此外，允亨自身的消费习惯，也给家计带来一定的压力。对比允亨与发开的排日账，允亨似乎不如发开节俭。他不时请朋友打平伙。他还有饮酒的嗜好，平日经常到食杂店买酒买菜。笔者观察到，分家后允亨买酒的次数似有变化，特别是到了光绪后期，经常买酒喝（参见第八章）。在生计逐渐恶化的时期，这种嗜好无疑会增加开支压力。

总体而言，程家家计危机的出现，主要原因不在于茶款没有着落导致的资金紧缺问题，而是经过数年的累积，程家举债的数额已经达到难以偿还的危险境地，即使在正常的年份，他们也丧失了偿清债务的能力。而这些债务的产生，并非由于国际的、全国性或区域性的政经变动，而是由于两三场人生礼仪，尤其是娶亲的昂贵开支。假如程家将娶亲时间推迟几年，他们还会借入这么大笔的债款吗？未必。但是我们能说，这场悲剧纯粹是因为允亨个人决策的错误？也许不能这么说，毕竟影响程家生计的米价、茶价波动，是受到区域性乃至全国性的市场影响的。因此，在这场灾难中，包括米价上涨、茶价稍有下降、山货逐渐枯竭在内的经济局势，加上义和团运动带来的短时段的政经局势，以及允亨的个人嗜好及作为家长做出的决策，都在这种灾难的发生过程中扮演了一定角色。

危机的应对

光绪二十六年十月的危机，似乎来得有些突然。事发七天前，允亨还在家中筹办一场酒席，并请人前来"做伙头办碗"。次日，接女婿，请来几位亲友吃酒。这似乎是允亨长女的出嫁酒。十九日至二十三日，允亨如常砍柴、休息。然后到了二十四日，便发生了债主带人抬走他家中猪的事。[1] 但继续往回看，我们发现，九月十五日，允亨就以10元的价格，当出了一处田产（参见附录六）。那位债主很可能是了解到程家债台高筑、屡次讨债未果后，才带人抬走他的猪的。

危机发生后，允亨似乎有些震惊，接下来的两天内，他没有采取

---

[1] 程氏排日账#13，光绪27/10/17-24。

任何行动,似乎不知如何应对。二十四日,排日账只交代"己在家嬉",又记录"欠少云先生娘来取账,旺成经手,带鸟人(鲸)〔掠〕玉猪去"。后来他在一张纸条上交代,带人前来讨债的债主是巧娇嫂,而抬走猪的是一位"烟鬼人"。次日写道,"己在家里事,欠账难身"。终于,十月廿六日,也即危机发生后的第三天,程氏父子委托本族的程敬敷和好友余添丁前来清理债务。当日,他们俩"到余架家、余竹孙家二家账项,了通无阻"。[1] 后面这两位是程家的债主,允享大概请敬敷、添丁去商讨债务事宜。他们还拟了一份程家债务清单,这份清单夹在光绪二十六年排日账内,保存至今:

借来账项人员述后:

启架兄家:

癸巳八月廿乙日借来英洋贰拾元。有顿底田皮约乙纸。

乙未正月十五日借来英洋拾元。有庄下田皮约乙纸,又加拾贰员。

六月初七借来亦洋拾柒元。有牛栏田契乙纸。

祝孙兄家:

戊戌五月廿九日借来亦洋拾伍元。有顿底田皮约乙纸。

己亥五月廿八日借来英洋叁元,又利洋贰元。三共贰十元正。

兴良兄家:

戊戌七月十七借来亦洋拾伍元。有顿底田皮约乙纸,中见胞兄。

素从祠:

己亥六月六日借来亦洋拾元。有庄下田皮约乙张。

培掘祠:

戊戌五月初八日借来亦洋拾伍元。有顿底田皮约乙纸。

万青兄:

戊戌二月初乙日借来英洋伍元。有牛栏田契乙纸。

成林祠:

甲午三月十六日借来英洋拾贰元。有牛栏田契乙纸,中见胞兄。

---

〔1〕 程氏排日账#13,光绪27/10/24-26。

根据这份清单，程家借贷的重要账款共10笔，最早的是光绪十九年（1893）的一笔债款，最晚的是光绪二十五年（1899）的债款，其中光绪十九年借入20元，光绪二十年借入12元，光绪二十一年借入22元，光绪二十四年借入50元，光绪二十五年借入20元，所涉债务共124元，约当这一年程家茶叶销售毛收入的4倍多。

为偿清债务，程家采取了一系列措施。首先，十月二十七日，"出当青（布）三丈零七寸，又白布三丈八尺零八寸，又青布三丈五尺零贰寸，托兴娥嫂出当英洋贰元正"。同时，"又去英洋二员上素从祠利，掉字乙纸，（伏）〔复〕写一纸，写屋契字一张，付素从祠"。素从祠是清单所列债权人之一，程家借入10元，此次除支付利息外，还重新立契，以房屋抵押，估计通过这个办法，取回了此前抵押的庄下田皮契。其次，十月三十日，"己同儿托余添灯兄、敬敷弟卖池鱼卅六斤，每洋四斤，计英洋八员，（低）〔抵？〕账"[1]。将鱼塘养的鱼出售，得价8元抵债。再次，十一月初一日，出售顿底、庄下田皮二处，筹得英洋80元。初五日，又支银5元还培拙祠（应即账单中的培掘祠），将顿底田皮契赎回，同时将菜园一处抵押给该祠，计价10元。初十日，大概账目基本处理完毕，请余添丁吃酒。[2]

排日账中夹了一张纸条，上面交代了程家出售田皮等物业、财产的详情，很可能是允亨在料理账目的过程中写下的：

> 光绪二十六年十一月初乙日，巧娇嫂倩烟鬼人抢去猪乙口，因身该欠账项甚多，只得向家兄及瑞弟商情，将顿底并庄下贰处田皮共八秤，卖与余慰农兄家，计英洋捌拾员，支洋陆拾员还慰农兄，账项清讫。支洋拾贰元还兴良兄，帐目清讫。支洋伍元还培拙祠，下欠拾员，将门口前菜园押在祠内生殖。支洋柒元还巧娇婶，将猪乙口抵英洋陆元五角。又将塘鱼叁拾乙斤抵英洋柒元五角，三共还贰拾乙元，清讫。支洋贰元还素从祠利钱，下欠英洋拾元正，将身住屋当与祠内，长年加贰行息。

---

[1] 程氏排日账#13，光绪27/10/27，10/30。
[2] 程氏排日账#13，光绪27/11/1，11/5，11/10。

这份文件交代的信息，远不止于出售田皮，还包括前面提到的卖鱼等信息。出售田皮得到的80元中，60元是用于向买主还债，实际仅收到20元现金。然后偿还兴良12元（上面的清单欠15元）。程家共欠巧娇21元，猪估价6.5元，鱼售价得7.5元，另付7元，偿清了债务。[1] 此外就是需要偿还几个祠堂的欠款，培拙祠欠款是15元，付还5元，另欠10元以一块菜园做抵押；素从祠欠款是10元，以房屋做抵押，这一点前面已谈到。对照前面的清单，程家还需偿还启架47元，万青5元，成林祠12元，共计64元，仍是一笔不小的欠款。

经过这场危机，程家无疑已经元气大伤，经济状况濒临破产。允亨自身似乎深受打击。十月二十九日，他在账中写到："己在家事体多端。"十一月阴雨天气多，他常在家中休息。十二月，他接连生了八天病。手头拮据，他没有找医生诊治。十二月二十六日，他再进大连找吴发祥讨债，仍是一无所获。[2] 尽管如此，他也试图恢复正常生活。他继续参与劳动，上山砍柴、帮人扛木材。十一月二十三日，他托敬敷出燕山买来小猪一头，要价2.8元，他手头没钱，买猪的钱只能暂时先欠着。[3]

去 世

分家那年，允亨正当壮年，只有三十五周岁。光绪二十六年，他刚年过半百。他应该是在光绪二十五年满五十的。五十岁是人生的重要关口。婺源做寿，一般是在五十岁做起，十年一庆，三十岁、四十岁是不做寿的。做寿是做虚岁，俗称"贺九不贺十，做双不做单"。逢八十岁则多延至下一年补行，称作"补寿""加寿"或"添寿"。[4]

据排日账记载，沱川一带也是五十岁开始做寿。同治十一年五月十二日，允亨的叔叔再顺生日，"下午仝允兴兄再叔五旬吃酒"。次日，

---

[1] 程家欠巧娇的金额与上面清单中祝孙家欠款相近（只差1元），或是同一债主。
[2] 程氏排日账#13，光绪27/10/29，12/9-16，12/26。
[3] 程氏排日账#13，光绪27/11/23。
[4] 参见朱德馨《婺源的风俗与民间忌讳》，第780页；毕新丁《婺源风俗通观》，第6—7页。

允亨"接再叔吃酒"。[1]光绪六年九月初七日，允亨母亲生日，当日记："父亲全允兴兄、本身母亲六旬荣庆之喜。"[2]光绪七年九月三十日，"父亲在家七秩荣庆，允兴兄同本身贺祝庆之喜"[3]。光绪十八年五月十三日，"灶叔做七十岁，办夜饭酒"[4]。查允亨叔父做寿的日子，一在五月十二日，一在五月十三日，很可能是以生日为做寿的日子。很可惜，光绪二十五年的排日账没有保存下来，我们不知道允亨有没有做寿，又是如何做寿，不过从允亨母亲的生日看，程家做寿很简单，只是发开兄弟办酒吃饭。送礼的情况极少，仅限于关系极为密切的亲戚之间。比如光绪二十一年十月初三，允亨姑姑七十岁，当日"己在家，对江隆号索面乙斤十四两，计下欠钱一百二十文，又现钱买鸭子十只，恭喜燕山爱女姑娘七重大庆"[5]。我们知道，爱女是发开的妹妹、允亨的姑妈，与娘家来往频密，因此允亨前去送礼祝贺。

除了十年一度的做寿外，程家还给去世的老人做冥寿。光绪二十六年九月初六日，排日账记，"……对启贯兄来全通青衣，下欠钱一百〔文〕"。初七日，"……江隆号酒、（伏）〔腐〕干、金（艮）〔银〕、火纸四十文。母亲寿翁八十"[6]。允亨的母亲出生于道光元年前后，光绪十八年正月二十五日已亡故，光绪二十六年九月初七日做的定是冥寿。[7]九月初六日购买的全通青衣，应该是烧给她的。

现存排日账记录停止时，允亨尚在人世。他是何时去世的？笔者在程家的账簿中，找到了一条记录，上面写着某人的生卒时间，生年是道光己酉，卒年是光绪癸卯（图17.1）。程家家人中，生年与此相近者只有允亨，因此笔者推断这就是他的生卒年。如果这个推断正确，那么允亨应该去世于光绪二十九年（1903，癸卯年）二月初一日卯时，按传统的算法，享年五十五岁。

---

[1] 程氏排日账#5，同治11/5/12-13。
[2] 程氏排日账#6，光绪6/9/7。
[3] 程氏排日账#6，光绪7/9/30。
[4] 程氏排日账#11，光绪18/5/13。灶叔即再顺。
[5] 程氏排日账#11，光绪21/10/3。
[6] 程氏排日账#12，光绪26/9/6-7。
[7] 光绪六年，程允亨母亲做六十寿诞，具体时间是九月初七日，而光绪二十六年做冥寿的日子也是九月初七日。参见程氏排日账#6，光绪6/9/7；#12，光绪26/9/7。有关婺源做冥寿的习俗，参见朱德馨《婺源的风俗与民间忌讳》，第799—801页。

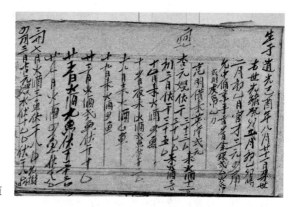

图17.1　程氏账簿#2首页

我们不知道允亨的丧事是如何办理的。不过在排日账记录的三十多年时间里，程家两代人先后谢世，程家还不时参与族人与亲友的丧葬礼仪。因此，综合排日账、口述史和其他材料，以光绪十八年允亨母亲余氏的丧葬礼仪为基础，我们可以大致重构20世纪初允亨那场丧礼的基本情况。[1]

余氏在去世前，已病了一段时间。光绪十八年正月初二，上湾程氏族人还在忙于办新年酒，而允亨上"金光岭抽签问母病症"。初十日，"己早晨启富弟、四俚邀集过高段基兄批物礼，许告平安"。不知此次到高段"告平安"，是否与他母亲的病情有关。此后允亨忙于到溪口买盐，又和族人在祠堂打醮。至二十四日，"己同儿在家照看母病症。儿出燕山周王先生讨仙丹"。但他的母亲终于还是没能救回来。二十五日，"……头上半夜母亲病症，寅时去世了"[2]。他的母亲大概是二十四日上半夜病情发作，次日凌晨寅时断的气。

由于患病已有一段时间，允亨应该已做了一番准备。根据婺源习俗，长辈卧病不起，大限将近，要先糊好"落魂轿"。弥留之际，儿孙等在病榻前守候，断气时在炉中烧纸，叫作"送终"。同时，在门前烧

---

[1] 以下对丧葬礼仪的论述，除特别注明外，主要基于以下信息：（一）朱德馨《婺源的风俗与民间忌讳》，第781—799页；（二）齐琨《乡礼与俗乐——徽州宗族礼俗音乐研究》，合肥：安徽文艺出版社，2013年，第70—103页（此书对丧葬礼仪的讨论，主要取材于祁门的田野调查）；（三）口述访谈：访谈人：江欣发（沱川乡村下村），访谈时间：2009年11月20日；访谈人：余开建（沱川乡郭村）；访谈时间：2009年11月20日。

[2] 程氏排日账#11，光绪18/1/2, 1/10, 1/24-25。

"落魂轿",让死者坐着轿子去阴间,免受奔波之苦。并点上一盏床头灯,好为死者路上照明。从此合家举哀,穿白衣、白鞋,叫作"做孝"。

死者去世后,给死者收殓。余氏收殓安排在断气当日的早晨,排日账记,"早晨托族众赴趁帮扶入棺椁"。收殓之前,由孝子拿着饭碗来到河边,烧香纸拜揖后,丢一个铜钱到河里,然后舀水回家,由负责收殓的人(余氏应该是由程氏族人负责收殓)为死者擦洗、梳妆,然后换上衣服。衣服一般为上身七层,下身五层,也有上七下八、上五下三或上三下二的规矩,脚上穿上专备的寿鞋。穿好,由孝子拿碗到河边,将水送还河中,并将洗妆用的盆子丢在河边。

衣服穿好后,即可将死者放入棺材。棺材通常放在祠堂寝堂或是住宅的大厅。棺材底先铺上一层石灰,再放一块"七星板",依照北斗星图案钻七个眼,以祈来生长寿。然后放好枕头。枕头以白布缝制,分为五格,内装麻、豆、粟、麦和谷子,上写"五谷丰登",寓意死者来生衣食无忧。接着在死者口中放入"口衔钱",口衔钱由红纸包裹金箔制成(祁门一带直接使用铜钱)。尸体放好后,盖上棺材盖,但要留下空隙,如死者"还阳",好让他呼吸空气。

与此同时,其他准备也在紧锣密鼓地进行,包括做立位牌、设灵堂、报讣、糊纸货、看地等。位牌就是神主牌。报讣需写报讣帖。糊纸货即请纸扎匠到家中糊纸扎,主要有坐衣、灵屋、银库或金山银山、铺陈、伙食担、姨婆担、趟椅、衣箱等。看地即选墓穴。此外,请道士或和尚前来做法事。

收殓之后,举行开咽喉仪式。有论者认为开咽喉于断气第三日举行,但余氏丧礼的开咽喉,是在断气数个时辰后举行的。余氏寅时断气,"巳时开咽喉观殓",因此开咽喉安排在巳时(上午9—11点)。[1]仪式前,在灵柩前摆设象征死者座位的坐衣,坐衣前摆上供桌,供桌上摆放豆腐、粿、饭等供品,上香烧纸。一切就绪后,由大法唱《开醒科文》,做开咽喉仪式。科文谓"亡魂死在阴司,咽喉闭塞,饮食难通,难尝阳间滋味","我今教中开咽喉,谨当持诵,自然天厨食,我今为加持。一粒遍十方,河沙共成米。饥饿永消除,受此宴瑶池"。开通咽喉

---

[1] 程氏排日账#11,光绪18/1/25。

后，亡魂从此可享食祭品。

排日账在开咽喉之后写"观殓"二字，观殓，即关殓，是开咽喉之后在大法指导下举行的仪式。大法唱《大殓科文》，科文称"今择良辰，谨备衣衾。虔供凡仪，盖棺大殓"，焚香百拜，召请死者魂灵，"来临受度，受此今时召亡大殓功德"。在仪式过程中，开棺让家人及前来奔丧的亲友再见死者一面，并将亲人送的棉被盖到死者身上。在大法诵唱声中，盖上棺材板，盖密后钉上棺材钉。钉钉时有人敲锣，锣声和钉钉的锤声要重合，而且三锤要将钉钉打到底。

死者的亲友听闻死讯后，陆续前来吊唁。余氏去世后，亲友连续几日前来吊唁，而允亨一家也忙于备办酒席，接待前来吊唁的亲友。且看排日账的记录：

〔正月〕贰拾陆日天雨丙戌值成　己支英洋贰员，出街酒五角、面五角半，乙元，〔米〕四斗八升。又赊鸭子卅六只，信花宝号。

贰拾柒日天雨丁亥值收　己早晨同兴兄、儿办索面酒，承大众族人拜香，照家头等。燕山岳父来拜香，礼物：衣箱乙只、青衣一通、付干十二块。又江隆号付干、古月卅五文。支洋乙元做灵屋。

贰拾捌日天阴戊子值开　己在家物子酒，候青顺先生来，送孝（求）〔衣〕乙副，灵前童子乙对。又对万昌店香乙干、城布乙丈、清油乙斤、石烛三对。英洋三元。

贰拾玖日天阴己丑值闭　己在家照应客。燕山兆兄来拜香，衣箱乙只、火纸乙只、金（艮）〔银〕乙块、石烛乙对，礼仪不收。

〔二月〕初乙日天雨庚戌值建　己早晨进大连，到杏姐家吃点心，子酒。又中饭。讨草单乙只。荣善表兄来拜香，衣箱乙只、火纸乙介、金（艮）〔银〕乙块、石烛乙对，礼仪付干十九块，面不收。[1]

正月二十六日是余氏断气后的第二日，允亨到清华买酒、面、米、鸭蛋等。第三日，也即二十七日，亲友开始前来吊唁。此日前来吊唁的是本族族人和允亨的岳父。此后其他亲友也先后前来吊唁。排日账提到的

---

[1] 程氏排日账#11，光绪18/1/26-2/1。

"拜香",是普通人家的祭拜仪式。祭拜时,先点三炷香拿在手中,然后跪在灵案前,每磕一次头,向香炉上一炷香,每上完一炷香,站起来作三次揖,再跪下磕头三次,如此四次。像程家这样的普通人家,以拜香替代祭礼,而有地位有门面的人家,则要举行隆重的祭礼。丧葬礼仪有三种祭,即正祭(灵前祭)、路祭和上堂祭,正祭和上堂祭都在祠堂举行,路祭则在灵柩出村时举行。祭礼需请礼生赞相礼仪。祭祀时,据说要用全堂鼓乐。笔者在理坑搜集的一本民国杂抄中,就抄录了不少丧事祭文。程家的丧事,虽然没有请礼生,但允亨对这种祭礼应该并不陌生。

出殡是将灵柩抬出殡葬的仪式。出殡需请人择日,日子的干支不可与死者八字相冲,否则对后人不利。可能由于死后几天没有合适的日子,余氏出殡择于二月初九日举行,此时已是死者断气第十四天。前一日排日账记,"己同儿、兴兄办物,母亲殡事。燕山熊能外甥来帮赴办事。支英洋三元,买猪乙只,卅二斤"。此日的主要事务是准备出殡。出殡当日,"己同儿、兴兄母亲丧事出殡。托族家人灶叔、允恭兄、忠兄、富弟、敷弟、志阳兄、进和侄、良侄、财鳖叔、五九侄、标弟、余新旺兄、又熊能外甥、罴能外甥门口外张祭起马动身,厝在张六坟,酉山卯向。除灵。化事一尊。象鼻来瓦四百块"[1]。这条记录交代了出殡当日的主要行事,参与帮忙的有十四人,其中族人有十一人。出殡时,灵柩多由四人抬。灵柩行进时,前面一人举着火把前行,边走边撒用纸剪成方块的买路钱,另一人在前敲锣,鼓手吹着唢呐紧随其后。孝子孝媳扶着灵柩边哭边行。灵柩之后则是亲友,有的拿着挽幛挽轴,其余手拿三炷香去送葬。

墓穴又称"金井""金坑"。发开、允亨都曾帮亲友打过墓穴。[2]光绪二十六年五月,他帮一位亲戚挖墓穴,"未成葬,遇古冢"[3]。古墓应该是不可再葬的,他们只好另找地方打金井。出殡前,墓穴已经挖好。灵柩抬到墓地后,放入墓穴,由风水先生用罗盘确定朝向,摆正灵柩方位。然后由孝子孝媳跪在坟前依次上煤炭、石灰、泥土等到棺盖上,俗称"上梁"。上梁后,风水先生手拿装米的红饭袋诵上梁祝文,另一人

---

[1] 程氏排日账#11,光绪18/2/8-9。
[2] 如道光二十六年九月三十日至十月初一日(程氏排日账#2);光绪二十六年六月二十三日(程氏排日账#12)。
[3] 程氏排日账#11,光绪26/5/27。

提着公鸡应和,俗称"叫时",边叫边撒米,孝子孝孙则跪在地上牵着衣襟装米。叫时结束后,坟墓剩下工作由其他人完成,鼓手吹着唢呐送孝子等先回家。孝子拿着火把在先,到家后要将火把放入灶膛。

由于风水观念的影响,不少人家出殡时,先不将灵柩下葬,而是暂时寄放在村落附近,称作"厝"。余氏就没有马上下葬,其灵柩厝在当地张六垓地方,出殡那天购买的瓦片,应该就是用于做厝的。事实上,厝在徽州甚为常见。《歙事闲谭》谓:"亲殁不即营葬,富者为屋以攒。贫者仅覆层瓦,或以茅茨,有至日久暴露者。由俗溺堪舆之说,拘忌卜择之故。"[1]光绪《婺源县志》亦称:当地人"泥于形家言,葬宁迟无亟,有经年停柩于庭者。即殡而厝诸浅土"。[2]光绪五年三月,允亨帮一位叔父出殡,就是厝而不葬。光绪十年十一月,帮忙族人母亲出殡,也是厝而不葬。光绪十一年二月本族堂叔,光绪十九年八月允亨叔父再顺,光绪二十一年三月一位堂兄、四月一位族人出殡,也都采取厝而不葬的形式。[3]有时,直接下葬反倒显得不甚慎重。光绪二十七年四月,允亨出嫁不久的女儿病故,就没有厝而不葬,而是直接下葬。[4]

出殡后,家中安排人做平安,亦称"退煞"。人病故时,恐有邪煞乘虚而入,因此要请大法做平安。大法及家人从死者房间开始,跑遍所有房间和角落来赶煞,追赶出门,一直赶到村口河边买水处。做平安结束后,将灵屋放在堂前死者的坐衣后,孝子等祭拜。祭拜完毕,堆好灵屋和其他纸扎,准备焚化。有关纸扎,沱川一位纸扎匠是这么介绍的:

> 〔出殡〕回家之后,需要烧灵屋、铺陈、担子、金山银山、灵前肖等东西。灵屋与活人住的房子相似。铺陈也是一种纸扎品,是两个男人抬着被铺。担子,女称姆担,男称伙食担,都由一纸人挑着。担子分两边,前后都有一只桶。前面的是尿桶,放在最下面,上面有个火桶(古代叫火松),是用竹子做的,竹子中间的锅是用

---

[1] 许承尧《歙事闲谭》卷十八,第608页。
[2] 光绪《婺源县志》卷三《疆域六·风俗》,页4a。
[3] 程氏排日账#4,光绪5/3/29;#8,光绪10/11/24;光绪11/2/25;#11,光绪19/8/7;光绪21/3/23;光绪21/4/16。
[4] 程氏排日账#13,光绪27/4/7。

铁做的。在尿桶与火桶之间，放着茶箱。后面的桶是洗澡、洗脚用的桶，叫脚盆桶，上面放着一个箱子，内放财宝、首饰一类，再上面就是一只小箱，这是女性用的梳妆台（或梳妆箱）一类。伙食担的制作与姆担相似。灵前肖也是纸扎品，是两个纸扎的人物，其性别对应于死者的性别。两人都手托盘子，一人所托的盘子是脸盆，里边放着毛巾，另一人所托是托盘，上面放着茶杯。一般人做丧事，至少需要灵屋、铺陈和担子三堂。灵屋等规模小的，称作假三堂，大的，称作真三堂，真三堂可以拆开。如果有点钱，就加上金山银山、灵前肖一类。灵屋的规格也不一样，有的灵屋做得像实际的徽派房子那么高。[1]

焚化灵屋前，要念灵屋契。灵屋契的格式，类似于买地券[2]，是由孝子跪着念的。读完灵屋契，将鸡冠血涂到灵屋的四面、牌位、魂幡、铺陈、担子和契约上，再将灵屋契放入灵屋中堂内。然后孝子手托盘子，盘中摆放着牌位、烛台和三炷香，绕灵屋顺转、反转各三圈。转完，将灵屋和其他纸扎摆放好，再把上写亡人姓名的封签贴在纸扎上。准备就绪后，就开始焚化灵屋。灵屋烧通顶时，孝女孝媳将米饭、粿团投入火中。然后孝子跟着大法走五方。走完，大法将烧化的冥物一一点燃，交付死者受用。接着死者家属将孝服脱下，抛过火堆，由对面的人接着，据说这是为了赶走其他鬼神。此后将烛台换上红蜡烛。孝子带着牌位和魂幡进入中堂或祠堂，然后将牌位安放在中堂正中。有的人家此时会举行上堂祭，祭毕将纸衣、魂幡等焚化。这些活动，应即排日账提到的"除灵"。二月初六日，允亨请人"做屋库乙堂"。[3]初九做除灵仪式时，"化事一尊"，说的应该就是化灵屋。安好牌位后，理论上死者就转变为祖先了。

笔者谈到，在沱川的丧葬仪式中，"族家人"非常重要，他们是帮助死者家属操办丧葬礼仪的主体。出殡后的次日，要摆酒席答谢他们。排日账记，二月初十日，"已在家，早晨办酒，接合族拜香酒饭"。酒席称作"拜香酒"。出殡后第三日，"已早餐同儿、同兴兄办物献朝"。所

---

[1] 访谈人：余开建（婺源县沱川乡郑村），访谈时间：2009年11月20日。
[2] 朱德馨《婺源的风俗与民间忌讳》第791页抄录了一件光绪年间的灵屋契。
[3] 程氏排日账#11，光绪19/2/6。

谓"献朝"，应该是"做三朝"，或称"护山"。做三朝的前一夜，程家"做金银"，应是做金山银山一类。做三朝当日，死者家属备好香纸、祭品等到坟前（或厝好的灵柩前）祭拜。[1]此外，人死后第七日，要摆祭品、烧香纸祭拜死者，称作"做七"，其中第一个七日叫作"头七"。二月初二日记，"己早晨同兴兄办索面、火酒，做头七。"[2]此后没有做七的记录，程家应该只做了"头七"。

厝在临时处所的灵柩，可能多年以后才能下葬。允亨母亲的灵柩何时下葬，现存排日账中没有留下记录。不过他祖母汪氏的下葬情形，排日账做了记录。这位汪氏应该是在光绪三年十一月去世的，因为次年十一月程家给她做周年。[3]笔者发现光绪七年十二月有下葬的记录：

  初伍日天雨癸亥值开　父亲同允兴兄、本身上西坑山田里穿金井。
  初六日天雨甲子值（开）〔闭〕　父亲同允兴兄、本身再叔托华善表兄、托日田舅公、启交兄盘柩上坑山田里，葬祖母汪氏孺人，酉时金登位，分金大利。
  初柒日天晴乙丑值建　父亲同允兴兄、本身同再叔西坑山田里做分水。[4]

十二月初五日，发开父子在本地西坑山打金井。次日，程家托亲友将汪氏灵柩抬到西坑山下葬。初七日则开始"做分水"，营造坟墓。这是汪氏出殡四年之后。

在程氏排日账跨越的六十余年时间里，程家差不多完成了两代人的世代更替。在此过程中，允亨的祖母、父亲、母亲、叔父先后衰老、去世；然后是他自己这辈出生、长大、老去、谢世。允亨的去世，意味着一个生命周期的终结和同仓这一辈肩负重任的开始。允亨的寿命虽然不如发开长，但他像父亲一样，看到自己儿子成家立业，看到长孙出生，因此他走的时候，应该没有留下多少遗憾。

---

〔1〕　程氏排日账#11，光绪19/2/10-11。
〔2〕　程氏排日账#11，光绪19/2/2。
〔3〕　程氏排日账#6，光绪4/11/13。
〔4〕　程氏排日账#6，光绪7/12/5-7。

第十八章　身后事

在即将撒手人寰的那些日子里，程允亨是否曾回忆起自己五十多年生命中经历的种种往事，以及在五十多年时间里，发生在自身生活世界的种种变化？在这些日子里，无论是允亨的生活世界还是整个中国，都发生了不小的变动。我们难以想象允亨能够理解所谓的"三千年未有之大变局"，由于自身身份、教育等条件的限制，有些变动必定是他难以感知的，有些是他意识到的，另有一些则是他没能记录下来的。不过，透过仔细解读他和发开、同仓留下的记录及其他史料，我们仍有可能再现他生活过的那个世界及其变与不变，而这或可为我们理解19世纪中国提供了一个坐标。

在社会经济方面，程家的经历显示了一个与国际市场关系密切的东南山区乡村发生的社会经济变迁。由于山乡独特环境的影响，早在18世纪以前，乡民的生计方式就比较多元。水稻、大小麦的连作，向来是此地乡村经济的重要部分。美洲作物特别是玉米的引进，舒缓了山区的粮食供应问题，提高了旱地的利用价值。劳动力富余的农户，投入不少劳力垦殖山地，小幅增加了家中的耕地面积，多少舒缓了口粮压力。由于耕地有限，乡民发展林业，从事山货的采集与销售，或是外出经商。在这种生计模式的影响下，山区乡民生计的商业化程度较高，与市场关系密切。18世纪晚期中国茶叶出口量的大幅增长，为东南山区茶叶生产的扩张提供了重要动力。五口通商后，茶叶出口量进一步提高，为茶叶生产的扩张提供了新的刺激。在市场利好的驱动下，像程发开这样有商业眼光的乡民抓住了商机，从茶叶销售转而涉足茶叶生产。伴随着茶叶输出的增加，大量白银流向山乡，从事茶叶生产的农户获得了不甚稳定但相对丰厚的现金收入。19世纪东南山区乡民生计，应该置于上述背景下进行理解。

面对社会经济情势的变动，山区乡民适时对自身的生计模式进行了有意识的调整。我们看到，截至太平天国运动前期，程家在农田耕作之余，频频外出进行食盐、布匹、食物等小商品的贩卖。然而在太平天国运动结束后，这种商贸活动在程家生计中的地位逐渐下降，而投入荒地垦殖等活动的时间大幅增长，这显示了程家生计模式的改变。与此相应，这家农户行动空间的范围也出现了收缩，他们前往远距离市镇、乡村的次数越来越少。这一变动牵涉多少东南山区的乡民，尚难断言，不过随着茶叶生产的扩张，此类人群的数量应有一定增长。

茶叶收入的增加和山地的垦殖，为东南山区乡民维持并小幅改善生活水平提供了可能。跟不少学者对19世纪相对灰暗的认识不同，鸦片战争之后及19世纪中叶战乱之后，东南山区乡民的生计状况可能并没有出现明显恶化的迹象。五口通商或许给不同区域带来了不同影响，对于东南山区像程家这样的农户而言，国内外市场的整合可能意味着新财源的开辟。19世纪中叶的战乱，对东南不少地区的乡村经济带来毁灭性打击。不过由于茶市扩张、土地垦殖等原因，山区经济在战乱结束后不久就得到复苏，乡民的生活水平基本恢复至太平天国运动以前，甚或稍有改善，这种状况可能一直延续至19世纪90年代。程家在19世纪最后几年度过的日益拮据的日子，最初主要是由于家计操持不善等家庭原因引起的，不能反映整个区域乡民生计的总体走向。不过随着19世纪末20世纪初米价飙升，乡民的生活水平普遍受到影响，他们的日子开始过得越来越紧。总体而言，至少就许多像程家这样的徽州乡民而言，19世纪中后期生计状况的变动轨迹，并不是沿着同一方向发展的，其间有曲折，有回归，而且在多数时间里，他们的生计没有出现明显的危机征兆。

程家生计经历的这种发展轨迹，似乎难以套用学界现有的模式来理解。由于存在多样化的生计方式，像程家这种的农户似乎没有遭遇明显的内卷化困局，也没有陷入高水平均衡陷阱。在他们生活的山乡，耕地早已无法提供充足的粮食，在同一块土地上追加劳力，无法解决口粮问题。同时，通过采集山货、从事小商品贩卖、挑担乃至垦荒等途径，农家剩余劳动力还能找到若干出路。在这种情况下，内卷化的过程难以展开，而来自茶叶销售的收入，也缓解了将小农经济推向内卷化或高水平陷阱的压力。同样，我们也无法观察到类似勤勉革命的经济变动趋势，如果历史上曾出现过畜力主导运输的时代，那么人力早已取代畜力成为东南山区的主要运输方式。家庭内部也无法看到劳力投入与消费结构方面的明显变动。程家的确发生过劳力配置方面的变动，但变动主要并非体现为劳力投入的增加（尽管分家后程家闲暇时间的减少值得注意），而是体现为劳力空间配置的变动，也即部分家人前往远离聚落的处所从事生产。我们不知道这种空间配置变动是否是19世纪徽州山乡的普遍现象，不过随着玉米的引种和茶园价值的提高，必定有相当一部分乡民经历了类似的过程。

在社会方面，首先应该提到的是山区社会关系出现了一些值得注意的变动。随着经济局势和家庭收入的好转，许多像程家这样的农户想必顺利完成了家庭的再生产，可能还在某种程度上扩大了人际圈子，建立、加强了与本地域关键人物的人际关系。茶叶的扩张和山地的垦殖，从两个方面给阶级关系带来了影响：一方面，随着现金收入的增加与荒地的开垦，乡民对租佃制度的依赖程度可能有所降低，他们租入的土地也有所减少；另一方面，茶叶生产规模的扩大，意味着需要雇佣茶工，这就在乡民与茶工之间形成了季节性的雇佣关系。由于本地茶工供不应求，不少来自江西等地的外地茶工进入山区乡民的生活世界，当地的社会关系变得更为复杂。

茶叶生产的扩张，还对妇女、佃仆的经济地位及管业秩序带来了影响。茶叶生产的扩张，可能为妇女获取现金收入提供了机会，她们的私房钱可能有所增加，而富余的私房钱被投入当地的金融市场，与此相应，妇女在地方金融市场，特别是小额借贷市场中扮演了重要角色。同样，茶叶生产扩张可能在一定程度上改善了佃仆的经济地位，在这种背景下，在允亨祖父辈生活的年代，佃仆对大小姓身份秩序提出了挑战（不过到了允亨生活的时代，这个秩序似乎不再出现动摇的明显迹象）。国际茶市的扩张，还在一定程度上提高了山地的利用价值，从而引发了茶园纠纷的加剧，跨村落、跨地域的山场纠纷与冲突愈演愈烈，管业秩序透露出有所动摇的迹象。

在文化方面，随着中外、城乡交往的加深，来自海外的商品开始进入东南山区。程家早在太平天国运动之前就涉足洋布的贩卖。来自海外的食物、布料、用具逐渐进入山区乡村。来自上海等大都市的近代书报，也开始流入山区。但在19世纪中后期，这些商品的渗透有多深入，笔者持审慎的保留态度，至少在程家的排日账中，极少提到这些物品。同样，我们也无法观察到近代观念渗透与乡民观念变动的明显迹象。

在王朝国家及其代理人方面，19世纪中后期，山区乡民的赋税负担有所加重，但对于类似程家这样的耕地不多的农户而言，这些负担尚未增加到危及生计的程度。同时，19世纪晚期，随着王朝财政危机的加剧，清理赋役、改革征解制度成为当务之急，钱粮缴纳方式有所变动。有关这个变动的内容与影响，还有待进一步的研究。但目前可以观察到的情形是，绅董控制下的图甲，在钱粮征解中扮演了较前更为重要的角色，他们操纵的图局力图垄断钱粮的征解，甚至出现了由图局出具的税票。此外，太平天国运动结束后，由于山地特别是茶园价值的提高，山区产业纠纷似乎明显增加。在这种背景下，乡约作为衙门代理人在乡村纠纷调整中的作用可能有所增强。当然，这个变动未必意味着王朝国家的权势扩张，其实质也有待于后续研究的探讨。

在讨论19世纪东南山区乡民的生活世界时，我们不仅需要充分关注这个世界发生的种种变动，也不应忽视那些相对稳定不变的层次和面向。

在社会经济方面，多元生计方式是山区经济的基本特征。18世纪晚期开始，特别是五口通商后国际茶市的扩张，在一定程度上加强了乡民与国际市场的关系，提高了乡村经济的商业化程度，但并未在根本上改变这种经济结构本身，乡民的生活水平、生活方式也并未发生本质性的变动。在这种背景下，小农经济继续被不断再生产，乡村经济看不出明显的结构性变动。

在社会方面，结构与关系显示出两种不同的变动节奏。山乡的社会关系出现了一些值得注意的变动——乡民家庭在人际关系层面便出现了变动迹象（不过原有的人际关系仍继续被再生产），但乡村社会结构无法观察到明显变动的征兆。宗族和村落在乡村事务中继续扮演着重要角色。以图甲制为基础的跨村落网络，其在钱粮征解中的地位有一定提高，不过这个网络本身仍是维持乡村秩序、举办祈雨活动等地域公共事务的核心框架。此外，大小姓之间的身份秩序也没有出现动摇的迹象。

在文化方面，尽管来自大都市的近代书报开始在山区流通，但无论是在时空感知、读写能力、宗教仪式等方面，都还看不出变动迹象。作为拥有一定读写能力的乡民，允亨感兴趣的还是明清以来的那些畅销书。尽管近代钟表可能已进入沱川地域，但从排日账看不出记录者的时间感知出现了变动。山区乡民观念的变动，可能需要等到20世纪初新式学堂建立，甚至二三十年代来自城市的激进知识分子进入乡村后才开启，而社会文化整体结构的变动，则或许要等到允亨去世近半个世纪后的土地改革。

在王朝国家及其代理人方面，明清时期建立的制度框架基本延续至19世纪。赋役征派方面基本沿袭了明中后期一条鞭法改革过程中建立的制度。地方文献称为"约族"的乡村纠纷调处体制是在明末清初形成的，至19世纪继续在乡村纠纷调处和秩序维护中发挥作用，并未出现功能消退的明显迹象。尽管19世纪发生了两场声势浩大的农民战争——其中一场对东南山区的社会经济产生了直接的冲击，宗教仪式背后的政治理念看不出变动的端倪，也看不到所谓"异端"思想和近代政治观念渗透和扩散的痕迹。

总之，要理解19世纪乡民的生活世界及其变动，我们需要抛弃简单化的线性思维，立足于并在一定程度上超越乡民自身的历史体验，注意发生于乡村生活不同层次、不同面向的时间节奏和变化周期，同时从不同的时间尺度下，更全面、立体地把握19世纪历史变动的脉搏，包括像允亨这样的乡民自身经历过、有时意识到的历史变动。

在弥留之际回首往事，允亨可能回忆起少小时候的学馆经历和"长毛"占领婺源期间的艰苦生活；想起战乱结束后，在父亲的苦心经营和兄弟俩的辛勤劳作下，家里的日子逐渐好转；想起自己的成家与同仓的出生，以及自己与兄长的摩擦与分家；回忆起分家后自己肩上的担子逐渐加重，为了同仓的婚事四处举债、筹钱，以及最后那几年生活越来越局促的日子。尽管最后落下了一身债，但他已经尽了很大的努力，毕竟，米价的抬升、山货的枯竭以及茶市的波动，都不是他所能控制的。就在几年前，他送走了双亲，现在轮到家人、亲戚、朋友来送他最后一程。他的人生画上了句号，而他的人际网络则基本由同仓继承。

在本书讲述的故事中，同仓只是一个配角，他性格有些顽劣，但在父亲的安排下，他娶亲生子。父亲去世后，他过得如何，我们无法确切知晓。不过，他祖父、父亲所记排日账，应该是他保存下来的，与排日账一同留下的两本账簿，似乎是出自他手。父亲去世后，他接管了记账的事务。儿子的出生，确保允亨、他自己的香火可以得到延续。不过家中土地大多已当、售他人，加上19世纪90年代末欠下的未曾偿还的债务，他的日子恐怕只会比父亲在世时更加艰辛。

幸运的是，同仓也并非绝无翻身的希望，因为20世纪初，茶叶价格开始上涨了。1901年，绿茶的出口价格还仅仅是每担23.22海关两，1902年、1903年逐渐上涨至27.72两，1904年更飙升至39.27两。此后至1914年，基本在每担34—40两之间波动。"一战"期间（1915—1919），更抬升至每担45两以上，战争结束后才回落至32.55两。[1] 从中程时段看，程家的生计危机爆发于茶价上涨的前夜，这不能不说是令人惋惜的。当然从同仓的角度看，在家中最困难的时候，允亨也没有典出苦竹山的茶园，这一点未尝不是不幸中的万幸。

笔者初次进入上湾，遇见的第一个人，就是同仓的孙子。在家里坐下后，老人介绍说，祖父名叫程同仓，祖母姓吴，休宁大连人；而父亲名叫程长久，母亲是浙源山坑人，姓查；还有一位叔叔，但他没有后代。[2] 看来同仓生了两个儿子，程长久很可能就是排日账中提到的那位孩子。

从允亨去世，到笔者2007年走入他曾生活过的空间，一百余年过去了，中间发生了多少事！但程家活过了这百年中发生的种种变幻，同仓的孙儿也已是七十几岁的老人了。祖父在他的印象中已经很模糊——

---

[1] 陈慈玉《近代中国茶业之发展》，第323页。这一时期，在印度茶的竞争下，中国的红茶出口量已大幅缩水，不过绿茶出口没有受到明显的影响，反而稳中有升。海关报告在谈到1902—1911年中国茶叶出口时指出："茶叶出口数量相当稳定，每年平均出口约为1,500,000担。然而茶价表现出明显的上升趋势，特别是在本期后五年。"尽管英国进口中国茶叶的数量大幅下降，但"俄国仍保持对砖茶的旺盛需求，对绿茶的需求也有所增加"。这一时期，中国甚至向主要竞争对手印度出口茶叶。此外，中国茶叶还经由陆路运销西藏、中亚和蒙古，或由中国帆船运销朝鲜和印度支那等地，其数量至少有150000担。这些因素很可能是20世纪头十年茶价上涨的原因。参见徐雪筠等编译《上海近代社会经济发展概况（1882—1931）——〈海关十年报告〉译编》，上海：上海社会科学院出版社，1985年，第335页。

[2] 访谈人：程春全（婺源县沱川乡上湾），72岁；访谈时间：2007年4月6日。

第十八章　身后事

尽管他仍记得祖父的名字,但对允亨,他似乎完全没有记忆,也许他的父亲那辈对允亨就已没有多少记忆,毕竟允亨去世时,长久还只是一个七八岁的孩子。借助允亨自己所记的排日账,今天我们才有可能知晓,在这个世界上曾经生活过一个名叫程允亨的普通乡民,才有可能一点一滴地再现他的生命历程,拼合他的生活世界,让我们去了解这个生活在中国东南僻远乡村的一个普通乡民,是如何经历19世纪这个中国历史上的重要时代的。

附录一 程氏排日账基本情况及相关说明

附表1 程氏排日账基本情况表　　　（单位：年）

编号	记账人	起止日期	时间	备注
01	程发开	道光十八年（1838）正月初一至道光二十年（1840）十一月十一日	3	封面题"戊戌己亥年登记帐簿"
02	程义茂（程发开）	道光二十三年（1843）十一月三日至道光二十六年（1846）十月二十五日	4	封面题"癸卯年甲辰年乙巳年丙午年"
03	程义茂	咸丰二年（1852）十二月二十日至咸丰五年（1855）十月初九日	4	封面题"逐日登记"
04	程义茂	咸丰五年（1855）十一月初十日至咸丰八年（1858）十月二十六日	3	封面题"乙卯丙辰丁巳□笔登记"
05	程凤腾（程允亨）	同治十一年（1872）二月十三日至同治十二年（1873）十二月三十日	2	封面题"壬申癸酉逐日账簿"
06	程凤腾（程允亨）	光绪四年（1878）正月初一日至光绪七年（1881）十二月二十九日	4	封面题："戊寅己卯庚辰辛巳勤笔登记"
07	程允亨	光绪八年（1882）正月初一日至光绪九年（1883）十二月三十日	2	封面题"壬午癸未甲申乙酉□□账簿"
08	程逢桂（程允亨）	光绪十年（1884）正月初一日至光绪十一年（1885）十二月三十日	2	无封面
09	程同仓	光绪十一年（1885）二月初一日至光绪十二年（1886）十二月三十日	2	封面题"乙酉、丙戌逐日账簿"
10	程同仓	光绪十三年（1887）正月初一日至光绪十七年（1891）正月二十日	5	封面题"丁亥……逐日账簿"
11	程允亨	光绪十七年（1891）十二月二十四日至光绪二十二年（1896）十月三十日	6	封面题"癸巳甲午乙未丙申"
12	程允亨	光绪二十六年（1900）正月初一日至十二月三十日	1	封面题"庚子"
13	程允亨	光绪二十七年（1901）正月初一日至十二月廿九日	1	无封面

有关程氏排日账各册记账人之间关系的说明

程氏排日账总计13册。从这批账簿的封面题名和内容推断，第1至4册的记账人为程发开，又写作程法开，又名程义茂。第5至8册、第11至13册，记账人为程允亨，又名程凤腾、程逢桂。第9和第10册的记账人为程同仓。他们三人的关系是：允亨为发开之子（次子），而同仓为允亨之子。

有关程发开与程义茂关系的断定，主要基于以下证据：程氏排日账#1道光十八年题"程发开新正开笔大吉立"，道光十九年题作程法开，可见程发开、程法开为同一人。其次，排日账#2道光二十四年、道光二十五年题作程发开，而道光二十六年题作程义茂，可知程发开即程义茂。此外，排日账#1题名程发开，但十二月三十日条上，盖有"程义茂记"红印（附图1.1），这也是程发开、程义茂为同一人的旁证。

有关程发开与程允亨关系的断定，主要基于以下证据：排日账#4记账人题为程发开，咸丰八年正月初九日至十一日记，"己全允兴儿掘柴

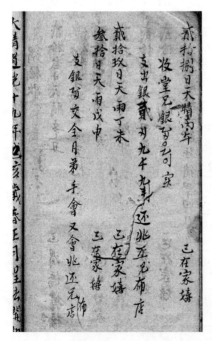

附图1.1 "程义茂记"印

脑"。正月二十四日又记,"已在家。允亨儿上学"[1]。允兴为允亨之兄,由此可断定发开与允亨之间的父子关系。

有关程凤腾与程允亨关系的断定,主要基于以下证据:排日账#5、#6记账人均题为程凤腾,账内记录称允兴为兄,由于程允亨仅有兄长一人,可断定记账人即允亨。

有关程逢桂与程允亨关系的断定,主要基于以下证据:排日账#8记账人,光绪十年题作程逢桂,光绪十一年题作程允亨;又光绪十年正月初一日记,"父亲同本身、仓儿拜年,一同和气,同众拜年,请土地、社公、众神香火",[2]仓儿即同仓,为允亨之子。依据上述两条证据,可推断程逢桂即程允亨。

有关程允亨与程同仓关系的断定,主要基于以下证据:程氏排日账#6记账人为程允亨,光绪七年正月二十五日记,"父亲同仓儿存绥先生家馆读书,拜礼钱壹百文",[3]可断定程允亨与程同仓的父子关系。

---

[1] 程氏排日账#4,咸丰8/1/9-11, 1/24。
[2] 程氏排日账#8,光绪10/1/1。
[3] 程氏排日账#6,光绪7/1/25。

附录二 沱川主要村落、姓氏情况表

附表2 沱川主要村落、姓氏情况表

村落	主要姓氏	户数（户）	人口（人）	入住时代或代数
篁村	余	88	420	北宋
鄣村	余	154	703	北宋末
燕山	余	334	1145	南宋初
理坑	余	240	915	南宋初
东坑	朱、程	37	157	传15代
上湾	程	8	35	明崇祯间
朱山	胡	6	41	传14代
小沱	吕	33	167	明嘉靖年间
白石坑	程	14	62	传20代
徐家坦	徐	5	26	传15代
戴齐山	余	3	9	1970年
查木坑	朱	36	151	清代中叶
高段	余	4	26	传31代
汪王后	余	37	176	明末
南山路	王	15	82	传31代
溪头	叶	48	237	明末
塘崛	张	28	132	传14代
金岗岭	汪	22	93	传21代
塝底	许	6	35	传15代
梅坑	梅	8	41	传15代
西宅	胡	7	39	传16代
村下	戴	37	148	传25代
大干段	?	?	7	1976年

续表

村落	主要姓氏	户数（户）	人口（人）	入住时代或代数
白石坞	姜	19	116	传10代
塘坑	李	24	157	传10代
南坑	查	18	108	传27代
月岭脚	汪	4	22	传13代
小横坑	葛	15	73	传20代
汪平坦	汪	8	42	传21代
引浆山	朱	11	48	传14代
查平坦	查	83	432	传36代

资料来源：婺源县地名委员会办公室编《江西省婺源县地名志》，第21—22页。

注：表中人口是1980年底的数据。

附录三 婺北及周边地区的粮价数据

程氏排日账对籴米活动时有记录，但不甚完整，有时只提到籴米而没有籴米数量及开销，有时仅有籴米数量而无开销数目，或是相反，这给整理米价数据带来了一定困难。幸好不少是籴米数、价格都完整的有效数据。

笔者的处理方法是：首先，系统摘录这些数据，汇编为原始数据表。其次，在这些数据的基础上，抽取1—2月和7—8月的粮价，以每两个月为一个周期进行编排（这两个月没有有效数据的，依据时间最为接近的数据）。再次，在1—2月和7—8月粮价的基础上，算出本周期米价的平均数。最后，将米价统一折算为元/石的计量方式，以便于对历年价格进行比较。最后编制成附表3.1。

附表3.1　程氏排日账所见徽州米价情况表（1838—1901）（单位：元/石）

年份	1—2月	7—8月
道光十八年（1838）	2.51	2.17
道光十九年（1839）	2.70	2.74
道光二十年（1840）	2.87	2.65
道光二十四年（1844）	1.75	1.85
道光二十五年（1845）	2.05	1.54
道光二十六年（1846）	1.67	1.92
咸丰三年（1853）	1.82	1.61
咸丰四年（1854）	1.67	1.64
咸丰五年（1855）	2.38	2.38
咸丰六年（1856）	1.75	1.25
咸丰七年（1857）	2.41	2.82
咸丰八年（1888）	3.03	3.45

续表

年份	1—2月	7—8月
同治十一年（1872）	2.17	2.08
同治十二年（1873）	2.33	2.30
光绪四年（1878）	2.61	2.41
光绪五年（1879）	2.50	2.33
光绪六年（1880）	2.44	2.22
光绪七年（1881）	2.33	2.02
光绪八年（1882）	1.86	2.18
光绪九年（1883）	2.17	2.94
光绪十年（1884）	2.19	2.17
光绪十一年（1885）	1.89	1.82
光绪十八年（1892）	2.00	2.04
光绪十九年（1893）	2.74	2.55
光绪二十年（1894）	2.41	2.33
光绪二十一年（1895）	1.92	2.05
光绪二十二年（1896）	2.5	2.45
光绪二十六年（1900）	3.06	2.96
光绪二十七年（1901）	3.03	4.18

注：（一）两月包括多个数据的，取其平均值；没有数据，参照前一月的数据。
（二）米价从原有数据（斗/元），转换为标准数据（元/石；1石＝10斗）；
（三）银两与银元折算率：1元＝0.72两或1两＝1.39元。

笔者还综合历年排日账的米粮购买记录，整理了程家历年米粮购买情况表，罗列了历年籴米总数和籴米开销总数（附表3.2），闰年多出一个月，对籴米数量有一定影响，亦在表中列出。

附表3.2　程家历年米粮购买情况表

年份	籴米数（单位：斗）	支出银元	是否闰年
道光十八年（1838）	75	13.13两＋	○
道光十九年（1839）	78	13.51两	
道光二十四年（1844）	103	8元＋10.63两	
道光二十五年（1845）	150	4元＋14.2两＋	
光绪四年（1878）	142	28元＋	

续表

年份	籴米数（单位：斗）	支出银元	是否闰年
光绪五年（1879）	141	27元＋	
光绪七年（1881）	174	35元＋	○
光绪八年（1882）	80（？）	20元＋	
光绪九年（1883）	84	22元＋	
光绪十年（1884）	83	17元＋	○
光绪十一年（1885）	110	22元	
光绪十八年（1892）	79	16.5元＋205文	○
光绪十九年（1893）	95	23元＋395文	
光绪二十年（1894）	80	18.5元	
光绪二十一年（1895）	106.5	23元120文	○
光绪二十二年（1896）	82.74	24元＋270文＋	
光绪二十六年（1900）	61.42	20元	○
光绪二十七年（1901）	22.83（不完整）	15元	

注：表内籴米数为估计数，是以明确记录的籴米数据为基础，考虑到数据不详记录的次数估算而成。

附录四 程家历年猪肉购买情况表

附表4 程家历年猪肉购买情况表

光绪十一年 （1885）	50文（2/20）；2元（3/16）；32文（10/5）；1斤7两=252文（10/11）；1斤半=200文（10/26）
光绪十八年 （1892）	13斤=1300文（2/7）；12斤=1元（4/1，4/2，10斤送给亲家定亲）；1斤（4/2）；10斤=10元（记录有误），12斤=1元（4/6）；2斤14两=285文（5/27）；1斤（6/19）；90文（7/17）；200文（8/12，格节礼物）；100文（8/14）；200文（8/15）；半斤（9/9）；9两=100文（9/27）；6两=50文（11/9）；14两=100文（11/12）；5斤+5角（12/19，部分用于送节礼物）；12两=100文（12/30）。 说明：近27斤。4/1扣除10元；4/6，22斤应为送礼，不计入；8/12不计；12/19只计2.5斤；另外以铜钱支付者，以136文=1斤折算。
光绪十九年 （1893）	5斤（1/12，送礼用）；100文（1/14）；杀猪1只（1/21）；2斤（1/29，谢媒人）；1斤10两（2/1，谢亲友）；1斤（2/5）；9两=74文（5/22）；1斤=136文（7/8）；1斤（8/6）；10两=81文（8/9）；1斤（8/10）；1斤10两=1元（8/22，畸高，记录有误）；50文（9/3）；200文（9/15）；100文（10/4）；150文（10/6）；1斤4两（10/8）；3斤/大秤2斤半=336文（10/12）；10两（10/19）；1斤12两=232文（10/27）；半斤（11/1）；半斤（11/3）；杀年猪1只（12/1，50余斤）；2斤（12/13，收到的格节礼物） 说明：20.9斤；1/12、1/29、2/1不计入。
光绪二十年 （1894）	6斤半=5角（3/28）；1斤10两（5/5）；1斤11两（5/24）；1两1钱（7/13）；100文（7/22）；109文（8/14）；1斤6两（8/21）；1斤（8/29）；1斤7两（9/8）；1斤1两（9/26）；1斤1两（10/12）；1斤2两（10/19）；1斤4两（10/29）；1斤2两（11/10）；7两（11/24，借来）；5两（11/29）；杀年猪1只（12/15） 说明：近72.5斤。
光绪二十一年 （1895）	1斤9两=200文（3/2）；1斤（5/4）；1斤=152文（5/5）；54文（5/14）；14两（5/29）；半斤=72文（7/30）；1斤4两（8/14）；46文（8/23）；半斤（8/25）；1斤（9/25）；猪睢1斤3两=77文，猪肉10两=23文（9/28）；半斤=100文（10/5）；10两（11/11）；100文（11/12）；杀猪1只（12/4，100余斤；又杀小猪3口，应该用于出售） 说明：近111.5斤。

续表

光绪二十二年 （1896）	半斤=200文（2/3）；1斤7两=200文（2/23）；8斤10两=1元（3/19）；2斤6两=厘钱100文（5/5）；200文（5/17）；1斤9两=107文（5/19）；1斤2两（7/3）；1斤（8/14）；2两=100文（8/15）；2斤（9/13）；9两=100文（9/17）；10两（9/27）；1斤=144文（10/3）；10两（10/18）；11两（10/25）；1斤半（10/27） 说明：共27斤。十一月、十二月无记录。
光绪二十六年 （1900）	1斤1两（3/7，清明）；10两（5/18）；10两（5/27）；10两（6/2）；1斤4两=100文（7/4）；8两（7/9）；1斤1两（7/11）；1斤1两3钱（8/14）；9两（8/22）；10两（9/30）；1斤1两1钱（10/17）；7两（10/18）；1斤（11/10） 说明：近35斤。

资料来源：据程氏排日账历年记录编制。

附录五 程氏排日账所见银钱比价表

附表5 程氏排日账所见银钱比价表

时间	银两—铜钱	银元（英洋）—铜钱
道光19/9/26	1两≈1440文	
道光20/4/6	1两=1500文	
道光20/4/9	1两=1538文	
道光20/4/18	1两=1500文	
道光24/8/15，8/17		1元=1260文
咸丰5/3/13		1元=1740文
咸丰6/6/1		1元=1800文
光绪18/3/6		1元=1000文
光绪18/3/21		1元=1005文
光绪18/4/13		1元=1020文
光绪18/5/16		1元=980文
光绪18/5/27		1元=994文
光绪18/6/14		1元=1000文
光绪18/6/27		1元=990文
光绪18/9/6		1元=1025文
光绪18/11/9		1元=1000文
光绪19/1/11		1元=1010文
光绪19/1/20		1元=1030文
光绪19/11/25		换钱1005文
光绪19/12/13		1元=1000文
光绪19/12/17		1元=1000文
光绪19/12/23		1元=1000文
光绪20/5/7		1元=950文

续表

时间	银两—铜钱	银元（英洋）—铜钱
光绪20/9/4		1元＝1025文
光绪20/12/29		1元＝1030文
光绪21/9/16		1元＝1020文
光绪21/12/19		1元＝1050文
光绪22/2/20		1元＝1040文
光绪22/8/27		1元＝1020文
光绪26/8/19		1元＝1000文
光绪26/10/8		1元＝960文
光绪26/11/10		1元＝960文

资料来源：据排日账历年记录编制。

附录六 程家耕地与粮食产量的估算

对耕地数量与粮食产量的估算,是了解不同时期程家粮食供需状况及生活水平的基础。下面综合程氏排日账历年耕种、粮食产量和交租等方面的信息,试图弄清程家不同时期的自有耕地处所、租入耕地处所,估算每处土地的粮食年产量、租谷数量及净收益,并结合不同时期家庭成员状况,估算其缺粮数量的变动。

一 耕种土地的估算

(一)自耕地

程家耕种的土地,包括自家土地与租种土地两种。从历年耕种、交租记录和其他信息,可大致估算出程家的土地占有情况、收获量与交租后的净收入。

在这些记录中,光绪二十六年程家账目清单为了解程家的土地占有情况提供了很好的一个证据。光绪二十六年十月廿五日,一位邻居前来程家讨债,由于无力还债,这位邻居带人强行抬走了程家的猪。这次危机发生后,程允亨委托两位亲友前来清理债务,为此列出了程家的债务清单,这张清单保存于排日账内,录文详见第十七章。

这张清单列举了程家向七位债权人(含宗祠)借入的款项,这些借贷均以田契抵押,从中可了解程家拥有的耕地。从历年借贷信息可见,程家拥有牛栏、庄下、顿底三处土地的产权,其中牛栏契约表述为"田契",庄下、顿底契约表述为"田皮约",据此推断,牛栏的土地应属皮骨双全的"全业"田,而庄下、顿底土地仅拥有田皮。这一推测可以在排日账历年交租记录中得到印证。从排日账历年记录可知,牛栏耕地无交租记录，而庄下、顿底土地有交租记录，两处的田骨均属保竹祠。

其次，程家账簿#1内，列举了"程万利户"下的田产字号、税额和租额，共计5笔：

> 及字六百六十号 西坑田壹分九厘六毛 乙秤半
> 六百六十乙号 西坑田贰分 贰秤半
> 六百六十五号 白石垓伍分壹（？）分厘 三秤
> 六百九十七号 朱山后田贰分九厘贰毛五丝 贰秤
> 五百六十五号 淡竹坞上截（垦）〔垦〕田贰分 三秤

"程万利户"当为程家新设的花户名。从这条记录可知，西坑的部分田产也是有产权的（至少是田骨），此外程家在白石垓、朱山后和淡竹坞也有少量田地，其中淡竹坞标明是开垦的。白石垓当为旱地，朱山后、淡竹坞应为山场。

再次，光绪二十六年九月，程允亨出当羊蕨坞田一处，当契草稿保存于排日账内，录文如下：

> 立自情愿出当皮租契人程允亨，原承父分有民田壹局，坐落本都土名羊蕨坞及字三百八十号，计税叁分三厘，计田大小拾贰坵，计皮租陆秤，全业；计骨租陆秤，业主永安会贰秤半，本身叁秤半。今因正用，自情愿托中，将本身田皮租陆秤、骨租叁秤半，出当与余任枝兄名下为业。当三面言定，当得时值价英洋拾员正。其洋当即是身亲手手（岭）〔领〕足讫。其利长年贰分行息。候至来年八月，将本利取赎。本利不清，听凭起佃管业，耕种无阻。未当之先，与本家内外人等并无重张交易不明等情，是身自理，不管受业人之事。恐口无凭，立此当田皮租骨租契为据。再批，时有户扒纳。
>
> 　　　　　　　　　　　胞兄　允兴
> 光绪廿六年九月十五日当田皮租骨租契人程允亨

此处田产历年排日账均无耕种和交租记录，笔者怀疑契中所说的田地坐落，排日账使用了不同的表述（可能是西坑、庄下等处田产中的一处），并非另有一处田产。

最后,排日账光绪二十一年闰五月初十日记,"支英洋乙员付允中兄,做茶乙工。又二百蒔田,三亩六百,又帮日吃饭乙日,共九百廿文"。[1]在这条支付给族人允中的920文工钱中,包括了蒔田3亩的工钱(每亩200文,共600文)。如果笔者的解读正确,那么可以推断,光绪二十一年前后程家经营的农场的规模(仅限稻田)当在3亩上下。

此外,程家在苦竹山开荒,开垦旱地若干,种植玉米、地瓜、蔬菜等。在白石垓,程家在道光十八年、十九年(1838—1839)有开田记录,咸丰四年(1854)有开坦记录,此后有相对连续的铲棋子、采桐子等记录(光绪四年—光绪十年,光绪二十七年),也可能是旱地(道光十八年有播种记录,道光十九年、咸丰三年有割禾记录,光绪十九年有割禾、交租记录,这可能是位于同一地方的另一块地)。程家另有茶坦多处。

(二)租入的耕地

除了上述几处拥有部分或全部产权的土地外,程家还租入土地。根据排日账历年的记载,程家租入西坑(又作西坑里、西坑山)、石桥底、大桥(又作度桥)等地的土地,其中租入西坑土地的时间最长;大桥只在程发开辈租种,咸丰二年(1852)后未见交租记录;石桥底,同治十二年(1873)后未见交租记录。

二 耕地的粮食产量与净收益

要了解程家口粮状况,必须知道程家自耕地与租入地的收获量——就租入地而言,重要的是估算扣除租谷后的净收益。

(一)自耕地

1. 牛栏:从排日账记录看,牛栏每年只种一季,用于种植水稻,间种芋头。这块土地最完整的记录,是光绪二十六年的收获记录:该年

---

[1] 程氏排日账#11,光绪21/闰5/10。

八月十四日，割禾100斤净；八月十六日，割禾180斤；八月十七日割禾，但无收割记录。[1]前两天收获量总共280斤，如第三日割禾以100斤计，则年收获量为380斤，扣除牛租48斤左右，净收获为332斤。

2. 庄下：程家拥有这块土地的田皮，田骨归余氏保竹祠。据光绪二十六年的记录，这块土地田皮有8秤（应是以租额指代的土地面积）。这块土地为一年两熟田，冬季种小麦，夏天种水稻，并间种芋头、萝卜菜、大豆等。排日账没有提供小麦产量。有关这块土地的水稻收获量，排日账记录了几个数据：16秤（道光十八年）、15秤半（咸丰三年）、16秤（光绪二十六年），[2]大体产量是稻谷16秤，折240斤（以1秤＝15斤计）。[3]租分为两个部分：一部分是交给田骨所有者的租谷，据道光十九年的记录，交给保竹祠的租谷是5秤15斤；另一部分是4秤，很可能是牛租，[4]两者相加为9秤15斤，折150斤。扣除这两笔租谷后，净收获量为90斤。

3. 顿底：程家拥有此处田产的田皮，田骨归保竹祠。此处田产很可能有两块土地（排日账记录通常有两次收割记录，种植作物也不尽相同，一是"禾"，应即粳米，一是糯米，有时一为红萌糯，一为光头糯，收割时间短则相隔三两天至一周左右，长则相差近一个月；此外种植小麦的时间也有差别）[5]，均为一年两熟田，冬季种小麦，夏季种水稻，间种萝卜菜、大豆等。排日账的小麦产量，光绪十年有很难得的一条纪录：五月初六日割小麦72斤，次日还收割了一次，[6]估计收获应在100斤以上。有关此处田产的水稻收获量，如排日账所记两次收割分开，共有

---

[1] 程氏排日账#12，光绪26/8/14，8/16-17。
[2] 程氏排日账#1，道光18/8/10；#3，咸丰3/8/26；#12，光绪26/8/20。
[3] 笔者推断1秤等于15斤，主要基于以下史料：（一）道光二十六年八月十四日排日账记："己石桥底收禾拾四斤半，二百十斤"（程氏排日账#2，道光26/8/14），"四斤半"当为"四秤半"之误，4.5秤为210斤，可知每秤近15斤。（二）光绪五年八月十一日记："父亲全允兴兄托主庄下干收，每秤十六斤"（程氏排日账#6，光绪5/8/11）。（三）光绪十九年八月二十七日记："[顿]底托允兴干收，禾十五[斤]乙秤，共六十斤"（程氏排日账#11，光绪19/8/27）。（四）光绪十九年九月二十二日记："去干谷乙秤，折十六斤，白石垓田皮，交禧伯"（程氏排日账#11，光绪19/9/22）。综合以上史料，可推知1秤折15或16斤，为统一起见，笔者采用1秤＝15斤的折算率。
[4] 程氏排日账#1，道光18/8/13，道光19/8/21-22。
[5] 程氏排日账#11，光绪21/4/26记，"托进侄包食莳田，庄下、顿底二处，供膳昼心，二百文乙亩"，可知庄下、顿底两处田产面积共计1亩。
[6] 程氏排日账#8，光绪10/5/6-7。

两组数据：第一次收割的数据仅有一个：20秤（咸丰六年）；第二次收割数据为20秤零6斤（道光十九年）、22秤（咸丰七年）或20秤（光绪十年）。[1] 这可能是同一块土地的记录，另一块土地的收获量不详。如取21秤为平均收获量，那么此处土地的水稻年收获量为315斤以上。

租谷方面，（1）田骨租部分：排日账所记数据为10秤（150斤，道光十八年、道光十九年、道光二十四年）、8秤（让租24斤，实收96斤，道光二十五年）、11秤（让租20斤，实收145斤，含西坑田租，咸丰三年）、9秤15斤（让租10斤，实收140斤，咸丰五年）、5.5秤（让租半秤，实收5秤，即75斤，光绪十年）、80斤（下欠28斤，让租10斤，实租98斤）+1担（100斤？，光绪十九年）、190斤（让租10斤，实收180斤，光绪二十年）、9秤10斤（145斤，让租10斤，实收135斤，光绪二十一年）、9.5秤（142.5斤，让租10斤，实收132.5斤，光绪二十二年）。[2] 历年数据不甚一致，大致在10秤上下（折150斤，太平天国前让租20斤左右，太平天国后为10斤左右，实际交租量分别为130斤和140斤。光绪二十年数据畸高，不采用）。（2）牛租部分：仅有道光二十四年、道光二十五年的数字（3秤，折45斤；4秤，让租12斤，48斤）[3]，其他年份没有记录，应该是相关农活由自己完成，此处估算为45斤。如此，每年交实租，太平天国前为175斤，太平天国后为185斤。扣除实租后，净收获量为130—140斤，取其中数记作136斤。

4. 西坑：此处土地的产权较为复杂。程家至少拥有此处部分田产的田皮和田骨，同时也有部分田产是租入的。这是一年两熟田，春季种水稻，夏季水稻收割后，开始种小麦，小麦于次年春季收获。此外还间种灰萝、油菜、芋头、大豆、棋子等作物。排日账没有小麦产量的记录。从收割次数看，此处土地应有两至三处。有关水稻的产量，排日账提供了以下数据：154斤+14秤（折364斤，另一处收获量不详，道光十九年）、12.5秤（折187.5斤，另一处收获量不详，光绪十年）、2担（折

---

[1] 程氏排日账#4, 咸丰6/9/20; #1, 道光19/9/16; #4, 咸丰7/9/8; #8, 光绪10/9/3。
[2] 程氏排日账#1, 道光18/8/11, 道光19/9/13; #2, 道光24/9/22, 道光25/9/10; #3, 咸丰3/9/23, 咸丰5/9/18; #8, 光绪10/9/3; #11, 光绪19/8/29, 光绪20/9/22, 光绪21/9/10, 光绪22/9/16。
[3] 程氏排日账#2, 道光24/9/17, 道光25/9/12。

200斤，另有两处收获量不详，光绪十九年）或8秤（120斤，另一处收获量不详，光绪二十年）。[1]综合上述数据，笔者推断此处土地的水稻年产量为400斤左右。

租谷方面，道光十八年的数据是6秤5斤，折95斤。道光十九年的数据相同。咸丰八年的数据是4秤（60斤）。光绪四年的数据是6秤（90斤）。[2]恐怕都不是完整数据。光绪五年，一处交租9秤半（折142.5斤，让30斤，实收112.5斤）；另一处交租谷1担（100斤）。光绪九年交租188斤（让22斤，实收166斤）。[3]这几年没有牛租记录，恐怕也不是完整记录。光绪十八年交租三笔，一为180斤（让30斤，实收150斤），一为1秤，一为牛租1秤零3斤（18斤），共183斤。光绪十九年共交四笔，一为100斤（让30斤，实收70斤），一为2秤（折30斤），一为28斤（让12斤，实收16斤），一为牛租48斤，共164斤。光绪二十六年交租五笔，一为140斤，一为牛租42斤，一为田皮1秤，一为1秤交给社会，一为2秤交给理坑敦复堂架灯会，共242斤。[4]比较上述数据，笔者认为光绪十八年数据相对完整，西坑几处土地租谷在200斤上下，其中包括了程家一处田皮的骨租。[5]因此，西坑几处土地的净收获量为200斤左右。

（二）租入地

1. 大桥（度桥）：此处为一年两熟田，冬季种小麦，夏季种水稻，间种灰蓣、蔬菜。田主为大宝祠。排日账没有提供小麦产量。有关水稻的产量，道光十八年的记录是14秤4斤（折214斤），道光十九年的记录是20秤（折300斤），道光二十年的记录是19秤半（折292.5斤），道光二十六年的记录是21秤（折315斤），[6]可知此处土地的收获量是300斤上下。有关租谷的数量，道光十九年是7秤（让租1秤，实收90斤）；道

---

[1] 程氏排日账#1，道光19/8/28，9/18；#8，光绪10/8/27；#11，光绪19/9/1，光绪20/9/2。
[2] 程氏排日账#1，道光18/9/14，道光19/9/17，9/23；#4，咸丰8/9/12。
[3] 程氏排日账#6，光绪5/8/18，8/21；#7，光绪9/9/3。
[4] 程氏排日账#11，光绪18/8/17，光绪19/9/4-5；#12，光绪26/闰8/25。
[5] 程氏排日账#11，光绪18/3/10："去田皮乙秤，西坑爪篓坞，押廷远祠，同兴兄手，作五元五角，下欠贰员七角五分"。
[6] 程氏排日账#1，道光18/8/21，道光19/9/10，道光20/9/4；#2，道光26/8/28。

光二十年是7秤半（折112.5斤）；道光二十四年是8秤（折120斤）；道光二十六年是普通租8秤（折120斤，让9斤，实收111斤），牛租4秤（折60斤，让6斤，实收54斤），共165斤。[1] 这几年数据中，应以道光二十六年比较完整，前三个数据应是交给业主的租金，没有提到牛租。从上述数据可推算出此处土地的净收获量为135斤。道光二十六年后此处土地无耕作、交租记录，应该已退租。

2. 石桥底：此处田产是一年两熟田，冬季种小麦（或上季种灰蓣），夏季种水稻，间种萝卜、油菜等作物。从排日账记录看，程家租种此处土地的时间，是从道光二十六年至同治十一年（咸丰二年、咸丰五年无记录，应为缺记），同治十二年后未见记录，应该不再租种。小麦、灰蓣的产量不详。此处土地水稻的收获量，排日账提供了三个数据：道光二十六年的记录是14秤半210斤，按14秤半应为217.5斤，210斤折14秤，因此14秤半或是14秤之误；咸丰四年收禾11斤秤（应是11秤，折165斤）；咸丰七年收禾8秤5斤（折125斤），[2] 可知此处土地的收获量在210斤以下。有关此处土地的租谷，咸丰三年的记录是普通租3秤4斤（让租6斤，折实43斤），牛租2秤（折30斤），共73斤；咸丰四年的数据是普通租84斤，牛租2秤（折30斤），共计114斤。[3] 如普通租加牛租以100斤计算，可推算出此处土地的净收获量为110斤。

3. 白石垭：道光十八年至道光十九年，程家在白石垭屡有开田记录[4]，应该是开垦荒地，道光十八年、十九年、咸丰三年有捡谷子、割禾等记录[5]，光绪四年至光绪十年、光绪二十六年有铲棋子及采桐子记录。[6] 光绪十九年九月二十日，有收禾26斤的记录，九月二十二日提到，去干谷1秤折16斤白石垭田皮交禧伯，九月二十七日又有割禾记录[7]，可知程家曾

---

[1] 程氏排日账#1，道光19/9/11，道光20/9/28；#2，道光24/8/19，道光26/8/28。
[2] 程氏排日账#2，道光26/8/14；#3，咸丰4/8/8；#4，咸丰7/8/18。
[3] 程氏排日账#3，咸丰3/9/7-8，咸丰4/8/8，8/21。
[4] 程氏排日账#1，道光18/2/5-8，2/12-13，2/15-16，2/18，2/20-24，3/9，3/15-16，道光19/2/27-28，另咸丰4/5/12-13有开坦记录。
[5] 程氏排日账#1，道光18/4/15，道光19/8/29；#3，咸丰3/8/27。
[6] 铲棋子的记录参见程氏排日账#6，光绪4/11/11，光绪5/10/23，光绪6/11/3-4，11/7-8，光绪7/11/3；#7，光绪8/10/2；#8，光绪9/11/11，11/13；#8，光绪10/11/21-23；#12，光绪26/10/9。采桐子记录仅一见（光绪9/9/24）。
[7] 程氏排日账#11，光绪19/9/20，9/22，9/27。

在白石垓租入本族程新禧（即上述禧伯）的土地，但面积很少，收获量不详，而租谷才16斤而已。这块土地因亩数不详且产量甚低，不列入统计。

（三）大米净收益的估算

综合上述对程家自耕地与租入地收获量、租额与净收获量的数据，可编制成附表6.1：

附表6.1 程家自耕地与租种地收获量、净收益情况表

（仅湿稻谷，道光二十六年前后；单位：斤）

坐落	管业属性	估算收获量	估算租额	估算净收益	所涉年份
牛栏	完整	380	48	332	1838—1889，1892—1901
庄下	田皮	240	150	90	1838—1889，1892—1901
顿底	田皮	315	180	135	1838—1889，1892—1901
西坑	皮骨、租种	400	200	200	1838—1889，1892—1901
大桥	租种	300	165	135	1838—1846
石桥底	租种	210	100	110	1846—1872

依据程家的家庭构成与规模的变动，我们选取道光十八年、咸丰四年、光绪四年、光绪十年、光绪十九年、光绪二十六年，计算出各个年份农田收获的情况，以下是几个不同年份的农田耕作收获中稻米收获的情况。

（1）道光十八年：耕种牛栏、庄下、顿底、西坑、大桥土地，累计净收益892斤，约折合大米500斤（597市斤）。[1]

（2）咸丰四年：耕种牛栏、庄下、顿底、西坑、石桥底土地，累计净收益867斤；折合大米486斤（580市斤）。

（3）光绪四年：耕种牛栏、庄下、顿底、西坑、石桥底土地，累计净收益与同治十一年相同（580市斤）。

（4）光绪十年：耕种牛栏、庄下、顿底、西坑土地，累计净收益

---

[1] 程家所交租谷为湿谷，从湿谷到大米有风干、车去稗谷、碾米等程序。湿谷晒干、风净后，约为湿谷重量的80%左右；干谷碾米，每100斤可得大米65~70斤（刘福康，2020年4月30日）。上述两个比例累加（车过干谷得米率以70%计算），则湿谷得米率为湿谷数×56%＝大米数。

757斤,折算成大米约为424斤(506市斤)。

(5)光绪十九年:耕种牛栏、庄下、顿底、西坑土地,净收益与光绪十年相同(506市斤)。

(6)光绪二十六年:这一时期程家多次抵押牛栏、庄下、顿底的田产,需要额外交纳典租,据光绪二十六年记录,牛栏典租为80斤,庄下为80斤,顿底估计为50斤,[1]总计210斤,交租后,累计净收益为214斤(255市斤)。

(四)玉米、小麦等作物净收益的估算

程家所种玉米、小麦,主要用于自家食用,其数量不易估算,尤其是前者。下面试以光绪十八年至二十二年消费数据为依据,对玉米的产量稍作估计。

以下为光绪十八年至二十二年排日账所记磨玉米(包芦)的记录:5斗(光绪十八年十一月二十日);1斗(光绪十八年十二月十五日);5斗(光绪十八年十二月二十三日);5斗(光绪十九年十二月十二日);7斗(光绪十九年十二月二十日);5斗(光绪二十年正月十八日);3斗(光绪二十年二月初八日);7斗(光绪二十年二月二十日);3斗(光绪二十年三月初九日);5斗(光绪二十一年正月二十四日);5斗(光绪二十一年十月初五日);5斗(光绪二十一年十月二十日);5斗(光绪二十一年十一月初一日);3斗(光绪二十一年十一月二十三日);4斗(光绪二十一年十二月二十一日);4斗(光绪二十二年正月初七日);3斗(光绪二十二年正月二十四日);5斗(光绪二十二年十二月十六日)。[2]

上述数据中,较为系统的是光绪十九年十二月十二日至光绪二十年三月初九日的记录,共6个数据,合计30斗;另一组是光绪二十一年十月五日至光绪二十二年一月二十四日的记录,共29斗。两个数据很相近,应该接近光绪二十年前后玉米的年产量。如以年产30斗、每

---

[1] 典地记录见上文所引清单。程氏排日账#12,光绪26/8/18:"去谷乙担八十斤交万时兄典租";8/20:"去谷乙担八十斤交启价兄家典租"。

[2] 程氏排日账#11,光绪18/11/20, 12/15, 12/23, 光绪19/12/12, 12/20, 光绪20/1/18, 2/8, 2/20, 3/9, 光绪21/1/24, 10/5, 10/20, 11/1, 11/23, 12/21, 光绪22/1/7, 1/24, 12/16。

附录六 程家耕地与粮食产量的估算 483

斗15市斤计算，折合450市斤。这些玉米主要是苦竹山种植的，而苦竹山的开荒，主要是19世纪70年代末、80年代前三四年的事，此前的产量应该较低。依据程家在苦竹山掘山投入较为集中的时间段（同治十二年至光绪九年，请参考表6.4），姑且推断道光、咸丰年间的年产量为四分之一，亦即100市斤，同治十一年前后的年产量为200市斤，光绪四年为300市斤，光绪九年分家后为400市斤，光绪二十年前后为450市斤。

排日账中，小麦产量数据仅见一条。光绪十年，排日账记录顿底收割小麦72斤，[1]因为另一次收割没有记录，笔者估计其收获量在100斤以上，约当水稻年收获量的25%。此外，光绪十七年十月十九日，排日账有粜小麦42斤的记录，计英洋1元，[2]可知小麦价格约为大米的一倍，具有较高的商品价值。同时，排日账磨小麦记录的也极少见，仅见四次，且数量较少。上面提到庄下、西坑、西坑山、石桥底、大桥均种植大小麦，如以水稻收获量的25%计算，程家每年累计大小麦产量为314斤（道光十八年）、291斤（同治十一年）与239斤（光绪十年）；如以湿谷得米率（56%）计算，实收麦子分别为176斤（210市斤，道光十八年）、163斤（195市斤，同治十一年）和134斤（160市斤，光绪十年）。

至于番薯，太平天国结束前似乎没有种植，同治十一年才开始出现种植记录，而且种植数量不多，太平天国后估算年产量为100市斤。

根据上述估算，可将程家历年粮食产量归纳为附表6.2。如附表6.2所示，程家大米与杂粮产量，道光十八年前后为907市斤，咸丰四年相同，光绪四年为1175市斤，光绪十年为1166市斤，光绪十九年为1216市斤，光绪二十六年为965市斤。由于历年耕种土地变化不太大（同治末年和分家前后有一定变化），粮食年产量的变化幅度也不大，但大米与杂粮（玉米、番薯等）的比例发生了一些变化：道光年间，杂粮所占比例较低，仅占粮食总产量的九分之一左右；程氏兄弟分家后，这个比例逐渐上升，光绪十九年上升至45%，光绪二十六年更上升至57%。

---

[1] 程氏排日账#8，光绪10/5/6。
[2] 程氏排日账#11，光绪17/10/19。

附表6.2　程家历年粮食产量估算表　　　　　（单位：市斤）

粮食种类	道光十八年	咸丰四年	光绪四年	光绪十年	光绪十九年	光绪二十六年
大米	597	597	580	506	506	255
玉米	100	100	300	400	450	450
麦子	210	210	195	160	160	160
番薯等	——	——	100	100	100	100
合计	907	907	1175	1166	1216	965

三　程家口粮的计算

全家口粮的估算，基于以下几个要素：（一）口粮数量（成年人与未成年人）；（二）家庭成员数量；（三）粮食种类。第三个因素无法进行计量处理，此处仅考虑第一、二个因素。

（一）口粮数量的估算

口粮的数量，珀金斯（Dwight H. Perkins）做过讨论，他假定1957年以前中国的人口粮食消费量与生产量大致持平，并以1957年的人口与粮食产量为主要依据，结合历史上的粮食消费数据，对人口粮食消费数量进行了估算。他的估计是，过去中国人均消费的粮食是每年稻米200-350公斤之间。[1]

另一组数据是由满铁调查提供的。根据满铁对无锡荣巷镇三个村子的调查，1939年三村人均消费大米1.59石（折合大米263.3市斤），按等成男消费人数平均，人均2.22石（合大米367.7市斤）。[2]

第三组数据由费孝通提供。20世纪30年代，苏南开弦弓村不同年龄或性别的人，每年消费所需稻米数量如下：50岁以上老年男子，9蒲式耳＝183.6公斤；40岁以上老年妇女，7.5蒲式耳＝153公斤；成年男子，12蒲式耳＝244.8公斤；成年妇女，9蒲式耳＝183.6公斤；10岁以上的

---

[1] 德·希·珀金斯《中国农业的发展（1368—1968年）》，宋海文等译，上海：上海译文出版社，1984年〔1969〕，第396—411页，具体数据见第411页。
[2] 参见曹幸穗《旧中国苏南农家经济研究》，第213页。该书参考了"满铁"调查部《江苏省无锡县农村实态调查报告书》（满铁调查研究资料第三十八编，上海版，1941年）附表二、附表六、附表十二的数据。

儿童，4.5蒲式耳＝91.8公斤。[1]这组数据考虑到性别、年龄的消费差异，成年男女每年稻米的平均消费量是近215公斤。

第四组数据由马德斌提供，其依据是20世纪20年代日本的消费调查和20世纪30年代中央农业实验所（NARB）开展的农村消费调查。其估计是维持生计的中国消费篮子，苏州和广州是粮食191公斤（大米171公斤＋豆类20公斤），北京是199公斤（高粱179公斤＋豆类20公斤）。[2]

笔者认为，珀金斯估计的上限（350公斤）过高，其他三组数据得自实地调查，更为具体、可靠，其中第二组数据来自战时环境，当时经济相对困难，粮食消费较和平年代少，不可等同为和平时期的消费量。综合上述四组数据，笔者认为将成人（15岁以上）年均稻米消费量定为420市斤应该是合理的，非成年人（十四岁以下）年均消费量按成人消费量的60%（252市斤）计算。[3]

（二）程家的家庭构成及其变动

从道光十八年至光绪二十七年，程家的家庭构成主要经历了以下三个阶段的变动。

1. 第一时段（1838—1858）：此期程发开父亲已经去世，其母汪氏尚在；程发开于道光十八年成亲，其妻为余氏；道光十九年与弟弟再顺分家，分家时发开的妹妹爱女只有13岁，应该尚未出嫁。此后，程允兴、允亨兄弟先后于道光二十四年、道光二十九年出生，允亨的姐姐引娣应该是在道光二十年或道光二十一年出生的。道光十八年发开成亲后，程家的家庭构成为：成人4人（汪氏、发开、余氏、再顺），未成年人1人（爱女）。如孩子口粮折成人消费量6成，则道光十八年程家成人消费人数为4.6人。咸丰四年，发开已结婚，长女也已出生，但爱女已经出嫁，因此共成人5人，未成人1人，折成人消费人数5.6人。

2. 第二时段（1872—1883）：此期汪氏大部时间健在（光绪七年

---

[1] 费孝通《江村经济——中国农民的生活》，第88—89页。
[2] 马德斌《1738—1925年中国的工资、物价和生活水平》，《中国经济史的大分流与现代化：一种跨国比较视野》，第128—129页。
[3] 根据满铁调查，5岁以下儿童年稻米消费量为成男的40%，5—14岁男性少儿为成人的80%，少女为成人的70%，15岁以上为成年。据此标准，笔者将14岁以下非成人年稻米消费量定为60%。此外，笔者对男女的口粮消费不作区分。

十二月才亡故），再顺已分开过，爱女、引娣均已出嫁，允兴、允亨兄弟已经长大成人，并分别于光绪五年、同治十三年成亲，同仓于光绪元年出生。同治十一年，程家有5人，均为成人（汪氏、发开夫妇、允兴、允亨）。光绪四年，程家有7人，其中成人6人（汪氏、发开夫妇、允兴、允亨夫妇），未成人1人（同仓），折成人消费人数6.6人；光绪八年前后，程家有成人6人（程发开、余氏、程允兴夫妇、程允亨夫妇），未成人1人（同仓），折成人消费人数6.6人。

3. 第三阶段（1884—1901）：随着光绪九年程允兴、允亨兄弟分家，程家的规模发生变化。此期发开夫妇年事已高，程同仓已长大成人，且于光绪十九年成婚。此外，允亨的长女、次女分别于光绪九年、光绪十七年出生。前者于光绪二十六年出嫁。光绪十年，即分家的次年，程家有6人，其中成人4人（发开夫妇、允亨夫妇），未成年人2人（同仓、长女），折成人消费人数5.2人。光绪十七年、十八年，程发开与其妻子先后过世，光绪十九年，程同仓成婚。另外，光绪十一年，排日账还记录了一位"树弟"，综合各方面资料考证，此人为程允树，他在程家的身份不详。同仓所记排日账（光绪十一年—光绪十七年）未提及此人，光绪十八年后才逐渐频繁地在排日账记录中出现，一直至光绪二十七年排日账记录结束。可以确定，光绪十八年以后他跟程家住在一起，因此应计入这一时期的程家消费人数。如此一来，光绪十九年前后，程家有7人，其中成人5人（允亨、余氏、同仓、程氏、允树），未成年人2人（长女、二女），折成人消费人数6.2人。光绪二十六年，程家有7人，其中成人5人（允亨夫妇、同仓夫妇、允树），未成人2人（允亨次女、同仓子），折成人6.2人。

（三）家庭总口粮与缺粮数量的估算

综合上面的几个不同时期的成人粮食消费人数与成人年消费量（420市斤），可以估算出各期程家总口粮数。

1. 道光十八年：成人消费人数为4.6人，总口粮数为1932市斤。
2. 咸丰四年：成人消费人数为5.6人，总口粮数为2352市斤。
3. 同治十一年：成人消费人数为5人，总口粮数为2100市斤。
4. 光绪四年：成人消费人数为6.6人，总口粮数为2772市斤。

5. 光绪十年：成人消费人数为5.2人，总口粮数为2184市斤。

6. 光绪十九年：成人消费人数为6.2人，总口粮数为2604市斤。

7. 光绪二十六年：成人消费人数为6.2人，总口粮数为2604市斤。

除了家庭成员外，还需考虑可能影响米粮消费的其他人员，如工匠、茶工等，不过这些人员因来去不定，此处不计入。

综合程家不同时期的成人消费人数和成人年消费量，可编制成附表6.3。

附表6.3　程家不同时期家庭构成一览表

年份	成人数	未成人数	合计	折算成人消费人数	总口粮数（市斤）
道光十八年（1838）	4	1	5	4.6	1932
咸丰四年（1854）	5	1	6	5.6	2352
同治十一年（1872）	5	0	5	5	2100
光绪四年（1878）	6	1	7	6.6	2772
光绪十年（1884）	4	2	6	5.2	2184
光绪十九年（1893）	5	2	7	6.2	2604
光绪二十六年（1900）	5	2	7	6.2	2604

缺粮数量的估算，使用这个算式：口粮数（成人消费人数×420市斤）－粮食净收益（大米＋杂粮）＝缺粮数。代入几个时期的年产量，即可得到缺粮数。如道光十八年缺粮数为1025市斤（1932－907市斤）；同治十一年为1025市斤（2100－1075市斤）；光绪十年为1018市斤（2184－1166市斤）；光绪十九年为1388斤（2604－1216市斤）。

（四）缺粮数与籴米数的比较

上述历年缺粮数据，可与历年籴米数进行印证。笔者根据排日账历年籴米记录，将历年籴米总量汇总为附表3.2（见附录三）。道光十八年前后，籴米总数估计为75斗，以每斗＝15市斤计，折1125市斤；同治十一年籴米数量不完整，如参照光绪四、五年数据并适当调低，估计为90斗，折1350市斤；光绪十年，籴米估计总数为83斗，折1245市斤；光绪十九年籴米总数，估计为95斗，折1425市斤。将这些数据与缺粮数据编排起来，可制作成附表6.4。

附表6.4　程家历年缺粮估计数据与籴米数据对照表　　（单位：市斤）

年份	缺粮数量	籴米数量	差额
道光十八年（1838）	1025	1125	－100
同治十一年（1872）	1205	1350	－145
光绪十年（1884）	1018	1245	－227
光绪十九年（1893）	1388	1425	－37

如附表6.4所示，历年缺粮数与籴米数之差额，都在227市斤以下。籴米数高于笔者估算的缺粮数，有几个方面的原因：其一，除道光十八年外，历年都有雇请茶工的情形，程家可能需要为外地茶工提供伙食，因此籴米数量比缺粮数稍高。其二，有的年份是闰年，籴米数量自然比常年稍高，道光十八年、光绪十年都是闰年。其三，有的年份请工匠修建新房、制作或修补家具，程家需要管饭，也对籴米数量有一定影响。其四，因记录缺漏等原因导致的估算误差。总体而言，考虑到上述因素，前面对程家缺粮问题的估计，应与实际情况相差不远。

附录七　程氏排日账的地名记录

附表7.1　程氏排日账所见地名表（1838—1901）　（单位：处）

类别	地名	总数
本地	西坑、西坑口、西坑山、白石垓、牛角岭、牛栏（牛兰、牛岚、牛阑）、鱼塘、鱼塘背、白玉山、顿底、庄下、大桥、西山垓、度桥、余家塌、斧头角、石山坑（石坑）、梅树坞（梅叔坞）、抄珠山（抄朱山）、士树底、弯里、南山、羊羲坞（羊我坞、羊羲）、朱家碨（朱碨、朱加碨）、乌麦窟（乌卖窟、鸟麦窟）、汤水店、来龙山、朱山岭脚（朱山岭）、火炉川（火卢川）、苦竹山（窟竹山、苦竹、剡竹山、符竹山、箬竹山、竹山）、立树坑（粟树窟）、水竹湾（水竹安）、石桥底、寒路、桠丫路、竹园底、红竹圹（洪竹圹、江竹圹）、水池湾（水池安）、溪头、桥亭外（桥廷外、桥亭）、石桥、洪源、斫树坑、瓦窑坑（窑坞、无窑坑）、叶充坞（叶光坞）、大坞岭（大坞、大坞岭头）、大降口、张伯山、白垢坑、高念杉（？）、正坑、黄荆源、高坞岚、寒圹源、安头、猪食材安、里塘坑、布袋坞、石头垄、白玉圹、石蓬基、慷柴安（×柴安）、三垄山安、江树垄、朱夹岭培、金扁单、莲花尖、张凤坑（张凤坞）、吊石岭、田下坞（田霞坞）、新屋、屋背后、葛山口（甲山口）、墓山口（墓山）、源头（原头）、神岩、天马山、引浆山（引将、引将山）、清山岭（青山坞）、朱坑岭、殿茶坑（段茶坑、殿茶）、大蛇垄、葛家圹、归加坑、折角坞、月岭外、照壁山、新亭、三垄、霞树圹、双环岭、界至垄（界至、介至垄）、天阳堂、詹家坞（占家坞、詹加坞、占加午）、石培、白虎安、高坞、山仓、忧竹安、郫风凹、双坑、山昌水口、红竹垄、外碨、饭甑川、财西坑、向山降、九亩段、笔降潭、吊桥田、报米坦（宝米坦、背米坦）、石桥岭、小横坑、郭村（章村、樟村）、燕山（仍山）、小沱（小陀）、大干段（大江段、干段）、金刚岭（金岗岭、金光岭、金江岭、今光岭、金刚、光岭、金岭）、朱山、昌头（喘头、充头）、象鼻窟（象鼻）、篁村、理坑（里坑）、东山寺、天堂、查木坑、塝下、塘崛、淡竹坞、高段、引浆源、徐家坦、东山下、冲下、甲山、里塘坞（理塘坞、塘坞）、汪王庙、程八坞口、真武庙、存坑（重坑、松坑）、高湖山（高湖、高山？）、南坑、下坞坑、南麓、高段坳（高段拗）、东坑	145（222）
婺源	婺源（婺源县、城）、清华街（街）、黄泥塘（黄泥坦）、沂源（倪元、倪源）、燕村、思口（施口？）、付村（富春、富村）、甲路（甲露、甲芦）、严田（岩田）、杨村、长林（长林源、林源）、拾亩段（十亩段、十段）、南安坦（南湾坦）、古坦（苦坦、苦但）、岭脚、小岩前、横坑塅（横	

续表

类别	地名	总数
婺源	坑段、横段）、沱口，三坑，程见司（程见思），车田，黄泥坑，土保（是宝、十保），朱坦，江湾，洪村，鲤鱼桥（里鱼桥），王家张，祠坑口，横坑口，周村段，张树亭（庄树亭），东流，苦喘，花园，梅源坞，虹关（红关），红源亭，张木（张墓），盘山，冷水亭（岭水亭，泠水亭），程坑，中州段（洲中段），溪头，姑坊（沽坊），戴坑，庙背窗，茶亭，石伯老，鄣山，白山下，双路口，察关，苦竹口，凤龙，中云，岭下，庐坑，冲田岭，板桥，茅山，排岭，玄岩坑，董门，西源，安口，吴村坞，坑头，严坑，鄣公山（章公山、漳山），湖家岩，舞口，司马敦（思马敦、司马墩、马敦、司马塾），石岭，庄前（庄钱），梓坞	76(113)
休宁	休宁（休城），溪口（嬉口），蓝渡（男度、男渡、难度、蓝度），小连口，渭桥（胃桥），左源（左原），木家坑（目加坑、木加坑、木汗坑、木加），王林湾，徐家坑（徐元坑、徐源坑），大连（大濂、大廉、濂溪），新湾（新安、心湾、上湾、申安？），心亭，万安街，右龙，郎溪，山后，江潭，三银碗，汪村，冯村，横亭，屯溪，汪金桥，里广山，左龙，环田口，闵口，石亭，三带鱼，作树坑，田里，齐云山，花桥	33(54)
徽州府	祁门（其门），月山下，六都，元头，里坑口，鱼亭，歙县	7(8)
饶州府	德兴，天宝塘（天保堂），张家湾，鹅公滩，东阜，马村，横路，乐平，将军庙，相无街，黄泥头，悔口，勇山，路边，景德镇	15(16)
浙江	开化，马金	2(2)
未识别	石桥塝，国家（?），横坞，坑安，青坞，爬娄坞，姑尖，批锦岭头，高培山，爬水窟，黄毛钓，明堂底，田垯，坑安，中训段（?），横坞，大岚培，占爪坞，何树×，半罕坞，石颈垄，皮条垄，里培，欢喜亚，界葛坑，堂石颈垄，九阳凸，蒲垄，双埃，余家杳，下林，毕坑，长溪，钓溪，长岭，王岭，九敬，罗坑，王岭脚（王岭），进头，李张（李章），解坑口（解坑），斗门，东口，转子丫，王风（王风分、王分），唐坑谷，双桥，后山，七屋，畴村，东源山，石洞，明堂（下明堂），霞坞，如加田，兰口，洪源口，晴家岭，黄连，麻泉亭，三垄（山垄），朱岭，折脚岭，田脚岭，双卷，东西源，塘湾，牛栏坞，蒜片坞（晶片坞、蕌片坞、蕌坞），岭外，杉口地，叔塘坞，白坑生基，张六垓，益竹源，瓦口坑，周口，双桂	79(88)
总计	——	357(503)

注：（一）表中的"本地"一栏，以今沱川属地为限。

（二）表中"徽州府"指"本地""婺源"和"休宁"三类没有包含的徽州府的其他地名，亦即属徽州府属祁门、黟县、歙县、绩溪县的地名。

（三）表中括号中的地名为前述地名的异名。

（四）以上地名归属，均以1949年以前的区划为准。

（五）总数中数据为抽出重复的净地名总数，而括号内数据包括了重复的地名数。

附表7.2　程氏排日账地名出现频次表

出现次数	地名（次）	地名数（个）
1-5	牛角岭（5），梅树坞（5），朱山岭脚（5），大降口（5），张伯山（5），吊石岭（5），饭甑川（5），东坑（5），江湾（5），风龙（5），茅山（5），西源（5），张家湾（5），水池湾（4），白虎安（4），山仓（4），外碛（4），报米坦（4），理坑（4），淡竹坞（4），冲下（4），甲山（4），东流（4），苦喘（4），花园（4），张木（4），程坑（4），石伯老（4），双路口（4），郎溪（4），冯村（4），元头（4），天宝塘（4），鹅公滩（4），将军庙（4），勇山（4），火炉川（3），溪头（3），斫树坑（3），叶充坞（3），新屋（3），朱坑岭（3），殿茶坑（3），高坞（3），塘崛（3），高段（3），东山下（3），高段坳（3），鲤鱼桥（3），周村段（3），冲田岭（3），安口（3），坑头（3），心亭（3），横亭（3），左龙（3），黄泥头（3），祁门（3），南山（2），汤水店（2），立树坑（2），猪食材安（2），江树垄（2），金扁单（2），张凤坞（2），清山岭（2），大蛇垄（2），葛家坎（2），折角坞（2），双环岭（2），小横坑（2），东山寺（2），塝下（2），南坑（2），黄泥坑（2），祠坑口（2），梅源坞（2），盘山（2），戴坑（2），庙背窑（2），中云（2），董门（2），舞口（2），山后（2），三银碗（2），环田口（2），闵口（2），三带鱼（2），六都（2），路边（2），马金（2），西山垓（2），余家堨（1），士树底（1），弯里（1），桠丫路（1），竹园底（1），白垢坑（1），高念杉坎（1），高坞岚（1），安头（1），里坑坞（1），布袋坞（1），石头垄（1），白玉坎（1），三垄山安（1），朱夹岭培（1），神岩（1），天马山（1），归加坎（1），照壁山（1），新亭（1），霞树坎（1），天阳堂（1），石培（1），忧竹安（1），鄣凤凹（1），双坑（1），山昌水口（1），财西坑（1），向山降（1），九亩段（1），笔降潭（1），石岭坑（1），引浆源（1），程八坞口（1），真武庙（1），下坞坑（1），南麓（1），燕村（1），杨村（1），朱坦（1），王家张（1），横坑口（1），红源亭（1），白山下（1），庐坑（1），排岭（1），玄岩坑（1），吴村坞（1），湖家岩（1），万安街（1），江潭（1），汪金桥（1），里广山（1），作树坑（1），里坑口（1），鱼亭（1），马村（1），横路（1），悔口（1），景德镇（1）	152
6-10	寒坎源（10），莲花尖（10），鄣山（10），王林湾（10），开化（10），洪源（9），吊桥田（9），月山下（9），黄荆源（8），葛山口（8），三垄（8），田下坞（7），冷水亭（7），月岭外（7），界至（7），高湖山（7），士保（7），洪村（7），张树亭（7），小连口（7），东阜（7），鱼塘（6），度桥（6），斧头角（6），慷柴安（6），红竹垄（6），三坑（6），车田（6），中州段（6），苦竹口（6），岭下（6），板桥（6），严坑（6），梓坞（6），相无街（6）	35
11-20	西坑口（20），乌麦窟（20），红竹坎（20），里塘坞（20），右龙（20），瓦窑坑（18），鱼旅背（18），石桥（18），小岩前（18），象鼻窑（17），徐家坑（17），正坑（16），朱山（16），存坑（16），沱口（16），寒路（15），源头（15），昌头（15），查木坑（15），严田（15），歙县	

续表

出现次数	地名（次）	地名数（个）
11-20	（14），朱家碿（13），察关（12），德兴（12），来龙山（11），篁村（11），徐家坦（11），虹关（11）	28
21-30	横坑塅（29），拾亩段（30），水竹湾（27），桥亭外（29），天堂（28），姑坊（28），木家坑（28），花桥（28），婺源（27），黄泥塘（25），岭脚（27），引浆山（26），石亭（26），鄣村（25），程见司（24），渭桥（25），小沱（24），鄣公山（24），思口（23），茶亭（23），羊栽坞（22），汪村（22），詹家坞（21），汪王庙（21），齐云山（21）	25
31-50	南安坦（49），金刚岭（46），古坦（45），石岭（44），左源（43），大坞岭（40），屯溪（40），田里（38），大干段（38），石山坑（37），新湾（35），乐平（33）	12
51-100	长林（92），司马敦（81），付村（77），大桥（69），墓山口（60），石桥底（58），白玉山（56），甲路（56），石蓬基（54），屋背后（53），蓝渡（52）	11
101-200	大连（195），沂源（192），抄珠山（103）	3
≥201	苦竹山（2600），西坑（809），牛栏（790），清华（763），西坑山（614），顿底（590），溪口（548），白石垓（455），庄下（382），燕山（346），庄前（211），休宁（210）	12

注：表中的统计仅包括已识别的415个（扣除重复剩278个）地名。

附录八 婺源县乡里都图统属表

附表8 婺源县乡里都图统属表

乡名	里名（里）	都名（都）	图数（图）
万安乡	松岩里	一都	2
	松岩里	二都	1
	千秋里	三都	2
	千秋里	四都	1
	灵属里	五都	4
	灵属里	六都	2
	大鳙里	七都	7
	大鳙里	八都	8
	长城里	九都	5
	长城里	十都	5
浙源乡	嘉福里	十一都	4
	嘉福里	十二都	4
	孝悌里	十三都	4
	孝悌里	十四都	2
	——	十五都	缺
	大安里	十六都	4
	大安里	十七都	3
	沱川里	十八都	7
来苏乡	芮平里	十九都	3
	——	二十都	缺
	长寿里	二十一都	5
	——	二十二都	缺
	何暮里	二十三都	5
	安丰里	二十四都	3

续表

乡名	里名（里）	都名（都）	图数（图）
丹阳乡	瑞亭里	二十五都	5
	——	二十六都	缺
	环石里	二十七都	2
	环石里	二十八都	4
	——	二十九都	缺
	云亭里	三十都	4
	环珠里	三十一都	3
	——	三十二都	缺
	新安里	三十三都	2
	新安里	三十四都	3
	新定里	三十五都	2
怀金乡	黄江里	三十六都	6
	——	三十七都	缺
	游汀里	三十八都	2
	三溪里	三十九都	5
	——	四十都	缺
	福临里	四十一都	4
	怀金里	四十二都	3
游汀里	符溪里	四十三都	3
	——	四十四都	缺
	杭溪里	四十五都	2
	婺安里	四十六都	2
	延宾里	四十七都	2
	——	四十八都	缺
	凤亭里	四十九都	2
	凤亭里	五十都	2
合计	29	50（40）〔注〕	139

资料来源：康熙《婺源县志》卷之二，《坊都》，页2a—6a。

注：清代婺源名义上有50都，去除归并的都，实存40都。

参考文献

一 原始文献

(一) 排日账、账簿及其他未刊写本

《程氏排日账》。道光十八年—光绪二十七年写本。十三册。
《程氏账簿》。晚清写本。二册。
《茶箱水脚账》。同治二年写本。上海交通大学图书馆藏。
《对联抄本》。无题。钢笔抄写,无传抄年份。现藏于婺源县赋春镇冲田村。
《各祠会等事仪规例》。民国三十七年重订写本。
《合族各项条规头首述后》。道光五年正月立。上海交通大学图书馆藏。
《江氏族产收支簿》。道光二十四年立。上海交通大学图书馆藏。
《渓溪陈氏关书》。乾隆五十七年。上海交通大学图书馆藏。
《婺源户口都图》。清写本。
《婺源县十六都三图三甲黄景户税票》。光绪二十七年—宣统元年。上海交通大学图书馆藏。
《婺源县十六都三图三甲静轩户税票》。宣统元年。上海交通大学图书馆藏。
《婺源十六都四图吴氏收支账》。道光、咸丰间写本。上海交通大学图书馆藏。
《新兴元宵簿》。乾隆三十年写本(记录截止乾隆四十九年)。上海交通大学图书馆藏。
《鱼鳞图册》。清代。现藏于休宁县汪村镇大连村。
《雨坛总账》。道光十二年七月写本。王振忠藏。

(二) 地方志

《安徽通志稿》。民国二十三年铅印本。国家图书馆藏。
《橙阳散志》。江登云辑、江绍莲续辑。康健校注。芜湖:安徽师范大学出版社,2018年。

《徽州府志》。嘉靖四十五刻本。《北京图书馆古籍珍本丛刊》第29册。北京：书目文献出版社，1998年。

《徽州府志》。道光七年刻本。《中国地方志集成·安徽府县志辑》第48—50册。南京：江苏古籍出版社，1998年。

《绩溪县志》。嘉庆十五年刻本。《中国地方志集成·安徽府县志辑》第54册。南京：江苏古籍出版社，1998年。

绩溪县地方志编纂委员会编：《绩溪县志》。合肥：黄山书社，1998年。

《两浙盐法志》。嘉庆六年刻本。《续修四库全书》史部第840册。上海：上海古籍出版社，2002年。

《祁门县志》。同治十二年刻本。《中国地方志集成·安徽府县志辑》第55册。南京：江苏古籍出版社，1998年。

祁门县地方志编纂委员会编：《祁门县志》。合肥：安徽人民出版社，1990年。

《齐云山志》。康熙丙午刊。《中华山水志丛刊》第17册。北京：线装书局，2004年。

齐云山志编纂办公室编：《齐云山志》。合肥：黄山书社，1990年。

《沙溪集略》。凌应秋撰。邵宝振校注。芜湖：安徽师范大学出版社，2018年。

《歙县志》。民国二十六年铅印本。《中国地方志集成·安徽府县志辑》第51册。南京：江苏古籍出版社，1998年。

歙县地方志编纂委员会编：《歙县志》。北京：中华书局，1995年。

《婺源县志》。康熙三十三年刻本。国家图书馆藏。

《婺源县志》。乾隆二十二年刻本。国家图书馆藏。

《婺源县志》。道光六年刻本。国家图书馆藏。

《婺源县志》。光绪九年刻本。国家图书馆藏。

《婺源县志》。民国十四年刻本。国家图书馆藏。

婺源县志编纂委员会编：《婺源县志》。北京：档案出版社，1993年。

《新安志》。罗愿撰。《宋元方志丛刊》第8册。北京：中华书局，1990年。

《休宁县志》。道光三年刻本。《中国地方志集成·安徽府县志辑》第52册。南京：江苏古籍出版社，1998年。

休宁县地方志编纂委员会编：《休宁县志》。合肥：安徽教育出版社，1990年。

许村志编纂委员会编：《许村志》。合肥：黄山书社，2015年。

《黟县志》。嘉庆十七年刻本。《中国地方志集成·安徽府县志辑》第56册。南京：江苏古籍出版社，1998年。

黟县地方志编纂委员会编：《黟县志》。北京：光明日报出版社，1989年。

（三）族谱

《桐川朱氏宗谱》。乾隆二十九年木活字本。上海图书馆藏。
《桐川朱氏宗谱》。清木活字本。上海图书馆藏。
《婺源沱川余氏宗谱》。光绪三十二年木活字本。

（四）碑铭

上海博物馆图书资料室编：《上海碑刻资料选辑》。上海：上海人民出版社，1980年。
《衍庆堂示》碑。康熙五十五年立。碑存婺源县沱川乡理坑村内。
禁碑。无题。碑存婺源县沱川乡理坑村前往上湾路上。
东山寺钟铭。嘉庆二十一年铸。

（五）文书

黄志繁、邵鸿、彭志军编：《清至民国婺源县村落契约文书辑录》。十八册。北京：商务印书馆，2014年。
李琳琦主编：《安徽师范大学馆藏千年徽州契约文书集萃》。十册。芜湖：安徽师范大学出版社，2014年。
刘伯山编著：《徽州文书》第三辑。十册。桂林：广西师范大学出版社，2009年。
王钰欣、周绍泉主编：《徽州千年契约文书·宋元明编》。二十册。石家庄：花山文艺出版社，1993年。

（六）档案

《婺源县土改档案》。婺源县档案馆藏。无卷宗号。

（七）其他中文文献

董棨绘：《太平欢乐图》。许志浩编。上海：学林出版社，2003年。
华东军政委员会土地改革委员会编：《安徽省农村调查》。出版地、出版社不详，1952年。
嵇璜等：《续文献通考》。杭州：浙江古籍出版社，2000年。
敬徵等纂：《大清道光二十二年岁次壬寅时宪书》。清刻本。

李日华：《味水轩日记》。屠友祥校注。上海：上海远东出版社，1996年。

李文治编：《中国近代农业史资料》。第一辑。北京：生活·读书·新知三联书店，1957年。

刘锦藻：《清朝续文献通考》。《十通》第10种。上海：商务印书馆，1936年。

刘汝骥：《陶甓公牍》。梁仁志校注。芜湖：安徽师范大学出版社，2018年。

陆容：《菽园杂记》。佚之点校。北京：中华书局，1985年。

南京大学历史系太平天国史研究室编：《江浙豫皖太平天国史料选编》。南京：江苏人民出版社，1983年。

彭泽益编：《中国近代手工业史资料》。第一辑、第二辑。北京：中华书局，1962年。

《沱川余氏乡约》。明刻本。上海图书馆藏。

王闿运等：《湘军志》。长沙：岳麓书社，1983年。

谢肇淛：《五杂组》。韩梅、韩锡铎点校。北京：中华书局，2021年。

许承尧：《歙事闲谭》。李明回、彭超、张爱琴校点。合肥：黄山书社，2001年。

徐大升编：《渊海子平》。李峰注解。海口：海南出版社，2002年。

徐雪筠等编译：《上海近代社会经济发展概况（1882—1931）——〈海关十年报告〉译编》。上海：上海社会科学院出版社，1985年。

严中平等编：《中国近代经济史统计资料选辑》。北京：科学出版社，1955年。

曾国藩《曾文正公全集》。光绪二年传忠书局刻本。

詹明铎：《我之小史》。王振忠、朱红整理校注。合肥：安徽教育出版社，2008年。

《詹庆良本日记》。王振忠：《水岚村纪事：1949年》，北京：生活·读书·新知三联书店，2005年，第232—245页。

詹元相：《畏斋日记》。刘和惠点校。《清史资料》第4辑，北京：中华书局，1983年，第184—274页。

张卤辑：《皇明制书》。《续修四库全书》第788册。上海：上海古籍出版社，2002年。

张廷玉等：《明史》。北京：中华书局，1974年。

《奏请钦定徽宁池三府世仆例案》。清乐义堂刻本。

（八）西文资料

Returns of Trade and Trade Reports for the Year 1900. Shanghai: Statistical Department, Inspectorate General of Customs, 1901. 中国第二历史档案馆、中国海关总署办公厅编：《中国旧海关史料（1859—1948）》第31册。北京：京华出版社，2001年。

二 研究论著

(一) 中日文

阿风:《明清时代妇女的地位与权利——以明清契约文书、诉讼档案为中心》。北京:社会科学文献出版社,2009年。

埃马纽埃尔·勒华拉杜里(Emmanuel Le Roy Ladurie):《蒙塔尤:1294—1324年奥克西坦尼的一个山村》。许明龙、马胜利译。北京:商务印书馆,1997年。

岸本美绪:《明末清初の地方社会と"世论"》(1987)。《明清交替と江南社会:17世纪中国の秩序问题》,东京:东京大学出版会,1999年,第1—25页。

毕新丁:《婺源风俗通观》。北京:中国文联出版公司,2006年。

彼得·伯克(Peter Burke):《法国史学革命:年鉴学派,1929—2014》。第二版。刘永华译。北京:北京大学出版社,2016年。

卞利:《明清徽州社会研究》。合肥:安徽大学出版社,2004年。

——:《明清时期徽州的乡约简论》。《安徽大学学报》(哲学社会科学版)2002年第6期,第34—40页。

卜凯(John Lossing Buck):《中国土地利用》。乔启明等译。《中国史学丛书续编》第18册。台北:学生书局,1985年。

布罗代尔(Fernand Braudel):《15至18世纪的物质文明、经济和资本主义》。三卷。顾良、施康强译。北京:生活·读书·新知三联书店,1992年。

——:《菲利普二世时代的地中海和地中海世界》。两卷。吴模信译。北京:商务印书馆,1996年。

蔡少卿:《中国近代会党史研究》。北京:中华书局,1987年。

财政部贸易委员会安徽办事处调查统计股:《皖南茶工调查报告》。《茶声半月刊》第1卷第11—12期(1939年12月5日),第127—130页;第1卷第13期(1939年12月15日),第143—147页。

曹树基:《中国人口史》第五卷《清时期》。上海:复旦大学出版社,2001年。

曹幸穗:《旧中国苏南农家经济研究》。北京:中央编译出版社,1996年。

常建华:《明代宗族研究》。上海:上海人民出版社,2005年。

——:《明代徽州的宗族乡约化》。《中国史研究》2003年第3期,第135—152页。

陈爱中:《"山中邹鲁"——理坑》。合肥:合肥工业大学出版社,2011年。

——:《婺源徽商老字号名录》。黄山市徽州文化研究院编:《徽州文化研究》第三辑,合肥:黄山书社,2004年,第424—444页。

陈慈玉：《近代中国茶业之发展》。北京：中国人民大学出版社，2013年〔1982〕。

陈翰笙：《帝国主义工业资本与中国农民》。陈绛译。上海：复旦大学出版社，1984年〔1939〕。

——：《解放前的地主与农民——华南农村危机研究》。冯峰译。北京：中国社会科学出版，1984年〔1936〕。

陈恒力、王达：《补农书研究》。增订本。北京：农业出版社，1963年。

陈进国：《信仰、仪式与乡土社会：风水的历史人类学探索》。北京：中国社会科学出版社，2005年。

陈柯云：《略论明清徽州的乡约》。《中国史研究》1990年第4期，第44—55页。

陈琪：《徽州的"孤坟总祭"：设立义冢碑刻，安抚孤魂野鬼》。《徽州社会科学》2018年第8期，第37—40页。

陈垣：《二十四史朔闰表》。北京：古籍出版社，1956年。

陈志华、李秋香：《婺源》。北京：清华大学出版社，2010年。

陈支平：《近500年来福建的家族社会与文化》。上海：上海三联书店，1991年。

程世瑞：《祁门的红茶》。《农村合作》第2卷第3期（1936年10月），第101—107页。

从翰香主编：《近代冀鲁豫乡村》。北京：中国社会科学出版社，1995年。

戴元枝：《明清徽州杂字研究》。上海：上海教育出版社，2017年。

戴维斯（Natalie Zemon Davis）：《马丁·盖尔归来》。第二版。刘永华译。北京：北京大学出版社，2015年〔1983〕。

稻田清一：《清末江南一乡村地主生活空间的范围与结构》。张桦译。《中国历史地理论丛》1996年第2期，第219—242页。

董乾坤：《晚清乡绅家庭的生活实态研究——以胡廷卿账簿为中心的考察》。合肥：安徽大学出版社，2020年。

约翰·冯·杜能（Johann Heinrich von Thünen）：《孤立国同农业和国民经济的关系》。吴衡康译。北京：商务印书馆，1986年〔1826—1850〕。

杜赞奇（Prasenjit Duara）：《文化、权力与国家——1900—1942年的华北农村》。王福明译。南京：江苏人民出版社，1996年。

段进、龚恺等：《空间研究1：世界文化遗产西递古村落空间解析》。南京：东南大学出版社，2006年。

段义孚：《人文主义地理学：对于意义的个体追寻》。宋秀葵、陈金凤等译。上海:上海译文出版社,2020年。

《法国汉学》丛书编辑委员会编:《法国汉学》第十三辑《徽州——书业与地域文化》。北京:中华书局,2010年。

范金民:《清末刚毅江苏清赋之考察》。《明清论丛》第15辑(2015年),第286—306页。

方孝坤:《徽州文书俗字研究》。北京:人民出版社,2012年。

费孝通:《江村经济——中国农民的生活》。南京:江苏人民出版社,1986年〔1939〕。

——:《乡土中国》。北京:中华书局,2013年〔1948〕。

——:《中国绅士》。惠海鸣译。北京:中国社会科学出版社,2006年〔1953〕。

冯剑辉:《曾国藩"纵兵大掠"徽州考辨——兼论徽州咸同兵燹》。《安徽大学学报》(哲学社会科学版)2007年第2期,第115—121页。

冯立军:《略论明清时期中国与东南亚的燕窝贸易》。《中国经济史研究》2015年第2期,第103—112页。

封越健:《十八世纪徽商典铺的经营管理与典当制度——以休宁茗洲吴氏典铺为中心》。《"中央研究院"近代史研究所集刊》第78期(2012年12月),第29—86页。

弗朗斯·德瓦尔(Frans de Waal):《黑猩猩的政治:猿类社会中的权力与性》。上海:上海译文出版社,2014年。

福琼(Robert Fortune):《两访中国茶乡》。敖雪岗译。南京:江苏人民出版社,2016年。

傅衣凌:《明清农村社会经济》。北京:生活·读书·新知三联书店,1961年。

——:《明清时代徽州婺商资料类辑》。《江淮论坛》编辑部编:《徽商研究论文集》,合肥:安徽人民出版社,1985年,第588—597页。

格尔兹(Clifford Geertz):《文化的解释》。纳日碧力戈等译。上海:上海人民出版社,1999年。

葛兆光:《〈时宪通书〉的意味》。《读书》1997年第1期,第43—48页。

根岸佶:《支那ギルドの研究》。东京:斯文书院,1933年。

谷川道雄:《总论》。刘俊文主编:《日本学者研究中国史论著选译》第二卷,《专论》,夏日新译,北京:中华书局,1993年,第313—329页。

何汉威:《从清末刚毅、铁良南巡看中央和地方的财政关系》。《"中央研究院"历史语言研究所集刊》第68本第1分(1997年),第55—115页。

洪璞：《乡居·镇居·城居——清末民国江南地主日常活动社会和空间范围的变迁》，《中国历史地理论丛》2002年第4期，第20—32页。

洪性鸠：《清代徽州宗族与保甲制的展开》。胡学文编：《徽州宗族研究译文集》，宋文静译，上海：复旦大学出版社，2017年，第146—169页。

胡适：《四十自述》。北京：中国文联出版公司，1993年。

胡学文辑：《徽州宗族研究译文集》。上海：复旦大学出版社，2017年。

黄国信：《区与界：清代湘粤赣界邻地区食盐专卖研究》。北京：生活·读书·新知三联书店，2006年。

黄敬斌：《民生与家计：清初至民国时期江南居民的消费》。上海：复旦大学出版社，2009年。

黄一农：《通书——中国传统天文与社会的交融》。《社会天文学史十讲》，上海：复旦大学出版社，2004年，第269—311页。

黄志繁、邵鸿：《晚清至民国徽州小农的生产与生活——对5本婺源县排日账的分析》。《近代史研究》2008年第2期，第119—124页。

黄忠鑫：《清代前期徽州图甲制的调整——以都图文书〈黟县花户晰户总簿录〉为中心的考察》。《清史研究》2013年第2期，第44—55页。

——：《明清婺源乡村行政组织的空间组合机制》。《中国历史地理论丛》第33卷第3辑（2018年7月），第139—147页。

黄宗智：《华北的小农经济与社会变迁》。北京：中华书局，2000年〔1985〕。

——：《长江三角洲小农家庭与乡村发展，1350—1988》。香港：牛津大学出版社，1994年〔1990〕。

蒋勤、高宇洲：《清代石仓的地方市场与猪的养殖、流通与消费》。《中国经济史研究》2019年第3期，第42—57页。

江太新、苏金玉：《论清代徽州地区的亩产》。《中国经济史研究》1993年第3期，第36—61页。

焦大卫（David K. Jordan）：《神·鬼·祖先：一个台湾乡村的民间信仰》。丁仁杰译。台北：联经出版事业有限公司，2016年〔1972〕。

经君健：《清代社会的贱民等级》。北京：中国人民大学出版社，2009年。

臼井佐知子：《徽州商人の研究》。东京：汲古书院，2005年。

菊池秀明：《广西移民社会と太平天国》。两卷。东京：风响社，1998年。

康健：《近代祁门茶工生活状况的考察》。《古今农业》2014年第1期，第104—110页。

科大卫（David Faure）：《皇帝和祖宗：华南的国家与宗族》。卜永坚译。南京：江苏人民出版社，2009年〔2007〕。

柯灵权：《歙县里东乡传统农村社会》。上海：复旦大学出版社，2014年。

孔飞力（Philip A. Kuhn）：《中华帝国晚期的叛乱及其敌人：1796—1864年的军事化与社会结构》。谢亮生、杨品泉等译。北京：中国社会科学出版社，1990年〔1970〕。

李伯重：《中国的早期近代经济：1820年华亭—娄县地区GDP研究》。北京：中华书局，2010年。

——：《有无"13、14世纪的转折"？》。《多视角看江南经济史（1250—1850）》，北京：生活·读书·新知三联书店，2003年，第21—96页。

——：《八股之外：明清江南的教育及其对经济的影响》。《清史研究》2004年第1期，第1—14页。

——：《"道光萧条"与"癸未大水"——经济衰退、气候剧变及19世纪的危机在松江》。《社会科学》2007年第6期，第173—178页。

理查德·H. 托尼（Richard H. Tawney）：《中国的土地和劳动》。安佳译。北京：商务印书馆，2014年〔1932〕。

李晖：《〈屯溪夜泊〉中的徽商市景》。《寻根》2003年第6期，第90—95页。

李金铮：《借贷关系与乡村变动——民国时期华北乡村借贷之研究》。石家庄：河北大学出版社，2000年。

李景汉：《定县社会概况调查》。上海：上海人民出版社，2005年〔1932〕。

李仁渊：《乡村中的文本流通与文本知识的传播——对19世纪闽东山区陈氏家族藏书的初步观察》。《上海师范大学学报》（哲学社会科学版）2022年第2期，第138—145页。

栗林宣夫：《里甲制の研究》。东京：文理学院，1971年。

《历史研究》编辑部编：《建国以来史学理论问题讨论举要》。济南：齐鲁书社，1983年。

梁其姿：《明清预防天花措施之演变》。《面对疾病：传统中国社会的医疗观念与组织》，北京：中国人民大学出版社，2012年，第48—67页。

——：《17、18世纪长江下游地区的基础教育》。《变中谋稳：明清至近代的启蒙教育与施善济贫》，上海：上海人民出版社，2017年，第3—31页。

廖华生：《士绅阶层地方霸权的建构和维护——以明清婺源的保龙诉讼为考察中心》。《安徽史学》2008年第1期，第104—115页。

——:《明清时期婺源的乡约与基层组织》,《安徽史学》2017年第6期,第145—152页。

林李翠:《清代婺源沱川的强宗弱族与乡村政治》。江西师范大学硕士学位论文,2019年。

林美容:《祭祀圈与地方社会》。台北:博扬文化事业有限公司,2008年。

林耀华:《义序的宗族研究》。北京:生活·读书·新知三联书店,2000年〔1935〕。

——:《金翼:中国家族制度的社会学研究》。庄孔韶、林宗成译。北京:生活·读书·新知三联书店,2000年〔1947〕。

——:《金翼:一个中国家族的史记》。庄孔韶、方静文译。北京:生活·读书·新知三联书店,2015年〔1944〕。

铃木博之:《明代徽州府的乡约について》。明代史研究会明代史论丛编集委员会编:《山根幸夫教授退休记念明代史论丛》,东京:汲古书院,1990年,第1045—1060页。

刘伯山:《晚清徽州乡村塾学教育的实态——以黟县宏村万氏塾学为中心》,《安徽大学学报》(哲学社会科学版)2013年第6期,第98—104页。

刘道胜:《明清徽州宗族文书研究》。合肥:安徽人民出版社,2008年。

刘道胜、凌桂萍:《晚清祁门县保甲设置与村落社会——以〈光绪祁门县保甲册〉为中心》,《安徽大学学报》(哲学社会科学版)2014年第4期,第111—119页。

刘和惠、汪庆元:《徽州土地关系》。合肥:安徽人民出版社,2005年。

刘怀仁:《王府之想像——台南王醮中的衙署空间建构》,《历史人类学学刊》第十八卷第一期(2020年4月),第1—44页。

刘隆祥、詹成业:《"婺绿"经济史略》,《婺源县文史资料》第1辑(1986),第12—37页。

刘秋根、杨帆:《清代前期账局、放账铺研究——以五种账局、放账铺清单的解读为中心》,《安徽史学》2015年第1期,第58—66页。

刘尚恒:《徽州刻书与藏书》。扬州:广陵书社,2003年。

刘勇:《清代一口通商时期西方贸易公司在华茶叶采购探析——以荷兰东印度公司为例》,《中国经济史研究》2017年第1期,第96—114页。

刘永华:《礼仪下乡:明代以降闽西四保的礼仪变革与社会转型》。北京:生活·读书·新知三联书店,2019年。

——:《帝国缩影:明清时期的里社坛与乡厉坛》。北京:北京师范大学出版社,

——：《文化传统的创造与社区的变迁——关于龙岩适中兰盆胜会的考察》,《中国社会经济史研究》1994年第3期,第57—69页。

——：《闽西四保的路灯习俗》,《民俗研究》2003年第3期,第190—193页。

——：《明中叶至民国时期华南地区的族田和乡村社会——以闽西四保为中心》,《中国经济史研究》2005年第3期,第52—60页。

——：《从"排日账"看晚清徽州乡民的活动空间》,《历史研究》2014年第5期,第162—171页。

——：《小农家庭、土地开发与国际茶市(1838—1901)——晚清徽州婺源程家的个案分析》,《近代史研究》2015年第4期,第66—81页。

——：《清代民众识字问题的再认识》,《中国社会科学评价》2017年第2期,第96—110页。

——：《排日账与19世纪徽州乡村社会研究——兼谈明清社会史研究的方法与史料》,《学术月刊》2018年第4期,第128—141页。

——：《寺庙进村——闽西四保的寺庙、宗族与村落(约14—20世纪)》,《历史人类学学刊》第16卷第1期(2018年4月),第1—38页。

——：《地域之外的社会：明代役法与一个跨地域网络的兴衰》,《北京大学学报》(哲学社会科学版)2018年第5期,第117—128页。

——：《后五四时代中国内地的书籍流通与阅读取向——基于四份书单的分析》,《复旦学报》(社会科学版)2022年第1期,第97—113页。

——：《清代徽州增图的新认识：婺源县十六都四图的例证》,《清史研究》2023年第6期,第24—39页。

刘志伟：《在国家与社会之间——明清广东里甲赋役制度研究》。广州：中山大学出版社,1997年。

——：《从国家的历史到人的历史》,《溪畔灯微：社会经济史研究杂谈》,北京：北京师范大学出版社,2020年,第251—282页。

罗畅：《道光萧条刍议——以粮价数据为中心》,《古今农业》2012年第1期,第53—60页。

罗尔纲：《太平天国史纲》。上海：商务印书馆,1947年。

罗家德：《复杂：信息时代的连接、机会与布局》。北京：中信出版社,2017年。

罗志田：《科举制的废除与四民社会的解体——一个内地乡绅眼中的近代社会变迁》,《清华学报》第25卷第4期(1995年12月),第345—369页。

——：《转变与延续：六十年来的中国史学——偏重中国近代史研究》。《经典淡出之后：20世纪中国史学的转变与延续》，北京：生活·读书·新知三联书店，2013年，第52—104页。

马德斌：《中国经济史的大分流与现代化：一个跨国比较视野》。徐毅、袁为鹏、乔士容译。杭州：浙江大学出版社，2020年。

马克·格兰诺维特（Mark Granovetter）：《弱连带的优势》。马克·格兰诺维特：《镶嵌：社会网与经济行动》，罗家德等译，北京：社会科学文献出版社，2015年，第56—81页。

马敏：《官商之间：社会剧变中的近代绅商》。天津：天津人民出版社，1995年。

马若孟：《中国农民经济：河北和山东的农民发展，1890—1949》。史建云译。南京：江苏人民出版社，1999年〔1970〕。

马勇虎：《近代徽州布商研究——以商业账簿为中心》。芜湖：安徽师范大学出版社，2017年。

马勇虎、马路：《清末民初徽州京庄茶商经营实态研究——以吴炽甫京茶庄商业账簿为中心》。《安徽大学学报》（哲学社会科学版）2020年第2期，第18—26页。

茆耕茹编：《目连资料编目概略》。台北：施合郑民俗文化基金会，1993年。

茅家琦、张远鹏：《太平天国史话》。北京：社会科学文献出版社，2000年。

倪玉平：《清朝嘉道时期的关税收入——以"道光萧条"为中心的考察》。《学术月刊》2010年第6期，第134—146页。

彭慕兰（Kenneth Pomeranz）：《大分流：现代世界经济的形成，中国与欧洲为何走上不同道路？》。黄中宪译。新北：卫城出版，2019年〔2000〕。

朴元熇：《明清徽州宗族史研究：歙县方氏的个案研究》。北京：中国社会科学出版社，2009年。

齐琨：《乡礼与俗乐——徽州宗族礼俗音乐研究》。合肥：安徽文艺出版社，2013年。

恰亚诺夫（A. Chayanov）：《农民经济组织》。萧正洪译。北京：中央编译出版社，1996年。

渠敬东：《探寻中国人的社会生命——以〈金翼〉的社会学研究为例》。《中国社会科学》2019年第4期，第98—122页。

瞿同祖：《清代地方政府》。范忠信、晏锋译。北京：法律出版社，2003年〔1962〕。

权仁溶:《清初徽州的里编制和增图》,《上海师范大学学报》(哲学社会科学版)2007年第3期,第100—106页。

容世诚:《戏曲人类学初探:仪式、剧场与社群》。台北:麦田出版,1997年。

芮玛丽(Mary Clabaugh Wright):《同治中兴:中国保守主义的最后抵抗(1862—1874)》。房德邻、郑师渠等译。北京:中国社会科学出版社,2002年〔1957〕。

森正夫:《明末の社会関係における秩序の変動について》(1979)。《森正夫明清史论集》第三卷,东京:汲古书院,2006年,第45—83页。

——:《明代の乡绅——士大夫と地域社会との関连について觉书》(1980)。《森正夫明清史论集》第三卷,东京:汲古书院,2006年,第121—144页。

——:《中国前近代史研究における地域社会の视点》(1982)。《森正夫明清史论集》第三卷,东京:汲古书院,2006年,第5—44页。

——:《明末における秩序变动再考》(1995)。《森正夫明清史论集》第三卷,东京:汲古书院,2006年,第85—120页。

山根幸夫:《山东省滋阳县户册について》(1963)。《明清史籍の研究》,东京:研文出版,1989年,第177—271页。

山田贤《移民的秩序:清代四川地域社会史研究》。曲建文译。北京:中央编译出版社,2011年。

上海社会科学院经济研究所、上海市国际贸易学会学术委员会编著:《上海对外贸易(1840—1949)》。两册。上海:上海社会科学院出版社,1989年。

邵鸿、黄志繁:《19世纪40年代徽州小农家庭的生产和生活——介绍一份小农家庭生产活动日记簿》。《华南研究资料中心通讯》第27期(2002年4月),第1—15页。

邵之惠:《"胡开文"墨店》。黄山市徽州文化研究院编:《徽州文化研究》第三辑,合肥:黄山书社,2004年,第183—185页。

沈艾娣(Henrietta Harrison):《梦醒子:一位华北乡居者的人生(1857—1942)》。赵妍杰译。北京:北京大学出版社,2013年。

沈从文:《中国古代服饰研究》。上海:上海书店出版社,2002年。

施坚雅(G. William Skinner):《中国农村的市场和社会结构》。史建云、徐秀丽译。北京:中国社会科学出版社,1998年。

史景迁(Jonathan Spence):《王氏之死:大历史背后的小人物命运》。李孝恺译。桂林:广西师范大学出版社,2011年。

施振民:《祭祀圈与社会组织——彰化平原聚落发展模式的探讨》。《"中央研究院"民族学研究所集刊》第36期（1973年秋季），第191—206页。

舒满君：《清代田赋定额的地方实践——以徽州地区为中心》。厦门大学博士学位论文，2018年。

斯波义信：《宋代江南经济史研究》。方健、何忠礼译。南京：江苏人民出版社，2001年。

宋元强：《中国资本主义萌芽讨论的两个阶段》。《历史研究》编辑部编：《建国以来史学理论问题讨论举要》，济南：齐鲁书社，1983年，第130—165页。

速水融：《近世日本经济社会史》。汪平、李心悦译。南京：南京大学出版社，2015年。

孙江：《重审近代中国的结社》。北京：商务印书馆，2021年。

孙敬之主编：《华东地区经济地理（上海·江苏·安徽·浙江）》。北京：科学出版社，1959年。

孙青：《以话演学：清末中西书籍的白话转写及近代知识下渗新策略》。《上海师范大学学报》（哲学社会科学版）2022年第2期，第146—152页。

檀上宽：《明清乡绅论》。刘俊文主编：《日本学者研究中国史论著选译》第二卷《专论》，北京：中华书局，1993年，第453—483页。

唐力行：《徽州宗族社会》。合肥：安徽人民出版社，2005年。

田仲一成：《中国戏剧史》。云贵彬、于允译。北京：北京广播学院出版社，2002年。

汪发林：《沱川乡余氏宗族与民间信仰》。卜永坚、毕新丁主编：《婺源的宗族、经济与民俗》，上册，上海：复旦大学出版社，2013年，第48—134页。

——：《婺北的道士世家与民间斋醮活动》。卜永坚、毕新丁编：《婺源的宗族、经济与民俗》，下册，上海：复旦大学出版社，2013年，第676—728页。

汪顺生：《溪口——新安江源第一埠》。合肥：合肥工业大学出版社，2013年。

汪顺生、余坚：《休宁徽商老字号名录》。黄山市徽州文化研究院编：《徽州文化研究》第三辑，合肥：黄山书社，2004年，第452—475页。

王尔敏、吴伦霓霞：《儒学世俗化及其对于民间风教之浸濡——香港处士翁仕朝生平志行》。《"中央研究院"近代史研究所集刊》第18期（1989年6月），第75—94页。

王汎森：《日谱与明末清初思想家——以颜李学派为主的讨论》。《晚明清初思想十论》，上海：复旦大学出版社，2004年，第117—185页。

王卡：《天下祈福地　白岳齐云山：齐云山的道教文化渊源》。《中国道教》2015

年第2期,第24—29页。

王铭铭:《社会人类学与中国研究》。北京:生活·读书·新知三联书店,1997年。

——:《美发村与塘东村:历史、人情与民间福利模式》。《村落视野中的文化与权力:闽台三村五论》,北京:生活·读书·新知三联书店,1997年,第161—223页。

——:《人生史与人类学》。北京:生活·读书·新知三联书店,2010年。

王奇生:《绅权:乡村权势的蜕变》。《革命与反革命:社会文化视野下的民国政治》,北京:社会科学文献出版社,2010年,第317—337页。

王世庆:《十九世纪中叶台湾北部农村金融之研究》。《清代台湾社会经济》,台北:联经出版事业有限公司,1994年,第1—71页。

王崧兴:《汉人社会体系的原动力:有关系,无组织》。徐正光主编:《汉人与周边社会研究:王崧兴教授重要著作选译》,冯建彰、黄宣卫译,台北:唐山出版社,2001年,第21—40页。

王裕明:《明清徽州典商研究》。北京:人民出版社,2012年。

王先明:《近代绅士:一个封建阶层的历史命运》。天津:天津人民出版社,1997年。

王业键:《十九世纪前期物价下落与太平天国革命》(1996)。《清代经济史论文集(二)》,台北:稻乡出版社,2003年,第251—287页。

王振忠:《明清徽商与淮扬社会变迁》。北京:生活·读书·新知三联书店,1996年。

——:《徽州文书所见种痘及相关习俗》。《徽州社会文化史探微:新发现的16—20世纪民间档案文书研究》,上海:上海社会科学院出版社,2002年,第253—296页。

——:《水岚村纪事:1949年》。北京:生活·读书·新知三联书店,2005年。

——:《明清以来的徽州日记及其学术价值》。国家图书馆古籍馆编:《第二届地方文献国际学术研讨会论文集》,北京:国家图书馆出版社,2009年,第34—49页。

——:《清朝民国时期的善书与徽州社会》。《法国汉学》丛书编辑委员会编:《法国汉学》第13辑《徽州:书业与地域文化》,北京:中华书局,2010年,第466—543页。

——:《徽学研究入门》。上海:复旦大学出版社,2011年。

——:《大、小姓纷争与清代前期的徽州社会——以〈钦定三府世仆案卷〉抄本为中心》,《明清以来徽州村落社会史研究》,上海:上海人民出版社,2011年,第109—137页。

——:《排日账所见清末徽州农村的日常生活——以婺源〈龙源欧阳起瑛家用账簿〉抄本为中心》,《中国社会历史评论》第13卷,天津:天津古籍出版社,2012年,第107—127页。

——:《华云进香:民间信仰、朝山习俗与明清以来徽州的日常生活》,《地方文化研究》2013年第2期,第38—60页。

——:《明清以来徽州日记的整理与研究》,合肥:安徽大学出版社,2020年。

——:《历史劫难的流传与记忆》,《从黄山白岳到东亚海域:明清江南文化与域外世界》,上海:上海人民出版社,2021年,第110—127页。

王钟音:《婺源茶叶产制史》,《婺源县文史资料》第2辑(1987年),第20—70页。

韦伯(Max Weber):《韦伯作品集》第Ⅱ集,《经济与历史 支配的类型》。康乐、吴乃德等译。桂林:广西师范大学出版社,2004年。

魏斐德(Frederic Wakeman, Jr.):《大门口的陌生人:1839—1861年间华南的社会动乱》。王小荷译。北京:中国社会科学出版社,1988年〔1966〕。

威廉·乌克斯(William H. Ukers):《茶叶全书》(*All About Tea*)。两册。中国茶叶研究社社译。上海:中国茶叶研究社,1949年。

温海波:《识字津梁:明清以来的杂字流传与民众读写》。厦门大学博士学位论文,2017年。

吴承明:《中国近代农业生产力的考察》,《市场·近代化·经济史论》,昆明:云南大学出版社,1996年,第131—149页。

——:《18与19世纪上叶的中国市场》,《中国的现代化:市场与社会》,北京:生活·读书·新知三联书店,2001年,第238—288页。

吴蕙芳:《万宝全书:明清时期的民间生活实录》,《古典文献研究辑刊》初编第37—38册。台北:花木兰文化出版社,2005年。

吴佩林:《清代县域民事纠纷与法律秩序考察》。北京:中华书局,2013年。

婺源县地名委员会办公室编:《江西省婺源县地名志》。婺源:婺源县地名委员会办公室铅印本,1985年。

吴正芳:《徽州传统村落社会——白杨源》。上海:复旦大学出版社,2011年。

熊远报:《清代徽州地域社会史研究》。东京:汲古书院,2003年。

萧公权:《中国乡村:19世纪的帝国控制》。张皓、张升译。北京:九州出版社,2018年〔1960〕。

许涤新、吴承明主编:《中国资本主义发展史》。三卷。第二版。北京:人民出版社,2003年。

许骥:《徽州传统村落社会——许村》。上海:复旦大学出版社,2013年。

许嘉明:《彰化平原福佬客的地域组织》。《"中央研究院"民族学研究所集刊》第36期(1973年秋季),第166—188页。

徐学林:《徽州刻书》。合肥:安徽人民出版社,2005年。

雅洪托夫(S. E. Yakhtov):《七至十三世纪的汉语书面语和口语》。《汉语史论集》,唐作藩、胡双宝选编,邱广君译,北京:北京大学出版社,1986年,第90—103页。

阎云翔:《礼物的流动:一个中国村庄中的互惠原则与社会网络》。李放春、刘瑜译。上海:上海人民出版社,2000年。

叶启政:《实证的迷思:重估社会科学经验研究》。北京:生活·读书·新知三联书店,2018年。

叶显恩:《明清徽州农村社会与佃仆制》。合肥:安徽人民出版社,1983年。

张彬村:《美洲白银与妇女贞节:1603年马尼拉大屠杀的前因与后果》。陈国栋、罗彤华主编:《台湾学者中国史研究论丛·经济脉动》,北京:中国大百科全书出版社,2005年,第291—316页。

张国标:《休宁"胡开文"墨店》。黄山市徽州文化研究院编:《徽州文化研究》第三辑,合肥:黄山书社,2004年,第186—190页。

张海鹏、王廷元主编:《徽商研究》。合肥:安徽人民出版社,1995年。

张秋香:《屯溪"胡开文"墨店(厂)》。黄山市徽州文化研究院编:《徽州文化研究》第三辑,合肥:黄山书社,2004年,第191—194页。

张文宏:《城市居民社会网络中的差序格局》。《江苏行政学院学报》2008年第1期,第67—72页。

章毅:《理学、士绅和宗族:宋明时期徽州的文化与社会》。香港:香港中文大学出版社,2013年。

章毅、黄一彪:《晚清内销茶商的季节性经营和跨地域流动:以泰昌发介号〈淳庄账簿〉为中心》。《史林》2022年第1期,第91—102页。

章有义:《明清徽州土地关系研究》。北京:中国社会科学出版社,1984年。

——:《近代徽州租佃关系案例研究》。北京:中国社会科学出版社,1988年。

——:《近代中国人口和耕地的再估计》。《明清及近代农业史论集》,北京:中国农业出版社,1997年,第3—24页。

张志公：《传统语文教育教材论》。北京：中华书局，2013年。

张仲礼：《中国绅士：关于其在十九世纪中国社会中作用的研究》。李荣昌译。上海：上海社会科学院出版社，1991年〔1955〕。

——：《中国绅士的收入：〈中国绅士〉续篇》。费成康、王寅通译。上海：上海社会科学院出版社，2001年〔1962〕。

赵丙祥：《将生命还给社会：传记法作为一种总体叙事方式》。《社会》2019年第1期，第37—68页。

赵华富：《徽州宗族研究》。合肥：安徽大学出版社，2004年。

赵士第、叶鹏：《民国时期徽州乡村医者的医事活动、行医范围与日常生活——以〈民国婺源医家日记〉为中心》。《中国农史》2021年第2期，第103—115页。

赵世瑜：《狂欢与日常：明清以来的庙会与民间社会》。北京：生活·读书·新知三联书店，2002年。

——：《明清史与近代史：一个社会史视角的反思》。《学术月刊》2005年第12期，第101—108页。

赵思渊：《清末苏南赋税征收与地方社会——以光绪二十五年刚毅南巡清理田赋为中心》。《中国社会经济史研究》2011年第4期，第73—84页。

赵晓华：《中国资本主义萌芽的学术研究与论争》。南昌：百花洲文艺出版社，2004年。

郑建新：《徽州古茶事》。沈阳：辽宁人民出版社，2004年。

郑少雄：《汉藏之间的康定土司：清末民初末代明正土司人生史》。北京：生活·读书·新知三联书店，2016年。

郑小春：《从繁盛走向衰落：咸同兵燹破坏下的徽州社会》。《中国农史》2010年第4期，第88—99页。

郑振满：《明清福建家族组织与社会变迁》。长沙：湖南教育出版社，1992年。

——：《乡族与国家：多元视野中的闽台传统社会》。北京：生活·读书·新知三联书店，2009年。

中岛乐章：《明代乡村纠纷与秩序：以徽州文书为中心》。郭万平、高飞译。南京：江苏人民出版社，2010年。

重田德：《清代徽州商人の一面》。《清代社会经济史研究》，东京：岩波书店，1975年，第294—349页。

——：《乡绅支配的成立与结构》（1971）。刘俊文主编：《日本学者研究中国史论著选译》第二卷《专论》，北京：中华书局，1993年，第199—247页。

——：《清代徽州商人之一面》。刘淼译。刘淼辑译：《徽州社会经济史研究译文集》，合肥：黄山书社，1987年，第417—456页。

仲伟民：《茶叶与鸦片：十九世纪经济全球化中的中国》。北京：中华书局，2021年。

周健：《维正之供：清代田赋与国家财政（1730—1911）》。北京：北京师范大学出版社，2020年。

周锡瑞（Joseph W. Esherick）：《义和团运动的起源》。张俊义、王栋译。南京：江苏人民出版社，1998年。

周致元：《一份"流水日志"中所见的近代徽州社会》。《合肥学院学报》（社会科学版）2011年第4期，第22—25、47页。

朱德馨：《婺源的风俗与民间忌讳》。卜永坚、毕新丁编：《婺源的宗族、经济与民俗》，下册，上海：复旦大学出版社，2013年，第762—819页。

朱鸿林：《二十世纪的明清乡约研究》。《孔庙从祀与乡约》，北京：生活·读书·新知三联书店，2015年，第242—269页。

邹怡：《明清以来的徽州茶业与地方社会（1368—1949）》。上海：复旦大学出版社，2012年。

（二）西文

Ahern, Emily Martin. *Chinese Ritual and Politics*. Cambridge: Cambridge University Press, 1981.

Allen, Robert C. *The British Industrial Revolution in Global Perspective*. Cambridge: Cambridge University Press, 2009.

Anderson, Clare. *Subaltern Lives: Biographies of Colonialism in the Indian Ocean World, 1790-1920*. Cambridge: Cambridge University Press, 2012.

Ariès, Philippe. *Centuries of Childhood: A Social History of Family Life*. Trans. Robert Baldick. New York: Alfred A. Knopf, 1962.

Baker, Hugh D. R. A. *Chinese Lineage Village: Sheung Shui*. Stanford: Stanford University Press, 1968.

Boswell, D. M. "Personal Crises and the Mobilization of the Social Network." In Mitchell, ed., *Social Networks in Urban Situations: Analyses of Personal Relationships in Central African Towns*, pp. 245-296. Manchester: Manchester University Press, 1969.

Bourdieu, Pierre. *Outline of a Theory of Practice*. Trans. Richard Nice. Cambridge: Cambridge University Press, 1977.

Brandt, Loren. *Commercialization and Agricultural Development: Central and Eastern China, 1870-1937*. Cambridge: Cambridge University Press, 1989.

De Vito, Christian G. "History without Scale: The Micro-Spatial Perspective." In John-Paul Ghobrial, ed., *Global History and Microhistory* [*Past and Present* Supplement 14], pp. 348-372. Oxford: Oxford University Press, 2019.

de Vries, Jan. *The Industrious Revolution: Consumer Behavior and the Household Economy, 1650 to the Present*. Cambridge: Cambridge University Press, 2008.

——. "Playing with Scales: The Global and the Micro, the Macro and the Nano." In John-Paul Ghobrial, ed., *Global History and Microhistory* [*Past and Present* Supplement 14], pp. 23-36. Oxford: Oxford University Press, 2019.

Dean, Kenneth and Zheng Zhenman. *Ritual Alliances of the Putian Plain, Vol. One: Historical Introduction to the Return of the Gods*. Leiden: Brill, 2010.

Ebrey, Patricia Buckley and James L. Watson, eds. *Kinship Organization in Late Imperial China, 1000-1940*. Berkeley and Los Angeles: University of California Press, 1985.

Elvin, Mark. *The Patten of the Chinese Past*. Stanford: Stanford University Press, 1973.

Emirbayer, Mustafa and Jeff Goodwin. "Network Analysis, Culture, and the Problem of Agency." *American Journal of Sociology* 99.6 (May 1994), pp. 1411-1454.

Faure, David. *The Rural Economy of Pre-Liberation China: Trade Expansion and Peasant Livelihood in Jiangsu and Guangdong, 1870 to 1937*. Hong Kong: Oxford University Press, 1989.

——. *China and Capitalism: A History of Business Enterprise in Modern China*. Hong Kong: Hong Kong University Press, 2006.

Feuerwerker, Albert. "Economic Trends in the Late Ch'ing Empire, 1870-1911." In John K. Fairbank and Kwang-ching Liu, eds., *The Cambridge History of China, Vol. 11, Late Ch'ing, 1800-1911*, Part 2, pp. 1-69. Cambridge: Cambridge University Press, 1980.

Flandrin, Jean-Louis. *Families in Former Times: Kinship, Household and Sexuality*. Trans. Richard Southern. Cambridge: Cambridge University Press, 1979.

Fontaine, Laurence. *History of Pedlars in Europe*. Durham: Duke University Press, 1996.

Freedman, Maurice. *Lineage Organization in Southeastern China*. London: Athlone, 1958.

——. *Chinese Lineage and Society: Fukien and Kwangtung*. London: Athlone, 1965.

Gardella, Robert. *Harvesting Mountains: Fujian and the China Tea Trade, 1757-1937*. Berkeley and Los Angeles: University of California Press, 1994.

Ginzburg, Carlo. *Cheese and the Worms: The Cosmos of a Sixteenth-Century Miller*. Trans. A. Tedeschi. London: Routledge & Kegan Paul, 1980 [1975].

—— and Carlo Poni. "The Name and the Game: Unequal Exchange and the Historiographical Marketplace." In Edward Muir and Guido Ruggiero, eds., *Microhistory and the Lost Peoples of Europe*, trans. Eren Branch, pp. 1-10. Baltimore: The Johns Hopkins University Press, 1991.

Granovetter, Mark. "The Strength of Weak Ties." *American Journal of Sociology* 78.6 (May 1973), pp. 1360-1380.

Guo, Qitao. *Exorcism and Money: The Symbolic World of the Five-Fury Spirits in Late Imperial China*. Berkeley: Institute of East Asian Studies, University of California, 2003.

——. *Ritual Opera and Mercantile Lineage: The Confucian Transformation of Popular Culture in Late Imperial Huizhou*. Stanford: Stanford University Press, 2005.

Hayton, D. W. *Conservative Revolutionary: The Lives of Lewis Namier*. Manchester: Manchester University Press, 2019.

Ilmonen, Kaj. *A Social and Economic Theory of Consumption*. Ed. Pekka Sulkunen, Jukka Gronow, and etc. Trans. David Kivinen. Houndmills: Palgrave MacMillan, 2011.

Kapferer, B. "Norms and the Manipulation of Relationships in a Work Context." In Mitchell, ed., *Social Networks in Urban Situations: Analyses of Personal Relationships in Central African Towns*, pp. 181-244. Manchester: Manchester University Press, 1969.

Kuhn, Philip A. "Local Self-Government Under the Republic: Problems of Control, Autonomy, and Mobilization." In Frederic Wakeman, Jr. and Carolyn Grant, eds., *Conflict and Control in Late Imperial China*, pp. 257-298. Berkeley and Los

Angeles: University of California Press, 1976.

Lagerwey, John. "Wuchang Exorcisms: An Ethno-historical Interpretation." 康豹、刘淑芬主编:《信仰、实践与文化调适:第四届国际汉学会议论文集·宗教篇》,台北:"中研院",2013年,第475—530页。

Levi, Giovanni. "On Microhistory." In Peter Burke, ed., *New Perspectives on Historical Writing*, Second edition, pp. 97-119. University Park, Penn.: Pennsylvania State University Press, 2001.

——. "Frail Frontiers?" In John-Paul Ghobrial, ed., *Global History and Microhistory* [*Past and Present* Supplement 14], pp. 37-49. Oxford: Oxford University Press, 2019.

Lewis, Oscar. *Pedro Martínez: A Mexican Peasant and His Family*. New York: Vintage Books, 1964.

McDermott, Joseph P. *The Making of a New Rural Order in South China, Vol. I: Village, Land, and Lineage in Huizhou, 900-1600*. Cambridge: Cambridge University Press, 2013.

——. "Emperor, Élites, and Commoners: The Community Pact Ritual of the Late Ming." In Joseph P. McDermott, ed., *State and Court Ritual in China*, pp. 299-351. Cambridge: Cambridge University Press, 1999.

Mintz, Sidney W. *Worker in the Cane: A Puerto Rican Life History*. New York: W. W. Norton, 1974 [1960].

Mitchell, J. Clyde. "The Concept and Use of Social Networks." In J. Clyde Mitchell, ed., *Social Networks in Urban Situations: Analyses of Personal Relationships in Central African Towns*, pp. 1-50. Manchester: Manchester University Press, 1969.

Mui, Hoh-Cheung and Lorna H. "The Commutation Act and the Tea Trade in Britain 1784-1793." *Economic History Review* 16.2 (N. S., 1963), pp. 234-253.

Naquin, Susan and Chün-fang Yü. "Introduction: Pilgrimage in China." In Susan Naquin and Chün-fang Yü, eds., *Pilgrims and Sacred Sites in China*, pp. 1-38. Berkeley and Los Angeles: University of California Press, 1992.

Palmer, Martin, ed. and trans. *T'ung Shu: The Ancient Chinese Almanac*. Boston: Shambhala, 1986.

Pitzl, Gerald R. *Encyclopedia of Human Geography*. Westport, Conn.: Greenwood, 2004.

Rankin, Mary Backus. *Elite Activism and Political Transformation in China: Zhejiang Province, 1865-1911*. Stanford: Stanford University Press, 1986.

Rawski, Evelyn Sakakida. *Education and Popular Literacy in Ch'ing China*. Ann Arbor: University of Michigan Press, 1979.

Revel, Jacques. "Microanalysis and the Construction of the Social." In Jacques Revel and Lynn Hunt, eds., *Histories: French Constructions of the Past*, pp. 492-502. New York: The New Press, 1995.

Rowe, William T. "Approaches to Modern Chinese Social History." In Olivier Zunz, ed., *Reliving the Past: The Worlds of Social History*, pp. 236-296. Chapel Hill: University of North Carolina Press, 1985.

Schindler, Norbert. "Nocturnal Disturbances: On the Social History of Night in the Early Modern Period." In Norbert Schindler, *Rebellion, Community and Custom in Early Modern Germany*, trans. Pamela E. Selwyn, pp. 193-235. Cambridge: Cambridge University Press, 2002.

Skinner, G. William. *Rural China on the Eve of Revolution: Sichuan Fieldnotes, 1949-1950*. Ed. Stevan Harrell and William Lavely. Seattle: University of Washington Press, 2017.

——. "Marketing and Social Structure in Rural China: Part I." *Journal of Asian Studies* 24.1 (Nov. 1964), pp. 3-43.

——. "Chinese Peasants and the Closed Community: An Open and Shut Case." *Comparative Studies in Society and History* 13.3 (July 1971), pp. 270-281.

Stone, Lawrence. "Prosopography." *Daedalus* 100.1 (1971).

Ulrich, Laurel Thatcher. *A Midwife's Tale: The Life of Martha Ballard, Based on Her Diary, 1785-1812*. New York: Alfred A. Knopf, 1990.

Wakeman, Frederic, Jr. ed. *Ming and Qing Historical Studies in the People's Republic of China*. Berkeley: Institute of East Asian Studies, University of California, 1980.

Wang, Richard G. "Qiyunshan as a Replica of Wudangshan and the Religious Landscape of the Ming Empire." *Journal of Chinese Religions* 42. I (2014), pp. 28-66.

Wang, Yeh-chien. "The Secular Trend of Prices during the Ch'ing Period (1644-1911)." 《中国文化研究所学报》第5卷第2期（1972年12月），第347—371页。

Watson, Rubie. *Inequality among Brothers: Class and Kinship in South China*.

Cambridge: Cambridge University Press, 1985.

Wolf, Arthur P. "Gods, Ghosts, and Ancestors." In Arthur P. Wolf, ed., *Religion and Ritual in Chinese Society*, pp. 131-182. Stanford: Stanford University Press, 1974.

Zhuang Guotu. *Tea, Silver, Opium and War: The International Tea Trade and Western Commercial Expansion into China in 1740-1840*. Xiamen: Xiamen University Press, 1993.

Zurndorfer, Harriet T. *Change and Continuity in Chinese Local History: The Development of Hui-chou Prefecture, 800 to 1800*. Leiden: E. J. Brill, 1989.

注：为讨论需要，笔者提供了部分重要文献的首次发表、出版年份。单篇论文发表年份注于论文后圆括号内，专著出版年份则注于现有版本出版年份之后的中括号内。

索　引

阿风，242
Ahern, Emily Martin（芮马丁），434
Allen, Robert C., 158
岸本美绪，12-13
Anderson, Clare, 18
Ariès, Philippe, 237

Baker, Hugh D. R., 268
保甲，33，407-411，415
毕新丁，76，122，179，180，254，326，328，447
卞利，407，428
伯克，彼得（Peter Burke），19
Boswell, D. M., 293
Bourdieu, Pierre, 283
Brandt, Loren, 11, 170
卜凯（John Lossing Buck），39-40，206-208，237
布罗代尔，费尔南（Fernand Braudel），21，206
卜永坚，13，49，76，276，279，328

蔡少卿，14
曹树基，88
曹幸穗，166，485
茶叶生产与贸易，39-40，57-62，100-104，114-119，135，138-142，151-152，156-157，168-169，170-173，218-219，301，421-425，438，442-444，461
常建华，268，407
陈爱中，38，323，345
陈慈玉，58，59，103，139，461
陈翰笙，9，439
陈恒力，99
陈进国，390
陈柯云，407
陈志华，338
陈支平，268
程发开，31-32，54-56，355-356，368-369，464-465
程世瑞，114
程同仓，32，78，239-241，356，366-369，461，465
程允亨，1，31，236；出生，74-77；少年，77-82；结婚，120-132；分家，253-255；去世，448-455
"传统社会"，16-17
丛翰香，8
村落，46-47，268-277，466-467

"大法" 见 "道教"

戴维斯，娜塔莉·泽蒙（Natalie Zemon Davis），19
戴元枝，79，80
"道光萧条"，71-73
道教，269-274，275-277，281，330，338-339，348-353
稻田清一，213，215，231
daybook，31
德弗里斯（Jan de Vries），6，20
De Vito, Christian G.，21
Dean, Kenneth，277
地域社会论，12
佃仆（"小姓"），277-281，420，458
董乾坤，215，231，298，386
杜能，约翰·冯（Johann Heinrich von Thünen），149
都图组织（里甲、图甲），39，270-274，374，380-383，394-406，459，494-495
读写能力，55，78-82，366-392
杜赞奇（Prasenjit Duara），14，16
段进，339-340
段义孚，21

Ebrey, Patricia Buckley，268
Elvin, Mark（伊懋可），4，9
Emirbayer, Mustafa，313
恩格尔系数，155
二元经济论，10

范金民，399
方孝坤，80

Faure, David 见"科大卫"
Feuerwerker, Albert（费维恺），7，10
费孝通，15，289，361，485-486
冯剑辉，83
冯立军，192
风水，335-338，389-390，452-453
风水先生，335，390，452-453
封越建，187
Flandrin, Jean-Louis，237
Fontaine, Laurence，232
Freedman, Maurice 见"弗里德曼"
弗里德曼，莫里斯（Maurice Freedman），16-17，264，268，298
妇女，30，238-239，241-245，458
福琼，罗伯特（Robert Fortune），61
赋役制度，103，233，270，380-383，394-406，459
傅衣凌，59，60，265，278-279

高水平均衡陷阱论，4-5，457
高宇洲，187
Gardella, Robert，114，165，245
格尔兹，克利福德（Clifford Geertz），21
个体层次的整体史，17-23
葛兆光，386
格兰诺维特，马克（Mark Granovetter），290，296
根岸佶，60
Ginzburg, Carlo（卡洛·金兹堡），19，20

索引　521

龚恺, 339-340
Goodwin, Jeff, 313
Granovetter, Mark 见"格兰维特"
Grendi, Edoardo, 20
谷川道雄, 12
雇佣关系, 114-119, 309-310, 458
Guo, Qitao, 330, 365

何汉威, 399
荷兰东印度公司, 58
洪璞, 213
洪性鸠, 413
侯继明, 10
胡适, 78
胡学文, 256
黄国信, 67
黄敬斌, 187, 199, 200, 204, 206
黄一彪, 60
黄一农, 333
黄志繁, 26-27, 32, 82, 232, 361-362
黄忠鑫, 394, 413
黄宗智, 3, 5, 7, 8, 10, 213, 214, 232
会党, 14
会社, 197-198, 242, 262, 320, 323-324
货币, 473-474

Ilmonen, Kaj, 155

疾病与治疗, 307-308, 353-361

祭祀圈, 16-17, 277
集体传记（prosopography）, 18
价格, 61, 68-69, 71-73, 91-92, 139-141, 142, 156-157, 437-438, 457, 461, 468-470, 471-472
家庭, 53-55, 120, 131-132, 143, 235-242, 253-255, 437
蒋勤, 187
江太新, 110
焦大卫（David K. Jordan）, 433
借贷, 241, 439-442, 444-447
阶级与阶级关系见"租佃关系""雇佣关系"
进香, 225, 347-353
经君健, 279
纠纷与调处, 310-312, 415-429, 459
臼井佐知子, 70
菊池秀明, 14
"均值人", 19

"看似例外的常规现象", 19-20
康健, 115
Kapferer, B., 296
科大卫（David Faure）, 10-11, 13, 260
柯灵权, 180, 181, 340
孔飞力（Philip A. Kuhn）, 14, 16, 86
空间感知, 244, 333-346；并参见"行动空间"
Kuhn, Philip A. 见"孔飞力"

Lagerwey, John, 330

老人制，406-407
勒华拉杜里，埃马纽埃尔（Emmanuel Le Roy Ladurie），19
Levi, Giovanni, 20
Lewis, Oscar, 237
李伯重，71，95，153，187，373
李峰，388
李晖，222
李金铮，442
李景汉，361
李琳琦，42，44，45
李秋香，338
李仁渊，387
李文治，3，4，9
栗林宣夫，407
厉坛，429-435
梁其姿，77，79，81，354
廖华生，224，279，408，410
林李翠，279，280
林美容，277
林耀华，22，268
凌桂萍，42
铃木博之，407
刘伯山，29，77，81，387
刘大鹏，19
刘道胜，42，256
刘和惠，110，112
刘怀仁，433
刘隆祥，60
刘秋根，442
刘尚恒，386
刘勇，58

刘志伟，13，298
罗畅，71
罗尔纲，83
罗家德，286
罗志田，19，23

马德斌，6，11，158，162-164，187，486
马路，60
马敏，16
马若孟（Ramon H. Myers），7
马勇虎，60，70，203
满铁调查，7，166，214，486
茆耕茹，365
茅家琦，83
McDermott, Joseph（周绍明），256，260，407，408
Mintz, Sidney W.（西敏司），22

Mitchell, J. Clyde, 291
Mui, Hoh-Cheung, 58
Mui, Lorna H., 58

Namier, Lewis B., 18
Naquin, Susan, 233
内卷化，5，8，147，457
倪玉平，71
农田耕作，39-40，56，63，94-99，134-135，143-147，218，219，230，475-485

排日账，25-33，55，235-236，316，

索 引　523

366-374，463-465

Palmer, Martin, 317, 390

棚民，96-97

彭慕兰（Kenneth Pomeranz），5-6，207

彭泽益，3，4

朴元熇，256

Pitzl, Gerald R., 213

珀金斯，德·希（Dwight H. Perkins），485

Pomeranz, Kenneth 见"彭慕兰"

齐琨，449

启蒙教育，28-30，77-82

恰亚诺夫（A. Chayanov），143

勤勉革命，6，147-149，457-458

清华，37-38，85-87，91，175-176，221-222，225

渠敬东，22

瞿同祖，15

Rankin, Mary, 16

Rawski, Evelyn Sakakida（罗友枝），79，366

人际关系与网络，20，219-220，282-315，458

Revel, Jacques, 20

日谱，28

容世诚，365

Rowe, William, 233

芮玛丽（Mary Clabaugh Wright），7-8

Schindler, Norbert, 208

森正夫，12-13，15

山本英史，13

山根幸夫，42

山货采集（葛根、黄精等），63-65，104-107，136，438-439

山田贤，13

商业与商人，40-45，57-71，135，165-167，168-177，220，221-225，232，383-385，438-439，461

邵鸿，26-27，32，82，232，361-362

邵之惠，223

社坛，323-324，429-435

沈艾娣（Henrietta Harrison），19

沈从文，204

申明亭，270，363，413-415

"生活世界"，31

生活水平，150-165，437-438

生计模式，56-73，132-149，226-230，456-457

生命史，18-23；并参见"程允亨"

时间感知，316-333

施坚雅（G. William Skinner），16-17，174，213，220，232-234

史建云，7-8

史景迁（Jonathan Spence），19

士绅（乡绅），15-16，401，419；并参见"先生"

食盐贩卖，65-71，137，229

施振民，17

舒满君，394，399

数字读写能力，373-374

斯波义信，39

寺庙，49-52，268-277，348-351，358-359，360

斯通，劳伦斯（Lawrence Stone），18

宋元强，15

Stone, Lawrence 见"斯通"

苏金玉，110

苏力，289

速水融，6，148

孙江，14

孙敬之，35，60，94，95，99，224

孙青，366

太平天国运动，82-93，161

檀上宽，15

唐力行，256

田仲一成，365

同治中兴，7-8

沱川，35-37，46-52，87，89-90，109-110，218-221，259-260，277-281，353-354，394-396，400-406，409-415，431-433

托尼（Richard Tawney），439

魏斐德（Frederic Wakeman, Jr.），3，14

汪发林，49-51，257，258，260，261，265，269，271，272，276，281，319，323，338，413，415，426

汪庆元，110，112

汪顺生，222

王达，99

王尔敏，386

王汎森，28

王卡，348，349

王铭铭，16，22，285，296，298

王奇生，16

Wang, Richard G.（王岗），348

王世庆，442

王崧兴，290

王廷元，70，92，142，171

王先明，16

王业键，72，91，437

Wang, Yeh-chien 见"王业键"

王裕明，70

王振忠，25，27，32，70，170，222，256，270，272，279，345，347，349，354，360，364，370

王钟音，60

Watson, James L.，268

Watson, Rubie，268

韦伯（Max Weber），373

微观史，18-20

温海波，79-80

Wolf, Arthur P.（武雅士），433-434

吴承明，3，8-9

吴蕙芳，390

吴伦霓霞，386

吴佩林，418

吴正芳，252

"五朵金花"，12

乌克斯，威廉（William H. Ukers），59

巫能昌，350，351

婺源，25，35-36，39，82-93，104-

索 引　525

105，108-109，141，225，259，407-409，425-426
物质文化，178-212

溪口，65-69，174-175，222-223，228-229
"先生"，303-306，419
乡约，406-428，460
萧公权，415
信仰圈，277
行动空间，132，213-234，244，287，362-365，490-493
行事安排，133-138，144-146，361-362
熊远报，303
许骥，252
许嘉明，17
许涤新，3
徐秀丽，8
徐学林，386

雅洪托夫（S. E. Yakhtov），371
演戏（目连戏），364-365
阎云翔，282-283，295-296
严中平，3，58
杨帆，442
叶启政，19
叶显恩，256，278
义和团运动，442-443
仪式，49-52，73-77，97，120-131，242，265-267，268-277，317-318，320-325，327-330，338-339，356-359，360，365，447-455
一田多主制，110，476-480
英国东印度公司，57-58
Yü, Chün-fang（于君方），233
余坚，222
娱乐，361-365
"约族"见"乡约"

杂字，29，79-81，199，201
曾国藩，88
增图，38，394，412
詹成业，60
詹鸣铎，30，33-34，78-79，81-82，93，124，231，238-239，241，307-308，386-387，438
章毅，60，256，408
章有义，3，8，107-108，111，113
张彬村，214
张枫，19
张国标，223
张海鹏，70，92，142，171
张秋香，223
张文宏，290
张远鹏，83
张志公，79
张仲礼，15，153
赵丙祥，22
赵华富，256
郑建新，102，103
郑少春，84，88
郑少雄，22
赵世瑜，2，361

赵思渊，399

赵晓华，3

整体史，21

Zheng, Zhenman 见"郑振满"

郑振满，13，268，277

中岛乐章，406，408，409，413，415，418

重田德，15，59

仲伟民，57，59

周健，397

周锡瑞（Joseph W. Esherick），14

周致元，204，212

朱德馨，76，122，328，447-449，454

朱鸿林，407

Zhuang Guotu（庄国土），59

资本主义萌芽，3

总体史，21

宗族，16，20，46-49，86，122，256-268，311，313-315，318-320，324-325，411-415，454，459，466-467

邹怡，115，171，245

租佃关系，107-114，309，458，480-482

最低消费篮子，157-165

Zurndorfer, Harriet T.，256

后　记

　　这本小书的写作，发端于一个看似偶然的机缘。2006年，笔者应邀前往黄山市参加一个学术会议。研讨之余，在屯溪老街一家文书店内，看到了本书解读的这批排日账。价格不贵，就买下了。带回酒店后，翻阅着这批文本，浮想联翩，仿佛进入了记账人的世界。当时闪过的念头是：这是一个普通乡民对自身行事的实录，应该为他写一本书！

　　不过现在想来，本书的写作并不全是偶然。作为一个以再现历史上普通民众的生活为重要使命的史学工作者，笔者其实一直对学界没有一本全面呈现明清时代普通民众生活世界的著作为憾事。有关王侯将相的著作，自古以来就汗牛充栋，20世纪八九十年代以来，对中下层士绅的讨论也逐渐深入，但我们还没有一本系统讨论一个普通民众生活的方方面面，讨论他/她如何经历一个时代的著作。再者，数年前，笔者已完成博士论文的研究，正在寻找下一个选题。此外，在笔者接触排日账之前，邵鸿教授和黄志繁教授已经率先在《华南研究资料中心通讯》上介绍了笔者处理的这种文本（只是当时他们不知道这种文献叫作排日账）。那篇文章虽然很短，却激起了笔者的浓厚兴趣，当时心里想，世间竟还有这样一种史料。所以，当时遇见这批材料的兴奋，就可以想见了。

　　然而，这种文献的解读难度，超出了笔者最初的想象。一方面，排日账的记录较为零碎，如果找不到切实可行的解读方向，这些材料根本无法利用。另一方面，由于自己主攻时段是明清史，偏重19世纪以前的社会经济史、社会文化史，要处理这些19世纪中后期留下的记录，简直相当于进入一个新领域。更何况排日账牵涉历史的不同面向，不少方面的知识都需要从头学起，这样就减缓了研讨的进度，拉长了写作的周期。直到2010年，笔者才写出了基于排日账的第一篇论文。等到这篇论文发表，已经是2014年，距离第一次接触这批材料已经八年。

不过，慢慢地，作者找到了几把解读的钥匙，最重要的是从史学的基本要素——时、地、人、行事——出发，对文本进行解读。为此，笔者建立了地名、人名数据库，并对程家的日常行事进行了分类和统计，以此为基础，分别对程家的行动空间、生计模式（劳动时间安排）、人际网络以及这三个不同方面的历时性变动进行探讨。撰写本书时，又在统合上述研究的同时，大幅拓宽了讨论的面向：家与家人、村落组织、物质文化、时空感知、读写问题、政治体验乃至太平天国对徽州的冲击、生活水平、商业化程度、疾病与治疗、闲暇与娱乐等等，都是在计划撰写本书的过程中慢慢提炼出来的。这个过程既是对知识的考验，也是对毅力的考验。

在研究排日账的过程中，笔者已经发表了部分先行成果，有的是在期刊发表的，有的则仅在工作坊发表过。以下是相关文章的发表时间和出版物：

（1）《从"排日账"看晚清徽州乡民的活动空间》，《历史研究》2014年第5期，第163—171页。

（2）《小农家庭、土地开发与国际茶市（1838—1901）——晚清徽州婺源程家的个案分析》，《近代史研究》2015年第4期，第66—81页。

（3）《排日账与19世纪徽州乡村社会研究——兼谈明清社会史研究的方法与史料》，《学术月刊》2018年第4期，第128—141页。

（4）《约族：清代徽州婺源的一种乡村纠纷调处体制》，《清华社会科学》第2卷第2辑（2020），北京：商务印书馆，2021年，第41—68页。

（5）《传统中国的宗族组织、宗亲关系与人际网络——来自晚清徽州的例证》，"明清人际网络研究的史料与方法"工作坊论文，上海，2019年6月29—30日，未刊稿。

此外，笔者在2016年发表的《乡土中国，有多乡土？》（《读书》2016年第6期）和2020年出版的《帝国缩影：明清时期的里社坛与乡厉坛》（北京师范大学出版社印行）等论著中，也引述了排日账的部分记录。同时，笔者在《从田野和跨界中探索新知——刘永华教授访谈录》（《历史教学》下半月刊2021年第22期，第3—11页）和《田野调查与明清区域社会史研究：来自汀州与徽州的经验》（"田野研究的新取向"跨学科学术工作坊论文，北京师范大学，2021年5月8日—9日）中谈到了在沱川开展田野调查的方法。在此谨向上述期刊、书籍的编者和工作坊的组织者表示谢忱。

在长达十六年的漫长过程中，笔者欠下了许多债务，现在到了列举债务清单的时候了。

本课题的研究和本书的撰写，先后得到了福建省新世纪优秀人才支持计划（2007年）、厦门大学中央高校基本科研业务费专项资金（2013221001）、复旦大学引进人才科研启动费（J1H3154026，2018—2021年）等经费的资助。本书的部分修改工作，是在笔者驻访北京大学人文社会科学研究院期间（2021年9—12月）完成的，感谢研究院提供的优越的写作和研讨环境。

其次，应该感谢三次徽州田野考察期间帮助过笔者的老人和朋友。跟此前在闽西四保的田野相比，笔者在徽州的田野时间并不长，不过在此过程中，还是得到了不少老人和朋友的大力帮忙。清华镇的胡崇高老人花了几天时间解答笔者的各种问题，他自己曾做过很长时间的挑夫，他对婺源、休宁一带的道路和村落了如指掌，为笔者定位排日账提到的地名提供了极重要的帮助。他还为笔者介绍了清华老街每个商铺的过往。余开建作为一位仪式专家，慷慨地与笔者分享世代传承的仪式知识。程春全老人热情接待我们这些不速之客，邀请我们在他的火炉边轻松聊天。余六金不仅接受访谈，还出示珍贵的家族文献，供我们拍照。张顺盛耐心地解答笔者的提问，还出借父亲所记的排日账供笔者扫描。笔者前往大连考察时，程德良担任笔者的向导，在那次难忘的行程中，他介绍了年轻时代的山中生活。大连村吴姓老人慷慨出示家中珍藏的鱼鳞图册及族谱。汪金发、宋燮民道长介绍旧时齐云山的道院道房制度。屯溪老街的朱英寿慨允笔者复制他收藏的文书。此外，清华的胡筱洲、胡荫楠，沱川的余保钦、余俭帮、余进万、余大后、汪德进、查达标、江欣发、余登云、余万载、余多福，溪口的汪荣伦、张鑫家、曹复兆，赋春的吴教科，长林村的程观生、程松旺，乐平市涌山镇的钟焱林等人，也接受了笔者的访谈。笔者谨向上述各位致谢。这三次田野考察过程还得到了廖华生、朱忠飞、巫能昌、温海波等朋友的帮助，在此一并致谢。

在解读排日账的漫长过程中，得到了不少师友的鼓励和帮助。郑振满老师、丁荷生（Kenneth Dean）老师、包筠雅（Cynthia J. Brokaw）

老师一如既往地关心研究进展，并不时鼓励笔者。书中部分研究心得曾与刘志伟、科大卫、赵世瑜、常建华、王铭铭、周绍明（Joseph P. McDermott）等老师交流。王秋桂教授邀请我参与徽学会议，为笔者接触排日账提供了最初的契机。李剑鸣教授耐心听我讲述对程家生活的理解，并鼓励我推进现有研究。曹树基教授慨允笔者利用上海交通大学图书馆刚入藏的婺源文书，冯筱才兄、赵思渊兄、余康、闻文协助我拍摄部分文书。王振忠教授的研究，为本书部分章节的撰写提供了坚实的研究基础，同时他还慷慨将珍藏的《雨坛账簿》拍照惠赐给笔者。书中的一些看法，曾与鲁西奇教授交流，他将尚未定稿的书稿发给笔者，让笔者有吾道不孤之感。厦大的几位同事，特别是黄向春、张侃、饶伟新三位，经常听我唠叨点滴思考和研究上遇见的问题。卜永坚兄慷慨惠赐自己搜集的徽州文献。赵丙祥、陈进国二兄跟笔者交流了个体生命史书写的研究、写作心得。笔者还曾与王东杰兄、渠敬东兄、苏杰兄交流过近代乡民生活世界的重构问题。在安徽师范大学访问期间，刘道胜兄为我查阅资料做了细心安排。马勇虎教授提示徽州织物的参考书。汪发林先生为我耐心解释婺源风物。廖华生兄分享在图书馆抄录的史料笔记。董乾坤、温海波和巫能昌诸君通读了书稿，纠正了书稿中的一些错误，并提出了具体的修改意见。能昌还提供了有关婺源乡民至齐云山进香的田野笔记，并慨允本书使用他拍摄的照片。Steve Ford 为笔者绘制了程家行动空间图，张琰添加了图中的中文地名。沈思婕帮我将族谱人名信息录入数据库。邵长财、罗昊天、郑志高三位仔细审读了清样，纠正了一些疏漏。笔者曾在研究生讨论课和读书会上讨论了本书内容，不少同学曾参与讨论。谨向上述师友致谢。

　　书中的一些看法，曾在不同研讨会、工作坊和讲座中讨论过，其中研讨会、工作坊主要有：厦门大学举办的"中国地方社会的新路径"研讨会（2010年6月），南开大学举办的"中国史上的日常生活与民生问题"研讨会（2014年11月22—23日），韩国中央研究院举办的第二届东亚乡村发展论坛（2015年10月23—25日），复旦大学举办的"多元与统一：新出文献与中国历史"研讨会（2016年9月24—25日），北京大学举办的"中国历史人类学的南方经验与北方经验"工作坊（2017年7月3日），复旦大学举办的"明清人际网络研究的史料与方法"工作坊（2019年6月29—30日），浙江大学举办的第五届长三角美国史论坛（2019年11月2日），中山大学珠海校区举办的"中国经济史中的粮料、财用与价格"研讨会（2021年9月25—26日）等；讲座有：哈佛燕京学社（2010年11月17日），匹兹堡大学东亚系（2011年3月24日），布朗大学东亚系（2011年4月26日），香港中文大学历史系（2013年4月18日），首都师范大学全球史研究中心（2014年4月22日），安徽师范大学历史学院（2014年10月20日），安徽大学徽学研究中心（2017年11月17日），中山大学历史人类学研究中心（2018年9月），广东财经大学社会学系（2019年5月5日），上海社会科学院历史研究所（2019年5月14日），华东师范大学人类学研究所（2021年4月30日），北京大学人文社会科学研究院（2021年11月2日），中国社会科学院经济研究所（2021年12月14日），中国社会科学院近代史研究所（2021年12月22日），清华大学历史学系（2021年12月23日），华中师范大学历史文化学院（2023年4月14日），大理大学民族文化研究院（2022年7月7日）等，感谢以上会议、工作坊主办方的邀请，也感谢宋怡明（Michael A. Szonyi）、苏堂栋（Donald S. Sutton）、柯丽德（Katherine Carlitz）、包筠雅、科大卫、贺喜、岳秀坤、刘道胜、胡中生、张小坡、黄国信、麦思杰、蒋宏达、黄建波、李明洁、章毅、高超群、封越健、熊昌锟、潘晓霞、刘文楠、赵妍杰、仲伟民、阿风、张小军、冯玉荣、马健雄等各位教授的邀请和评论。特别是笔者在北大文研院的讲座，得到了文研院各位老师、第十一期邀访学者和参与讲座的北大学者的指教。上述评论让笔者受益匪浅。当然书中如有疏漏和失误，一概由笔者负责。

  本书从构想到撰写，三联书店的编辑朋友自始至终都给予支持和鼓励，本书的出版与其付出的辛劳是分不开的。

  最后，在本书修改过程中，先母蓝桂英女士因病不治辞世。先母生活勤谨节俭，待人宽厚良善，她的立身行事，对笔者影响至深。谨以本书纪念先母。

2021年8月22日初稿于上海

2022年5月10日居家隔离中改定

2024年7月20日增补于畅春园